BESONDERE BEZIEHUNGEN

Die Bundeskanzler-Willy-Brandt-Stiftung wurde im Jahre 1994 vom Deutschen Bundestag als bundesunmittelbare Stiftung des öffentlichen Rechts mit Sitz in Berlin errichtet. Sie hat die Aufgabe, das Andenken an Willy Brandt und seinen Einsatz für Frieden, Freiheit und Einheit des deutschen Volkes sowie die Versöhnung und Verständigung unter den Völkern zu wahren. Die Reihe »Willy-Brandt-Studien« soll – in Ergänzung zur zehnbändigen Edition »Willy-Brandt – Berliner Ausgabe« – ein Forum zur Veröffentlichung von Arbeiten über den ehemaligen Bundeskanzler sowie zu zeitgeschichtlichen und politischen Themen bieten, die mit seinem Namen verbunden sind.

ROBIN M. ALLERS

Besondere Beziehungen
Deutschland, Norwegen und Europa in der Ära Brandt
(1966-1974)

WILLY-BRANDT-STUDIEN
BAND 2

Bibliografische Information der Deutschen Bibliothek

Die Deutsche Bibliothek verzeichnet diese Publikation in der
Deutschen Nationalbibliografie; detaillierte bibliografische Daten
sind im Internet über *http://dnb.ddb.de* abrufbar.

ISBN 978-3-8012-0382-5

© der deutschsprachigen Ausgabe Verlag J.H.W. Dietz Nachf. GmbH
Dreizehnmorgenweg 24, 53175 Bonn
© für alle übrigen Sprachen Bundeskanzler-Willy-Brandt-Stiftung, Berlin
Umschlag und Layoutkonzept: Groothuis & Consorten, Hamburg
Satz: Jens Marquardt, Bonn
Druck und Verarbeitung: Koninklijke Wöhrmann B.V.
Alle Rechte vorbehalten
Printed in the Netherlands 2009

Inhalt

Vorwort   9

1   Einleitung   13

1.1 Die Ära Brandt – Eine Schlüsselphase in den
     deutsch-norwegischen Beziehungen   13
1.2 Zielsetzung, Hypothesen und Leitfragen   17
1.3 Vorgehensweise   18

2   Methodische und theoretische Überlegungen   20

2.1 Internationales System und nationale Interessen   23
2.2 Kollektive innerstaatliche Akteure und ihr Einfluss
     auf die Formulierung der Außenpolitik   35
     2.2.1 Nationale und supranationale Bürokratien   37
     2.2.2 Parteipolitische Akteure   46
2.3 Individuelle innerstaatliche Akteure im außen-
     politischen Entscheidungsprozess   56
2.4 Zusammenfassung   70

3   Bilaterale Beziehungen als Rahmenbedingungen
     deutsch-norwegischer Kooperation in der
     Erweiterungsfrage   72

3.1 Bilateraler Handel   73
     3.1.1 Die Entwicklung des bilateralen Handels   73
     3.1.2 Die Struktur des bilateralen Handels   76
     3.1.3 Das Problem der wirtschaftlichen Spaltung Westeuropas   78
3.2 Sicherheitspolitische Zusammenarbeit in der NATO   88
     3.2.1 Eine »schwierige Partnerschaft« – die deutsch-norwegische
           Kooperation in der NATO bis Mitte der 1960er Jahre   89
     3.2.2 Auf dem Weg zu einer Normalisierung nach 1966   93
3.3 Vertrauensbildung und politisch-psychologische Normalisierung   103
     3.3.1 Die schwierige politische Normalisierung bis Mitte der
           1960er Jahre   103
     3.3.2 »Eine völlig neue Gedankenwelt« – Annäherung der
           Eliten nach 1966   111

3.4	Ost- und Entspannungspolitik	122
	3.4.1 Norwegische und deutsche Ostpolitik in den 1960er Jahren	123
	3.4.2 Annäherung im Zeichen der Ost- und Deutschlandpolitik der Großen Koalition	126
	3.4.3 Ost- und Deutschlandpolitik nach dem »Machtwechsel« in Bonn	135
3.5	Zusammenfassung	141
4	MOTIVE, GRÜNDE UND ARGUMENTE: DAS FÜR UND WIDER EINES NORWEGISCHEN BEITRITTS ZU DEN EUROPÄISCHEN GEMEINSCHAFTEN	143
4.1	Norwegens Elite und die europäische Integration: Von der Ablehnung zur zögerlichen Annäherung	145
	4.1.1 Die Beitrittsbefürworter	149
	4.1.2 Die Beitrittsgegner	162
	4.1.3 Die schwierige Rolle der Bürokratie	166
4.2	Bundesrepublik Deutschland: Vom Streit über die Westbindung zum europapolitischen Konsens	173
	4.2.1 Die Große Koalition und die Erweiterungsfrage	175
	4.2.2 Die sozial-liberale Koalition und die Beitrittsverhandlungen	181
	4.2.3 Parlament, wirtschaftliche Interessengruppen und öffentliche Meinung	183
	4.2.4 Die Haltung der Ministerialbürokratie	188
4.3	Alternative Anschlussformen	190
	4.3.1 Freihandelszone als »Brückenschlag« zwischen EG und EFTA	192
	4.3.2 Assoziierung – eine realistische Alternative?	193
	4.3.3 Das handelspolitische Arrangement	197
	4.3.4 Nordek – Das Projekt einer nordischen Zollunion	199
4.4	Zusammenfassung	206
5	BEITRITTSVERHANDLUNGEN (1970-1972)	210
5.1	Das Verhandlungsverfahren	213
5.2	Norwegens Einstellung zur politischen Einigung Europas	231
	5.2.1 Der Auftakt der Verhandlungen – Zweifel an Norwegens europäischer Gesinnung	231
	5.2.2 Norwegen und die politische Einigung Europas nach dem Regierungswechsel	240
	5.2.3 Die »Schweden-Lösung« als Modell?	243

5.3	Die Landwirtschaftsverhandlungen	250
	5.3.1 Vorbereitung der Verhandlungspositionen	251
	5.3.2 Neuer Rahmen, alte Probleme	258
	5.3.3 Detailverhandlungen	265
	5.3.4 Der Abschluss der Verhandlungen	268
5.4	Die Fischereiverhandlungen	274
	5.4.1 Der Weg zu den Verhandlungen	274
	5.4.2 Die Eröffnung der bilateralen Verhandlungen	280
	5.4.3 Das Dilemma der neuen Regierung	288
	5.4.4 Norwegen ein Sonderfall?	293
	5.4.5 Die Schlussphase	317
5.5	Das Verhandlungsergebnis	330
5.6	Zusammenfassung	334

6	INTERIMSPERIODE, VOLKSABSTIMMUNG UND VERHANDLUNGEN UM EIN FREIHANDELSABKOMMEN (1972-1973)	338
6.1	Vom Ja zum Nein – Interimsperiode und Ratifizierungskampagne	339
	6.1.1 Deutsch-norwegische Zusammenarbeit in der Interimsperiode	339
	6.1.2 Der deutsche Beitrag zur norwegischen Ratifizierungskampagne	343
	6.1.3 Nach der Volksabstimmung: Reaktionen auf das norwegische »Nein«	352
6.2	Verhandlungen um ein Freihandelsabkommen	357
	6.2.1 Norwegens Antrag und die Reaktion der Gemeinschaft	358
	6.2.2 Sondierungen und Vorverhandlungen	369
	6.2.3 Aufnahme und Abschluss der Verhandlungen	372
6.3	Ausblick: Norwegens Europapolitik und die deutsch-norwegischen Beziehungen nach 1973	381

7	SCHLUSSBETRACHTUNGEN	389

ANHANG	407
Abkürzungen	409
Quellen- und Literaturverzeichnis	411
Kurzbiographien und Personenregister	430
Sachregister	438
Bildnachweis	445
Zum Autor	446

Vorwort

Das vorliegende Buch ist die überarbeitete und gekürzte Version meiner Dissertation zur Erlangung der Doktorwürde, die im Februar 2007 von der Universität Hamburg angenommen wurde.

Die Arbeit an einer Dissertation ist zwar in mancher Hinsicht eine einsame Aufgabe, sie lässt sich jedoch nicht ohne den Beistand vieler Förderer und Kollegen und die Unterstützung von Freunden und Familienmitgliedern durchführen.

Zu danken habe ich in erster Linie Professor Gabriele Clemens (Universität Hamburg), von deren umsichtiger Betreuung ich mit Hilfe moderner Telekommunikationsmedien in Tokio ebenso profitieren konnte wie in Oslo und Berlin. Auch meinen Mitdoktoranden Gerhard Wille und Alexander Reinfeldt danke ich für gute Gespräche und interessante Diskussionen bei den viel zu seltenen Begegnungen in Hamburg. Professor Ralph Tuchtenhagen (Universität Hamburg) danke ich für die Bereitschaft, seine Nordeuropakompetenz als Zweitgutachter der Arbeit einzubringen.

In seiner Startphase wurde das Dissertationsprojekt durch ein Stipendium des Deutschen Akademischen Austauschdienstes (DAAD) ermöglicht. Das Zentrum für Europaforschung ARENA an der Universität Oslo hat mir in dieser Periode für zwei Jahre einen Arbeitsplatz zur Verfügung gestellt. Abgesehen von der praktischen Unterstützung war der Austausch mit den ARENA-Forschern, -Stipendiaten und -Angestellten sowohl in fachlicher als auch in sozialer Hinsicht inspirierend.

Bei dem Bemühen, die historischen Ursachen des »besonderen« Verhältnisses Norwegens zur europäischen Integration zu verstehen, haben mir eine Reihe norwegischer Historiker Unterstützung geleistet. Zu danken habe ich Professor Helge Pharo, Anders Jølstad und Dag Axel Kristoffersen (Universität Oslo), sowie Prof. Hans Otto Frøland (NTNU Trondheim). Für wertvolle Hinweise zu den deutsch-norwegischen Beziehungen und zu Willy Brandts Verhältnis zu Norwegen bin ich Professor Einhart Lorenz (Universität Oslo) zu Dank verpflichtet.

Besonderer Dank gebührt Professor Thomas Sirges (Universität Oslo), der sich die Mühe gemacht hat, mit Genauigkeit und Sachverstand die »Rohversion« der einzelnen Kapitel durchzusehen. Dank auch an Dieter Krüger, Kerstin Pürschel und Valeska Henze für die Durchsicht und Kommentierung mehrerer Kapitel.

In Verbindung mit dem Dissertationsprojekt konnte ich eine Reihe von Bibliotheken und Archiven besuchen, in denen ich mit Freundlichkeit und Hilfsbereitschaft aufgenommen wurde. Den Archivaren, Bibliothekaren und wissenschaftlichen Mitarbeitern im Politischen Archiv des Auswärtigen Amts, im Bundesarchiv Koblenz, im Archiv der sozialen Demokratie (einschließlich Willy Brandt Archiv), im Riksarkiv Oslo, im Archiv des norwegischen Außenministeriums, und im Archiv der norwegischen Arbeiterbewegung danke ich herzlich für die Betreuung. Dank auch an Dr. Nils Morten Udgaard, der mir für einige Wochen einen Arbeitsplatz im Pressearchiv der Tageszeitung *Aftenposten* vermittelte, sowie an Thorvald Stoltenberg, Kjell Colding, Terje Johannessen, Sverre Jervell, Bjørn Tore Godal und Dr. Katharina Focke, die sich Zeit für Hintergrundgespräche nahmen.

Der Bundeskanzler-Willy-Brandt-Stiftung danke ich für die Auszeichnung der Dissertation mit dem Willy-Brandt-Preis für Nachwuchswissenschaftler 2007 und für die damit verbundene Möglichkeit, die Arbeit als Band 2 in der Reihe Willy-Brandt-Studien zu publizieren. Besonderer Dank gebührt Dr. Bernd Rother, der die Überarbeitung des Manuskripts betreut hat und dessen Kommentare, Korrektur- und Kürzungsvorschläge immer konstruktiv und hilfreich waren.

Meiner Familie – insbesondere meiner Mutter und meinem Vater – danke ich für die ideelle und praktisch-materielle Unterstützung meines Interesses für Geschichte und für den festen Glauben daran, dass aus diesem langwierigen Projekt irgendwann auch einmal etwas wird.

Meiner Frau Tone ist dieses Buch gewidmet. Sie hat nicht nur mein Interesse für Norwegen geweckt, sie war mir auch eine wichtige Beraterin in allen Phasen des Projektes und ein unverzichtbarer »reality check« bei der Beurteilung norwegischer Verhältnisse. Nicht zuletzt aber hat Sie mit einer gelungenen Mischung aus Verständnis und Druck geholfen, den Schreibprozess zu einem Abschluss zu bringen.

Nesodden, den 17. Oktober 2008
Robin Allers

Für Tone

1 EINLEITUNG

1.1 Die Ära Brandt – Eine Schlüsselphase in den deutsch-norwegischen Beziehungen

Als der deutsche Botschafter in Oslo, Gerhard Ritzel, im Januar 1971 bilanzierte, die deutsch-norwegischen Beziehungen hätten im Laufe des vorigen Jahres »schon beinahe den Charakter einer *special relationship*« angenommen[1], spielte er auf die wechselseitige Beeinflussung zweier parallel verlaufender Prozesse an: Die positive Entwicklung der deutsch-norwegischen Beziehungen seit Mitte der 1960er Jahre und die Herausbildung eines vertrauensvollen Dialogs zwischen beiden Ländern im Rahmen der Verhandlungen Norwegens um einen Beitritt zu den Europäischen Gemeinschaften (EG). Für beide Entwicklungen spielte der deutsche Sozialdemokrat Willy Brandt, der seit seiner Zeit im norwegischen und schwedischen Exil zwischen 1933 und 1947 den skandinavischen Ländern eng verbunden war, eine zentrale Rolle. Die »Ära Brandt«, hier verstanden als die Periode, in der Brandt zunächst als Bundesaußenminister (1966-1969) und später als Bundeskanzler (1969-1974) nicht nur die Außenpolitik der Bundesrepublik, sondern auch die internationale und europäische Politik entscheidend mitprägte, deckt sich mit dem Untersuchungszeitraum dieser Arbeit: der zweiten Hälfte der »langen 60er Jahre«[2], die als eine Schlüsselphase in den bilateralen deutsch-norwegischen Beziehungen der Nachkriegszeit bezeichnet werden kann.

Im Anschluss an die Regierungskrise, die am 30. November 1966 Bundeskanzler Ludwig Erhard (CDU) zum Rücktritt zwang, bildeten Union und SPD erstmalig in der Geschichte der Bundesrepublik eine »Große Koalition«. Kurt Georg Kiesinger (CDU) wurde am 1. Dezember zum Bundeskanzler gewählt; Willy Brandt (SPD) zum Außenminister und Vizekanzler ernannt. Der Antritt der Großen Koalition bewirkte eine

---

1 Politisches Archiv des Auswärtigen Amts (PA AA), Bestand (B) 31, Bd. 381, Botschaft Oslo (Oslo) an Auswärtiges Amt (AA), 29.1.71, Politischer Jahresbericht 1970.
2 Mit den »langen 60er Jahren« wird im aktuellen Forschungsdiskurs der Zeitraum zwischen ca. 1958 und ca. 1973 bezeichnet. Vgl.: Eine »zweite Gründung«? 1968 und die langen 60er Jahre in der Geschichte der Bundesrepublik. 17. 09. 2004, Historikertag Kiel, in: H-Soz-u-Kult, 15.10.2004, http://hsozkult.geschichte.hu-berlin.de/tagungsberichte/id=485 (14.1.2008).

Beschleunigung des politischen Normalisierungsprozesses in den deutsch-norwegischen Beziehungen. Diese waren durch den deutschen Überfall auf Norwegen vom 9. April 1940 und die nachfolgende Besatzungszeit auf lange Zeit schwer beschädigt worden. Zwischen 1940 und 1945 hatten das nationalsozialistische Regime und seine Helfer nicht nur Verbrechen gegen Juden, Widerständler und Andersdenkende verübt, sie hatten auch zahlreiche Mitglieder der politischen Elite des Landes deportiert und die Volkswirtschaft der Kriegswirtschaft untergeordnet. In den ersten Nachkriegsjahren war die Haltung gegenüber Deutschland in Norwegen vorwiegend durch Ablehnung geprägt gewesen und noch bis in die 1960er Jahre hinein beherrschten Misstrauen und Skepsis das Meinungsbild der politischen Elite ebenso wie das der Bevölkerung. Erst mit der Regierungsbeteiligung des ehemaligen Emigranten Brandt und seiner sozialdemokratischen Partei gelang es, ein Vertrauensverhältnis zwischen den beiden Staaten aufzubauen. Gleichzeitig bewirkte die »Neue Ostpolitik« der Großen Koalition eine Angleichung der bislang stark voneinander abweichenden Auffassungen Deutschlands und Norwegens zur Entspannungspolitik.

Ebenfalls im Herbst 1966 rückte in Norwegen aufgrund einer britischen Initiative die Frage eines EG-Beitritts erstmals nach 1963 wieder auf die Tagesordnung der Regierung. Am 11. November 1966 gab die britische Regierung bekannt, einen neuen Vorstoß zur Aufnahme von Verhandlungen mit der EG unternehmen zu wollen. Ein erster Versuch war im Januar 1963 am Veto des französischen Staatspräsidenten General Charles de Gaulle gescheitert, wodurch auch die Mitgliedschaftsanträge Irlands, Dänemarks und Norwegens erfolglos blieben. Im Herbst 1966 lud der britische Premierminister Harold Wilson die Regierungschefs der 1960 gegründeten Europäischen Freihandelsassoziation (European Free Trade Association, EFTA) zu Konsultationen nach London ein. Der norwegische Ministerpräsident Per Borten erklärte bei diesem Treffen, seine Regierung wolle aktiv an der Überwindung der Spaltung Europas in zwei Marktformationen mitarbeiten und erkenne, dass dies auf der Grundlage der Römischen Verträge von 1957 geschehen müsse. Für die deutsch-norwegischen Beziehungen ergab sich aus dem norwegischen Beitrittsgesuch vom 24. Juli 1967, wie der damalige deutsche Botschafter in Oslo, Richard Balken, bemerkte, »eine besondere Perspektive«.[3] Die norwegische Regierung war fortan daran interessiert, die Bundesregie-

---

3 PA AA, B 31, Bd. 381, Oslo an AA, 12.2.68, Politischer Jahresbericht 1967.

rung für eine aktive Unterstützung ihres Konzeptes einer EG-Mitgliedschaft mit Vorbehalten zu gewinnen. Die Bundesregierung warb ihrerseits in den skandinavischen Ländern um Unterstützung für die neuen ostpolitischen Initiativen. In dem EG-Beitritt Norwegens und der anderen skandinavischen Staaten sah man in Bonn nicht nur eine wichtige Überbrückung der wirtschaftlichen Spaltung Westeuropas, sondern auch eine Stärkung des westlichen Bündnisses. Erleichtert wurde die politische Zusammenarbeit fortan durch die guten Verbindungen Brandts und anderer Sozialdemokraten zu den skandinavischen Ländern, die sich merklich von der »schwierigen Partnerschaft« der ersten Nachkriegsjahre unterschieden.

Bei den Wahlen zum 6. Bundestag am 28. September 1969 erreichten SPD und FDP eine knappe Mehrheit und bildeten am 21. Oktober eine Koalitionsregierung unter der Leitung Brandts als Kanzler und Walter Scheel (FDP) als Außenminister und Vizekanzler. Die Bildung der sozial-liberalen Koalition räumte norwegische Zweifel an der Demokratiefähigkeit Deutschlands weitgehend aus und sorgte für eine weitere Angleichung der entspannungspolitischen Konzeptionen. Kurz darauf, am 1. und 2. Dezember 1969, wurde auf dem Gipfeltreffen der EG in Den Haag neben Beschlüssen zur Vollendung und Vertiefung der Gemeinschaft auch die Aufnahme von Beitrittsverhandlungen mit Großbritannien, Dänemark, Norwegen und Irland vereinbart. Dieser Beschluss war erst durch den Rücktritt de Gaulles im April 1969 möglich geworden, da dessen Nachfolger, Georges Pompidou, die Blockadehaltung aufgab, mit der Frankreich während der gesamten 60er Jahre die Erweiterung verhindert hatte. Im Zuge der Vorbereitung und Durchführung der Beitrittsverhandlungen in den folgenden zwei Jahren vertiefte sich die deutsch-norwegische Kooperation weiter. Eine neue Dimension erhielt das Verhältnis, als im Frühjahr 1971 die norwegische Arbeiterpartei (*Det norske Arbeiderparti*, DNA) unter der Leitung von Trygve Bratteli eine Minderheitsregierung bildete. Die Arbeiterpartei hatte 1965, nach 20 Jahren beinahe ununterbrochener Regierungszeit, die Macht an eine »bürgerliche« Koalition aus Konservativen (*Høyre*, H), Liberalen (*Venstre*, V), Christdemokraten (*Kristelig Folkeparti*, Krf) und Zentrumspartei (*Senterparti*, Sp) verloren. Der Regierungswechsel von 1971 war das Ergebnis einer Indiskretions-Affäre, die die seit langem schwelende Uneinigkeit der bürgerlichen Regierung über den EG-Beitritt bloßlegte und den beitrittsskeptischen Regierungschef Borten (Sp) zum Rücktritt zwang. Somit standen zwischen März 1971 und September 1972 erstmals sowohl in der Bundesrepublik als auch in Norwegen Sozialdemokraten in der

Regierungsverantwortung. Für die enge deutsch-norwegische Kooperation in dieser Phase waren indes nicht allein parteipolitische Gründe verantwortlich. Auch die bürgerliche Koalition hatte gute Beziehungen zu den Regierungen Kiesinger-Brandt und Brandt-Scheel unterhalten. Vielmehr dachten nach den »Machtwechseln« in Bonn und Oslo beide Regierungen auch europapolitisch in ähnlichen Kategorien. Die Regierung Borten hatte aufgrund des internen Gegensatzes zwischen Beitrittsskeptikern und Beitrittsbefürwortern europapolitisch zurückhaltend agiert und zwischenzeitlich geradezu gelähmt gewirkt. Die Regierung Bratteli trat dagegen, innenpolitischen und innerparteilichen Widerständen zum Trotz, zielstrebig für eine Vollmitgliedschaft Norwegens ein, die auch in Bonn befürwortet wurde. Die seit Aufnahme der Verhandlungen im Juni 1970 ständig wachsende Bewegung der Beitrittsgegner, die sich auch überparteilich organisierte, setzte die norwegischen Unterhändler unter Druck und verstärkte in der EG die Zweifel am Beitrittswillen des Landes.

Am 24. und 25. September 1972 stimmte eine Mehrheit von 53,5% der Bevölkerung Norwegens in einem konsultativen Referendum gegen den Beitrittsvertrag, den die Regierung am Januar 1972 unterzeichnet hatte. Anders als Irland, das den Vertrag am 10. Mai 1972 durch Volksabstimmung ratifiziert hatte, Großbritannien, wo am 13. Juli 1972 ein Parlamentsbeschluss ausreichte, und Dänemark, wo die Bevölkerung am 2. Oktober mit 63,3% der Mitgliedschaft zustimmte, zog Norwegen seinen Antrag zurück. Die Regierung Bratteli reichte ihren Rücktritt ein und überließ einer von den Beitrittsskeptikern geführten Minderheitsregierung die Aushandlung eines Freihandelsabkommens mit der EG. Norwegen folgte damit den übrigen EFTA-Staaten, darunter Schweden, die 1972 ein vergleichbares Abkommen abgeschlossen hatten. Das Abkommen konnte im Juli 1973 in Kraft treten und stellte bis Ende der 1980er Jahre die Grundlage des Verhältnisses Norwegens zur EG dar. Die intensive europapolitische Zusammenarbeit, die sich im Rahmen der Beitrittsverhandlungen und ihrer langjährigen Vorbereitung herausgebildet hatte, war damit vorläufig beendet. Allerdings bedeutete die Abkehr Norwegens von der Vollmitgliedschaft keinen Rückschritt in den mittlerweile sehr guten bilateralen deutsch-norwegischen Beziehungen, die sich in den folgenden Jahrzehnten auch unabhängig von dem persönlichen Einsatz Willy Brandts und von der parteipolitischen Konstellation weiter entwickelten. Enge und freundschaftliche Beziehungen zwischen den politischen Führungskräften stellten auch weiterhin die Grundlage für Deutschlands Rolle als wichtigster europapolitischer Verbündeter Norwegens dar.

1.2 Zielsetzung, Hypothesen und Leitfragen

Ziel der vorliegenden Arbeit ist es, die Wechselwirkungen zwischen dem bilateralen deutsch-norwegischen Annäherungsprozess und der Kooperation deutscher und norwegischer Akteure in der Beitrittsfrage zu beleuchten. Im Einzelnen soll untersucht werden, warum eine Sonderbeziehung zustande kam, wie, d.h. auf welchen Ebenen und über welche Kanäle, sie sich vollzog und welche Wirkung sie im Beitrittsprozess erzielen konnte. Dabei wird von drei Hypothesen ausgegangen:

Erstens wird angenommen, dass sich die deutsch-norwegischen Beziehungen in der Ära Brandt »besonders« gestalteten, weil das bereits bestehende gegenseitige Interesse an engen wirtschafts- und sicherheitspolitischen Beziehungen nun um eine politische Dimension in Gestalt eines vertrauensvollen Dialogs über internationale und europapolitische Fragen erweitert wurde. Es handelt sich also, insbesondere im Vergleich mit den ersten Jahrzehnten der Nachkriegszeit, um eine Phase des besonders intensiven Austauschs. Gleichzeitig wird zu berücksichtigen sein, dass das Verhältnis jenseits der politischen Elite weiterhin von Vorbehalten auf norwegischer und von geringem Interesse auf deutscher Seite geprägt war. Zu erörtern ist daher, wie sich die Ära Brandt in den Gesamtzusammenhang der Entwicklung des bilateralen Verhältnisses seit 1945 einordnen lässt.

Zweitens wird angenommen, dass die Neuorientierung der deutschen Ost- und Entspannungspolitik zwar den Auslöser für die Verbesserung des deutsch-norwegischen Verhältnisses darstellte, dass es aber die häufigen und an konkrete gemeinsame Probleme geknüpften Kontakte im Rahmen der EG-Beitrittsverhandlungen waren, die entscheidend zur Nachhaltigkeit der bilateralen Annäherung zwischen den politischen Eliten beider Länder beitrugen. Gleichzeitig wird angenommen, dass der Durchbruch in den bilateralen Beziehungen seinerseits die Entstehung einer privilegierten deutsch-norwegischen Zusammenarbeit im Beitrittsprozess begünstigte. Dabei stellt sich vor dem Hintergrund der norwegischen Reserviertheit gegenüber der verpflichtenden Zusammenarbeit mit Kontinentaleuropa zunächst die Frage, wie es dazu kam, dass zwischen deutschen und norwegischen Akteuren ausreichend europapolitische Gemeinsamkeiten vorhanden waren, um wirkungsvoll kooperieren zu können. Geht man von einer europapolitischen Sonderbeziehung aus, so stellt sich die Frage, welche Bedeutung bilateralen Kontakten zwischen Mitglieds- und Beitrittsländern im Gesamtkontext der EG-Erweiterungsverhandlungen grundsätzlich zukam und welche Wirkung eine privilegierte Zusammenarbeit wie die deutsch-norwegische im multilateral angelegten Beitrittsprozess erzielen konnte.

Drittens wird angenommen, dass Willy Brandt eine zentrale Bedeutung sowohl für die bilaterale deutsch-norwegische Annäherung als auch für die Frage des norwegischen Beitritts zu den Europäischen Gemeinschaften zugesprochen werden kann. Daraus ergibt sich zunächst die Frage nach der Motivation und prinzipiellen Bereitschaft Brandts, sich für Norwegens EG-Beitritt einzusetzen. Vor allem aber stellt sich die Frage, welche Handlungsspielräume und Einflussmöglichkeiten Brandt als individuellem Akteur im Erweiterungsprozess zur Verfügung standen und in welchem Umfang er bereit und in der Lage war, sie zu nutzen.

1.3 Vorgehensweise

Die Herangehensweise an den Untersuchungsgegenstand ist historisch-empirisch, wobei die deutsche und die norwegische Perspektive zu gleichen Teilen berücksichtigt und dokumentiert werden. Der Schwerpunkt der Untersuchung liegt auf der Analyse der Haltungen und Kontakte innerhalb der politisch-administrativen Eliten, worunter einerseits die mit außen-, handels- und europapolitischen Fragen befasste Ministerialbürokratie in Deutschland und Norwegen sowie die supranationale Bürokratie der EG, und andererseits die außen- und europapolitisch engagierten Politiker im Parlament und in den Führungsetagen der Parteien verstanden werden.[4]

Auf eine Diskussion der methodischen und theoretischen Überlegungen, die dieser Arbeit zugrunde liegen (Kap. 2), werden im Folgenden zunächst die Entwicklung der bilateralen Beziehungen dargestellt (Kap. 3) und die Einstellung deutscher und norwegischer Eliten zur europäischen Integration im Allgemeinen und zum norwegischen Beitritt im Besonderen miteinander verglichen (Kap. 4). Anschließend wird die deutsch-norwegische Zusammenarbeit in den Beitrittsverhandlungen

---

4   Für eine Abgrenzung des Begriffs vgl. *Deighton, Anne/Bossuat, Gérard*: Les élites politiques et la question de l'unité de l'Europe, in: *Girault, René* (Hrsg.): Identité et conscience européennes au Xxe siècle, Paris 1994, S. 113-124, hier S. 115. Für eine Erörterung der Europäisierung und transnationalen Vernetzung nationaler Eliten vgl. *Herrmann, Richard K.* u.a. (Hrsg.): Transnational Identities: Becoming European in the EU, Lanham 2004; sowie *Kaiser, Wolfram/Starie, Peter* (Hrsg.): Transnational European Union: Towards a Common Political Space, London 2005.

von 1970 bis 1972 (Kap. 5) und in den Freihandelsverhandlungen von 1972 bis 1973 (Kap. 6) analysiert.

2 Methodische und theoretische Überlegungen

Das Thema dieser Arbeit sind einerseits die bilateralen deutsch-norwegischen Beziehungen und andererseits die Erweiterung der Europäischen Gemeinschaften. Die Untersuchung verortet sich damit sowohl im Forschungsbereich der »Geschichte der Internationalen Beziehungen« als auch im Bereich der europäischen Integrationsforschung, zwei relativ jungen und äußerst vielfältigen Forschungsfeldern. Die Geschichte der internationalen Beziehungen hat sich erst in den vergangenen Jahrzehnten von dem Erbe der Diplomatiegeschichte emanzipiert und ist dabei, sich unter der Bezeichnung »Internationale Geschichte« als Teildisziplin der Geschichtswissenschaft zu etablieren.[1] Die erst seit der Nachkriegszeit bestehende Europaforschung hat ihrerseits bereits verschiedene Entwicklungsphasen durchlebt und dabei auch unterschiedliche Konzepte und Erklärungsansätze hervorgebracht.[2] Die methodische und theoretische Diskussion in beiden Forschungsbereichen ist davon geprägt, dass sich der Gegenstand ihrer Untersuchung ständig verändert. Die Geschichte der internationalen Beziehungen muss sich im Zuge von Globalisierung, Interdependenz und technologischem Fortschritt, um nur einige Schlagwörter zu nennen, mit einer Vielzahl neuer Themen und Akteure auseinandersetzen.[3] Die Forschung zur Geschichte der europäischen Integration ist dadurch gekennzeichnet, dass sich sowohl der geographische Umfang als auch die institutionelle Ausformung der Europäischen Gemeinschaft, später der Europäischen Union, beständig verändert. Gemein ist beiden Disziplinen auch, dass sie sich dem Gegenstand ihrer Forschung nicht alleine widmen. Sowohl die Politik-, Wirtschafts- und Rechtswissenschaften als auch Soziologie, Ethnologie, Kulturanthropo-

---

1   Für einen aktuellen Überblick über Entwicklung und Status dieses Forschungsfeldes vgl. *Loth, Wilfried/Osterhammel, Jürgen* (Hrsg.): Internationale Geschichte. Themen – Ergebnisse – Aussichten, München 2000; *Conze, Eckart u.a.*: Einführung, in: *Dies.* (Hrsg.): Geschichte der internationalen Beziehungen. Erneuerung und Erweiterung einer historischen Disziplin, Köln 2004, S. 1-14.
2   Vgl. u.a. *Schumann, Wolfgang/Müller, Ragnar*: Integration als Problem internationaler Geschichte, in: *Loth/Osterhammel* (Hrsg.) 2000, S. 331-356; *Kaelble, Hartmut*: Supranationalität in Europa seit dem Zweiten Weltkrieg. Einleitende Bemerkungen, in: *Winkler, Heinrich August/Kaelble, Hartmut* (Hrsg.): Nationalismus – Nationalitäten – Supranationalität, Stuttgart 1993, S. 189-206.
3   Vgl. *Osterhammel, Jürgen*: Internationale Geschichte, Globalisierung und die Pluralität der Kulturen, in: *Loth/Osterhammel* (Hrsg.) 2000, S. 387-408.

logie, Psychologie u.a. beschäftigen sich mit einzelnen Aspekten der internationalen Beziehungen und beteiligen sich an der Erklärung des Phänomens der Supranationalität. Die Frage, wie die vielfältigen methodischen und theoretischen Annäherungen an das Thema und seine Einzelaspekte miteinander verbunden werden und damit für die historische Analyse nutzbar gemacht werden können, stellt für jede Arbeit der Internationalen Geschichte und der europäischen Integrationsgeschichte eine Herausforderung dar.

Mit den folgenden Überlegungen wird zu diesen Entwicklungen und Herausforderungen Stellung bezogen. Dabei wird die in der Einleitung skizzierte Vorgehensweise dieser Arbeit in den Zusammenhang der historiographischen Diskussion um die Erneuerung und Erweiterung der Geschichte der internationalen Beziehungen gestellt. Ein Teil dieser Vorgehensweise ist die Erstellung eines Interpretationsrahmens, der drei Untersuchungsebenen umfasst: die Ebene des internationalen Staatensystems (2.1), die Ebene kollektiver innerstaatlicher Akteure (2.2) und die Ebene individueller innerstaatlicher Akteure (2.3). Die Relevanz dieser Ebenen für den Untersuchungsgegenstand soll unter Zuhilfenahme theoretischer Erklärungsansätze und mit Verweis auf Beispiele aus der empirischen Untersuchung erläutert werden.

Drei Untersuchungsebenen

Den Ausgangspunkt stellt dabei die Unterscheidung von drei Untersuchungsebenen (levels of analysis) dar, wie sie Kenneth Waltz 1954 in seiner klassischen Studie zur Analyse der internationalen Beziehungen vorgenommen hat[4]: Die Ebene des internationalen Systems, auf der staatliche und in zunehmendem Maße auch trans- und supranationale Akteure interagieren, die Ebene des Nationalstaats als Organisationsform unterschiedlicher gesellschaftlicher Gruppen und die Ebene des Individuums. Sozialwissenschaftliche Ansätze (darunter auch der Waltz'sche Realismus-Ansatz), haben sich mit dem Ziel der Theoriebildung bewusst auf eine Untersuchungsebene, z.B. das internationale Staatensystem beschränkt, oder verbinden, wie der liberal-intergouvernementalistische

---

4 Vgl. *Waltz, Kenneth N.*: Man, the State, and War: A Theoretical Analysis, New York 3. Aufl. 2001, Erstaufl. 1954. Zu Waltz' Ansatz und seiner wegweisenden Bedeutung für die Analyse der internationalen Beziehungen vgl. z.B. *Holsti, Ole R.*: Theories of International Relations and Foreign Policy: Realism and Its Challengers, in: *Kegley, Charles W. Jr.* (Hrsg.): Controversies in International Relations Theory. Realism and The Neoliberal Challenge, New York 1995, S. 35-65.

Ansatz Moravcsiks, zwei Ebenen miteinander (in diesem Fall die Ebene des Nationalstaates, auf der zwischen den unterschiedlichen Interessengruppen ein Kompromiss ausgehandelt wird, den die Regierung dann international vertritt, und die Systemebene, auf der die Nationalstaaten untereinander Kompromisse aushandeln).[5] Auf die Bedeutung individueller Akteure wird von diesen Ansätzen zwar hingewiesen, dem einzelnen Staatsmann, Minister, hohen Beamten oder Parteipolitiker wird aber, im Gegensatz zu externen Einflussfaktoren und innenpolitischen Zwängen, kein vorrangiger Erklärungswert für den Verlauf internationaler Verhandlungen o.ä. Prozesse zugesprochen. Dies erscheint allein mit Blick auf die hervortretende Rolle historischer Persönlichkeiten wie Konrad Adenauer, Charles de Gaulle, Georges Pompidou, Harold Wilson, Edward Heath oder Willy Brandt unzulässig. Der Historiker berücksichtigt diese Akteure nicht zuletzt deshalb, weil ihre Bedeutung sowohl aus dem diplomatischen Schriftverkehr und den Erinnerungen beteiligter Akteure als auch aus der Wahrnehmung der Öffentlichkeit hervorgeht und sich in den zeitgenössischen Medien widerspiegelt. Dies führt zwangsläufig zu der Erkenntnis, dass alle drei Ebenen berücksichtigt werden müssen, was wiederum die Frage aufwirft, ob diese Ebenen getrennt voneinander oder integriert untersucht werden sollten. Politikwissenschaftliche Ansätze bevorzugen i.d.R. eine getrennte Behandlung der Analyseebenen, weil sich, wie Helga Haftendorn festgestellt hat, »für die Untersuchung der jeweiligen Ebene ein spezifisches methodisches Instrumentarium anbietet.«[6] Allerdings erkennen auch sie an, »dass sich ein wirklichkeitsnahes Abbild erst in der Komplementarität verschiedener Betrachtungsweisen gewinnen lässt.«[7] Die diplomatiegeschichtliche Tradition legt dagegen eine Integration der Analyse in die narrative Darstellung nahe, was nicht notwendigerweise eine Ablehnung theoretischer Konzepte bedeutet. Denn, wie Colin und Miriam Elman unterstreichen: »Many historians may already rely on the same kinds of causal theories as international relation theorists, but for mainly aesthetic reasons prefer

---

5 Vgl. *Moravcsik, Andrew*: The Choice for Europe. Social Purpose and State Power from Messina to Maastricht, London 1999.
6 *Haftendorn, Helga*: Zur Theorie außenpolitischer Entscheidungsprozesse, in: *Rittberger, Volker* (Hrsg.): Theorien der Internationalen Beziehungen, PVS Sonderheft 21, Opladen 1990, S. 401-423, hier S. 405.
7 Ebd., S. 407.

not to make this reliance explicit.«[8] Eine analytische Unterscheidung der Ebenen ist dennoch nützlich, weil nur auf diesem Wege die Bedeutung der einzelnen Faktoren und Akteure für den Untersuchungsgegenstand deutlicher herausgearbeitet werden kann. Eine solche Unterscheidung wird in den folgenden Abschnitten der empirischen Untersuchung vorangestellt.

2.1 Internationales System und nationale Interessen

Auf der Ebene des internationalen Staatensystems werden die Bundesrepublik und Norwegen als interessengeleitete Akteure betrachtet, die miteinander und zu anderen Akteuren Beziehungen pflegen. Dabei werden zum einen die Rahmenbedingungen untersucht, an denen sich das Denken und Handeln deutscher und norwegischer Akteure orientiert. Als solche gelten sowohl externe Einflüsse, d.h. die Handlungen dritter staatlicher Akteure und die sich daraus ergebenden Prozesse, als auch die als übergeordnet angesehen nationalen Interessen, die *forces profondes*, die sich aus der geographischen Lage, wirtschaftlichen Orientierung, politischen Entwicklung und kulturellen Tradition beider Länder ergeben.[9] Zum anderen wird auf dieser Ebene untersucht, wie sich das außenpolitische Handeln Deutschlands und Norwegens im internationalen System auswirkt, wie sich z.B. diplomatische Initiativen, das Annehmen oder Ablehnen von Kompromissvorschlägen, die Änderung einer Strategie etc. auf den Verlauf multilateraler Verhandlungen ausüben.

Auch in einer Zeit, in der von der »Entgrenzung der Staatenwelt«, dem »Ende der Territorialität«, der »Denationalisierung« oder dem »Rückzug des Staates« die Rede ist, stellt die Ebene des internationalen Staatensystems ein unvermeidliches analytisches Instrument dar[10]; aus zwei Gründen: Zum einen kommt, wie Ernst-Otto Czempiel bemerkt, »wer größere Zeiträume und Komplexe systematisch analysieren will,

---

8 *Elman, Colin/Elman Miriam Fendius* (Hrsg.): Diplomatic History and International Relations Theory. Respecting Differences and Crossing Boundaries, in: International Security Studies 22/1 (1997), S. 5-21, hier S. 13.
9 Vgl. *Renouvin, Pierre/Duroselle, Jean-Baptiste*: Introduction à l'histoire des relations internationales, Paris, 4. Aufl., 1991.
10 Vgl. *Conze, Eckart*: Abschied von Staat und Politik? Überlegungen zur Geschichte der internationalen Politik, in: *Ders./Lappenküper, Ulrich/Müller, Guido* (Hrsg.): Geschichte der internationalen Beziehungen. Erneuerung und Erweiterung einer historischen Disziplin, Köln 2004, S. 15-43, hier S. 35 f.

[…] ohne Interaktionsbegriffe kaum aus.«[11] Nur auf der Systemebene können die komplexen Zusammenhänge der internationalen Beziehungen übersichtlich erläutert und dargestellt werden, weshalb sich diese Perspektive vor allem für Überblicksdarstellungen und Handbücher eignet.[12] Aber auch für Detailstudien zur Außenpolitik eines Staates oder solche, die sich, wie die vorliegende, mit dem Verhältnis zweier Staaten zueinander in einem begrenzten Zeitraum beschäftigen, ist die systematische Perspektive unvermeidbar, wenn es darum geht, einzelne Prozesse und Entscheidungen in einen größeren zeitlichen, geographischen und thematischen Kontext einzuordnen. Wie Reimund Seidelmann bemerkt, »erfordert eine außenpolitische Analyse auch die Berücksichtigung der Verhaltensmuster, der Struktur und der aktuellen Ausprägung des internationalen Systems, in das der jeweilige Akteur eingebunden ist.«[13]

Die andere zentrale Bedeutung der Systemanalyse kann darin gesehen werden, dass die internationale Politik auch von den Entscheidungsträgern in einer systematischen Perspektive wahrgenommen wird. So hat Morton Halperin in seiner wegweisenden Arbeit zum außenpolitischen Entscheidungsprozess festgestellt, dass »both inside the government and outside, proposals put forward for actions to influence the behaviour of other governments usually are based on the simple model of two individuals communicating accurately with each other«.[14] Außenpolitisches Handeln wird in dieser Perspektive zum einen als Reaktion auf die Handlungen anderer Staaten und zum anderen als das Ergebnis einer Abwägung der »nationalen Interessen« dargestellt.

Nationale Interessen in der Wahrnehmung der Akteure

In Abgrenzung von einem traditionellen Verständnis von Außenpolitik, demzufolge sich die Entscheidungsträger in ihrem Denken und Handeln an *dem* nationalen Interesse bzw. an einer objektiven Staatsräson orientieren können, geht die Forschung heutzutage überwiegend von differen-

---

11 *Czempiel, Ernst-Otto*: Deutsche Außenpolitik von 1871-1945, in: Geschichte und Gesellschaft 22 (1996), S. 243-256, hier S. 244.
12 Vgl. dazu *Kleinschmidt, Harald*: Geschichte der internationalen Beziehungen, Stuttgart 1997, S. 10.
13 *Seidelmann, Reimund*: Außenpolitik (AP), in: *Woyke, Wichard* (Hrsg.): Handwörterbuch. Internationale Politik, Bonn, 9. völlig überarb. Aufl., 2004, 1-7, hier S. 3.
14 *Halperin, Morton H.*: Bureaucratic Politics and Foreign Policy, Washington, D.C. 1974, S. 313.

zierten und subjektiv wahrgenommenen Interessen aus.[15] Der französische Historiker Jean Baptiste Duroselle hat hierzu treffend bemerkt:

> Il serait beau de pouvoir déterminer un intérêt national objectif. On étudierait alors les relations internationales sous la forme simple d'une comparaison entre l'intérêt national proposé par les leaders et l'intérêt national objectif. Le malheur est que *toute réflexion sur un intérêt objectif est subjective*. Seuls les doctrinaires croient qu'ils atteignent l'objectivité scientifique. Mais c'est subjectivement qu'ils ont adopté la doctrine.[16]

Allerdings hat sich der Begriff des nationalen Interesses damit keinesfalls überlebt. Zum einen, weil das Konzept des nationalen Interesses in der politischen Alltagssprache nach wie vor verbreitet ist.[17] Zum anderen, weil es sich bei dem, was die Entscheidungsträger als nationale Interessen wahrnehmen, zwar nicht um objektive Größen, durchaus aber um »gemeinsame Überzeugungen« oder »geteilte Ansichten« (shared images) handelt.[18] Wenn diese auch nicht mit einem »nationalen Interesse« gleichgesetzt werden können, so lässt sich doch so etwas wie ein »vermeintliches nationales Interesse« feststellen, das von einem Teil der Bevölkerung, einem Teil der politischen Elite oder auch nur von einer Gruppe von Entscheidungsträgern als Bestimmungsfaktor außenpolitischer Entscheidungen herangezogen wird.[19] Die Sicherung von Frieden, Freiheit und Wohlstand des eigenen Staates etwa lassen sich als »übergeordnete Interessen« bezeichnen, die von einer großen Mehrheit als nationales Interesse angesehen würden.[20] Für die Bundesrepublik wären zur Zeit des

---

15 *Niedhart, Gottfried/Junker, Detlef/Richter, Michael W.* (Hrsg.): Deutschland in Europa: Nationale Interessen und internationale Ordnung im 20. Jahrhundert, Mannheim 1997, S. IX.
16 *Duroselle, Jean Baptiste*: Tout empire périra. Une vision théorique des relations internationales, Paris 1981, S. 101.
17 Vgl. *Niedhart, Gottfried*: Selektive Wahrnehmung und politisches Handeln: internationale Beziehungen im Perzeptionsparadigma, in: *Loth/Osterhammel* (Hrsg.) 2000, S. 141-157, hier S. 151; *George, Alexander L./Keohane, Robert O.*: The Concept of National Interest: Uses and Limitations, in: *George, Alexander L.*(Hrsg.): Presidential Decisionmaking in Foreign Policy: The Effective Use of Information and Advice, Boulder, Co. 1980, S. 217-237, hier S. 218-220.
18 *Halperin* 1974, S. 11.
19 Die Einteilung solcher Gruppen ist immer analytisch und von der Sichtweise des Betrachters abhängig. Vgl. *Duroselle* 1981, S. 63-73.
20 Vgl. *George/Keohane* 1980, S. 223 f.

Kalten Kriegs zudem die Wiedergewinnung der Souveränität, die Überwindung der deutschen Teilung zu nennen; auf einer norwegischen Rangliste nähmen zweifellos die Verteidigung der nationalen Unabhängigkeit und die Erhaltung des sozialen und des regionalen Gleichgewichts einen prominenten Platz ein. Diese Interessen sind, wie Conze formuliert, »dem historischen Wandel unterworfene Leitkategorien: nicht statisch immobil, sondern höchst dynamisch«.[21] Um sie herauszuarbeiten kommt es, Gottfried Niedhart zufolge, darauf an, Sichtweisen von nationalem Interesse und deren politische und gesellschaftliche Trägergruppen herauszuarbeiten und nach möglichen Überlappungen beziehungsweise Abweichungen zu fragen, um dadurch einen Kern von gemeinsamen Überzeugungen darüber zu ermitteln, was zu einem bestimmten Zeitpunkt als ›vitales Interesse‹ angesehen wird.[22]

Mit Müller und Risse-Kappen kann man von einem Grundkonsens über gewisse Interessen auf einem hohen Abstraktionsniveau sprechen, der sich allerdings schnell auflöst, wenn es um die Gewichtung dieser Interessen und die Maßnahmen zu ihrer Umsetzung geht.[23] Dass der Staat kein einheitlicher Akteur mit *einem* nationalen Interesse ist, bedarf kaum der Erwähnung. Sämtliche innerstaatliche Akteure, von der Regierung, den einzelnen Ressorts bis zu den Parteien und wirtschaftlichen Interessengruppen definieren ihre Haltung zu außenpolitischen Fragen in einem Spannungsverhältnis zwischen dem (vermeintlichen) »Gemeinwohl« oder dem »nationalen Interesse« und ihren Partikularinteressen. So wurde in Norwegen gegen Ende der 1950er Jahre übereinstimmend die Notwendigkeit eines Anschlusses an den Gemeinsamen Markt erkannt. Wie verpflichtend dieser Anschluss aber sein sollte und ob er nicht nur wirtschaftliche, sondern auch politische Integration implizieren sollte, darüber kam es im Laufe der 1960er und besonders Anfang der 1970er Jahre zu heftigen Auseinandersetzungen. In der Bundesrepublik wurden seit Beginn der 1960er Jahre die Erweiterung der EG und damit auch der Anschluss Norwegens befürwortet. Darüber, welche Zugeständnisse den Bewerbern gemacht werden könnten, ohne die eigenen Wirtschaftsinteressen oder den Zusammenhalt der Gemeinschaft zu gefährden, gab es dagegen durchaus unterschiedliche Auffassungen.[24]

---

21 *Conze* 2004, S. 32.
22 *Niedhart* 2000, S. 151.
23 *Müller, Harald/Risse-Kappen, Thomas*: Internationale Umwelt, gesellschaftliches Umfeld und außenpolitischer Prozeß in liberaldemokratischen Industrienationen, in: *Rittberger* (Hrsg.) 1990, S. 375-399, hier S. 385.
24 Vgl. unten, Kap. 4.

Sowohl übergeordnete als auch partikulare Interessen fließen in die Entscheidungen der Regierungen und damit in das staatliche Handeln ein. Wie viel Gewicht den einzelnen Interessen bei unterschiedlichen außenpolitischen Entscheidungen zukommt, kann nur mittels einer Analyse der innenpolitischen Kräfteverhältnisse, der Entscheidungsstrukturen innerhalb der Regierung und der Durchsetzungsfähigkeit einzelner Akteure oder Akteursgruppen untersucht werden.

»Harte« und »weiche« Interessen

Zu den zentralen Fragen der europäischen Integrationsgeschichte gehört die nach dem Primat wirtschaftlicher oder politischer Faktoren als Antriebskräfte des Integrationsprozesses. Während in der Forschungsliteratur die einen den politischen Willen führender Nachkriegspolitiker betonen, durch die Verflechtung nationalstaatlicher Interessen Krieg zwischen den europäischen Staaten zu vermeiden[25], haben andere die wirtschafts- und industriepolitischen Zwänge der Nachkriegszeit betont, aus denen die Notwendigkeit supranationaler Kooperation hervorgegangen sei.[26] Eine vergleichbare Dichotomie der Interpretation lässt sich auch in den Ansätzen erkennen, mit denen erklärt wurde, warum sich Staaten wie Norwegen zunächst nicht dem Integrationsprojekt anschlossen und warum sie sich in den 1960er Jahren dann doch zu einem Antrag auf Mitgliedschaft gezwungen sahen.[27] Trotz ihrer unterschiedlichen Gewichtung können beide Erklärungsansätze zu den so genannten »rationalen« Ansätzen gezählt werden, denen zufolge das staatliche Handeln in erster Linie durch materielle, »harte« Faktoren motiviert wird, die von den Entscheidungsträgern auf der Grundlage einer objektiven Beurteilung der nationalen Interessen sowie der außen- und der innenpolitischen Zwänge beurteilt und gegeneinander abgewogen werden können.

---

25 Vgl. etwa *Loth, Wilfried*: Der Prozess der europäischen Integration. Antriebskräfte, Entscheidungen und Perpektiven, in: Jahrbuch für Europäische Geschichte 1 (2000), S. 17-30; *Ders.*: Der Weg nach Europa. Geschichte der europäischen Integration 1939-1957, Göttingen, 3. Aufl. 1996.
26 Vgl. *Milward, Alan S.*: The European Rescue of the Nation State, 2nd. Ed. London 2000; sowie *Gillingham, John*: National Politics to international markets: Towards a new history of European integration, in: *Müller, Guido* (Hrsg.): Deutschland und der Westen. Internationale Beziehungen im 20. Jahrhundert, Stuttgart 1998, S. 77-84.
27 Vgl. *Frøland, Hans Otto*: The Second Norwegian EEC-Application, 1967: Was There a Policy at all?, in: *Loth, Wilfried* (Hrsg.): Crises and Compromises: The European Project 1963-1969 Baden-Baden 2001 [c], S. 437-458, S. 78-85.

Die Bedeutung dieser Faktoren ist unbestritten, ebenso wie die Tatsache, dass sie einander nie ausgeschlossen haben und dass in den meisten Fällen nur schwerlich den wirtschaftlichen Überlegungen größere Bedeutung beigemessen werden kann als den politisch-strategischen. Die Dominanz rationaler Faktoren unter den Erklärungsansätzen kann auch dadurch erklärt werden, dass sie die interne und die nach außen gerichtete Argumentation der Akteure bestimmen, und sich damit auch dem Historiker beim Quellenstudium leichter erschließen.

Allerdings lassen sich weder das deutsche Engagement für einen norwegischen Beitritt noch die widerstrebende Haltung der nordischen Länder zur Aufgabe nationaler Souveränität allein durch rationale Gründe erklären. Pierre Renouvin und Jean Baptiste Duroselle haben bereits 1964 neben »materiellen« Faktoren auch die »kollektiven Mentalitäten« zu den *forces profondes* gezählt, die das Denken und Handeln der Akteure in den internationalen Beziehungen bestimmen.[28] In den folgenden Jahren haben geschichts- und sozialwissenschaftliche Ansätze – nicht selten im Dialog miteinander – die Begrifflichkeit dieser Faktoren erneuert und das Themenfeld erweitert.[29] Im Zuge dieses *cultural turn* in der Geschichte der internationalen Beziehungen ist die Bedeutung von kollektiven Identitäten, von Selbst- und Fremdwahrnehmungen, von Stereotypen und Ideologien, d.h. von so genannten »weichen« Faktoren herausgestellt worden. Dabei ist Wert auf die Feststellung gelegt worden, dass sich kulturelle Erklärungsansätze nicht als Alternative, sondern als Ergänzung zu den rationalen Erklärungsansätzen verstehen.[30]

Die besondere Relevanz der kulturellen Erklärungsansätze für die Untersuchung der norwegischen Europapolitik zeigt ein Blick auf die heftige innenpolitische Debatte im Vorfeld der Volksabstimmung, in der besonders die Gegner, aber auch die Befürworter einer norwegischen EG-Mitgliedschaft auf die noch junge Geschichte der norwegischen Unabhängigkeit, auf die Erfahrung der Besatzungszeit sowie auf historisch-kulturell bedingte Trennlinien und Gemeinsamkeiten mit den kontinen-

---

28 *Renouvin/Duroselle* 1991, S. 2.
29 Vgl. *Frank, Robert*: Mentalitäten, Vorstellungen und internationale Beziehungen, in: *Loth/Osterhammel* (Hrsg.) 2000, S. 159-185.
30 *Ulbert, Cornelia*: Sozialkonstruktivismus, in: *Schieder, Siegfried/Spindler, Manuela* (Hrsg.): Theorien der internationalen Beziehungen, Opladen 2003, S. 391-420, hier S. 415, vgl. auch *Gstöhl, Sieglinde*: Reluctant Europeans. Norway, Sweden and Switzerland in the Process of Integration, Boulder, Co. – London 2002, S. 6.

taleuropäischen Ländern verwiesen.[31] Ein zentrales Element war in diesem Zusammenhang der Bezug auf eine spezifisch nordische Identität, die sich nach weit verbreitetem Verständnis durch Progressivität und Gerechtigkeit im Sozialwesen sowie durch eine auf Moral und Neutralität aufbauende Außenpolitik auszeichnet und sich damit von den kontinentaleuropäischen Mächten abgrenzt.[32]

Auch eine Erklärung der bundesdeutschen Außen- und Europapolitik ist ohne die Berücksichtigung historisch-kultureller Einflussfaktoren unvorstellbar.[33] So lässt sich die zurückhaltende, unilaterales Vorgehen vermeidende Interessenvertretung deutscher Akteure in der internationalen Politik, zugespitzt charakterisiert mit dem Schlagwort »Machtvergessenheit«, nicht ohne den Verweis auf die Allgegenwart der historischen Last des Zweiten Weltkriegs erklären.[34] In Bezug auf das Interesse deutscher Sozialdemokraten an einer Erweiterung der EG mit Großbritannien und den skandinavischen Staaten müssen auch die ideologischen Gemeinsamkeiten zwischen den Arbeiterbewegungen beider Länder berücksichtigt werden.[35] Auch die in Deutschland traditionell große Faszination für die Mythen und die Natur des Nordens sowie die Vorstellung eines nordeuropäisch-germanischen Gemeinschaftsgefühls können als Erklärungsansatz für das besondere Interesse deutscher Akteure an engen Beziehungen zu den nordischen Ländern und an deren Mitwirkung im europäischen Einigungsprozess herangezogen werden.[36] Während die nordischen Schwärmereien der Kaiserzeit und die pan-ger-

---

31 Vgl. *Gstöhl* 2002, S. 33 f.; sowie *Matlary, Janne Haaland*: »And never the Twain Shall Meet«. Reflections on Norway, Europe and Integration, in: *Tiilikainen, Teija/Petersen, Ib Damgaard* (Hrsg.): The Nordic Countries and the EC, Kopenhagen 1993, S. 43-63.
32 Vgl. dazu *Kaiser, Wolfram*: Culturally embedded and path-dependent: Peripheral Alternatives to ECSC/EEC »core Europe« since 1945, in: JEIH, 7/2 (2001), S. 11-36, bes. S. 22-27. Vgl. auch *Derry, T. K.*: A History of Scandinavia, London 1979, S. 401 und *Miljan, Toivo*: The Reluctant Europeans. The Attitudes of the Nordic Countries Towards European Integration, London 1977, S. 10.
33 Vgl. z.B. *Krüger, Peter*: Europabewußtsein in Deutschland in der ersten Hälfte des 20. Jahrhunderts, in: *Hudemann, Rainer* u.a. (Hrsg.): Europa im Blick der Historiker, München 1995, S. 31-53, hier S. 47 ff.
34 Vgl. u.a. *Schwarz, Hans-Peter*: Die gezähmten Deutschen. Von der Machtbesessenheit zur Machtvergessenheit, Stuttgart 1985; *Haftendorn, Helga*: Deutsche Außenpolitik zwischen Selbstbeschränkung und Selbstbehauptung, 1945-2000, Stuttgart 2001.
35 Vgl. dazu unten Kap. 4.
36 Vgl. *Gran, Bernt*: Vest-Tyskland – Norge – EEC. Momenter til forståelse av hvorfor Vest-Tyskland ønsket norsk medlemskap i EEC – 1966-1972, Hovedoppgave i historie, Trondheim 2002, S. 111-116.

manischen Großmachtpläne des Dritten Reichs nach dem Zweiten Weltkrieg endgültig diskreditiert waren, boten das gemeinsame kulturelle Erbe sowie die geographische und sprachliche Nähe in der Nachkriegszeit durchaus Anknüpfungspunkte für privilegierte Beziehungen zwischen Deutschen und Skandinaviern im geeinten Europa. Norwegische Zeitzeugen haben diesen Aspekt der besonderen Beziehungen zwischen deutschen und norwegischen Eliten hervorgehoben und Bernt Gran verweist auf Brandt, der in seinen Erinnerungen die Frage aufwirft: »War es norddeutsch-skandinavische Reserve gegenüber den Franzosen, dass ich ein so früher und so entschiedener Parteigänger britischer Teilhabe am Prozeß der westeuropäischen Einigung wurde?«[37] Der Umstand, dass sich solche Hinweise nur äußerst selten in den einschlägigen Quellen (diplomatischer und regierungsinterner Schriftverkehr, Parteiakten, persönliche Korrespondenz der Entscheidungsträger) wiederfinden lassen, verweist indes auf ein generelles Problem der kulturellen Ansätze: die Schwierigkeit, Verbindungen zwischen den nicht-rationalen, kulturell bedingten Beweggründen kollektiver und individueller Akteure und den Entscheidungen nationaler Regierungen in der internationalen Politik herzustellen und diese auch über das einzelne Zitat oder die ausgewählte Anekdote hinaus empirisch zu belegen.[38]

Dass sich die kulturelle Dimension außenpolitischer Entscheidungen nur selten konkret nachweisen lässt, schließt indes nicht aus, dass sie wertvolle ergänzende Erklärungen bieten kann. Auch aus diesem Grund scheint es notwendig, nicht nur volkswirtschaftliche Fakten und den diplomatischen Schriftverkehr als Quelle heranzuziehen, aus denen sich die kulturelle Dimension außenpolitischer Entscheidungen nur selten herauslesen lässt, sondern auch auf die persönlichen Erfahrungen und Einschätzungen der beteiligten Akteure zurückzugreifen, die sich z.B. in der Presseberichterstattung, in Biografien, Memoiren und in Zeitzeugengesprächen wiederfinden lassen.[39]

---

37 *Brandt, Willy*: Erinnerungen, Frankfurt/Main 1989, S. 451.
38 Vgl. *Ulbert* 2003, S. 416.
39 Für ein Modell vgl. *Lehmkuhl, Ursula*: Entscheidungsprozesse in der internationalen Geschichte: Möglichkeiten und Grenzen einer kulturwissenschaftlichen Fundierung außenpolitischer Entscheidungsmodelle, in: *Loth/Osterhammel* (Hrsg.) 2000, S. 187-207.

Nationale Interessen, Gemeinschaftsinteressen und »europäisches Bewusstsein«

Die Mitgliedschaft in einer internationalen Organisation, Allianz oder Gemeinschaft setzt die Entwicklung eines erhöhten Bewusstseins für geteilte Interessen voraus. Allgemein kann davon ausgegangen werden, dass die politisch-administrativen Eliten aufgrund ihrer täglichen Beschäftigung mit internationalen Fragen ein größeres Verständnis für die Notwendigkeit internationaler Zusammenarbeit – auch verbindlicher Art – aufbringen, während sich die Bevölkerung i.d.R. wenig für Fragen der internationalen Politik interessiert und diese im Zweifelsfall zuerst unter dem Aspekt nationaler Interessen betrachtet. Mit Alexander George und Robert Keohane kann in diesem Zusammenhang zwischen »nationalen Eigeninteressen« und »kollektiven Interessen« unterschieden werden, wobei es sich bei letzteren um solche handelt, bei denen sich die Vorteile für das eigene Land nicht eindeutig von denen anderer Länder trennen lassen.[40]

Im Rahmen ihrer Teilnahme am europäischen Einigungsprozess müssen sich die Eliten der Mitgliedsstaaten mit einer besonders konkreten Form kollektiver Interessen auseinandersetzen, dem Gemeinschaftsinteresse. Dieses ist in dem gemeinschaftlich beschlossenen Regelwerk, dem so genannten Bestand der Europäischen Gemeinschaften (*acquis communautaire*), sowie in den davon abgeleiteten Prinzipien und politischen Zielen festgeschrieben. Wie Arild Underdal bemerkt, stellt die Idee des Gemeinschaftsinteresses zwar eine Norm dar, nämlich die, »integrativ« zu handeln und zu verhandeln. Es handelt sich aber nicht um eine »harte« Norm, sondern um eine, auf die sich die Mitgliedsstaaten zwar stets beziehen, die sie in der Praxis aber mit Blick auf ihre nationalen Eigeninteressen ständig unterlaufen.[41] In den 1960er Jahren wurde dieses Doppelspiel besonders der französischen Regierung unter Staatspräsident de Gaulle vorgeworfen, die sich einerseits als entschiedener Verteidigerin des *acquis communautaire* präsentierte, andererseits aber, scheinbar ohne Rücksicht auf die Interessen der Gemeinschaft, deren Entwicklung blockierte.[42] In der Bundesrepublik war die gemeinschaftliche Vor-

---

40 Vgl. *George/Keohane* 1980, S. 221.
41 *Underdal, Arild*: Forhandlingene om Norsk medlemskap i EF – En studie av rammebetingelser, Hovedoppgave i statsvitenskap, Oslo 1972, S. 67 f. mit Verweis auf *Iklé, Fred C.*: How Nations Negotiate, New York 1964, S. 118-121.
42 Dazu umfassend *Ludlow, N. Piers*: The European Community and the Crises of the 1960s. Negotiating the Gaullist Challenge, London 2006.

gehensweise, das »Primat der verflochtenen Interessen« unter Adenauer zur Staatsräson erhoben worden, da sich nur so schrittweise die nationale Souveränität wiederherstellen ließ. Die Integrationspolitik war damit von Beginn an auch deutsche Interessenpolitik, auch wenn dies nicht so offen gezeigt wurde wie in Frankreich. In den 1960er Jahren vollzog sich dann insofern ein Wandel, als Bonn die Haltung vorweggenommener Kompromissbereitschaft (bekannt als »antizipatorischer Reflex«) teilweise ablegte und zumindest in den »Brot-und-Butter-Problemen«, d.h. dort wo es nicht um prinzipielle Fragen, sondern um handfeste wirtschaftliche Eigeninteressen ging, durchaus auch offen seinen Willen durchzusetzen versuchte.[43] Es bleibt festzuhalten, dass alle Mitgliedsstaaten der EG, heute EU, permanent zwischen Eigeninteresse und Gemeinwohl abwägen müssen, weil ihre nationalen Interessen mit dem Erfolg und der Entwicklung der Gemeinschaft eng verflochten sind. Wie Helen Wallace hervorhebt, hat die Gemeinschaft dabei trotz aller Krisen und Rückschläge die Fähigkeit bewiesen, »to resolve conflicts of interests through collective negotiation and to turn the agreements that ensue into solid common rules and policies, which in turn create shared interests that can be sustained.«[44] In den Beitrittsverhandlungen von 1970-1972 wurde das Gemeinschaftsinteresse in einer gemeinsamen Verhandlungsposition festgeschrieben, die nur in Übereinstimmung aller sechs Partner modifiziert werden konnte.[45] Damit wurde nicht nur die Möglichkeit einzelner Partner beschränkt, Eigeninteressen durchzusetzen, sondern auch dem Wunsch enge Grenzen gesetzt, Zugeständnisse an die Beitrittskandidaten zu machen. Die Hoffnung der Beitrittskandidaten auf deutsche Unterstützung – zugespitzt hervorgebracht in dem von Brandt erinnerten Ausspruch des britischen Außenministers George Brown vom Dezember 1967: »Willy, you must get us in, so we can take the lead!«[46] – muss auch unter diesem Aspekt betrachtet werden.

Aber auch Norwegen und seine Mitbewerber mussten sich in den Verhandlungen mit kollektiven Interessen auseinandersetzen. Zum einen

---

43 Vgl. *Schmalz, Uwe*: Deutsche Europapolitik nach 1989/90: Die Frage von Kontinuität und Wandel, in: *Schneider, Heinrich* u.a. (Hrsg.): Eine neue deutsche Europapolitik. Rahmenbedingungen – Problemfelder – Optionen, Bonn 2002, S. 15-68, hier S. 48 f., 51-53.
44 *Wallace, Helen*: Making multilateral negotiations work, in: *Wallace, William* (Hrsg.): The Dynamics of European Integration, London 1990, S. 213-228, hier S. 213.
45 Vgl. unten Kap. 5.
46 Vgl. *Brandt, Willy*: Begegnungen und Einsichten: Die Jahre 1960-1975, Hamburg 1976, S. 323.

mussten die Interessen der mitverhandelnden EFTA-Partner berücksichtigt werden. In Norwegen und Dänemark wurden insbesondere die Interessen Großbritanniens, von denen der Gesamterfolg der Verhandlungen abhing, sowie die Interessen Schwedens, das man als skandinavischen Nachbarn und wichtigsten Handelspartner eng an die Gemeinschaft angebunden sehen wollte, als ein zentrales Anliegen bewertet. Zum anderen erwartete die EG von den Kandidaten als zukünftigen Mitgliedern, dass sie bereits in den Verhandlungen das Gemeinschaftsinteresse berücksichtigten und »integrativ« verhandelten.[47] Diese Erwartung war in der Forderung an die Bewerber verankert, die Römischen Verträge mitsamt ihrem Folgerecht und ihren politischen Zielen zu akzeptieren, bevor Detailverhandlungen aufgenommen wurden.[48] Diese Solidaritätsbekundung im Namen der künftigen Partnerschaft wurde den Bewerbern mit dem Argument schmackhaft gemacht, dass sie selbst als Mitglieder von der Voranstellung des Gemeinwohls profitieren würden.[49] Charakteristisch für Norwegens Haltung war, dass nur ein Teil der Elite ein »europäisches Bewusstsein« entwickelte, während ein anderer Teil der Elite – vornehmlich zusammengesetzt aus linksorientierten Akademikern und Vertretern des Primärsektors – davon ausging, dass letztendlich immer die nationalen Interessen der großen Mitgliedsstaaten tonangebend sein würden. Letztere forderten in den Beitrittsverhandlungen rechtlich festgeschriebene Ausnahmeregelungen und setzten sich, da diese Position nicht durchsetzbar war, an die Spitze einer Volksbewegung gegen den Beitritt. Was die Bundesrepublik angeht, so kann davon ausgegangen werden, dass Eliten und öffentliche Meinung gleichermaßen die Erweiterung der Gemeinschaften befürworteten, wobei sich allerdings nur eine kleine Gruppe der politisch-administrativen Elite mit den Problemen Norwegens intensiver auseinandersetzte.

Der gemeinsame Nenner jener Gruppen in Norwegen, Deutschland und Europa, die in der Beitrittsfrage zu einer engen Zusammenarbeit fanden, war das Vorhandensein eines »europäischen Bewusstseins«. Mit dem Begriff »europäisches Bewusstsein« ist nicht etwa eine europäische Identität gemeint, die sich ergänzend zur nationalen Identität herausbildet oder diese sogar ersetzt. Längst ist sich die Forschung darüber einig, dass es sowohl in der Bevölkerung als auch in der politischen und ad-

---

47 Vgl. *Underdal* 1972, S. 68.
48 Vgl. unten Kap. 5.1.
49 Vgl. z.B. das Gespräch zwischen Georges Pompidou und Trygve Bratteli in der Schlussphase der Fischereiverhandlungen, zit. unten Kap. 5.4.5.

ministrativen Elite mehrfache, neben- und miteinander existierende Identitäten gibt. Wie Alan Milward feststellt, hat die von den »europäischen Föderalisten« erhoffte Umwandlung von einer vornehmlich nationalen zu einer europäischen Identifikation nicht stattgefunden: »National allegiance remains undiminished, but national citizens have developed a strong secondary allegiance during the Community's existence.« Hinzu kann die Identifizierung mit einer Region, einer Berufsgruppe u. ä. kommen.[50] Auch ist ein europäisches Bewusstsein nicht notwendigerweise gleichbedeutend mit einer unkritischen Haltung zum europäischen Integrationsprozess, wie sich z.B. an der Kritik des überzeugten Europäers Willy Brandts an den bürokratischen Auswüchsen der Gemeinschaft nachweisen lässt.[51] Vielmehr bezeichnet dieser Begriff, einer Definition Robert Franks folgend, die pragmatische Erkenntnis der Notwendigkeit einer Beteiligung an dem europäischen Integrationsprojekt sowie die damit verbundene Akzeptanz einer teilweisen Abgabe nationalstaatlicher Souveränität: »La conscience de la nécessité de *faire* l'Europe, de la nécessité *vitale* de la construction européenne.«[52] Diese Definition reiht sich in den größeren Zusammenhang der Forschung zur Herausbildung eines Europabewusstseins und einer europäischen Identität ein, die sich längst nicht mehr nur auf das Konzept der wirtschaftlichen und politischen Integration beschränkt, sondern einem Bewusstseinswandel in allen sozialen und gesellschaftlichen Schichten und in allen geographischen Gegenden Europas nachspürt.[53] Wenn in der vorliegenden Arbeit das Europabewusstsein der politischen und administrativen Eliten im Mittelpunkt des Interesses steht, dann deshalb, weil es ihnen vorbehalten ist, ihre Überzeugungen auch in Entscheidungen umzuformen und damit zum Fortgang der europäischen Integration oder zur

---

50 *Milward* 2000, S. 19. Vgl. *Risse, Thomas:* European Institutions and Identity Change: What Have We Learned? in: *Herrmann* u.a. (Hrsg.) 2004, S. 247-271, bes. S. 248. *Loth, Wilfried:* Regionale, nationale und europäische Identität. Überlegungen zum Wandel europäischer Staatlichkeit, in: *Loth/Osterhammel* (Hrsg.) 2000, S. 357-369.

51 Vgl. unten 2.3.1.

52 *Frank, Robert* (Hrsg.): Les identités européennes au XXe siècle. Diversités, convergences et solidarités, Paris 2004, S. 9, zit bei *Badel, Laurence/Jeannesson, Stanislas*: Conclusion. Résistances, rivalités et redéfinition des rôles: les administrations nationales face à l'unification européenne, in: *Dies./Ludlow, N. Piers* (Hrsg.) Les administrations nationales et la construction européenne. Une approche historique (1919-1975), Brüssel 2005, S. 375-389, hier S. 375.

53 Vgl. für einen Überblick *Kaelble, Hartmut*: Europabewußtsein, Gesellschaft und Geschichte. Forschungsstand und Forschungschancen, in: *Hudemann* u.a. (Hrsg.) 1995, S. 1-29.

Europäisierung des Nationalstaates beizutragen. Hierzu sei auf den Vorschlag Peter Krügers verwiesen, das Europabewusstsein als »Nahtstelle zwischen strukturellen Voraussetzungen und konkreten Entscheidungen« zu untersuchen, wodurch es auch für den Historiker »erfassbar« werde: »denn Äußerungen und Handlungen, die auf Entscheidungen beruhen, können sich in historischen Quellen niederschlagen, die sich dann mit den entsprechenden strukturellen Daten verknüpfen lassen.«[54]

Zu den zentralen Thesen dieser Arbeit gehört die Annahme, dass in Norwegen die Haltung der Minderheit maßgeblich durch ihre internationalen Kontakte geprägt wurde, dass norwegische Politiker und Beamte, genauso wie ihre kontinentaleuropäischen Kollegen, »durch die Intensität von Verhandlungen und die Suche nach kollektiven Lösungen« in ein Geflecht »kollektiver Normen« sozialisiert wurden.[55] In Bezug auf Deutschland wird angenommen, dass Willy Brandts besonderes Engagement dazu beitrug, sowohl seine Mitarbeiter und seine Kabinettskollegen als auch die europäischen Partner auf die politische Dimension des norwegischen EG-Beitritts aufmerksam zu machen. Beide Annahmen werfen eine Reihe von Fragen auf: nach der Rolle der unterschiedlichen Akteure im außen- und europapolitischen Entscheidungsprozess ihrer Länder, nach den Verbindungen zwischen administrativer Elite und politischer Führungsebene und nach der Bedeutung transnationaler Kontakte, Netzwerke und Institutionen für die Entstehung eines europäischen Bewusstseins bzw. für die Haltung unterschiedlicher Gruppen zu spezifischen Fragen des Integrations- und Erweiterungsprozesses.

2.2 Kollektive innerstaatliche Akteure und ihr Einfluss auf die Formulierung der Außenpolitik

Aus den Eliten beider Länder werden in dieser Arbeit zwei Gruppen hervorgehoben, denen eine besondere Bedeutung für die deutsch-norwegische Annäherung einerseits und für die Entwicklung der Beitrittsfrage andererseits zugesprochen werden kann: Die mit europäischen Angelegenheiten befassten Beamten in den Regierungen der Bundesrepublik und Norwegens, im Folgenden kurz Europa-Experten genannt, und die Führungseliten der sozialdemokratischen Parteien beider Länder. Mit

---

54 *Krüger* 1995, S. 331 f.
55 *Laffan, Brigid*: The European Union and its Institutions as »Identity Builders«, in: *Herrmann* u.a. (Hrsg): 2004, S. 75-96, hier S. 96.

dieser Auswahl soll nicht die Bedeutung wirtschaftlicher Eliten und Interessengruppen[56], der Einfluss der Parteibasis[57] oder der Druck, der von basisdemokratischen Zusammenschlüssen[58] und der öffentlichen Meinung[59] ausging, außer Acht gelassen werden. Insbesondere auf norwegischer Seite stellten diese Gruppen ein zentrales Element der europapolitischen Entscheidungsfindung dar. Anders als die Vertreter der politisch-administrativen Elite waren sie aber entweder nicht bzw. nicht unmittelbar an den europäischen Verhandlungen beteiligt oder sie waren vorrangig national ausgerichtet und wirkten nur indirekt auf die in dieser Arbeit untersuchte bilaterale und europäische Kooperation ein. Ihr Einfluss wird daher nur in dem Maße berücksichtigt, wie er, soweit sich dies nachvollziehen lässt, die Motivation, die Argumentation und die Entscheidungen der politisch-administrativen Akteure beeinflusst hat.

---

56 Zur Bedeutung der norwegischen Interessengruppen vgl. *Kvavik, Robert B.*: Interest Groups in Norwegian Politics, Oslo 1976. Zur Rolle der wichtigsten Interessengruppen in den Beitrittsverhandlungen vgl. *Frøysnes, Torbjørn*: De norske jordbruksforhandlinger med EF. En forhandlingsteoretisk analyse, Hovedoppgave i statsvitenskap, Oslo 1973; *Dynna, Bjørn*: Fiskerisektoren i de norske utvidelsesforhandlingene med EF (1970-72), Hovedoppgave i Statsvitenskap, Oslo 1973. Zur Rolle deutscher Interessenvertreter vgl. z.B. *Hartman, Jürgen*: Verbände in der westlichen Industriegesellschaft. Ein internationaler Vergleich, Frankfurt/New York 1983, bes. S. 191, 202; *Schulte, Markus*: Challenging the Common Market Project: German Industry, Britain and Europe, 1957-1963, in: *Deighton, Anne/Milward, Alan S.* (Hrsg.): Widening, Deepening and Acceleration: The European Economic Community 1957-1963, Baden-Baden/Brüssel 1999, S. 167-184; *Knudsen, Ann-Christina Lauring*: Creating the Common Agricultural Policy. Story of Cereal Prices, in: *Loth* (Hrsg.) 2001, S. 131-154, bes. S. 131, 143, 154.
57 Zum Gegensatz zwischen Parteielite und Parteibasis in der Europapolitik, von dem besonders die norwegische Arbeiterpartei betroffen war vgl. *Ørvik, Nils*: The Norwegian Labor Party (NLP) and the 1972 Referendum, in: *Ders.* (Hrsg.): Norway's No to Europe, Pittsburgh 1975, S. 19-41.
58 Zur besonderen Bedeutung basisdemokratischer Zusammenschlüsse, die einen wichtigen, wenn nicht sogar entscheidenden Beitrag zur Ablehnung des EG-Beitritts in der Volksabstimmung vom 25. September leisteten vgl. die wegweisende Studie von *Bjørklund, Tor*: Mot strømmen. Kampen mot EF 1961-1972, Oslo 1982; sowie *Tamnes, Rolf*: Oljealder 1965-1995, Norsk utenrikspolitikks historie Bd. 6, Oslo 1997, S. 452 f.
59 Vgl. *Frøland, Hans Otto/Rye, Lise*: Norwegian Attitudes to Membership of the European Union, in: *Dulphy, Anne/Manigand, Christine* (Hrsg.): Les opinions publiques face à l'Europe communautaire. Entre cultures nationales et horizon européen, Brüssel 2004, S. 117-136 und *Wilkens, Andreas*: Désir d'Europe et réalités nationales: l'opinion publique allemande et la construction européenne, in: ebd., S. 63-78.

Die ausgewählten Gruppen können wiederum in zweierlei Hinsicht als kollektive Akteure verstanden werden: Zum einen als Teil einer Organisation oder Institution, die von spezifischen Normen, Traditionen und Idealen bestimmt wird; zum anderen als Untergruppe innerhalb einer Organisation oder Institution, die sich durch eine bestimmte Spezialisierung (im vorliegenden Fall die Europapolitik bzw. das Verhältnis zu den westeuropäischen Partnern) auszeichnet, und die sich für ein bestimmtes Anliegen (im vorliegenden Fall den Beitritt Norwegens zur EG) engagiert. Darüber hinaus soll festgestellt werden, inwieweit diese Gruppen mittels ihrer Interaktion Teil einer transnationalen Elite waren, deren gemeinsames Ziel der Beitritt Norwegens zu den Europäischen Gemeinschaften war, und die sich, zu einem gewissen Grad, dem oben angesprochenen »Europäischen Bewusstsein« verpflichtet fühlten.

2.2.1 Nationale und supranationale Bürokratien

Die Hervorhebung der mit außen- und europapolitischen Problemen befassten Ministerialbürokratien[60] ergibt sich aus zwei Gründen: Zum einen waren bürokratische Akteure maßgeblich mit der Vorbereitung und Durchführung der Beitrittsverhandlungen befasst. Zum anderen wurde (und wird) sowohl in der öffentlichen Meinung als auch von Seiten der politischen Führungselite die wachsende Kritik am europäischen Integrationsprozess häufig mit dem Misstrauen gegen die vermeintlich zunehmende Bürokratisierung der Gemeinschaft und daraus folgend ihrer mangelnden demokratischen Legitimierung verbunden. Beispielhaft sei hier auf die Äußerung des schwedischen Ministerpräsidenten Olof Palme verwiesen, der von den »Orthodoxen« in Brüssel sprach und der sich 1971 Brandt gegenüber beklagte, dass die persönlichen Absprachen zwischen Staatsmännern offenbar keine Wirkung zeigten, wenn

---

60 Zur Gruppe der Ministerialbürokratie werden »die im höheren Dienst in den Ministerien beschäftigten Beamten und Angestellten« gezählt, nicht aber »die übrigen Mitglieder des gehobenen, mittleren und einfachen Dienstes«. Ministerialbürokraten sind nach dieser Definition jene, die, »bildlich gesprochen, das Zwischenglied zwischen politischer Führung und Verwaltung« bilden. *Bleek, Wilhelm/Machura, Stefan*: Ministerialbürokratie, in: *Andersen, Uwe/Woyke, Wichard* (Hrsg.): Handwörterbuch des politischen Systems der Bundesrepublik Deutschland, Bonn, 2., neu bearb. Aufl. 1995, S. 375-378.

sich die Techniker in Brüssel zusammensetzten.[61] Auch Brandt selbst kritisiert rückblickend das mangelnde »Einfühlungsvermögen« der »EG-Behörden« in den Beitrittsverhandlungen mit Norwegen und stellt allgemein fest, »daß die Technokraten von Brüssel – die das Räderwerk der gemeinsamen Institutionen in Schwung halten sollten – nicht nur vernünftige Vorschriften fabrizierten, sondern auch zu schlimmen bürokratischen Wendungen beitrugen.«[62] Diese kritischen Äußerungen müssen vor dem Hintergrund einer allgemein wachsenden Europamüdigkeit seit den 1960er Jahren gesehen werden, die sich insbesondere gegen die wachsende »Technokratisierung« wandte.[63] Sie lassen sich aber auch in den größeren Zusammenhang der allgemeinen Bürokratiekritik[64] einordnen, die sich besonders in der Öffentlichkeit sowohl gegen die »Regelungswut« des Staates bzw. einer supranationalen Institution wie der EG-Kommission sowie allgemein gegen den demokratisch nicht-legitimierten und bürgerfernen Einfluss der Beamten richtet. Aus dem Kreis der politischen Elite ist dagegen auch auf die positiven Seiten der bürokratischen Arbeit hingewiesen worden. So schrieb die für europapolitische Fragen zuständige Parlamentarische Staatssekretärin im Bundeskanzleramt, Katharina Focke, 1970 an einen Parteifreund, ihr scheine das »ewige Klagelied über die Ständigen Vertreter« bei den Gemeinschaften »nicht sehr sinnvoll« zu sein. Wie stelle man sich eigentlich »die Ratsarbeit gerade in dieser Zeit der Erweiterung und Vertiefung ohne eine solche Ebene« vor?[65] Die bürokratischen Apparate, so der Politikwissenschaftler Samy Cohen, würden von der Forschung oft zu negativ dargestellt, obwohl sie nicht nur eine unvermeidliche, sondern auch eine konstruktive Rolle im außenpolitischen Willensbildungsprozess spielen und zudem gegenüber der politischen Führung, insbesondere einer neu angetretenen Regierungsmannschaft, als Schutz gegen vorschnelle oder unausgereifte Aktionen dienen.[66]

---

61 Palme zit. in: UD, 25.4/113-76, Bonn an UD, 14.3.70; AdsD, WBA, A8 (Bundeskanzler), Mappe 15, Palme an Brandt, 6.10.1971.
62 *Brandt* 1989, S. 458; *Brandt* 1976, S. 318.
63 Vgl. *Kaelble* 1993, S. 192.
64 Für eine Definition des Bürokratie-Begriffs und einen Überblick über die bürokratietheoretischen Ansätze vgl. das Heidelberger Online Lexikon der Politik, URL: <http://www.politikwissen.de/lexikon/buerokratie.html> (29.01.2008).
65 AdsD, Dep. Focke, Best. P.St., Focke an Dingels, 11.11.1970.
66 *Cohen, Samy*: Décision, pouvoir et rationalité dans l'analyse de la politique étrangère, in: *Smouts, Marie-Claude* (Hrsg.): Les nouvelles relations internationales. Pratiques et théories, Paris 1998, S. 75-101, hier S. 83.

Wenn aber der bürokratischen Ebene ein bedeutender Einfluss auf den Entscheidungsprozess zugesprochen wird, so stellt sich die Frage, ob und inwieweit bürokratische Akteure willens und in der Lage waren, diesen Einfluss zu nutzen, um spezifische Haltungen zu außen- und europapolitischen Fragen durchzusetzen. Daraus ergibt sich weiter die Frage, wo der Ursprung dieser Haltungen zu finden ist, welchen Anteil institutionelle, ideologische oder nationale Bindungen daran haben und in welchem Umfang transnationale Kontakte dafür verantwortlich sind.

»Verwaltete Außenpolitik«?
Bürokratischer Einfluss auf den außenpolitischen Entscheidungsprozess

Bürokratischer Einfluss kann nach drei Arten unterschieden werden: dem bürokratischen *Agenda-Setting*, »bei dem von der Bürokratie gesellschaftliche Problemlagen selbständig, also ohne politischen Auftrag aufgegriffen und entsprechende Lösungsvorschläge in Form von Gesetzen und Verordnungen entwickelt [werden]«; der *strategischen Interaktion* zwischen verschiedenen Institutionen (Ressorts, Behörden, Abteilungen, Büros), die besonders bei der Bearbeitung von Problemen zur Geltung kommt, die nicht von der Bürokratie selbst auf die Agenda gesetzt wurden; und schließlich der *bürokratischen Drift,* worunter man die nachträgliche Veränderung bzw. Anpassung einer politischen Entscheidung im Zuge ihrer Implementierung durch die ausführenden Verwaltungen versteht.[67]

Angesichts der Heterogenität bürokratischer Apparate, deren Bestandteile (Ministerien, Behörden, Abteilungen, Referate, Büros) jeweils durch eigene Normen bestimmt sind und die eigene Interessen vertreten, erscheint es eher unwahrscheinlich, dass bürokratische Akteure die Außenpolitik eines Landes oder eines organisierten Staatenverbunds wie der EG zielgerichtet in eine bestimmte Richtung lenken können. Bürokratische Akteure sind aber sehr wohl in der Lage, die Durchführung einer geplanten und zielgerichteten Außenpolitik zu verzögern oder sogar zu sabotieren.[68]

Wie viel Verantwortung den zuständigen Ministerialbürokratien übertragen wird, ist zunächst eine Frage der politischen und administrativen Kultur eines jeden Landes. Sowohl das deutsche als auch das nor-

---

67 *Schnapp, Kai-Uwe*: Ministerialbürokratien in westlichen Demokratien, Opladen 2004, S. 331-337.
68 *Wehler, Hans-Ulrich*: »Moderne Politikgeschichte«? Oder: Willkommen im Kreis der Neorankeaner, in: Geschichte und Gesellschaft 22 (1996) S. 257-266, hier S. 259.

wegische Bürokratieverständnis orientierten sich an dem Weberschen Ideal des unpolitischen Beamten, wobei es aber in beiden Systemen Tendenzen zu einer Politisierung der Bürokratie gibt.[69] In außenpolitischen Fragen hat nicht zuletzt die zunehmende internationale Verflechtung zu einem Einflusszuwachs der Bürokratie geführt. So verfestigte sich gerade zu Beginn der 1970er Jahre in Politik, Öffentlichkeit und Forschung der Eindruck, dass Außenpolitik, in Folge zunehmender internationaler Verflechtung, nicht von der politischen Führung gestaltet, sondern von den nationalen Ministerialbürokratien und ihren »counterparts in internationalen Stäben und Sekretariaten« verwaltet wird.[70]

Für die Analyse eines konkreten Fallbeispiels ist jedoch zu bedenken, dass der Einfluss der Bürokratie u.a. davon abhängig ist, wie stark der jeweilige Politikbereich im Zentrum des aktuellen Interesses der Öffentlichkeit und der politisch Verantwortlichen steht. Egon Bahr, der über persönliche Erfahrungen aus der politischen und der bürokratischen Sphäre des Entscheidungsprozesses verfügt, schreibt über das Auswärtige Amt: »Nur auf ziemlich begrenzten Feldern ›macht‹ [es] Außenpolitik. Ganz überwiegend verwaltet es Außenpolitik, bewahrt und führt durch. Je ferner die Gegenden, je unberührter von innenpolitischen Interessen, umso freier ist das Amt zur Gestaltung.«[71] In der Beitrittsfrage handelten deutsche und norwegische Bürokratien unter sehr unterschiedlichen Voraussetzungen. Während norwegische Beamte hier mit einem innenpolitisch äußerst brisanten Thema umgehen mussten, hatten ihre Bonner Kollegen mit einer Problematik zu tun, die weder in der Politik noch in der Öffentlichkeit für erhöhte Aufmerksamkeit sorgte und die durch einen breiten Konsens gekennzeichnet war. Dies hatte zur Folge, dass die politische Führung in Norwegen sehr viel enger in den europapolitischen Willensbildungsprozess eingebunden war als dies in der Bundesrepublik der Fall war.

---

69 Für Norwegen vgl. *Faurby, Ib*: Decision Structures and Domestic Sources of Nordic Foreign Policies, in: *Sundelius, Bengt* (Hrsg.): Foreign Policies of Northern Europe, Boulder, Co. 1982, S. 33-71, hier S. 39; *Knudsen, Olav Fagelund*: Beslutningsprosesser i norsk utenrikspolitikk, in: *Knutsen, Torbjørn L.* u.a. (Hrsg.): Norges utenrikspolitikk, Oslo 1997, S. 59-78, hier S. 64, 69 f. Für Deutschland vgl. *Bleek/ Machura* 1995, S. 375, 378; *Mayntz, Renate/Scharpf, Fritz*: Policy-Making in the Federal Bureaucracy, Amsterdam 1975, S. 57-62.

70 *Haftendorn, Helga* u.a. (Hrsg.): Verwaltete Außenpolitik. Sicherheits- und entspannungspolitische Entscheidungsprozesse in Bonn, Köln 1978, S. 7. Vgl. *Pfetsch, Frank R.*: Die Außenpolitik der Bundesrepublik 1949-1992, München 1993, S. 32.

71 *Bahr, Egon*: Zu meiner Zeit, München 1996, S. 199.

Relevant für die in dieser Arbeit zentrale Frage nach dem persönlichen Einfluss Brandts als Außenminister und Bundeskanzler ist die Annahme der Organisationstheorien, dass die Möglichkeiten der politischen Führung, die Bürokratie zu kontrollieren bzw. bremsend oder beschleunigend in den Entscheidungsprozess einzugreifen, weitgehend auf Krisenentscheidungen beschränkt sind.[72] Tatsächlich hat sich Brandt selbst darüber beschwert, als Minister und Kanzler von den Ressorts »an die Leine« gelegt worden zu sein.[73] An anderer Stelle hat er dagegen angedeutet, den Zwang der Bürokratie durch den direkten Kontakt mit seinen Amtskollegen umgehen zu können. So berichtete Brandt im April 1972 dem britischen Premierminister Heath über seine Gespräche mit Pompidou im Vorfeld und während der Haager Konferenz von 1969 und schloss aus dem Erfolg dieses Gipfeldialogs, dass es einige Fragen gebe, »die vorzugsweise nicht durch die gesamte Maschinerie der Auswärtigen Ämter gingen.«[74] Welche Ergebnisse das Intervenieren an höchster Stelle hervorbringt, ist allerdings erneut von der Expertenebene abhängig. Denn auch die Umsetzung eines Kabinettsbeschlusses oder die Ergebnisse eines Krisengipfels müssen an die Arbeitsebene weitergeleitet und dort zwischen den zuständigen Ressorts verhandelt und implementiert werden. In europapolitischen Fragen muss die Durchführung von Beschlüssen zudem in Abstimmung mit den Bürokratien der Partnerländer und den supranationalen Institutionen erfolgen. Daraus ergibt sich für die vorliegende Arbeit die Notwendigkeit, den außen- und europapolitischen Entscheidungsstrukturen größere Bedeutung beizumessen. Dabei muss sowohl den Verbindungen zwischen der politischen Führung und der so genannten Arbeitsebene als auch den Verbindungen zwischen den nationalen und den europäischen Entscheidungsstrukturen nachgegangen werden.

Europäische Bürokraten

Die Frage nach Einfluss und Bedeutung bürokratischer Akteure (national und supranational) für die europäische Einigung gehört zu den zentralen Themen der Integrationsforschung. Dabei stand zunächst besonders die Herausbildung einer supranationalen Beamtenschaft im Mittelpunkt des

---

72 *Haftendorn* 1990, S. 403 f.; *Holsti* 1995, S. 49.
73 Vgl. *Brandt* 1989, S. 456.
74 Akten zur Auswärtigen Politik der Bundesrepublik Deutschland (AAPD), 1972, Dok. 109.

Interesses. Neo-funktionalistische Ansätze weisen den supranationalen Institutionen und ihren Vertretern nicht nur einen Sonderstatus zu, sondern sehen in ihnen auch den entscheidenden Motor für die Entwicklung der EG.[75] Intergouvernementalisten wie Moravcsik und Historiker wie Milward halten den supranationalen Beitrag dagegen für einen überbewerteten Mythos, nicht zuletzt entstanden durch die überzogene Selbsteinschätzung der Kommissionsvertreter.[76] Weil sie den europäischen Einigungsprozess als Ergebnis zwischenstaatlicher Verhandlungen ansehen, kommt in ihren Augen auch der Kommission lediglich eine auf Vermittlung und Unterstützung beschränkte Rolle zu. Die Regierungen der Mitgliedsstaaten sind die »principals«, die den supranationalen »agents« Aufgaben zuweisen und diese kontrollieren.[77]

Institutionalismustheorien haben versucht, eine Brücke zwischen diesen Positionen zu schlagen.[78] Regierungen können, ihrer Auffassung nach, zwar die Verantwortung, die sie an die Institutionen der Gemeinschaft delegiert haben, kontrollieren, der Einfluss der supranationalen Akteure verselbständigt sich jedoch in gewissen Bereichen. Vielfach unbeabsichtigt, aber weitgehend unwidersprochen von den Mitgliedsstaaten, fallen den supranationalen Akteuren damit jene Autonomie und jener Einfluss zu, die neo-funktionalistische Ansätze ihnen zusprechen.[79] In einer historischen Perspektive kann zudem festgestellt werden, dass sich die Rolle der Kommission gegenüber den Mitgliedsstaaten mit der Zeit wandelt, abhängig sowohl von externen Faktoren (z.B. Regierungswechseln) als auch von internen Faktoren (z.B. dem Führungsstil des Kommissionspräsidenten, der Zusammensetzung des Kommissionskollegiums).[80]

Die Institutionalismusansätze verweisen zudem auf die enge Verflechtung nationaler und supranationaler Bürokratien, die eine klare Unterscheidung und Zuweisung des Einflusses nationaler und gemein-

---

75 Vgl. *Conzelmann, Thomas*: Neofunktionalismus, in: *Schieder/Spindler* (Hrsg.) 2003, S. 141-168, bes. S. 154.
76 Vgl. *Milward* 2000, S. 319-344; *Moravcsik* 1999, S. 7 f.
77 Ebd. sowie S. 479-485.
78 Für einen Überblick vgl. *Wagner, Wolfgang*: Akteurzentrierter Institutionalismus, in: *Bieling, Hans-Jürgen/Lerch, Marika* (Hrsg.): Theorien der europäischen Integration, Wiesbaden 2005, S. 249-270; *Morisse-Schilbach, Melanie*: Historischer Institutionalismus, in: ebd., S. 271-292.
79 Vgl. Ebd., S. 276.
80 Vgl. *Cini, Michelle*: The European Commission. Leadership, organisation and culture in the EU administration, Manchester 1996, S. 36-71.

schaftlicher Akteure im europapolitischen Entscheidungsprozess nahezu unmöglich macht.[81] Im »europäischen Mehrebenensystem«[82] arbeiten nationale und supranationale Akteure eng zusammen, z.B. in den Verwaltungsausschüssen, kontrollieren und beeinflussen einander. Das, was gemeinhin als »Brüsseler Bürokratie« für die Missstände und Fehlentwicklungen der Europäischen Integration verantwortlich gemacht wird, ist eine Art »Fusionsbürokratie«, die sich in einem »einzigartigen Prozess der bürokratischen Transnationalisierung« herausbildet.[83] In der undurchsichtig und unkontrollierbar erscheinenden, vor allem aber unzureichend legitimierten Verbindung nationaler und supranationaler Elemente wird die Ursache für die Unfähigkeit der Gemeinschaft gesehen, Probleme zu lösen und fehlgeleitete Entwicklungen zu korrigieren.

Die Wahrnehmung der Europäischen Gemeinschaften als bürokratisches und bürgerfernes Gebilde war zweifellos ein wichtiges Element in der innenpolitischen Debatte Norwegens über den EG-Beitritt. Sowohl mit Blick auf die innenpolitische Bedeutung der Beitrittsfrage in Norwegen als auch auf das persönliche Engagement Willy Brandts stellt sich für die vorliegende Untersuchung zudem die Frage, ob sich Beamte nur als unpolitische Diener ihres Staates verstehen und sich den nationalen Interessen, formuliert durch die jeweilige Regierung, verschreiben, oder ob sie die ihnen zur Verfügung stehende Autonomie nutzen, um ihre eigene Wahrnehmung des nationalen Interesses in den Entscheidungsprozess einfließen zu lassen.

Organisationstheoretischen Ansätzen zufolge sind bürokratische Akteure nicht nur unpolitische, rationale und effiziente Erfüllungsgehilfen der politischen Führung. Vielmehr entwickeln Institutionen als kollektive Akteure eigene Vorstellungen von den außenpolitischen Zielen des Staates und eigene Interessen.[84] Diese können aus einem Verständnis des »nationalen Interesses« entspringen, das durch die spezifische »Organisationskultur« gefärbt ist, durch ein Set von Traditionen und Normen, die

---

81 *Wessels, Wolfgang*: Adminstrative interaction, in: *Wallace* (Hrsg.) 1990, S. 229-241.
82 Vgl. *Benz, Arthur*: Politikverflechtung ohne Politikverflechtungsfalle – Koordination und Strukturdynamik im europäischen Mehrebenensystem, in: Politische Vierteljahrsschrift 39/3 (1998), S. 558-589.
83 Vgl. *Bach, Maurizio*: Vom Zweckverband zum technokratischen Regime: Politische Legitimation und institutionelle Verselbständigung in der Europäischen Gemeinschaft, in: *Winkler/Kaelble* (Hrsg.) 1993, S. 288-308, hier S. 302 f.
84 Einen knappen Überblick über die Entwicklung und Differenzierung des Forschungsfelds der Organisations- und Bürokratieansätze vgl. neben *Haftendorn* 1990; *Holsti* 1995, S. 47-56, auch *Cohen* 1998, S. 80-88.

das Denken und Handeln der Institution bzw. ihrer Abteilungen und Mitglieder bestimmen.[85] Bürokratisches Handeln kann aber auch durch die Suche nach Macht und Einfluss bestimmt werden. Die Beamten einer Abteilung, einer Behörde oder eines zuständigen Referats neigen demnach dazu, sich für eine Politik einzusetzen, die kurz-, mittel- oder langfristig den eigenen Einflussbereich stärken wird.[86] Die Formulierung und Umsetzung von Außenpolitik erfolgt also weder aufgrund der Vision und der Führungskraft eines Staatsmanns noch aufgrund einer rationalen Abwägung der Kosten und Nutzen auf der Basis des nationalen Interesses durch die Regierung. Sie ist vielmehr das Ergebnis eines Kompromisses zwischen konkurrierenden politischen und bürokratischen Machtzentren.

Mit Blick auf die Teilnahme nationaler Beamter am europäischen Integrationsprozess haben der soziologisch geprägte Institutionalismus und in letzter Zeit auch historische Untersuchungen die Frage aufgeworfen, inwieweit die Haltungen der Beamten durch die Auseinandersetzung mit einer ständig wachsenden gemeinschaftlichen Rechtslage einerseits und durch die Entstehung eines eigenen Sets an bürokratischen Verhaltensnormen und Umgangsformen andererseits beeinflusst werden.[87] Unter den Beamten, die aus den Mitgliedsländern für längere Zeit nach Brüssel entsandt werden, so die Annahme, wächst mit der Zeit das Bewusstsein für die kollektiven Interessen und gemeinschaftlichen Ziele.[88] In den regelmäßigen und langwierigen Verhandlungssitzungen, in denen immer wieder Kompromisse gefunden werden müssen, entsteht so etwas wie eine »Schicksalsgemeinschaft«, in der die einzelnen Mitglieder es sich angewöhnen, »die Interessen ihrer Partner in ihre eigene Interessenkalkulation ein[zu]beziehen«.[89] Geteilte oder zumindest aufeinan-

---

85 Vgl. für einen Überblick auf die wegweisenden Arbeiten zur Organisationskultur von Phillip Selznick, James G. March, Johan P. Olsen u.a. sowie für eine empirische Untersuchung am Beispiel des norwegischen Außenministeriums: *Christensen, Tom*: Adapting to Processes of Europeanisation. A Study of the Norwegian Ministry of Foreign Affairs, ARENA Report 2, Juni 1996, bes. S. 10, 13.
86 *Holsti* 1995, S. 49.
87 Vgl. *Laffan* 2004; *Egeberg, Morten*: Transcending intergovernmentalism? Identity and role perceptions of national officials in EU decision-making, in: Journal of European Public Policy 6 (1999), S. 456-474.
88 Vgl. *Morisse-Schilbach* 2005, S. 274.
89 So *Falkner, Gerda*: Problemlösungsfähigkeit im europäischen Mehrebenensystem: die soziale Dimension, in: *Grande, Edgar/Jachtenfuchs, Markus* (Hrsg.): Wie problemlösungsfähig ist die EU? Regieren im europäischen Mehrebenensystem, Baden-Baden 2000, S. 283-311, hier zit. nach *Wagner* 2005, S. 264.

der abgestimmte Einstellungen zu den Problemen und Herausforderungen der Gemeinschaft sowie eine »Verhandlungskultur«, in der auf kollektive Interessen Rücksicht genommen wird, sind Piers Ludlow zufolge die ersten Ansätze einer »Diplomacy with different rules«, wie sie Jean Monnet und die Neo-Funktionalisten idealerweise als Umgangsform zwischen den europäischen Partnern vorgesehen hatten.[90] Die Verschränkung der gemeinschaftlichen Entscheidungsebene mit denen der nationalen Regierungen sorgt dafür, dass sich das Gemeinschaftsbewusstsein auch auf die Bürokratien der Hauptstädte überträgt.[91]

Selbstverständlich galt und gilt das Hauptinteresse der Forschung zur europäischen Sozialisierung den Eliten der Mitgliedländer, z.B. der supranationalen Beamtenschaft und den aus den nationalen Administrationen der Mitgliedsstaaten hinzugezogenen Experten.[92] Allerdings darf angenommen werden, dass dieses Phänomen der europäischen Sozialisierung in gewissem Maße auch auf die Diplomaten und Europa-Experten der Bewerberstaaten zutrifft, die nach Brüssel und in die europäischen Hauptstädte entsandt wurden. Im Rahmen ihrer täglichen Auseinandersetzung mit dem europäischen Einigungsprozess entwickelten diese Akteure – man könnte auch Auslandskorrespondenten und Vertreter der Wirtschaft einbeziehen – nicht nur eine Expertise in EG-Fragen, sondern auch ein Verständnis für die Notwendigkeit und die Vorteile einer verpflichtenden Beteiligung an dem Integrationsprozess, d.h. ein »europäisches Bewusstsein«.

Mit Blick auf die zentrale These dieser Arbeit, dass sich zwischen deutschen und norwegischen Akteuren in der Beitrittsfrage eine besondere Beziehung herausbildete, und dass Vertreter beider Länder bei der Suche nach Verhandlungskompromissen besonders gut kooperierten, stellt sich sowohl die Frage nach den Haltungen als auch die nach dem Einfluss der Beamten: Wie stark waren die Haltungen deutscher und norwegischer Diplomaten bzw. Europa-Experten von ihrer jeweiligen nationalen politischen Kultur bzw. von der Kultur ihrer spezifischen Insti-

---

90 *Ludlow, N. Piers*: Diplomacy with different rules. Learning to negotiate in the EEC, in: *Bitsch, Marie-Thérèse/Loth, Wilfried/Poidevin, Raymond* (Hrsg.): Institutions européennes et identités européennes, Brüssel 1998, S. 241-256, bes. S. 245 f.
91 Ebd., S. 253 f.
92 Vgl. u.a. *Hooghe, Liesbeth*: Supranational activists or intergovernmental agents? Explaining the orientations of Senior Commission officials toward European integration, in: Comparative Political Studies 32 (1999), S. 435-463. Für einen aktuellen Forschungsüberblick vgl. *Schimmelpfennig, Frank*: Community-building in an integrated Europe, in: *Kaiser/Starie* (Hrsg.): 2005, S. 61-82; sowie *Laffan* 2004.

tution geprägt? Wie stark waren sie europäisch sozialisiert? Was bildete die Grundlage für ein besonders gutes Verständnis und einen vertraulichen Dialog? War es die ähnliche Sichtweise der europäischen Probleme (die sie wiederum von anderen Akteuren im eigenen Land abhob)? Oder war es gar eine spezielle nordeuropäische kulturelle Nähe die den Dialog erleichterte? Die Frage nach dem Einfluss der Beamten zielt einerseits auf ihre Rolle bei der Vorbereitung und Durchführung der Beitrittsverhandlungen ab und andererseits auf ihre Beziehung zur politischen Führung sowie ihre Möglichkeiten, deren europapolitische Vorgaben zu beeinflussen, zu verzögern oder auch zu beschleunigen.

2.2.2 Parteipolitische Akteure

Die besondere Rolle, die die sozialdemokratischen Parteien für die transnationale Kooperation zwischen Deutschland und den skandinavischen Staaten spielten, rückt sie auch für eine Analyse der europapolitischen Verbindungen beider Länder in den Mittelpunkt des Interesses. Die sozialdemokratischen Führungseliten in beiden Ländern zählten, nach anfänglichem Zögern, in den 1960er Jahren zu den treibenden Kräften in der europapolitischen Diskussion ihres Landes und suchten zur Unterstützung ihrer diesbezüglichen Ziele stets auch den Kontakt zu ihren europäischen Parteifreunden. Darüber hinaus wiesen sich die sozialdemokratischen Parteien Deutschlands und Norwegens als die international (und auch europäisch) am dichtesten vernetzten Milieus ihrer Länder aus. Einer inzwischen umfangreichen Forschungsliteratur zufolge werden über die Teilnahme an internationalen Netzwerken auch Ansichten geformt und Sozialisierungsprozesse in Gang gesetzt.[93] Diese Sozialisierung vollzieht sich nicht nur zwischen den Mitgliedsstaaten, sondern bezieht über transnationale Netzwerke auch Gruppen und Akteure aus den potentiellen Mitgliedsstaaten ein.[94] Es darf daher angenommen werden, dass die Einstellung deutscher und norwegischer Sozialdemokraten zum europäischen Integrationsprozess durch den Austausch miteinander und mit Parteifreunden anderer europäischer Länder wesentlich beeinflusst wurde. Darüber hinaus stellt sich allerdings auch für die parteipolitischen Eliten die Frage, inwieweit die gewonnenen An- und Einsichten in den

---

93 Vgl. *Heard-Lauréote, Karen*: Transnational networks. Informal governance in the European political space, in: *Kaiser/Starie* (Hrsg.) 2005, S. 36-60.
94 Ebd., S. 56.

außenpolitischen Entscheidungsprozess eingebracht und mit der nationalen Stimmungslage in Einklang gebracht werden konnten.

Parteien und Parlamente im außenpolitischen Entscheidungsprozess

Ähnlich wie Interessenverbände sind auch politische Parteien potentielle außenpolitische Einflussfaktoren.[95] Die Rolle der politischen Parteien im außenpolitischen Entscheidungsprozess ist daher ein Teilaspekt der unter dem Stichwort ›Pluralismus‹ – definiert »als Einflußnahme organisierter und konfliktfähiger Interessen auf die Politik«[96] – untersuchten Faktoren. Allerdings werden die Möglichkeiten einer Partei, auf den außenpolitischen Willensbildungsprozess (wie auch auf die Regierungspolitik im Allgemeinen[97]) einzuwirken, von der Parteienforschung als gering betrachtet.[98] Dies hängt zum einen damit zusammen, dass Parteien, wie Heino Kaack und Reinhold Roth betonen, nicht als »unmittelbare politische Handlungseinheiten« bezeichnet werden können, weil sie nicht als »Gesamtorganisation« in den außenpolitischen Entscheidungsprozess eingreifen. Dies täten allein einzelne Gremien oder Personen im Namen einer Partei, die aber gleichzeitig auch »im Namen anderer Bezugseinheiten« wie Regierung oder Fraktion auftreten.[99] Eine weitere Ursache liegt darin, dass Außenpolitik auch in modernen westlichen Demokratien weitgehend eine Angelegenheit der Exekutive geblieben ist. Dies zeigt sich am Verhältnis von Regierung und Parlament ebenso wie am innerparteilichen Verhältnis zwischen Parteiführung und Parteibasis.

Die Abgeordneten der Parteien im Parlament können als Fraktion oder durch individuelles Vorgehen außenpolitisch wirksam werden, indem sie Anfragen formulieren, Kritik vorbringen und auch ihre Zustimmung zu internationalen Verträgen oder Gesetzesvorhaben mit außenpolitischer Wirkung verweigern. Den außenpolitischen Experten

---

95 *Ladrech, Robert*: The Europeanization of Interest Groups and Political Parties, in: *Bulmer, Simon/Lequesne, Christian* (Hrsg.): The Member States of the European Union, Oxford 2005, S. 317-337.
96 So die Definition von *Krause, Joachim /Wilker, Lothar*: Bürokratie und Außenpolitik, in: *Haftendorn* u.a. (Hrsg.) 1978, S. 39-53, hier S. 50.
97 Vgl. *Mayntz/Scharpf* 1975, S. 31 f.
98 *Kaack, Heino/Roth, Reinhold*: Die Parteien und die Außenpolitik, in: *Schwarz, Hans-Peter* (Hrsg.): Handbuch der deutschen Außenpolitik, 2. Aufl., München 1976, S. 175-195; *Seidelmann, Reimund*: Parteien und Internationale Politik, in: *Woyke* (Hrsg.): 2004 [b], S. 409-412; *Koritzinsky, Theo*: Partienes utenrikspolitiske profil og beslutningsprosess, in: Internasjonal Politikk 7 (1968), S. 714-733, hier S. 724-730.
99 Vgl. *Kaack/Roth* 1976, S. 175.

der Partei bietet das Parlament außerdem die Möglichkeit, sich durch die Beteiligung an den zuständigen Fachausschüssen in den Entscheidungsprozess einzubringen. Weil sich außenpolitische Fragen kaum noch losgelöst von innen- und gesellschaftspolitischen Problemstellungen betrachten lassen, kommt den einzelnen Abgeordneten, den Fraktionen und dem Parlament als Ganzem – in der Theorie – eine bedeutende Verantwortung bei der Mitbestimmung zu. Allerdings wird das Parlament i.d.R. dieser Verantwortung nur sehr begrenzt gerecht, wofür sich vier Gründe nennen lassen. Erstens gestehen die rechtlichen Grundlagen den meisten Parlamenten lediglich Kontrollfunktionen, nicht aber ausreichende Möglichkeiten zu außenpolitischen Initiativen zu.[100] Dieses Ungleichgewicht wird dadurch verstärkt, dass es, zweitens, den meisten Regierungen gelingt, unter Verweis auf das nationale Interesse und mit Hilfe ihres Kompetenz- und Informationsvorsprungs, die Außenpolitik als »domaine réservé« verteidigen. Dabei kommt ihnen zugute, dass sich, drittens, die Parteien und ihre Repräsentanten im Parlament nur eingeschränkt auf dem Gebiet der Außenpolitik engagieren, weil dieses Politikfeld als nicht wahlentscheidend gilt und daher nur einen geringen machtpolitischen Stellenwert genießt.[101] Viertens schließlich sind Parlamente mit der zunehmenden Interdependenz und Komplexität internationaler Fragestellungen überfordert. Die zuständigen Ausschüsse der Parteien (Fraktionen) und des Parlaments stehen vor dem Problem, einerseits nicht ausreichend mit Informationen von der Regierung versorgt zu werden, andererseits aber nicht die Kapazität zu haben, die Masse der zur Verfügung stehenden Informationen nutzen zu können.[102]

Auch auf Parteiebene werden außenpolitische Fragestellungen von der Parteiführung bzw. einer außenpolitisch interessierten Parteielite dominiert.[103] Diese arbeitet in vom Parteivorstand eingesetzten Fachausschüssen und Kommissionen an Grundsatzpositionen der Partei zu au-

---

100 Zu den rechtlichen Grundlagen des Parlaments in der Außenpolitik am Beispiel des Bundestags vgl. *Karl, Wolf-Dieter/Krause, Joachim*: Außenpolitischer Strukturwandel und parlamentarischer Entscheidungsprozess, in: *Haftendorn* u.a. (Hrsg.) 1978, S. 55-82, hier S. 61-63.
101 Vgl. *Seidelmann* 2004 [b], S. 379; *Koritzinsky* 1968, S. 726 f.
102 *Karl/Krause* 1978, S. 55 f., 75-77. Ein anschauliches Beispiel dafür liefern die Diskussionen des Auswärtigen Ausschusses des Storting über den Verlauf der ersten Verhandlungsrunden. Vgl. Stortingets utvidede utenriks- og konstitusjonskomité (SUUKK), Sitzung vom 14.12.1970.
103 Vgl. am Beispiel der norwegischen Arbeiterpartei *Frøland, Hans Otto*: DNA og Vest-Europa 1945-1995: Kontakter, samarbeid og utsyn, in: *Heidar, Knut/Svåsand, Lars* (Hrsg.): Partier uten grenser?, Oslo 1997, S. 169-201, hier S. 178.

ßenpolitischen Fragen. Die Bedeutung dieser Ausschüsse für den außenpolitischen Entscheidungsprozess geht jedoch selten über den Rahmen eines Kommunikationsforums hinaus, in dem Parteifunktionäre, Fraktionsmitglieder und ggf. Regierungsmitglieder sich untereinander und mit parteinahen Experten austauschen können. Die Parteibasis wird in diesen Austausch nur bedingt einbezogen, auch, weil sie sich nur in Ausnahmesituationen für internationale Fragen interessiert. Gleichzeitig stellen die Parteien aber einen wichtigen Rahmen dar, in dem außenpolitische Themen diskutiert, Konzeptionen entwickelt und Führungsnachwuchs rekrutiert werden können.

Als Einheit präsentieren sich Parteien, auch in außenpolitischen Fragen, durch Parteitagsbeschlüsse und Grundsatzprogramme, die nicht nur innenpolitisch, sondern auch international zur Profilierung und Abgrenzung dienen. Parteitage sind eine Gelegenheit, den Mitgliedern und Wählern innerparteiliche Geschlossenheit zu demonstrieren und sich vom politischen Gegner abzugrenzen. Für die innerparteilichen Machtverhältnisse sind Parteitage wichtig, weil es dort zum Aufeinandertreffen von Parteiführung und Basis kommt. Der Parteiführung bieten Parteitage die Möglichkeit, sich ihren außenpolitischen Kurs legitimieren zu lassen. Die Parteibasis kann ihrerseits den Parteitag nutzen, um durch das Einbringen von Anträgen oder das Aufstellen von Gegenkandidaten ihren Unmut über die Parteiführung bzw. deren Kurs auszudrücken.

Die eingeschränkten Möglichkeiten zur Beeinflussung außenpolitischer Entscheidungen gelten grundsätzlich für alle Parteien. Dennoch sehen sich Regierungs- und Oppositionsparteien bei der Befassung mit außenpolitischen Themen unterschiedlichen Herausforderungen gegenüber. Regierungsparteien neigen zu einer Gouvernementalisierung ihrer Außenpolitik. Die von ihnen mitverantwortete offizielle Regierungspolitik richtet sich stärker an den vermeintlichen nationalen Interessen und an den Zwängen internationaler Verpflichtungen aus als an programmatischen oder ideologischen Konzepten.[104] Hinzu kommt der Machterhaltungswille, der im Zweifelsfall ebenfalls für eine pragmatische, kompromissorientierte Politik spricht. Eine Angleichung der außenpolitischen Konzepte an »mehrheitsfähige Positionen« erfolgt häufig bereits auf dem Weg zur Regierungsbeteiligung.[105] Parteien, die, wie die SPD 1966, neu

---

104 *Seidelmann* 2004 [b], S. 379.
105 *Bouvier, Beatrix W.*: Zwischen Godesberg und Großer Koalition. Der Weg der SPD in die Regierungsverantwortung: Außen-, sicherheits- und deutschlandpolitische Umorientierung und gesellschaftliche Öffnung der SPD 1960-1966, Bonn 1990.

an die Macht kommen, stehen zunächst vor einem Kompetenzproblem und sind in besonderem Maße auf die Hilfe der Ministerialbürokratie angewiesen. Gleichzeitig sind sie bestrebt, die Durchsetzung eigener außenpolitischer Präferenzen im Regierungsapparat durchzusetzen, wobei ihnen aber Grenzen gesetzt werden, z.B. durch die Rücksichtnahme auf die Koalitionspartner, den Mangel an qualifiziertem Personal, die Eigeninteressen der Ministerialverwaltung und nicht zuletzt durch die Geschäftsordnung.[106] Gerade die Europapolitik gehört zu jenen Politikfeldern, die ein hohes Maß an internationaler Erfahrung und Spezialisierung erfordern, weshalb die Spitzenpositionen der Ministerialbürokratie hier den ausgewiesenen Experten überlassen werden und nach Möglichkeit Wert auf Kontinuität gelegt wird.[107]

Für die Oppositionsparteien sind Kontakte zur Ministerialbürokratie durchaus von Bedeutung. Denn sie leiden in außenpolitischen Angelegenheiten besonders unter dem Informationsdefizit, das sie gegenüber der Regierung benachteiligt.[108] Eine Hinwendung zu innenpolitischen Themen ist vielfach die Folge davon.[109] Gleichzeitig zwingt das Oppositionsdasein Parteien dazu, sich stärker als eigenständiger und einheitlicher Akteur in die außenpolitische Diskussion einzubringen. Ein Wechsel in die Opposition, wie ihn die norwegische Arbeiterpartei 1965 nach 20 Jahren an der Regierung vollziehen musste, macht in allen Politikbereichen eine Intensivierung der innerparteilichen Programmarbeit, eine Neuordnung der Ausschussarbeit und eine Verbesserung der Zusammenarbeit zwischen Parteigremien und Parlamentsfraktion notwendig.[110]

---

106 Vgl. Ebd. Zu den personalpolitischen Überlegungen der SPD 1966/67 vgl. *Ashkenasi, Abraham*: Reformpartei und Außenpolitik. Die Außenpolitik der SPD Berlin-Bonn, Köln/Opladen 1968, S. 203 f.; *Merseburger, Peter*: Willy Brandt 1913-1992. Visionär und Realist, Stuttgart 2002, S. 494 f.; *Bahr* 1996, S. 194-200; *Brandt* 1976, S. 187.

107 So wurde 1966 der langjährige Staatssekretär für Europafragen, Rolf Lahr, zunächst auf seinem Posten belassen und 1968 nach seinem freiwilligen Wechsel auf einen Botschafterposten durch einen weiteren Karrierebeamten und Europaexperten abgelöst. Vgl. *Lahr, Rolf*: Zeuge von Fall und Aufstieg. Private Briefe 1934-1974, Hamburg 1981, S. 454; AdsD, WBA, A7 (Außenminister), Mappe 7, Lahr an Brandt, 8.8.1968.

108 Vgl. *Karl/Krause* 1978, S. 56 f.

109 *Ashkenasi* 1968, S. 7.

110 Vgl. *Nyhamar, Jostein*: Nye utfordringer. Arbeiderbevegelsens historie i Norge, Bd. 6, 1965-1990, Oslo 1990, S. 36 f.

Sowohl für Regierungs- als auch für Oppositionsparteien gilt, dass sie nicht immer entschlossen und nur selten geschlossen als Akteure in den außenpolitischen Entscheidungsprozess eingreifen. Wie viel Aufmerksamkeit ein internationales Thema in der Parteiarbeit genießt, hängt davon ab, wie sehr es ins Zentrum der innenpolitischen Debatte gerät. So stand die Europapolitik bei den deutschen Sozialdemokraten in den 1960er Jahren zweifellos im Schatten der Ost- und Deutschlandpolitik. Der parteipolitische Konsens machte dieses Thema relativ uninteressant.[111] In Norwegen, wo die Beitrittsfrage jeweils zu Beginn der 1960er und 1970er Jahre die öffentliche Diskussion beherrschte, standen in der Zwischenzeit andere außenpolitische Themen deutlich stärker im Vordergrund, was dazu führte, dass auch die zuständigen Parteigremien der Integrationsproblematik nur wenig Aufmerksamkeit widmeten.

Internationale Kontakte politischer Parteien

Politische Parteien sind nicht nur Akteure im außenpolitischen Entscheidungsprozess ihres Landes, sie treten auch als eigenständige Akteure in den internationalen Beziehungen auf. Durch ihre Teilnahme an internationalen Zusammenschlüssen sowie durch den bilateralen Austausch mit Schwesterparteien in anderen Ländern können Parteien eine eigene Außenpolitik gestalten, die sich unabhängig, parallel oder ergänzend zur Regierungspolitik vollzieht.[112]

In Bezug auf internationale Parteizusammenschlüsse kann die Sozialistische Internationale (SI) als Zusammenschluss der Arbeiterbewegungen auf die längste Geschichte und den größten Umfang an beteiligten Ländern zurückblicken.[113] Entsprechend waren sowohl die SPD als auch die norwegische Arbeiterpartei die Partei mit dem jeweils größten Netz an

---

111 Vgl. *Bulmer, Simon/Paterson, Wiliam*: The Federal Republic of Germany and the European Community, London 1987, S. 137 f.
112 Vgl. *Mittag, Jürgen* (Hrsg.): Politische Parteien und europäische Integration. Entwicklung und Perspektiven transnationaler Parteienkooperation, Essen 2006.
113 Ihrem Generalsekretär Hans Janitschek zufolge umfasste die Sozialistische Internationale Ende der 60er Jahre »mehr als 50 Parteien mit 15 Millionen Mitgliedern und fast 80 Millionen Wähler[n] in der ganzen Welt«. *Janitschek, Hans*: Deutsche Sozialdemokratie und die Sozialistische Internationale, in: Sozialdemokratischer Pressedienst, 12.5.1970; vgl. *Seidelmann, Reimund*: Die Sozialistische Internationale als Parteienbewegung und Wegbereiter, in: EA 21 (1981), S. 659-668.

internationalen Verbindungen in Deutschland bzw. Norwegen.[114] Seit den 1950er Jahren weiteten sich auch die Kontakte anderer Parteien aus, wobei die europäische Integration eine wichtige Antriebskraft darstellte.[115] Als Regierungspartei war die norwegische Arbeiterpartei durch die Mitgliedschaft des Landes in OECD, NATO und EFTA auch an zahlreichen Foren internationaler Zusammenarbeit beteiligt. Zudem organisierte sich die DNA mit ihren nordischen Schwesterparteien im Rahmen des »Komitees für nordische Zusammenarbeit« (SAMAK).[116] Ziel war es, sozialdemokratische Positionen im Norden zu stärken, was sich u.a. in der Unterstützung nordischer Lösungen wie dem Projekt einer Zollunion äußerte.[117] Die kleineren Parteien Norwegens beschränkten sich zu diesem Zeitpunkt meist auf den Austausch mit ähnlich gesinnten Parteien in den Nachbarländern. Erst gegen Ende der 1960er Jahre weiteten sie ihre internationalen Verbindungen aus, wobei auch sie durch die Diskussion um den eventuellen EG-Beitritt stimuliert wurden.[118]

Die Bedeutung internationaler Parteizusammenschlüsse wie der Sozialistischen Internationale oder der europäischen Linken für konkrete außen- und europapolitische Fragen wird gemeinhin als niedrig angesehen.[119] Ein Grund dafür liegt in der Tendenz politischer Parteien, »in ihrer transnationalen Kooperation und selbst in ihren supranationalen Zusammenschlüssen den gouvernementalen und den nationalen Charakter von Außenpolitik« zu reproduzieren.[120] Sofern politische Parteien Einfluss auf den europäischen Entscheidungsprozess ausüben, ist dieser, Bulmer und Paterson zufolge, indirekt.[121] Die Verwirklichung gemeinsa-

---

114 Vgl. *Heidar, Knut* u.a.: Norske partiers internasjonale forbindelser, in: *Heidar/ Svåsand* (Hrsg.) 1997, S. 94.
115 Vgl. z.B. *Gehler, Michael/Kaiser, Wolfram* (Hrsg.): Transnationale Parteienkooperation der europäischen Christdemokraten. Dokumente 1945-1965, München 2004. Zur europäischen Integration der sozialdemokratischen Parteien vgl. *Griffiths, Richard T.* (Hrsg.): Socialist Parties and the Question of Europe in the 1950's, Leiden 1993; *Featherstone, Kevin*: Socialist Parties and European Integration, Manchester 1988.
116 Vgl. *Frøland* 1997, S. 189 f.; vgl. auch *Gussarsson, Maria*: The Swedish Social Democracy, the Plans on West European Economic Cooperation and International Party Cooperation, 1955-1958, in: JEIH 11/1 (2005), S. 85-101.
117 *Frøland* 1997, S. 190.
118 *Heidar* u.a. 1997, S. 71.
119 Vgl. *Heidar, Knut/Svåsand, Lars*: Internasjonale partisammenslutninger: partier eller organisasjoner?, in: *Dies.* (Hrsg.): 1997, S. 17-29, hier S. 17.
120 *Seidelmann* 2004 [a], S. 14.
121 *Bulmer/Paterson* 1987, S. 151.

Auf den Konferenzen der sozialdemokratischen Parteiführer Europas im schwedischen Harpsund wurden auch die europapolitischen Probleme der skandinavischen Länder erörtert. Olof Palme, Jens Otto Krag, Bruno Kreisky, Willy Brandt und Trygve Bratteli im August 1971.

mer Initiativen, wie etwa die Verabschiedung eines »Sozialistischen Europaprogramms«, an dem deutsche Sozialdemokraten bereits Anfang der 1960er Jahre mitgewirkt hatten und das am Ende des Jahrzehnts von norwegischer Seite neu angeschoben wurde, blieb letztendlich dringlicheren tagesaktuellen Problemen nachgeordnet.[122]

Wenn aber der realpolitische *Output* internationaler Parteikonferenzen, -seminare, -arbeitsgruppen und -zusammenschlüsse gering einzuschätzen ist, so darf der *Input* für die beteiligten Akteure nicht vernachlässigt werden. Gerade jüngeren Politikern bieten diese Zusammenkünfte

---

122 Vgl. *Schmitz, Kurt Thomas*: Deutsche Einheit und Europäische Integration. Der sozialdemokratische Beitrag zur Außenpolitik der Bundesrepublik Deutschland unter besonderer Berücksichtigung des programmatischen Wandels einer Oppositionspartei, Bonn 1978. S. 181 ff.

ein Umfeld, in dem Meinungen und Haltungen zu internationalen Fragen geformt werden.[123] Sowohl die Erfahrungen deutscher Emigranten in Skandinavien als auch die Begegnungen norwegischer Jungsozialisten mit ihren europäischen Genossen dürften in dieser Hinsicht prägend gewesen sein. Auch für die Entscheidungsträger der Parteielite stellen internationale Zusammenkünfte auf Parteiebene wichtige Kommunikationsforen dar. Zu nennen sind hier neben den Treffen der Sozialistischen Internationale und den Konferenzen der Sozialistischen Parteien in der EG, zu denen in den 1960er Jahren auch norwegische Repräsentanten eingeladen wurden, informelle Zusammenkünfte, wie die Treffen der sozialdemokratischen Parteivorsitzenden auf dem Sommersitz des schwedischen Ministerpräsidenten in Harpsund.[124]

Neben ihrer Teilnahme an multinationalen Zusammenschlüssen unterhalten Parteien auch bilaterale Kontakte zu ihren Schwesterparteien. Diese finden durch den schriftlichen Austausch über grundsätzliche und aktuelle Fragen der Politik ebenso statt wie in Form von gegenseitigen Besuchen auf allen Ebenen sowie am Rande internationaler Zusammenkünfte. Angesichts des Umfangs internationaler Kontakte, die größere Parteien auf multilateraler und bilateraler Ebene vornehmen und die von eigenen internationalen Abteilungen oder Sekretariaten koordiniert und verwaltet werden, kann man von einer »Parteidiplomatie« sprechen. Diese muss nicht notwendigerweise zu einem Überspielen der staatlichen Außenpolitik führen, d.h. in Konkurrenz zur Regierungspolitik stehen, kann aber durchaus als außenpolitischer Nebenkanal fungieren. Wenn sie von der Regierungspartei geführt wird, erfolgt die Parteidiplomatie meistens ergänzend und im Zusammenspiel mit den Regierungsapparaten. Sie kann aber auch dazu dienen, dem Unmut der Parteibasis oder einzelner Gruppierungen innerhalb der Partei (z.B. der Jugendorganisationen) über den als fehlgeleitet empfundenen Kurs der eigenen Parteiführung Ausdruck zu verleihen. Der Opposition dienen auswärtige Kontakte zur Vorbereitung einer späteren Regierungsübernahme, dem Aufbau und der Pflege von Kontaktnetzen, dem Sammeln eigenständiger Informationen, der Diskussion und Abstimmung außenpolitischer Konzepte und – nicht zuletzt – der Profilierung auf einem öffentlichkeitswirksamen Politikgebiet.

Insgesamt gesehen ist die Bedeutung politischer Parteien weder als eigenständige Kraft im außenpolitischen Entscheidungsprozess noch als

---

123 *Heidar/Svåsand* 1997, S. 23.
124 Vgl. *Brandt* 1976, S. 75, 208.

Akteur in den internationalen Beziehungen besonders groß. Zusammenfassend kann die Bedeutung des außenpolitischen und internationalen Engagements politischer Parteien vorrangig darin gesehen werden, dass sie einen Rahmen zum Austausch und zur Formierung von Haltungen zu internationalen Fragen bieten. Aus den in diesem Rahmen gewonnenen Haltungen können sich durchaus parteispezifische bzw. ideologisch gefärbte Antriebskräfte für das Handeln außenpolitischer Akteure ergeben.

Eine transnationale Elite

Mit den Europa-Experten der Ministerialverwaltungen und mit den Führungseliten der sozialdemokratischen Parteien werden in dieser Arbeit zwei Gruppen der politisch-administrativen Elite Deutschlands und Norwegens in den Mittelpunkt der Untersuchung gerückt, die für die deutsch-norwegische Annäherung verantwortlich waren und die gleichzeitig eine maßgebliche Rolle in der Erweiterungsfrage spielten. Allerdings lässt sich die Bedeutung dieser Gruppen nur dann verstehen und angemessen darstellen, wenn sie in Verbindung mit anderen Gruppen untersucht wird, die ebenfalls eine konstruktive Rolle im Beitrittsprozess spielten. Zu nennen sind hier u.a. einzelne europapolitisch engagierte Politiker anderer Parteien, einzelne Beamte und Diplomaten aus den anderen EG- und EFTA-Ländern sowie, nicht zuletzt, jene Beamten der EG-Kommission, die mit den Verhandlungen befasst waren.

Unter Umgehung eingrenzender Definitionen können diese kollektiv oder individuell agierenden Akteure als transnationale Elite bezeichnet werden, deren gemeinsamer Nenner ein »europäisches Bewusstsein« sowie die Befürwortung des norwegischen Beitritts war. Die im Folgenden näher untersuchte transnationale Elite ist keineswegs als homogene oder gar organisierte Gruppe von Akteuren zu verstehen. Im Gegenteil, sie setzte sich nicht nur aus Akteuren unterschiedlicher Nationalität zusammen, sondern auch aus Akteuren mit unterschiedlicher Motivation und unterschiedlicher institutioneller Anbindung. Tatsächlich vertraten einzelne Akteure in anderen außenpolitischen Fragen sogar gegensätzliche Auffassungen, wie z.B. CDU/CSU- und SPD-Politiker in der Ostpolitik. Auch mussten sich sämtliche Akteure dieser Elite zu dem oben angesprochenen Spannungsverhältnis von nationalen, partikularen und kollektiven Interessen verhalten, wodurch eine Stellungnahme in der Erweiterungsfrage nicht immer eindeutig ausfiel. Nichtsdestoweniger lassen sich zahlreiche mehr oder weniger organisierte Kontakte zwischen einzelnen kollektiven und individuellen Akteuren dieser Elite feststellen. Diese Kontakte fanden sowohl auf zwischenstaatlicher Ebene (z.B. im Rahmen diplomatischer Konsultationen oder bei Verhandlungen in gemischten Ausschüssen) statt als auch auf transnationaler Ebene, etwa im Rahmen der internationalen Parteienkooperation oder im Rahmen überparteilicher Zusammenschlüsse wie der Europabewegung.

Ziel der vorliegenden Arbeit ist es, die besondere Rolle deutsch-norwegischer Kontakte innerhalb dieser transnationalen Elite und ihrer formellen und informellen Netzwerke herauszuarbeiten. Dafür gilt es erstens, mit Hilfe einer vergleichenden Untersuchung der europapolitischen Haltungen deutscher und norwegischer Akteure herauszufinden, inwieweit zwischen den unterschiedlichen Gruppen Übereinstimmungen bestanden, die die Grundlage für eine besondere Zusammenarbeit bildeten. Die zweite Aufgabe besteht darin, die Kontaktebenen und Netzwerke zu identifizieren, in denen Haltungen geformt wurden. Ein drittes Ziel ist es schließlich herauszuarbeiten, wie sich die offiziellen und inoffiziellen Kontakte auf die europapolitischen Entscheidungen der Regierungen und damit auf den Verhandlungsverlauf auswirkten.

Persönlichkeiten wie Willy Brandt auf deutscher und Trygve Bratteli auf norwegischer Seite waren nicht nur Teil dieser beitrittsfreundlichen Elite, sondern können als deren zentrale Identifikations- und Leitfiguren betrachtet werden. Gleichzeitig waren sie als verantwortliche Akteure direkt an den zentralen Entscheidungen des Beitrittsprozesses beteiligt. Die Bedeutung Brandts muss allein deshalb hervorgehoben werden, weil er – als einziger unter den wichtigsten europäischen und skandinavischen Staatsmännern – während des gesamten Untersuchungszeitraums in verantwortlicher Regierungsposition mit der Beitrittsfrage befasst war. Es ist daher nahe liegend, seine Rolle und seinen Einfluss in dieser Frage auf einer gesonderten Ebene zu untersuchen.

2.3 Individuelle innerstaatliche Akteure im außenpolitischen Entscheidungsprozess

Der individuelle Akteur ist lange Zeit sowohl von der »modernen« Geschichtswissenschaft als auch von den Sozialwissenschaften zugunsten struktureller Bestimmungsfaktoren vernachlässigt worden. Nach dem Zweiten Weltkrieg grenzten sich große Teile der Geschichtswissenschaft bewusst von der überstarken Betonung des Einflusses »großer Männer«

in der außenpolitischen Geschichtsschreibung des späten 19. und frühen 20. Jahrhunderts ab.[125]

Gleichzeitig macht die Durchsicht neuerer Literatur zur Integrationsgeschichte deutlich, dass kaum eine Untersuchung ohne die Auseinandersetzung mit den zentralen Protagonisten in den nationalen Regierungen und supranationalen Institutionen auskommt.[126] Die Historikerin Anne Deighton räumt ein, dass es »unmodern« sein mag, das Gewicht auf die individuellen Entscheidungsträger zu legen. Sie kann aber auf zahlreiche Studien verweisen, in denen die »ability of individual senior ministers to influence policy« hervorgehoben wird, und zwar »often in spite of their officials.«[127] Jürgen Mittag und Wolfgang Wessels betonen in einer Untersuchung der Gipfelkonferenzen von den Haag (1969) und Paris (1972), dass »[u]ngeachtet aller institutionellen oder mitgliedstaatlichen Faktoren [...] die handelnden Akteure eine zentrale Rolle [spielten].«[128] Tatsächlich werden sowohl das Zustandekommen der Beitrittsverhandlungen von 1970-1972 als auch deren Durchbruch und erfolgreicher Abschluss zu einem großen Teil Schlüsselakteuren wie Pompidou, Heath und auch Brandt zugeschrieben. Dies macht deutlich, dass es sich in der aktuellen Diskussion weniger darum drehen sollte, den individuellen Akteur in den Mittelpunkt zu stellen oder auszuschließen, sondern vielmehr darum, seine Rolle im außenpolitischen Entscheidungsprozess und seine Bedeutung für die Entwicklung internationaler Prozesse im Zusammenspiel mit anderen relevanten Akteuren und strukturellen Faktoren zu untersuchen. Dabei kann, ungeachtet der geringen Popularität des Forschungsgegenstands, auf eine Vielzahl von Ansätzen zurückgegriffen werden. Denn nachdem sich auch die Politikwissenschaft zu-

---

125 Vgl. *Geiss, Immanuel*: Die Rolle der Persönlichkeit in der Geschichte: Zwischen Überbewerten und Verdrängen, in: *Bosch, Michael* (Hrsg.): Persönlichkeit und Struktur in der Geschichte. Historische Bestandsaufnahme und didaktische Implikationen, Düsseldorf 1977, S. 10-24; *Bernecker, Walther L./Dotterweich, Volker* (Hrsg.): Persönlichkeit und Politik in der Bundesrepublik. Politische Porträts, Bd. 1, Göttingen 1982, S. 9f.

126 Vgl. etwa die Beiträge zu Ludwig Erhard, Walter Hallstein, Gerhard Schröder, Kurt Georg Kiesinger, Charles de Gaulle oder Brandt, in: *Loth* (Hrsg.) 2001.

127 *Deighton, Anne*: Introduction, in: *Dies.* (Hrsg.): Building Postwar Europe. National Decision-Makers and European Institutions 1948-63, New York 1995, S. xii-xxvii, hier S. xxiii.

128 *Mittag, Jürgen/Wessels, Wolfgang*: Die Gipfelkonferenzen von Den Haag (1969) und Paris (1972). Meilensteine für Entwicklungstrends der Europäischen Union?, in: *Knipping, Franz/Schönwald, Matthias* (Hrsg.): Aufbruch zum Europa der Zweiten Generation. Die europäische Einigung 1969-1984, Trier 2004, S. 3-27, hier S. 10.

nächst von der Analyse individueller Akteure abgewandt hatte, nicht zuletzt weil sich individuelle Schicksale und Handlungen nicht oder nur schwer dem Ziel der Theoriebildung unterordnen lassen, hat die Analyse von Persönlichkeiten in den vergangenen Jahren und Jahrzehnten wieder deutlich mehr Beachtung gefunden.[129]

Bei den Ansätzen zur Erklärung individueller Einflussnahme auf die internationalen Beziehungen kann grob zwischen solchen unterschieden werden, die sich auf die Persönlichkeit des Entscheidungsträgers konzentrieren, und solchen, die sein organisatorisches und soziales Umfeld, z.B. seinen engen Beraterkreis, in den Mittelpunkt ihrer Forschung rücken.[130] Erstere befassen sich u.a. mit der Frage, wie Entscheidungsträger zu ihrem Weltbild kommen und in welchem Verhältnis ihre subjektiven Wahrnehmungsmuster zu den tatsächlichen Herausforderungen stehen, wobei sie auch auf Erkenntnisse der Psychologie zurückgreifen. Ähnlich dem oben angesprochenen Problem der konstruktivistischen Ansätze haben sich die Vertreter des kognitiven Lagers mit dem Vorwurf auseinandersetzen müssen, ihre Theorien nur schwer empirisch belegen zu können.[131] Tatsächlich besteht bei dem Versuch, das Handeln des Staatsmannes auf seine Persönlichkeit zurückzuführen immer die Gefahr der »Psychologisierung«, wie sie Helga Grebing tendenziell auch in der umfangreichen Literatur zum Leben und Wirken Willy Brandts festgestellt hat:

> Die Deutung des Menschen Willy Brandt – durch wen auch immer – bewegt sich zunehmend auf sich verfestigende Stereotype zu, und die Charakterisierungen des Menschen und seines Handelns wiederholen sich im Rahmen dieser Verfestigung. [...] Diese oft effekthascherisch aufgemachten, wissenschaftlich keineswegs gesicherten Psychologisierungen zeigen nur die Hilflosigkeit der Interpreten, die unter der Hand vage Plausibles in feste Stereotype ummodeln.[132]

Als Anregungen zur Beurteilung gewisser Handlungen des Staatsmanns und als Verständnishilfe bei der Untersuchung seiner Motivation können die kognitiven und psychologischen Ansätze allerdings eine wichtige

---

129 Vgl. *Byman, Daniel L./Pollack, Kenneth M.*: Let Us Now Praise Great Men: Bringing the Statesman Back In, in: International Security, 25/4 (Spring 2001), S. 107-146.
130 Vgl. *Holsti* 1995, S. 51-54.
131 Vgl. *Haftendorn* 1990, S. 416.
132 *Grebing, Helga*: Auf dem schwierigen Weg zu einer wissenschaftlich fundierten Biographie Willy Brandts, in: *Jelich, Franz-Josef/Goch, Stefan* (Hrsg.): Geschichte als Last und Chance, Essen 2003, S. 243-253, hier S. 243 f.

Hilfestellung leisten. Auch lässt sich mit großer Sicherheit annehmen (und auch an gewissen Aussagen festmachen), dass die Haltungen und Entscheidungen durch Erfahrungen, Vorkenntnisse, Vorurteile etc. geprägt sowie durch selektive, vielstimmige und gelegentlich widersprüchliche Information und auch physische und psychische Formschwankungen beeinflusst werden. Einen Ersatz für die Untersuchung politischer Strukturen und Prozesse stellen diese Ansätze nicht dar.[133] Aussagen über den individuellen Einfluss eines Entscheidungsträgers können letztendlich nur dann gemacht werden, wenn Erkenntnisse über seine Motivation mit einer Untersuchung seiner Handlungsspielräume und der ihn unterstützenden Beratungs- und Entscheidungsstrukturen verbunden werden.

Hinzu kommt eine Perspektive, die in jüngster Zeit größere Beachtung in der Forschung erfahren hat: das Charisma des Staatsmanns und seine Wirkung auf andere, seien es Mitarbeiter, internationale Partner oder die Öffentlichkeit. Obwohl sich deutschen Politikern nach Hitler die symbolhafte Inszenierung bis hin zur Theatralik geradezu zu verbieten schien und als außenpolitisches Wirkungsmittel charismatischen Staatsmännern wie Charles de Gaulle oder John F. Kennedy vorbehalten blieb[134], erscheint diese Perspektive für eine Bewertung der außenpolitischen Wirkung Willy Brandts überaus hilfreich.[135]

Ausgehend von dieser Feststellung sollen im Folgenden drei Aspekte unterschieden werden, an denen sich die Untersuchung der individuellen Rolle Brandts in der Frage des norwegischen EG-Beitritts orientieren wird: Das Verhältnis des Staatsmanns zu seinem Berater- und Mitarbeiterkreis, das Verhalten des Staatsmanns im direkten Kontakt zu seinen Amtskollegen und schließlich die Wirkung des Staatsmanns auf die Öffentlichkeit.

---

133 Vgl. *Greenstein, Fred I.*: Personality and Politics. Problems of Evidence, Inference and Conceptualization, Princeton, N.J. 1987, S. xvi.

134 Vgl. *Patel, Kiran Klaus*: Rezension zu: Andreas W. Daum: Kennedy in Berlin. Politik, Kultur und Emotionen im Kalten Krieg, Paderborn 2003, in: H-Soz-u-Kult, 21.10.2004, URL: <http://hsozkult.geschichte.hu-berlin.de/rezensionen/2004-4-049> (6.10.2006).

135 Für eine theoretische Einordnung des Charisma-Begriffs, die sich allerdings auf die innenpolitische Wirkung der charismatischen Führungsrolle konzentriert und nicht auf die Wirkung »charismatischer Führer« im Ausland eingeht, vgl. *Möller, Frank*: Zur Theorie des charismatischen Führers im modernen Nationalstaat, in: *Ders.* (Hrsg.): Charismatische Führer der deutschen Nation, München 2004, S. 1-18. Zum »Charisma« Brandts vgl. *von Kieseritzky, Wolther*: »Wie eine Art Pfingsten...« Willy Brandt und die Bewährungsprobe der zweiten deutschen Republik, in: ebd., S. 219-258; sowie: *Glotz, Peter*: Willy Brandts Charisma, Berlin 2004.

Führungsstil

Kognitive Ansätze erinnern daran, dass auch politische Entscheidungsträger keine rational handelnden Akteure, sondern menschliche Wesen seien, die intuitiv reagieren, deren Weltbild von vorgefertigten Bildern und subjektiven Erfahrungen geprägt ist und die schwierigen Entscheidungen auszuweichen oder aber diese zu vereinfachen versuchen.[136] Allerdings trifft selbst ein herausragender Staatsmann seine Entscheidungen nicht allein, sondern immer im Zusammenspiel mit einem Kreis von Mitarbeitern und Beratern. Unter diesen kann zwischen solchen unterschieden werden, mit denen sich der Entscheidungsträger offiziell auseinandersetzen muss, d.h. mit seinem Kabinett, mit den Vertretern der Regierungsparteien und der Parlamentsfraktionen, mit der Verwaltung in den Fachressorts und in seinem eigenen Amt, und solchen, die er als persönliche Berater oder »enge Mitarbeiter« um sich versammelt. Letztere können entweder eine offizielle Position innehaben, z.B. als politischer Staatssekretär, als Kabinettschef, als Redenschreiber, als persönlicher Referent, oder, außerhalb der etablierten Entscheidungsstrukturen stehend, ein so genanntes Küchenkabinett bilden.[137] Entscheidend ist, dass sie einen bevorzugten Zugang zum Entscheidungsträger haben und von dieser privilegierten Position aus sein Denken und Handeln direkt beeinflussen können. Duroselle hat diesen Kreis enger Mitarbeiter eine »groupe réel« genannt, eine Gruppe bestehend aus Menschen, die sich zusammenfinden, weil sie eine gemeinsame Weltsicht verfolgen.[138] Amerikanische Politikwissenschaftler haben von einer »ultimate decision unit« gesprochen.[139]

Anders als in den präsidialen bzw. semi-präsidialen Regierungssystemen der Vereinigten Staaten und Frankreichs formulieren der deutsche und erst recht der norwegische Regierungschef ihre Außenpolitik sehr viel stärker in einem Wechselverhältnis mit Kabinett und Parlament. Nichtsdestoweniger sind auch in diesen Ländern Staatskanzleien geschaffen und mit der Zeit immer weiter ausgebaut worden, um dem

---

136 Vgl. *Holsti* 1995, S. 52; *Haftendorn* 1990, S. 413-416; sowie *Lord, Christopher*: British Entry to the European Community under the Heath Government of 1970-4, Aldershot 1993, S. 1-8.
137 Vgl. *Müller, Kay/Walter, Franz*: Graue Eminenzen der Macht: Küchenkabinette in der deutschen Kanzlerdemokratie; von Adenauer bis Schröder, Wiesbaden 2004.
138 Vgl. *Duroselle* 1981, S. 64 f.
139 *Hermann, Margaret G.* u.a.: How Decision Units Shape Foreign Policy Behvior, in: *Hermann, Charles F.* u.a. (Hrsg.): New Directions in the Study of Foreign Policy, Boston 1987, S. 309-336.

Regierungschef die Möglichkeit zu geben, die Politik seiner Regierung, einschließlich der Außen- und Europapolitik, effektiv zu koordinieren. Auch der Bundeskanzler und der norwegische Ministerpräsident (*Statsminister*) haben somit die Möglichkeit, ihre Position im Entscheidungsprozess durch die Auswahl kompetenter und vor allem loyaler Mitarbeiter zu stärken.[140] Ministerpräsident Borten nutzte diese Möglichkeit in den Vorbereitungen auf mögliche EG-Beitrittsverhandlungen zwischen 1966 und 1970, indem er seinen Staatssekretär Emil Vindsetmo als Leiter der unterschiedlichen Ausschüsse einsetzte, die Vor- und Nachteile einer Vollmitgliedschaft untersuchen und auch zu Alternativen Stellung nehmen sollten. Dass der Ministerpräsident die übergeordnete Verantwortung für die Europapolitik reklamierte, ließ sich auf keine verfassungsmäßige Zuständigkeit zurückführen, signalisierte aber deutlich den innenpolitischen Stellenwert der Beitrittsfrage.[141] Willy Brandt hatte 1966 seine Stellung als Außenminister der Großen Koalition gestärkt, indem er loyale Mitarbeiter wie Egon Bahr und Klaus Schütz aus Berlin in das Auswärtige Amt brachte. Einige von ihnen – darunter neben Bahr der Leiter der außenpolitischen Abteilung und die persönlichen Referenten – begleiteten Brandt 1969 ins Kanzleramt, wo sie insbesondere die Ostpolitik der Regierung mitgestalteten, wenn nicht sogar »dominierten«.[142] Aber auch die europapolitische Kompetenz des Kanzleramts wurde von Brandt gestärkt, als mit Katharina Focke erstmals eine Parlamentarische Staatssekretärin mit besonderer Verantwortung für die Europapolitik eingesetzt wurde. Focke, die sich persönlich für die Vertiefung und Vollendung der Gemeinschaft sowie für den britischen Beitritt engagierte, nahm an dem wichtigsten europapolitischen Koordinierungs-

---

140 Vgl. *Knoll, Thomas*: Das Bonner Bundeskanzleramt. Organisation und Funktion, Wiesbaden 2004, S. 17 f.; *Eriksen, Knut Einar/Pharo, Helge Ø.*: Kald krig og internasjonalisering 1949-1965, Norsk utenrikspolitisk historie Bd. 5, Oslo 1997, S. 22 f. und *Tamnes* 1997, S. 464.
141 Zur Rolle des Ministerpräsidenten vgl. den Bericht des 1967 eingesetzten Arbeitsausschusses zur Reform der Zentralverwaltung: Instilling om Den sentrale forvaltnings organisasjon (nach dem Vorsitzenden des Ausschusses als »Modalsli-Bericht« bekannt), 1970, S. 45 f.; sowie *Groß, Hermann/Rotholz, Walter*: Das politische System Norwegens, in: *Ismayr, Wolfgang* (Hrsg.): Die politischen Systeme Westeuropas, Opladen 1997, S. 125-157, hier S. 134, 136 f.
142 Vgl. *Baring, Arnulf*: Machtwechsel. Die Ära Brandt-Scheel, Stuttgart 1982, S. 364 ff.; *Hacke, Christian*: Weltmacht wider Willen: die Außenpolitik der Bundesrepublik Deutschland, Frankfurt/Main 1993, S. 156 f. sowie ausführlich *Schmid, Günther*: Entscheidung in Bonn: Die Entstehung der Ost- und Deutschlandpolitik 1969/1970, Köln 1979, bes. S. 184.

gremium der Bundesregierung – dem Europaausschuss der beamteten Staatssekretäre – teil und arbeitete eng mit der politischen und wirtschaftlichen Abteilung des Kanzleramts zusammen.[143]

Inwieweit der Stab oder das Küchenkabinett den Staatsmann wirkungsvoll unterstützen, ist nicht allein von der Zusammensetzung und Kompetenz der einzelnen Mitarbeiter und Berater abhängig, sondern vor allem vom Führungsstil des Entscheidungsträgers.[144] Seine Möglichkeit und gleichzeitig auch seine Verantwortung liegen einerseits darin, seinem Mitarbeiter- und Beratungsstab politische Prioritäten zu vermitteln. Darüber hinaus muss er dafür sorgen, dass sein Stab willens und in der Lage ist, entlang seiner Richtlinien, durchführbare Konzepte zu entwickeln und in angemessener Weise auf »die verschiedenen Probleme zwischen mittelgroß und kleinklein«[145] zu reagieren.

Willy Brandts Führungsstil ist bereits während seiner Amtszeit Gegenstand zahlreicher journalistischer Erörterungen gewesen und war auch in den darauf folgenden Jahren immer wieder Gegenstand mehr oder weniger seriöser Darstellungen. Dabei stand meist die starke Ausrichtung der außenpolitischen Entscheidungsstrukturen auf Brandt und sein Amt im Mittelpunkt des Interesses. In diesem Zusammenhang ging es einerseits um die Frage, inwieweit, besonders in der Ostpolitik, formale Entscheidungswege umgangen und offiziell zuständige Entscheidungsträger wie der Außenminister und sein Amt übergangen wurden.[146] Andererseits ging es um den Vorwurf, Brandts Präferenz für die Außenpolitik habe dazu geführt, dass innen- und wirtschaftspolitische Probleme vernachlässigt bzw. dass diese Politikfelder dem Kompetenzgerangel seiner Kabinettsmitglieder überlassen wurden. Immer wieder ist dabei die Fra-

---

143 Gespräch mit Katharina Focke am 6.9.2000 in Köln; vgl. EUI, Voices on Europe, Focke, INT 643, S. 8f.
144 Für eine theoretische Auseinandersetzung mit dem Führungsstil individueller Entscheidungsträger vgl. *Helms, Ludger*: Politische Führung als politikwissenschaftliches Problem, in: Politische Vierteljahresschrift, 41/3 (2000), S. 411-434. Für das politische System der Bundesrepublik vgl. *Korte, Karl-Rudolf/Fröhlich, Manuel*: Politik und Regieren in Deutschland, Paderborn 2004, S. 173-258, bes. S. 187, 206; *Knoll* 2004, S. 41 f.
145 *Haftendorn, Helga*: Transformation und Stabilität – Willy Brandt und die deutsche Außenpolitik, in: *Möller, Horst/Vaïsse, Maurice* (Hrsg.): Willy Brandt und Frankreich, München 2005, S. 1-21, hier S. 20.
146 Zu Aufbau, Funktion und Rolle des Bundeskanzleramts unter Brandt vgl. *Brauswetter, Hartmut H.*: Kanzlerprinzip, Ressortprinzip und Kabinettprinzip in der ersten Regierung Brandt 1969-1972, Bonn 1976, S. 16-58; *Knoll* 2004, 173-221; *Schmid* 1979, S. 181-187.

ge aufgeworfen worden, inwieweit Brandts kollegialer Führungsstil, der angeblich Probleme und technische Details auf Distanz hielt, ihn dazu befähigte, politisch Einfluss auszuüben, und inwieweit ihn psychische und physische Formschwankungen daran hinderten, seine Amtsgeschäfte in vollem Umfang wahrzunehmen.[147]

In der vorliegenden Arbeit wird die bislang kaum untersuchte Einbindung Brandts in den europapolitischen Entscheidungsprozess im Mittelpunkt stehen.[148] Dabei wird der Frage nachgegangen, inwieweit Brandt sein Engagement für die »schwierige Erweiterung« auch in eine tatkräftige Unterstützung der Kandidaten umsetzen konnte.[149] Ausgehend von der Annahme, dass Brandt bereit war, sich persönlich für das Gelingen der Erweiterung einzusetzen, und in Anbetracht der Tatsache, dass ihm seine Aufgaben als Bundeskanzler kaum Zeit dafür ließen, stellt sich für die empirische Untersuchung der Beitrittsverhandlungen die Frage, in welchem Umfang sich Brandt einem peripheren Problem wie dem der norwegischen Beitritts- bzw. Freihandelsverhandlungen widmen konnte und wollte. Die Tatsache, dass das norwegische Beitrittsgesuch nicht gerade zu den Prioritäten der Bundesregierung gehörte, wirft weiter die Frage auf, inwieweit sich Brandts Mitarbeiter des Engagements und Interesses ihres Chefs für den norwegischen Beitritt bewusst waren und ob sie diesem Problem deshalb erhöhte Aufmerksamkeit widmeten. In diesem Zusammenhang ist außerdem von Interesse, inwieweit externe, z.B. norwegische, Akteure die Möglichkeit hatten, direkt mit Brandt in Verbindung zu treten, um ihre Anliegen vorzubringen.

---

147 Vgl. u.a. *Stern, Carola*: Willy Brandt, Reinbek 2002, S. 128, 130; *Schreiber, Hermann*: Kanzlersturz. Warum Willy Brandt zurücktrat, München 2003; *Haftendorn* 2005, S. 20; *Müller/Walter* 2004, S. 113-115; sowie *Rosenberger, Sigrid E.*: Der Faktor Persönlichkeit in der Politik. Leadershipanalyse des Kanzlers Willy Brandt, Wiesbaden 2005.

148 Dazu bislang nur *Hiepel, Claudia*: Le ministère ouest-allemand des Affaires étrangères et l'intégration européennne, des origines à 1974, in: *Badel* u.a. (Hrsg.) 2005, S. 239-258, hier S. 251-258. Vgl. auch *Bulmer/Paterson* 1987, S. 37 f.

149 Vgl. *Allers, Robin M.*: Die schwierige Erweiterung. Willy Brandt und die Verhandlungen der EG mit den skandinavischen Ländern (1966-1973), in: *Wilkens, Andreas* (Hrsg.): *Willy Brandt und Europa*, Bonn 2009 (i.E.). Vgl. zu dieser Frage in Bezug auf das britische Beitrittsgesuch auch *Wilkens, Andreas*: L'Europe en suspens. Willy Brandt et l'orientation de la politique européenne de l'Allemagne fédérale 1966-1969, in: *Loth* (Hrsg.) 2001, S. 323-343, hier S. 323.

Gipfeldiplomatie

»Meine Abneigung gegen das Klischee vom ›Gipfel‹«, so Willy Brandt in seinen *Begegnungen und Einsichten*, »hat diese Formel nicht aus der politischen Terminologie verscheuchen können; die Sache selbst sagte mir durchaus zu.«[150]

Gipfeldiplomatie – ob in Form multilateraler Gipfeltreffen oder bilateraler Staatsbesuche – ist ein wichtiger Bestandteil der internationalen Diplomatie.[151] Sie bietet den Regierungschefs und Staatsoberhäuptern nicht nur die Gelegenheit, einander besser kennen und einzuschätzen zu lernen, sondern auch, international Profil zu zeigen. In welchem Umfang sich den Regierungschefs dabei Möglichkeiten eröffnen, aktiv auf den Verlauf außenpolitischer Probleme einzuwirken, ist eine andere Frage. Staatsmänner selbst sind vielfach geneigt, ihren persönlichen Einfluss bzw. den ihrer Amtskollegen als hoch einzuschätzen, und nicht wenige sehen, wie oben angesprochen, in Gipfelgesprächen eine wünschenswerte Flucht aus den Zwängen bürokratischer Vorgaben. Die Auffassung europäischer Staatsmänner wie Brandt und Pompidou, »dass die Aufgabe der Koordinierung und Überwachung, vor allem aber der Impulsgebung der Gemeinschaftsangelegenheiten nicht länger mehr Angelegenheit der Außenminister sein konnte«, sondern den Staats- und Regierungschefs überlassen werden musste, hat dazu beigetragen, Mitte der 1970er Jahre die Gipfeltreffen mit der Einrichtung des Europäischen Rats zu institutionalisieren.[152]

Von ihren Mit- und Zuarbeitern werden die direkten Kontakte der Regierungschefs dagegen häufig mit Sorge verfolgt. Sie befürchten, dass dabei Versprechungen gemacht werden, die sich als undurchführbar erweisen.[153] Brandts Nachfolger Helmut Schmidt, in dessen Amtszeit der Europäische Rat eingerichtet wurde, hat dazu folgendes in seinen Memoiren vermerkt (interessanterweise im Abschnitt über die Beziehungen zu seinen skandinavischen Kollegen!):

> Die Außenministerien und die Diplomaten betrachten solche persönliche Nähe der Staatslenker untereinander nicht bloß mit Freude.

---

150 Ebd., S. 319.
151 Vgl. *Giauque, Jeffrey G.*: Bilateral Summit Diplomacy in Western European and Transatlantic Relations, 1956-63, in: European History Quarterly 31/3 (2001), S. 427-445.
152 *Mittag/Wessels* 2004, S. 21 f.
153 Vgl. *Giauque* 2001, S. 429.

Denn zum einen mißtrauen sie der Spontaneität, die sich ergeben kann, wenn die Regierungschefs sich persönlich so gut kennen, daß sie einander auch Besorgnisse, Hoffnungen, Motive und Absichten anvertrauen, welche die Apparate geheimhalten wollen und, mit roten Stempeln versehen, nur im Panzerschrank aufbewahren. Zum anderen gibt es in den Bürokratien der Außenministerien [...] das gleiche Prinzip, das auf fast alle Bürokratien der Welt zutrifft, nämlich das Prinzip der eifersüchtigen Kompetenzbewahrung – nach dem Motto: Hier bin ich zuständig, halte du dich gefälligst heraus![154]

In Verbindung mit der Beitrittsfrage gab es verschiedene multilaterale und bilaterale Gipfeltreffen, die bereits den Zeitgenossen als Meilensteine galten und die bis heute mit den Namen der führenden Akteure verbunden werden. Dazu zählt das Gipfeltreffen von Den Haag im Dezember 1969, dem Brandt als frisch gewählter Bundeskanzler nach weit verbreiteter Auffassung seinen Stempel aufdrückte,[155] und dazu zählt auch das Treffen zwischen Pompidou und Heath im Mai 1971, das sowohl in der Auffassung der Beteiligten als auch nach Ansicht der Forschung den Durchbruch in den Verhandlungen mit Großbritannien brachte.[156] Andere bilaterale Gipfeltreffen erregten zwar weniger Aufmerksamkeit, waren aber ebenfalls von Bedeutung für den Verlauf der Verhandlungen.[157]

Erweitert man den Begriff der Gipfeldiplomatie, so können auch die Briefwechsel und Telefonate zwischen den Staats- und Regierungschefs als individuelle Einflussmöglichkeiten der politischen Führung auf die Außenpolitik angesehen werden.[158] Dem Staatsmann eröffnen sich durch

---

154 *Schmidt, Helmut*: Die Deutschen und ihre Nachbarn. Menschen und Mächte II, Berlin 1990, S. 371. Für eine ähnliche Einschätzung aus der Sicht des Beraters und Mitarbeiters vgl. *Bahr* 1996, S. 196.
155 Vgl. *Bitsch, Marie-Thérèse*: Le sommet de la Haye. La mise en route de la relance de 1969, in: *Loth* (Hrsg.): 2001, S. 539-565; *Hiepel, Claudia*: In Search of the Greatest Common Denominator. Germany and the Hague Summit Conference 1969, in: JEIH 9/2 (2003), S. 63-68; *Rücker, Katrin*: Willy Brandt, Georges Pompidou et le sommet de La Haye en 1969, in: *Möller/Vaïsse* (Hrsg.) 2005, S. 181-197; sowie unten Kap. 4.2.1.
156 Vgl. unten Kap. 5.3.2
157 Etwa die Rundreise des norwegischen Ministerpräsidenten Bratteli durch die Hauptstädte der EG und nach London in der Schlussphase der Verhandlungen. Vgl. unten Kap. 5.4.5.
158 Zum Schriftverkehr zwischen Brandt und Pompidou vgl. *Wilkens, Andreas*: Willy Brandt, die deutsch-französischen Beziehungen und die Europapolitik (1969-1974), in: *Möller/Vaïsse* (Hrsg.) 2005, S. 199-214, hier S. 202.

die Gipfeldiplomatie nicht nur Einfluss-, sondern vor allem zusätzliche Informations- und Kommunikationskanäle. Die Persönlichkeit des individuellen Akteurs spielt dabei insofern eine Rolle, als nicht jeder das Engagement zum direkten Kontakt zu seinen Amtskollegen aufbringt und nicht jeder bereit oder in der Lage ist, in ein gutes und vertrauensvolles Verhältnis zu investieren. Allerdings kann dem Charisma des individuellen Akteurs und der »Chemie« zwischen zwei Staatslenkern nur bedingt ein Einfluss auf den Ausgang internationaler Entwicklungen zugesprochen werden. So haben neuere Forschungsbeiträge den Eindruck relativiert, die deutsch-französischen Beziehungen hätten sich in der Ära Brandt-Pompidou aufgrund des schlechten persönlichen Verhältnisses der beiden Staatsmänner auf einem Tiefpunkt befunden.[159] Ohnehin können weder von einem Telefonat oder Briefwechsel noch von einem bilateralen oder multilateralen Gipfeltreffen substantielle Ergebnisse erwartet werden, sofern diese nicht sorgfältig durch fachlich kompetente Mitarbeiter des Beraterstabs in Zusammenarbeit mit dem Regierungsapparat vorbereitet wurden.[160]

Auch der Aspekt der Gipfeldiplomatie spricht also dafür, das individuelle Engagement und die individuellen Einflussmöglichkeiten des Staatsmannes nicht losgelöst von seinem Umfeld zu analysieren. Dies gilt auch für die Beziehungen Brandts zu seinen »skandinavischen Freunden«. Auch als Außenminister und Bundeskanzler unterhielt Brandt informelle Kontakte zu skandinavischen Politikern, Parteifreunden, Diplomaten und anderen Persönlichkeiten, die ihm als ergänzende Informationsquelle dienen konnten. Norwegische Politiker wussten, dass sie Brandt persönlich und ohne viele Umstände per Telefon erreichen konnten.[161] »Bei ihren häufigen Gesprächen mit dem Bundeskanzler«, so Botschafter Ritzel 1971, »durften führende norwegische Politiker die Überzeugung gewinnen, daß sie mit einer sachkundigen und verständnisvollen Unterstützung durch Bonn in Brüssel rechnen können.«[162] Den Botschaftern beider Länder kam eine wichtige Vermittlerrolle zu. Mit Gerhard Ritzel leitete ab 1970 der ehemalige Referent und Büroleiter Brandts die deut-

---

159 Vgl. *Ebd.*, S. 203; sowie *Hiepel, Claudia*: Willy Brandt, Georges Pompidou und Europa. Das deutsch-französische Tandem in den Jahren 1969-1974, in: *Knipping/Schönwald* (Hrsg.) 2004, S. 28-46, S. 28-30.
160 Vgl. z.B. die Initiative Brandts gegenüber Pompidou vom Dezember 1971 zugunsten norwegischer Sonderforderungen in der Fischereifrage, unten Kap. 5.4.4.
161 Vgl. z.B. AAB, ARK 1541 (Bye), 14, Notat, Inge Scheflo til Trygve Bratteli, 31.7.72, Willy Brandts eventuelle foredrag på Rådhusplassen 14/9-72.
162 Politischer Jahresbericht, 1970 (wie Einleitung, Anm. 1).

sche Botschaft in Oslo. Seinen guten und vor allem direkten Draht zum Bundeskanzleramt nutzte Ritzel bereitwillig zur Vermittlung norwegischer Gesprächswünsche.[163] Aus der diplomatischen Berichterstattung und den Memoiren des norwegischen Botschafters in Bonn, Søren Chr. Sommerfelt, der 1970 auch zum Chef-Unterhändler seines Landes in den Beitrittsverhandlungen ernannt wurde, geht hervor, dass dieser gelegentlich privaten Kontakt zum Ehepaar Brandt hatte und dass er diese Verbindung auch dazu nutzte, Fragen des norwegischen Beitritts zu diskutieren.[164]

Es ist eher unwahrscheinlich, dass im Rahmen informeller Kontakte Fragen von politischer Tragweite oder gar technische Verhandlungsdetails diskutiert wurden, ohne dass sich Brandt mittels seiner Mitarbeiter der offiziellen Position der Bundesregierung bzw. der Gemeinschaft versicherte. Dagegen ist es durchaus vorstellbar, dass die zahlreichen informellen Kontakte Brandts zu seinen skandinavischen »Freunden« und der häufige Gedankenaustausch mit den skandinavischen Botschaftern[165] eine zusätzliche Informationsquelle darstellten, die es dem Bundeskanzler ermöglichte, bei seinen Kabinettskollegen oder direkt bei seinen Amtskollegen in den EG-Hauptstädten eine Intensivierung der Bemühungen zugunsten eines Erfolgs der Beitrittsverhandlungen anzuregen.[166]

Charisma und Öffentlichkeitswirkung

Die Notwendigkeit, einen Akteur vom Format Willy Brandts in Verbindung mit den formalen und informellen Netzwerken zu sehen, in die er eingebunden ist, gilt auch für einen weiteren Aspekt individueller Einflussnahme: die Wirkung des Staatsmanns auf die Öffentlichkeit.

Individuelle Akteure, die ihren Staat in einer herausragenden Funktion vertreten, können durch ihr Verhalten das Bild dieses Staates in der öffentlichen Wahrnehmung anderer Staaten beeinflussen. Sie können zum

---

163 Vgl. *Ritzel, Gerhard*: Soweit ich mich erinnere…, Michelstadt 1998, S. 131, 134-142.
164 Vgl. *Sommerfelt, Søren Christian*: Sendemann, Oslo 1997, S. 135.
165 Neben dem norwegischen Botschafter insbesondere der Botschafter Schwedens, Sven Backlund.
166 Als der norwegische Botschafter im Juni 1970 zum Verhandlungsführer auf Stellvertreterebene ernannt wurde, fragte er Brandt persönlich, ob es ihm recht sei, dass er weiterhin seinen Posten in Bonn behalte, obwohl er durch die zusätzliche Aufgabe häufiger abwesend sein werde. Brandt antwortete, ihm sei die Doppelrolle des Botschafters sogar sehr recht, da er so den Verlauf der norwegischen Verhandlungen enger verfolgen könne. Vgl. *Sommerfelt* 1997, S. 149.

Symbol der Versöhnung zwischen zwei Staaten (Adenauer und de Gaulle), eines Projekts wie der europäischen Integration (die so genannten »Gründungsväter«, darunter Robert Schuman, Jean Monnet etc.) oder aber einer Politik (Adenauer für die Westbindung, Brandt für die Ostpolitik der Bundesrepublik) werden. Eine der größten und wichtigsten Leistungen des Außenpolitikers Brandt war zweifellos das gesteigerte Ansehen, das er der Bundesrepublik mittels seiner Integrität und seines Charismas im Ausland eingebracht hat.[167] Brandt repräsentierte – nicht nur in Norwegen – das »andere Deutschland« und den Willen zur Entspannung und zu Frieden. Seine Wahl zum Bundeskanzler wurde auch als Signal für die Demokratiefähigkeit Bonns angesehen.[168] Das außergewöhnliche Ansehen Brandts ist von der Bundesregierung (bzw. dem Presse- und Informationsamt der Bundesregierung) sowohl innen- als auch außenpolitisch bewusst als Wirkungsmittel eingesetzt worden.[169] Der souveräne Umgang Brandts mit den Medien war dabei ein zusätzlicher Trumpf.[170] Die besonders im Ausland wohlwollende Presse war nicht zuletzt von Brandts gelassener Art angetan, in Englisch, Französisch und Norwegisch Fragen zu beantworten. Bewundernd hat sein Freund, der dänische Ministerpräsident Jens Otto Krag, über eine ge-

---

167 So hat es nicht zuletzt Brandt selbst eingeschätzt. Im letzten Satz seiner Erinnerungen bekennt er: »Mitgetan zu haben, dass der deutsche Name, der Begriff des Friedens und die Aussicht auf europäische Freiheit zusammengedacht werden, ist die eigentliche Genugtuung meines Lebens.« *Brandt* 1989, S. 500.
168 Vgl. dazu unten 3.3.2. Allgemein zu Brandts »Bild« im Ausland vgl. *Zons, Achim*: Das Denkmal. Bundeskanzler Willy Brandt und die linksliberale Presse, München 1984, S. 192-206; zur norwegischen Wahrnehmung Brandts als »Symbol« eines neuen Deutschlands vgl. *Sirges, Thomas/Allers, Robin M.*: 21. Oktober 1971. Friedensnobelpreis für Willy Brandt, in: *Sirges, Thomas/Mühlhaus, Birgit* (Hrsg.): Willy Brandt. Ein deutsch-norwegisches Politikerleben im 20. Jahrhundert, Frankfurt/Main 2002, S. 135-162, hier S. 149-153.
169 Vgl. *Münkel, Daniela*: Zwischen Diffamierung und Verehrung. Das Bild Willy Brandts in der bundesdeutschen Öffentlichkeit (bis 1974), in: *Tessmer, Carsten* (Hrsg.): Das Willy Brandt-Bild in Deutschland und Polen, Berlin 2000, S. 27-40. Für ein Beispiel, wie mit der Beliebtheit Brandts im Ausland Medienpolitik gemacht wurde vgl. *Ahlers, Conrad*: Vorwort, in: Presse- und Informationsamt der Bundesregierung (Hrsg.): Was hält die Welt von Willy Brandt, Hamburg 1972, S. 10 f.; *Koch, Manfred*: Willy Brandt und das Ansehen der Bundesrepublik im Ausland, in: ebd., S. 149-168.
170 Vgl. zu diesem Aspekt *Münkel, Daniela*: Willy Brandt und die »Vierte Gewalt«. Politik und Massenmedien in den fünfziger bis siebziger Jahren. Frankfurt/Main 2005.

Willy Brandt auf der Pressekonferenz im Grand Hotel Oslo anlässlich der Verleihung des Friedensnobelpreises am 10. Dezember 1971.

meinsame Pressekonferenz in Dänemark notiert: »Willy Brandt hat eine phänomenale Fähigkeit, in klingendem Norwegisch und mit großem Charme die richtige Antwort zu finden.«[171]

Um diese Popularität Brandts in Norwegen wissend, haben sowohl deutsche als auch norwegische Freunde und Berater versucht, ihn für ein öffentliches Engagement zugunsten der norwegischen Beitrittsbemühungen zu gewinnen. Da Brandt aus seiner Unterstützung des norwegischen Beitritts zur EG ohnehin kein Geheimnis machte, war er dazu auch gerne bereit. Allerdings machte er sich, zu Recht, Sorgen darum, ob sein Engagement nicht als Einmischung aufgefasst werden könnte. Allgemein stellt sich die Frage, in welchen Bereichen und Fragen der internationalen Zusammenarbeit die Symbolkraft eines individuellen Akteurs positive Wirkung entfalten kann und in welchen Zusammenhängen sie sogar kontraproduktiv wirkt. Mit Blick auf Brandts Engagement zugunsten des norwegischen EG-Beitritts stellt sich weiter die Frage, ob er, dank seiner Symbolkraft und seines Charismas, nicht nur Deutschland, sondern auch das Projekt der europäischen Einigung in Norwegen positiver

---

171 *Krag, Jens-Otto*: Dagbog 1971-72, Kopenhagen 1974, S. 210 f. Vgl. auch *Zons* 1984, S. 192, 200.

darstellen konnte. Damit wird gleichzeitig die Frage aufgeworfen, inwieweit sich Brandts Einfluss auf die oben definierte transnationale Elite auch auf andere Kreise übertragen ließ, und ob sein Beitrag etwas zur Herausbildung eines europäischen Gemeinschaftsgefühls und eines europäischen Bewusstseins in Norwegen beitragen konnte.

2.4   Zusammenfassung

In diesem Kapitel sind die in der Einleitung skizzierten methodischen und theoretischen Überlegungen, die dieser Arbeit zugrunde liegen, vertieft und im Einzelnen erklärt worden. Ausgangspunkt der Überlegungen ist die Erkenntnis, dass die historisch-empirische Methode in der Tradition der Diplomatiegeschichte nach wie vor anwendbar ist und auch für den Gegenstand der vorliegenden Untersuchung, die Kooperation deutscher und norwegischer Eliten in der Frage der EG-Erweiterung, angemessen erscheint. Allerdings muss sich gerade eine Arbeit, in der zwischenstaatliche Beziehungen im Zusammenhang mit dem europäischen Einigungsprozess untersucht werden, den Erneuerungs- und Erweiterungstendenzen der Disziplin stellen. Diese Tendenzen sprechen u.a. für eine Ausweitung der geographischen Perspektive, für die Berücksichtigung gesellschaftlicher Faktoren, für die Einbeziehung nichtstaatlicher Akteure sowie für einen stärker theoretisch ausgerichteten Zugriff und legen zu diesem Zweck auch einen intensiveren Dialog mit den Nachbardisziplinen nahe, insbesondere mit der sozialwissenschaftlichen Teildisziplin »Internationale Beziehungen«.

Aus dieser Erkenntnis heraus ist ein Interpretationsrahmen erstellt worden, mit dessen Hilfe nachvollzogen werden soll, warum sich eine besondere Beziehung zwischen deutschen und norwegischen Akteuren in der Beitrittsfrage ergab, wie sich die daraus resultierende enge Kooperation vollzog und welche Wirkung sie erzielen konnte. Dieser Interpretationsrahmen umfasst drei Ebenen: Auf der Ebene des internationalen Staatensystems werden die Bundesrepublik und Norwegen als interessengeleitete Akteure betrachtet, die miteinander und zu anderen Staaten Beziehungen pflegen. Dabei werden zum einen die Rahmenbedingungen untersucht, an denen sich das Denken und Handeln der politisch Verantwortlichen in beiden Ländern orientiert. Als solche gelten einerseits externe Einflüsse, d.h. die Handlungen dritter staatlicher Akteure und die sich daraus ergebenden Prozesse; andererseits die als übergeordnet angesehenen nationalen Interessen, die *forces profondes*, die durch die geographische Lage, wirtschaftliche Orientierung, politische Entwicklung und kulturellen Traditionen bedingt ist. Zum anderen wird auf dieser Ebene untersucht, welche Wirkung das außenpolitische Handeln Deutschlands und Norwegens im internationalen System ausübte, also wie sich z.B. Anträge, Initiativen, das Annehmen oder Ablehnen von Kompromissvorschlägen etc. auf den Verlauf multilateraler Verhandlungen auswirkten.

Die Systemebene stellt ein unvermeidliches analytisches Instrument dar, um die komplexen Zusammenhänge der internationalen Politik vereinfacht zu erläutern, und lässt sich zudem in der Wahrnehmung und im Sprachgebrauch der politisch-administrativen Elite wiederfinden. Sie ermöglicht es indes nicht – oder zumindest nicht allein – die Schwankungen und Widersprüche in den Entscheidungen staatlicher Akteure zu erklären. Daraus ergibt sich die Notwendigkeit einer näheren Untersuchung der Motive und Handlungsspielräume innerstaatlicher Akteure. Die Ebene der innerstaatlichen Akteure ist zweigeteilt: Auf der Ebene der kollektiven innerstaatlichen Akteure werden die mehr oder weniger organisiert auftretenden Gruppen innerhalb der politischen Elite Deutschlands und Norwegens untersucht, die sich in besonderem Maße für einen Beitritt Norwegens zur EG einsetzten (weil sie ihn wirtschaftlich und politisch für notwendig erachteten und/oder weil sie qua Amt mit diesem Problem befasst waren) und die zu diesem Zweck miteinander in Kontakt traten. Untersucht werden soll, inwieweit diesen Gruppen ein spezifisches Verständnis des nationalen Interesses und damit eine bestimmte Haltung zur Frage des norwegischen Beitritts zugewiesen werden kann und inwieweit internationale Kontakte diese Haltung beeinflussten. Außerdem wird untersucht, inwieweit die Handlungsspielräume der jeweiligen Akteursgruppen es ihnen ermöglichten, ihre Haltungen in den Entscheidungsprozess einfließen zu lassen. Auf der Ebene des individuellen innerstaatlichen Akteurs schließlich soll untersucht werden, inwieweit sich eine Persönlichkeit wie Willy Brandt, die sich aufgrund ihres persönlichen Interesses und Engagements sowie ihrer Funktion in besonderer Weise mit einem Problem der internationalen Politik wie der Beitrittsfrage befasst, Einfluss auf die Entwicklung dieses Problems nehmen kann. Die explizite Unterscheidung der drei Ebenen ist analytisch und bleibt auf dieses Kapitel beschränkt. In der folgenden Untersuchung und Darstellung werden die Ebenen gleichwertig und integriert nebeneinander gestellt.

3 BILATERALE BEZIEHUNGEN ALS RAHMENBEDINGUNGEN DEUTSCH-NORWEGISCHER KOOPERATION IN DER ERWEITERUNGSFRAGE

German-Norwegian Relations have always revolved around several major issues, namely those of national security, economics, and historical memory.[1]

Mit dieser Feststellung leiten Trond Gilberg und Jens Drews ihren historischen Überblick über das wechselhafte deutsch-norwegische Verhältnis zwischen Europas Peripherie und Zentrum seit dem Mittelalter ein. Der Handel und die sicherheitspolitische Kooperation waren auch in der Nachkriegszeit die wichtigsten Pfeiler der deutsch-norwegischen Beziehungen. Im Rahmen der westlichen Wirtschafts- und Bündnisstrukturen entwickelten sie sich pragmatisch und umfassend. Die historische Erinnerung, insbesondere an den deutschen Überfall vom 9. April 1940 und die nachfolgende Besatzungszeit, prägte die Beziehungen in den folgenden Jahrzehnten und verhinderte lange Zeit eine Annäherung der Bündnispartner im politisch-psychologischen Bereich. In den ersten beiden Jahrzehnten der Nachkriegszeit sorgten auch die unterschiedlichen Auffassungen zu Fragen der Abrüstungs- und Entspannungspolitik für Misstöne zwischen deutschen und norwegischen Akteuren. Dass hier nach 1966 eine Angleichung erfolgte, trug zu einer wesentlichen Verbesserung des bilateralen Verhältnisses bei.

Neben der Entspannungspolitik wurde die Beitrittsfrage zwischen 1966 und 1973 zum dominierenden Thema deutsch-norwegischer Kontakte. Allerdings wurde die Europapolitik nur in wenigen Fällen als bilaterales Problem angesehen. Umgekehrt spielten bilaterale Aspekte keine hervortretende Rolle in der innenpolitischen Debatte beider Länder über die Europapolitik. Dass sie trotzdem von Relevanz für die vorliegende Untersuchung sind, hat zwei Gründe:

Zum einen stellte Deutschland immer schon den wichtigsten Kontaktpunkt Norwegens zu Kontinentaleuropa dar und die Haltung des Landes zu Deutschland war eng verknüpft mit der Einstellung zu Fragen

---

1 *Gilberg, Trond/Drews, Jens*: Norway and Germany: Changing Relations between Europe's Periphery and Center, in: *Verheyen, Dirk/Søe, Christian* (Hrsg.): The Germans and Their Neighbours, Boulder, Co. 1993, S. 137-157, hier S. 137.

der europäischen Politik. Mit der Ablehnung deutscher Großmachtpolitik seit Beginn des 20. Jahrhunderts wuchs in Norwegen auch die Distanz zu Europa. Der Zweite Weltkrieg führte nicht nur dazu, dass in Norwegen mit einer langen Tradition kultureller und wissenschaftlicher Kontakte zu Deutschland gebrochen wurde, das Land wandte sich nach 1945 außen- und sicherheitspolitisch sowie kulturell stärker als zuvor von Kontinentaleuropa ab und der angelsächsischen Welt zu. Gerade die wachsende wirtschaftliche und politische Bedeutung der Bundesrepublik in den 1950er und 1960er Jahren war dann aber mitverantwortlich für die Bemühungen Norwegens, eine engere Verbindung mit den Europäischen Gemeinschaften einzugehen.

Zum anderen veränderte sich mit der Perspektive eines norwegischen Beitritts zur EG auch der Bezugsrahmen des deutsch-norwegischen Verhältnisses. Insbesondere die handelspolitischen Beziehungen, aber auch die sicherheitspolitische Kooperation und der politische Dialog über die Entspannungspolitik erhielten durch die Beitrittsfrage eine europapolitische Dimension. Gleichzeitig wuchs mit der Mitgliedschaftsperspektive in beiden Ländern das Interesse aneinander.

3.1 Bilateraler Handel

Die wirtschaftliche und handelspolitische Zusammenarbeit war der Bereich, in dem sich die deutsch-norwegischen Beziehungen nach dem Krieg am schnellsten entwickelten und den Umfang früherer Zeiten zurückgewannen, ja ihn sogar übertrafen. Mit der zunehmenden Industrialisierung Norwegens hatte sich die Struktur des bilateralen Handels mehrfach gewandelt. Der tiefste Einschnitt in die Wirtschaftsbeziehungen der Nachkriegszeit kündigte sich allerdings erst gegen Ende des Untersuchungszeitraums dieser Arbeit an, als das Ausmaß der Öl- und Gasfunde im Nordatlantik deutlich wurde. Das vorrangige Problem der bilateralen Wirtschaftsbeziehungen war seit Ende der 1950er Jahre der wachsende Zollgraben zwischen den Freihandelszonen EG und EFTA.

3.1.1 Die Entwicklung des bilateralen Handels

Die deutsch-norwegischen Handelsbeziehungen können auf eine »lange Geschichte« zurückblicken. Seit dem Mittelalter waren Städte und Staaten auf dem Gebiet des heutigen Deutschland wichtige Handelspartner für Norwegen. Der Erste Weltkrieg, in dem Norwegen neutral blieb, änderte daran nicht viel. Auch wenn sich Norwegen stärker seinem anderen wichtigen Handelspartner, Großbritannien, zuwandte, blieb Deutschland in der Zwischenkriegszeit sowohl als Einfuhr- als auch als Ausfuhrland für Norwegen von Bedeutung. Nach dem deutschen Überfall im April 1940 dominierte dann vier Jahre lang die von der Besatzungsmacht diktierte Kriegswirtschaft, während der Handel mit den atlantischen Partnern fast völlig zum Erliegen kam. Entsprechend groß war nach dem Zusammenbruch des Dritten Reichs die Lücke in den Außenwirtschaftsbeziehungen Norwegens, die von Großbritannien und den nordischen Nachbarn nicht ausreichend gefüllt werden konnte. Daher unterstützte man in Norwegen, trotz starker politischer Vorbehalte gegenüber der ehemaligen Besatzungsmacht, die Politik der USA, die darauf abzielte, Deutschland als Wirtschaftsraum wieder aufzubauen.[2]

Auf deutscher Seite bestand nach dem Krieg ein großes Interesse, traditionelle Verbindungen wieder zu beleben, und die skandinavischen Länder waren dabei ein wichtiger Markt. Nach der Aufhebung der strengen Regulierung des westdeutschen Außenhandels durch die Alliierten und der Eingliederung in das westeuropäische Wirtschafts- und Handelssystem im Rahmen des Marshallplans schloss die Bundesrepublik mit einer Reihe westeuropäischer Länder, darunter den skandinavischen, bilaterale Handelsabkommen ab. Mit dem deutsch-norwegischen Abkommen vom 20. Dezember 1950 wurde auch ein Gemischter Regierungsausschuss eingesetzt. Der Ausschuss sollte mindestens einmal jährlich tagen, abwechselnd in Norwegen und Deutschland, um beide Länder interessierende Fragen des Warenverkehrs zu erörtern, das Abkommen zu ergänzen (1972 galt noch das 1960 ausgehandelte 9. Zusatzprotokoll über bisher noch nicht liberalisierte Waren, insbesondere Agrargüter) und Routinefragen zu klären.[3]

In Folge des schnellen Aufstiegs der Bundesrepublik zur zentralen wirtschaftlichen Macht in Westeuropa wuchs in den nächsten Jahren auch die Bedeutung des deutsch-norwegischen Handels.[4] Westdeutsch-

---

2 Vgl. *Frøland, Hans Otto*: Deutsch-norwegische Beziehungen nach 1945. Wirtschaft und Sicherheitspolitik im Rahmen westlicher Kooperationsstrukturen, in: *Simensen, Jarle* (Hrsg.): Deutschland-Norwegen. Die lange Geschichte, Oslo 1999, S. 198-213, hier S. 201.
3 Vgl. PA AA, B 60, Bd. 775a, BMWi W/VC 4, Länderaufzeichnung Norwegen, 20.9.72.
4 Die folgenden Angaben stützen sich, wo nicht anders angegeben, auf Aufzeichnungen des AA und des BMWi sowie auf das statistische Material bei *Mitchell, Brian R.*

land stieg zu einem der drei wichtigsten Handelspartner Norwegens auf. Während 1949 Importe aus der Bundesrepublik nur 3,9% und Exporte 7,2% des norwegischen Außenhandels ausgemacht hatten, lag der Anteil der Importe Ende der 1950er Jahre um 20%, jener der Exporte bei ca. 14%. Zwischen 1959 und 1962 war die Bundesrepublik sogar der wichtigste Handelspartner Norwegens, fiel dann aber zwischen 1963 und 1965 hinter Schweden und Großbritannien zurück. Zwischen 1966 und 1972 war die Bundesrepublik mal nach Schweden das zweitgrößte, mal nach Schweden und Großbritannien das drittgrößte Lieferland Norwegens, mit einem Anteil von 14-16% an der Gesamteinfuhr. Unter den Abnehmerländern nahm die Bundesrepublik mit einem Anteil von 13-15% der Gesamtausfuhr mal den zweiten, mal den dritten Platz ein. In der gesamten Periode seit Ende der 1950er Jahre weitete sich der Handel mit Ausnahme des Jahres 1962 beständig aus. Unter den EG-Ländern, mit denen Norwegen drei Viertel seines Außenhandels abwickelte, war die Bundesrepublik mit Abstand der wichtigste Partner. Das zunächst »traditionelle« Ungleichgewicht der Handelsbeziehungen zugunsten der Bundesrepublik konnte im Zuge dieser Ausweitung in den 1960er Jahren nach und nach ausgeglichen werden.[5]

Dies änderte freilich nichts daran, dass der Anteil Norwegens am deutschen Außenhandel – entsprechend dem Größenunterschied beider Volkswirtschaften – weit weniger bedeutend war als der deutsche Anteil am norwegischen Handel. Unter den Abnehmerländern der Bundesrepublik nahm Norwegen in der zweiten Hälfte der 1960er Jahre mit 1,7-1,9% der Ausfuhren den 12. bis 14. Platz und unter den Lieferländern mit 1,2-1,4% der Einfuhren den 13. bis 15. Platz ein. Dies war, gemessen an der kleinen Bevölkerungszahl des Landes, zwar nicht unerheblich, machte den norwegischen Markt per se aber keineswegs zu einer Priorität der deutschen Exportwirtschaft.[6]

(Hrsg.): European Historical Statistics 1750-1975, 2nd rev. Ed. London 1981, und: *Statistisk Sentralbyrå* (Hrsg.): Historisk statistikk. Die in unterschiedlichen Studien leicht variierenden statistischen Angaben werden nur als ungefähre Werte zitiert und haben rein illustrativen Charakter.

5 Vgl. PA AA, B60, Bd. 580, Botschaft Oslo, April 1967, Wirtschaftlicher Jahresbericht Norwegen 1966; PA AA, B 60, Bd. 520, BMWi an AA IIIA5, 21.11.66, Entwicklung des deutsch-norwegischen Warenverkehrs.

6 PA AA, B 60, Bd. 644, Ref. IIIA5, Die deutsch-norwegischen Handelsbeziehungen, Anlage zu: IIIA5 über Dg III an IA5, 27.9.68; PA Vgl. PA AA, B 60, Bd. 775a, BMWi W/VC 4, Länderaufzeichnung Norwegen, 20.9.72. Eine Ausnahme stellten die norddeutschen Bundesländer dar, die einen Großteil ihrer Exporte in die EFTA und dort besonders in den skandinavischen Raum ausführten. Vgl. *Kaiser, Wolfram*:

3.1.2 Die Struktur des bilateralen Handels

Erst gegen Ende der 1960er Jahre wurden der Umfang und die kommerzielle Nutzbarkeit der Erdöl- und Erdgasreserven vor der norwegischen Küste deutlich. Bereits zuvor hatte sich die Struktur des deutsch-norwegischen Handels im Vergleich zur Zwischenkriegszeit stark verändert. Vor dem Zweiten Weltkrieg hatte Deutschland vorwiegend Ernährungsgüter und Rohwaren aus Norwegen importiert. In der Nachkriegszeit wurden dann Halbwaren zur wichtigsten norwegischen Ausfuhrgruppe. Unter diesen stellten Nicht-Eisenmetalle wie Aluminium, Kupfer, Magnesium und Nickel die größte Gruppe dar, gefolgt von Ferrolegierungen und Zellstoff. Auch der Export von Fertigwaren, darunter Papiererzeugnisse, Schiffsausrüstung und Maschinen, nahm an Bedeutung zu. Eine Besonderheit des bilateralen Handels lag darin, dass die Bundesrepublik lange Zeit der einzige Käufer von Spitzbergenkohle war.[7] Insgesamt war der Handel mit Norwegen für die Bundesrepublik vor allem deshalb interessant, weil die aus kleinen und mittelgroßen Betrieben bestehende Wirtschaft sich in der Nachkriegszeit erfolgreich auf den Export von Produkten konzentrierte, die aufgrund von Standortvorteilen (z.B. billige Energie durch Wasserkraft) oder langjähriger Erfahrung (z.B. Schiffsausrüstung) konkurrenzfähig waren. Agrarprodukte spielten bei den norwegischen Ausfuhren nach Deutschland nur noch eine geringe Rolle. Güter der Ernährungswirtschaft, darunter vor allem Fischprodukte, machten 1959 noch 14,3%, 1967 rund 10% und 1970 nur noch 5,6% der norwegischen Ausfuhr in die Bundesrepublik aus.

Die deutschen Exporte nach Norwegen bestanden relativ stabil zu über 98% aus Waren der gewerblichen Wirtschaft. Fertigwaren wie Schiffe, Autos, Maschinen, Apparate, Ersatzteile und elektrisches Material machten davon über 90% aus. Halbwaren, Rohstoffe und Ernährungsgüter stellten dagegen mit zusammen nur ca. 8% (Ernährungsgüter allein nur wenig mehr als 1%) einen unbedeutenden Anteil der deutschen Exporte dar.[8]

»Quo vadis Europa?« Die deutsche Wirtschaft und der Gemeinsame Markt 1958-1963, in: *Hrbek, Rudolf/Schwarz, Volker* (Hrsg.): 40 Jahre Römische Verträge: Der deutsche Beitrag, Baden-Baden 1998, S. 195-213, hier S. 202-206.

7   PA AA, B 60, Bd. 644, Oslo an AA, 29.5.68, Wirtschaftlicher Jahresbericht 1967; PA AA, B 60, Bd. 644, BMWi an AA, IIIA5, 20.11.67, Betr. Norwegen, hier: Einfuhr von Spitzbergenkohle.

8   Vgl. PA AA, B 60, Bd. 775, BMWi W/V C4, 25.8.71, Entwicklung des deutsch-norwegischen Warenverkehrs.

Durch umfangreiche Öl- und Gasfunde in der Nordsee vor Norwegen erhielt die bilaterale Zusammenarbeit zu Beginn der 1970er Jahre eine neue Dimension.[9] Wie eine Bestandsaufnahme der beiderseitigen Wirtschaftsbeziehungen durch das Auswärtige Amt 1971 feststellte, eröffneten die vor ihrer Erschließung stehenden Erdölvorkommen Wirtschaftsperspektiven, »deren weltpolitische Auswirkungen noch nicht annähernd abzuschätzen sind.«[10] In der Bundesrepublik – wie auch in anderen EG-Ländern – wurde durch die Öl- und Gasfunde ein neues Interesse an bilateralen ökonomischen Beziehungen zu Norwegen geweckt. Deutsche Vertreter aus der privaten Wirtschaft und aus der Bundesregierung unterstrichen insbesondere ihr Interesse an der Anlandführung des norwegischen Erdgases auf dem Gebiet der Bundesrepublik.[11] Sie mussten jedoch zur Kenntnis nehmen, dass die norwegische Regierung zu Beginn der 1970er die Diskussion über Ausnutzung und Verwaltung der Öl- und Gasfunde noch nicht abgeschlossen hatte. Bis Ende der 1950er Jahre war die politische Elite Norwegens nicht von der Möglichkeit bedeutender Naturschätze vor der norwegischen Küste überzeugt. Reeder und Walfänger fürchteten die negativen Auswirkungen einer Ausweitung der norwegischen Kontrolle über den Meeresboden für ihre Interessen. Funde vor den Küsten anderer Länder, das zunehmende Interesse privater Ölgesellschaften an der Ausbeutung eventueller Erdölfunde in der Nordsee und die unvermeidliche Klärung der Hoheitsrechte brachten die Frage jedoch auch auf die Tagesordnung der norwegischen Regierung und führten 1963 zur Erklärung der Oberhoheit über den norwegischen Kontinentalsockel und des alleinigen Rechts des norwegischen Staates zur Ausnutzung der dort befindlichen Bodenschätze. In der politischen Elite Norwegens stieß die Ölpolitik allerdings weiterhin auf geringes Interesse. Dies änderte sich erst mit den Funden im Ekofisk-Feld 1969 und der Ölkrise von 1973. Eine nationale Ölpolitik und die notwendigen Strukturen entstanden nicht vor 1972. Wie erwartet, änderten sich die bilateralen deutsch-norwegischen Handelsbeziehungen ab Mitte der 1970er Jahre durch den Aufstieg Norwegens zum Ölexporteur beträchtlich. Das so genannte Gjerde-Friedrichs-Protokoll von 1976 machte den Weg frei für Öl- und Gas-Exporte in die Bundes-

---

9 PA AA, B 60, Bd. 774, Aufzeichnung Botschaft Oslo, 24.6.70, Die Wirtschaft Norwegens.
10 PA AA, B 20, Bd. 1835, ZB 1 an Gruppe III E, 13.7.71.
11 PA AA, B 60, Bd. 774, Aufzeichnung IIIA5, 6.3.72, Deutsches Interesse an norwegischem Erdöl und Erdgas.

republik, die fortan den Hauptanteil der Ausfuhren ausmachten. Von norwegischer Seite wurde mit dem Abkommen in erster Linie eine Ausweitung der industriepolitischen Zusammenarbeit und damit eine Investition des neugewonnen Reichtums in langfristige Projekte angestrebt, ein Ziel, das sich nur in Ansätzen verwirklichen ließ. Mit dem Troll-Vertrag von 1986 konnte sich Norwegen dann die Rolle eines der wichtigsten Erdöl- und Erdgaslieferanten Westeuropas sichern.[12] Für die Beitrittsverhandlungen von 1970-1972 spielte der künftige Ölreichtum Norwegens dagegen nur eine untergeordnete Rolle und war daher auch nicht Gegenstand deutsch-norwegischer Erörterungen. Auch in den Verhandlungen über ein Freihandelsabkommen 1973 wurde die Frage, wie Norwegen sein potentielles Gewicht als Ölförderland zu seinen Gunsten einbringen könnte, nur inoffiziell angesprochen und von Norwegen nur indirekt als Druckmittel eingesetzt.

3.1.3 Das Problem der wirtschaftlichen Spaltung Westeuropas

Der bilaterale Handel war nicht nur der Bereich der deutsch-norwegischen Beziehungen, der sich nach 1949 am schnellsten entwickelte, er war auch im Gegensatz zur sicherheitspolitischen Zusammenarbeit weitgehend problemfrei. Gewiss wurde, wie Anders Jølstad festgestellt hat, auch die handelspolitische Kooperation in den ersten Nachkriegsjahren von norwegischer Seite als nicht ganz problemlos angesehen:

> Die norwegischen Behörden, vor allem aber der ausgeprägt anti-deutsche Handelsminister Erik Brofoss, waren kritisch gegenüber einer deutschen Wirtschaftsexpansion eingestellt, die auf der Grundlage einer liberalistischen Marktwirtschaft vor sich ging. Die deutsche Wirtschaftspolitik wurde als ein Mittel zur Dominanz und als eine Bedrohung des norwegischen Wachstums und Spielraums aufgefaßt.[13]

---

12 Vgl. *Tamnes* 1997, S. 152, 192; *Frøland* 1999, S. 210; *Liesen* 1989, S. 276 ff.
13 *Jølstad, Anders*: Deutschland als Problem der norwegischen Politik, in: *Kristiansen, Tom* (Hrsg.): Die norwegische Deutschlandbrigade: Von der Okkupation zur Zusammenarbeit, Oslo 1998, S. 145-160, hier S. 146: Vgl. *Frøland, Hans Otto*: Misstrauische Freundschaft. Über das Misstrauen norwegischer Außenpolitiker gegenüber der Bundesrepublik Deutschland zwischen 1947 und 1967, in: Nordeuropaforum, 1 (2001 [b]), S. 27-49, hier S. 40.

Diese Vorbehalte bestanden auch in den anderen skandinavischen Ländern, deren sozial- und wirtschaftspolitische Konzeption sich bewusst von dem wachstumsorientierten Modell der kontinentaleuropäischen Länder abgrenzte.[14]

Mitte der 1960er Jahre sah man aber weder in Bonn noch in Oslo bilaterale Wirtschaftsprobleme, die eine Erörterung auf Ministerebene notwendig machten.[15] Die Fragen, mit denen sich deutsche und norwegische Regierungsvertreter gemeinsam auseinandersetzen mussten, hatten nunmehr alle eine europäische Dimension. Denn die Gründung von EWG (1957) und EFTA (1960) war nicht ohne Wirkung auf das bilaterale Handelsverhältnis geblieben. »Das eigentliche Problem der deutsch-norwegischen Beziehungen«, so eine Aufzeichnung des AA vom Herbst 1966, »liegt gegenwärtig in der Zugehörigkeit beider Länder zu verschiedenen Wirtschaftsblöcken.«[16] Beide Gruppierungen erreichten in der zweiten Hälfte der 1960er Jahre, früher als erwartet, das Ziel, den internen Zollabbau abzuschließen. Die EG führte zudem 1968 einen gemeinsamen Außenzoll ein. Dadurch schien sich die Spaltung Westeuropas in zwei Handelsblöcke zu verfestigen, woran exportorientierten Staaten wie der Bundesrepublik und Norwegen nicht gelegen sein konnte.

Zunächst entwickelte sich der Austausch zwischen den beiden Gruppierungen allerdings weiter positiv. Zwischen 1958 und 1963 lagen die Wachstumsraten des Außenhandels zwischen EWG und EFTA, wie das AA feststellte, beträchtlich über der Zunahme des Welthandels im Allgemeinen.[17] Mitte der 1960er Jahre verlagerte sich der norwegische Handelsverkehr jedoch immer deutlicher in den EFTA-Raum und kam dort besonders dem innernordischen Austausch zugute. Der EWG-Anteil der norwegischen Exporte und Importe nahm leicht ab und erzielte geringere Zuwachsraten. Für diese Entwicklung wurden nicht nur

---

14 Vgl. *Sørensen, Vibeke*: Nordic Cooperation – A Social Democratic Alternative to Europe?, in: *Olesen, Thorsten B.*: Interdependence vs. Integration. Denmark, Scandinavia and Western Europe, 1950-1960, Odense 1995, S. 40-61, hier S. 43 f.
15 Vgl. bereits die entsprechende Einschätzung von Bundesaußenminister Gerhard Schröder anlässlich seines Oslo-Besuchs vom Mai 1964, wiedergegeben in: *Aftenposten* 25.5.64 und 26.5.64, sowie die vorbereitenden Aufzeichnungen für die Besuche von Brandt in Oslo und von Borten in Bonn. PA AA, B 60, Bd. 520, Ref. III A5 an Ref. IA4, 1.6.67; PA AA, B 60, Bd. 644, Ref. IIIA5, 27.9.68.
16 PA AA, B 60, Bd. 580, Aufzeichnung AA [o. D.] Deutsch-norwegische Beziehungen [Teil der »Länderaufzeichnung Norwegen, Stand 1.9.66«]
17 PA AA, B 20, Bd. 1246, Ref. IA2 an Ref. IA4, 9.3.65.

Handelshemmnisse, sondern auch die Unsicherheit der künftigen Beziehungen Norwegens zur EG verantwortlich gemacht.[18]

Der deutsche Außenhandel mit den EFTA-Ländern und der sich beständig ausweitende deutsch-norwegische Handel waren von diesem Trend zunächst nicht betroffen. Eine vorübergehende Stagnation und ein Rückgang in gewissen Bereichen wurde aber Mitte der 1960er Jahre von Diplomaten beider Länder als Zeichen interpretiert, dass die Folgen der wirtschaftlichen Spaltung Europas nun auch das deutsch-norwegische Verhältnis treffen würden.[19] Eine weitere Vertiefung des Zollgrabens zwischen den beiden Wirtschaftsgruppen drohte in ihren Augen den deutsch-norwegischen Austausch zu erschweren und insbesondere den norwegischen Export zu behindern.[20]

Zölle und Kontingente

Da die unterschiedlichen Interessen der Partner in EG und EFTA bis 1970 sämtliche Versuche einer europäischen Einigung scheitern ließen, mussten in der Zwischenzeit die drängenden Probleme der wirtschaftlichen Spaltung Europas mit Hilfe der Liberalisierungsbemühungen im Rahmen der OECD und des GATT geregelt werden. Norwegen bemühte sich in diesem Rahmen, für seine wichtigsten Exportwaren vom Rat der EG jährlich Kontingente zum Zollsatz 0 bzw. zu einem ermäßigten Zollsatz erhalten. Weil die in Frage kommenden Waren (Nichteisen-Metalle, Ferrolegierungen, Zeitungsdruckpapier, Zellstoffe) gleichzeitig auch die wichtigsten Exporte nach Deutschland waren und der deutsche Einfuhrbedarf den Umfang der Kontingente häufig überstieg, drängten norwegische Regierungsvertreter ihre Bonner Kollegen immer wieder, sich in Brüssel für deren Ausweitung einzusetzen.[21]

Im November 1964 war in Genf eine neue internationale Verhandlungsrunde im Rahmen des Allgemeinen Zoll- und Handelsabkommens (General Agreement on Tariffs and Trade, GATT) aufgenommen worden, deren Benennung nach dem kurz zuvor ermordeten US-Präsidenten John F. Kennedy dessen Einsatz für einen erneuten Versuch der internationalen Handelsliberalisierung honorierte. Verhandelt wurde u.a.

---

18 Vgl. PA AA, B 60, Bd. 644, Oslo an AA, 29.5.68, Wirtschaftlicher Jahresbericht 1967 und »Dramatisk i Geneve«, in: *Arbeiderbladet*, 16.5.67.
19 Vgl. UD 44.36/6.84-29, Ref., 1. h.pol.ktr., 31.10.67.
20 Aufzeichnung AA o.D. (wie oben Anm. 16).
21 PA AA, B 60, Bd. 520, Aufzeichnung Ref. VII A 4, 17.3.67.

über sämtliche gewerbliche und industrielle Erzeugnisse, die Öffnung der Agrarmärkte, die Berücksichtigung der nicht-tarifären Handelshemmnisse und die Bevorteilung der Entwicklungsländer. Eine Neuerung war die Einführung des linearen Zollabbaus. Die EG wurde in diesen Verhandlungen erstmals von der Kommission vertreten, die skandinavischen Länder durch einen gemeinsamen Verhandlungsführer. Norwegen war in den Verhandlungen an einer 50%igen Senkung der Zölle mit möglichst wenigen Ausnahmen interessiert. Die EG hatte sich ihrerseits auf eine Ausnahmeliste (Liste G) mit Warengruppen geeinigt, die von dieser Zollsenkung ausgenommen werden sollten. Der Kommission zufolge betrugen die Ausnahmen etwa 19% der zu verzollenden Industrieeinfuhr bzw. etwa 10% der gesamten Industrieeinfuhr der Gemeinschaft. Nach Einschätzung des AA wäre die Bundesrepublik zwar mit Blick auf das Exportinteresse der Gemeinschaft an einer weiteren Kürzung der Ausnahmen interessiert gewesen, sah den erreichten Kompromiss aber als befriedigend und in den GATT-Verhandlungen als präsentabel an.[22] Norwegen war von den EG-Ausnahmen allerdings besonders schwer betroffen, weil diese bis zu 40% der norwegischen Ausfuhr in die EWG-Länder und ca. 10% des gesamten norwegischen Warenexports ausmachten.[23] Besonders der Handel mit der Bundesrepublik, dem wichtigsten Handelspartner Norwegens in der EG, hätte unter dem Umfang dieser Liste gelitten. Der norwegische Ministerpräsident Einar Gerhardsen ging deshalb bei seinem Besuch in Bonn 1965 sogar so weit zu warnen, diese »unglückliche Entwicklung könne zu einer Verschlechterung der Beziehungen zwischen beiden Ländern führen.«[24] Zollquoten für die wichtigsten Exportartikel würden das Problem z. Zt. zwar noch »dämpfen«, spätestens nach der für 1970 anvisierten Vollendung des Gemeinsamen Marktes befürchte man aber, dass auch diese Zollkontingente wegfallen würden. Norwegen drängte die Bundesregierung daher einerseits, sich für eine allgemeine Zollsenkung einzusetzen, und andererseits, die bestehenden Zollkontingente aufrechtzuerhalten oder auszuweiten.

Die besondere Benachteiligung Norwegens durch die Liste G wurde in Bonn anerkannt und auf die wiederholten norwegischen Bitten, deut-

---

22 Laut Aufzeichnung des Ref. III A2 im November 1964, zit. in: AAPD, 1965, Dok. 143, S. 585, Anm. 4.
23 Zahlen nach: Wirtschaftlicher Jahresbericht Norwegen 1965, in: PA AA, B 60, Bd. 520.
24 AAPD, 1965, Dok. 143, Deutsch-norwegische Regierungsbesprechungen, 23./25.3.65. Vgl. auch »Gemeinsame Hoffnungen – Gemeinsame Sorgen. Interview mit Norwegens Ministerpräsident Einar Gerhardsen«, in: SPD-Pressedienst, P/XX/54, 19.3.65, S. 2-4.

sche Vertreter mögen sich in den EG-Gremien für die norwegischen Interessen einsetzen, reagierte die Bundesregierung mit Verständnis. Intern wurde auf den »stets vertretenen Grundsatz der Erhaltung der traditionellen Warenströme«[25] sowie auf die deutsche Sonderstellung im Handel mit Norwegen und Skandinavien überhaupt verwiesen. Die bilaterale Dimension hatte im Herbst 1966 an Aktualität gewonnen, als die skandinavischen Staaten angesichts unbefriedigender Vorschläge der EG in Genf eine Liste mit Ausnahmen vorlegten, von deren Anwendung die Bundesrepublik als größter Handelspartner am stärksten betroffen gewesen wäre. Der deutsche Botschafter in Stockholm berichtete im Oktober 1966, er habe schwedische Industrielle »dringend« gemahnt, »die Maßnahmen so zu wählen, dass sie den einzigen großen Freund, den der Norden in der EWG habe, nicht vor den Kopf stoße.« Die Verärgerung in der deutschen Wirtschaft könne dazu führen, dass man

> zu einem späteren Zeitpunkt auf schwedischer Seite wohl kaum noch – wie bisher – mit einer besonders eifrigen Unterstützung schwedischer Interessen durch die Bundesrepublik rechnen könne. [...] Die Nordischen Länder sollten, wenn es überhaupt für erforderlich erachtet werde, eher versuchen, selektive Maßnahmen zu ergreifen, die gerade die Länder trägen [sic!], die bisher wenig Entgegenkommen Drittländern gegenüber gezeigt hätten.[26]

Dem Botschafter wurde von schwedischer Seite jedoch zu bedenken gegeben, »daß infolge der überragenden Marktposition Deutschlands im Norden kaum Warengruppen ausgesucht werden könnten, bei denen Deutschland nicht betroffen werde, wenn der Norden Ausnahmeregelungen in der Kennedy-Runde beantrage.«[27] Was Norwegen anging, sollte dem AA zufolge aber »[auch] aus politischen Gründen vermieden werden, dass einem kleinen EFTA- und NATO-Staat eine Beteiligung auch an der Kennedy-Runde unmöglich gemacht würde.«[28] In diesem Zusammenhang wurde nicht nur daran erinnert, das Norwegen an der letzten GATT-Zollrunde, der so genannten Dillon-Runde, nicht habe teilnehmen können, »weil ihm keine ausreichenden Konzessionen für seine Hauptausfuhrerzeugnisse gemacht wurden.« Auch habe man die norwegi-

---

25 PA AA, B 60, Bd. 520, Aufzeichnung III A2, [o.D., wahrscheinlich Sommer 1966].
26 PA AA, B 20, Bd. 1283, Stockholm an AA, 27.10.66.
27 Ebd.
28 PA AA, B 60, Bd. 520, Aufzeichnung III A2 (wie oben Anm. 25).

schen Hoffnungen erst kürzlich in der Frage einer Ausweitung der Kooperation zwischen EG und EFTA, der so genannte »Brückenschlag-Frage«, enttäuscht. Man werde nun »weitere Bemühungen zusagen müssen, um der [...] Rolle eines ›Treuhänders‹ der norwegischen Interessen in der EWG gerecht zu werden«.[29] Norwegischen Vertretern gegenüber verwiesen deutsche Diplomaten auf ihr stetiges Bemühen, »die EWG auf einen liberalen Kurs zu führen«[30], und sagten Hilfe im Rahmen des Möglichen zu.

Bei ihren Bemühungen war die Bundesregierung, nach eigenem Urteil, auch meistens erfolgreich. Die Kommission habe den deutschen Anträgen auf Gewährung von Zollkontingenten zugunsten norwegischer Exporte nach Deutschland im Allgemeinen entsprochen, hieß es im AA, und den Tendenzen der Kommission, die Zollsätze durch geringfügige Anhebungen langsam an den Gemeinsamen Zolltarif heranzuführen, sei man meistens mit Erfolg entgegengetreten.[31] Dennoch beschweren sich norwegische Unterhändler – bei grundsätzlicher Anerkennung der deutschen Bemühungen – über deren mangelnden Erfolg und deuteten an, dass die deutsche Unterstützung in Brüssel engagierter sein könnte.[32]

Tatsächlich schränkten die Verpflichtungen, die die Bundesrepublik im Zuge der Angleichung des gemeinsamen EG-Außenzolls übernommen hatte, eine autonome Zollpolitik zunehmend ein. Die Durchsetzung von Zollquoten in der Gemeinschaft erwies sich als immer schwieriger. Schon 1965 hatte der Staatssekretär im AA, Rolf Lahr, seine norwegischen Gesprächspartner darauf hingewiesen, dass »in Brüssel gewisse Bedenken« aus einer Art ›europäischer Philosophie‹ [bestünden], die in den Kontingenten eine Durchlöcherung des Prinzips der Zollsenkung sehe.«[33] Ein Jahr später begründete das Bundesfinanzministerium die Ablehnung eines norwegischen Antrags auf Zollsenkung mit der europäischen Rechtslage: »Die BRD würde gegen den EWG-Vertrag verstoßen, wollte sie etwa durch autonome Maßnahmen eine Senkung dieser auf den Vorschriften des EWG-Vertrages beruhenden Zollsätze vorneh-

---

29 Aufzeichnung AA [o. D] (wie oben Anm.16). Zur »Brückenschlag-Initiative der EFTA« vom Mai 1965 vgl. unten 4.3.1.
30 StS Lahr in den deutsch-norwegischen Regierungsbesprechungen, AAPD 1966, Dok. 143.
31 PA AA, B 60, Bd. 520, Ref. IIIA2 an IIIA5, 7.9.66.
32 PA AA, B 60, Bd. 775, Oslo an AA, 11.8.69.
33 StS Lahr in den deutsch-norwegischen Regierungsbesprechungen, AAPD, 1965, Dok. 143.

men.«³⁴ Das Bundeslandwirtschaftsministerium (BML) erklärte seinerseits die voraussichtliche Ablehnung eines norwegischen Gesuchs damit, dass sich die Situation für Zollkontingente in der EWG von Jahr zu Jahr verschlechtere. Mittlerweile ließen sich sogar gut begründete Anliegen nur schwer durchsetzen. Die Stellung unbegründeter würde die Durchsetzung begründeter Anträge weiter erschweren.³⁵

Aluminium und Fisch

Zu den Produktgruppen, für die Norwegen Zollerleichterungen wünschte, gehörten mit Aluminium und Fisch zwei, in denen das Land europa- und weltweit zu den führenden Exporteuren zählte. Norwegen war einer der weltgrößten Produzenten von Aluminium (1972 Rang 4) und anderen Nichteisen-Metallen, die 1971 zusammen rund 17,5% des gesamten norwegischen Exports ausmachten. West-Europa und insbesondere die Bundesrepublik waren der wichtigste Absatzmarkt. In Brüssel musste sich Norwegen immer wieder dem Vorwurf stellen, seine Leichtmetallindustrie werde durch die verhältnismäßig billige Energie begünstigt. Norwegens Natur bot reichlich Zugang zu billiger Wasserkraft, die zur Gewinnung der besonders energiebedürftigen Eisen- und Leichtmetall-Industrie eingesetzt werden konnte.³⁶ Was die Fischerei anging, war Norwegen, das rund 85% seines Fischfangs exportierte, Ende der 1960er Jahre die führende Nation Europas und, nach Peru, der größte Exporteur der Welt. Entsprechend widerstrebend machte die Gemeinschaft für diese Produkte Zugeständnisse. Die deutsche Position musste hier zwischen Eigeninteressen, Gemeinschaftsprinzipien und politischem Goodwill formuliert werden.

Bei dem Handel mit Aluminium war die deutsche Haltung stärker von nationalen Gesichtspunkten geprägt – sowohl gegenüber den EG-Partnern als auch gegenüber Norwegen. Einerseits hatte die Bundesrepublik einen bedeutenden Bedarf an norwegischem Aluminium und setzte sich in Brüssel immer wieder für eine Erhöhung der Kontingente bzw. für eine Absenkung des Zollsatzes ein.³⁷ Andererseits gab es im Ruhrgebiet eine eigene Aluminiumindustrie, deren Ausbau mit Hilfe

---

34 PA AA, B 60, Bd. 520, BMF an AA, 4.4.66.
35 PA AA, B 60, Bd. 520, Vermerk, Ref. IIA5, 8.7.66.
36 PA AA, B 60, Bd. 775a, BMWi W/VC 4, Länderaufzeichnung Norwegen, 20.9.72.
37 Vgl. *de Carmoy, Guy*: L'inscription de l'aluminium sur la liste des exceptions dans les négociations du GATT, in: *Gerbet, Pierre/Pepy, Daniel* (Hrsg.): La décision dans les Communautés Européennes, Brüssel 1969, S. 381-391, bes. S. 386, 388.

staatlich subventionierter Strompreise erwogen wurde. Die Bundesrepublik produzierte 1964/65 beinahe gleich viel Aluminium wie Norwegen, konsumierte aber weitaus mehr und exportierte darüber hinaus selbst einen kleinen Anteil seiner Produktion, weshalb der Bedarf an Aluminium-Import bedeutend war. Diesen Bedarf deckte die Bundesrepublik im Wesentlichen (80-90%) aus Drittländern wie den USA und Norwegen, womit den Bedürfnissen der verarbeitenden Industrie nach billigen Rohwaren Rechnung getragen wurde. Nach Meinung der Partner, insbesondere Frankreichs, das 45% der EG-Produktion herstellte, sollte dieser Bedarf aber, gemäß der Gemeinschaftspräferenz, aus den EG-Ländern gedeckt werden. Frankreich widersetzte sich daher als einziges EG-Land einer Senkung des Zollsatzes für Aluminium von 9% auf 7% und akzeptierte im GATT lediglich eine Konsolidierung des bestehenden Kontingents für Importe aus Drittländern.[38] Vor diesem Hintergrund wurden die deutschen Expansionspläne in Norwegen als weitere Gefahr für die eigene Ausfuhr angesehen. Durch die Subvention der Aluminium-Produktion, so betonte die norwegische Regierung, sei Deutschland in naher Zukunft auf diesem Sektor autark. Die Subventionierung der Strompreise widerspreche nicht nur dem Prinzip der internationalen Arbeitsteilung, sondern unterlaufe auch die Abmachungen aus der Kennedy-Runde.[39] Die Bundesregierung erklärte die Subventionen dagegen als Strukturhilfen für das Ruhrgebiet und verwies darauf, dass in den nächsten Jahren eine Ausweitung der Nachfrage in der Bundesrepublik zu erwarten sei, weshalb es auch nach 1973 (dem Auslaufdatum der aktuellen Planung) noch Raum für norwegische Exporte geben werde.[40] In Oslo erwartete man aber von der Bundesregierung, dass sie Norwegen in Brüssel gegen den Vorwurf ungleicher Bedingungen in Schutz nehmen würde. Dort wies insbesondere Frankreich immer wieder auf Norwegens Standortvorteil durch billige Energie hin und rechtfertigte damit die Forderung nach Schutzmaßnahmen und Ausnahmeregelungen. Anders als in den EG-Mitgliedschaftsverhandlungen, in denen für Aluminium und die anderen als »empfindlich« eingestuften Produkte relativ problemlos Lösungen gefunden werden konnten[41], bemühte sich die Ge-

---

38 Ebd., S. 383-386.
39 PA AA, B 31, Bd. 382, Oslo an AA, 24.9.68.
40 Ebd.; PA AA, B 60, Bd. 774, Aufzeichnung IIIA5, 3.4.1970; PA AA, B 60, Bd. 775a, BMWi W/VC 4, Länderaufzeichnung Norwegen, 20.9.72.
41 Bei einer norwegischen EG-Mitgliedschaft wären für sensible Produkte über einen Zeitraum von fünf Jahren sämtliche Zölle abgebaut worden, die Übergangszeit sollte durch Zollkontingente überbrückt werden. Vgl. die »Zusammenfassung der Ergebnisse der

meinschaft in den Freihandelsverhandlungen, den Import so genannter sensibler Waren zu begrenzen. Mit diesem Problem sah sich Norwegen auch in der Kennedy-Runde konfrontiert und erneut bei der Suche nach Übergangslösungen im Anschluss an das französische Veto gegen den EG-Beitritt 1967.[42] In den durch das norwegische Nein zum EG-Beitritt notwendig gewordenen Freihandelsverhandlungen von 1972/73 wurde der Umgang mit den »empfindlichen« Waren dann zum wichtigsten Verhandlungsthema, bei dem sich auch die Bundesregierung nicht zu ungunsten eigener Interessen exponieren wollte.

In der Fischereifrage war das deutsche Eigeninteresse wesentlich geringer und der Wille, Lösungen im norwegischen Sinne zu finden, entsprechend größer. Eingeschränkt wurde die deutsche Haltung hier vor allem durch prinzipielle Fragen der nationalen Gleichberechtigung und der europäischen Solidarität. Seit Beginn der 1960er Jahre ließen sich bilaterale fischereipolitische Fragen nicht mehr getrennt von den europäischen Verpflichtungen der Bundesrepublik einerseits und der Aussicht auf einen eventuellen Anschluss Norwegens an die Gemeinschaft andererseits diskutieren. Als zentrale Probleme erwiesen sich bald der Zugang zu den europäischen Absatzmärkten und die Abschirmung der nationalen Fischgründe. Seit den 1950er Jahren hatten norwegische Regierungen für die internationale Anerkennung einer Territorialgrenze von 4 Seemeilen außerhalb der Küste gestritten. Unter dem Druck der Küstenbevölkerung und ihrer einflussreichen Repräsentanten hatte die norwegische Regierung 1961 auf eine entsprechende Initiative Islands von 1958 reagiert und seine Fischereigrenze unilateral auf 12 SM ausgeweitet. Diese Entscheidung war in Norwegen nicht unumstritten, da sie einen Bruch des Völkerrechts darstellte, von dem negative Reaktionen bei den wichtigsten Handelspartnern befürchtet werden mussten. Um dies zu vermeiden, wurden den skandinavischen Nachbarn und den wichtigsten Handelspartnern in EG und EFTA, die traditionell vor der norwegischen Küste gefischt hatten, Übergangsregelungen angeboten, die aber 1970 auslaufen sollten.

Auch für die Bundesrepublik wurde ein solches Abkommen erwogen. In Oslo erhoffte man sich davon einen wichtigen Beitrag zur internationalen Anerkennung der 12-Seemeilenzone. Darüber hinaus sollte Bonn als Gegenleistung garantieren, dass der Zugang norwegischer Fischerei-

---

Beitrittsverhandlungen«, veröffentlicht durch die Kommission der EG am 19.1.72, gekürzt abgedruckt in: EA 5/ 27 (1972), S. D115.
42 Vgl. unten, 4.3.3

produkte zu den EG-Märkten nicht unter der Ausweitung der Fischereigrenze leiden würde. Abgesehen davon, dass es im Widerspruch zu dem Prinzip stand, den Zugang zu Fischereizonen nicht mit handelspolitischen Forderungen zu verbinden, waren die Möglichkeiten der Bundesregierung zu einseitigen Zugeständnissen stark beschränkt.[43] Die EG-Kommission wollte nicht zulassen, dass Deutschland ein Abkommen einging, das Norwegen gegenüber anderen Fischexporteuren Vorteile einräumte. Außerdem riet sie den EG-Ländern, eine Anerkennung der 12-Seemeilenzone zu vermeiden. Andere EG-Staaten weigerten sich daher, ein Abkommen mit Norwegen einzugehen, und auch die Bundesrepublik war lediglich zu einem Intentionsabkommen über erweiterten Handelsaustausch bereit.

Die Verhandlungen über eine europäische Fischereikonvention in London, die Norwegen, Island und die Schweiz 1964 als einzige Konferenzteilnehmer nicht unterzeichneten, trugen weiter zur Verzögerung eines bilateralen Abkommens bei.[44] Die fischereipolitische Isolation, in die sich Norwegen – nicht nur in Europa, sondern auch unter den EFTA-Partnern und nordischen Nachbarn – begeben hatte, machte die Unterstützung durch die Bundesrepublik umso wichtiger. Die endgültige Entscheidung der norwegischen Regierung, ein Übergangsabkommen für die deutschen Fischer zu verabschieden, wurde daher 1966 auch deshalb getroffen, um während der Verhandlungen in der Kennedy-Runde ein gutes Verhältnis zu dem potentiell stärksten Fürsprecher in der EG zu gewährleisten.[45]

Der relativ erfolgreiche Abschluss der Kennedy-Runde im Sommer 1967 und die Aussicht auf Verhandlungen um eine norwegische EG-Mitgliedschaft stellten die Frage der Zollquoten zwar in eine andere Perspektive, verminderten aber nicht das norwegische Interesse daran. Bis zum Zeitpunkt eines eventuellen Beitritts, so führten norwegische Vertreter 1967 und erneut 1970 aus, müssten die Zollquoten als Brücke dienen, weil die Liste G zumindest bis dahin ein Problem für Norwegen darstelle.[46] Norwegen wünschte nunmehr eine Ausweitung der in der

---

43 *Eriksen/Pharo* 1997, S. 365.
44 Vgl. Ebd., S. 366-369; sowie: *Hallenstvedt, Abraham/Dynna, Bjørn*: Fra skårunge til høvedsmann. Med Norges Fiskarlag gjennom 50 år, Trondheim 1976, S. 41 f.
45 Vgl. Riksarkivet (RA), Statsministerens kontor (SMK), regj. konf., Bd. 22, 7.12.65; Ebd., Bd. 23, 16.6.66; SUUKK, 17.6.66.
46 UD 44.36/6.84-29, Ref., 1. h.pol.ktr., 31.10.67, Den Norsk-Tyske Blandede Kommisjon. Møte i Oslo 16.-17.10.67; PA AA, B 60, Bd. 775, Oslo an AA, 20.7.70, Deutsch-norwegischer Regierungsausschuß.

Kennedy-Runde ausgehandelten Quoten. Von Seiten der Bundesregierung konnte diesen Wünschen gegenüber auch weiterhin nur auf das eigene Engagement zugunsten Norwegens verwiesen werden sowie auf die Schwierigkeit, in der EG Zollquoten durchzusetzen.[47] Mit den Europa-Experten im norwegischen Außenministerium war man sich darüber einig, dass eine langfristige Lösung nur in einem Anschluss Norwegens an den Gemeinsamen Markt erreicht werden konnte.

3.2 Sicherheitspolitische Zusammenarbeit in der NATO

Mehr als jeder andere Bereich des deutsch-norwegischen Verhältnisses war die sicherheitspolitische Kooperation in der NATO von Ambivalenz geprägt. Einer umfassenden Zusammenarbeit, die sich seit 1957[48] ähnlich dem bilateralen Handel rasch und pragmatisch entwickelte, standen bis Mitte der 1960er Jahre massive Vorbehalte von norwegischer Seite und gegenseitige Irritationen gegenüber.[49] Einige dieser Probleme bestanden bis weit in die 1960er und 1970er Jahre hinein fort, auch weil sie weniger mit der historischen Erinnerung als mit Auffassungsunterschieden zu aktuellen Fragen der Sicherheitspolitik zu tun hatten. Der Regierungswechsel in Bonn von 1969 bewirkte jedoch, dass, zumindest in der politischen Elite Norwegens, die Probleme hinter gemeinsamen Positionen in der Abrüstungs- und Entspannungspolitik zurücktraten.

---

47 PA AA, B 20, Bd. 1832, III A 5 an Bundesminister für Wirtschaft, 6.11.68.
48 Die deutsch-norwegische Zusammenarbeit in der NATO begann offiziell mit der Aufnahme der Bundesrepublik in die NATO 1955, wurde praktisch jedoch nicht vor 1957 etabliert. Vgl. *Jølstad, Anders*: Storbritannia og Forbundsrepublikken Tyskland i det norske utenrikspolitiske utsyn, in: NATO 50 år: norsk sikkerhetspolitikk med NATO gjennom 50 år, hrsg. von: Den norske Atlanterhavskomité, Oslo 1999, S. 98-131, hier S. 108.
49 Vgl. u.a. *Hermansen, Hans Petter*: Fra krigstilstand til allianse. Norge, Vest-Tyskland og sikkerhetspolitikken, Oslo 1980; *Levsen, Dirk*: »Eine schwierige Partnerschaft«: Ausgewählte Kapitel zur Entwicklung der politischen, militärischen und rüstungstechnischen Beziehungen zwischen der Bundesrepublik Deutschland und dem Königreich Norwegen von 1949-1966, Univ. Diss. Kiel 1993.

3.2.1 Eine »schwierige Partnerschaft« – die deutsch-norwegische Kooperation in der NATO bis Mitte der 1960er Jahre

Die Wiederbewaffnung der Bundesrepublik und ihre Aufnahme in die NATO 1955 waren für Norwegen nicht unproblematisch. Unmittelbar nach Kriegsende wurde die Wiedereingliederung Deutschlands in die internationale Staatengemeinschaft bestenfalls als langfristiges Ziel angesehen. Insbesondere eine militärische Rolle Deutschlands sollte für lange Zeit ausgeschlossen werden.[50] Vorbehalte ergaben sich aus unterschiedlichen Gründen. Zunächst dominierten Gefühle wie Ablehnung, Verurteilung und Revanche, die nicht nur der Öffentlichkeit, sondern auch der politischen Elite eine Zusammenarbeit mit der ehemaligen Besatzungsmacht schwer vorstellbar machten. Hinzu kam die Angst vor einem Rückfall des wiedererstarkten und bewaffneten Deutschland in den Nationalismus. Außenminister Halvard Lange – später bekannt als engagierter Anwalt der Wiedereingliederung der Bundesrepublik in die westliche Staatengemeinschaft – erklärte am 9. Mai 1950 vor dem Auswärtigen Ausschuss des Storting: »Es ist nicht möglich, sich auf den demokratischen Willen [des deutschen Volkes] zu verlassen, darauf, dass er sicher genug verankert ist. [...] Es wäre gefährlich für die bereits vorhandenen Schritte in Richtung Demokratie, gäbe man der Offizierskaste die Möglichkeit, ihren traditionellen Staat im Staat wiederherzustellen.«[51] Und schließlich wurde in Norwegen, das als einziges NATO-Land eine Grenze mit der Sowjetunion teilte, befürchtet, Moskau werde sich durch eine militärische Verbindung mit der Bundesrepublik provoziert fühlen.

Diesen Befürchtungen standen indes gewichtige sicherheitspolitische Interessen gegenüber, die für eine Zusammenarbeit mit der Bundesrepublik sprachen. In dem sich immer deutlicher abzeichnenden Ost-West-Konflikt konnte eine Sicherheitsgarantie nur von den USA bzw. von der Atlantischen Allianz unter ihrer Führung erwartet werden. Aus diesem Grund hatte sich die norwegische Regierung 1949 von dem lange Zeit bevorzugten Konzept eines neutralen Brückenbauers zwischen Ost und West verabschiedet und auch eine skandinavische Verteidigungsunion abgelehnt. Nach dem Scheitern einer Europäischen Vertei-

---

50 Vgl. *Lundestad, Geir*: Norske holdninger overfor Vest-Tyskland 1947-1951, Hovedoppgave i historie, Oslo 1970, S. 1; *Lorenz, Einhart O.*: »Moralische Kalorien« für deutsche Demokraten. Norwegische Ansichten über Deutschland am Beispiel der Arbeiterbewegung«, in: *Bohn, Robert/Elvert, Jürgen* (Hrsg.): Kriegsende im Norden: vom heißen zum kalten Krieg, Stuttgart 1995, S. 267-280, hier S. 270
51 Zit. bei *Frøland* 2001 [b], S. 35.

digungsgemeinschaft 1954 schien die von den USA gewünschte Einbindung der Bundesrepublik in die NATO auch in norwegischen Augen das beste Mittel zur Kontrolle des wiederbewaffneten Deutschland zu sein. Dass ein deutscher Verteidigungsbeitrag notwendig war und insbesondere die Verteidigung Südnorwegens gegen einen konventionellen Angriff entlasten würde, wurde seit dem Korea-Krieg 1950-1953 – wenngleich widerstrebend – auch in Oslo als Tatsache akzeptiert.[52]

Die ambivalente Haltung Norwegens zur sicherheitspolitischen Zusammenarbeit in der NATO galt nicht dem »deutschen Problem« allein. Die vormals neutralen Staaten Norwegen und Dänemark waren der Allianz 1949 nur mit einer Reihe von Vorbehalten beigetreten. Dadurch sollte eine Provokation der Sowjetunion vermieden und die traditionelle Unabhängigkeit zumindest dem Schein nach bewahrt werden. Zu dieser so genannten »Abschirmungspolitik« gehörten das Verbot der Stationierung fremder Truppen auf norwegischem Territorium in Friedenszeiten (bekannt als »Basenpolitik«), allgemeine Restriktionen gegen die Wirksamkeit der Allianz auf norwegischem Territorium und insbesondere in den Grenzregionen Nord-Norwegen und Svalbard/Spitzbergen sowie das Verbot der Stationierung von Atomwaffen.[53]

Diese Vorbehalte wurden allerdings für die Bundesrepublik besonders streng ausgelegt. So unterlag die Beteiligung deutscher Soldaten an Übungen in Norwegen und die Stationierung deutscher Offiziere im Hauptquartier des NATO-Nordkommandos in Kolsås bei Oslo besonderen Beschränkungen. Hinzu kamen symbolische Diskriminierungen und eine generelle Vermeidung offizieller Kontakte auf hohem politischem und militärischem Niveau.[54] Dazu gehörte, dass bis 1979 Schiffe der Bundesmarine am 17. Mai, dem norwegischen Nationalfeiertag, keine norwegischen Häfen anlaufen durften und dass Norwegen bis 1960 von der Entsendung eines Marinefahrzeugs zur Kieler Woche absah.[55]

Je umfassender aber der Beitrag der Bundesrepublik zur Verteidigung der NATO-Nordflanke wurde, desto energischer forderte man in Bonn eine Auflockerung der norwegischen Restriktionen. Dabei wussten deutsche Vertreter auch die starke wirtschaftliche Stellung der Bundesrepub-

---

52 *Archer, Clive/Sogner, Ingrid*: Norway, European Integration and Atlantic Security, London 1998, S. 81-88.
53 Vgl. Ebd., S. 74-76; *Tamnes, Rolf/Eriksen, Knut Einar*: Norge og NATO under den kalde krigen, in: NATO 50 år, S. 7-38, hier S. 23.
54 Vgl. *Eriksen/Pharo* 1997, S. 281.
55 Vgl. *Tamnes* 1997, S. 104; *Røhne, Nils A.*: De første skritt inn i Europa. Norsk Europa-politikk fra 1950, Oslo 1989, S. 38.

lik einzusetzen. Eher unbemerkt von der Öffentlichkeit hatte sich seit Ende der 1950er Jahre eine umfassende Kooperation zwischen der deutschen und der norwegischen Rüstungsindustrie entwickelt. Diese führte 1960 zu einem für Norwegen günstigen Abkommen über den Kauf von U-Booten in Deutschland. Mit dem deutschen Angebot, nicht nur schnell zu liefern, sondern bei künftigen Rüstungsgeschäften für drei in der Bundesrepublik gekaufte Teile fünf Teile in Norwegen zu erwerben, konnten andere Konkurrenten nicht mithalten, weshalb Großbritannien langfristig den Platz als wichtigster Partner Norwegens auf diesem Gebiet verlor. Für Deutschland lohnte sich das Geschäft auch deshalb, weil dadurch der Ruf der deutschen Rüstungsindustrie gefördert wurde.[56] Für die norwegische Regierung war die rüstungspolitische Zusammenarbeit trotz ihres militärischen Charakters relativ unproblematisch, weil sie vornehmlich unter außenwirtschaftlichen Aspekten betrachtet wurde. Die Bundesregierung nahm das Abkommen dagegen zum Anlass, ihren Anspruch auf Gleichberechtigung in der Allianz zu untermauern.

Diesem Druck konnte sich die norwegische Regierung auf Dauer nicht entziehen, zumal die Bundesrepublik von anderen Alliierten teilwiese unterstützt wurde. Allerdings versuchte Oslo einer offenen Kooperation mit Bonn, so weit dies möglich war, auszuweichen. Dies geschah aus Rücksicht auf die Empfindlichkeiten der Sowjetunion, aber auch mit Blick auf die eigene Öffentlichkeit. Der NATO-kritischen Linken gelang es wiederholt, Demonstrationen gegen die militärische Zusammenarbeit mit Deutschland zu organisieren. So wurden der Besuch des deutschen NATO-Generals Hans Speidel (1957) und der Besuch von Bundesverteidigungsminister Franz Josef Strauß (1961) von heftigen Protesten begleitet.[57] Besonders stark war der Protest gegen eine atomare Rolle Deutschlands. Die NATO-Diskussion über die Stationierung von Atomwaffen in der Bundesrepublik führte 1958 zum so genannten »Osteraufruhr«, bei dem Abgeordnete der regierenden Arbeiterpartei dazu gebracht werden konnten, einen Aufruf gegen die Politik der eigenen Regierung zu unterschreiben. Insbesondere Außenminister Halvard Lange wurde für seine Allianztreue kritisiert.[58] Dass die Initiatoren des Osteraufruhrs aus der Partei ausgeschlossen wurden und 1961 eine neue Links-Partei, die Sozialistische Volkspartei (SF), gründeten, hatte langfristige Folgen für

---

56 Vgl. *Eriksen/Pharo* 1997, S. 281.
57 Zum Besuch Speidels vgl. *Levsen* 1993, S. 147-153. Zum Strauß-Besuch vgl. ebd. S. 78 f.
58 Vgl. *Eriksen/Pharo* 1997, S. 242-245.

das norwegische Parteiengefüge und insbesondere für die Arbeiterpartei, die ihre bis dahin dominierende Stellung einbüßte.

Vor diesem Hintergrund des zunehmenden innenpolitischen Drucks wählte die norwegische Regierung in den folgenden Jahren in der »Deutschland-Frage« einen Balanceakt zwischen stillschweigender Ausweitung der Kooperation und restriktiver Haltung in symbolischen Fragen. Dort, wo sich eine Ausweitung der Zusammenarbeit mit Deutschland im Rahmen der Allianz und ohne Einbeziehung des Parlaments und der Öffentlichkeit vollziehen ließ, wurden die Restriktionen nach und nach gelockert. Für die Vermeidung eines sichtbaren deutschen Engagements auf norwegischem Boden, insbesondere in historisch und strategisch sensiblen Regionen wie Nordnorwegen, konnte somit leichter in Bonn und Brüssel Verständnis gewonnen werden. So hieß es beispielsweise in einem Kommentar des SPD-Pressedienstes zum Ausschluss deutscher Einheiten von einem NATO-Manöver in Nordnorwegen im Juli 1964, dass sich künftig zwar eine Beteiligung aus militärischen Gründen kaum vermeiden lassen werde, dass aber vorläufig Rücksicht auf die Erinnerung an den »Überfall Hitlers auf Norwegen und Dänemark« zu nehmen sei:

> Diese Zeit ist entsprechend der Mentalität der Skandinavier den Völkern und Menschen tiefer unter die Haut gegangen als woanders [sic!] und hat die klassischen und liberalen Demokratien tief verletzt. Nach wie vor kommt es auf jede Äußerung eines deutschen Politikers an, die im Norden danach beurteilt wird, ob man nun Vertrauen zu einem gefestigten demokratischen Deutschland haben kann oder nicht. Wenn deutsche Zerstörer am Tage des Überfalls auf Dänemark ausgerechnet in Kopenhagen festmachen, so ist das ein sehr großes Politikum im Norden. Es wäre zu wünschen, daß die Offiziere in den nordischen NATO-Stäben und die Diplomaten in den Hauptstädten Skandinaviens mit noch größerer Sorgfalt ausgewählt würden. Dies und ein wenig Geduld wird sicher dazu führen, daß bald gemeinsame NATO-Manöver möglich sind.[59]

Tatsächlich hatte sich auf der Grundlage gegenseitiger Zurückhaltung die NATO-Partnerschaft Mitte der 1960er Jahre, trotz weiter bestehender Einschränkungen, zum wichtigsten multilateralen Rahmen deutschnorwegischer Kontakte entwickelt. In einer Aufzeichnung des AA für den Besuch von Bundeskanzler Ludwig Erhard in Oslo wurde neben

---

59 »Ressentiments aus schweren Zeiten«, in: SPD-Pressedienst, P/IX/184, 3.7.64, S. 5.

den intensiven Wirtschaftsbeziehungen »die gute und reibungslose Zusammenarbeit im Rahmen der NATO« als wesentliches Element der verbesserten Beziehungen in der Nachkriegszeit bezeichnet.[60]

3.2.2 Auf dem Weg zu einer Normalisierung nach 1966

Der Regierungswechsel in Bonn im Herbst 1966 erleichterte zwar den deutsch-norwegischen Dialog, änderte aber nicht viel an den grundlegenden Problemen der sicherheitspolitischen Zusammenarbeit.

Die rüstungspolitische Kooperation weitete sich weiter aus. In Norwegen bestand auch nach der Lieferung des letzten U-Bootes ein großes Interesse an der Weiterführung des Abkommens. Ministerpräsident Borten bezeichnete es in den Regierungsbesprechungen vom September 1966 als »sehr wichtig« und bei einem Arbeitsbesuch von Außenminister John Lyng im Februar 1968 befürworteten beide Regierungen die Fortsetzung der Rüstungszusammenarbeit als »äußerst nützliche Ergänzung des normalen Warenaustauschs«.[61] Wegen der angespannten Haushaltslage in der Bundesrepublik – und wohl auch weil Bonn in seinen Bemühungen um Gleichberechtigung inzwischen ein gutes Stück weiter gekommen war – war ein Abkommen jedoch nicht mehr zu so günstigen Bedingungen wie zu Beginn der 1960er Jahre möglich. Dies wurde dem norwegischen Industrieminister Sverre Walter Rostoft bereits bei seinem Besuch in Bonn im September 1966 mitgeteilt.[62] Als 1968 der Kauf deutscher Panzer durch Norwegen aktuell wurde, musste der norwegische Verteidigungsminister dem Kabinett mitteilen, dass die deutsche Seite nun nicht mehr wie üblich Kompensationskäufen im Verhältnis 5:3 zustimmen wollte, aus Furcht, andere Länder, die ebenfalls an dem Kauf der Panzer interessiert seien, könnten vergleichbare Bedingungen einfordern. Die norwegische Regierung akzeptierte schließlich ein 1:1 Geschäft und erwirkte lediglich einige preisliche Vorteile. Im Kabinett wurde allerdings die Hoffnung geäußert, die deutschen Kompensationskäufe auf ein breiteres Spektrum norwegischer Industriewaren zu verteilen.[63] Tatsächlich wurde die Bundesrepublik während der 1960er Jahre

---

60 Länderaufzeichnung AA [o.D.] (wie oben 3.1.3, Anm. 16).
61 AAPD, 1966, Dok. 269, S. 1122; Vgl. UD 44.36/6.84-30, Bonn an UD, 28.2.68.
62 PA AA, B 60, Bd. 520, Vermerk, BMW, VA7, 16.9.66.
63 Bislang hatte die Bundesrepublik hauptsächlich Munition erworben. Vgl. RA, SMK, RK, Bd. 25.

zum wichtigsten Handelspartner Norwegens im Rüstungsbereich und konnte diese Stellung bis Anfang der 1970er Jahre behaupten, als die USA sie überrundeten.[64]

Auch die militärische Zusammenarbeit weitete sich aus und normalisierte sich zusehends. Bereits 1966 hielten sich, der Botschaft in Oslo zufolge, »Einheiten der Bundesmarine […] ohne Aufsehen häufig in norwegischen Gewässern auf.«[65] Gewisse Restriktionen gegen die deutsche Beteiligung am Nordkommando und die Aktivität deutscher Bodentruppen in Norwegen wurden allerdings weiter beibehalten – einige noch bis in die 1980er Jahre hinein. So konnte sich Verteidigungsminister Helmut Schmidt 1971 zwar weitgehend unbehelligt von Protesten in Nord-Norwegen ein Bild über die erhöhte Aktivität der sowjetischen Eismeerflotte verschaffen und ankündigen, dass deutsche Marine-Einheiten bereit stünden, Aufgaben in der Nordsee zu übernehmen.[66] Überlegungen eines deutschen Journalisten, die Bundesmarine müsse ihr Operationsfeld auf das Norwegische Meer ausdehnen, wurden allerdings sofort und entschieden vom norwegischen Verteidigungsminister zurückgewiesen. Dies zeige, so der deutsche Botschafter in Oslo, »wie dünn die Decke ist, welche [die deutsch-norwegischen] Beziehungen trägt.«[67]

In der Frage deutscher Offiziere in Kolsås hatte die nicht-sozialistische Koalition bereits nach ihrem Regierungsantritt 1965 einer von der Vorgängerregierung aufgeschobenen Erweiterung des deutschen Kontingents zugestimmt und war 1967 zu weiteren Zugeständnissen bereit.[68] Die Voraussetzung dafür, so Verteidigungsminister Otto Grieg Tidemand gegenüber dem deutschen Botschafter, sei allerdings, dass die Bundesrepublik ihre Forderungen nicht allzu lautstark vorbringe. Die Deutschen würden es durch ihr ständiges Verlangen nach Verstärkung des deutschen Elements in Kolsås ihren »Freunden« in Norwegen nur schwer machen. Die Stationierung deutscher Soldaten sei »nach wie vor ein heißes Eisen« und werde nicht nur von der Öffentlichkeit (deren Verhalten »nicht nur von Logik bestimmt« sei), sondern auch von politischen Gruppen wie den Liberalen und von der Sowjetunion aufmerksam beobachtet.[69]

---

64 Vgl. *Barth, Magne*: Military Integration: The Case of Norway and West Germany, Hovedoppgave i statsvitenskap Oslo 1982, S. 174. Tabelle 5.1.
65 Länderaufzeichnung AA [o.D.], (wie oben 3.1.3, Anm. 16).
66 »Norwegens Rolle in der NATO wächst«, in: *FAZ*, 21.9.71.
67 PA AA, B 31, Bd. 381, Oslo an AA, 27.12.1971, Politischer Jahresbericht 1971.
68 Vgl. RA, SMK, regj. konf., Bd. 22, 16.11.65.
69 AAPD, 1967, Dok. 172, Privatdienstschreiben Balken (Oslo) an Brandt, 18.5.67.

In der Öffentlichkeit war dieses Thema längst nicht mehr so kontrovers wie zu Beginn der 1960er Jahre. Die Sowjetunion nahm aber weiterhin jede Veränderung der deutschen Präsenz in Norwegen zum Anlass, vor dem wachsenden Einfluss »westdeutscher Revanchisten« zu warnen. Durch die Diskussionen um einen norwegischen EG-Beitritt und das deutsche Eintreten dafür wurde die Polemik Moskaus noch verschärft. Sowohl in Bonn als auch in Oslo bestand ein Interesse daran, solche Vorwürfe herunterzuspielen.[70] Größere Sorgen machte man sich in der Bundesregierung darüber, dass der Einfluss der NATO-Kritiker eine Verminderung des norwegischen Verteidigungsbeitrags oder gar den Austritt aus der Allianz bewirken könnte. Diese Sorgen – die bereits Bundeskanzler Adenauer beschäftigt hatten[71] – erhielten Auftrieb, als 1968 mit Blick auf die bevorstehende Verlängerung des NATO-Vertrags die »letzte große Prinzipiendebatte« in Norwegen um die sicherheitspolitische Verankerung des Landes in der Atlantischen Allianz geführt wurde.[72] Wie bereits frühere Debatten um Norwegens NATO-Verpflichtungen fand auch diese vornehmlich innerhalb der Arbeiterpartei statt. Spätestens nach dem Einmarsch der Sowjetunion in die Tschechoslowakei 1968 wurde jedoch weder dort noch in den anderen Parteien die NATO-Mitgliedschaft mehrheitlich in Frage gestellt. Dessen waren sich auch deutsche Beobachter bewusst. Der Botschafter in Oslo glaubte nicht, »daß ernsthaft Gefahr besteht, Norwegen könnte seine Mitgliedschaft aufkündigen.« Dennoch meinte er, »daß wir diese unvermeidliche Diskussion nicht noch mit unseren Vertretungswünschen belasten sollten. Es wäre willkommener Diskussionsstoff für diejenigen, die aus der NATO heraus wollen.«[73] Außerdem vertraten deutsche Diplomaten und Korrespondenten weiterhin die Meinung, dass ein Scheitern des norwegischen Beitritts zur EG auch die Frage der Allianztreue des Landes neu stellen werde.

Unterschiedliche Auffassungen zu Sicherheits- und Abrüstungsfragen

Ein bilaterales Streitthema, das schon zu Beginn der 1960er Jahre für Spannungen gesorgt hatte, konnte auch in der Regierungszeit der

---

70 Vgl. z.B. UD, 34 4/113, Notat, Pol.avd., 27.12.62.
71 Vgl. AAPD, 1963, Dok. 216, S. 699.
72 *Tamnes* 1997, S. 93.
73 Balken an Brandt, 18.5.67 (wie oben Anm. 69).

Großen Koalition nicht ganz beseitigt werden: Deutschlands Haltung zur Abrüstungs- und Atompolitik.

War es Ende der 1950er Jahre um die Stationierung alliierter Atomwaffen auf dem Gebiet der Bundesrepublik gegangen, so ging es zehn Jahre später um Deutschlands Haltung zum Atomwaffensperrvertrag, auch Nichtverbreitungsvertrag genannt. Der am 1. Juli 1968 in Washington, London und Moskau unterzeichnete Vertrag über die Nichtverbreitung von Kernwaffen war Teil der Abrüstungsbemühungen zwischen den Supermächten, die in der Folge der Kubakrise 1962 intensiviert wurden. Mit dem Vertrag, der am 5. März 1970 in Kraft trat, sollte die vertikale Verbreitung von Atomwaffen verhindert werden. Die bestehenden Atommächte, d.h. solche die vor 1967 erfolgreich Kernwaffen getestet hatten, verpflichteten sich, diese nicht weiterzugeben und über eine Reduzierung ihrer eigenen Bestände zu verhandeln. Die Nicht-Atomwaffen-Staaten verpflichteten sich, keine Kernwaffen anzunehmen, zu erwerben, zu lagern oder herzustellen. Allerdings konnte kein Staat gezwungen werden, dem Vertrag beizutreten, so dass u.a. Frankreich und China ihm fernblieben. Die Bundesrepublik hatte mit ihrer Unterschrift unter die Pariser Verträge von 1954 zwar jeglicher Herstellung und militärischen Nutzung von Atomenergie entsagt, sah durch die Abrüstungspläne der Supermächte aber zentrale nationale und europäische Interessen bedroht. Ihre Vorbehalte gegen den NV-Vertrag richteten sich gegen die Diskriminierung der Nicht-Atomwaffen-Staaten, gegen eventuelle Interventionsrechte der Sowjetunion in Westdeutschland sowie gegen mögliche Einschränkungen bei der friedlichen Nutzung von Atomenergie und der Arbeit von Euratom. Nicht zuletzt aber sollten Abrüstungsschritte des Westens nach Ansicht Bonns immer mit Fortschritten auf dem Weg zur Wiedervereinigung Deutschlands verknüpft werden. Bundeskanzler Erhard erklärte dem norwegischen Ministerpräsidenten Gerhardsen 1965,

> daß Deutschland sich bei allen Erwägungen über Teilabrüstungsmaßnahmen fragen müsse, inwieweit diese a) die allgemeine Situation verbessern und b) das deutsche Anliegen fördern. [...] Alle derartigen Maßnahmen müßten auch dazu beitragen, das Problem der Teilung Deutschlands einer Regelung näherzubringen. Dies sei nicht nur das deutsche Interesse; vielmehr sei die ganze freie Welt durch die Fortdauer der ungewissen Lage Deutschlands belastet.[74]

---

74 AAPD, 1965, Dok. 143.

In Norwegen herrschte für diese Vorgehensweise weder in der Öffentlichkeit noch in der Regierung Verständnis. »Entspannung sei Voraussetzung für Wiedervereinigung«, so hieß es 1965 im norwegischen Außenministerium, »sie könne durch [den] NV-Vertrag gefördert werden.« Staatssekretär Jens Boyesen beklagte sich, dass die Bundesregierung zu viele Vorbedingungen stelle und damit den Vertragsabschluss gefährde. Alle Staaten sollten dem Vertrag zunächst vorbehaltlos zustimmen, worauf dann weitere Schritte folgen könnten.[75]

Dass die Bundesrepublik sich weigerte, den NV-Vertrag zu akzeptieren, wurde in Norwegen auch deshalb als äußerst problematisch empfunden, weil dadurch die Sorge über Deutschlands Status als potentielle Atommacht nicht vollständig ausgeräumt zu sein schien. Vor diesem Hintergrund weckte die Ankündigung Frankreichs vom März 1966, sich aus der Militärorganisation der NATO zurückziehen zu wollen, in Norwegen Unsicherheit über die wirkungsvolle Einbindung in und Kontrolle der Bundesrepublik durch das westliche Bündnis.[76] Diese Befürchtung wurde von sowjetischer und ostdeutscher Seite wiederholt über die Presse und durch diplomatische Initiativen verstärkt, die in der norwegischen Öffentlichkeit und vereinzelt auch unter den führenden Politikern Widerhall fanden.[77] Außenminister John Lyng berichtete dem Auswärtigen Ausschuss des Storting im Dezember 1966 über die »psychologischen Reaktionen«, die er überall bei seinen Reisen und Gesprächen im Ostblock zu spüren bekomme. Dort finde man sich selbstverständlich mit der Existenz von Westdeutschland so gut ab, wie man könne, und man akzeptiere, dass es Atomwaffen gebe. Die Kombination Deutschland und Atomwaffen sei jedoch das Schlimmste, was man sich vorstellen könne.[78]

So tief wie im Ostblock saß das Misstrauen in der norwegischen Elite nicht mehr. Regierungsvertreter wie Lyng gaben sich überzeugt, dass die Bundesregierung äußerst vorsichtig in dieser Frage agiere und dass wenig Anlass zu der Sorge bestehe, Deutschland wolle von dem Rückzug Frankreichs aus der NATO profitieren.[79] Dennoch machte sich auch im außenpolitischen Establishment mancher Sorgen über Deutschlands Rolle im künftigen Machtverhältnis in Westeuropa. Der ehemalige Au-

---

75 AAPD, 1965, Dok. 313.
76 Vgl. *Tamnes* 1997, S. 101.
77 Vgl. z.B. RA, SMK, regj. konf., Bd. 23, 1.9.66; SUUKK, 14.3.1966.
78 SUUKK, 9.12.66.
79 SUUKK, 27.5.66.

ßenminister Halvard Lange etwa sagte in einem Vortrag vor dem Parteivorstand der Arbeiterpartei, de Gaulles Initiative könne nationalistischen Kräften in der Bundesrepublik »neue Impulse« geben.[80] Verteidigungsminister Tidemand teilte dem deutschen Botschafter mit, man verstehe,

> daß ein großes Industrieland sich gegen eine eventuelle wirtschaftliche und technologische Benachteiligung zur Wehr setze. In den politischen Kreisen Norwegens bestehe aber der Eindruck, daß es in Deutschland einflußreiche Gruppen und Einzelpersonen gebe, die in Wirklichkeit doch nach der Möglichkeit streben, eines Tages volle oder teilweise eigene Verfügungsgewalt über Nuklearwaffen zu erhalten.[81]

Auf diese Sorgen verwies Außenminister Brandt in einem Schreiben an Bundeskanzler Kiesinger vom 15. Juli 1968:

> Mit der Einstellung der Bundesregierung zum Nichtverbreitungsvertrag steht, ob begründet oder nicht, die Glaubwürdigkeit unserer Entspannungspolitik auf dem Spiel. Wenn Brasilien oder Indien, Japan oder Schweden mit der Unterzeichnung zögern, so wird dies bedauert, ändert aber nichts an der allgemeinen Wertschätzung, die diese Staaten genießen. Wenn *wir* zögern, so wird das latente Mißtrauen, das bei unseren östlichen Nachbarn, aber auch bei manchen einflußreichen Kreisen im Westen gegenüber der Bundesrepublik und ihrer inneren Entwicklung vorhanden ist, neue Nahrung erhalten. Die östliche Propaganda wird dieses schwelende Feuer zu entfachen wissen.[82]

Die Ratifizierung des NV-Vertrages blieb eines der wichtigsten Anliegen der norwegischen Regierung, die den Ende Januar 1967 vorliegenden Entwurf anerkannte, den Vertrag als eines der ersten Länder unterzeich-

---

80 AAB, DNA, Da, 381, Protokoll Sentralstyret, 21.3.66.
81 Balken an Brandt, 18.5.67 (wie oben Anm. 69). Welche »Gruppen und Einzelpersonen« gemeint waren, geht aus den Kommentaren der Presse hervor. So machte *Aftenposten* (2.3.1967) neben den CDU-Politikern Adenauer, Strauß und Barzel Industriekreise, Atomexperten und die Springer-Presse für die »Hysterie« in der deutschen Debatte verantwortlich.
82 Zit. nach: *Brandt* 2005, Dok. 12, S. 155.

nete und ihn im Januar 1969 ratifizierte.[83] Die deutsche Botschaft in Oslo berichtete 1967:

> Das Ziel, durch diesen Vertrag die Verbreitung von Kernwaffen zu verhindern, wird von norwegischer Seite als so vorrangig angesehen, daß alle Verbesserungsvorschläge, selbst wenn sie von so »unverdächtigen« Staaten wie Schweden oder Indien kommen, letztlich nur als unerwünschte und gefährliche Verzögerung angesehen werden.[84]

Dass sich auch die Große Koalition mit dem Vertrag schwertat und letztendlich nicht die Kraft aufbrachte, ihn zu unterzeichnen, trübte die allseits konstatierte »Normalisierung« der politischen Beziehungen seit dem Regierungswechsel.[85] In ihren Gesprächen mit Brandt und Bundeskanzler Kiesinger unterstrichen Außenminister Lyng und Ministerpräsident Per Borten das norwegische Interesse an einer baldigen Unterzeichnung durch möglichst viele Staaten und gaben zu verstehen, die norwegische Regierung wäre »sehr enttäuscht«, sollten die Verhandlungen am deutschen Widerstand scheitern.[86]

Abgesehen von konkreten Befürchtungen spiegelte sich in der norwegischen Haltung zum Atomwaffensperrvertrag die außenpolitische Tradition des Landes als Vermittler und Missionar wider, die in Deutschland wiederholt für Irritation sorgte und auch nach 1966 nur schwer nachvollzogen wurde. Die deutsche Botschaft in Oslo sprach anlässlich einer Storting-Debatte von einer »hier oft beobachteten Praxis« sich mit »nur deklamatorisch ergiebigen Themen, wie Naher Osten, Vietnam, Apartheid, Griechenland, Portugiesische Kolonien usw., [auseinanderzusetzen], die Norwegen politisch kaum betreffen«.[87] Botschafter Balken zufolge entsprach es

> dem Grundcharakter dieses zahlenmäßig kleinen Volkes, das jahrhundertelang in Frieden gelebt hatte [sic!], die eigene Geschichte

---

83 RA, SMK, regj. konf., Bd. 24, 31.1.1967.
84 Politischer Jahresbericht 1967 (wie Einleitung, Anm. 3).
85 UD 25.4/113-66, Bonn an UD, 13.1.1967; SUUKK, 21.2.67. Vgl. auch unten, 3.4.2.
86 Vgl. *Lyng, John*: Mellom øst og vest: erindringer 1965-1968, Oslo 1976, S. 312; PA AA, B 31, Bd. 382, Oslo an AA, 5.8.68; AAPD, 1968, Dok. 349.
87 PA AA, B 31, Bd. 381, Oslo an AA, 25.10.68. Die Erklärung von Außenminister Lyng in der Debatte wurde als bemerkenswerte Ausnahme von diesem Prinzip dargestellt.

und die eigene Stellung in der Völkergemeinschaft auch zum Maßstab des Handelns anderer zu machen. Ebenso wird daraus eine Verpflichtung abgeleitet, wo immer und wann immer die Sache des Friedens zu fördern. Diese selbst gestellte Aufgabe stellt sich dem ausländischen Beobachter in den Wegen, die die Norweger zu ihrer Erfüllung wählen, oftmals naiv und sogar weltfremd dar. Aber – sie ist ein Teil der hiesigen Wirklichkeit. So finden vielfach Argumente, deren objektive Bedeutung für uns gegeben ist, hier nicht das entsprechende Gehör.[88]

Für Brandts Rede vor dem Storting anlässlich seines offiziellen Besuchs im April 1970 empfahl Balken, eine »vernünftige Relativierung der Entspannungspolitik« einzubauen und zu erklären, »zu welchen Zielen wir Entspannungspolitik betreiben«, da man in Norwegen dazu neige, »détente als l'art pour l'art zu akzeptieren«.[89]

Gemeinsamkeiten nach 1969

Die Unterzeichnung des Nichtverbreitungsvertrages am 28. November 1969 gehörte zu den ersten außenpolitischen Handlungen der sozialliberalen Koalitionsregierung. Damit war für die deutsch-norwegischen Beziehungen ein wichtiges Signal gegeben, das eine weitgehende Angleichung der Haltungen in Bonn und Oslo zu Fragen der Sicherheits- und Entspannungspolitik einläutete. Nur wenig später trat Norwegen der Nuklearen Planungsgruppe (NPG) der NATO bei, in der die Bundesrepublik seit Dezember 1966 als ständiges Mitglied vertreten war.[90] Im April 1970 bat Brandt die norwegische Regierung um Unterstützung für eine Aufnahme der Bundesrepublik als festes Mitglied in den Vorsitz der internationalen Atomenergiebehörde (IAEA). Er verwies dabei auf den kürzlich unterzeichneten NV-Vertrag und auf dessen nunmehr notwendige Ratifizierung. Diese würde erleichtert, wenn Deutschland als wichtigster Beitragszahler seinen Einfluss in der IAEA geltend machen könne.[91] Der Strategiewechsel der NATO von der »massiven Vergeltung« zur »flexiblen Antwort« sowie die anstehenden Abrüstungsver-

---

88 Balken an Brandt, 18.5.67 (wie oben Anm. 69).
89 PA AA, B 20, Bd. 1832, Oslo an BK, 24.3.70.
90 Vgl. *Tamnes* 1997, S. 116.
91 UD 34.4/113-V, Ref., Pol.avd., 5.5.70.

handlungen entschärften die Gegensätze in der Haltung zur Nichtverbreitungspolitik weiter.

Unterschiedliche Auffassungen zu Problemen und Aufgaben der Allianz bestanden durchaus weiter fort. So wollte sich die Bundesrepublik dem Vorgehen Norwegens gegen die undemokratischen Regime der NATO-Partner Griechenland und Portugal sowie gegen die Franco-Diktatur in Spanien nicht anschließen. Norwegen war der profilierteste Gegner dieser Länder in der NATO, wo sich die Regierung auch standhaft gegen eine militärische Zusammenarbeit mit Spanien stellte, und im Europarat, wo sie gemeinsam mit Schweden die im April 1967 durch einen Putsch an die Macht gekommene griechische Junta vor der Menschenrechtskommission verklagte und den Ausschluss beantragte. Gegenüber dem EFTA-Partner Portugal war die norwegische Haltung ein Abwägen zwischen »moralischen Absichten und realpolitischer Vernunft«. Insbesondere die stärker formulierte Kritik der DNA-Regierung 1971 stieß in der Allianz auf Kritik. Bis 1975 blockierte Norwegen den Beitritt Spaniens zur NATO.[92] In der Bundesrepublik wurde moralische Entrüstung meistens hinter das sicherheitspolitische Interesse an einer Einbindung der Mittelmeeranrainer-Staaten gestellt. Zwar engagierte sich die SPD-Fraktion 1967 im Sinne der skandinavischen Proteste, konnte aber weder die eigenen Regierungsvertreter noch Kollegen der anderen Bundestagsparteien zu einer klaren Verurteilung des griechischen Regimes oder zur Verabschiedung von Sanktionen bewegen. Der neue Bundesaußenminister, Walter Scheel, teilte seinen skandinavischen Amtskollegen im Dezember 1969 mit, die Deutschen hätten Erfahrungen damit, »dass Einmischung von außerhalb nationalistische und isolationistische Tendenzen stärken könne.« Und auch Brandt wusste im Gespräch mit norwegischen Regierungsmitgliedern 1970 eine Reihe von außen- und innenpolitischen Gründen aufzuzählen, weswegen die Bundesregierung sich den Mittelmeerländern gegenüber vorsichtig verhalten müsse.[93] Bilaterale Probleme ergaben sich aus diesen Interessen- und Auffassungsunterschieden aber nicht mehr. Vielmehr rückten jetzt Aufgaben in den Vordergrund, bei denen deutsche und norwegische Politiker an einem Strang zogen. Dazu gehörte insbesondere die Vorbereitung einer europäischen Sicherheitskonferenz, die von den Warschauer Pakt-Staaten 1969 mit der Budapester Erklärung vorgeschlagen wurde. Die Westmächte hatten

---

92 Vgl. *Tamnes* 1997, S. 358 f.
93 Vgl. UD 25.4/113-70, Bonn an UD, 19.10.67; UD, 25.4/113-75, UD an Bonn, u.a., 23.12.69; UD 34.4/113-V, Ref. Pol.avd., 5.5.70.

sich zu ähnlichen Initiativen des Ostblocks stets skeptisch verhalten. Vor dem Hintergrund der Entspannungsschritte der 1960er Jahre stimmte die Allianz jedoch schließlich einer Konferenz zu, für die sich Finnland als Ausrichter zur Verfügung stellte. Bei einem Gespräch im Juli 1969 zwischen den Außenministern Brandt und Lyng, bei dem Brandt die deutschen »Essentials« für eine solche Konferenz erklärte, stellte Lyng fest, dass sich die deutsche und die norwegische Stellungnahme weitgehend deckten.[94] Bei verschiedenen weiteren Gesprächen auf Regierungsebene wurde die Übereinstimmung bekräftigt, wenngleich Unterschiede in Fragen der Vorgehensweise und des Zeitplans bestanden. Die Bundesregierung wünschte eine gründliche Vorbereitung und deutlichere Einbeziehung sicherheits- und abrüstungspolitischer Maßnahmen, als von den Staaten des Warschauer Paktes vorgeschlagen worden war. Die Regierungen Norwegens und Dänemarks befürworteten eine schnellere Vorgehensweise als Deutschland. Im Gegensatz zu Bonn, das eine Regierungskonferenz bevorzugte, trat Norwegen für eine multilaterale Vorbereitung ein. Letztendlich, so Lyng 1970, würden jedoch weder die Norweger noch die Dänen mit einem Sonderstandpunkt aus der NATO-Linie ausbrechen.[95]

Zu Beginn der 1970er Jahre gaben sicherheitspolitische Fragen kaum noch Anlass zu Problemen zwischen den Regierungen beider Länder, zumal zwischenzeitlich die Frage des Beitritts zur Europäischen Gemeinschaft als gemeinsam interessierendes Thema in den Vordergrund rückte. Dafür, dass die norwegische Regierung bis Ende der 1980er Jahre aus Rücksicht auf Vorbehalte der öffentlichen Meinung eine sichtbare Präsenz deutscher Truppen in Norwegen vermied, zeigte die Bundesregierung Verständnis.[96] Allerdings wurde es in Bonn als ein »psychologisches Problem« für die öffentliche Meinung im eigenen Land angesehen, dass Norwegen damit indirekt dem Druck Finnlands und der Sowjetunion nachgab. Auch sah man es nicht gern, dass die Teilnahme der Bundeswehr an NATO-Übungen mit der »Normalisierung« des bilateralen Verhältnisses in Verbindung gebracht wurde, da man diesen Begriff nunmehr – drei Jahrzehnte nach Kriegsende – nur noch in Bezug auf die Beziehungen zu den Ländern des Ostblocks angewendet wissen wollte.[97]

---

94 PA AA, B 20, Bd. 1832, Oslo an AA, 19.7.69.
95 UD 34.4/113-V, Ref., Pol.avd., 5.5.1970.
96 *Tamnes* 1997, S. 93, 104 f.
97 Vgl. UD 34.4/113-V, 4. Pol.ktr., 22.2.78, Ref. fra politiske konsultasjoner på embetsmannsnivå mellom Norge og Tyskland, Oslo 15.2.78.

3.3 Vertrauensbildung und politisch-psychologische Normalisierung

In der Tat hatte sich das Vertrauensverhältnis auf politischer Ebene seit Mitte der 1960er Jahre entscheidend verbessert. Als Folge der Regierungswechsel in Bonn 1966 und erst recht 1969 wurde das tief verwurzelte Misstrauen gegen die Bundesrepublik als Erben des Deutschen Reichs durch positivere Einschätzungen abgelöst. Vor allem in der politischen Elite entwickelte sich dabei so etwas wie ein Zusammengehörigkeitsgefühl und ein »Klima des gegenseitigen Vertrauens«[98]. Diese Entwicklung war in besonderem Maße ein Verdienst Willy Brandts – mit seinen engen Beziehungen zu Skandinavien, mit seiner glaubhaften Verkörperung eines »anderen« Deutschland und mit seinen Plänen für eine im Westen verankerte neue Ostpolitik.

3.3.1 Die schwierige politische Normalisierung bis Mitte der 1960er Jahre

Die Rückgewinnung des verlorenen Ansehens in der Welt und insbesondere unter den europäischen Nachbarn gehörte seit der Gründung der Bundesrepublik zu deren zentralen außenpolitischen Zielsetzungen. Willy Brandt maß diesem Aspekt größte Bedeutung bei, bekräftigt im Schlusssatz seiner Regierungserklärung von 1969: »Wir wollen ein Volk der guten Nachbarn sein und werden im Innern und nach außen.«[99] Auch die Bonner Nordeuropapolitik wurde, Jürgen Elvert zufolge, »primär von dem Wunsch geleitet [...], in den nordischen Staaten Vertrauen zu gewinnen und ein positives Bild von der Bundesrepublik entstehen zu lassen.«[100]

Das »deutsche Trauma«

Für die Beziehungen der Bundesrepublik zu Norwegen zählte der Aufbau eines vertrauensvolleren Verhältnisses zweifellos zu den wichtigsten Herausforderungen. Denn anders als in der Handels-, Sicherheits- und

---

98 Politischer Jahresbericht 1970 (wie Einleitung, Anm. 1).
99 Zit. nach: *Brandt* 2005, Dok. 27, S. 246. Vgl. auch *Brandt* 1976, S. 297.
100 *Elvert, Jürgen*: Eine Art Neuanfang. Die politischen Beziehungen der Bundesrepublik Deutschland zu den nordischen Staaten in der Adenauerzeit, in: *Bohn, Robert/ Elvert, Jürgen/Lammers, Karl Christian* (Hrsg.): Deutsch-skandinavische Beziehungen nach 1945, Stuttgart 1999, S. 9-20, S. 19.

Rüstungspolitik seit den 1950er Jahren fehlte lange Zeit ein entsprechend gutes Verhältnis im politisch-psychologischen Bereich. Die Kriegserlebnisse, vom Überfall im April 1940 über die entbehrungsreiche Besatzungszeit bis zum brutalen Rückzug deutscher Truppen aus Nordnorwegen, der »verbrannte Erde« zurückließ, hatten das Bild Deutschlands und der Deutschen in Norwegen nachhaltig beschädigt und normale Beziehungen auf lange Zeit unmöglich gemacht. Einhart Lorenz hat darauf hingewiesen, dass in Norwegen kurz nach Kriegsende »selbst für deutsche politische Flüchtlinge jüdischen Glaubens« die weit verbreitete Parole galt, »nur ein toter Deutscher sei ein guter Deutscher«.[101] »In wenigen westeuropäischen Ländern«, so der norwegische Historiker Rolf Tamnes, »lebten die Erinnerungen der Besatzungsjahre so lange wie in Norwegen.«[102] Dies traf in erster Linie für die norwegische Öffentlichkeit zu, wo der Bundesrepublik entweder Ablehnung oder Desinteresse entgegengebracht wurde. Ein Vertrauensdefizit der Bundesrepublik gegenüber herrschte aber auch in der politischen Klasse lange Zeit vor.

Das norwegische Misstrauen bezog sich nach 1949 vor allem auf die Frage, wie gefestigt die von den Siegermächten verordnete Demokratie war und ob die Bundesrepublik ihre wirtschaftliche Vormachtstellung in Europa eines Tages auch militärisch ausüben wollte. Es richtete sich außerdem, wie ein Korrespondent der *New York Times* 1960 feststellte, weniger gegen einzelne Deutsche als pauschal gegen Deutschland als Nation und gegen die Deutschen als Volk.

> The overriding feeling appears to range from correctness to even friendliness toward the Germans as individuals but from distrust to fear of West Germany as nation.[103]

Sechs Jahre später kommentierte das Osloer *Morgenbladet* den ersten Besuch eines deutschen Bundeskanzlers in Norwegen mit den Worten:

> Unser Verhältnis zu Deutschland ist nicht ganz normalisiert – auf psychologischer Ebene. Noch gibt es Erinnerungen, die ihren

---

101 *Lorenz, Einhart O.*: Deutsche Flüchtlinge in Norwegen und ihre Bedeutung in Deutschland nach 1945, in: *Simensen* (Hrsg.) 1999, S. 154-164, hier S. 157.
102 *Tamnes* 1997, S. 101.
103 »Norway remains wary of Germans«, in: *New York Times*, 13.3.60.

Schatten werfen, wenn sie auch immer weiter zurückliegen und schwächer werden.[104]

Bevor im Jahr darauf Willy Brandt erstmals in seiner Funktion als Bundesaußenminister zu einer Reise durch die skandinavischen Länder aufbrach, antwortete er auf die Frage eines deutschen Journalisten, ob denn, »nach Zurückdrängung bitterer Kriegserfahrungen«, das bilaterale Verhältnis Deutschlands zu den NATO-Partnern Dänemark und Norwegen dem »Bündnischarakter« entspreche:

> Sicher kann man sagen, daß die militärische Zusammenarbeit mit Dänemark und Norwegen in der NATO das Zusammengehörigkeitsgefühl über bittere Erfahrungen der Vergangenheit hinweg gestärkt hat. Ebenso sicher ist es, daß man Deutschland gegenüber hier und da noch Mißtrauen und Zurückhaltung empfindet.[105]

Norwegen als »unbewusstes Problem« Deutschlands

Obwohl Skandinavien als Ganzes und Norwegen im Besonderen »im deutschen Denkbild [...] nur eine »Randposition«[106] innehatte und der Norden »im Koordinatensystem der deutschen Außenpolitik [...] unterbelichtet«[107] war, so wurde die politische Distanz Norwegens in Bonn doch sehr genau registriert und stark bedauert. Vertreter der Bundesrepublik waren eifrig bemüht, diesen Makel der Beziehungen zu beseitigen. Bundespräsident Heinrich Lübke etwa zeigte sich über die angebliche Deutschfeindlichkeit in der öffentlichen Meinung Norwegens so besorgt, dass er bei Empfängen und ähnlichen Gelegenheiten wiederholt norwegische Diplomaten darauf ansprach und seine Mitarbeiter instruierte, wenn möglich jeder norwegischen Gruppe, die Bonn besuchte, ei-

---

104 Zit. in: »Morgenbladet: ›Die Schatten werden schwächer‹«, in: *Die Welt* 29.8.66.
105 »Interview: Liegt Skandinavien außerhalb der Welt? Eine Politik der offenen Tür nach Norden notwendig – *Christ und Welt*-Gespräch mit Willy Brandt«, in: *Christ und Welt*, 16.6.67. Zu den Besonderheiten des deutsch-dänischen Verhältnisses vgl. *Lammers, Karl Christian*: »Hvad skal vi gøre med tyskerne bagefter?« : Det dansktyske forhold efter 1945, Kopenhagen 2005; *Ders.*: Das Deutschlandbild in Dänemark und die Entwicklung der politischen Beziehungen zu den beiden deutschen Staaten, in: *Bohn* u.a. (Hrsg.) 1999, S. 57-66.
106 So der *Christ und Welt*-Korrespondent Wolfgang Höpker im oben zit. Interview mit Brandt vom 16.6.67.
107 Ebd.

nen Besuch bei ihm zu ermöglichen.[108] Als es Mitte der 1960er Jahre erstmals zu direkten Kontakten auf der höchsten Regierungsebene kam, war die Sorge um das deutsche Ansehen in Norwegen ein wichtiges Gesprächsthema. Bundeskanzler Erhard schloss sein Gespräch mit Ministerpräsident Gerhardsen mit der eindringlichen Bitte an den Gast, »in seinem Lande deutlich zu machen, daß das heutige Deutschland sich von der tragischen Vergangenheit losgesagt habe.«[109] Gerhardsens Nachfolger Borten gegenüber beteuerte Erhard ein Jahr später, Deutschland liege jede Vorstellung von einer Hegemonie in Europa fern.[110] Wie Erhards außenpolitischer Mitarbeiter Horst Osterheld sich erinnert, war in persönlichen Gesprächen am Rande des Besuchs in Oslo die Vergangenheit noch deutlich zu spüren. Seine Gesprächspartner seien zwar »freundlich« gewesen. »Aber [sie] verurteilten uns Deutsche wegen unserer Vergangenheit so selbstverständlich, so undifferenziert und ausnahmslos, daß es weh tat.«[111]

Die viel beschworene Normalisierung des deutsch-norwegischen Verhältnisses wurde allerdings auch dadurch erschwert, dass sich die Haltung jener Deutschen, die sich für Norwegen interessierten, vielfach durch einen Mangel an Sensibilität auszeichnete. Dazu zählten die oben erwähnten Forderungen deutscher Politiker und Diplomaten nach Gleichberechtigung der Bundesrepublik in der NATO. Dazu zählte die späte Entschädigung norwegischer Opfer des Nationalsozialismus, die erst 1959 abschließend verhandelt werden konnte.[112] Dazu zählten – auf einer anderen Ebene – die Reisen ehemaliger deutscher Wehrmachtsoldaten nach Norwegen, wo sie ihren Familien die »herrlichen Quartiere« zeigen wollten, in denen sie als Besatzungssoldaten untergebracht waren.[113] Vielfach neigten deutsche Politiker, Beamte und Journalisten da-

---

108 UD 34.4/113-IV, Berlin an UD, 28.1.61, 25. »Grüne Woche« in Berlin. Forbundspresidentens mottakelse. Aggressive uttalelser om nordmennene; UD 34.4/113-IV, Bonn an UD, 20.7.61, Forbundspresident Lübke arbeider for norsk/tysk forståelse.
109 AAPD, 1965, Dok. 143, S. 595.
110 AAPD, 1966, Dok. 269, S. 1123.
111 *Osterheld, Horst*: Außenpolitik unter Bundeskanzler Ludwig Erhard 1963-1966: Ein dokumentarischer Bericht aus dem Kanzleramt, Düsseldorf 1992, S. 342 f.
112 Vgl. *Levsen* 1993, S. 121-147; *Frøland, Hans Otto*: »›Eine gewaltige, nicht beglichene Schuld.‹ Die deutsche Entschädigung für NS-Verfolgte in Norwegen«, in: *Hockerts, Günter/Moisel, Claudia* (Hrsg.): Grenzen der Wiedergutmachung. Die Entschädigung für NS-Verfolgte in Ost- und West-Europa 1945-2000, Göttingen 2006, S. 285-356.
113 Auf diese weit verbreitete Unsitte hat der damalige deutsche Botschafter in Oslo, Richard Balken, rückblickend hingewiesen. *Balken, Richard*: Botschafter des neuen Deutschland, in: Deutsch-Norwegische Gesellschaft (Hrsg.): 40 Jahre deutsch-norwegische Beziehungen 1949-1989, Oslo 1989, S. 138-146, hier S. 140.

zu, die nachhaltige Bedeutung, die der deutsche Überfall und die nachfolgende Besatzung für die norwegische Öffentlichkeit gehabt hatten, zu übersehen. Für die deutsche Nachkriegspolitik war Norwegen, wie Arnim Lang schreibt, ein »unbewußtes Problem«.[114]

Individuelle Beiträge zur deutsch-norwegischen Annäherung

Vor diesem Hintergrund gegenseitiger Entfremdung ist es, neben der interessengeleiteten Wirtschafts- und Sicherheitskooperation, einer Reihe individueller Beiträge zuzuschreiben, dass die bilateralen Beziehungen auch in den ersten Nachkriegsjahren vereinzelt eine positive und konstruktive Dimension erhielten.

Auf deutscher Seite gibt es nur wenige Persönlichkeiten, die sich in der Nachkriegszeit an hervorragender Stelle für die deutsch-norwegische Verständigung eingesetzt haben. Unter ihnen tritt Willy Brandt so stark in den Vordergrund, dass sein Name bis heute als *das* Symbol der deutsch-norwegischen Beziehungen verwendet wird.[115] Brandt hatte sich während seines Exils in Norwegen und Schweden nicht nur publizistisch und politisch betätigt, sondern auch zahlreiche kollegiale, private und freundschaftliche Kontakte geknüpft, von denen viele dauerhafter Natur waren. Dass er nach Kriegsende, ausgestattet mit einem norwegischen Pass, für die Osloer Regierung aus Berlin berichtete, besiegelte in Norwegen seinen Ruf, »einer von uns« zu sein, und führte in seiner weiteren Laufbahn wiederholt zu polemischen Verurteilungen in Deutschland. Die steile Karriere Brandts, die ihn zum Regierenden Bürgermeister von Berlin, SPD-Parteivorsitzenden, Außenminister und schließlich Bundeskanzler machte, wurde in Norwegen sehr genau verfolgt. Dabei dienten sowohl die Anfeindungen seiner politischen Gegner als auch seine Erfolge der norwegischen Öffentlichkeit als Bewertungsmaßstab für den Zu-

---

114 *Lang, Arnim*: Norwegen als unbewusstes Problem: Bemerkungen zum deutsch-norwegischen Verhältnis im ersten Jahrzehnt nach dem Zweiten Weltkrieg, in: *Kristiansen* (Hrsg.) 1998, S. 170-180, bes. S. 178 f.
115 Im Zuge der 1999 von der norwegischen Regierung vorgestellten »Deutschland-Strategie« wurde auch die »Deutsch-norwegische Willy-Brandt-Stiftung« eingerichtet, die zur Förderung des beiderseitigen Verständnisses beitragen soll. Vgl. *Kgl. Norwegisches Außenministerium* (Hrsg.): Die Deutschland-Strategie der Norwegischen Regierung, Oslo 1999 [aktualisierte Ausgabe 2007]; *Allers, Robin M.*: Die norwegische »Deutschland-Strategie«, in: *Henningsen, Bernd* (Hrsg.): Hundert Jahre deutsch-norwegische Begegnungen. Nicht nur Lachs und Würstchen, Berlin 2005, S. 90 f.

stand der deutschen Demokratie. So schrieb z.B. 1961 *Aftenposten*, man könne die Anfeindungen des Kanzlerkandidaten Brandt zwar nicht der Partei Adenauers oder der bürgerlichen Presse anlasten, weil diese sich davon distanziert hätten. Auch dürfe man sie nicht überbewerten. Dennoch habe die CDU ein Interesse daran, auch »unwillkommene Wahlhelfer«[116] zurechtzuweisen, da niemandem damit gedient sei, die politische Atmosphäre zu verpesten, gerade »in einem Land, das immer noch in seinen ›demokratischen Kinderschuhen‹« stecke und ein »Erbe aus einer nahen Vergangenheit« mit sich herumtrage.[117] Gleichzeitig leistete Brandt, der als Berichterstatter in norwegischen Diensten versucht hatte, den Unterschied zwischen »Verbrechern und anderen Deutschen«[118] hervorzuheben, weiterhin einen aktiven Beitrag zur Verständigung beider Länder, indem er Versöhnungsprojekte unterstützte, publizistisch tätig war und Vorträge in Norwegen hielt. Nicht zuletzt aber war er eine Anlaufstelle für »wichtige« und »weniger wichtige« norwegische Persönlichkeiten in Deutschland.[119]

Zu den wichtigen Persönlichkeiten auf norwegischer Seite zählten besonders jene Politiker, die sich trotz des Zweiten Weltkrieges für die Wiedereingliederung Deutschlands in die internationale Staatengemeinschaft und für die bilaterale Annäherung beider Staaten einsetzten. Zahlreiche Mitglieder der politischen Elite Norwegens, darunter die beiden späteren Ministerpräsidenten Gerhardsen und Bratteli und Außenminister Halvard Lange, waren von den Nationalsozialisten als politische Häftlinge in deutsche Konzentrationslager verschleppt worden und hatten diese oft nur knapp überlebt. »Die am meisten durchgemacht hatten«, so Willy Brandt in seinen *Erinnerungen*, »sprachen als erste über Gebote der Vernunft und Erfordernisse der Zusammenarbeit. Der Leidensweg an der Seite deutscher Schicksalsgefährten hatte Rachegelüste nicht aufkommen lassen.«[120] Einhart Lorenz hat die »Bereitschaft bei den

---

116 »Brandt-Kampagnen«, in: *Aftenposten*, 9.3.61. Dort auch die zwei folgenden Zitate.
117 Zur positiven Wirkung der Erfolge Brandts auf das Deutschland-Bild der norwegischen Eliten vgl. *Smith, Jon-Hjalmar*: Korrespondent in Bonn, in: *Deutsch-Norwegische Gesellschaft* (Hrsg.) 1989, S. 150-162, hier S. 150 f.; *Jagland, Thorbjørn*: Willy Brandt, die norwegische Arbeiterpartei und die Außenpolitik Norwegens, in: *Sirges/Mühlhaus* (Hrsg.) 2002, S. 49-56, hier S. 49.
118 Vgl. *Brandt, Willy*: Verbrecher und andere Deutsche: ein Bericht aus Deutschland 1946, bearb. von *Einhart Lorenz*, Bonn 2007.
119 Dies lässt sich u.a. in den zahlreichen privaten Zuschriften aus Norwegen ablesen, die im Willy-Brandt-Archiv im AdsD gesammelt sind. Vgl. dazu auch *Gran* 2002, S. 125 f.
120 *Brandt* 1989, S. 140.

Opfern, für eine Versöhnung einzutreten«, sogar als den entscheidenden Beitrag zur Normalisierung der Beziehungen bezeichnet.[121] In den zentralen Funktionen, die sie nach dem Krieg in Partei und Regierung bekleideten, setzten sich die führenden Sozialdemokraten für die Wiederaufnahme der SPD in die Sozialistische Internationale ein und zeichneten verantwortlich für die pragmatische Haltung Norwegens bei der Eingliederung der Bundesrepublik ins westliche Bündnis.[122] Dabei erlangte besonders Halvard Lange ein großes Ansehen in Deutschland und in der NATO, ein Umstand, der ihm zu Hause nicht immer positiv angerechnet wurde.[123]

Andere waren, wie der spätere Generalsekretär der Partei Haakon Lie, der norwegischen Exil-Regierung nach London gefolgt und hatten dort ihrerseits wertvolle Verbindungen geknüpft, darunter zu deutschen Sozialdemokraten wie Erich Ollenhauer.[124] Lie engagierte sich sowohl für die bilaterale als auch für die multilaterale Netzwerkbildung und pflegte dabei die Kontakte nach Bonn besonders intensiv. Auf seine Initiative gingen z.B. zahlreiche Studienreisen norwegischer Politiker, Gewerkschafter, Journalisten und Studenten nach Bonn und Brüssel zurück, die seit Mitte der 1960er Jahre regelmäßig mit Unterstützung des »Komitees für europäische und internationale Zusammenarbeit«, einer Organisation des Bundestagsabgeordneten Erwin Lange (SPD), organisiert wurden.[125] Über die konstruktive Rolle der norwegischen Arbeiterpartei bei der Wiederaufnahme der deutschen Sozialdemokraten nach 1945 darf allerdings nicht vergessen werden, dass die Beziehungen zwischen den Schwesterparteien bis Ende der 1950er Jahre durchaus angespannt waren. So wurde der SPD-Vorsitzende Kurt Schumacher in Oslo wegen seiner als nationalistisch empfundenen Positionen in der Wiedervereinigungsfrage angegriffen und allgemein distanzierte sich die DNA, die als Regierungspartei der Remilitarisierung und dem NATO-Beitritt Deutschlands zugestimmt hatte, von dem Widerstand der SPD gegen die Westintegration. Erst als die SPD mit dem Godesberger Programm von 1959 auch ihren außenpolitischen Kurs änderte und sich unter der Leitung

---

121 *Lorenz* 1995, S. 280.
122 Ebd., S. 271.
123 Vgl. »In alter Freundschaft verbunden«, in: SPD-Pressedienst, P/VIII/101, 2.5.53. Zu den unterschiedlichen Auffassungen zur Ausrichtung der Außenpolitik innerhalb der Arbeiterpartei und der Regierung vgl. *Eriksen/Pharo* 1997, S. 23-26.
124 *Lie, Haakon* : ... slik jeg ser det, Oslo 1975, S. 39, 43-46.
125 Vgl. PA AA, B31, Bd. 383, PA AA, B 20, Bde. 1832, 1835; AAB, DNA, Da, Bde. 400; 429.

von Politikern wie Schmidt, Wehner und Brandt als regierungsfähig präsentierte, wurde die SPD auch für die DNA zu einem ernstzunehmenden Partner.

Mitte der 1960er Jahre rückte eine neue Generation in die zentralen Stellen des norwegischen Parteien- und Regierungssystems nach, unter denen einzelne herausragende Persönlichkeiten in jungen Jahren Erfahrungen mit Nachkriegsdeutschland gemacht hatten. Der spätere Handelsminister, Parteichef der Konservativen Partei und Ministerpräsident Kåre Willoch und der spätere Staatssekretär und Außenminister Thorvald Stoltenberg hatten als Soldaten ihre ersten Auslandserfahrungen überhaupt in der norwegischen Deutschlandbrigade gemacht, die zwischen 1947 und 1953 in Norddeutschland der britischen Besatzungsmacht angegliedert war – Erfahrungen, die sie wie viele ihrer Altersgenossen in ihrem Verhältnis zu Deutschland prägten.[126] Junge Sozialdemokraten wie Knut Frydenlund, Reiulf Steen oder Per Kleppe machten ihrerseits durch die Teilnahme an sozialistischen Austauschprogrammen Erfahrungen mit Deutschland.[127] Als führende Außen- und Europapolitiker der norwegischen Arbeiterpartei setzten sie Ende der 1960er Jahre die Kontaktarbeit Haakon Lies fort. Mit Politikern wie Bratteli, Lange und Lie hatten diese jungen Politiker gemein, dass sie nicht nur aktiv für eine Zusammenarbeit mit der Bundesrepublik arbeiteten, sondern auch überzeugt von der Notwendigkeit eines norwegischen EG-Beitritts waren. Dennoch fiel diese Generation gerade in außenpolitischen Fragen innerparteilich »leicht zwischen zwei Stühle«.[128] Einerseits traten Politiker wie Steen und Kleppe ebenfalls für neue außenpolitische Ansätze ein und distanzierten sich etwa von der USA-Hörigkeit Lies in der Vietnam-Frage.[129] Andererseits wurden sie von der nachrückenden Generation sozialdemokratischer Nachwuchspolitiker und Studenten, die wesentlich radikalere Standpunkte vertraten, für ihre Zusammenarbeit mit der Parteielite an-

---

126 Vgl. *Willoch, Kåre*: Ansprache anlässlich des 50. Jahrestages der norwegischen »Deutschlandbrigade«, in: *Kristiansen* (Hrsg.) 1998, S. 188-195; *Stoltenberg, Thorvald*: Det handler om mennesker, Oslo 2001, bes. S. 44. Zur norwegischen Deutschlandbrigade vgl. *Levsen, Dirk*: Dänische und norwegische Truppen als Partner der britischen Besatzungsmacht in Deutschland, in: *Bohn/Elvert* (Hrsg.) 1995, S. 241-250.
127 Vgl. *Steen, Reiulf*: Der hjertet banker, Oslo 1986; *Kleppe, Per*: Kleppepakke. Meninger og minner fra et politisk liv, Oslo 2003, bes. S. 78-85.
128 *Halvorsen, Terje*: Partiets salt. AUFs historie, Oslo 2003, S. 348.
129 Vgl. *Nyhamar* 1990, S. 87 ff., 105, 111.

gegriffen.[130] Die norwegischen Jungsozialisten, die um 1969 die Führung der AUF übernahmen, begaben sich, an Traditionen des linken Flügels der Partei anknüpfend und neue Themen der internationalen Friedens- und Umweltpolitik aufgreifend, auf einen »Kollisionskurs« mit der Parteiführung.[131]

3.3.2 »Eine völlig neue Gedankenwelt« – Annäherung der Eliten nach 1966

Der Antritt der Großen Koalition unter Beteiligung der SPD und des in Norwegen beliebten Willy Brandt hatte in dreifacher Hinsicht einen positiven Effekt auf die politische Annäherung zwischen Deutschland und Norwegen. Erstens wirkte sich der Einzug des ehemaligen Emigranten, der sich immer wieder zu seinen skandinavischen Erfahrungen bekannte, vertrauensfördernd auf die norwegische Wahrnehmung Deutschlands aus. Zweitens weckte die Regierungsbeteiligung Brandts in Norwegen Hoffnungen auf neue Impulse in der Entspannungspolitik. Drittens erhöhte sich nun das Interesse und erweiterten sich die Möglichkeiten für norwegische Politiker, Diplomaten und Journalisten, direkten Kontakt zur politischen Führung der Bundesrepublik aufzunehmen.

Letzteres galt auch für die Mitglieder der bürgerlichen Regierungskoalition, zu denen Brandts Verhältnis, nach eigener Einschätzung, »kaum weniger kameradschaftlich« war als zu seinen sozialdemokratischen Freunden.[132] In seinen Memoiren erinnerte sich der damalige Außenminister John Lyng an die ersten Regierungsgespräche mit Brandt, man habe sich wie in »einer völlig neuen Gedankenwelt« gefühlt.[133] Otto Grieg Tidemand, der Ende 1967 als erster Verteidigungsminister eines NATO-Lands die Sowjetunion besuchte, beantwortete die heftigen Angriffe seiner Gesprächspartner auf die Bundesrepublik mit einem Verweis auf die norwegischen Bemühungen, demokratische Kräfte in West-Deutschland zu unterstützen. Man habe besonders gute Kontakte zu Willy Brandt, den man in Norwegen gut kenne, dem man vertraue und dessen ostpolitische Initiativen man positiv beurteile.[134]

---

130 *Halvorsen* 2003, S. 348.
131 So die Kapitelüberschrift bei *Halvorsen* 2003, S. 349.
132 *Brandt* 1976, S. 208.
133 *Lyng* 1976, S. 309.
134 Vgl. Tidemands Vortrag vor dem Auswärtigen Ausschuss, SUUKK, 6.11.67.

Misstrauen und Skepsis trotz Normalisierung

Ähnlich wie im Bereich der sicherheitspolitischen Zusammenarbeit bedeutete die Verbesserung der Beziehungen nach 1966 nicht, dass nicht auch in den folgenden Jahren Enttäuschung und Misstrauen gegenüber der Bundesrepublik bestanden.

Überaus skeptisch wurden z.B. die Chancen der neuen Regierung beurteilt, weitreichende Schritte in der Deutschlandpolitik zu tun. Der norwegische Botschafter in Bonn, Paul Koht, erwartete nicht mehr als eine »Weiterführung der Politik der kleinen Schritte« in der Ostpolitik. Nicht nur habe die deutsche Politik »in der Realität [...] wenig Handlungsspielraum«, auch sehe es nicht so aus, als ob die Sowjetunion oder die DDR sich auf eine Änderung des Status quo einlassen würden. In der Beitrittsfrage sah der Botschafter ebenfalls wenig Hoffnung, dass die neue Regierung Frankreich stärker unter Druck setzen werde, obwohl Brandt sich nach seinen ersten Treffen mit de Gaulle optimistisch zeigte und den Willen äußerte, ihn in die Ecke zu treiben.[135]

Als Enttäuschung wurde das Zusammengehen der Sozialdemokraten mit der Union kritisiert. Besonders in der Arbeiterpartei, aber nicht nur dort, hatten viele auf eine Koalition von SPD und FDP gehofft, von der man eine wirkliche Erneuerung der deutschen Politik erwartete. Im Gegensatz zu Politik und Diplomatie, die sich mit Kommentaren zurückhielten, drückte die Presse ihre Enttäuschung offen aus. Das *Arbeiderbladet* beispielsweise hätte Neuwahlen bevorzugt und gab der Hoffnung Ausdruck, dass die Große Koalition nur bis zu den nächsten Wahlen bestehen bleibe, aus denen vorzugsweise Brandt als Kanzler hervorgehen würde.[136] Insbesondere wurde die Zusammenarbeit der Sozialdemokraten mit Politikern wie Strauß und Kiesinger kritisiert. Die kaum verhüllten atomaren Ambitionen des CSU-Politikers und die Vergangenheit des Bundeskanzlers wurden von norwegischen Journalisten in Zusammenhang mit den Wahlerfolgen der rechtsradikalen NPD gesetzt. Zwar sei es zu früh, so ein Kommentar des Osloer *Dagbladet*, »ein abschließendes Urteil über die westdeutsche Demokratie zu fällen«, man sehe jedoch mit »tiefer Unruhe«, dass hunderttausende Wähler einem ehemals aktiven Nationalsozialisten, gemeint war der NPD-Vorsitzende Adolf von Thadden, ihre Stimme gäben und dass eine demokratische

---

135 UD 25.4/113-66, Bonn an UD, 6.1.1967, Tysk utenrikspolitikk; UD 25.4/113-66, Bonn an UD, 30.1.1967, Brandt om møte med de Gaulle.
136 »Bonn og København«, in: *Arbeiderbladet*, 28.11.66,.

Partei wie die CDU gleichzeitig einen Kanzlerkandidaten mit offensichtlicher Nazi-Vergangenheit lancierte.[137] Der SPD-Abteilungsleiter für internationale Angelegenheiten, Hans-Eberhard Dingels, musste die Koalitionsentscheidung seiner Partei auf einer Vorstandssitzung der Sozialistischen Internationale im Dezember 1966 gegen die kritischen Fragen vieler Genossen verteidigen. Die Koalitionsfrage sei mehr ein arithmetisches als ein politisches Problem gewesen und die Bildung einer Regierung, die bei jeder wichtigen Frage »niedergestimmt« würde, nicht zu verantworten gewesen. An Kiesingers demokratischer Grundeinstellung sei nicht zu zweifeln, und Strauß sei nicht Verteidigungs-, sondern Finanzminister. Überdies habe die Union in weiten Teilen das Regierungsprogramm der SPD akzeptiert.[138]

Ungeachtet solcher Beteuerungen waren Mitte der 1960er Jahre auch gute Kenner und erklärte Freunde der Bundesrepublik nicht vollständig überzeugt davon, dass nicht nationalistische und undemokratische Kräfte erneut an Einfluss gewinnen könnten. Entsprechende Zweifel wurden in Norwegen durch die Erfolge der NPD bei den Landtagswahlen in Hessen (6. November 1966) und in Bayern (20. November 1966) noch verstärkt. Der Erfolg der NPD, so Botschafter Paul Koht in Bonn, zeige, dass es erneut möglich sei, eine bedeutende Anzahl Wähler zu mobilisieren, indem man an nationalistische Gefühle und Ausländerhass appelliere.[139] Auch in den folgenden Jahren blieb das norwegische Unbehagen gegenüber den Erfolgen der NPD bestehen. Außenminister Lyng beispielsweise meinte im Sommer 1968 einen beunruhigenden »Circulus Vitiosus« feststellen zu können:

> Die ablehnende Haltung des Ostens gegenüber der Bundesrepublik erzeuge einen Stimmengewinn der NPD. Hierdurch werde wieder eine ablehnende Haltung des Auslands verstärkt.[140]

Für die Repräsentanten der Bundesrepublik im Ausland war die Zerstreuung solcher Zweifel an der demokratischen Festigkeit der Bundesrepublik eine vorrangige Aufgabe. Auf dem Bürotreffen der Sozialistischen Internationale, kurz nach den Landtagswahlen in Hessen und Bayern, be-

---

137 »Nazister på marsj«, in: *Dagbladet*, 25.11.66.
138 AAB, DNA, Da, 373, 1966, Rapport, Steen til Sentralstyret og Internsajonalt utvalg om Byråmøte, Sosialistisk internasjonale, Paris 17.-18.12.66.
139 UD 25.4/113-66, Bonn an UD, 30.1.1967, Høyreradikalismen i Forbundsrepublikken.
140 PA AA, B 31, Bd. 382, Oslo an AA, 5.8.68.

ruhigte der SPD-Repräsentant Dingels die ausländischen Genossen, dass es keinen Grund gebe, die NPD-Erfolge als »Renaissance des Hitlerismus« zu interpretieren. Wenn man im Ausland die Gefahr der NPD bewerte, müsse man vor Augen haben, daß 88-92% der Wähler die demokratischen Parteien unterstützten.[141] Die politischen Jahresberichte der deutschen Botschaft in Oslo für die Jahre 1967 und 1968 widmeten sich ausführlich den Gefahren, die durch die Erfolge der Rechtsradikalen für das Ansehen der Bundesrepublik entstanden. Besonders die jüngere Generation habe ein differenzierteres und positiveres Deutschland-Bild entwickelt. Die Wahlerfolge der NPD, einer Partei, die in Norwegen auf »eine tief verwurzelte Abneigung und [ein] kaum vernarbtes Misstrauen« stoße, hätten die positive Entwicklung jedoch eingeschränkt.[142] Dass die Skepsis gegenüber Deutschland in der breiten Öffentlichkeit nur langsam zurückgehe, liege auch daran, dass die »norwegische Publizistik [...] in diesen Fragen nicht immer ganz objektiv« sei und beispielsweise die Wahlerfolge der NPD übertreibe, ihre Niederlagen aber verschweige.[143] Allerdings sei es nicht allein die NPD, die neues Misstrauen wecke:

> Das gleiche gilt für alle Vorkommnisse, die die Norweger – zu Recht oder zu Unrecht – als ›Nazismus‹ interpretieren. Hierunter fallen u.a. die Kriegsverbrecherprozesse, z.B. das hier als zu milde angesehene Urteil gegenüber [sic!] dem früheren Gestapo-Chef in Norwegen, [Hellmuth] Reinhard, sowie das Auftreten von Politikern, die besonders in Vertriebenenverbänden Thesen vertreten, die hier als der NPD ähnlich interpretiert wurden.[144]

Tatsächlich sorgten solche Probleme gelegentlich für Aufsehen in der Presse und machten diplomatische Initiativen notwendig, beispielsweise wenn ehemalige Angehörige der Wehrmacht oder prominente Nationalsozialisten wie Albert Speer Norwegen besuchen wollten.[145] Im Großen und Ganzen waren derartige Vorfälle jedoch begrenzt und wurden gelegentlich aus verschiedenen Interessen überbetont. Dazu gehörte die von privaten Interessengruppen angestrengte Kontroverse um den Panzer-

---

141 AAB, DNA, Da, 373, 1966, Rapport, Steen til Sentralstyret og Internsajonalt utvalg om Byråmøte, Sosialistisk internasjonale, Paris 17.-18.12.66.
142 Politischer Jahresbericht, 1967 (wie Einleitung, Anm. 3).
143 PA AA, B 31, Bd. 381, Oslo an AA, 12.2.1969, Politischer Jahresbericht 1968, S. 8.
144 Ebd.
145 PA AA, B 31, Bd. 382, Konsulat Bergen an AA, 6.7.71; PA AA, B 31, Bd. 382, Oslo an AA, 12.7.71.

kreuzer »Blücher«, der seit seiner Versenkung am 9. April 1940 an ungünstiger Stelle im Oslo-Fjord lag und als Symbol der deutschen Invasion und des norwegischen Widerstands ein vermeintlich großes Potential für deutsch-norwegische Missstimmung barg. Trotz berechtigter Zweifel an diesem Argument wurde es von der deutschen Botschaft ernst genommen, weil man die Erhaltung eines positiven Deutschlandbildes als Bedingung für »die Haltung Norwegens zu unseren nationalen Lebensinteressen« ansah.[146]

Von umso größerer Bedeutung für »die positive Entwicklung des Deutschland-Bildes« war, dem deutschen Botschafter in Oslo zufolge, die politische Entwicklung in Bonn, die im Herbst 1969 auf einen Machtwechsel hinauslief:

> Ich bin mir völlig darüber im Klaren, daß die Bemühungen der Botschaft, durch Gespräche, Kultur- und Öffentlichkeitsarbeit ein günstigeres Deutschland-Bild zu vermitteln, nicht ausgereicht hätten, wenn nicht gewisse entscheidende Ereignisse in Deutschland selbst diese Entwicklung ermöglicht hätten.[147]

Zu diesen Ereignissen zählte der Botschafter zum einen die Wahl des Bundespräsidenten, die eine spannende und demokratische Wahl zweier Kandidaten gewesen sei, die beide Ansehen in Norwegen genössen. Zum anderen hob er die Bundestagswahl hervor, bei der nicht nur der Erfolg Brandts, sondern auch der Misserfolg der NPD gezählt habe.

Deutsch-norwegische Beziehungen nach dem Bonner »Machtwechsel«

Das Jahr 1969 gilt gemeinhin als das Jahr des Durchbruchs im politischen Normalisierungsprozess zwischen der Bundesrepublik und Norwegen.[148]

Im Januar 1970 entschied die norwegische Regierung, nicht nur Bundespräsident Gustav Heinemann, sondern auch Bundeswirtschaftsminister Karl Schiller und Bundeskanzler Brandt einzuladen. Die Besuchsprojekte waren unabhängig voneinander entstanden, und Außenminister Lyng ging im Kabinett auf die Frage ein, ob drei so hochrangige Besuche aus einem Land innerhalb so kurzer Zeit nicht zu viel wären. Die Einladung

---

146 Politischer Jahresbericht 1967 (wie Einleitung, Anm. 3).
147 PA AA, B 31, Bd. 381, Oslo an AA, 29.1.1970, Politischer Jahresbericht 1969.
148 Vgl. *Lorenz* 1995, S. 280; *Levsen* 1993, S. 285; *Frøland* 1999, S. 210.

Schillers wurde von Handelsminister Willoch als notwendig angesehen, insbesondere mit Blick auf eventuell bevorstehende Mitgliedschaftsverhandlungen. Im Falle Heinemanns und Brandts reagierte die norwegische Regierung auf die Initiativen Dänemarks und Schwedens.[149]

Die Besuche Brandts im April, Schillers im Juni und Heinemanns, in Begleitung von Außenminister Walter Scheel, im September waren die Höhepunkte eines Jahres des besonders intensiven Gedankenaustauschs. Brandts Rede vor den Mitgliedern des Storting[150], seine Audienz beim König, die überschwänglich positive Begrüßung durch die Presse[151] – dies alles hatte viel mit den guten persönlichen Beziehungen Brandts zu Norwegen zu tun sowie mit seinem großen internationalen Ansehen, es konnte aber auch als »Zeichen neuen Vertrauens« interpretiert werden.[152]

Dass nur wenige Monate später mit Heinemann erstmals ein deutsches Staatsoberhaupt nach Norwegen eingeladen wurde, war, dem deutschen Botschafter zufolge, »das sichtbare Fazit dieser durchaus erfreulichen Entwicklung. [...] Vor wenigen Jahren wäre ein Staatsbesuch noch nicht denkbar gewesen.«[153] Tatsächlich wurde der Besuch Heinemanns von überaus wohlmeinenden Kommentaren in der norwegischen Presse und von symbolischen Gesten begleitet, die nach Auffassung deutscher Beobachter ein »geändterte[s] Verhältnis des ganzen Landes zu Deutschland signalisierten.«[154] Die norwegischen Kommentare weisen indes auch darauf hin, dass die deutsch-norwegische Zusammenarbeit mittlerweile ausgesprochen gut ausgebaut sei. Die zeitgleich stattfindenden Gespräche mit dem amtierenden Ministerratspräsidenten der EG, Bundes-

---

149 RA, SMK, regj. konf., Bd. 27, 12.1.1970.
150 Ansprache vor den im Storting vertretenen Parteien am 24.4.1970 in Oslo, in: *Brandt 1971*, S. 117-124.
151 »Velkommen Willy Brandt«, in: *Morgenposten*, 23.4.70; »Velkommen tilbake til Norge«, in: *Dagbladet*, 23.4.70; »Der Kansler«, in: *Morgenbladet*, 23.4.70; »Brubygger på statsbesøk«, in: *Nationen*, 23.4.70; »En velsett gjest«, in: *Aftenposten*, 23.4.70; sowie zusammenfassend: »Brandt trifft bei den Norwegern auf viel Wohlwollen«, in: *Die Welt*, 23.4.70; »Norwegische Presse begrüßt Brandt«, in: *SZ*, 24.4.70.
152 *FAZ*, 24.4.70.
153 Politischer Jahresbericht, 1969 (wie 3.3.2, Anm. 147).
154 »König Olav bekräftigt: Besseres Verhältnis zu Deutschland«, in: *FAZ*, 10.9.70. Zu Heinemanns Besuch vgl. *Sirges, Thomas* u.a.: Gustav Heinemanns Versöhnungsreisen in die Niederlande und nach Dänemark und Norwegen, in: *Nybøle, R. Steinar* u.a. (Hrsg.): Papir vnde black-blåk och papper. Kontakte im deutsch-skandinavischen Sprachraum, Frankfurt/Main 2004, S. 205-250.

Der Blick vom Dachbalkon des Regierungsgebäudes über die Dächer von Oslo ist bis heute ein festes Ritual für ausländische Staatsgäste – auch wenn es sich um vertraute Fast-Landsleute handelt. Ministerpräsident Per Borten mit Willy Brandt bei dessen erstem offiziellen Besuch als Bundeskanzler im April 1970.

außenminister Scheel, nahmen sie zum Anlass, auch die gemeinsamen Perspektiven in Europa anzusprechen.[155]

Das Jahr 1970 war nicht zuletzt auch deshalb ein besonderes, weil sich der deutsche Überfall auf Norwegen zum 30. Mal und die Befreiung von der Nazi-Diktatur zum 25. Mal jährte. Der 9. April war jedes Jahr ein besonderes Datum, bei dem von deutscher Seite aufmerksam die Reaktionen in Norwegen beobachtet wurden, da sie als Gradmesser für den Stand der politisch-psychologischen Normalisierung galten. Im Rückblick auf die publizistische Aufarbeitung der Jubiläumsveranstaltungen in Oslo stellte die deutsche Botschaft fest, »daß alle Veröffentlichungen nüchtern und sachlich gehalten waren und der Versuch, das heutige Deutschland im negativen Sinne in die Diskussion hineinzuziehen, völlig unter-

---

155 »Vgl. Besøk med perspektiv«, in: *Morgenbladet*, 11.9.70; »Tysk-norsk samarbeid«, in: *Nationen*, 11.9.70.

blieb.«[156] Erstmals wohnte ein deutscher Botschafter den Gedenkfeiern bei, und Ministerpräsident Borten sowie andere prominente Persönlichkeiten, darunter ehemalige KZ-Insassen, hätten ihre Genugtuung darüber ausgedrückt.

Ihren Beitrag zu den Feierlichkeiten leistete die Bundesregierung bewusst auch im Rahmen der Besuche Brandts und Heinemanns. Brandt sagte beim Abendessen des Ministerpräsidenten, man dürfe angesichts der umfassenden und guten Beziehungen nicht verkennen

> – und bestimmte Daten im April und Mai erinnern nachdrücklich daran –, welchen Belastungen das Verhältnis zwischen Deutschland und Norwegen in unserer Zeit ausgesetzt gewesen ist. Es ist gut, daß wir diese Belastungen hinter uns gebracht haben. Es bleibt wichtig, daß wir die Lehren der Vergangenheit wach halten.[157]

Vor den Mitgliedern des Storting sagte Brandt am Tag darauf:

> Der 9. April 1940, der sich vor wenigen Tagen zum dreißigstenmal jährte, kann nicht ungeschehen gemacht werden. Wunden, die einem Volk auf diese Art zugefügt werden, vernarben nur langsam. Vieles wurde damals verschüttet, allerdings gottlob nicht völlig zerstört. Seit dem Kriegsende ist vieles geschehen, um eine neue Basis für das Verhältnis zwischen unseren Ländern zu schaffen.[158]

Die norwegische Presse würdigte ihrerseits den persönlichen Beitrag Brandts zur deutsch-norwegischen Verständigung und zur Vertrauenswürdigkeit der Bundesrepublik. *Aftenposten* kommentierte, Brandt habe gemeinsam mit anderen führenden Deutschen viel für die Versöhnung zwischen der Bundesrepublik und Norwegen getan: »Es ist zum Teil sein Verdienst, dass wir in diesen Apriltagen davon überzeugt sind, dass es keine Wiederholung der Ereignisse vom April 1940 gibt.«[159]

---

156 PA AA, B 31, Bd. 381, Oslo an AA, 11.5.1970.
157 Tischrede bei einem Abendessen mit dem norwegischen Ministerpräsidenten Per Borten am 23.4.1970 in der Festung Akershus, in: *Brandt, Willy*: Reden und Interviews, Hamburg 1971, S. 116.
158 Ansprache vor dem Storting (wie oben 3.3.2, Anm. 150).
159 »En velsett gjest«, in: *Aftenposten*, 23.4.70, hier zit nach *SZ*, 24.4.70,

Friedensnobelpreis für Willy Brandt

Das folgende Jahr brachte einen erneuten, eher unverhofften Höhepunkt der deutsch-norwegischen Beziehungen. Die Verleihung des Friedensnobelpreises an den deutschen Bundeskanzler Willy Brandt am 20. Oktober 1971 und die Preisübergabe am 10. Dezember standen zwar vorrangig im Zeichen der deutschen Ostpolitik, wurden aber sowohl in Norwegen als auch in der Bundesrepublik zum Anlass genommen, über das bilaterale Verhältnis zu reflektieren.[160] Wie bereits im Jahr zuvor betonte Brandt gegenüber der Presse und in seinen Reden seine Verbundenheit gegenüber Norwegen – seiner »zweiten Heimat« –, in der er politisch gereift sei und von der er viel gelernt habe.[161] Ein weiterer Punkt, den Brandt wiederholt hervorhob und der von der deutschen Berichterstattung breit kommentiert wurde, war der Umstand, dass in der Begründung des Nobel-Komitees die Worte Deutschland und Frieden in einem Atemzug genannt wurden. Anders als für viele ihrer deutschen Kollegen war es für die norwegischen Kommentatoren, die bereitwillig Brandts persönlichen Beitrag zur internationalen Rehabilitierung Deutschlands und zur Entspannung der Weltpolitik hervorhoben, nicht selbstverständlich, diese Würdigung auf ganz Deutschland zu beziehen. Für die Zeitung *Vårt Land* etwa blieb Brandt »ein Bürge dafür, dass Deutschland endlich seinen Platz unter den friedlichen Nationen der Welt eingenommen hat«, und *Aftenposten* kommentierte: »Wir, die wir das neue Deutschland von außen beobachtet haben, haben uns sicherer gefühlt, weil Brandt zugegen war.«[162] Für eine entspannungsfördernde Entwicklung der deutschen Politik nach Brandt konnte man – besonders mit Blick auf die ostpolitische Haltung der Union – noch keine Garantie erkennen.

Eine vermeintlich marginale Begebenheit am Rande der Nobelpreisverleihung deutete auf ein wichtiges Problem der deutsch-norwegischen Beziehungen hin, das auch für das gemeinsame Interesse der Eliten an einem Beitritt Norwegens zur EG von Bedeutung sein sollte: der Widerstand der jungen Generation gegen die westlich orientierte Außenpolitik

---

160 Vgl. *Sirges/Allers* 2002.
161 Vgl. u.a. »Willy Brandt før prisutdelingen: Jeg har alltid stått det norske folk nær«, in: *Arbeiderbladet*, 10.12.71; Presse- und Informationsamt der Bundesregierung: Pressemitteilung, 10.12.71: Tischrede des Bundeskanzlers beim Abendessen des Nobelkomitees am 10.12.71 in Oslo.
162 »Fredspris til en forsoner«, in: *Vårt Land* 10.12.71; »Velkommen prisvinner«, in *Aftenposten* 10.12.71, beide zit. in *Sirges/Allers* 2002, S. 153.

ihrer Regierung. Zur Verärgerung älterer Sozialdemokraten und zur Überraschung der deutschen Gäste schlossen sich nämlich die Jungsozialisten – denen in seiner Jugend auch Willy Brandt angehört hatte – dem Protest anderer Jugend- und Studentengruppierungen gegen die Vietnam-, NATO- und Europapolitik der Bundesrepublik an und boykottierten den traditionellen Fackelzug zu Ehren des Preisträgers. Dieser wurde allein von den konservativen Jugendpolitikern bestritten, die sich als einzige Gruppierung sowohl mit Brandts Ostpolitik als auch mit seinen Vorstellungen zur europäischen Einigung identifizieren konnten.[163]

Der begrenzte Erfolg des Jugend- und Kulturaustauschs

Da das deutsch-norwegische Verhältnis nach Unterzeichnung des Entschädigungsabkommens 1959 offiziell »keine ungelösten bilateralen Probleme« mehr aufwies, lag deutschen Repräsentanten die Förderung des Kultur- und Jugendaustauschs besonders am Herzen. Dieser war am 9. März 1957 mit einem bilateralen Kulturabkommen offiziell verankert worden und funktionierte, nach deutscher Ansicht, zunächst »auf erfreulichste Weise«, war aber noch ausbaufähig.[164] Bundeskanzler Erhard hatte 1966 zum Abschluss seiner Gespräche mit der norwegischen Regierung gefragt, ob es nicht möglich wäre, »beim Jugendaustausch zu einer größeren Intensivierung zu kommen.« Er denke dabei nicht nur an Studenten, »sondern überhaupt allgemein an den Austausch von Jugendlichen zwischen Deutschland und Norwegen.«[165] Die deutsche Botschaft erklärte 1969 den Kultur- und Jugendaustausch zum Schwerpunkt ihrer Aufgaben, weil sich die bilateralen Wirtschaftsbeziehungen nach ihrer Einschätzung »weitgehend allein entwickelten«.[166] Einen prominenten Platz erhielt der Kultur- und Wissenschaftsaustausch auch in der Regierungserklärung Brandts vom Oktober 1969. Bei Regierungsbesprechungen wurde die Förderung des Jugendaustauschs daher von deutscher Seite oft als einziger bilateraler Punkt von Interesse auf die Tagesordnung gesetzt.[167] So auch bei Brandts Norwegenbesuch im April 1970, bei dem der Bundeskanzler die Schaffung eines europäischen Ju-

---

163 Ebd., S. 160 f.
164 So Bundesaußenminister Gerhard Schröder bei seinem Besuch in Oslo im Mai 1964, zit. in: *Aftenposten* 25. und 26.5.64.
165 AAPD, 1966, Dok. 269.
166 Vgl. Politischer Jahresbericht, 1968 (wie 3.3.2, Anm. 143).
167 PA AA, B 20, Bd. 1832, Oslo an AA, 5.8.68; PA AA, B 31, Bd. 382, Ref. IA5 an Oslo, 11.8.70; PA AA, B 60, Bd. 774, Oslo an AA, 22.2.72.

gendwerks nach dem Muster des deutsch-französischen Austauschs ansprechen wollte.[168] In einer Tischrede am Ende seines Besuchs unterstrich Brandt, wie wichtig es sei, dass nicht nur die Regierungen und Politiker zusammenkommen, sondern dass sich auch die Jugendlichen beider Länder kennenlernten und dass der Jugendaustausch intensiviert werden müsse.[169]

Das deutsche Interesse an dieser Art von Vermittlungsarbeit ist mit Blick auf die außenpolitischen Prioritäten der Bundesrepublik evident. Langfristig konnte ein differenziertes Deutschlandbild nur durch die Verbreitung deutscher Kultur und Sprache sowie durch die Begegnung Gleichaltriger erreicht werden. Allerdings konnte auch die in zahlreichen gemeinsamen Erklärungen geäußerte Unterstützung dieses Ziels durch die norwegische Regierung nicht darüber hinwegtäuschen, dass in Oslo das Interesse, die Arbeit finanziell zu unterstützen, wesentlich geringer war als in Bonn.[170]

Das besondere deutsche Engagement ist auch vor dem Hintergrund zu sehen, über den Jugendaustausch die Generation künftiger Entscheidungsträger für die Unterstützung der Ziele deutscher Ost-, Sicherheits- und Europapolitik zu gewinnen. In diese Richtung zielende Initiativen – namentlich der deutschen Botschaft in Oslo – wurden indes von den Jugendlichen nicht angenommen, was angesichts der Jugendproteste dieser Zeit nicht verwunderlich ist. Willy Brandt hatte 1967 den Eindruck gewonnen, »dass der Wunsch, die Zukunft gemeinsam zu gestalten [besonders für die junge Generation] stärker ist als die Erinnerung an die Vergangenheit«.[171] Rückblickend bezeichnete er es als »[vorteilhaft] für die Qualität des bilateralen Verhältnisses«, dass die Proteste der 68er Generation in der Bundesrepublik ein anderes Bild von Deutschland als das von »Befehl und Gehorsam« vermittelt hätten. Auch hätten deutsche und norwegische Studenten im Widerstand gegen das Establishment und gegen die Kriegspolitik der USA in Vietnam »Gemeinsamkeit und Solidarität« entdeckt.[172] Die deutsche Botschaft in Oslo stand der Kontaktaufnahme zwischen deutschen und norwegischen Studenten und Jung-

---

168 So Brandt gegenüber norwegischen Journalisten, vgl. *Arbeiderbladet*, 24.4.70.
169 Zit. in: *Aftenposten* 25.4.70.
170 Vgl. *Deutsche Auslandsgesellschaft* (Hrsg.): Unsere kulturellen Beziehungen zu Nordeuropa (1969), Lübeck 1970, S. 9 f.; PA AA, B 31, Bd. 383, AA Ref. IV 5 an Ref. IA5, 29.6.1970.
171 Interview mit der Zeitung *Christ und Welt*, 16.6.67 (wie 3.3.1, Anm. 105).
172 *Brandt, Willy*: 40 Jahre deutsch-norwegische Beziehungen, in: Deutsch-Norwegische Gesellschaft (Hrsg.) 1989, S. 18-30, hier S. 24.

politikern eher skeptisch gegenüber, weil sie eine ungünstige Beeinflussung durch die radikalen Elemente der deutschen Protestgeneration fürchtete. Tatsächlich gab es gelegentlich Protestkundgebungen, die von den Ereignissen in der Bundesrepublik inspiriert waren. So wurde die deutsche Botschaft im April 1968 durch Steine und Feuer beschädigt und mit Hakenkreuzen und Parolen wie »Hitler, Schütz, Goebbels« und »Rudi« beschmiert.[173] Allerdings führten die Gemeinsamkeiten und Solidaritätsbekundungen nicht zu einer Intensivierung der Kontakte zwischen deutschen und norwegischen Studenten und Jungpolitikern, was u.a. daran lag, dass auf norwegischer Seite in diesem Zeitraum ein größeres Interesse an der Kontaktaufnahme mit Osteuropa und auch Ostdeutschland bestand.

3.4   Ost- und Entspannungspolitik

Die gegensätzlichen Haltungen zur Entspannungspolitik hatten einen bedeutenden Anteil daran, dass die politischen Beziehungen zwischen der Bundesrepublik und Norwegen Mitte der 1960er Jahre noch nicht als »normalisiert« galten. Eine entsprechend große Wirkung konnte die »neue Ostpolitik«, die von der Regierung Brandt-Kiesinger zögerlich, von der sozial-liberalen Koalition dann energischer betrieben wurde, für das deutsch-norwegische Verhältnis entfalten. Die Annäherung der entspannungspolitischen Positionen nach 1966 führte nicht nur allgemein zu einer atmosphärischen Verbesserung des bilateralen Verhältnisses, sondern erleichterte es auch der norwegischen Regierung, zwischen der Bundesrepublik und den Ländern des Ostblocks zu vermitteln. Als diese Vermittlungsarbeit gegen Ende der 1960er Jahre an Bedeutung verlor, rückte die Frage nach dem Umgang mit der DDR in den Mittelpunkt deutsch-norwegischer Gespräche. Auch in der »Anerkennungsfrage« konnte die Bundesrepublik auf die Unterstützung der norwegischen Regierung zählen, die allerdings unter starkem innenpolitischen Druck stand, das Verhältnis zu Ost-Deutschland so schnell wie möglich zu normalisieren.

---

173   PA AA, B 31, Bd. 382, Oslo an AA, 12.4.68.

3.4.1 Norwegische und deutsche Ostpolitik in den 1960er Jahren

Die Beziehungen zu Osteuropa und die Deutschlandfrage waren neben der Europapolitik das wichtigste Thema der deutsch-norwegischen Kontakte in den 1960er Jahren. Die Bundesrepublik suchte den Dialog in dieser Frage, um Verständnis und Unterstützung für ihre Haltung zu gewinnen, die auf dem Prinzip des Alleinvertretungsanspruchs beruhte und das Ziel der Wiedervereinigung anstrebte. Norwegen war ebenfalls an einem Dialog über die Ostpolitik interessiert, weil es für sich die Rolle des »Brückenbauers« zwischen Ost und West beanspruchte und weil es das deutsche Beharren auf der Voranstellung der Wiedervereinigung als Hindernis für die Entspannungsbemühungen betrachtete.

Norwegens offizielle Einstellung zur Ostpolitik und zur Deutschlandfrage war zunächst durch seine Unterschrift unter die Pariser Verträge von 1954 bestimmt, mit denen die NATO-Alliierten die Bundesrepublik als einzige legitime deutsche Regierung anerkannten. In den 1950er Jahren hatte man sich in Oslo noch weitgehend mit den Positionen der Bundesregierung abgefunden, die einen Alleinvertretungsanspruch geltend machte und diesen notfalls mit Sanktionen durchzusetzen bereit war – die so genannte »Hallstein-Doktrin«. Im Zuge der Entspannungsbemühungen in der ersten Hälfte der 1960er Jahre und angesichts der deutschen Blockadehaltung im Namen dieser Doktrin wurde die norwegische Haltung jedoch immer kritischer.[174] Die Friedensnote der Regierung Erhard vom 25. März 1966, mit der sie versuchte, die Beziehungen zu Osteuropa zu entspannen und gleichzeitig der Kritik im eigenen Land und in der westlichen Welt an ihrer Ostpolitik entgegenzutreten, wurde von Oslo nicht beantwortet, weil, so ein hoher Beamter des Außenministeriums, Bonn keine Antwort verlangt hätte und weil bei einer aufrichtigen Antwort eine Belastung des Verhältnisses kaum vermeidbar gewesen wäre.[175]

Parallel zu der immer deutlicher vorgebrachten Kritik weitete die norwegische Regierung den Kontakt zu den osteuropäischen Staaten aus und verschaffte sich insbesondere in Polen Gehör, als sie den Eindruck erweckte, die Oder-Neiße Linie de facto anzuerkennen. Dabei trat Norwegen auch deshalb so selbstbewusst auf, weil es davon ausgehen konnte, die Mehrheit der übrigen Staaten des Westens hinter sich zu haben.

---

174 Vgl. *Halvorsen, Martin*: Østpolitikken. Norske avspenningsbestrebleser 1962-1972, Hovedoppgave i historie, Oslo 1998, S. 113.
175 Ebd., S. 115.

Ende 1966 waren die meisten NATO-Partner mit der deutschen Haltung unzufrieden und wünschten eine aktivere Entspannungspolitik der Allianz.

In der Bundesregierung wiederum hatte man Verständnis für die norwegische und dänische Sonderposition in der NATO, solange dabei die Geschlossenheit und Solidarität des Westens erhalten blieb.[176] Man war jedoch alles andere als einverstanden mit der Haltung der norwegischen Regierung, die »fast vorbehaltlos auf Entspannung zusteuerte« und die NATO als »ein politisches Instrument« betrachtete, »in dem Ansätze zur Entspannungspolitik entwickelt werden sollen.«[177] In den verschiedenen deutsch-norwegischen Kontakten auf Regierungs- und Beamtenebene, ob bilateral oder in der NATO, prallten diese Haltungen in den Jahren 1965 und 1966 häufig aufeinander. In Brüssel verärgerte beispielsweise der deutsche NATO-Botschafter Wilhelm Grewe, spiritus rector und überzeugter Vertreter der »Hallstein-Doktrin«, die norwegischen Entspannungspolitiker mit seinen »ständigen Versuchen, die westdeutschen Interessen bei jeder Sache in den Vordergrund zu ziehen.«[178] Bei den Regierungsbesprechungen in Bonn und Oslo versuchten Bundeskanzler Erhard und seine Minister, in starken Wendungen ihren norwegischen Gesprächspartnern die Bedrohung durch den Osten sowie die Notwendigkeit der Abschreckung und Standhaftigkeit des Westens klarzumachen. Die Norweger unterstrichen dagegen die Bedeutung entspannungspolitischer Initiativen und verwiesen kühl auf die Vorschläge der SPD für eine Annäherung zur DDR auf praktischer Ebene.[179]

Innenpolitischer Druck auf die norwegische Deutschlandpolitik

Erschwerend für die deutsch-norwegischen Beziehungen kam hinzu, dass die Allianzloyalität der Arbeiterpartei seit Ende der 1950er Jahre zunehmend unter innenpolitischen und innerparteilichen Druck geriet. Der linke Flügel der Partei und die sozialistischen Studenten- und Jugendverbände, aber auch Politiker anderer Parteien zeigten sich äußerst empfänglich für die Werbungsversuche der DDR und forderten ein

---

176 So Bundesaußenminister Gerhard Schröder im Gespräch mit Ministerpräsident Einar Gerhardsen 1965, in: AAPD, 1965, Dok. 143.
177 AAPD, 1965, Dok. 313; Politischer Jahresbericht, 1967 (wie Einleitung, Anm. 3).
178 *Lyng* 1976, S. 124, zit. bei *Halvorsen* 1998, S. 114.
179 Vgl. AAPD, 1965, Dok 143, und AAPD, 1966, Dok. 269.

Ende der Isolierung Ostdeutschlands.[180] Weil Einzelne es dabei nicht beließen, sondern den offiziellen Partei- und Regierungskurs herausforderten und wiederholt Reisen nach Ostdeutschland unternahmen, sah sich die Führung der Arbeiterpartei 1959 und 1960 genötigt, Parteiausschlüsse einzuleiten. Aus dem Kreis der Ausgeschlossenen entstand 1961 die Sozialistische Volkspartei (SF), die sich links von der Arbeiterpartei positionierte und deren innenpolitische Vormachtstellung unterminierte.[181] Auf diese Situation spielte Ministerpräsident Gerhardsen an, als er sich bei seinem Besuch in Bonn 1965 weigerte, den von der Bundesregierung vorgeschlagenen Satz über das Alleinvertretungsrecht der Bundesrepublik in das gemeinsame Kommuniqué aufzunehmen. »Seine Ablehnung«, so ließ er nachträglich den deutschen Botschafter wissen,

> habe nichts mit seiner grundsätzlichen Einstellung zu tun. [Die] Norwegische Regierung habe immer [das] Alleinvertretungsrecht [der] Bundesregierung anerkannt und sich entsprechend verhalten. Wenn er erneut öffentliche Bestätigung vermieden habe, so sei das auf die innenpolitische Lage seines Landes vor den Wahlen zurückzuführen. Er müsse auf den linken Flügel der Arbeiterpartei Rücksicht nehmen und deshalb verhindern, daß [die] abgespaltene Sozialistische Volkspartei, die auf Anerkennung [der] SBZ dränge, [die] Deutschlandfrage im Wahlkampf aufbringe.[182]

Während sich die Forderung nach einer sofortigen Anerkennung der DDR bis Anfang der 1970er Jahre auf einige mehr oder weniger organisierte Gruppen beschränkte, war der Wunsch nach einer Auflockerung der Reisebestimmungen für Ostdeutsche und einer Ausweitung des Handels durchaus weiter verbreitet. Immer häufiger nahmen Politiker, Studenten und Journalisten Einladungen in die DDR an und drängten die Regierung dazu, den wirtschaftlichen, kulturellen und politischen Dialog mit Ostdeutschland zu erleichtern.[183]

Die Bundesregierung war über die halboffiziellen Kontakte der DDR in Norwegen wenig erfreut. Der ostdeutsche Handel mit Norwegen war unbedeutend und wurde nicht als Problem angesehen. Die Akti-

---

180 *Scholz, Michael F.*: Die Nordeuropa-Politik der DDR (bis 1963), in: *Bohn* u.a. (Hrsg.) 1999, S. 21-43.
181 Zu den Parteiausschlüssen und der Gründung der SF vgl. *Holtsmark, Sven G.*: Avmaktens diplomati. DDR i Norge, 1949-1973, Oslo 1999, S. 193 ff.
182 PA AA, B 150, 1965, Oslo an AA, 2.4.65, zit. in: AAPD, 1965, Dok. 143.
183 Vgl. *Holtsmark* 1999, S. 13-15, 79-98.

vitäten der DDR-Vertreter an der ostdeutschen Handelskammer in Oslo, die keinen offiziellen Status hatte und nur mit privaten Stellen verhandelte, wurden aber – zu Recht – als Mittel zur Aufnahme politischer Kontakte angesehen und trugen, nach westdeutscher Auffassung, ebenso zu einer schrittweisen Aufhebung des Alleinvertretungsanspruchs bei wie die Teilnahme der DDR an Sportveranstaltungen und internationalen Konferenzen.[184] An der offiziellen DDR-Politik Oslos hatte Bonn nichts auszusetzen, da sich die norwegische Regierung stets an gemeinsame NATO-Beschlüsse hielt. Allerdings gehörte Norwegen zu jenen NATO-Ländern, die sich nachdrücklich für eine flexiblere Handhabung bei der Vergabe von Reiseerlaubnissen an Ostdeutsche, besonders für Sport- und Kulturarrangements, einsetzten.[185] Denn in der Regierung teilte man durchaus die Frustration über die westdeutsche Haltung gegenüber Ost-Berlin, die Mitte der 1960er Jahre nicht nur jegliche Bemühungen um eine »Erleichterung der Lebensverhältnisse in der DDR« konterkarierte und zu einer »Missachtung der Ostdeutschen« führte, sondern allgemein durch die »Hilflosigkeit« ihrer Strategien und Instrumente geprägt war.[186]

Insgesamt waren Mitte der 1960er Jahre noch bedeutende Auffassungsunterschiede zu ost- und deutschlandpolitischen Fragen erkennbar, wie sich auch in der unterschiedlichen Bewertung der Regierungsgespräche von 1966 zeigte. Während sich die deutsche Delegation in Anlehnung an die offizielle Erklärung zufrieden über die »herzliche« Atmosphäre zeigte[187], fühlten die Norweger diese Herzlichkeit keineswegs. Außenminister Lyng konstatierte rückblickend, dass »wir und unsere Gäste mit völlig verschiedenen Denkmodellen für die weitere Entwicklung operierten.«[188]

3.4.2 Annäherung im Zeichen der Ost- und Deutschlandpolitik der Großen Koalition

Wie bereits erwähnt, erhoffte man sich in Oslo von der Regierungsbeteiligung der SPD zwar eine vorsichtige »Aufweichung« der deutschen

---

184 Vgl. z.B. PA AA, B 31, Bd. 382, Oslo an AA, 7.8.68.
185 AAPD, 1963, Dok. 163.
186 *Bender, Peter*: Die »Neue Ostpolitik« und ihre Folgen. Vom Mauerbau bis zur Vereinigung, 4. Aufl. München 1993, S. 110-116.
187 Vgl. PA AA, B150, Bd. 83, Runderlaß Meyer-Lindenberg, 5.9.66, Besuch Erhards und Schröders in Norwegen.
188 *Lyng* 1976, S. 125-129.

Standpunkte, war jedoch skeptisch, was die Große Koalition wirklich bewerkstelligen konnte. Angesichts widerstreitender Positionen innerhalb der Bundesregierung in der Deutschlandfrage, der Zurückhaltung der Sowjetunion und der Verweigerungshaltung Ostdeutschlands erwartete man im norwegischen Außenministerium nicht viel mehr, als dass Brandts Berliner Politik der kleinen Schritte nun auch auf Bundesebene weitergeführt werde.[189] Diese Annahme sollte sich bald bestätigen. Entscheidend für das deutsch-norwegische Verhältnis war jedoch, dass die Bundesregierung nicht mehr kategorisch die Wiedervereinigung als Voraussetzung für Entspannungsbemühungen darstellte, woraus sich die Grundlage für eine Angleichung der Positionen ergab.

Unterstützung der »Neuen Ostpolitik«

Unter diesen Voraussetzungen und dank der persönlichen Verbindungen des neuen Außenministers nach Skandinavien führte die atmosphärische Annäherung bald auch zu bilateraler Kooperation. Die ersten vorsichtigen Initiativen der Großen Koalition gegenüber den osteuropäischen Staaten wurden in Norwegen insgesamt positiv bewertet und unterstützt. Bereits im Januar 1967 bat die Bundesrepublik die skandinavischen Regierungen darum, in Osteuropa, in der Dritten Welt und in Finnland für die »neue Ostpolitik« zu werben.[190] Im Gegensatz zu Dänemark und Schweden reagierte das norwegische Außenministerium allerdings zunächst zurückhaltend.[191] Für Kontakte mit der »Dritten Welt« sah man sich als nicht kompetent an. Im Falle Finnlands verwies die norwegische Regierung auf die Gefahr, das im nordischen Gleichgewicht bedeutsame Prinzip der Nichteinmischung in die Außenpolitik der Nachbarn zu verletzen. Der Botschaft in Helsinki (und später, nach einem erneuten Aide mémoire der Bundesregierung, auch der Botschaft in Prag) wurde lediglich mitgeteilt, dass nichts dagegen spreche, bei passender Gelegenheit und auf natürliche Weise die prinzipielle norwegische Unterstützung der neuen deutschen Ostpolitik zu signalisieren, von der man hoffe, dass sie

---

189 Vgl. u.a. UD 25.4/113-65, Bonn an UD, 30.11.1966.
190 UD 25.4/113-66, Botschaft der BRD Oslo Aide mémoire, 21.1.1967; UD 25.4/113-66, Aide mémoire Botschaft der BRD Oslo, 26.1.1967.
191 Vgl. u.a. UD 25.4/113-66, Notat, Pol.avd., 26.1.1967, Den nye tyske politikk overfor visse østeuropeiske land med sikte på opprettelse av diplomatiske forbindelser. Tysk anmodning om norsk støtte vis-à-vis Finland angående denne politikk.

zu weiterer Entspannung in Europa führen werde.[192] Die Ungewissheit darüber, welche Kräfte innerhalb der neuen Bundesregierung die Oberhand behalten würden, mag zur anfänglichen norwegischen Zurückhaltung beigetragen haben.

Ungeachtet der Furcht, sich in dieser Frage zu sehr zu exponieren und zu verpflichten, wurde Norwegen – wie die anderen skandinavischen Länder – in den folgenden Monaten jedoch zu einer aktiven Stütze der Bundesregierung. Ihre guten und häufigen Kontakte zu osteuropäischen Regierungsvertretern nutzten norwegische Minister und Diplomaten, um ihrer Zuversicht Ausdruck zu verleihen, dass die Bundesregierung es mit ihren Entspannungsbemühungen ernst meine. Gegen den ständig wiederkehrenden Vorwurf des Revanchismus, Militarismus und Nationalismus hatten norwegische Regierungsvertreter die Bundesrepublik bereits in den Jahren zuvor in Schutz genommen.[193]

In Norwegen spielte insbesondere der konservative Außenminister John Lyng bei der Unterstützung der deutschen Ostpolitik eine aktive Rolle. Lyng war einer der führenden Entspannungspolitiker Norwegens und stand mit seinem Engagement in dieser Frage oft außerhalb der Positionen seiner eigenen Partei.[194] Bei seinem offiziellen Besuch in Norwegen im Juni 1967 hatte Brandt erstmals Gelegenheit, die Vorstellungen seiner Regierung persönlich zu erläutern. Gleichzeitig nahm Lyng die Gelegenheit wahr, Brandt über die ostpolitischen Kontakte Norwegens, insbesondere über seine Gespräche mit den Außenministern Jugoslawiens und Bulgariens, zu unterrichten.[195] Nach den Gesprächen mit Brandt blieb bei Lyng und seinen Mitarbeitern der Eindruck zurück, »daß nun eine ernsthafte Neubewertung der westdeutschen Außenpolitik stattfand.«[196] Bald habe man auch in den Gesprächen mit osteuropäischen Vertretern einen Vertrauensgewinn der Bundesregierung verspürt.

Im August 1967 wurde Lyng von Brandt persönlich darum gebeten, bei seinen Gesprächen in Jugoslawien für den deutschen Standpunkt zu werben und einen Brief zu überbringen.[197] Dass Brandt in einem Inter-

---

192 Ebd.. Zur ČSSR vgl. UD 25.4/113-66, Notat, Pol.avd. (Ansteensen), 4.2.1967, Den nye tyske regjerings forhold til de øst-europeiske land.
193 Vgl. *Halvorsen* 1998, S. 112 und 116 für zahlreiche Belege.
194 *Tamnes* 1997, S. 27 f..
195 Vgl. PA AA, B 60, Bd. 520, Oslo an AA, 26.6.67.
196 *Lyng* 1976, S. 313.
197 PA B 150, Bd. 108, Oslo an AA, 28.8.67.

Die jährlichen Ferienaufenthalte in Norwegen nutzte Brandt immer auch für politische Gespräche. Hier am 5. August 1968 mit Außenminister John Lyng, dessen gute Kontakte nach Osteuropa Brandt aktiv für die ostpolitischen Initiativen der Großen Koalition nutzte.

view diesen Brief als Beispiel für die »Geheimdiplomatie« der Bundesregierung gegenüber Osteuropa anführte, weckte nicht gerade Begeisterung im norwegischen Außenministerium. Staatssekretär Fridtjof Jacobsen teilte dem deutschen Botschafter mit, »daß eine solche Aussage gegenüber der Presse es Norwegen durchaus schwieriger machen könnte, Jugoslawien gegenüber als Vermittler aufzutreten.«[198] Den guten Kontakt zwischen den Außenministern trübte dieser Vorfall jedoch nicht. Im Oktober sandte Brandt erneut ein Schreiben an Lyng, in dem er ihn bat, bei seiner anstehenden Polen-Reise die deutsche Position zum deutsch-polnischen Verhältnis zu erläutern.[199]

---

198 *Aftenposten*, 20.9.67; UD 25.4/113-69, Notat (Jacobsen), 25.9.1967.
199 PA B 150, Bd. 111, Schreiben des Bundesministers Brandt an den norwegischen Außenminister Lyng, 20.10.67, Polenreise Lyngs/Erläuterung der deutschen Ostpolitik.

Aber auch andere norwegische Politiker und Beamte sowie Vertreter der Arbeiterpartei setzten sich bei ihren Kontakten für die Unterstützung der neuen Bonner Politik gegenüber Osteuropa ein.[200] Auch der Ministerpräsident war eine aktive Stütze der deutschen Ostpolitik. Botschafter Balken empfahl deshalb dem Bundeskanzler, Borten gegenüber bei dessen Besuch im Oktober 1968 ein Wort des Dankes auszusprechen.[201] Dieser Besuch in Bonn und Berlin erfolgte zu einem wichtigen Zeitpunkt, wenn man die Bedeutung der Entspannungspolitik für das gegenseitige Verständnis bedenkt. Für die deutsche Seite hatte die Einladung Bortens, der als außenpolitisch uninteressiert galt, zunächst wenig mehr als protokollarische Gründe und ohne die gleichzeitige Anwesenheit von Außenminister Lyng wurden keine konkreten Ergebnisse erwartet.[202] Der Zeitpunkt des Besuchs verlieh ihm dann aber eine besondere Note. Nur wenige Wochen zuvor hatte die Sowjetunion mit ihrer Invasion die Reformbewegung in der ČSSR niedergeschlagen, und mit der nachfolgenden »Breschnew-Doktrin« machte die Sowjetführung deutlich, dass eine Intensivierung des Ost-West-Dialogs nur mit ihrer Einbeziehung möglich war. Die Bundesrepublik war durch die Krise in eine schwierige Situation geraten. Zum einen erlitt ihre vorsichtige Öffnung nach Mittel- und Osteuropa einen Rückschlag. Zum anderen schien sich die Lage auch militärisch bedrohlich zu entwickeln. Letzterer Umstand führte wiederum zu Kritik an der Bundesregierung, der vorgeworfen wurde, die Krise provoziert zu haben.[203] Der norwegische Regierungschef nutzte die Parlamentsdebatte nach seiner Rückkehr, um die Kritik an seinem Besuch und gleichzeitig auch die an der Rolle der Bundesrepublik in der ČSSR-Krise zurückzuweisen. Laut Borten deckte sich »die deutsche Reaktion auf den sowjetischen Einmarsch in der ČSSR [...] im Wesentlichen mit der norwegischen Einschätzung.«[204] Er berichtete über »außerordentlich positive Eindrücke« und unterstrich

---

200 AdsD, WBA, A 7 (Außenminister), Mappe 35, Oslo an Ministerbüro, 26.4.1967.
201 PA AA, B 31, Bd. 382, Oslo an AA, 12.9.68, Besuch des norwegischen Staatsministers Per Borten in Bonn.
202 PA AA, B 31, Bd. 382, Oslo an AA, 24.11.67.
203 Zu der von sowjetischer Seite, aber auch von de Gaulle vorgebrachten Behauptung, die Bundesrepublik trage Mitschuld an der sowjetischen Invasion in der ČSSR vgl. *Kroegel, Dirk*: Einen Anfang finden! Kurt Georg Kiesinger in der Außen- und Deutschlandpolitik der Großen Koalition, München 1997, S. 253 f.; *Schwarz, Hans-Peter*: Die Regierung Kiesinger und die Krise in der CSSR 1968, in Vierteljahrshefte für Zeitgeschichte 47/2 (April 1999), S. 159-186.
204 So der Bericht der Botschaft Oslo über die Rede Bortens im Storting. PA AA, B 31, Bd. 381, Oslo an AA, 29.10.68.

vor allem auch »die nach dem 21. August fortgesetzten Bemühungen der Bundesregierung, die Entspannung zu fördern.«[205] In Bonn wurde die Unterstützung Bortens sehr geschätzt, zumal sie, wie der SPD-Pressedienst kommentierte, »vom Sprecher eines Landes kommt, das während des Zweiten Weltkrieges unter deutscher Okkupation schwer zu leiden hatte.« Norwegen habe sich »als ein wahrer Freund des deutschen Volkes erwiesen« und »solche zuverlässigen Freunde« brauche Deutschland in seiner »prekären Lage«.[206]

Die norwegische Vermittlungsarbeit aus der Sicht der Bundesregierung

Wenn sie auch nicht an Bedeutung mit der Unterstützung Frankreichs und Großbritanniens vergleichbar war, so wurde die »Abschirmung« der deutschen Ostpolitik durch Norwegen und die anderen skandinavischen Staaten von der Bundesregierung als hilfreich angesehen und geschätzt. In seiner Rede bei der *Kieler Woche* im Juni 1967 sagte Brandt:

> Durch die guten Beziehungen der nordischen Staaten zu Osteuropa wurden wichtige Vorarbeiten für die europäische Kooperation geleistet. Ich möchte unseren skandinavischen Freunden heute von hier aus dafür danken, daß sie in vielen offiziellen und inoffiziellen Gesprächen die Bundesrepublik Deutschland vor ungerechtfertigten Angriffen in Schutz genommen und, wo es notwendig war, die Dinge zurechtgerückt haben. Das erleichtert der neuen Bundesregierung manches. Wir wissen, wieviel die Unterstützung anderer Staaten, gerade die der skandinavischen, in Zukunft für uns bedeuten wird.[207]

Den Anschuldigungen des NATO-Botschafters Grewe, der den kleineren NATO-Staaten, darunter insbesondere Belgien, den Niederlanden, Dänemark und Norwegen, vorwarf, »unter Umgehung der größeren Partner selbständig Ost-Kontakte zu pflegen und sich dabei auch in Deutschland-Fragen einzuschalten«, hielten andere, wie der deutsche

---

205 Ebd.
206 »Freund der Bundesrepublik«, in: SPD-Pressedienst, P/XXIII/207, 30.10.68, S. 2.
207 *Brandt, Willy:* Skandinavien und Europa. Rede zur Eröffnung der Kieler Woche am 18.6.1967, in: *Ders.:* Außenpolitik, Deutschlandpolitik, Europapolitik. Grundsätzliche Erklärungen während des ersten Jahres im Auswärtigen Amt, Berlin 1968, S. 74-79.

Botschafter in Oslo, den Nutzen dieser Kontakte für die Ostpolitik der Bundesrepublik entgegen.[208]

Wie wichtig die außenpolitische Unterstützung auch der kleinen NATO-Partner für die Bundesregierung war, lässt sich u.a. daran ablesen, wie häufig die Aufrechterhaltung der guten politischen Beziehungen als Voraussetzung für den weiteren skandinavischen Beistand in internen Erörterungen angeführt wurde. In der Frage der Erleichterung dänischer Rinderexporte in die Bundesrepublik beispielsweise, die 1968 zum wiederholten Male auf dänischen Druck auf die Tagesordnung kam, verwies Brandt in einem Brief an Kiesinger explizit auf diese Verbindung:

> Es ist zu erwarten, daß die gut-nachbarlichen Beziehungen zu Dänemark schweren Belastungen ausgesetzt werden und wir einen besonders aktiven Anwalt unserer politischen Interessen verlieren, wenn wir bei den kommenden Verhandlungen nicht durch die Tat beweisen, daß wir tatsächlich alles in unseren Kräften Stehende tun, um eine gebührende Berücksichtigung des deutsch-dänischen Abkommens [von 1958, Anm. RMA] sicherzustellen.[209]

Die deutsche Unterstützung der nordischen Positionen in der Kennedy-Runde und ab 1967 der Beitrittsanträge Norwegens und Dänemarks wurden als politisch bedeutungsvoll betrachtet, um sich die weitere Unterstützung dieser Länder für die deutsche Ostpolitik zu sichern. Wie einleitend erwähnt berichtete der deutsche Botschafter in Oslo 1968, aus dem norwegischen EG-Beitrittsgesuch habe sich eine besondere Perspektive der deutsch-norwegischen Beziehungen ergeben. Deutschland nehme nach norwegischer Auffassung eine Schlüsselstellung ein, um den Widerstand Frankreichs zu überwinden; ein Fehlschlag werde eine starke Enttäuschung hervorgerufen. Die Folge könne ein Entzug der Loyalität in der Deutschlandfrage sein:

> Sollte überdies der Eindruck entstehen, daß wir nicht das Äußerste versucht haben, so könnte dies zu einer Abkühlung des deutsch-norwegischen Verhältnisses führen. Es könnte sein, daß die Norweger

---

208 AAPD, 1968, Dok. 114; Dok. 123.
209 BArch, B136, BK, 7974, Brandt an Kiesinger, 22.4.68. Zur dänischen Position vgl. *Laursen, Johnny*: Denmark, Scandinavia and the Second Attempt to Enlarge the EEC, 1966-67, in: *Loth* (Hrsg.) 2001, S. 407-436, hier S. 410 f., 429 f.

sich dann auf den Standpunkt stellen: Wenn Deutschland gegenüber Frankreich die Interessen seiner Freunde so wenig wirkungsvoll vertritt, warum soll dann das kleine Norwegen, das obendrein an die Sowjetunion grenzt, sich in der Deutschland-Frage besonders exponieren.[210]

Der schwierige Umgang mit der DDR

Auch nach dem Antritt der Großen Koalition wurde von deutschen Diplomaten immer noch geradezu reflexhaft jeder erfolgreiche Kontakt von DDR-Vertretern zu den westlichen Bündnispartnern registriert. Angesichts sich häufender Berichte über die Kontaktbemühungen der DDR in den skandinavischen Staaten[211], überlegte man in Bonn Anfang 1968 verstärkt, wie man der Aktivität der DDR besser entgegentreten könnte. Entsprechend dem neuen Ansatz der westdeutschen Ost- und Deutschlandpolitik sollte der

> Grundsatz der Projekte [...] sein, daß die SBZ nicht ›bekämpft‹ oder ›zurückgedrängt‹ werden sollte, sondern daß in einer offenen Kompetition in den skandinavischen Ländern der Nachweis geführt werden soll, daß die Bundesrepublik über die besseren Argumente verfügt.[212]

Als nützliche Initiativen wurden vermehrte Reisen von Kabinettsmitgliedern, Staatssekretären, Parlamentariern und Gewerkschaftlern in die skandinavischen Länder sowie gezielte Einladungen an entsprechende Gruppen in diesen Ländern vorgeschlagen. Außerdem wurde angeregt, die *Kieler Woche* auszubauen und finanziell zu unterstützen, um ein Gegengewicht gegen die Rostocker *Ostseewoche* zu setzen, die seit einigen Jahren Vertreter der norwegischen Linken anzog. Allerdings wurde nach Rücksprache mit der Stadt Kiel auf die Gefahr verwiesen, dass eine allzu offensichtliche Politisierung der *Kieler Woche* sich gerade in Skandinavien kontraproduktiv auswirken könnte: einerseits weil die Entstehungsgeschichte der *Kieler Woche* zu berücksichtigen sei, in deren Anfängen das militärische Prestige der teilnehmenden Nationen im Vordergrund

---

210 Politischer Jahresbericht 1967 (wie Einleitung, Anm. 3).
211 Z.B. PA AA, B 150, Bd.116, Oslo an AA, 8.1.68; PA AA, B 150, Bd. 117, Aufzeichnung Ruete, 12.1.68.
212 PA AA, B 31, Bd. 382, Vermerk, Dg I A (Frank) an Ref. I A 4, 24.1.68.

gestanden habe, andererseits um sich von der »marktschreierisch politisierten Rostocker Woche« abzuheben.[213]

Mit ihren Protesten und ihren Bitten um strenge Anwendung des Alleinvertretungsanspruchs stießen deutsche Diplomaten derweil auf immer weniger Verständnis in Oslo.[214] Insbesondere die Bemühungen der deutschen Botschaft in Oslo, die norwegischen Jungsozialisten von dem deutschlandpolitischen Kurs der Bundesregierung zu überzeugen und von ihren Kontakten mit der DDR abzubringen, scheiterten. Die AUF lehnte den direkten Kontakt mit der Botschaft ebenso ab wie Vermittlungsversuche der Führung der Arbeiterpartei.[215] Auch an einer Intensivierung ihrer Kontakte mit den deutschen Jungsozialisten waren die AUFler nur begrenzt interessiert.[216]

Immerhin konnten diese Probleme jetzt auf politischer Ebene unbefangener angesprochen werden. Der dänische Ministerpräsident Krag teilte Brandt bei einem inoffiziellen Treffen im April 1967 mit, »daß er wegen der Handhabung der TTD-Bestimmungen häufig Kritik hinzunehmen habe und deshalb an einer Auflockerung interessiert sei.«[217] Der norwegische Außenminister Lyng unterstrich in einem Gespräch mit Brandt 1969 den Wunsch nach einer flexibleren Haltung der Bundesregierung in TTD-Fragen, »um [der anderen] Seite keinen propagandistischen Vorwand zu geben.«[218] Bei Brandt stießen sie damit auch auf Verständnis. Bereits im April 1967 hatte er dem britischen Außenminister George Brown gesagt, politische Aspekte im Vorfeld der diplomatischen Beziehungen, wie das Flaggen bei Sportereignissen oder die TTD-Beschränkungen, hätten an Bedeutung verloren und könnten nunmehr »ohne Vorurteil und ohne Bindung an Präzedenzfälle« geprüft werden. Auch über die Vertretung dritter Länder in Ost-Berlin durch Handelsvertretungen o.ä. könne man nachdenken, weil eine Abschneidung der

---

213 PA AA, B 31, Bd. 382, Vermerk I A5, 9.9.68. Vgl. auch *Muschik, Alexander*: Die beiden deutschen Staaten und das neutrale Schweden. Eine Dreiecksbeziehung im Schatten der offenen Deutschlandfrage 1949-1972, Münster 2005, S. 230.
214 PA AA, B 31, Bd. 382, Oslo an AA, 28.2.70.
215 U.a. PA AA, B 31, Bd. 382, Oslo an AA, 25.10.68.
216 Das AUF-Mitglied Rune Gerhardsen, Sohn des ehemaligen Ministerpräsidenten, sagte 1970 zu einem Vorschlag von westdeutscher Seite, die AUF-Juso-Kontakte zu intensivieren, man sei zwar nicht abgeneigt, habe bislang aber den Kontakten zur ostdeutschen FDJ Priorität eingeräumt. Das Verhältnis zu den Jusos sei aus politischen Gründen schlecht gewesen. AAB, DNA, Da, 476, Referat, 5.3.70.
217 AAPD, 1967, Dok. 141.
218 PA AA, B 20, Bd. 1832, Oslo an AA, 19.7.69.

SBZ vom Handel mit dem Westen nur größere Abhängigkeit von der Sowjetunion bedeute.[219]

3.4.3 Ost- und Deutschlandpolitik nach dem »Machtwechsel« in Bonn

Mit dem Antritt der sozialliberalen Koalition verlor die Vermittlungsarbeit der Skandinavier langsam an Bedeutung. Der Grund dafür lag zum einen in dem mangelnden Interesse der Osteuropäer. Der polnische Außenminister Adam Rapacki hatte das Angebot Lyngs, eine feste Vermittlerrolle zwischen Bonn und Warschau zu übernehmen, in einem Gespräch 1968 zurückgewiesen, weil Vermittlung keinen Zweck habe, solange keine Beweise für eine veränderte Haltung Deutschlands folgten. Andererseits waren die Positionen mittlerweile bekannt und direkte Kontakte mit der Bundesrepublik etabliert. Als die Regierung Brandt–Scheel dann begann, direkte Verhandlungen mit Moskau, Warschau und Prag zu führen, war »Norwegens Rolle als Vermittler eigentlich ausgespielt«.[220] Die Geschlossenheit des Atlantischen Bündnisses galt dagegen in Bonn nach wie vor als wichtige Voraussetzung für einen erfolgreichen Abschluss der Ostverträge. Hierbei stand ein Problem im Vordergrund: Die Anerkennung der DDR.

Von der Hallstein- zur Scheel-Doktrin

Die Differenzen innerhalb der Großen Koalition hatten eine Lockerung der deutschen Haltung in der Anerkennungsfrage verhindert. Erst in seiner Regierungserklärung vom 28. Oktober 1969 kündigte Bundeskanzler Brandt eine Deutschlandpolitik an, die eine weitere Normalisierung des Verhältnisses zwischen beiden deutschen Staaten anvisierte und damit auch den norwegischen Vorstellungen entsprach. Eine völkerrechtliche Anerkennung der DDR kam allerdings weiterhin nicht in Betracht und auch von den NATO-Partnern erwartete Bonn, dass sie sich damit weiter zurückhielten. Mit der so genannten »Scheel-Doktrin« versuchte die Bundesregierung sicherzustellen, dass sie in den Verhandlungen mit der DDR aus einer Position der Stärke heraus agieren konnte. Die diplomatischen Vertretungen wurden in einem Rundschreiben angewie-

---

219 AAPD, 1967, Dok. 124.
220 *Halvorsen* 1998, S. 121.

sen, die zu erwartende Anerkennungswelle so lange aufzuhalten, bis die Beziehungen zur DDR vertraglich geregelt seien.

Der norwegischen Regierung wurde diese Position im Laufe der nächsten zwei Jahre wiederholt nahegelegt. Bei seinem Besuch in Oslo im April 1970 berichtete Brandt, man habe die norwegische und dänische Kritik an der TTD-Regelung »verstanden« und diese aufgehoben. Allerdings seien die internationalen Beziehungen der DDR weiterhin in Zusammenhang mit dem deutsch-deutschen Verhältnis und der Sicherheit Berlins zu sehen. Sollte diese Frage vorschnell gelöst werden, hätte die Bundesregierung etwas gegeben, ohne etwas zurückzuerhalten.[221] Unter Verweis auf die schwierige verhandlungstaktische und innenpolitische Situation richtete der Parlamentarische Staatssekretär im AA, Gerhard Jahn, ein Jahr später an den norwegischen Außenminister »die Bitte, keine Maßnahmen zu treffen, die der DDR in der gegenwärtigen Situation eine stärkere Position geben könnten, dies gelte auch für technische Fragen, wie etwa Benennungen.« Die Rolle der DDR in internationalen Organisationen sei dabei »ein wesentliches Element unserer Verhandlungsposition«.[222]

Norwegische Deutschlandpolitik zwischen Rückendeckung für Brandt und Normalisierung der Beziehungen zur DDR

Der Regierungs- und Politikwechsel in Bonn beeinflusste auch die Haltung der norwegischen Politik in der Anerkennungsfrage. Die politische Führungselite aller Parteien, mit Ausnahme der Kommunisten und Sozialisten, unterstützte die Politik der Bundesregierung und war bereit, die wachsende Ungeduld in den eigenen Reihen, besonders in den Jugendorganisationen, zu zügeln.

Sowohl im Parlament als auch in den einzelnen Parteien wurden Anträge auf Anerkennung der DDR mit großer Mehrheit zurückwiesen.[223] Die Regierung bewies ihre Bündnisloyalität, indem sie Anträgen der DDR auf Teilnahme in internationalen Organisationen die Unterstützung verweigerte oder sich der Stimme enthielt.[224] In seinen Jahresberichten für 1970 und 1971 konnte der deutsche Botschafter feststellen,

---

221 UD 34.4/113-V, Ref., Pol.avd., 5.5.70.
222 PA AA, B 20, Bd. 1835, III E1 an Büro PStS, 6.5.71.
223 Vgl. *Holtsmark* 1999, S. 95.
224 So wurde die Mitgliedschaft der DDR in der Weltgesundheitsorganisation nicht unterstützt. RA, SMK, regj. konf., Bd. 25, 2.5.1968; UD 34.4/113-V, Ref. Pol.avd., 5.5.70.

dass die norwegische Regierung »zu politischer Zurückhaltung gegenüber Ost-Berlin bereit« sei und sich »hinter uns« stelle.[225]

Vor diesem Hintergrund reagierte die deutsche Botschaft 1970 wesentlich gelassener als in den Jahren zuvor auf den Umstand, dass die Führung der Arbeiterpartei dem innerparteilichen Druck nun stärker nachgab und selbst aktiver für eine »Normalisierung« der Beziehungen zur DDR eintrat. Im norwegischen Handelsministerium hatte man nach Informationen der Botschaft bereits seit längerer Zeit »Rechtsformen zu entwickeln [ge]sucht, um die Wirtschaftsbeziehungen auf eine offizielle Basis zu bringen.« Nachdem die Arbeiterpartei im Herbst 1970 einen Antrag auf »Formalisierung der Handelsbeziehungen«, etwa durch eine Aufwertung der DDR-Handelsvertretung, einbrachte, wurde der DDR-Handel auch im Auswärtigen Ausschuss des Storting diskutiert.[226] Wie die *FAZ* bemerkte, war der Wert eines Abkommens mit der DDR allerdings wegen des geringen Handelsumfangs rein symbolisch und lediglich ein Zeichen des Entgegenkommens an die innerparteiliche Opposition.[227]

Dort wurden inzwischen die Forderungen nach einer Anerkennung der DDR allerdings immer lauter. Den einen galt die Anerkennung der DDR als ein notwendiger Schritt zur Entspannung. Andere verwiesen darauf, dass die DDR aufgrund ihres zwei Jahrzehnte langen Bestehens unter einer stabilen politischen Führung das Recht auf völkerrechtliche Anerkennung hätte.[228] In jenen Kreisen, die auch in der Anti-NATO-Kampagne das Wort geführt hatten und sich nun gegen den EG-Beitritt organisierten, war zudem das Verständnis für die verhandlungstaktischen Überlegungen Bonns gering. Der Jungsozialist Bjørn Tore Godal etwa, unter dessen Leitung im Mai 1971 ein Antrag auf Anerkennung der DDR in den Storting eingebracht wurde, kritisierte in der Debatte die Regierung und seine eigene Partei, »man wäre zu ›feinfühlig gegenüber Willy Brandt, selbst wenn er enge Verbindungen zu Norwegen hat‹.«[229] Vertreter aus den Reihen der verschiedenen Parteien und Gewerkschaften nahmen nun immer häufiger Kontakt zu Ost-Berlin auf und setzten damit die Regierung und Parteiführung unter Druck, ihrerseits die Beziehungen zu Ost-Berlin aufzunehmen.[230] So sahen sich sowohl Regie-

---

225 Ebd. und Politischer Jahresbericht, 1970 (wie Einleitung, Anm. 1).
226 Ebd..
227 *FAZ*, 23.11.70.
228 *Holtsmark* 1999, S. 96 f; *Tamnes/Eriksen* 1999, S. 13.
229 Hier zit. nach PA AA, B 31, Bd. 382, Oslo an AA, 12.5.71.
230 *Holtsmark* 1999, S. 95; *Halvorsen* 1998, S. 143.

rungsvertreter als auch die Führung der Arbeiterpartei genötigt, einzelne DDR-Vertreter zu empfangen. Die deutsche Botschaft wurde über diese Besuche allerdings stets informiert.[231] Der DNA-Außenpolitiker Knut Frydenlund beeilte sich denn auch zu unterstreichen, man wolle mit diesen Initiativen lediglich den Anerkennungs-Befürwortern den Wind aus den Segeln zu nehmen. Sie zielten aber keineswegs auf eine Anerkennung der DDR ab.[232]

Ungeachtet des innenpolitischen Drucks blieben Norwegens Verbindungen zur DDR abhängig von den Verhandlungsfortschritten der Bundesrepublik. Diplomatische Beziehungen mit der DDR wurden erst am 17. Januar 1973 aufgenommen, als der Grundlagenvertrag zwischen der Bundesrepublik und der DDR unterzeichnet war und die meisten EFTA- und NATO-Partner diesen Schritt bereits vollzogen hatten.

Die Gründe für das insgesamt loyale Verhalten Oslos waren vielschichtig: Zum einen fühlte man sich weiterhin gegenüber der atlantischen Allianz verpflichtet und war an einer Aufrechterhaltung der Viermächte-Verantwortung für Deutschland als Ganzes interessiert. Zum anderen sah man durch die vorsichtige Kontaktaufnahme der Bundesregierung gegenüber Ost-Berlin die eigene Politik bestätigt. Schließlich war man in Oslo jetzt mehr denn je auf eine gute Beziehung zu Bonn bedacht. Die amtierende Bonner Regierungskoalition sollte nicht durch eine vorschnelle Anerkennung der DDR geschwächt werden, weil nur sie als Garant für die Fortführung deutscher Entspannungspolitik angesehen wurde. Die Sorge über einen Sturz der Regierung Brandt war parteiübergreifend, bewegte die Arbeiterpartei aber besonders. In einem Programmentwurf des Internationalen Ausschusses der DNA vom Dezember 1970 hieß es, der wesentliche Grund, dass die norwegische Arbeiterpartei nicht die Anerkennung Ostdeutschlands vorschlage, sei die Rücksicht auf Willy Brandt und die Politik der SPD. Man müsse sich allerdings auf eine Situation vorbereiten, in der Brandt die DDR anerkenne oder in der die Union die Regierung übernehme und damit die Anerkennung durch andere Länder wahrscheinlich mache.[233]

---

231 Vgl. PA B 31, Bd. 382, Oslo an AA, 16.2.70; DNA, Da, 481, Protokoll, Sentralstyret, møte 23.2.70.
232 PA AA, B 31, Bd. 382, Oslo an AA, 23.11.70.
233 AAB, DNA, Da, 484, Notat, 11.12.70.

Ostpolitik und EG-Beitritt

Dass ein Regierungswechsel in Bonn und eine Nicht-Ratifizierung der Ostverträge sich ungünstig auf das deutsch-norwegische Verhältnis auswirken würden und ggf. ein Vorziehen der DDR-Anerkennung zur Folge haben könnten, versuchten im April 1972 Vertreter der norwegischen Arbeiterpartei und der Gewerkschaften im Gespräch mit Bundestagsabgeordneten der CDU/CSU deutlich zu machen. Angesichts der gerade angelaufenen Beitrittskampagne scheuten sie sich nicht, direkte Auswirkungen eines Misserfolgs der Brandt'schen Ostpolitik auf die norwegische Haltung zu Europa zu prophezeien.[234] Die Ostpolitik der Bundesregierung genieße in Norwegen hohes Ansehen und habe dazu beigetragen, das Vertrauen in die Bundesrepublik als friedensschaffenden Faktor in Europa zu stärken. Der Beitritt zur EG werde in Norwegen auch im Lichte der Entspannungspolitik in Europa gesehen. Sowohl Befürworter als auch Gegner des Beitritts glaubten, dass ein Sturz der Regierung Brandt die öffentliche Meinung in Norwegen zum EG-Beitritt negativ beeinflussen könnte.

In diese Richtung argumentierten auch einzelne norwegische Diplomaten.[235] Ein Mitglied im Auswärtigen Ausschuss des Bundestags wurde bei seinem Besuch in Norwegen auf die »sachlich, *nicht* aber atmosphärisch begründeten Schwierigkeiten für Norwegens EG-Beitritt im Falle einer Ablehnung der Ostverträge durch den Bundestag« angesprochen und beschloss, diese Problematik in Bonn vorzutragen.[236] Kurz darauf zeigte sich der Staatssekretär im Bundesverteidigungsministerium, Ernst Wolf Mommsen, nach einem Besuch in Oslo und Bergen

> sehr beeindruckt von der Meinung maßgebender Persönlichkeiten sowohl aus dem sozialdemokratischen als auch aus dem konservativen Lager, die sich aber auch mit der Meinung unseres Botschafters deckt, wonach eine Ablehnung der Ostverträge eine außerordentlich negative Rückwirkung bei der Abstimmung über den Beitritt zur EWG haben könnte.[237]

---

234 UD, 25.4/113-79, Bonn an UD, 28.4.72.
235 UD, 25.4/113-79, Notat, 4. Politiske kontor, 7.3.72.
236 PA AA, B 20, Bd. 1917, Oslo an AA, 10.3.72.
237 BArch, B 136/6273 (110) Sts. Mommsen an Dichgans, [Kopie an Scheel, Bahr], 21. 3.72.

Auch bei dem Besuch von Bundesaußenminister Scheel in Oslo im März 1972 war der Zusammenhang zwischen der Ratifizierung der Ostverträge und dem Ausgang der norwegischen Volksabstimmung »angeklungen, wenn auch nicht vertieft worden.«[238] Immerhin hatte die Zeitung *Vårt Land* kommentiert, ein Regierungswechsel in Bonn reduziere »automatisch« Brattelis Chancen bei der Volksabstimmung im September. Brandts Ostpolitik habe es den Beitrittsbefürwortern erlaubt, von einem friedenschaffenden Beitrag der EG zu sprechen. Sollten Strauß und Barzel in Bonn die Macht übernehmen, würden sowohl die Ostpolitik als auch die Aussichten auf eine norwegische Mitgliedschaft Schaden erleiden.[239] Der deutsche Botschafter in Oslo konnte auch auf verschiedene entsprechende Aussagen von Politikern verweisen und wurde in seiner Analyse von anderen Botschaften unterstützt.[240] In Bonn wurde dagegen empfohlen, diese Argumentation nicht überzubewerten:

Nicht zu leugnen ist, daß die psychologischen Voraussetzungen für den Beitritt Norwegens von dem Erfolg der Entspannungspolitik der Bundesrepublik beeinflusst werden. Ein sachlicher Zusammenhang zwischen dem Beitritt und der Ratifizierung der Ostverträge besteht jedoch nicht, weshalb eine Vermischung beider Bereiche für die weitere Diskussion nicht förderlich wäre.[241]

Gewiss würde ein Scheitern der Ostverträge in Norwegen und auch in Dänemark Besorgnisse hervorrufen, »die als Argument gegen eine engere politische Zusammenarbeit mit der Bundesrepublik in weiten Kreisen die Entscheidung über die Erweiterung beeinflussen könnten.« Darin unterscheide sich die Lage in Norwegen aber nicht von der in anderen westlichen und neutralen Ländern.[242]

Unter den verschiedenen Argumenten wirtschaftlicher, politischer und ideologischer Art, die in der Debatte um den norwegischen EG-Beitritt ausgetauscht wurden, dürfte der Zusammenhang zwischen der Ratifizierung der Ostverträge und der Beitrittsfrage weder in der Bundesrepublik noch in Norwegen nennenswerte Auswirkungen gehabt haben.

---

238 PA AA, B 20, Bd. 1917, III E1 an Ref. L1, 15.3.72.
239 »Scheel i Oslo«, in: *Vårt Land*, 13.3.72.
240 Vgl. BArch, B 136/6273 (110), Oslo an AA, 14.2.72; AAPD, 1972, Dok. 62.
241 PA AA, B 20, Bd. 1917, III E1 an Ref. L1, 15.3.72.
242 Ebd.

3.5 Zusammenfassung

Zu Beginn der 1970er Jahre hatte sich das deutsch-norwegische Verhältnis weitgehend normalisiert, zumindest auf Elitenebene. Zu den umfassenden wirtschaftspolitischen Verbindungen, die nach dem Zweiten Weltkrieg aus rationalen Gründen rasch wieder aufgenommenen wurden und die vor dem Hintergrund des Ost-West-Konflikts ebenso rasch durch eine sicherheitspolitische Zusammenarbeit im Rahmen der NATO erweitert wurden, kam in der zweiten Hälfte der 1960er Jahre eine Annäherung im politisch-psychologischen Bereich. Anknüpfend an eine Reihe von Ministerbesuchen, mit denen Anfang der 1960er Jahre bilaterale Probleme wie die Schuldenfrage aus dem Weg geräumt wurden, machten die ersten gegenseitigen Besuche der Regierungschefs 1965 und 1966 den Auftakt für eine Phase des Durchbruchs im Bereich der symbolischen Normalisierung. Hauptverantwortlich für Beschleunigung des Normalisierungsprozesses waren die Regierungsbeteiligung der SPD unter der Leitung Willy Brandts und die damit verbundenen Schritte zur Neuausrichtung der bundesdeutschen Ostpolitik. Die Höhepunkte dieser Phase waren zweifellos Brandts offizieller Norwegen-Besuch im April 1970 sowie der Staatsbesuch von Bundespräsident Gustav Heinemann im September 1970, in deren Rahmen die Wunden der Vergangenheit offen angesprochen wurden, während gleichzeitig die gemeinsamen Herausforderungen in der Entspannungs- und Europapolitik im Vordergrund standen. Ein weiterer Höhepunkt war die Verleihung des Friedensnobelpreises an Brandt 1971, bei der nicht nur seine Rolle, sondern auch die der Bundesrepublik als Förderer von Demokratie und Frieden thematisiert wurden. Den Abschluss der Phase des Durchbruchs stellte 1973 der erste Besuch des norwegischen Königspaars in der Bundesrepublik dar.

Der Durchbruch in den politischen Beziehungen beschränkte sich indes nicht auf das Symbolische. Die regelmäßige und umfassende Kooperation im Rahmen der westlichen Handels- und Bündnisstrukturen (OECD, NATO) hatte deutschen und norwegischen Eliten bereits seit Beginn der 1950er Jahre ausreichend Gelegenheit zum Kennenlernen und zum Aufbau gegenseitigen Vertrauens geboten. Mit der Perspektive eines Anschlusses Norwegens an die Europäischen Gemeinschaften kam seit Ende der 1950er Jahre, besonders aber zwischen 1966 und 1973, ein weiteres Kooperationsfeld hinzu. Dabei konnten norwegische Akteure die Zugehörigkeit ihres Landes zu Westeuropa unter Beweis stellen, während deutsche Akteure durch konkrete Hilfestellungen ihren Anspruch untermauern konnten, der »einzige große Freund« des Nordens in der EWG zu sein.

Gleichzeitig ist gerade die Europapolitik ein Beispiel dafür, dass Eliten in außenpolitischen Fragen häufig eine Vorreiterrolle einnehmen, der die Öffentlichkeit nur sehr zögerlich zu folgen bereit ist. Ähnlich wie in der norwegischen Bevölkerung das Misstrauen gegenüber Deutschland weitaus länger anhielt als in den Eliten, standen ein Teil der norwegischen Elite und die Mehrheit der norwegischen Öffentlichkeit einer Beteiligung Norwegens an dem europäischen Integrationsprojekt weiterhin skeptisch bis ablehnend gegenüber.

Das folgende Kapitel setzt sich mit der Frage auseinander, inwieweit zwischen deutschen und norwegischen Eliten auch in europapolitischen Fragen eine Angleichung der Auffassungen stattfand und ob sich daraus die Basis für eine besonders enge Zusammenarbeit beider Regierungen in der Beitrittsfrage ergab.

4 Motive, Gründe und Argumente: Das Für und Wider eines norwegischen Beitritts zu den Europäischen Gemeinschaften

Die innenpolitische Bewertung der europäischen Integration in Norwegen und in der Bundesrepublik fand nicht nur unter grundsätzlich verschiedenen Voraussetzungen statt, sie nahm auch eine geradezu gegensätzliche Entwicklung. In Norwegen wurde eine verpflichtende Zusammenarbeit mit den kontinentaleuropäischen Staaten in einer supranationalen Gemeinschaft zunächst sowohl in der Elite als auch in der Öffentlichkeit übereinstimmend abgelehnt. Dabei spielte einerseits die Erinnerung an die erst 1905 errungene staatliche Unabhängigkeit und an die deutsche Besatzung im Zweiten Weltkrieg eine Rolle. Andererseits schien die als konservativ-kapitalistisch angesehene Wirtschaftsphilosophie der westeuropäischen Länder nicht mit dem nordischen Modell des Wohlfahrtsstaats kompatibel zu sein. Dies wog umso schwerer als die im Schuman-Plan von 1950 vorgesehene teilweise Abgabe nationaler Souveränität eine unabhängige Weiterführung wirtschafts- und sozialpolitischer Prioritäten zweifelhaft machte. Das Fernbleiben von den ersten Integrationsschritten wurde Norwegen durch die ebenfalls ablehnende Haltung seiner skandinavischen Nachbarn und Großbritanniens erleichtert. Der Konsens über die Europapolitik begann daher erst gegen Ende der 1950er Jahre aufzubrechen, als sich Großbritannien und Dänemark 1961 entschieden, mit der EG um eine Vollmitgliedschaft zu verhandeln. Die Mehrheit der politischen Elite sah nun kaum eine andere Möglichkeit, als diesem Schritt zu folgen. Je konkreter aber in den folgenden Jahren die Option eines EG-Beitritts wurde, desto heftiger gestalteten sich die Auseinandersetzungen zwischen unterschiedlichen Gruppen über die Vor- und Nachteile einer Vollmitgliedschaft. Insbesondere die einflussreichen Interessenverbände der Land- und Fischereiwirtschaft sowie Gruppierungen links von der Arbeiterpartei setzten die jeweiligen Regierungen unter starken Druck in dieser Frage. Auch als Beitrittskandidat 1962/63, 1967 und 1970-1972 blieb Norwegen daher ein »widerstrebender Europäer«, hinter dessen Bereitschaft, die vollen Verpflichtungen einer EG-Mitgliedschaft zu tragen, ein Fragezeichen gesetzt werden musste.[1]

---

1 *Gstöhl* 2002, *Miljan* 1977.

In der Bundesrepublik waren die Anfänge des europäischen Integrationsprozesses von zum Teil heftigen Auseinandersetzungen geprägt, bei denen es um die Gewichtung der zwei zentralen nationalen Interessen – Wiedervereinigung und Rückgewinnung der Souveränität – ging. Unter ihrem Vorsitzenden Kurt Schumacher wandte sich die SPD in den 1950er Jahren gegen die vom christdemokratischen Bundeskanzler Konrad Adenauer verfolgte Westbindung der Bundesrepublik, weil sich mit dieser Politik die Teilung Deutschlands zu verfestigen schien. Die Sozialdemokraten lehnten zudem eine Form der Zusammenarbeit ab, die die Mitwirkung Großbritanniens und der skandinavischen Staaten ausschloss.

Eine andere Auseinandersetzung, die Adenauer in Konflikt mit Bundeswirtschaftsminister Ludwig Erhard brachte, drehte sich um die Frage, ob den politischen oder den volkswirtschaftlichen Aspekten der europäischen Zusammenarbeit Priorität eingeräumt werden sollte. Adenauer sprach sich für eine enge Partnerschaft mit Frankreich als »Achse« und »Motor« einer zunächst auf Westeuropa begrenzten Gemeinschaft aus. Die Kreise um Erhard traten für eine zwischenstaatliche Form der Zusammenarbeit im Rahmen einer großen Freihandelszone ein, die auch die Einbeziehung der für Deutschland wichtigen atlantischen und nordeuropäischen Märkte ermögliche. Die diesbezüglichen Auffassungsunterschiede zwischen und innerhalb der Parteien wandelten sich erst um 1960 in einen parteiübergreifenden Konsens zugunsten der »Westbindung« und der »kleineuropäischen Lösung« unter vorläufiger Zurückstellung der »deutschen Frage« um.

Ein breiter Konsens bestand seither auch in der Frage der Erweiterung der Gemeinschaft um Großbritannien, Irland und die skandinavischen Staaten, für die sich sämtliche Bundesregierungen, unterstützt von der jeweiligen Opposition und der öffentlichen Meinung, nachdrücklich einsetzten. Dies bedeutete allerdings nicht, dass die Bundesregierung, der Bundestag oder die Öffentlichkeit bereit waren, die Errungenschaften und politischen Ziele der Gemeinschaft aufzugeben. Insbesondere eine Konfrontation mit Frankreich, das den Beitritt Großbritanniens unter Staatspräsident de Gaulle zweimal ablehnte und ihn auch nach dessen Rücktritt 1969 nur zu strengen Bedingungen zulassen wollte, wurde von deutscher Seite stets ausgeschlossen. Der Zusammenhalt der Gemeinschaft und ihr Ausbau genossen Vorrang vor ihrer Erweiterung. Die Folge dieser Grundeinstellung war, dass sich die Bundesregierung zwar positiv zum Beitritt neuer Mitglieder verhielt, dass sie die Rolle des

»Treuhänders« der Kandidaten aber nur mit Einschränkungen spielen konnte und wollte.[2]

Im Folgenden wird untersucht, welche nationalen und partikularen Interessen die Positionen der norwegischen und der deutschen Regierung in der Beitrittsfrage beeinflussten und inwieweit es zwischen den Eliten beider Länder geteilte Ansichten zu europäischen Fragen gab, auf denen ein besonderer Dialog in den Mitgliedschaftsverhandlungen aufbauen konnte. Dabei wird zunächst die Entwicklung der Auffassungen norwegischer (4.1) und deutscher (4.2) Eliten zur europäischen Integration im Allgemeinen und zu einer Mitgliedschaft Norwegens im Besonderen nachgezeichnet. Gefragt wird einerseits, über welche Interessen Einigkeit bestand und an welchen Problemstellungen sich, insbesondere in Norwegen, der Streit über die Europapolitik entzündete. Andererseits wird der Frage nachgegangen, inwieweit wirtschaftliche, politische, kulturell-ideologische und auch sicherheitspolitische Motive die Haltung der unterschiedlichen Akteure prägten und welche Rolle sie in ihrer Argumentation spielten. Abschließend wird untersucht, wie in Oslo und Bonn mögliche Alternativen zu einer Vollmitgliedschaft bewertet wurden und welchen Stellenwert entsprechende Lösungsvorschläge in den Überlegungen der Regierungen einnahmen (4.3).

4.1 Norwegens Elite und die europäische Integration: Von der Ablehnung zur zögerlichen Annäherung

Im ersten Jahrzehnt der Nachkriegszeit wurde in Norwegen eine verpflichtende wirtschaftspolitische Zusammenarbeit mit den kontinentaleuropäischen Staaten übereinstimmend abgelehnt. Anders als im Bereich der Sicherheitspolitik, wo Norwegen aufgrund der Erfahrungen zweier Weltkriege und vor dem Hintergrund des sich verschärfenden Ost-West-Konflikts seine bevorzugte Rolle als neutraler Brückenbauer zwischen den Großmächten aufgeben musste und sich 1949 der NATO als Gründungsmitglied anschloss, schien kaum etwas für die Teilnahme an einem auf Kerneuropa begrenzten wirtschaftlichen Zusammenschluss zu sprechen. Stattdessen strebte Norwegen eine enge, aber auf zwischenstaat-

---

2   Für die Verwendung dieses Begriffs vgl. »Brandt vor dem Storting in Oslo. Norwegen sieht den Kanzler als Treuhänder für Skandinaviens Sache in der EWG«, in: *SZ*, 25.4.1970.

liche Kooperation und Konsultation begrenzte Verbindung mit den nordischen Nachbarn und mit Großbritannien an.³

Im Laufe der ersten Nachkriegsjahrzehnte wurde diese Orientierung jedoch immer stärker herausgefordert. Die graduelle Hinwendung Großbritanniens zu den immer dynamischer werdenden westeuropäischen Märkten machte die Möglichkeit einer atlantisch-nordischen Alternative zum kerneuropäischen Zusammenschluss unwahrscheinlich, zumal die USA vor dem Hintergrund des Ost-West-Konflikts aus politischen Gründen auf eine enge Kooperation der europäischen Bündnispartner drängten. Gleichzeitig stellte die duale Ausrichtung der norwegischen Wirtschaft – bestehend aus einem gewinnbringenden, international ausgerichteten Export- und Dienstleistungssektor und einem schutzbedürftigen, national orientierten Primärsektor – die Regierung in Oslo vor ein Dilemma. Die norwegische Wirtschaftspolitik beruhte seit den 1930er Jahren auf einem überparteilichen Konsens, demzufolge die gesamte Bevölkerung von einem gleichmäßigen Wachstum profitieren sollte. Bauern und Fischer in den entlegenen Küstenregionen oder im fernen Norden des Landes sollten nicht schlechter verdienen als Fabrikarbeiter oder Angestellte in der Oslo-Region. Dieses Ziel ließ sich nur durch umfassende staatliche Eingriffe, namentlich durch eine Umverteilung zugunsten einkommensschwacher und unproduktiver Wirtschaftszweige erreichen, sowie durch deren Abschirmung vor internationaler Konkurrenz. Der Besiedelung der langen, zerklüfteten Küste und des unwirtlichen Nordens wurde auch aus gesellschafts- sowie regional- und sicherheitspolitischen Gründen größte Bedeutung beigemessen. Insbesondere das Grenzgebiet zur Sowjetunion sollte nicht verwaisen und allgemein wurde dem Erhalt ländlicher Strukturen eine wichtige Bedeutung für die nationale Identität zugesprochen. Andererseits, und auch darüber gab es kaum Uneinigkeit in der politischen Elite des Landes, konnten die Mittel für eine derart kostenintensive Umverteilungspolitik nur durch die Schaffung günstiger Rahmenbedingungen für die Exportwirtschaft und für gewinnbringende Dienstleistungssektoren wie die Schifffahrt aufgebracht werden. Hierzu aber war auch für Norwegen eine Anbindung an die Märkte Westeuropas unausweichlich.

Um innenpolitische Konflikte zu vermeiden, bemühte sich die Regierung zunächst, die wirtschaftspolitischen Interessen durch den Abschluss bilateraler Verträge und im Rahmen internationaler Handelsrunden wahrzunehmen, die eine Abschirmung politisch sensibler Sekto-

---

3 Vgl. *Eriksen/Pharo* 1997, S. 116, 143-145.

ren zuließen. Nur widerstrebend akzeptierte Oslo die mit der Marshall-Plan-Hilfe verbundenen Auflagen der USA zur europäischen Kooperation und entschied sich nur zögernd zur Mitgliedschaft in der OEEC, die mit einer schrittweisen Öffnung der heimischen Märkte verbunden war.[4] Die Skepsis gegen eine verbindliche Zusammenarbeit mit den kontinentalen Mächten galt erst recht für politische Zusammenschlüsse. Dem Europarat schlossen sich norwegische Politiker nur mit schweren Bedenken an und arbeiteten – gemeinsam mit Großbritannien und den nordischen Nachbarn – für eine starke Begrenzung seiner Zuständigkeiten.[5]

Eine Mitwirkung an der Europäischen Gemeinschaft für Kohle und Stahl (EGKS) wurde nicht ernsthaft erwogen. Zwar lehnte man den Gedanken, dass die kontinentaleuropäischen Mächte ihre »Erbfeindschaften« mit Hilfe einer Verflechtung ihrer Industrien zu überwinden suchten, nicht grundsätzlich ab und auch der Plan, die Wiederaufrüstung der Bundesrepublik im Rahmen einer europäischen Verteidigungsgemeinschaft unter Kontrolle zu halten, wie sie der Pleven-Plan von 1952 vorsah, wurde von einzelnen begrüßt. Die Beteiligung an einer Gemeinschaft, in der Frankreich und Deutschland die dominierenden Mächte sein würden, die von wachstumsorientierten liberalistischen Wirtschaftsansätzen geprägt war und die zudem die teilweise Abgabe nationaler Souveränität an übernationale Organe beinhaltete, kam jedoch zu keinem Zeitpunkt in Frage.

Großbritanniens Beitrittsgesuch: das Ende des Konsenses

Gegen Ende der 1950er Jahre begann dieser Konsens aufzubrechen. In Folge des Bedeutungszuwachses der europäischen Märkte für die norwegische Wirtschaft, an dem das deutsche »Wirtschaftswunder« maßgeblichen Anteil hatte, erfolgte in gewissen Kreisen der Politik, Wirtschaft und Diplomatie eine »vorsichtige Orientierung in Richtung Europa«.[6] Die norwegischen Eliten, die sich bis dahin kaum eingehender mit dem Integrationsprojekt beschäftigt hatten, mussten nun erkennen, dass mit der Gründung der Europäischen Wirtschaftsgemeinschaft (EWG) 1957 ein wirtschaftliches und politisches Kraftzentrum im Entstehen war, dessen Wirkung sich kein westeuropäisches Land auf Dauer entziehen

---

4 *Eriksen/Pharo* 1997, 123-129.
5 Ebd., S. 129 f.
6 *Røhne* 1989, S. 30-44, bes. S. 38 ff.

konnte.[7] Den Verhandlungen um eine große Freihandelszone zwischen der EG und den übrigen OEEC-Staaten schloss sich die Regierung allerdings nur deshalb an, weil es sich um eine britische Initiative handelte und weil in dieser Lösung das »kleinere Übel« im Vergleich zu einem EG-Beitritt gesehen wurde.[8] Die 1960 als Reaktion auf das Scheitern der Freihandelsverhandlungen gegründete »kleine Freihandelszone«, die *European Free Trade Association* (EFTA), wurde in Norwegen, anders als in Großbritannien und Dänemark, nicht als »Warteraum« für einen späteren EG-Beitritt angesehen. Vielmehr stellte sich der Zusammenschluss der »Sieben«[9] bald als »ideale Lösung« (*Eriksen/Pharo*) zur gleichzeitigen Vermeidung handelspolitischer Isolation und innenpolitischer Konflikte dar. Was die Verbindungen zur EG anging, so sah man in der EFTA eine Plattform, von der aus die nordischen Länder gemeinsam mit Großbritannien und den anderen Mitgliedern mit der EG über Annäherungsschritte verhandeln konnten.[10]

Erst die Beitrittsanträge Großbritanniens und Dänemarks von 1961 ließen für Teile der Elite auch eine Vollmitgliedschaft Norwegens in der EG zu einer ernstzunehmenden Option werden. Gleichzeitig begann sich aber auch der Widerstand gegen die damit notwendigerweise verbundene Aufgabe nationaler Kontrolle zu organisieren.[11] Weil sich viele Entscheidungsträger zu Beginn der 1960er Jahre noch kein eindeutiges Bild von den Vor- und Nachteilen einer Mitgliedschaft gemacht hatten und daher nicht abschätzen konnten, welche Verhandlungsmöglichkeiten mit der EG bestanden, kam es innerhalb dieser beiden Lager in den folgenden Jahren immer wieder zu Verschiebungen. Gleichwohl blieben sowohl die Zusammensetzung der Lager als auch die Argumente ihrer Protagonisten in den Beitrittsdebatten von 1962, 1967 und 1970-1972 im Wesentlichen die gleichen.[12]

In der Auffassung der etablierten Parteien, d.h. der im Storting vertretenen politischen Kräfte, spiegelten sich die vielfältigen Interessen

---

7 Ebd., S. 328; *Pharo, Helge Ø.*: The Norwegian Labour Party, in: *Griffiths* (Hrsg.) 1993, S. 201-220, hier S. 213 f.
8 Vgl. *Eriksen/Pharo* 1997, S. 287 f., 290 ff.
9 Großbritannien, Schweden, Norwegen, Dänemark, Schweiz, Österreich und Portugal. Finnland wurde bereits 1961 assoziiert, Island wurde 1970 zum achten Mitglied.
10 Vgl. *Kite, Cynthia*: Scandinavia Faces EU – debates and decisions on membership 1961-1994, Umeå 1996, S. 104.
11 Vgl. *Eriksen/Pharo* 1997, S. 327 ff.
12 Für einen Vergleich der Debatten von 1962 und 1970 sowie der von 1992-1994, s. u.a. *Kite* 1996, S. 104-117, 157-176.

und Haltungen der unterschiedlichen Interessengruppen in Bevölkerung, Wirtschaft und Administration wider.[13] Die wichtigsten Konfliktlinien verliefen dabei nicht zwischen Links und Rechts oder zwischen dem so genannten »bürgerlichen« Lager und der Arbeiterbewegung, sondern zwischen Peripherie und Zentrum, zwischen Stadt und Land.[14] Sie verliefen zudem quer durch die politischen Lager und brachten innerhalb der Parteien Führungselite und Basis – »Generäle und Fußvolk« – gegeneinander in Stellung.[15] Die innerparteiliche Spaltung der meisten Parteien in der Beitrittsfrage förderte außerdem die Bildung von überparteilichen Allianzen und das Entstehen von Basisdemokratie- und ad hoc-Bewegungen, durch die wiederum die traditionellen Entscheidungskanäle des politischen Systems in Frage gestellt wurden.[16] All dies machte die Beitrittsfrage zur schwerwiegendsten politischen Krise des Landes und führte zu langfristigen Veränderungen in der politischen Landschaft.

4.1.1 Die Beitrittsbefürworter

Das Lager der Beitrittsbefürworter setzte sich in erster Line aus den Konservativen (*Høyre*) und der Führung der Arbeiterbewegung (Arbeiterpartei und Gewerkschaften) zusammen sowie aus Teilen der Christlichen Volkspartei (*Kristelig Folkeparti*, Krf) und der Liberalen Partei (*Venstre*, V). In diesen Kreisen fanden sich auch die wichtigsten Ansprechpartner deutscher Politiker und Diplomaten.

---

13 Eine Analyse der politischen Landschaft Norwegens, des historischen Hintergrunds und seiner Bedeutung für die Beitrittsfrage im Untersuchungszeitraum findet sich bei *Allen, Hillary*: Norway and Europe in the 1970s, Oslo 1979, S. 23-35.
14 Die grundlegende Untersuchung dieser Konfliktlinien stammt von *Rokkan, Stein*: Geography, Religion and Social Class: Crosscutting Cleavages in Norwegian Politics, in: *Lipset, Seymour M./Rokkan, Stein*: Party Systems and Voter Alignments. Crossnational Perspectives, New York 1967, S. 367-444. Zur Auswirkung dieser Konfliktlinien auf die Beitrittsfrage vgl. *Gleditsch, Nils Petter* u.a.: The Common Market Issue in Norway: Conflict between Centre and Periphery, in: Journal of Peace Research 12 (1975) S. 37-53.
15 *Gleditsch, Nils Petter*: Generaler og fotfolk i utakt. EF-avgjørelsen i de tre skandinaviske land, in: Internasjonal Politikk 4B, Supplement (1972), S. 795-805.
16 *Bjørklund* 1980; *Hellevik, Ottar/Gleditsch, Nils Petter*: The Common Market Decision in Norway: A Clash between Direct and Indirect Democracy, in: SPS 8 (1973) S. 227-235.

Die Konservativen

Die Konservative Partei befürwortete seit Ende der 1950er Jahre als einzige Partei nahezu einstimmig die Option der Vollmitgliedschaft. *Høyre* vertrat in erster Linie die Interessen des Handels, der Industrie, des Bankgewerbes und der Schifffahrt sowie die Auffassungen der bürgerlichen Wählerschichten in den urbanen Zentren.[17] Als Partner in der nicht-sozialistischen Koalition, die sie seit 1965 mit drei kleineren, überwiegend beitrittsskeptischen Parteien zusammenführte, wurden jedoch auch die Konservativen zu Kompromissen gezwungen. Auf Druck ihrer pro-europäisch eingestellten Fraktion setzten sich die *Høyre*-Minister im Kabinett für einen Antrag ein, der in der EG keinen Zweifel an dem Ziel der Vollmitgliedschaft aufkommen lassen sollte.[18] In Erkenntnis der innenpolitischen Realitäten unterstützten aber auch sie die Forderung nach umfassenden Ausnahmeregelungen für Norwegens Primärsektor und stimmten – wenngleich widerwillig – einer zurückhaltenden Position gegenüber den politischen Einigungsbemühungen der Gemeinschaft zu.[19] Während de Gaulles Veto vom November 1967 die Regierung vor einer Auseinandersetzung über die Details der norwegischen Verhandlungsposition bewahrt hatte, spitzte sich nach dem Haager Gipfel von 1969 der Konflikt über die Europapolitik innerhalb der Regierung zu. Bereits im Frühjahr 1970 kündigten die Konservativen durch einen Austausch ihrer prominentesten Kabinettsmitglieder ein deutlicheres Engagement zugunsten des EG-Beitritts an. Der kompromissorientierte Lyng, der als Architekt der Koalition galt, verließ das Kabinett und wurde durch den Fraktionsvorsitzenden Svenn Stray ersetzt, der zu den Kritikern des zurückhaltenden Europakurses gehörte. Kurz darauf übernahm Handelsminister Kåre Willoch den Parteivorsitz und verließ die Regierung, wodurch er größere Freiheiten erhielt, sich im Parlament zugunsten des Beitritts auszusprechen. Willoch wurde in der Regierung durch Verteidigungsminister Otto Grieg Tidemand ersetzt. Als es ein

---

17 *Schou, Tove Lise*: Norge og EF. En undersøgelse af ydre og indre faktorers påvirkning af de norske partiers stillingtagen til spørgsmålet om Norges forhold til EF 1961-1972, Kopenhagen 1980, S. 129.
18 RA, SMK, regj. konf., Bd. 24, Sitzung vom 12.6.1967, 10.7.1967 und 4.6.1970, 22.6.1970.
19 Vgl. *Tamnes* 1997, S. 171; *Kristoffersen, Dag Axel*: Norway's Policy towards the EEC. The European Dilemma of the Centre Right Coalition (1965-1971), in: *Rücker, Katrin/Warlouzet, Laurent* (Hrsg.): Quelle(s) Europe(s)/Which Europe(s)? Nouvelles approches en histoire de l'intégration européenne, Brüssel 2006, S. 216.

Jahr darauf zum Bruch der Koalition kam, war die *Høyre* nicht mehr bereit, mit den überwiegend EG-skeptischen »Mittelparteien« erneut eine Regierung zu bilden.

Die internationalen Beziehungen der Konservativen Partei und damit die Kontakte zur politischen Elite der Bundesrepublik waren Mitte der 1960er Jahre noch sehr begrenzt. Dass die Konservativen mit Lyng und Stray den Außen- und mit Willoch und Tidemand den Handelsminister stellten, die alle der EG gegenüber Norwegens Beitrittswillen hervorhoben, prägte jedoch die Bonner Haltung zur norwegischen Kandidatur nicht unwesentlich. Lyng und Tidemand wurden von deutschen Diplomaten besonders wegen ihrer internationalen Erfahrung und ihrer guten Kontakte geschätzt.[20] Willoch und Stray boten sich nicht zuletzt durch ihre Deutschkenntnisse über die offiziellen Beziehungen hinaus als Gesprächspartner an.[21] Dem Verständnis für europapolitische Fragen war aber insbesondere der Umstand förderlich, dass sich Willoch, Stray und andere *Høyre*-Politiker eindeutig zu Europa bekannten und den Eindruck erweckten, dies sei die offizielle Position der norwegischen Regierung. Im November 1970 behauptete Stray gegenüber dem Staatssekretär im Auswärtigen Amt (AA), Sigismund von Braun, dass Norwegen zu diesem Zeitpunkt, im Gegensatz zu 1962, die Mitgliedschaft vornehmlich aus politischen Gründen anstrebe. Norwegen wolle sich eng an West-Europa binden, weil es dadurch seiner Stimme größeres Gewicht verleihen könne und weil man das Gefühl habe, zu Europa zu gehören.[22] Diese Beschreibung der norwegischen Europadebatte entsprach zwar nicht unbedingt der Realität, stellte aber eine Entwicklung dar, die von deutschen Beobachtern außerordentlich begrüßt wurde. In einer Aufzeichnung der Botschaft Oslo vom Juni 1970 hieß es:

> Die Kreise Norwegens, die seit Ende der 50er Jahre für einen norwegischen Beitritt eintraten, haben stets betont, dass nicht nur wirtschaftliche, sondern auch politische Gründe dafür sprechen. Sowohl bei der konservativen Høyre als auch bei der zur Zeit in Opposition

---

20 Vgl. PA AA, B 31, Bd. 381, Oslo an AA, 29.5.68; PA AA, B 31, Bd. 381, Oslo an AA und BMVg, 20.5.1970.
21 Vgl. ebd.; PA AA, B 31, Bd. 383, Oslo an AA, 18.1.1971.
22 UD 44.36/6.84-36, Notat, 1. H.pol.ktr, 12.11.70, von Brauns samtale med Utenriksministeren 11.11.70.

befindlichen Arbeiterpartei war stets der Gedanke an eine breite politische Zusammenarbeit in Europa wesentlich.[23]

Für Bonn war außerdem von Bedeutung, dass die Konservativen auch die sicherheitspolitische Dimension einer norwegischen EG-Mitgliedschaft betonten. In der norwegischen Debatte spielten sicherheitspolitische Argumente nur eine geringe Rolle, da einerseits ein breiter Konsens über die Verankerung im westlichen Bündnis herrschte und andererseits keine Gruppe ein Interesse daran hatte, die politischen Ziele der EG in den Vordergrund zu stellen. Die von manchen Konservativen beschworene »Gefahr«, dass Norwegen im Falle eines Nicht-Beitritts nicht nur wirtschaftlich, sondern auch außenpolitisch isoliert sein werde, war wenig realistisch. Entsprechende Argumente waren daher weniger an die eigene Öffentlichkeit als an die Adresse der NATO-Alliierten gerichtet, mit dem Ziel, Wohlwollen für die norwegischen Sonderforderungen zu erzeugen. Insbesondere was die Bundesrepublik anging, konnte man in Oslo davon ausgehen, dass sicherheitspolitische Argumente wesentlich mehr Aufmerksamkeit erregen würden als solche wirtschaftlicher Art.

Die Arbeiterpartei und die Vision eines »sozialdemokratischen Europas«

Der europapolitische Strategiewechsel der Arbeiterpartei gehört zweifellos zu den interessantesten Entwicklungen in der norwegischen Europapolitik der 1960er Jahre, und für diesen Meinungsumschwung waren die deutschen Sozialdemokraten mitverantwortlich. Als Regierungspartei hatten die norwegischen Sozialdemokraten im ersten Nachkriegsjahrzehnt die Nicht-Beteiligung ihres Landes an der Integration mit dem Verweis auf den Gegensatz zwischen dem vermeintlichen »laissez-faire Kapitalismus« der Kontinentalstaaten und dem auf Vollbeschäftigung, soziale Gerechtigkeit und staatliche Fürsorge ausgerichteten anglo-skandinavischen Modell begründet. In dieser Argumentation spielte auch die Unions-regierte Bundesrepublik eine Rolle. Nicht nur weil sie als Vorreiter einer liberalistischen Wirtschaftspolitik galt, sondern weil ihr unterstellt wurde, sie beabsichtige mit Hilfe wirtschaftlicher Maßnahmen, Europa zu dominieren. Diese Ansicht wurde zunächst auch von den Kreisen des außenpolitischen Establishments um Außenminister Halvard Lange geteilt, die ansonsten aktiv an der Normalisierung des deutsch-norwegi-

---

23 PA AA, B 60, Bd. 774, Norwegen und die EWG. Politische Zusammenarbeit, 12.6.70.

schen Verhältnisses arbeiteten und im westlichen Bündnis dafür den geeigneten Rahmen sahen. In der zweiten Hälfte der 1950er Jahre ging von diesen Akteuren jedoch eine Revidierung der europapolitischen Position aus. Die britischen und dänischen Beitrittsbemühungen schwächten die Bedenken gegen die Aufgabe der atlantischen und nordischen Priorität, und die wachstumsorientierten Interessen der Exportwirtschaft waren letztendlich auch die der Arbeiter, deren Interessen die Partei in erster Linie vertrat. Allerdings bestanden auf dem linken Flügel die Bedenken politisch-ideologischer Art gegen einen Zusammenschluss mit den »kapitalistischen Großmächten Kontinentaleuropas« weiter fort.

Vor diesem Hintergrund wählten die Parteielite und insbesondere der Parteivorsitzende und Ministerpräsident Gerhardsen 1961/62 einen vorsichtigen Kurs in der Europapolitik, der zunächst auf eine Assoziierungsregelung abzielte, wie sie auch von den neutralen EFTA-Partnern Schweden, Schweiz und Österreich angestrebt wurde. Erst nachdem deutlich wurde, dass sowohl die EG-Länder als auch die USA von ihrem NATO-Partner einen Antrag auf Vollmitgliedschaft erwarteten, entschied sich die Parteiführung, für diese Option einzutreten. Darüber hinaus sagte die Regierung den Skeptikern eine Volksabstimmung über das Verhandlungsergebnis zu, die, anders als in Dänemark, nicht zwingend vom Grundgesetz vorgeschrieben ist, die seither aber unverrückbarer Teil des norwegischen Ratifizierungsverfahrens angesehen wird. Als die Aufnahme der Verhandlungen im Frühjahr 1963 scheiterte, gaben sich Regierungschef Gerhardsen und mit ihm ein großer Teil der Parteielite weniger enttäuscht als erleichtert darüber, einem schweren innenpolitischen und vor allem innerparteilichen Konflikt aus dem Weg gegangen zu sein.

Im Laufe der 1960er Jahre änderte sich die europapolitische Argumentation der Arbeiterpartei schrittweise. Einzelne skandinavische Sozialdemokraten meinten zu erkennen, dass sich auch innerhalb der EG starke Stimmen für eine Stärkung der sozialen Komponente der Gemeinschaft erhoben. Sie erkannten, dass einige ihrer Schwesterparteien in den EG-Mitgliedsländern, allen voran die SPD, eine zukunftsweisende Politik entwickelten und diese in einem supranational organisierten Europa verwirklichen wollten. So schrieb eine dänische Zeitung 1967 in einem Porträt über Willy Brandt:

> Der Begriff »Sozialdemokrat skandinavischer Prägung«, der ihm gerne angeheftet wird, ist nicht länger zeitgemäß. Die heutige SPD, geformt durch Willy Brandt, Herbert Wehner, den kürzlich verstor-

benen Fritz Erler und andere herausragende Persönlichkeiten, hat nämlich in vielfacher Hinsicht ihre Schwesterparteien überholt, die vormals als modern und zukunftsorientiert galten. Die deutsche Sozialdemokratie hat mit der Entwicklung in Europa Schritt gehalten und sich der modernen Industriegesellschaft angepasst.[24]

Ähnliche Auffassungen führten norwegische Sozialdemokraten und Gewerkschaftler zu der Einsicht, dass die Mitgliedschaft nicht nur eine Fortführung der Sozialpolitik skandinavischer Prägung erlaube, sondern dass sich dieses Modell in Zusammenarbeit mit »Alliierten« wie der deutschen Sozialdemokratie auch im geeinten Europa durchsetzen werde. Der demokratische Sozialismus, so Trygve Bratteli, habe die westeuropäische Entwicklung durch drei Generationen hindurch geprägt, und er, Bratteli, sei nicht pessimistisch für die Zukunft.[25]

Als die Beitrittsfrage 1966 erneut auf die Tagesordnung kam, sahen die führenden Vertreter der Arbeiterbewegung es als notwendig an, ihre Argumentation für einen norwegischen Anschluss an den Gemeinsamen Markt auf der Basis einer »ideologischen Grundlage« zu führen.[26] Man war sich einig, dass eine Beschränkung auf handelspolitische Gründe nicht ausreiche, obwohl man sich der »ökonomischen Realitäten« bewusst war, die letztendlich ausschlaggebend für einen Anschluss seien. Die Arbeiterbewegung müsse aber ein Interesse daran haben, die »politischen Perspektiven« in den Vordergrund zu stellen und eine »sozialistische Begründung« zu finden.[27]

Dieses Interesse war vor allem, aber nicht nur, durch den ideologischen Anspruch begründet, Europa zu einem Hort der Demokratie und sozialen Verantwortung zu machen. Ein anderer Grund war die innenpolitische Abgrenzung von den Konservativen, mit denen man sich die Rolle des Beitrittsbefürworters teilte. Ein dritter Grund schließlich war die Hoffnung, die Parteijugend für die Möglichkeiten sozialdemokratischer Politik in einem geeinten Europa begeistern und somit enger an die Partei binden zu können. Die Jugendorganisation der Arbeiterpartei (AUF) war zum Zeitpunkt des ersten und des zweiten norwegischen Antrags noch nicht gegen die europäische Integration eingestellt. Im Gegen-

---

24 *Berlingske Tidende*, 23.3.67.
25 Zit. bei *Nyhamar* 1990, S. 156.
26 AAB, DNA, Da, 396, 24.11.1966, Protokoll fra fellesmøte DNAs Sentralstyre-LO. Anhang: Brev DNA-LO til Den norske regjering, 28.11.66; AAB, DNA, Da, 384, Protokoll sentralstyret, 5.12.66.
27 Ebd.

Brandt und Oppositionsführer Trygve Bratteli vor Brandts Ferienhütte in Vangåsen, im August 1967. Für die Haltung der norwegischen Sozialdemokraten zur europäischen Einigung war die Regierungsbeteiligung Brandts und der SPD von großer Bedeutung.

teil, Ende der 1950er und Anfang der 1960er Jahre hatte gerade in der Jugend eine pro-europäische Grundhaltung vorgeherrscht. Der spätere stellvertretende Parteivorsitzende der DNA, Reiulf Steen, erinnert sich, dass er, wie »praktisch die Mehrheit« seiner Altersgenossen, seit der Gründung der EWG 1957 eine »große Sympathie« für die Idee der europäischen Integration gehegt habe. Diese Begeisterung sei durch die Teilnahme an Jugendlagern in Deutschland und anderen westeuropäischen Ländern geweckt und gefördert worden, in denen Jungsozialisten auf die gleichaltrigen Genossen ihrer Schwesterparteien trafen.

> Ihr Enthusiasmus für die EG und eine weitere Einigung Europas verstärkte unseren Glauben daran, dass dies der richtige Weg war. Wir sahen eine Einigung Europas als ein Teilstück auf dem Weg der Arbeiterbewegung hin zu einer stärkeren und verpflichtenden internationalen Einigung, und in der AUF waren zu dieser Zeit alle ungeduldig, wenn es um Norwegens Verhältnis zur EG ging.[28]

Die Jugend- und Studentenbewegungen, die Ende der 1960er Jahre auch Norwegen erreicht hatten, änderten diesen Standpunkt jedoch radikal. Die AUF, die bereits in der Vietnam-, NATO- und Deutschlandpolitik gegen den bündnistreuen Kurs der Parteiführung opponierte, schaltete sich seit Ende 1969, unter einer neuen Führungsmannschaft, aktiv in den Widerstand gegen den EG-Beitritt ein. Die Initialzündung waren die Ergebnisse des EG-Gipfeltreffens von Den Haag sowie das Scheitern einer nordischen Alternative, das die Jungsozialisten nicht als endgültig hinnehmen wollten.[29]

Die Führung der Arbeiterpartei reagierte auf den wachsenden Widerstand, indem sie eine Zeit lang versuchte, die innerparteiliche Informationskampagne zur Europapolitik zu forcieren und die ideologische Argumentation stärker in den Vordergrund zu stellen. In der Planungsabteilung der Partei wurde unter Leitung des Chefdenkers und Europaexperten Per Kleppe die Arbeit an einem sozialistischen Europaprogramm systematisiert. Flankiert wurde diese Arbeit durch zahlreiche Gespräche mit sozialdemokratischen Politikern und Gewerkschaftlern anderer europäischer Länder. Mit Hilfe einer europaweit angelegten sozialistischen Initiative sollte Norwegen von seiner »defensiven Haltung zur EWG« weggeführt werden.[30] Auf Seminaren und Sitzungen der europäischen und internationalen Linken präsentierten die norwegischen Sozialdemokraten – neben Kleppe auch Steen und Frydenlund – ihre diesbezügli-

---

28 *Steen* 1986, S. 155.
29 *Bjørklund* 1982, S. 104-106.
30 AAB, DNA, Da, 484, Per Kleppe til Sentralstyrets medlemmer, 15.4.1970; *Kleppe* 2003, S. 180, 200.

chen Vorstellungen und warben um Unterstützung.[31] Die wichtigste Initiative war eine Rundreise der Partei- und Gewerkschaftsführung durch die Länder der EG, in deren Rahmen die Möglichkeiten einer Bündelung des sozialdemokratischen Einflusses in Europa und der Ausbau für die Sozialdemokratie wichtiger Bereiche in der EG diskutiert wurden.[32] Die Führungsriege der Arbeiterbewegung wurde dabei in ihrer Überzeugung bestärkt, dass Norwegen als Mitglied der EG gemeinsam mit anderen sozialdemokratisch geführten Staaten – darunter besonders die SPD-geführte Bundesrepublik – zu einer Umwandlung der Gemeinschaft in ein sozialeres Europa beitragen könnte. Sowohl die Reden Brattelis zur Europapolitik als auch das Arbeitsprogramm seiner Regierung spiegeln diese Überzeugung wider. So hieß es in dem Regierungsbericht vom 21. Mai 1971, der einerseits die Grundlage für die weiteren Verhandlungen mit der EG bildete und andererseits den Auftakt einer an die norwegische Öffentlichkeit gerichteten Aufklärungskampagne darstellte:

> Die europäische Gemeinschaft besitzt die organisatorische Grundlage, um zur Lösung der Umwelt- und Sozialprobleme der modernen Industriegesellschaft beizutragen. Die Regierung wird sich für die Demokratisierung der Gemeinschaft, für eine gleichmäßigere Einkommensverteilung und ausgeglichenes Wirtschaftswachstum in allen Regionen einsetzen. Die Regierung [wird sich] die Möglichkeit bewahren, die langfristigen Ziele des Programms der Arbeiterpartei bezüglich Demokratisierung, Gleichheitspolitik, Sozial- und Bildungsreform anzusteuern. Dabei wird sich die Regierung für eine umfassende gewerkschaftliche und politische Zusammenarbeit der Arbeiterbewegungen über die Landesgrenzen hinweg einsetzen, damit Europa durch sozialistische Grundsätze geprägt wird.[33]

Anlässlich der Unterzeichnung der Beitrittsakte am 22. Januar 1972 betonte Bratteli, dass seine Regierung in der »Aktivierung der Sozialpolitik und dem Bestreben, diese auf ein ständig höheres Niveau zu bringen

---

31 Vgl. AAB, DNA, Da, 450, Knut Frydenlund: Rapport fra den Sosialistiske Internasjonales 11. kongress, Eastbourne 16.-20.6.69.
32 Vgl. AAB, DNA, Da, 481, Notat (Stoltenberg), 3.12.1970; AAB, ARK1541 (Bye), 18, Mappe, LO-DNA, Europaturen 1970.
33 Hier zit. nach der ausschnittsweisen Übersetzung der deutschen Botschaft, PA AA, B 60, Bd. 775, Ritzel an AA, 1.6.71, Norwegische EWG-Politik.

[…], große Aufgaben für die Gemeinschaften« sehe.[34] Und auch der Regierungsbericht von 1972, in dem die Regierung Bratteli das Verhandlungsergebnis verteidigte, war, nach den Worten von Rolf Tamnes, durchdrungen von einer »sozialdemokratischen Vision für Europa«.[35] Die Verfolgung einer sozialistischen Europapolitik war eines der wenigen positiv formulierten Argumente der Beitrittsbefürworter, das die Parteiführung nach der Regierungsübernahme im März 1971 zwischenzeitlich aus den Augen zu verlieren schien, auf das sie sich dann aber, angesichts des absehbaren Scheiterns ihrer Verhandlungsziele zunehmend konzentrierte.[36]

Diese Argumentationslinie stieß indes auf zwei Hindernisse. Zum einen waren die Bemühungen, in der SPD einen aktiven Mitstreiter für die Arbeit an einem sozialdemokratischen Europa zu gewinnen, nur bedingt erfolgreich. Die SPD hatte seit den 1950er Jahren für eine sozialdemokratische Dimension der europäischen Einigung gestritten und sich in diesem Zusammenhang auch für den Beitritt Großbritanniens und der skandinavischen Länder eingesetzt. Dies galt besonders für Willy Brandt, der im skandinavischen Exil seine politischen Lehrjahre absolviert hatte und der Norwegen als eins seiner »zwei Vaterländer« und später als »zweite Heimat« bezeichnete.[37] Bei seinem ersten Besuch als Außenminister in Oslo erklärte Brandt, er sehe den Norden als »eine demokratische Reserve« in Europa an, »eine Gruppe von Ländern mit hoch entwickelter Wirtschaft und mit einer einheitlichen Kultur, die sich als ein stark stabilisierender Faktor erweisen könnte.«[38] Drei Jahre später entwickelte er diesen Gedanken weiter. Die nordischen Länder, so Brandt 1970 vor dem Storting, könnten der Gemeinschaft neben ihrer wirtschaftlichen Leistungskraft auch wertvolle demokratische und moralische »Kalorien« geben.[39] Ähnlich äußerte sich auch Helmut Schmidt, der nach eigener Aussage 1957 nicht wie die Mehrheit seiner Partei für

---

34 Rede des norwegischen Ministerpräsidenten, Trygve Bratteli, in: EA 5/1972, S. D 132f.
35 *Tamnes* 1997, S. 179.
36 *Frøland, Hans Otto*: Choosing the Periphery: The Political Economy of Norway's Relation to European Integration 1948-1973, in Journal of European Integration History 13/1 (2001 [a]), S. 77-103, hier S. 103.
37 *Brandt, Willy*: To fedreland. Skrifter i emigrasjon, Oslo 1966 (Orig. »Draußen«, München 1966); *Brandt* 2000; Tischrede bei Abendessen mit norwegischem Ministerpräsidenten, 23.4.70 (wie oben, 3.3.2, Anm. 157); Ansprache vor dem Storting (wie oben 3.3.2, Anm. 150).
38 »Brandt: Jeg vil ikke gi Sverige noe råd.«, in: *Aftenposten*, 23.6.67.
39 Vgl. Ansprache vor dem Storting (wie oben 3.3.2, Anm. 150).

die Römischen Verträge gestimmt hatte, weil sie Großbritannien und den Norden ausschlossen.[40] In seiner Funktion als stellvertretender Parteivorsitzender begrüßte er 1971 den Beitritt dieser Länder aufgrund der Kraft ihrer »sozialdemokratischen Bewegungen« als Stärkung der progressiven Kräfte in der EG, die »unweigerlich die künftige Entwicklung des Gemeinsamen Marktes beeinflussen und zu einer Demokratisierung der EWG-Institutionen führen« müsse.[41]

Die Vorstellungen der SPD zu den sozialpolitischen Herausforderungen der europäischen Einigung stimmten weitgehend mit denen der norwegischen Genossen überein, und sowohl auf Partei- als auch auf Gewerkschaftsebene bemühte man sich, den Kontakt auszubauen. Wenngleich sich aber Brandt, Schmidt und andere Regierungsmitglieder bereitwillig dem Dialog über eine Stärkung der sozialpolitischen Dimension der EG und der sozialdemokratischen Kooperation in Europa stellten, blieben sie gegenüber den Plänen für eine sozialdemokratische Europapolitik zurückhaltend. Als Brandt im Herbst 1970 von der Opposition vorgeworfen wurde, die Europapolitik der SPD ziele auf ein »sozialistisches Großeuropa« ab, konterte er vor dem Bundestag mit der Klarstellung, er habe sich persönlich immer von der Ideologisierung der westeuropäischen Integration distanziert und halte sie sogar für »ausgesprochen schädlich«. Zur Begründung verwies Brandt auf die unfruchtbaren Gegensätze der 1950er Jahre, als die europäische Integration als katholische und christdemokratische Angelegenheit angesehen wurde, der durch den Widerstand sozialistischer Elemente Gefahr drohte. Keine parteipolitische Gruppierung dürfe die europäische Einigung vereinnahmen, und die »Parole oder Schreckparole von einem ›sozialistischen Europa‹« sei »ebenso töricht wie die Furcht vor einem ›christdemokratischen‹ oder ›konservativen Europa‹«. Zudem sei »die Einigung Europas [...] eine zu wichtige Sache, als daß sie durch ideologische Spaltungen belastet werden dürfte«.[42] Auf die Anfrage norwegischer Sozialdemokraten vom April 1969, ob Brandt und seine Partei bereit seien, eine nordische Initiative für eine »sozialdemokratische Alternative für Europa« und eine »Intensivierung der Zusammenarbeit zwischen den sozialdemokratischen Parteien in Europa« zu unterstützen, antwortete er, unter Verweis auf den bevor-

---

40 UD 44.36/6.84-41, Notat, 3. pol. ktr, 22.9.71, Samtale mellom den tyske og den norske forsvarsminister den 21.9.71.
41 Zit. nach »Als Wilson nach Salzburg kam. Sozialistische Internationale konnte Gegensätze in der Europapolitik nicht überbrücken«, in: *Vorwärts*, 9.9.1971.
42 Erklärung zur Europapolitik am 6.11.70 im Bundestag, in: Bundeskanzler Brandt. Reden und Interviews, Hamburg 1971, S. 235-241, hier S. 240 f.

stehenden Wahlkampf, ausweichend.[43] In seiner Rede auf der überparteilichen Versammlung der norwegischen Beitrittsbefürworter am 14. September 1972, d.h. wenige Tage vor der Volksabstimmung, bekräftigte Brandt zwar sein Engagement für den Ausbau der »sozialen Dimension« der Gemeinschaft, betonte aber gleichzeitig erneut seine Ablehnung einer eindimensional ideologischen Ausrichtung:

> Man weiß, daß ich Sozialdemokrat bin. Auch und gerade als solcher war und bin ich für Europa. Aber ich bin nicht dafür, daß die Gemeinschaft ideologisch eingepfercht oder aufgespalten wird. Sie muß der gemeinsame Rahmen sein, innerhalb dessen alle lebendigen Kräfte der europäischen Demokratie zur Entfaltung kommen.[44]

Entscheidend für den europapolitischen Misserfolg Bratellis und der Arbeiterpartei dürfte aber weniger die Zurückhaltung der SPD gewesen sein, als vielmehr der Umstand, dass die Vision vom sozialdemokratischen Europa weder von den Kritikern aus den eigenen Reihen noch von einem großen Teil der Wählerschaft nachvollzogen wurde. Die Parteilinke und insbesondere die AUF glaubten nicht daran, dass sich eine sozialdemokratische Politik skandinavischer Prägung in der EG aufrechterhalten ließ. In einem Beschluss der Jungsozialisten vom Februar 1971 hieß es, »eine norwegische Mitgliedschaft würde die sozialistischen Kräfte in Europa schwächen«. Für die Arbeiterpartei sei nun an der Zeit, sich für einen nordischen Zusammenschluss zu entscheiden.[45]

Von Bedeutung dürfte außerdem gewesen sein, dass die Führung der Arbeiterpartei nicht offensiver mit ihrer Vision für ein sozialdemokratisches Europa umging, immerhin einem der wenigen positiven Argumente in einer Debatte, die sich ansonsten hauptsächlich um den Verlust der nationalen Souveränität bzw. um die Gefahr der außen- und wirtschaftspolitischen Isolation drehte. In der Opposition kritisierte die Arbeiterpartei zwar die Regierung für ihre zögerliche Europapolitik, hielt sich aber – wohl auch aus wahltaktischen Überlegungen heraus – mit Aussagen darüber zurück, wie viel nationale Eigenständigkeit sie selbst bereit war, für eine Mitgliedschaft zu opfern. Im weiteren Verlauf der De-

---

43 AAB, DNA, Da, 449, Notat, Sandgren, Mai 1969, Partigruppereise til Bonn og Brussel 20.-26.4.69.
44 Ansprache in Oslo am 14.9.72, in: *Presse- und Informationsamt der Bundesregierung* (Hrsg.): Bundeskanzler Brandt. Reden und Interviews, Bd. 2, Bonn 1973, S. 340-343, hier S. 342.
45 Zit. bei *Nyhamar* 1990, S. 149.

batte und besonders nach ihrer Regierungsübernahme im März 1971 trugen die Sozialdemokraten dem wachsenden innerparteilichen Widerstand Rechnung, indem sie ihre endgültige Befürwortung des Beitritts von einem zufriedenstellenden Verhandlungsergebnis abhängig machte.[46] Die politischen Ziele der Gemeinschaft und damit auch die Pläne für eine Stärkung der europäischen Sozialpolitik wurden mit dem Argument ausgeklammert, dass darüber formell nicht verhandelt wurde.[47] Dass die Parteiführung dann aber versuchte, die Annahme des Verhandlungsergebnisses gegen beträchtlichen Widerstand in der Partei und in der Wählerschaft als offizielle Linie durchzusetzen, ist als bemerkenswerter Bruch mit der in den nordischen Ländern üblichen Parteistrategie bezeichnet worden, die darauf abzielt, eine Spaltung der Partei um jeden Preis zu vermeiden.[48]

Bratteli, der Brandt zufolge »ein Jahrzehnt der europäischen Integration mit einem prägenden sozialdemokratischen Einfluß vorausgesehen« hatte, verband sein politisches Prestige mit dem Erfolg der Volksabstimmung.[49] Für ihn persönlich zählte nicht nur die wirtschaftliche und sozialpolitische Dimension des Integrationsprozesses, er stellte auch den friedenspolitischen Aspekt der Europäischen Einigung in den Vordergrund. In seinen Reden verwies er besonders auf die Überwindung der »Erbfeindschaft« zwischen Deutschland und Frankreich. Der von seiner Regierung 1971 vorgelegte Regierungsbericht konstatierte, Norwegen könne sich nicht aus der europäischen Entwicklung heraushalten. Die Erweiterung der Gemeinschaft habe Einfluss sowohl auf die Entspannungspolitik als auch auf die Probleme der Entwicklungsländer, und die europäische Zusammenarbeit verbessere die Möglichkeiten der einzelnen Länder auf diesem Gebiet.[50] Auch in dieser Argumentation folgten ihm indes nur wenige, darunter die Parteifreunde Guttorm Hansen, Knut Frydenlund und Reiulf Steen, sowie einige Konservative wie Kåre Willoch.[51] Letzterer argumentierte im Storting, Norwegens positive Einstellung zu den europäischen Einigungsbestrebungen sei ein indirekter Beitrag zur Verständigung zwischen Ost und West. Brandts Ostpolitik zeige, dass die westeuropäische Integration ein »Friedensfaktor von Rang«

---

46 *Nyhamar* 1990, S. 156; *Schou* 1980, S. 163, 284.
47 Arbark, DNA, Da, 489, Per Kleppe: Markedssaken, 30.12.1971.
48 So *Faurby* 1982, S. 50.
49 *Brandt* 1976, S. 201 f., 332.
50 Stortingsmelding 50, 1971-72, Om Norges Tilslutning til de Europeiske Fellesskap, Oslo 1971.
51 Vgl. *Schou* 1980, S. 145 f.

sei.[52] Andere hatten dagegen Schwierigkeiten, einen Zusammenschluss kontinentaleuropäischer »Mächte«, darunter Deutschland, als Friedensfaktor zu akzeptieren. Unter den meisten Linksradikalen und Jungpolitikern herrschte sogar die Überzeugung vor, dass die Vertiefung der europäischen Gemeinschaft zu einer Verfestigung der Blöcke führen werde. Zudem wurde befürchtet, die EG-Mitgliedschaft könnte Norwegen der Möglichkeit berauben, einen unabhängigen Beitrag zum Weltfrieden zu leisten. Anders als in den ersten Jahrzehnten der Nachkriegszeit half keine Parteidisziplin gegen die vielfältigen Argumente der Nein-Seite, die sich gewissermaßen zu einem »Schwamm für sämtliche Protestbewegungen der 1960er Jahre« entwickelte.[53] Und als der ehemalige Parteivorsitzende und Ministerpräsident Gerhardsen auf dem Sonderparteitag 1972 erklärte, auch die Beitrittsgegner seien in der Partei willkommen, war diesen die Absolution erteilt.[54] Am Ende stimmten rund 44 Prozent der selbsterklärten sozialdemokratischen Wähler gegen den Beitritt und besiegelten damit die Niederlage der Ja-Seite.[55] Bratteli und seine Regierung traten wie angekündigt zurück und überließen die weitere Regelung der Verbindungen Norwegens mit der EG der Gegenseite.

4.1.2 Die Beitrittsgegner

Dem Lager der Beitrittsgegner gehörten, neben dem linken Flügel der Arbeiterpartei, den Kommunisten (NKP) und der Sozialistischen Volkspartei (SF), die Mehrheit der Zentrumspartei sowie große Teile der Christlichen Volkspartei und der Liberalen an. Kommunisten und Linkssozialisten lehnten die Mitgliedschaft in der EG ebenso nachdrücklich und einstimmig ab wie die einseitige Zusammenarbeit mit dem Westen überhaupt. Die Linkssozialisten, die sich 1961 von der Arbeiterpartei abgespalten hatten, setzen diese in außenpolitischen Fragen ständig unter Druck. Auch mit ihrem Ausscheiden aus dem Parlament nach den Wahlen zum Storting 1969 nahm dieser Druck nicht ab. Vielmehr verlagerte

---

52 Zit. nach *Halvorsen* 1998, S. 121; *Kite* 1996, S. 111.
53 Ebd., S. 186.
54 *Nyhamar* 1990, S. 164 ff.
55 Vgl. *Nelsen, Brent F.*: The European Community Debate in Norway: The Periphery Revolts, Again, in: *Ders.* (Hrsg.): Norway and the European Community. The Political Economy of Integration, Westport 1993, S. 41-61, hier S. 51.

er sich in die Arbeiterpartei, wo der linke Flügel und die AUF die Positionen der SF umso radikaler vertraten.[56]

Die Beitrittsgegner in den Reihen der Christlichen Volkspartei profilierten sich dagegen ebenso wenig wie ihre beitrittsfreundlichen Parteifreunde. Ein innerparteilicher Konflikt konnte somit vermieden werden. Für die Liberalen (*Venstre*), in deren Reihen sowohl entschiedene Gegner als auch überzeugte Befürworter saßen, führte die Beitrittsdebatte dagegen im Anschluss an die Volksabstimmung von 1972 zur Spaltung. Kontakte zwischen Politikern von *Venstre* und *Krf* und Vertretern der Bundesrepublik gewannen erst europapolitisch an Bedeutung, als sich nach der Volksabstimmung von 1972 eine Regierung der Nein-Parteien unter dem *Krf*-Politiker Lars Korvald bildete, deren wichtigste Aufgabe es war, einen Freihandelsvertrag mit der EG auszuhandeln.

Die Zentrumspartei

Die Zentrumspartei (*Senterparti, Sp*) und der von ihr gestellte Ministerpräsident Per Borten spielten dagegen bereits seit 1965 eine besondere Rolle für die norwegische Europapolitik und auch für deren Außendarstellung. Die Zentrumspartei – seit 1959 organisatorische Nachfolgerin der Bauernpartei (*Bondeparti*) – hatte sich in der gesamten Nachkriegszeit gegen jegliche Abgabe nationaler Souveränität gewandt und lehnte aus diesem Grund auch den EG-Beitritt ab. Gleichzeitig orientierte sich die Haltung der Zentrumspolitiker aber auch stark an den materiellen Interessen des Primärsektors, mit dessen Vertretern sie eng verbunden war. In diesen Kreisen musste die Furcht vor dem Souveränitäts- und Einflussverlust vielfach gegen die Vorteile eines Anschlusses an den Gemeinsamen Markt abgewogen werden. Als Kompromisslösung stimmte man 1962 für eine Assoziierung nach dem Vorbild des schwedischen Antrags. Als Koalitionspartner der Konservativen, Liberalen und Christdemokraten sah sich die Partei 1967 genötigt, einen Antrag auf Vollmitgliedschaft zu unterstützen. Für diese Meinungsänderung im Vergleich zu 1962 lassen sich verschiedene Erklärungen heranziehen. Zum einen schien die Gemeinschaft in Folge des Luxemburger Kompromisses von 1966 weiter denn je von dem Ziel einer politischen Union entfernt zu sein und für den Anschluss an eine Wirtschaftsgemeinschaft fanden sich

---

56 *Vefald, Olav*: The 1970 EEC Debate, in: *Ørvik, Nils* (Hrsg.): Fears and Expectations. Norwegian attitudes toward European integration, Oslo 1972, S. 280-314, hier S. 305.

in der Zentrumspartei ebenso Fürsprecher wie in allen anderen Parteien. Zweitens war man 1967 in der Regierung durchaus der Meinung, umfassende Ausnahmeregelungen für Norwegen erwirken zu können, wobei man nicht zuletzt auf deutsche Unterstützung setzte. Schließlich konnte man mit gutem Grund auf ein erneutes Veto de Gaulles spekulieren. Insgesamt gesehen erschien es den Zentrumspolitikern trotz schwerer Bedenken bezüglich der politischen Ziele der Gemeinschaft und der geplanten Maßnahmen für eine gemeinsame Fischereipolitik nicht notwendig, über die Beitrittsfrage einen Zusammenbruch der Regierungskoalition zu riskieren. Tatsächlich wurde de Gaulle zum »rettenden Engel«, als er sich im November 1967 weigerte, Verhandlungen mit Großbritannien aufzunehmen, und damit die Beitrittsfrage vorläufig *ad acta* legte.[57] Allerdings trugen Borten und seine Parteifreunde auch in den folgenden Jahren eine Regierungslinie mit, die an dem norwegischen Gesuch festhielt. Im Sommer 1970 begannen unter ihrer Leitung Verhandlungen, die zwar nach Meinung der Beitrittsskeptiker ergebnisoffen sein sollten, die aber ausdrücklich auf der Grundlage des Artikels 237 EWGV geführt wurden, also auf eine Vollmitgliedschaft abzielten. In den folgenden Monaten sorgten allerdings die Regierungsvertreter der Zentrumspartei, und insbesondere der zwischen Partei- und Regierungsinteressen hin und her gerissene Regierungschef Borten, für ein äußerst ambivalentes Bild der Regierung nach außen. Um der eigenen Partei entgegenzukommen, aus deren Reihen offen gegen die Vollmitgliedschaft und damit gegen den Regierungskurs opponiert wurde, äußerte sich der Ministerpräsident wiederholt skeptisch zur Legitimität des europäischen Einigungsprojektes und zu den Erfolgschancen eines norwegischen Beitritts.[58] Eine vergleichsweise belanglose Indiskretion brachte im Februar 1971 das Fass zum Überlaufen und löste den Zusammenbruch der bürgerlichen Koalition aus. Borten hatte am 15. Februar 1971 auf dem Rückflug von einer Sitzung des Nordischen Rats dem Vorsitzenden der Volksbewegung gegen den EG-Beitritt, Arne Haugestad, einen vertraulich gestempelten Bericht des norwegischen Botschafters in Brüssel gezeigt. Darin war von Zweifeln der EG-Kommission über die Erfolgschancen des norwegischen Beitritts die Rede, sollte Norwegen an seinen Sonderforderungen festhalten. Der Inhalt des Berichts gelangte am 19. Februar durch einen Artikel im *Dagbladet* an die Öffentlichkeit und lös-

---

57 *Madsen, Roar*: Motstraums – Senterpartiets historie, 1959-2000, Bd. 2, Oslo 2001, S. 119.
58 *Schou* 1980, S, 257 f., 284 f.

te nicht nur eine Suche nach der undichten Stelle aus, sondern führte auch zu einer allgemeinen Diskussion in Kabinett, Parlament und Öffentlichkeit über das Vertrauensverhältnis innerhalb der Regierung und über die Unvereinbarkeit der europapolitischen Konzeptionen.[59] Wieder in die Opposition zurückversetzt, bekannte sich die Zentrumspartei eindeutig und geschlossen zu ihrer Ablehnung des Beitritts und profitierte davon in der Wählergunst.

In der Bundesrepublik hatte Bortens ambivalente Haltung zur Beitrittsfrage bereits früher Verwunderung ausgelöst. So waren sowohl Erhard als auch Brandt im Vorfeld ihrer offiziellen Besuche in Oslo gebeten worden, einen möglichen EG-Beitritt Norwegens nicht öffentlich als das Hauptthema der Gespräche darzustellen. Dies war im Herbst 1966 angesichts der unklaren Haltung der EG zur Beitrittsproblematik eher verständlich als beim Brandt-Besuch von 1970, der ganz im Zeichen der Vorbereitungen für die Verhandlungen um Vollmitgliedschaft stand.[60] Die beitrittsskeptischen Äußerungen Bortens wurden von deutschen Diplomaten und Journalisten zu Recht weniger ihm selbst als seiner Fraktion zugeschrieben.[61] Als der Regierungschef allerdings nach Beginn der Verhandlungen den Beitrittswillen der Regierung in Frage zu stellen begann und öffentlich das Demokratiedefizit der EG beklagte, griff die deutsche Berichterstattung den Vorwurf der norwegischen Opposition und Presse vom »Doppelspiel« auf.[62] Bortens Rücktritt wurde daher auch in Bonn als Erleichterung empfunden, wenngleich man die dadurch erfolgte Stärkung der EG-Opposition nicht verkannte. Die Unvereinbarkeit der europapolitischen Haltung Bortens und seiner Partei mit der der Bundesregierung bedeutete nicht, dass beide in anderen Fragen – z.B. der Ostpolitik – nicht gut miteinander auskamen. Brandt selbst erinnert sich, dass sein Verhältnis zu »führenden ›bürgerlichen‹ Politikern […] kaum weniger kameradschaftlich« als das zu seinen sozialdemokratischen Freunden gewesen sei. Mit Borten habe er sich gut verstanden, »obwohl er kein Beitrittsfreund war«.[63]

---

59 Unter den zahlreichen Darstellungen der so genannten »Indiskretionsaffäre« vgl. *Tamnes* 1997, S. 174, 454; *Berntsen, Harald*: Staurberaren. Per Borten, Oslo 2007, S. 363-399.
60 PA AA, B 60, Bd. 520, D III über Dg III A an Ref. IIIA5, 15.7.66; PA AA, B 31, Bd. 382, Oslo (Balken) an AA, 13.2.70; ebd., Vermerk IA5, 19.2.70, Bevorstehende Besuche des Herrn Bundeskanzlers und des Herrn Bundespräsidenten in Norwegen.
61 PA AA, B 20, Bd. 1832, Oslo an AA, 3.3.70.
62 Vgl. »Bortens EWG-Doppelspiel«, in: *Handelsblatt*, 12.10.70.
63 *Brandt* 1976, S. 208, 332.

Ohnehin mussten die Bundesregierung und ihre europäischen Partner zur Kenntnis nehmen, dass zwar eine große Mehrheit der norwegischen Elite einen Anschluss an den Gemeinsamen Markt für notwendig hielt, dass sich aber auch Befürworter eines Beitritts gezwungen sahen, Ausnahmeregelungen zu fordern, die nicht oder nur schwer mit einer Vollmitgliedschaft vereinbar waren.

4.1.3 Die schwierige Rolle der Bürokratie

Zwischen den ambivalenten Positionen der politischen Elite und ihrer Gesprächs- und Verhandlungspartner innerhalb der EG nahm die Ministerialbürokratie und insbesondere jene Beamten, die im Außen- und Handelsministerium Norwegens Interessen international vertraten, eine Schlüsselposition ein, die nicht unproblematisch war. Auch die Ministerialbürokratie hatte sich zunächst dem nationalen Konsens angeschlossen und eine Beteiligung Norwegens an dem Integrationsprojekt überwiegend skeptisch betrachtet. Als Folge ihrer langjährigen Beobachtung des Brüsseler Geschehens und ihrer Auseinandersetzung mit den möglichen Konsequenzen einer norwegischen Mitgliedschaft änderten viele Beamte jedoch ihren Standpunkt.[64] Dafür waren sicherlich in erster Linie externe Faktoren wie die Entwicklung der Gemeinschaft und die britische Hinwendung nach Europa verantwortlich. Eine Rolle mag jedoch gespielt haben, dass sich gerade Diplomaten und andere Beamte, die in Brüssel oder in den EG-Hauptstädten arbeiteten oder sich zu Hause in Oslo über einen längeren Zeitraum mit Europafragen beschäftigten, einer gewissen europäischen Sozialisierung nicht entziehen konnten. Diese Beamten – allen voran der norwegische Botschafter in Brüssel, Jahn Halvorsen, und sein Stellvertreter, Sigurd Ekeland – entwickelten eine »gemeinschaftliche« Sichtweise der Vor- und Nachteile der verpflichtenden europäischen Zusammenarbeit. Dies bedeutete nicht, dass sie Norwegens Interessen dem Erfolg des europäischen Projektes unterordneten, wohl aber, dass sie das Prinzip der begrenzten Übertragung von Souveränitätsrechten als zukunftweisend oder auch nur als unausweichlich anerkannten und die norwegischen Interessen in dieses Konzept einordneten. Dies unterschied sie von den Sachbearbeitern und Fachbeamten im Landwirtschafts- und Fischereiministerium, die weniger den Gesamterfolg der Verhandlungen als den Erfolg im Ringen um sektorspezifische

---

64 *Eriksen/Pharo* 1997, S. 345 f.

Zugeständnisse im Auge hatten. Nach Ansicht letzterer zeigten die »Generalisten« eine zu große Bereitschaft, für den Erfolg der Verhandlungen Kompromisse einzugehen.[65]

Gleichzeitig fiel den Europa-Experten weiterhin die Hauptverantwortung zu, Norwegens Interessen in Brüssel und in den Mitgliedstaaten zu vertreten. Dazu gehörte die Aufgabe, in unzähligen Gesprächen mit ihrem Gegenpart in Brüssel, in den Hauptstädten der EG und auf dem diplomatischen Parkett Oslos die Forderung Norwegens nach Sonderregelungen zu verteidigen und die Zurückhaltung der Regierung gegenüber der politischen Einigung zu erklären. Ungleich schwieriger wurde indes die Position der Beamten zu Hause. Zum einen, weil sie allein aus beruflichen Gründen ein Interesse daran hatten, die Verhandlungen erfolgreich abzuschließen, und sich damit jenen verdächtig machten, die bei norwegischen Sonderforderungen keine Kompromisse einzugehen bereit waren. Dies zeigte sich in der Ära der »bürgerlichen« Regierung wiederholt bei der Ausarbeitung der norwegischen Verhandlungsposition und bei der Bewertung des taktischen Vorgehens gegenüber der EG. Zu einem Eklat kam es im Frühsommer 1970, als das Außenministerium einen Brief der norwegischen Regierung an die EG als Dokument in die Regierungserklärung zur Europapolitik aufnahm, in dem die Einladung zur Teilnahme an der politischen Zusammenarbeit positiv beantwortet wurde. Der Ministerpräsident, durch die Presse auf den Lapsus aufmerksam gemacht, stieß sich an der Formulierung »politische Einigung«, die sich – mehr oder weniger versehentlich – durch eine Rückübersetzung in den von Botschafter Halvorsen in Brüssel formulierten Brief eingeschlichen hatte.[66] Die Krise entpuppte sich letztendlich als Sturm im Wasserglas, als deutlich wurde, dass es sich lediglich um einen Übersetzungsfehler bzw. um eine Unaufmerksamkeit des Außenministers handelte, nicht jedoch um eine Hintergehung des Ministerpräsidenten. Die heftigen Reaktionen legten aber deutlich die mit der Beitrittsfrage verbundenen politischen Empfindlichkeiten zwischen Beitrittsbefürwortern und -skeptikern offen. Sie verdeutlichten ferner das mangelhafte Vertrauensverhältnis zwischen letzteren und den Beamten des Außenministeriums. Auch bei der Zusammenstellung der Verhandlungsdelegation trat das Misstrauen zwischen diesen Lagern zu Tage.[67] Eine Reihe erfahrener,

---

65 *Underdal* 1972, S. 175.
66 Vgl. auch *Lyng, John*: Fra borgfred til blåmandag. Erindringer 1968-1971, Oslo 1978, S. 151-163; *Berntsen* 2007, S. 335-339.
67 Vgl. ebd., S. 340-343.

aber eindeutig pro-europäisch eingestellter Diplomaten, darunter der Botschafter in Brüssel und der Leiter der handelspolitischen Abteilung im Außenministerium, Asbjørn Skarstein, wurden von den Skeptikern in der Regierung als Verhandlungsführer auf Beamtenebene abgelehnt. Die Beitrittsbefürworter lehnten ihrerseits die Einsetzung Emil Vindsetmos als Verhandlungsführer ab, den Borten vorgeschlagen hatte. Das Kabinett konnte sich schließlich auf den Botschafter in Bonn, Søren Christian Sommerfelt, einigen, der als Leiter der Delegation Norwegens bei der EFTA in Genf die notwendige Verhandlungserfahrung gesammelt hatte, ohne sich dabei politisch zu exponieren.[68]

Mit dem Verhandlungsauftakt im Sommer 1970 verschärfte sich auch das Misstrauen zwischen den »EG-Aktivisten« (*Berntsen*) an der Botschaft Brüssel und in der Handelspolitischen Abteilung auf der einen und den beitrittsskeptischen Regierungsmitgliedern und ihren politischen Hintermännern auf der anderen. Den Europaexperten und anderen Beamten wurde nun mehr oder weniger direkt vorgeworfen, Norwegens Interessen nicht gut genug zu vertreten.[69] Dies hing einerseits damit zusammen, dass sich die Botschaft in Brüssel und Mitglieder der norwegischen Verhandlungsdelegation aktiv darum bemühten, in der EG ein für Norwegen günstigeres Verhandlungsklima herbeizuführen. Seit dem ersten Antrag auf EG-Mitgliedschaft 1962 hatten die Beamten des Außenministeriums darauf gedrängt, die Gemeinschaft nicht durch unhaltbare Forderungen zu verschrecken.[70] Nach dem Scheitern des ersten Beitrittsantrags 1963 drängten sie darauf, den Kontakt zur Gemeinschaft nicht abreißen zu lassen, um jederzeit auf eine erneute Belebung der Beitrittsfrage reagieren zu können. Den technischen Kontakten auf der Arbeitsebene musste, ihrer Auffassung nach, durch politische Kontakte auf Ministerebene Gewicht verliehen werden. Von der Arbeiterparteiregierung war diese Initiative nicht aufgegriffen worden, weil, wie erwähnt, im Anschluss an die Beitrittsdebatte der Beruhigung der innenpolitischen und vor allem der innerparteilichen Lage Priorität eingeräumt wurde. Anfang 1964 wurde vom Außenministerium die Order ausgegeben, Kontakte mit der EG auf Ministerebene so weit wie möglich zu begrenzen, um aufreibende interne Debatten zu vermeiden.[71] Dass die Kontakte zwischen der EG und den Kandidaten zunächst nur auf der Arbeits-

---

68 RA, SMK, regj. konf., Bd. 27, Sitzungen vom 26.6., 27.6., 30.7. und 31.7.1970.
69 *Berntsen* 2007, S. 338, 407.
70 *Eriksen/Pharo* 1997, S. 345.
71 Ebd., S. 350.

ebene weitergeführt wurden, etwa zwischen den Ständigen Vertretern und den Botschaftern der Kandidaten, entsprach durchaus auch den Vorstellungen der Bundesregierung, die sich in dieser Frage besonders engagierte, trotz der Enttäuschung über de Gaulle aber jede Provokation Frankreichs vermeiden wollte. Die norwegischen Diplomaten machten sich jedoch Sorgen darüber, dass sich die zurückhaltende norwegische Vorgehensweise zu stark von der ihrer Mitkandidaten unterschied. Diese waren, wie der irische Botschafter betonte, »lebhaft daran interessiert, die mit dem Beitrittsgesuch geschaffenen Kontakte mit den EWG-Ländern aufrechtzuerhalten und zu entwickeln«, oder bemühten sich, wie der dänische Außenminister Per Hækkerup bekräftigte, »eine direkte Kontaktaufnahme mit der EWG zu erlangen.«[72] Dieser Unterschied in der Herangehensweise machte sich auch in Verbindung mit dem zweiten Antrag und schließlich bei den Verhandlungsvorbereitungen 1970 bemerkbar. Erneut wirkte Norwegen weniger offensiv und weniger interessiert als seine Mitbewerber. Erneut versuchten die Beamten dies zu korrigieren, indem sie seit dem Herbst 1966 mahnten, auch auf politischer Ebene einen Meinungsaustausch mit der EG und ihren Mitgliedsländern herzustellen.[73] Norwegen sei unter den nordischen Nachbarn das Land, das am wenigsten politische Besuchsaktivitäten betreibe:

> Es kann kein Zweifel daran bestehen, dass es den norwegischen Interessen förderlich sein würde, wenn der Kontakt zwischen Norwegen und der Gemeinschaft besser ausgebaut wäre. Dies gilt besonders für den Besuchsaustausch auf verantwortlicher politischer Ebene. Bessere Kontakte würden neue Möglichkeiten schaffen, der Kommission norwegische Auffassungen und norwegische Probleme auf allen Feldern gemeinsamen Interesses vorzutragen. Bei der Bedeutung, die die Politik der EG für Norwegen hat, wäre dies äußerst wünschenswert.[74]

Als die Frage der Kontaktaufnahme nach dem Haager Gipfel dringlicher wurde, unterstrichen die Europaexperten ihre Forderung erneut, machten aber auch deutlich, dass solche Kontakte nur dann Sinn machten,

---

72 AAPD, 1963, Dok. 277; PA AA, B 20, Bd. 1246, Oslo an AA, 23.7.63, Norwegische Haltung zur Frage der Kontaktaufnahme mit der EWG – Besuch des Bundesministers in Kopenhagen.
73 UD 44.36/6.84-25, Den Haag an UD, 30.6.66, EEC og Norge. Kontakttagningen på statsrådsplan med de enkelte EEC-land.
74 UD 44.36/6.84-31, Brüssel an UD, 27.3.1969, CEE – Norge. Kontaktproblemet.

wenn intern Klarheit über den Willen zur Mitgliedschaft und über die Verhandlungsziele bestehe.[75]

Die beitrittsfreundlichen Regierungsmitglieder griffen diese Vorschläge ihrer Mitarbeiter bereitwillig auf und brachten sie im Kabinett ein.[76] Dort wurde eine allzu offensive Haltung gegenüber der Gemeinschaft aber von den Beitrittsskeptikern abgelehnt, was nicht unbedingt daran lag, dass sie den Nutzen regelmäßiger Sondierungen und die Vertretung eigener Interessen bezweifelten. Vielmehr sahen sie darin eine zu einseitige Konzentration auf die Option der Vollmitgliedschaft, die aus Rücksicht auf die innenpolitische Situation so lange wie möglich vermieden werden sollte. Den Vorschlag der konservativen Kabinettsmitglieder vom Januar 1970, auf die Ergebnisse des Haager Gipfels mit inoffiziellen Gesprächen des Außen- und des Handelsministers, besonders aber des Landwirtschafts- und des Fischereiministers, in Brüssel zu reagieren, um die Weichenstellungen der Gemeinschaftspolitik in der Fischereifrage und anderen wichtigen Verhandlungsfragen zu beeinflussen, wurde von den Skeptikern als »unklug« bezeichnet. Solange die Nordek-Frage noch ungelöst und die Aufnahme von Beitrittsverhandlungen mit Großbritannien und Dänemark nicht sicher war, sollte Norwegen nicht den Eindruck erwecken, es lege sich auf die Beitrittsoption fest.[77]

In den folgenden Monaten verschärfte sich somit ein Gegensatz, der bereits in den Jahren zuvor der norwegischen Regierungsposition einen Anstrich von Ambivalenz gegeben hatte. Während die Minister für Auswärtiges, Handel und Industrie bei ihren Gesprächen in der EG den Beitrittswillen Norwegens informell unterstrichen, wehrte sich Ministerpräsident Borten öffentlich gegen jede Festlegung auf die Beitrittsoption. Die offizielle Vorbereitung stand damit im Gegensatz zur Strategie der politischen Führung Dänemarks, die nicht nur laufend Kontakte zur EG pflegte, sondern sich auch offen zum Ziel der Mitgliedschaft bekannte und darüber hinaus durch die Überreichung von Memoranden bereits vor Verhandlungsbeginn auf ihre Forderungen aufmerksam gemacht hatte.[78] Borten war es, wie die *Neue Zürcher Zeitung* (NZZ) feststellte, »gelun-

---

75 UD 44.36/6.84-31, Brüssel (Halvorsen) an Lyng, 17.12.1969; UD 44.36/6.84-31, Notat, 1. h.pol.ktr., 29.12.69, Norge og EEC. Interne forberedelser.
76 *Willoch, Kåre*: Myter og virkelighet. Om begivenheter frem til våre dager med utgangspunkt i perioden 1965-1980, Oslo 2002, S. 291 f.
77 RA, SMK, regj. konf., Bd. 27, 5.1.1970; RA, SMK, regj. konf., Bd. 27, 12.1.1970. Vgl. *Allen* 1979, S. 79. Zum Projekt einer nordischen Zollunion (Nordek) vgl. unten 4.3.4.
78 »Dänemark und Norwegen vor den EWG-Verhandlungen«, in: *NZZ*, 9.7.70.

gen, latente innenpolitische Spannungen in einen Kabinettsbeschluss auf *Inaktivität gegenüber der EWG* umzumünzen«, worin sich ein »fast absurd anmutende[r] *Mangel an Strategie*« offenbare.[79]

Erst der Regierungswechsel im März 1971 brachte eine Veränderung der norwegischen Taktik. Ein Beamter des Verhandlungssekretariats erinnert sich, aufgrund klarer politischer Richtlinien sei fortan die gesamte norwegische Zentralverwaltung auf EG-Mitgliedschaft ausgerichtet gewesen.[80] Zugleich begann die »heiße« Verhandlungsphase, in der die Unterstützung der einzelnen Mitgliedstaaten und damit der direkte Kontakt zu ihnen immer wichtiger wurden.

Ein weiterer Kritikpunkt an der Rolle der Bürokratie war der, dass sich viele Beamte nicht darauf beschränkten, ihr Expertenwissen der politischen Führung als Entscheidungsgrundlage zur Verfügung zu stellen, sondern vielmehr selbst in die Debatte eingriffen. Damit gaben sie nach Ansicht der Beitrittsgegner ihre professionelle Neutralität auf und wurden zu »untreuen Dienern« ihres Staates.[81] Insbesondere den Diplomaten wurden dabei auch persönliche Motive unterstellt, konnten sich doch die Europaexperten von einem EG-Beitritt neue Karrieremöglichkeiten in Oslo und Brüssel versprechen.[82] Das Misstrauen gegen die eigenen Stellvertreter in Brüssel reihte sich in eine weit verbreitete traditionelle Skepsis der Bevölkerung gegen die Zentralverwaltung im Allgemeinen und gegen die Bürokratie des Außenministeriums im Besonderen ein. Der Widerstand gegen eine Vollmitgliedschaft in der Europäischen Gemeinschaft wurde, so Iver B. Neumann, begleitet von einem »revival of the anti-establishment, anti-urban and anti-elitist tendencies which had animated Norwegian nation-building in the latter half of the nineteenth century.«[83] Der heftige Widerstand, der den norwegischen Beamten in der Beitrittsfrage entgegenschlug, bewirkte einen weiteren Ansehensverlust der bürokratischen Elite in der Bevölkerung und hinderte gleichzeitig die Diplomaten daran, weiterhin ihr persönliches Engagement für Norwegens Verhältnis zu Europa einzubringen.[84]

---

79 Ebd.
80 Gespräch mit Terje Johannessen am 18.6.2003 in Oslo. Vgl. auch *Underdal* 1972, S. 160.
81 Vgl. *Østerud, Øyvind* u.a. (Hrsg.): De utro tjenere, Oslo 1974.
82 Vgl. *Østerud, Øyvind* u.a.: Embetsverket i EF-kampen, in: *Dies.* (Hrsg.) 1974, S. 56-79, hier S. 60.
83 Vgl. *Neumann, Iver B.*: Norway. The Foreign Ministry: Bracketing Interdependence, in: *Hocking, Brian* (Hrsg.): Foreign Ministries. Change and Adaptation, Basingstoke 1999, S. 152-169, hier S. 158.
84 Ebd., S. 158.

Zunächst aber waren die Europaexperten der Ministerien sowohl für Befürworter als auch Gegner einer Vollmitgliedschaft unverzichtbar, weil, unabhängig von dem zu erreichenden Ziel, eine große Mehrheit der politischen Elite Verhandlungen mit der EG für notwendig befand. Gerade in einem Land, das sich lange Zeit kaum mit dem europäischen Integrationsprozess auseinandergesetzt hatte, verfügte nur eine begrenzte Gruppe von Beamten und Politikern über die Qualifikation und die Kapazität, die norwegischen Positionen inhaltlich und argumentativ auszuformen. Dies galt sowohl für die Verhandlungsposition gegenüber der EG als auch für die Information und Aufklärung der Öffentlichkeit, die, bei aller Kritik an der vermeintlichen Einseitigkeit der Bürokratie, nur von den Europaexperten geleistet werden konnte.[85]

Ihre zentrale Rolle als Vermittler zwischen Norwegens Positionen und denen der EG machte die Bürokratie auch zu einem wichtigen Element der deutsch-norwegischen Zusammenarbeit, zumal unter den »Marktdiplomaten« die Auffassung vertreten wurde, dass die Beitrittverhandlungen nicht nur zwischen Frankreich und Großbritannien unter Beihilfe der Kommission entschieden wurden, sondern dass auch der Bundesrepublik eine zentrale Rolle zukam. Ähnlich wie für die europäisch gesinnten Politiker spielte für die Diplomaten nicht nur die zunehmende wirtschaftliche und politische Bedeutung Deutschlands in der Gemeinschaft oder die enge Beziehung Bonns zu Paris, von der man sich in Oslo eine Beeinflussung der französischen Haltung erhoffte, eine Rolle. Ein wichtiger Grund war auch das Entgegenkommen, das deutsche Akteure traditionell in der Beitrittsfrage zeigten und das in der Gemeinschaft seines Gleichen suchte.[86] In der Ära Brandt wurde dieses Wohlwollen durch die Dialogbereitschaft auf höchster Regierungsebene noch verstärkt, was die Arbeit der Beamten deutlich erleichterte. In keinem anderen EG-Land, insbesondere nicht im präsidialen Frankreich, bestand die Möglichkeit für norwegische Diplomaten und Politiker aus allen Lagern, den Regierungschef direkt zu kontaktieren, ihn privat zu treffen, ihn anzurufen und ihm – auf Norwegisch – ihre Anliegen auseinanderzusetzen. Hinzu kommt, dass vielen Norwegern der »laufende beiderseitig vertrauensvolle Dialog«[87] mit ihren deutschen Kollegen durch eine größere kulturelle Nähe und durch bessere Verständigungsmöglichkeiten leichter fiel, als dies etwa bei Vertretern romanischer

---

85 *Berntsen* 2007, S. 346 ff.
86 Vgl. *Underdal* 1972, S. 153 f.; *Stoltenberg* 2001, S. 237 f.
87 PA AA, B 20, Bd. 1835, Kgl. Norw. Botschaft Bonn an AA, 15.1.71.

Länder der Fall war.[88] Deutsche Vertreter wussten ihrerseits zu schätzen, dass »die Norweger [...] unsere Bekanntschaft [suchten], obwohl die Stimmung im Land deutsch-kritisch war.«[89]

4.2 Bundesrepublik Deutschland: Vom Streit über die Westbindung zum europapolitischen Konsens

Die Europapolitik der Bundesrepublik war seit ihrer Gründung geprägt durch den Umstand, dass die drei westlichen Besatzungsmächte die auswärtigen Beziehungen kontrollierten und dass eine Erweiterung des Handlungsspielraums nur über den Weg einer engen Verflechtung mit den westlichen Nachbarn erfolgen konnte. Innerhalb dieser Beschränkung mussten die westdeutschen Eliten die europapolitischen Weichen in einem Spannungsfeld zwischen fünf übergeordneten nationalen Interessen stellen: der Rückgewinnung des Vertrauens der internationalen Staatengemeinschaft, der Wiedererlangung der nationalen Souveränität, der Überwindung der Teilung, der Sicherheit im Ost-West-Gegensatz und der wirtschaftlichen Prosperität durch Intensivierung und Liberalisierung des europäischen und internationalen Handels.

Angesichts des Ost-West-Konflikts und der wirtschaftlichen Segnungen des von den USA großzügig geförderten Wiederaufbaus wurden die Westbindung und damit bald auch die europäische Integration von »[großen] Teilen der politischen Eliten und der Bevölkerung Westdeutschlands – vermutlich deren Mehrheit« – nicht nur als notwendig angesehen, sondern auch unterstützt.[90] Uneinigkeit herrschte in der westdeutschen Elite darüber, inwieweit das Ziel der nationalen Einheit der Integration in den Westen untergeordnet werden musste. Für den christdemokratischen Bundeskanzler Konrad Adenauer hatte die Westintegration und die damit verbundene Chance auf eine rasche Rückgewinnung nationaler Souveränität Priorität vor der kurz- und mittelfristig zweifelhaft erscheinenden Möglichkeit zur Wiedervereinigung.[91] Der SPD-Vorsitzende Kurt Schumacher kritisierte diese Politik massiv wegen

---

88 Gespräch mit Terje Johannessen, 18.6.03 in Oslo.
89 So rückblickend der deutsche Botschafter in Oslo. *Ritzel* 1998, S. 134.
90 *Herbst, Ludolf:* Stil und Handlungsspielräume westdeutscher Integrationspolitik, in: *Ders./Bührer, Werner/Sowade, Hanno* (Hrsg.): Vom Marshallplan zur EWG, Die Eingliederung der Bundesrepublik in die westliche Welt, München 1990, S. 3-18, hier S. 3.
91 *Ebd.*

ihrer Zurückstellung der nationalen Frage und wandte sich darüber hinaus gegen eine kleineuropäische Lösung, die er als »konservativ«, »klerikal«, »kapitalistisch« und »kartellistisch« ansah.[92] Ungeachtet der Tatsache, dass sich Großbritannien und die skandinavischen Länder von dem kleineuropäischen Integrationsprojekt zunächst klar distanzierten, ging es bei der europapolitischen Uneinigkeit von Regierung und Opposition in den 1950er Jahren auch um die Einbeziehung dieser Länder. Die SPD setzte sich u.a. deshalb für die Erweiterung der EG ein, notfalls in einem zwischenstaatlichen Rahmen, weil sie hoffte, mit Hilfe der traditionell starken sozialdemokratischen Kräfte Nordwesteuropas dem konservativen Charakter der Gemeinschaft entgegenzuwirken. Dies wiederum war für die Christdemokraten ein Grund, eine zumindest vorläufige Begrenzung der europäischen Einigung auf das Kleineuropa der Sechs zu begrüßen.

Aber auch innerhalb der Parteien kam es über die Europapolitik zu Differenzen. So schlossen sich längst nicht alle Sozialdemokraten dem harten Kurs ihres Vorsitzenden gegen die Westbindung an. Willy Brandt beispielsweise stand in den 1950er Jahren dem so genannten »Bürgermeisterflügel« der SPD um die Regierenden Bürgermeister von Berlin (Ernst Reuter), Hamburg (Max Brauer) und Bremen (Wilhelm Kaisen), nahe, die sowohl die Aussöhnung mit Frankreich als auch die enge Bindung an die Vereinigten Staaten für unausweichlich hielten und die zunächst keine Alternative zur Konsolidierung des westdeutschen Staates sahen. Innerhalb der Union gab es von Beginn an auch Widerstände gegen Adenauers Kurs der einseitigen Westintegration. Seit der Konferenz von Messina, die 1955 den Weg zur Gründung der Europäischen Wirtschaftsgemeinschaft bereitete, standen sich das auf eine enge Partnerschaft mit Frankreich und das Kleineuropa der Sechs bauende Konzept Konrad Adenauers und das auf eine Einbeziehung der übrigen OEEC-Staaten abzielende Freihandelskonzept Ludwig Erhards gegenüber.

Konsens seit Beginn der 1960er Jahre

Seit Anfang der 1960er Jahre bestand sowohl in der Elite als auch in der öffentlichen Meinung der Bundesrepublik breite Einigkeit darüber, dass

---

92 Vgl. *Bellers, Jürgen*: Sozialdemokratie und Konservatismus im Angesicht der Zukunft Europas, in: *Ders./Winking, Mechthild* (Hrsg.): Europapolitik der Parteien. Konservatismus, Liberalismus und Sozialdemokratie im Ringen um die Zukunft Europas, Frankfurt/Main 1991, S. 3-42, hier S. 21.

die Zusammenarbeit in Europa und die Einigung des Kontinents im Rahmen der Europäischen Gemeinschaft stattfinden musste. Dazu hatten verschiedene Entwicklungen beigetragen. Die SPD hatte im Zuge ihres Reformkurses ihre Gegnerschaft zur Westpolitik aufgegeben und vertrat fortan die Überzeugung, dass sich sozialdemokratische Politik am besten im Rahmen des europäischen Integrationsprojekts verwirklichen ließe. Das kleineuropäische Konzept hatte sich mit der Gründung der EWG und dem Scheitern der großen Freihandelszone in den Maudling-Verhandlungen durchgesetzt und wurde nun auch von Skeptikern wie Ludwig Erhard nicht mehr grundsätzlich in Frage gestellt. Parallel dazu wurde mit dem zunehmenden Machtverlust und schließlich dem Ausscheiden Adenauers aus der Regierung die von vielen als zu einseitig empfundene Fixierung auf Frankreich relativiert. Der europapolitische Konsens galt auch für die Erweiterung. »Adenauers Reserven [...]«, so Willy Brandt in seinen *Begegnungen*, »bestimmten nicht mehr den Kurs der Bundesregierung. Erhard sah die Dinge anders. Ich war, wie meine Partei, immer für die Mitgliedschaft Großbritanniens.«[93] Die Erweiterung der Gemeinschaften gehörte nunmehr, wie Wolfram Kaiser betont hat, zu den langfristigen Interessen der Bundesrepublik.[94]

Herausgefordert wurde dieser Konsens in den folgenden Jahren immer wieder durch Frankreich, das einer Heranführung Großbritanniens und der anderen EFTA-Länder ständig neue Steine in den Weg legte. Bis zum Ende der 1960er Jahre wurden sämtliche Bundesregierungen vor die Frage gestellt, ob sie dem Verhältnis zu Frankreich oder der Erweiterung Priorität einräumen wollten. Der unionsinterne Konflikt zwischen »Gaullisten«, die eine Vertiefung der politischen Zusammenarbeit forderten, und »Atlantikern«, die sich von dem Konzept der großen Freihandelszone nicht verabschieden mochten, hielt bis in die zweite Hälfte der 1960er Jahre an, wenngleich er nach Erhards Rücktritt an Schärfe verlor.

4.2.1 Die Große Koalition und die Erweiterungsfrage

Die Große Koalition, die im November 1966 mit dem europapolitischen Versprechen antrat, die unter Erhard bisweilen angespannten Beziehungen zu Frankreich wieder auf eine gute Basis zu stellen, wollte nicht zwischen Frankreich und Großbritannien, zwischen Vertiefung

---

93 *Brandt* 1976, S. 199.
94 *Kaiser* 1997, S. 31-33.

und Erweiterung entscheiden müssen.[95] Im Gegensatz zu ihrer Vorgängerin wurde die neue Regierung aber mit einer erneuten Beitrittsinitiative Großbritanniens konfrontiert und musste sich daher intensiver mit der Frage auseinandersetzen, wie de Gaulles Widerstand in dieser Frage überwunden werden konnte, ohne das deutsch-französische Verhältnis zu belasten. Grundsätzlich stimmten Kanzler und Außenminister in dieser Frage überein. Wie ihre Vorgänger, Erhard und Schröder, befürworteten sie die Erweiterung und meinten, dass Maßnahmen zur Beseitigung der wirtschaftlichen Schwierigkeiten Großbritanniens erst in Verhandlungen beschlossen werden könnten. Gleichzeitig räumten beide aber den deutsch-französischen Beziehungen die höchste Priorität ein und waren sich einig, dass de Gaulle überzeugt und nicht gedrängt werden müsste.

Allen bisweilen vorgebrachten Hoffnungen zum Trotz konnten sich daher die Beitrittsbewerber kaum Illusionen über ein stärkeres Engagement der Bundesrepublik zugunsten ihrer Anträge machen. So vermutete das Osloer *Arbeiderbladet* bereits im Januar 1967, Brandt und Kiesinger würden nichts unternehmen, sollte de Gaulle erneut die Tür zur Gemeinschaft vor Großbritannien zuschlagen. Zu groß sei das Interesse in Bonn an der Unterstützung Frankreichs für die Ostpolitik und eine »Zuspitzung« des bilateralen Verhältnisses werde sicher nicht wegen der Beitrittsfrage in Kauf genommen.[96] Zumal, wie der norwegische Botschafter in Bonn feststellte, ja auch Brandt, von dem am ehesten eine Anstrengung zugunsten der Erweiterung zu erwarten sei, gute Beziehungen zum General wolle.[97]

Als dann das britische Gesuch vorlag, wurden die Meinungsunterschiede zwischen dem Bundeskanzler und dem Außenminister sowie ihren Mitarbeitern deutlicher. Während man im Kanzleramt der Auffassung war, Paris dürfe in der Beitrittsfrage nicht herausgefordert werden, und man außerdem gewisse Vorbehalte Frankreichs gegenüber den Beitrittsgesuchen durchaus teilte, war man im Auswärtigen Amt (AA) eher dazu bereit, gemeinsam mit den anderen EG-Partnern stärkeren Druck auszuüben. Brandt selbst ergriff nicht nur wiederholt öffentlich das Wort für den Beitritt, er bot sich auch als »ehrlicher Makler« an und zeigte sich bereit, die Beitrittskandidaten taktisch zu beraten und gemeinsam mit ihnen Lösungsvorschläge ausarbeiten zu lassen.

---

95 *Türk, Henning*: Die Europapolitik der Großen Koalition 1966-1969, München 2006, S. 17 ff.; *Wilkens* 2001 [a], S. 325 ff.
96 »Uvisst hvor sterkt Bonn vil gå inn for britene«, in: *Arbeiderbladet*, 24.1.67.
97 UD 25.4/113-66, Bonn an UD, 6.1.1967.

Abgesehen von der oben angesprochenen sozialdemokratischen Dimension der Erweiterungsfrage und dem persönlichen Interesse Brandts an einem Beitritt der skandinavischen Länder, hob sich seine Einstellung zur Erweiterung nicht wesentlich von dem europapolitischen Konsens der Bundesrepublik ab. In der Tradition Konrad Adenauers sah Brandt im EG-Beitritt einen wichtigen Beitrag zur Einbindung des Nordens in die westliche Allianz; in der Tradition Ludwig Erhards zählte er die Öffnung der skandinavischen Märkte zu den zentralen wirtschaftspolitischen Interessen der Bundesrepublik.[98] Als es in den Verhandlungen galt, die europäischen Partner von der Notwendigkeit des norwegischen, dänischen und schwedischen Beitritts zu überzeugen, verwies er auf sicherheitspolitische Argumente.

Wie aber stand Brandt zu der Tatsache, dass sich Norwegen, Schweden und auch Dänemark nur widerstrebend auf die Beitrittsbedingungen der Gemeinschaft einlassen wollten? Für Adenauer war in Übereinstimmung mit de Gaulle die Sorge um die Funktionsfähigkeit der Gemeinschaft ein wichtiges Argument gegen die Erweiterung gewesen und auch Kiesinger stimmte zu einem gewissen Grad mit der Skepsis des Generals überein.[99] Was Brandt angeht, scheint es zunächst, als hätte er den Widerspruch zwischen seinem Einsatz für die politische Einigung Europas und seinem Engagement für die Erweiterung entweder nicht wahrgenommen oder aber bewusst heruntergespielt.[100] Tatsächlich spricht aber einiges dafür, dass Brandts Europakonzeption bei aller Rücksicht auf die Anliegen der Bewerber fest in den übergeordneten Konzeptionen deutscher Europapolitik verankert war.[101]

Zunächst einmal ging Brandt offensichtlich davon aus, dass die europäischen Institutionen ausreichend gefestigt waren, um den Beitritt neuer Mitglieder zu verkraften, und dass sich die Bewerber, einmal in

---

98 »Størst norsk innflytelse ved EF-medlemskap, sier Brandt«, in: *Aftenposten*, 10.7.72.
99 Vgl. z.B. AAPD, 1963, Dok 43. Zu Kiesinger vgl. *Kroegel* 1997, S. 76-90 und *Gassert, Philipp*: Kurt Georg Kiesinger, 1904-1988: Kanzler zwischen den Zeiten. München 2006, S. 469-716.
100 *Leuchtweis, Nicole*: Deutsche Europapolitik zwischen Aufbruchstimmung und Weltwirtschaftskrise: Willy Brandt und Helmut Schmidt, in: *Müller-Brandeck-Bocquet, Gisela* (Hrsg.): Deutsche Europapolitik von Konrad Adenauer bis Gerhard Schröder, Opladen 2002, S. 63-113, hier S. 89.
101 Vgl. *Wilkens, Andreas*: Westpolitik, Ostpolitik and the Project of the Economic and Monetary Union. Germany's European Policy in the Brandt Era (1969-1974), in: JEIH 5/1 (1999), S. 73-102, hier S. 82; *Müller-Roschach, Herbert*: Die deutsche Europapolitik 1949-1977. Eine politische Chronik, Bonn 1980, S. 241.

der Gemeinschaft, dieser anpassen würden.[102] Der italienischen Zeitschrift *Epoca* gegenüber wies Brandt 1972 die Befürchtung zurück, »daß die Erweiterung der EWG die Fortschritte in Richtung einer auch politischen Gemeinschaft verlangsamen könnte« und »daß insbesondere mit dem Beitritt zur Europäischen Wirtschaftsgemeinschaft durch die skandinavischen Länder, die vor allen Dingen daran interessiert sind, ihre Eier und ihr Aluminium zu verkaufen, ein Hindernis auf dem Weg zur Integration aufkommen könnte«. Erstens, so Brandt, hätten die Beitrittskandidaten die Römischen Verträge und damit die *Finalité politique* der Gemeinschaft akzeptiert und zweitens seien die skandinavischen Länder nicht weniger europäisch als die anderen. Ihre Kultur sei stark vom kontinentalen Europa geprägt und dass sie sich seit dem Zweiten Weltkrieg stärker an Großbritannien orientiert hätten, sei nicht weiter schlimm, da ja die Briten ebenfalls der EG beiträten. Schließlich werde die Gemeinschaft das Ziel der politischen Einigung beharrlich verfolgen und könne dabei von der demokratischen Tradition der Beitrittskandidaten nur profitieren.[103] Dass Brandt sich in dieser Frage nicht nur auf das Prinzip Hoffnung verließ, zeigen seine Gespräche mit Vertretern der Kandidaten, in denen er immer wieder auf die Notwendigkeit einer vollständigen Annahme des *acquis communautaire* verwies.[104]

Auf der anderen Seite war Brandt zwar ein überzeugter Europäer, nicht aber ein Befürworter der supranationalen Integration und ihrer bürokratischen Auswüchse. Er teilte somit durchaus einige der Bedenken der Bewerber. Sein Ausgangspunkt war dabei allerdings ein anderer. Wo die Norweger beispielsweise eine Überführung von Kompetenzen an ein europäisches Parlament fürchteten, hielt Brandt gerade diesen Schritt für notwendig, um das Demokratiedefizit der Gemeinschaft zu beseitigen.[105] Seine Botschaft an die Kandidaten war, dass sich politische Einigung und nationale Eigenständigkeit nicht ausschließen müssten.[106] Weil diese Argumentation an die europapolitische Konzeption de Gaulles erinnerte, erntete Brandt Kritik von EG-Seite.[107] In der Tat

---

102 *Wilkens* 2001 [a], S. 337; *Ders.*, 2004, S. 206.
103 Interview vom 27.2.1972, abgedruckt in: *Brandt* 1973, S. 148-153, hier S. 150 f.
104 Vgl. u.a. UD 44.36/6.84-32, 1. h.pol.ktr., 28.4.70, Ref. fra samtalen mellom de norske regjeringsrepresentanter og forbundskansler Willy Brandt 23.4.70.
105 Ebd.
106 Ansprache in Oslo, 14.9.72, in: *Brandt* 1973, S. 341 f.; »Brandt: Ja til tillitsunion«, in: *Arbeiderbladet*, 15.9.72.
107 »De Gaulle und kein Ende«, in: *Frankfurter Rundschau*, 16.9.72; »Gaullistische Anklänge«, in: *FAZ*, 16.9.72.

Als einer der führenden Europapolitiker seiner Zeit war Willy Brandt ein wichtiger Gesprächspartner für die norwegische Regierung. Im Vordergrund Ministerpräsident Borten und Außenminister Lyng bei Brandts erstem offiziellen Besuch in Oslo im April 1970.

konnte er de Gaulles Konzept eines Europas der Vaterländer durchaus etwas abgewinnen.[108] Anders als sein ostpolitischer Berater Egon Bahr verlor er allerdings nie den Glauben an die Entstehung einer Europäischen Union in absehbarer Zukunft.[109] Seine Argumente zielten vor allem darauf ab, die norwegischen Skeptiker davon zu überzeugen, dass die Rechte der kleinen Staaten in der EG besser wahrgenommen würden als außerhalb.[110]

---

108 Vgl. *Hildebrand, Klaus*: Willy Brandt, General de Gaulle und ›la Grande Europe‹, in: *Möller/Vaïsse* (Hrsg.) 2005, S. 115-120, bes. S. 117 f.
109 Vgl. *Vogtmeier, Andreas*: Egon Bahr und die deutsche Frage: zur Entwicklung der sozialdemokratischen Ost- und Deutschlandpolitik vom Kriegsende bis zur Vereinigung, Bonn 1996, S. 342-350, hier S. 349.
110 »Størst norsk innflydelse ved EF-medlemskap, sier Brandt«, in: *Aftenposten* 10.7.72; »Willy Brandt i Oslo i dag. Alltid lydhør for små lands problemer«, in: *Arbeiderbladet*, 14.9.72.

Trotz oder gerade wegen dieser ambivalenten Haltung gelang es Brandt, sich in den Augen der Kandidaten als deren wichtigster Unterstützer zu profilieren. So bedankte sich der britische Außenminister Brown ausdrücklich für die deutsche Unterstützung der britischen Beitrittsbemühungen, ohne die »man nicht da [stünde], wo man sich heute befinde«, und hob »insbesondere das Eintreten Brandts im Ministerrat der WEU« hervor. Nach dem Veto de Gaulles im November bat der britische Europaminister Lord Chalfont den Bundesaußenminister, »seine führende Rolle, für die man sehr dankbar sei, nicht aufzugeben.«[111] Tatsächlich beteiligten sich Brandt und seine Mitarbeiter im AA auch nach dem Veto aktiv an der Suche nach Übergangslösungen, wenngleich nicht sehr erfolgreich. Kurz nach seiner Wahl zum Bundeskanzler konnte Brandt seinen Einsatz dann aber mit einem Auftritt auf der Gipfelkonferenz in Den Haag im Dezember 1969 krönen, in dem sowohl die europäische Presse als auch diplomatische Beobachter ein klares Zeichen dafür sahen, dass die Bundesrepublik nun mit Frankreich auf Augenhöhe die Europapolitik bestimmen werde. So kommentierte das norwegische *Arbeiderbladet* die Wahl Brandts zum Mann des Jahres 1970 durch das US-Magazin *Time*:

> Er war es, der die Erweiterungsverhandlungen in Gang gesetzt hat. Zweimal hatte de Gaulle sein Veto gegen die britische Mitgliedschaft eingelegt. Auf dem Gipfeltreffen von Den Haag [...] erschien dann Pompidou als französischer Präsident. Der Wechsel, der in Frankreich stattgefunden hatte, war eine wichtige Voraussetzung, um aus der Stagnation herauszufinden. Aber es bedurfte darüber hinaus eines offensiven Willens – und dieser wurde vor allem durch Willy Brandt vertreten. Er trat als der neue »starke Mann Europas« auf, nicht als Diktator mit militärischer Überlegenheit oder mit Hilfe eines negativen Vetorechts, sondern durch seine konstruktive Haltung. Auch für die westeuropäische Zusammenarbeit wurde er zum Erneuerer.[112]

Anlässlich seines offiziellen Besuchs als Bundeskanzler 1970 erinnerte die norwegische Presse daran, dass Brandt »einen großen Anteil daran habe, dass die Verhandlungen mit den Anwärterländern bald zustande kommen«. Sogar beitrittsskeptische Zeitungen empfahlen ihn als »idealen

---

111 AAPD, 1967, Dok. 363; AAPD, 1968, Dok. 5.
112 »Willy Brandt – årets mann«, in: *Arbeiderbladet*, 29.12.70.

Gesprächspartner für die norwegische Regierung«, weil er besser als jede andere »Schlüsselperson« in der EG sowohl einen ausgeprägtes Gefühl für die europäischen Realitäten als auch ein Verständnis für die nordische Mentalität und die nordischen Verhältnisse habe.[113]

4.2.2 Die sozial-liberale Koalition und die Beitrittsverhandlungen

Der Antritt der sozial-liberalen Regierung unter der Leitung Brandts Ende 1969 erfolgte zeitgleich mit dem Durchbruch in der Beitrittsfrage. Weil es nun zunächst um die technische Vorbereitung und Durchführung der Verhandlungen ging, spielte die Erweiterungsproblematik für die neue Regierung eine wesentlich geringere Rolle als für ihre Vorgängerin. Zwar wurde von politischer Seite der Druck aufrechterhalten, alles für den keineswegs sicheren Erfolg der Verhandlungen zu tun, Brandt selbst und seine Mitarbeiter waren jedoch der Auffassung, dass der entscheidende Durchbruch in Den Haag erfolgt sei.[114] Die Ostpolitik dominierte nun die Schlagzeilen, worüber sich Brandt wiederholt beklagte, weil sich die »tatsächliche Aktivität« der Regierung »ganz eindeutig auf Westeuropa« bezogen habe und überhaupt Westpolitik, Ostpolitik und Europapolitik »ein einheitliches Ganzes« bildeten.[115] Den Vorwurf der Union, die Regierung wolle die westliche Verankerung der Bundesrepublik aufgeben und betreibe die »Finnlandisierung« Deutschlands, konterte Brandt mit dem Verweis auf die Ergebnisse des Haager Gipfels:

> Die Unterstellung, die in diesen Angriffen liegt, [...] ist weit von der Wirklichkeit entfernt [...]. Frühere Regierungen haben durch ihre Unbeweglichkeit und durch ihre politische Unfruchtbarkeit mit für den Stillstand in der westeuropäischen Gemeinschaft und im atlantischen Bündnis gesorgt. Wir dagegen haben beigetragen dazu, dass es nach Jahren der Stagnation in Westeuropa wieder vorangegangen ist, wenn auch schwierig. Wir haben die Haager Gipfelkonferenz wesentlich mit beeinflusst. Wir haben die Grundentscheidungen über den Beitritt Großbritannien und anderer, wir haben die

---

113 »Velkommen, Willy Brandt«, in: *Morgenposten*, 23.4.70; »Brubygger på statsbesøk«, in: *Nationen*, 23.4.70.
114 Gespräch mit Katharina Focke (6.9.2000 in Köln).
115 Zit. nach *Fischer, Frank*: Einleitung, in: *Brandt, Willy*: Berliner Ausgabe, Bd. 6, Ein Volk der guten Nachbarn, Bearb. von *Frank Fischer*, Bonn 2005, S. 47.

grundsätzliche Weichenstellung für die Wirtschafts- und Währungsunion, wir haben den Beginn einer konkreten außenpolitischen Zusammenarbeit mitgeprägt.[116]

Tatsächlich waren nach Den Haag die Aufmerksamkeit der Öffentlichkeit und damit auch das Potential für politische Auseinandersetzungen in der Beitrittsfrage gering. Brandts europapolitischer Beraterin Katharina Focke schien es vor diesem Hintergrund denn auch sinnvoller, Gemeinsamkeiten hervorzuheben, anstatt »künstlich europapolitische Kontroversen aufzubauen, die gar nicht existieren.«[117]

Mit dem Koalitionspartner, der FDP, gab es in der Europapolitik ohnehin »weitgehend gemeinsame sozial-liberale Positionen.«[118] Allerdings ging es in der Erweiterungsfrage nun – zumindest auf EG-Seite – weniger um die grundsätzliche Bereitschaft zur Erweiterung, als vielmehr um die Lösung von Sachproblemen. Dabei aber war zu klären, wieweit den Kandidaten im Einzelnen entgegengekommen werden konnte bzw. musste, um den erfolgreichen Abschluss der Verhandlungen sicherzustellen. Für diese Fragen lag die Zuständigkeit weniger beim Kanzler, der im Zusammenhang mit innenpolitischen Problemen und mit der Ostpolitik andere Prioritäten setzen musste, als bei den jeweiligen Fachministern bzw. ihren Staatssekretären und Beamten. Diese waren gewiss von der traditionell positiven Einstellung der Bundesrepublik zur Erweiterung beeinflusst sowie von dem persönlichen Engagement des Bundeskanzlers zugunsten eines Beitritts der skandinavischen Länder. Auch darf angenommen werden, dass sie in einem Fall von verhältnismäßig geringer innenpolitischer Bedeutung wie dem des norwegischen Beitritts bereitwillig nach pragmatischen Lösungen suchen wollten. Nicht zuletzt wurden die zuständigen Minister selbst durch die nun zahlreichen Kontakte zu norwegischen Kollegen für die dortigen Verhältnisse sensibilisiert und kamen dabei in den meisten Fällen zu der Auffassung, die

---

116 Spiegel-Gespräch 40/1971 (27.9.), in: *Brandt, Willy*: Die Spiegel-Gespräche, 1959-1992, hrsg. von *Erich Böhme* und *Klaus Wirtgen*, Stuttgart 1993.
117 So Focke zu einer SPD-Broschüre, die sich im Februar 1971 mit den Vorwürfen der CDU auseinandersetzen sollte. Focke zufolge ging es »im Grunde um ein Problem: darum, daß die CDU fürchtet, unsere Ostpolitik würde die westliche Integration gefährden und unsere entsprechende Zielsetzung verwässern.« AdsD, Dep. Focke, 17.2.71, Focke an Dingels, Reaktion auf Broschüre, übersandt von Dingels am 9.2.1971; und ebd. 23.3.71, Focke an Dingels (Zitat).
118 *Faulenbach, Bernd*: Die Siebzigerjahre – ein sozialdemokratisches Jahrzehnt?, in: AfS, 44 (2004), S. 1-37, hier S. 13.

Bundesregierung müsse sich stärker für Norwegens Belange einsetzen. Diesen Einflüssen, die für eine insgesamt positive Einstellung der Bundesregierung zu den norwegischen Problemen verantwortlich zeichneten, stand jedoch das Tagesgeschäft in Bonn und Brüssel entgegen. Dort wurden die Minister und ihre Mitarbeiter mit den vielfältigen Interessen im eigenen Land und von Seiten der europäischen Partner konfrontiert und entwickelten eigene Sichtweisen der Verhandlungsproblematik, die nicht immer im Sinne der Kandidaten waren. So war beispielsweise Außenminister Walter Scheel überzeugt davon, dass Norwegen zwar eine dauerhafte Sonderbehandlung für seine Landwirtschaft benötigte, nicht jedoch für seinen Fischereisektor, in dem es eine »Großmacht sei«. Sowohl Scheel als auch Landwirtschaftsminister Josef Ertl (beide FDP) waren der Meinung, dass für Norwegen regionale Lösungen gefunden werden müssten, eine Haltung der sich auch der Bundeskanzler nicht widersetzte, obwohl sie nicht der norwegischen Position entsprach.[119]

4.2.3 Parlament, wirtschaftliche Interessengruppen und öffentliche Meinung

Innenpolitisch konnte die Bundesregierung die Erweiterungspolitik weitgehend ohne den Druck gestalten, dem die norwegische Regierung ausgesetzt war. Der politische Konsens zugunsten der Erweiterung stützte sich auf breite Zustimmung in der Bevölkerung. So weit man überhaupt von innenpolitischem Druck sprechen kann, lässt sich auf das Drängen einiger europapolitisch interessierter Abgeordneter und pro-britischer Medienvertreter verweisen, die eine entschlossene Haltung der Bundesregierung in der Beitrittsfrage forderten.[120]
Auch die Exportwirtschaft hatte seit Ende der 1950er Jahre eine Öffnung der EG gegenüber den Märkten der EFTA-Länder angemahnt. Die Bundesrepublik war zweifellos das Land unter den sechs EG-Staaten mit dem größten wirtschaftlichen Interesse an einer Beseitigung der Handelsbeschränkungen mit Großbritannien und den nordischen Ländern. Wenn auch Norwegen allein keinen wichtigen Absatzmarkt für

---

119 UD 44.36/6.84-41, Bonn an UD, 21.7.71; PA AA, B 20, Bd. 1835, Aufzeichnung IA3 für StS., 27.10.71.
120 Vgl. *Marcowitz, Reiner*: Option für Paris? Unionsparteien, SPD und Charles de Gaulle 1958 bis 1969, München 1996, S. 278-282; *Schönhoven, Klaus*: Wendejahre: die Sozialdemokratie in der Zeit der Großen Koalition 1966-1969, Bonn 2004, S. 411 f.; *Brandt* 2005, Dok. 5, S. 128.

deutsche Produkte darstellte, so waren die EFTA-Staaten und auch nur die skandinavischen Länder zusammengenommen von nicht zu unterschätzender Bedeutung für den deutschen Export und, was den Bezug von Roh- und Halbwaren anging, auch für den Import. Ein Interesse an der Einbeziehung der skandinavischen Märkte äußerten insbesondere die verarbeitende Industrie sowie die nördlichen Bundesländer, die einen größeren Teil ihrer Waren in die EFTA-Länder exportierten als in die EWG.[121] In den Verhandlungen um eine große Freihandelszone im Rahmen der OEEC (1957-1959) profilierten sich diese Kreise, politisch unterstützt von Wirtschaftsminister Ludwig Erhard, als »Ansprechpartner« und »Alliierte« Großbritanniens und der skandinavischen Länder.[122] Innenpolitisch drängten sie die Bundesregierung dazu, das Integrationstempo zwischen den Sechs zu drosseln, und stellten sich u.a. gegen den »Hallstein-Plan«, der eine Beschleunigung bei der Abwicklung der Binnenzölle und bei der Errichtung des gemeinsamen Zolltarifs vorsah.[123] Bei der Diskussion über die ersten Anträge auf Vollmitgliedschaft bzw. Assoziierung der EFTA-Staaten von 1961/62 setzte sich diese vornehmlich an wirtschaftspolitischen Aspekten orientierte Unterstützung durch Bonner Wirtschaftskreise und Teile der Regierung fort. In der Phase der Krisen und Blockaden zwischen 1963 und 1966 versuchte die Bundesregierung unter Ludwig Erhard ihr möglichstes, um den Zollgraben zu den EFTA-Ländern nicht tiefer werden zu lassen.

Auch nach dem Ende der Regierung Erhard hatten die handelspolitischen Argumente für einen Beitritt Großbritanniens und der skandinavischen Länder Bestand. So versuchte der Präsident des Bundesverbands der deutschen Industrie (BDI), Fritz Berg, im Januar 1967 Bundeskanzler Kiesinger davon zu überzeugen, dass die französische Regierung aus »Rücksicht auf unsere traditionellen Handelsbeziehungen zu den EFTA-Ländern« Verständnis für den deutschen Wunsch haben müsse, »die EWG durch alle beitritts- und assoziierungswilligen europäischen Staaten zu erweitern.«[124] Der Handelsbilanzüberschuss der Bundesrepublik, so Berg, werde »praktisch ausschließlich im Warenverkehr mit dem

---

121 Vgl. *Kaiser* 1998, S. 203-206.
122 Vgl. *Lee, Sabine*: Germany and the first enlargement negotiations 1961-1963, in: *Deighton/Milward* (Hrsg.) 1999, S. 211-223, S. 220 f.; *Plappert, Rainer*: Bevorzugte Partner. Die deutsch-schwedischen Außenhandelsbeziehungen, in: *Bohn* u.a. (Hrsg.) 1999, S. 122 f.; *Eriksen/Pharo* 1997, S. 344.
123 Vgl. *Kaiser* 1998, S. 196-202.
124 Berg an Kiesinger, 11.1.67, zit. in: AAPD, 1967, Dok. 16, S. 90, Anm. 4.

Walter Scheel, Willy Brandt und Katharina Focke beim EG-Gipfeltreffen in Den Haag 1./2. Dezember 1969.

EFTA-Raum erwirtschaftet.«[125] Das deutsche Interesse am Warenaustausch mit Skandinavien betraf insbesondere Schweden, den wichtigsten Industriemarkt, und Dänemark, den wichtigsten Landwirtschaftsmarkt. Aber auch an einer Erleichterung der Handelsverbindungen zu Norwegen hatte die Bundesrepublik als wichtigster Handelspartner dieses Landes in der EG das weitaus größte Interesse unter den Sechs.

Wirtschaftspolitische Vorbehalte gegen den Beitritt der skandinavischen Staaten wurden von bundesdeutschen Akteuren kaum artikuliert. Gewiss wurden die Sonderbedingungen, die Norwegen für seinen Primärsektor anvisierte, in der Bundesrepublik bereits 1962 als schwierige Ausgangslage für Mitgliedschaftsverhandlungen angesehen. Dem Bonn-Korrespondenten der Osloer Tageszeitung *Dagbladet* zufolge hatten 1967 einige Beiträge zur Europadebatte des Storting im AA Kopfschütteln hervorgerufen und seien von Sachverständigen als »naive Illusionen« be-

---

125 Berg an Kiesinger, 27.1.67, zit. in: AAPD, 1967, Dok. 16, S. 90, Anm. 4. Vgl. auch AAPD, 1967, Dok. 261.

zeichnet worden.¹²⁶ Die grundsätzliche Bereitschaft Bonns, sich für einen norwegischen Beitritt einzusetzen, stellten diese Bedenken jedoch nie in Frage. Allerdings zwang der vorzeitige Abbruch der Erweiterungsbemühungen die Bundesregierung und ihre Partner weder 1962/1963 noch 1967 dazu, herauszufinden, wie weit Norwegen eigentlich bereit war, sich auf die prinzipiellen Bedingungen eines Beitritts einzulassen, die da hießen: Keine ewig währenden Ausnahmen und keine Ausnahme eines gesamten Sektors.

Gewisse Vorbehalte bestanden unter den Sechs und auch in der Bundesrepublik bezüglich jener norwegischen Exportwaren, die, dank günstiger Energiepreise, unter vermeintlich vorteilhaften Bedingungen hergestellt wurden. Sowohl in Verbindung mit den Maudling-Verhandlungen (1957/58) als auch bei den Beratungen über die ersten Beitrittsanträge 1961-1963 vertraten einzelne besonders betroffene Industriezweige eine wesentlich skeptischere Haltung als der erweiterungsfreundliche BDI und das Bundeswirtschaftsministerium (BMWi).¹²⁷ Und auch 1967 berichteten norwegische Beobachter in Brüssel, dass die europäische Industrie in einigen Bereichen keineswegs so enthusiastisch auf die Erweiterung reagiere, dass sie bereit sei, norwegische Wettbewerbsvorteile ohne Gegenleistung zu akzeptieren.¹²⁸ Von der Kennedy-Runde sei bekannt, wie effektiv diese Industrien ihre Interessen zu organisieren und vertreten wüssten.¹²⁹ Im Gegensatz zu 1962-1963, als Adenauer die Eigeninteressen betroffener Industriezweige als Argument gegen die Erweiterung heranzog¹³⁰, scheinen diese Vorbehalte bei den späteren Anträgen keine wesentliche Rolle für die politische Willensbildung gespielt zu haben. Anders als in Den Haag oder Paris war man in Bonn bereit, für die Lösung der vergleichsweise geringen Schwierigkeiten, die sich für die eigene Wirtschaft aus einem norwegischen Beitritt ergeben würden, aus politischen Gründen Zugeständnisse zu machen.¹³¹ Dass die Gewährung von Sonderregelungen letztendlich finanziell von der Bundesrepublik getragen werden müsste, wurde offensichtlich hingenommen. Von Seiten der

---

126 Hier zit. nach »Søknad i Brussel«, in: *Arbeiderbladet*, 25.7.67.
127 Vgl. *Schulte* 1999, S. 174.
128 UD 44.36/6.84-25, Norges Eksportråd an Rådets medlemmer, 2.1.67, Den handelspolitiske situasjon – britisk og norsk medlemskap i Fellesmarkedet.
129 UD 44.36/6.84-29, Brüssel an UD, 5.8.67, CEE's utvidelse. Vurderingen av Norge i Kommisjonsrapporten.
130 *Schulte* 1999, S. 180, 183.
131 *O'Neill, Sir Con*: Britain's Entry into the European Community, Hrsg. von *Sir David Hannay,* London 2000, S. 313.

Industrie oder von Vertretern der Landwirtschaft wurde jedenfalls kein nennenswerter Druck auf die Bundesregierung ausgeübt, was einerseits an dem geringen Umfang konkurrenzfähiger norwegischer Waren, andererseits an dem konkreten Bedarf an gewissen Rohwaren gelegen haben mag. Besonders für die Landwirtschaft ist außerdem die geschwächte Stellung ihrer Vertreter gegenüber der sozialdemokratisch geführten Bundesregierung zu berücksichtigen. Denn anders als die Union hatte die SPD im landwirtschaftlichen Bereich kaum Wählerinteressen zu verteidigen.

Zusammenfassend lässt sich sagen, dass die wirtschaftlichen Auswirkungen der skandinavischen Beitritte, zumal des norwegischen, als relativ problemlos eingeschätzt worden sind. Darin unterschieden sie sich wesentlich von dem Fall der britischen Wirtschaft, über deren Integrationsfähigkeit man sich in Bonn ebenso viel Sorgen machte wie in anderen EG-Ländern und in der Kommission. Erst im Verlauf der Verhandlungen sollte sich für die deutschen Unterhändler klarer darstellen, dass die zentralen norwegischen Probleme deshalb so schwierig zu lösen waren, weil sie prinzipieller Natur waren und mit der politischen Einstellung des Landes zur europäischen Integration zusammenhingen.

Obwohl die Erweiterungsproblematik kaum geeignet war, die Bundesregierung innenpolitisch in Schwierigkeiten zu bringen, zogen Kiesinger und Brandt sowohl die Interessen der deutschen Wirtschaft als auch den »ständigen Druck« der öffentlichen Meinung und des Parlaments zur Begründung ihrer Unterstützung des britischen Beitrittsgesuchs heran.[132] Die »Grundstimmung im Parlament, die mehr oder weniger reflektiert sei, jedenfalls aber einen britischen Beitritt wünsche«, setze, so Kiesinger im Gespräch mit de Gaulle, die Bundesregierung unter Druck.[133] Brandt erinnerte seinen französischen Amtskollegen Michel Debré daran, »daß das Parlament sich der Regierung gegenüber in [der Frage der Europapolitik] nicht immer freundlich verhalte.«[134] Auf der Gipfelkonferenz von Den Haag erklärte er als Bundeskanzler:

> Der Deutsche Bundestag und die öffentliche Meinung meines Landes erwarten, dass ich von dieser Konferenz nicht ohne konkrete Vereinbarungen zurückkomme.[135]

---

132 AAPD, 1967, Dok. 16 und Dok. 363.
133 AAPD, 1967, Dok. 261.
134 AAPD, 1968, Dok. 287.
135 Erklärung auf der EWG-Gipfelkonferenz in Den Haag am 1.12.69, in: *Brandt 1971*, S. 48.

Nach der grundsätzlichen Entscheidung zugunsten der Erweiterung nahm das parlamentarische Engagement in dieser Sache deutlich ab. Doch meldeten sich auch während der Beitrittsverhandlungen immer wieder Abgeordnete in der Beitrittsfrage zu Wort. So sprachen sich beispielsweise der CDU-Politiker Richard von Weizsäcker und sein CSU-Kollege, der ehemalige Landwirtschaftsminister Hermann Höcherl, in Briefen an Brandt dafür aus, durch eine Intensivierung der deutschen Bemühungen einen erfolgreichen Abschluss sicherzustellen.[136] Von der Ratifizierung der Beitrittsverträge im Frühjahr 1972 erwartete Brandt, dass sie »eine Demonstration der nationalen Einheit werden«.[137] Tatsächlich stimmte der Bundestag am 21. Juni 1972 dem Beschluss vom 22. Januar 1972 über den Beitritt von Dänemark, Großbritannien, Irland und Norwegen zu den Europäischen Gemeinschaften ohne Gegenstimmen und Enthaltungen zu.

4.2.4 Die Haltung der Ministerialbürokratie

Für die Entscheidung, ob eine Zusage an die Kandidaten in Brüssel durchsetzbar war, ob sie mit den Interessen der Bundesregierung vereinbar war und ob sich regierungsintern über diese Interessen Konsens erzeugen ließ, benötigten die politisch Verantwortlichen den Sachverstand ihrer Beamten. Der Einstellung der Ministerialbürokratie zur Erweiterung der EG und zu den norwegischen Sonderproblemen kam daher eine wesentliche Bedeutung zu.

Bis Anfang der 1960er Jahre wurde die europapolitische Haltung der zuständigen Ministerien noch stark durch die Auseinandersetzung zwischen den Kreisen um Bundeskanzler Adenauer und denen um Bundeswirtschaftsminister Erhard dominiert. Dieser Gegensatz löste sich jedoch Ende der 1950er Jahre weitgehend auf. Bereits bei der Behandlung des ersten Beitrittsgesuchs waren BMWi, AA und Teile des Bundeskanzleramts (BK) einig in ihrer überwiegend positiven Haltung zum britischen Beitritt.[138] Spätestens mit dem Wechsel Gerhard Schröders ins AA

---

136 Vgl. das Antwortschreiben Brandts an v. Weizsäcker vom 6.4.1971, in: AdsD, WBA, A8 (Bundeskanzler), Mappe 48; BArch, B 136/8021, Höcherl an Brandt, Privat, 31.5.71.
137 AAPD, 1972, Dok. 109.
138 *Lee* 1999, S. 218.

befürworteten die beiden wichtigsten Europa-Ministerien den Beitritt Großbritanniens und anderer EFTA-Staaten.

In den folgenden Jahren stellten sich die Europaexperten des Außenamts erstaunlich beharrlich gegen die französischen Einwände und Vorbehalte gegen die Erweiterung.[139] Gleichzeitig war man jedoch auch im AA darauf bedacht, alles zu tun, um einen Bruch mit Frankreich zu vermeiden. An den Grundfesten der Gemeinschaft wollte man auch dort nicht gerüttelt sehen. Auch bedeutete die breite Zustimmung zur Erweiterung der Gemeinschaft für die deutschen Beamten offensichtlich nicht, dass sie bereit waren, sich für Sonderforderungen und Ausnahmeregelungen der Beitrittskandidaten einzusetzen. Wenn es um Zugeständnisse in konkreten Sachfragen ging, gaben sich die deutschen Beamten zurückhaltend. Sie verwiesen eher auf die Prinzipien der Gemeinschaft und die notwendige Rücksicht auf die Interessen der anderen Partner, als dass sie sich bereit erklärten, in Brüssel zugunsten norwegischer Sonderregelungen zu intervenieren. Dies hing, wie Arild Underdal festgestellt hat, auch damit zusammen, dass es in den Verhandlungen für die Sachbearbeiter stärker um einzelne Sektoren als um nationale Interessen ging. Ein auf politischer Ebene errungenes Zugeständnis konnte auf einer niedrigeren Ebene aufgeweicht werden, weil erst bei der Detailbehandlung die Fülle der widerstrebenden Interessen und die Notwendigkeit eines Kompromisses deutlich wurden. Hinzu kam, dass die deutschen Unterhändler nicht immer offen zu erkennen gaben, dass auch sie sich stärker den Gemeinschaftsprinzipien als den Forderungen der Kandidaten verpflichtet fühlten und sich stattdessen hinter dem harten Verhandlungsstil ihrer französischen Kollegen verschanzten. Die Taktik, mit wechselnden Allianzen auf einen Gemeinschaftstandpunkt hinzuarbeiten, der den eigenen Vorstellungen nahe kommt, anstatt sich im Alleingang oder mit einem Verbündeten auf einen Standpunkt zu versteifen, ist, Helen Wallace zufolge, ein charakteristischer Zug deutscher Europapolitik.[140]

Insgesamt kann für die Haltung der deutschen Elite zur Erweiterungsfrage festgestellt werden, dass sie von den meisten Akteuren befürwortet wurde, vielen am Herzen lag, aber nur wenige intensiv be-

---

139 *Wilkens* 2001 [a], S. 327.
140 Underdal 1972, S. 182; Wallace, *Helen*: The Federal Republic of Germany and changing coalition habits – The paradox of partnership, in: *Wessels, Wolfang/Regelsberger, Elfriede* (Hrsg.): The Federal Republic of Germany and the European Community: the Presidency and Beyond, Bonn 1988, S. 276-285, hier S. 278 f.

schäftigte. Dies galt insbesondere im Hinblick auf Norwegen. Umso wichtiger erscheint es, dass norwegische Politiker und Diplomaten mit Willy Brandt auf einen Fürsprecher und Ansprechpartner in höchster Regierungsverantwortung zählen konnten, der dazu bereit war, sich gegenüber Mitarbeitern, Kabinettskollegen und europäischen Partnern für die Belange der skandinavischen Beitrittskandidaten einzusetzen.

4.3 Alternative Anschlussformen

Angesichts der Schwierigkeiten, auch nur in Verhandlungen über eine Vollmitgliedschaft Norwegens und der anderen Kandidaten zu treten, waren alternative Modelle während der gesamten 1960er Jahre ein wichtiger Teil der europapolitischen Diskussion.

In der Bundesrepublik wurde seit Beginn der 1960er Jahre ein Beitritt als die beste Lösung zur Einigung des europäischen Marktes angesehen. Gleichzeitig waren die deutschen Europaexperten keineswegs darauf festgelegt, die Einbindung der Bewerber nur durch einen Beitritt herbeiführen zu wollen. Übergangsweise konnte ihrer Ansicht nach das Ziel der Liberalisierung der Handelsströme und der politischen Einigung des Westens durchaus auch mittels alternativer Anschlussformen erreicht werden. Dieser Ansatz entsprach einer Grundhaltung bundesdeutscher Politik, die zwar langfristig die Einigung eines größtmöglichen Europas anstrebte, kurz- und mittelfristig jedoch bereit war, sich an allen Zwischenlösungen pragmatisch zu beteiligen. Wie Waldemar Besson 1970 bemerkte, gehörte es zu den außenpolitischen Maximen der »Mittelmacht« Bundesrepublik, »allem Dogmatismus im Hinblick auf das Modell der EWG zu entsagen«, eine Einsicht, die sich schon in den Jahren zuvor durchgesetzt habe.

> Es bedarf in der Tat vielfacher Methoden und Institutionen, um der Vielfalt zwischenstaatlicher Beziehungen gerecht zu werden und den Kontakt zu möglichst vielen Partnern auf möglichst vielen Ebenen zu schaffen. Je pragmatischer die westdeutsche Politik dabei verfährt, je weniger sie dem kleineuropäischen Dogma anhängt, um so größer wäre der Nutzen für die Behauptung der westeuropäischen Position zwischen den Großmächten.[141]

---

141 *Besson, Waldemar*: Außenpolitik der Bundesrepublik. Erfahrungen und Maßstäbe, München 1970, S. 448.

Die pragmatische Haltung der Bundesrepublik zur Frage der wirtschaftlichen und politischen Zusammenarbeit in Westeuropa machte die deutschen Akteure auch bei der Suche nach Übergangslösungen und alternativen Anschlussformen zu einem der wichtigsten Ansprechpartner Norwegens und seiner nordischen Nachbarn in der EG.

Während man in der Bundesrepublik aber stets nach geeigneten Übergangslösungen Ausschau hielt, ging es in Norwegen vielen um die Suche nach einer weniger verpflichtenden Alternative. Helge Pharo zufolge war die europäische Integration aus norwegischer Perspektive von Beginn an eine eher unerwünschte Entwicklung. Die norwegischen Regierungen und das weitere politische Milieu hätten anderen Formen internationaler Zusammenarbeit stets den Vorzug gegeben. Hans Otto Frøland hat seinerseits betont, die norwegische Regierung habe nie den höchsten Grad der Integration, eine Vollmitgliedschaft ohne Ausnahmen angestrebt, sondern sich lediglich dazu verpflichtet, in Mitgliedschaftsverhandlungen die Bedingungen eines Anschlusses auszuloten. Weil dies auch auf andere EFTA-Länder zutraf, muss, Sieglinde Gstöhl zufolge, untersucht werden, welchen Grad an Integration diese Länder eigentlich anstrebten, von der Zusammenarbeit in einzelnen Bereichen, über ein Freihandelsabkommen, eine Zollunion, Assoziierung bis hin zur Mitgliedschaft ohne Ausnahmen.[142] In der Tat galt eine Regelung, die Norwegens Export den Zugang zu den europäischen Märkten sicherte, ohne dass gleichzeitig die Verpflichtungen einer verbindlichen Zusammenarbeit übernommen werden mussten, selbst Kontinentaleuropa zugewandten Akteuren als Ideal. Schritt für Schritt hatten norwegische Entscheidungsträger jedoch erkennen müssen, dass sich diese Position nicht aufrechterhalten ließ, weil sich der Abstand zwischen den Handelsformationen EG und EFTA vergrößerte und die wichtigsten Partner auf einen Beitritt zur EG drängten. Die bevorzugte, weil innenpolitisch durchsetzbare, Taktik wurde es, das jeweils kleinere Übel zu wählen. Ende der 1950er Jahre war dies zunächst die Große Freihandelszone und nach deren Scheitern die EFTA. Diese wurde nach anfänglicher Skepsis übereinstimmend als »glückliche Lösung«[143] der norwegischen Probleme bezeichnet, weil sie weder die Abgabe von Souveränität an gemeinschaftliche Institutionen noch die Einbeziehung der Land- und Fischereiwirtschaft voraussetzte und so die

---

142 *Pharo, Helge:* Utenriksøkonomi og europeisk integrasjon, in: NATO 50 år, hrsg. von: Den norske Atlanterhavskomité, Oslo 1999, S. 150-178, hier S. 150; *Frøland* 2001 [a], S. 84; *Gstöhl* 2002, S. 7 ff.
143 *Eriksen/Pharo* 1997, S. 307-326.

Weiterführung der Abschirmung dieser Sektoren vor internationaler Konkurrenz erlaubte.[144] Nach dem Scheitern des ersten und zweiten Beitrittsgesuchs galten ein Ausbau der EFTA-Zusammenarbeit und eine Verbindung von EG und EFTA sowie eine Ausweitung der nordischen Zusammenarbeit als bevorzugte Alternativen zu einem Beitritt.[145]

4.3.1 Freihandelszone als »Brückenschlag« zwischen EG und EFTA

Seitdem die Verhandlungen um eine große europäische Freihandelszone 1958 am »Veto« de Gaulles gescheitert waren, wurde ein Zusammenschluss von EG und EFTA in der Europäischen Gemeinschaft nicht mehr als realistisch angesehen. Der auf britischen und dänischen Vorschlag eingebrachten Initiative der EFTA vom Mai und Oktober 1965, einen »Brückenschlag« zwischen den Handelsformationen zu versuchen, war daher von vornherein keine großen Erfolgsaussichten beschieden. Dass sich die Gemeinschaft in diesem Fall nicht einmal zu einer Antwort auf das Ansuchen der EFTA-Länder durchringen konnte, lag vor allem an den internen Schwierigkeiten in Folge der »Krise des leeren Stuhls«, Frankreichs Rückzug aus dem Ministerrat wegen Differenzen über die Agrarfinanzierung und die Rolle der Kommission. Deutschland hatte eine Antwort aus handelspolitischen, aber auch aus politischen Gründen befürwortet, war damit jedoch auf wenig Resonanz gestoßen.[146] Die Beantwortung des EFTA-Schreibens hielt man im AA zwar für politisch notwendig, weil sonst »nicht nur bei den EFTA-Ländern, sondern auch bei den übrigen Drittländern der Eindruck [entsteht], daß die in Artikel 110 [EWGV[147]] proklamierte weltoffene Haltung nur eine leere Formel ohne Inhalt ist.« Auch wurde auf die stagnierende und im Falle Dänemarks und Norwegens sogar erstmals negative Bilanz des deutschen Handels mit der EFTA verwiesen.[148] Allerdings sollte die Antwort an die EFTA nach deutscher Vorstellung eher unver-

---

144 Vgl. *Gstöhl* 2002, S. 68 f., 79 f.
145 Vgl. u.a. AAB, 1554 (Bratteli), Da. 6, Kleppe an Bratteli, 18.5.1965.
146 Vgl. EA, 22/1966, S. D579 f.
147 Dort heißt es zu den Zielen der Handelspolitik: »Durch die Schaffung einer Zollunion beabsichtigen die Mitgliedstaaten, im gemeinsamen Interesse zur harmonischen Entwicklung des Welthandels, zur schrittweisen Beseitigung der Beschränkungen im internationalen Handelsverkehr und zum Abbau der Zollschranken beizutragen. [...]«
148 PA AA, B 20, Bd. 1283, Aufzeichnung Abt. III (Harkort) für StS, 5.7.66.

pflichtend ausfallen und den Eindruck vermeiden, »als ob der Dialog zwischen EWG und EFTA das europäische Problem selbst lösen könne.«[149] Selbst Bundeskanzler Erhard – ehemals einer der profiliertesten Fürsprecher einer großeuropäischen Lösung – hielt zu diesem Zeitpunkt die Schaffung einer großen Freihandelszone mit Verweis auf die französische Ablehnung für »nicht realistisch«.[150] Dass er im August 1966 auf einer Pressekonferenz in Oslo eine Freihandelszone unter Einbeziehung der Neutralen nicht ausschloss, stieß in den EFTA-Ländern zwar auf Interesse, sorgte in Bonn aber umgehend für »eine Welle von Protesten und Richtigstellungen«.[151] Eine Sprachregelung des AA stellte unter Bezug auf die deutsche Europa-Initiative von 1964 klar, dass die Bundesregierung zwar »auch heute kein grundsätzliches Nein zu einem Gespräch über eine große Freihandelszone aussprechen [würde]«. Man sehe »jedoch den geeigneteren Weg, zu einer möglichst umfassenden wirtschaftlichen Einigung Europas zu kommen, in der Ausweitung der Europäischen Gemeinschaften durch Beitritt, Assoziierungen und Sonderabkommen [...].«[152]

4.3.2 Assoziierung – eine realistische Alternative?

Die neutralen EFTA-Staaten hatten 1962 an Stelle eines Antrags auf Mitgliedschaft ein Gesuch um Assoziierung gemäß Art. 238 EWGV gestellt.[153] Seither beeinflusste diese Alternative auch die norwegische Beitrittsdebatte. Eine Assoziierung schien vielen der geeignete Weg zu sein, um die handelspolitischen Interessen wahrzunehmen, ohne formell Souveränität abzugeben. Geradezu ideal wäre diese Lösung gewesen, hätten sich alle nordischen Staaten dafür entschieden. Wie erwähnt wurde diese Lösung auch in der Arbeiterpartei zunächst unterstützt, um nicht neben den Konservativen als einzige politische Kraft für eine Vollmitgliedschaft

---

149 PA AA, B 20, Bd. 1283, Aufzeichnung Abt. III (Harkort) für StS, 26.9.66.
150 So Erhard 1966 in den deutsch-norwegischen Regierungsbesprechungen in Oslo auf eine Frage von Handelsminister Kåre Willoch. AAPD, 1966, Dok. 269.
151 Vgl. EA, 22/1966, S. D581, D583 f.; PA AA, B 20, Bd. 1283, Paris an AA, 8.9.66.
152 PA AA, B 20, Bd. 1283, Rundschreiben AA (Lahr), 12.9.66.
153 Dort heißt es zur Assoziierung mit dritten Staaten und Organisationen: »Die Gemeinschaft kann mit einem oder mehreren Staaten oder einer oder mehreren internationalen Organisationen Abkommen schließen, die eine Assoziierung mit gegenseitigen Rechten und Pflichten, gemeinsamen Vorgehen und besonderen Verfahren herstellen.«

einzutreten und um eine politische und wirtschaftliche Spaltung des Nordens zu verhindern. Bald wurde jedoch deutlich, dass eine große Mehrheit in Wirtschaft und Politik eine Vollmitgliedschaft für notwendig hielt, weil nur dadurch die Handelshemmnisse beseitigt werden konnten und weil Norwegen durch eine Entscheidung für das Assoziierungsmodell nicht den Weg der NATO-Partner Großbritannien und Dänemark beschreiten, sondern dem des neutralen Schweden folgen würde.[154] Zudem wurde deutlich, dass sowohl die EG-Länder als auch die USA Norwegen als Kandidaten für eine Vollmitgliedschaft ansahen und einer Assoziierung skeptisch gegenüberstanden.

Nur eine Minderheit, der u.a. der Zentrumspolitiker und spätere Ministerpräsident Per Borten und der Vorsitzende der Christdemokraten, Kjell Bondevik, angehörten, stimmte schließlich 1962 für einen Antrag auf Assoziierung. Fünf Jahre später regten diese Politiker als Regierungsmitglieder erneut an, die Assoziierungsalternative gleichwertig auszuloten, stießen damit aber auf den Widerstand ihrer Koalitionspartner, für die nur ein Antrag auf Vollmitgliedschaft in Frage kam. Die Skeptiker beugten sich schließlich der Kabinettsmehrheit, wobei sowohl das Interesse an der Machterhaltung als auch die geringen Aussichten auf den Erfolg des Antrags eine Rolle gespielt haben möchten.[155] Sie bestanden jedoch weiterhin darauf, die Assoziierungsalternative in die Erwägungen der Regierung einzubeziehen. Borten und Bondevik forderten eine Prüfung durch Verfassungsexperten, ob eine Mitgliedschaft überhaupt mit dem norwegischen Grundgesetz vereinbar sein würde und ob die Assoziierung nicht die besser geeignete Anschlussform sei.[156] Diese Prüfung kam allerdings zu dem Ergebnis, das eine Mitgliedschaft mit dem Grundgesetz vereinbar sei, eine Assoziierung dagegen aufgrund der unzureichenden Mitbestimmungsmöglichkeiten nicht, »weil in einem solchen Falle Norwegen an der Willensbildung der Gemeinschaftsorgane nicht beteiligt sei.«[157]

Die Europaexperten des norwegischen Außenministeriums warnten ihrerseits vor den Nachteilen einer Assoziierung, die keine gleichberechtigte Mitbestimmung für Norwegen vorsehe. Von ihren Gesprächspartnern in der EG bekamen Vertreter der Regierung zu hören, ein assozi-

---

154 Vgl. *af Malmborg, Mikael*: Divergent Scandinavian responses to the proposed first enlargement of the EEC, in: *Deighton/Milward* (Hrsg.) 1999, S. 299-315.
155 Vgl. *Berntsen* 2007, S. 217-220.
156 RA, SMK, regj. konf., Bd. 24, Kabinettssitzung vom 22.5.1967 und 6.6.1967.
157 Hier zit. nach PA AA, B20, Bd. 1246, Oslo an AA, 6.7.67.

ierter Staat könne weder die vollen Rechte noch die vollen Verpflichtungen eines Mitglieds haben. Er könne nicht an der Beschlussfassung teilnehmen, sei aber voll abhängig von den Ergebnissen, was ein hoher Preis sei. Die Möglichkeit, dass ein assoziierter Staat beispielsweise nur an der Industriezusammenarbeit, nicht aber an der gemeinsamen Agrarpolitik teilnehmen könnte, wurde ausgeschlossen.[158] Dies war, wie ein Kommentar des *Arbeiderbladet* im Mai 1967 hervorhob, auch der Grund, weshalb die britische Regierung eine Assoziierung strikt ablehnte:

> Die Briten haben die Assoziierungsalternative zurückgewiesen. Sie wollen keine Europäer ‚zweiter Klasse' sein. Sie wollen Rechte und Einfluss in Europa haben. […] Genau wie die Briten sind auch wir daran interessiert, die Pflichten zu übernehmen, die die Mitgliedschaft mit sich führt, um den Einfluss zu gewinnen, den sie gibt.[159]

In der EG herrschte gegenüber der Assoziierung von hochindustrialisierten Ländern überwiegend Skepsis vor. Eine Aufzeichnung des Bundeskanzleramts konstatierte im August 1967, dass außer im Falle der afrikanischen Staaten das »Instrument der Assoziation« in der EWG »noch immer heftig umstritten« sei. Während die einen darin ein außenpolitisches Mittel sähen, den Einfluss der Gemeinschaft auch an die Randzonen und bis nach Afrika auszudehnen, befürchteten andere durch eine Häufung der Assoziationen die Entstehung einer Vielzahl verschiedener Sonderregelungen in den auswärtigen Beziehungen: »Hierdurch werde das ohnehin schon schwerfällige Entscheidungsverfahren in der EWG weiter kompliziert, da es unvermeidlich sei, in vielen Fragen (z.B. Außenzoll, Behandlung von Agrarprodukten) den Assoziierten Mitspracherechte einzuräumen.« Da die bisherigen Erfahrungen weder wirtschaftlich noch politisch vielversprechend waren, wurde die Assoziierung nicht als »positiv zu bewertendes Instrument« angesehen.[160]

Insbesondere das schwedische Gesuch war in der EG von Beginn an auf große Zurückhaltung gestoßen. Eine Assoziierung neutraler Staaten, die die politischen Ziele der Gemeinschaft nicht eindeutig unterstützten, konnte man sich, wenn überhaupt, nur für Staaten vorstellen, denen, wie Österreich oder Finnland, eine Mitgliedschaft aufgrund der aufgezwunge-

---

158 UD 44.36/6.84-25, Notat, 10.3.1966. Kennedy-runden og tollkvoter.
159 *Arbeiderbladet*, 19.5.67.
160 BArch, B 136, Bd. 7980, Aufzeichnung BK/Gruppe II/1, 11.8.67.

nen Neutralität verschlossen blieb.[161] Aber auch von einer »österreichischen Lösung« wurde den Norwegern mit Verweis auf die langwierigen und schließlich erfolglosen Verhandlungen des Alpenstaats mit der EG zwischen 1963 und 1967 abgeraten.[162]

Allerdings bekamen die norwegischen Unterhändler von EG-Seite durchaus widersprüchliche Einschätzungen zu hören. So sagte Brandt zwar dem norwegischen Handelsminister Willoch im April 1967, dass etwas anderes als Mitgliedschaft weder für Dänemark noch für Norwegen in Frage käme.[163] Bei seinem offiziellen Besuch in Oslo im Juni desselben Jahres vertrat er dann aber die Meinung, dass, falls Norwegen an seinem Wunsch nach unbegrenzten Ausnahmeregelungen festhalte, nur eine Assoziierung möglich sei.[164] Damit lag er auf einer Linie mit seinem französischen Amtskollegen Maurice Couve de Murville, der Willoch gegenüber im November 1966 geäußert hatte, dass es wohl mit einer Assoziierung leichter sei, Lösungen für die norwegischen Sonderprobleme zu finden.[165] Um den Widerstand Frankreichs zu umgehen, aber auch um die Schwierigkeiten, die ein britischer Beitritt für die Gemeinschaft mit sich führen würde, schrittweise auszuräumen, konnte man sich in Bonn zeitweise eine »aufgewertete Assoziierung« vorstellen.[166] Entspre-

---

161 Vgl. *af Malmborg, Mikael*: Swedish Neutrality, the Finland Argument and the Enlargement of »Little Europe«, in: JEIH 3/1 (1997), S. 63-80, hier S. 74-78. Für weitere Fallstudien zu dem Problem, die neutralen Länder in die europäische Zusammenarbeit einzubeziehen, vgl. *Gehler, Michael/Steininger Rolf* (Hrsg.): Die Neutralen und die Europäische Integration 1945-1995, Wien – Köln 2000.
162 UD 44.36/6.84-25, Brüssel an UD, 18.10.66; Norges Eksportråd an Rådets medlemmer, 2.1.67 (wie oben 4.2.3, Anm. 128). Zum Hintegrund vgl. *Gehler, Michael*: Facing a Range of Obstacles: Austria's Integration Policy 1963-69, in: *Loth* (Hrsg.) 2001, S. 459-487.
163 Vgl. UD 44.36/6.84-25, Notat, (Koht, Bonn), 22.2.67; UD 44.36/6.84-25, UD an London, 28.2.67.
164 Vgl. PA AA, B 60, Bd. 520, Oslo an AA, 26.6.67; UD 44.36/6.84-28, Notat, 1. h.pol.ktr., 27.6.1967.
165 UD 44.36/6.84-25, Notat Skarstein (z. Zt. Paris) 24.11.66.
166 In einer Studie des Planungsstabs des AA vom Oktober 1967 wurde entweder »[ein] Beitritt in mehreren Phasen zunehmender Pflichten und Rechte« erwogen, »die Gemeinschaftsverträge schließen derartige Regelungen nicht aus (vgl. z.B. Art. 237, II EWG)«, oder auch »eine ›aufgewertete‹ Assoziierung als Vorschaltphase, die – vor allem in den Mitspracherechten – weitgehend an den Mitgliedstatus heranreicht und innerhalb einer kurzen, von vorneherein festzulegenden Frist (unter 5 Jahren) die Umwandlung der Assoziierung in die Mitgliedschaft vorsieht. Der Assoziierungsmodus müßte sich deutlich von dem für entwicklungsbedürftige Staaten gewählten Verfahren abheben.« AAPD, 1967, Dok. 340.

chende Äußerungen waren bereits 1962 als Reaktion auf die zögerliche Haltung Norwegens gefallen und sie machten 1970 erneut die Runde.[167]

Obwohl die Möglichkeit einer Assoziierung von den Beitrittsskeptikern in der norwegischen Regierung auch 1970 wieder angesprochen wurde[168], scheint eine Bewerbung gemäß Art. 238 nach 1967 weder in Norwegen noch in der EG als erstrebenswerte Alternative erwogen worden zu sein. Schweden, das die konkrete Frage der gewünschten Anschlussform 1967 offen gelassen hatte und die Möglichkeit eines Beitritts zunächst nicht ausschließen mochte, versuchte 1971 auszuloten, ob es mit einem Antrag gemäß Art. 238 seinen europäischen Willen unter Beweis stellen könnte, um damit einen Anschluss zu erlangen, der aber über ein reines Handelsabkommen hinausging. Eine solche Lösung war indes, wie sich in den Freihandelsverhandlungen zeigen sollte, nicht durchzusetzen.

4.3.3 Das handelspolitische Arrangement

Das erneute Veto de Gaulles im Dezember 1967 machte die Suche nach Arrangements nötig, mit denen die handelspolitischen Probleme vorübergehend gelöst werden konnten. Für die so genannten »friendly five«, die Bundesrepublik, Italien, die Niederlande, Belgien und Luxemburg, die durchgesetzt hatten, dass die Beitrittsanträge auf der Tagesordnung verblieben, galt es nun sicherzustellen, dass die Beitrittsdynamik nicht verloren ging. Vorschläge wurden in rascher Folge von den Benelux-Ländern, der Bundesrepublik und Italien vorgelegt.[169] Sie zielten mit unterschiedlicher Gewichtung darauf ab, in verschiedenen Politikbereichen Verbindungen zwischen den Kandidaten und der Gemeinschaft herzustellen. Die deutschen Vorschläge beinhalteten im Wesentlichen die Errichtung einer Freihandelszone binnen drei bis fünf Jahren, mit deren Hilfe die Antragsteller an die Gemeinschaft herangeführt werden sollten.[170] »Bei einem solchen Arrangement, das weder Assoziierung noch Stufenplan darstelle«, so wurde einer norwegischen Delegation unter Leitung von Außenminister Lyng im Februar 1968 erklärt, »wäre pro-

---

167 Vgl. *Eriksen/Pharo* 1997, S. 344; UD 44.36/6.84-34, UD, Presseavd., 7.7.70.
168 RA, SMK, regj. konf., Bd. 27, 4.6.1970.
169 Aide-mémoire der Benelux-Staaten vom 19.1.68, in: EA, 6/1968, S. D128-D130; Memorandum der italienischen Regierung vom 23.2.68, in: EA 6/1968, S. D137-D140.
170 Vgl. u.a. PA AA, B 31, Bd. 382, Aufzeichnung Ref. IA2, 22.2.1968.

gressiver Zollabbau in linearer Form (mit möglichst wenigen Ausnahmen) solchem nach Sektoren vorzuziehen. Im agrarischen Bereich könnten Einfuhrerleichterungen für besonders wichtige Erzeugnisse vereinbart werden, ohne daß die Teilnehmer des Arrangements auf ihre Landwirtschaftspolitik verzichten müssten.«[171] Weil die deutschen Vorschläge teilwiese in Absprache mit der französischen Regierung entstanden waren und keine konkrete Beitrittsperspektive aufzeigten, wurden sie von Großbritannien und Dänemark misstrauisch beäugt.[172] Die EG-Kommission war ebenfalls skeptisch und warnte davor, mit den Arrangements de facto zu dem Gedanken einer großen Freihandelszone zurückzukehren, über deren Ablehnung doch seit Ende der 1950er Jahre ein breiter Konsens bestanden hätte.[173] Die Vereinigten Staaten mochten ihrerseits eine handelspolitische Bevorzugung Dritter, außerhalb der Meistbegünstigungsregeln des GATT, wie sie eine Freihandelszone darstellte, nur dann akzeptieren, wenn sie ein politisches Ziel wie die europäische Einigung beinhaltete.[174] Das neutrale Schweden (sowie die Schweiz) sah dagegen in dem Arrangement eine geeignete Lösung, umfassende Verbindungen mit der Gemeinschaft herzustellen, ohne sich deren politischen Zielen verpflichten zu müssen.[175] Dies war auch für die Beitrittsskeptiker in der norwegischen Regierung ein Grund, Interesse an den deutschen Plänen zu bekunden. Regierungschef Per Borten bezeichnete die deutschen Vorschläge als »realistisch«, weil allumfassende Lösungen zur Zeit nicht zu finden seien.[176] Die Befürworter eines Beitritts wollten sich ihrerseits nicht der »Alles-oder-nichts-Haltung« Großbritanniens anschließen, weil, so Außenminister Lyng, »jeder Vorschlag […], der zu einer gewissen Bewegung der jetzt festgefahrenen Situation beiträgt, verdient erwogen zu werden«.[177] Gleichzeitig waren sie aber auch nicht dazu bereit, sich, wie von der Bundesregierung angedacht, Großbritannien gegenüber für das Arrangement einzusetzen, weil auch

---

171 PA AA, B 31, Bd. 382, AA an Brüssel, Oslo, u.a., 29.2.1968.
172 Vgl. AAPD, 1968, Dok. 59.
173 PA AA, B20, Bd. 1498, Brüssel an AA, 11.12.68.
174 Zur amerikanischen Kritik vgl. PA AA, B 20, Bd, 1498, Washington an AA, 4.12.68; ebd., Rundschreiben AA, 16.12.68.
175 UD 44.36/6.84-30, Stockholm an UD, 5.1.68.
176 PA AA, B 31, Bd. 381, Oslo an AA, 29.10.68.
177 So Außenminister Lyng im Interview mit der Zeitung *Norges Handels- og Sjöfartstidende* (NH&S) vom 18.1.68, zit. in: PA AA, B 20, Bd. 1832, Oslo an AA, 19.1.68.

sie weiterhin an einer klaren Beitrittsperspektive festhalten wollten.[178] Im norwegischen Außenministerium kam man außerdem zu dem Schluss, dass ein Arrangement nach deutsch-französischen Vorstellungen die Diskriminierung der von EG-Seite als »empfindlich« eingestuften norwegischen Exportwaren nicht aufheben würde.[179]

Eine nähere Auseinandersetzung mit den Arrangementplänen erübrigte sich jedoch bald, da sich die Gegenvorschläge und Einwände der Partner und Bewerber als zu umfangreich und widersprüchlich erwiesen.[180] Den deutschen Vertretern wurde die Rolle des Vermittlers nicht zuletzt dadurch erschwert, dass de Gaulle die sachliche Diskussion der Übergangslösungen wiederholt durch unilaterale Initiativen störte. Erst der Rücktritt de Gaulles und erste Signale, dass sein Nachfolger Pompidou eine weniger starre Haltung in der Beitrittsfrage einnehmen werde, verliehen dem deutschen Engagement neuen Schwung. Nun aber war das alleinige Ziel der Beitritt; die Arrangementpläne verschwanden endgültig in den Archiven.

4.3.4 Nordek – Das Projekt einer nordischen Zollunion

Nicht ganz so schnell ad Acta gelegt, wurde das parallel betriebene Projekt einer nordischen Zollunion, über das auf dänische Initiative seit Anfang 1968 zwischen Norwegen, Schweden, Dänemark und Finnland verhandelt wurde. Das bald unter dem Namen NORDEK (skandinavisch: Nordøk) gehandelte Projekt sollte den EG-Kandidaten als gemeinsame Plattform für zukünftige Verhandlungen dienen und in der Zwischenzeit den Handel zwischen seinen Mitgliedern weiter ausbauen.[181]

Die Nordek-Initiative schloss an frühere Bemühungen Dänemarks und Schwedens an, die enge Verbundenheit und vielfältige Zusammenarbeit der nordischen Staaten weiter zu institutionalisieren. Der nordischen Zusammenarbeit fehlten zwar, wie Martin Sæter bemerkt hat, die

---

178 BArch, B120/120359, BMWi, Staatssekretärausschuß für Europafragen, Sitzung vom 8.1.68.
179 AAPD, 1968, Dok. 421.
180 Vgl. *Aftenposten*, 30.5.68.
181 Aus skandinavischer Perspektive ist das Nordek-Projekt umfangreich untersucht worden. Für einen aktuellen Überblick vgl. *Sonne, Lasse*: Nordek. A Plan for Increased Nordic Economic Co-operation and integration 1968-1970, Univ. Diss. Helsinki 2007.

»more conspicous symbols of integration« der EG, wie multilaterale Institutionen oder eine Zollunion, was die Substanz der Zusammenarbeit anging, waren die nordischen Staaten dagegen in vielen Bereichen weiter gegangen als die Sechs. Im Laufe der 1950er und 1960er Jahre hatte sich ein zwischenstaatliches Integrationsprojekt herausgebildet, das auf gemeinsamen Institutionen, einem engen Netzwerk von Politikern sowie auf zahlreichen Kontakten unterhalb der Regierungsebene aufbaute und zu einer umfassenden Harmonisierung in einer Reihe von Bereichen führte. So gab es etwa die nordische Passunion, den gemeinsamen freien Arbeitsmarkt, eine parallele Sozialgesetzgebung, ein gemeinsames Unternehmensrecht, eine enge Kooperation der Zentralbanken, der Wirtschaftsverbände und die Abstimmung der Luftfahrtpolitik mit der gemeinsamen Fluggesellschaft SAS. Zudem koordinierten die nordischen Länder ihr Vorgehen in einzelnen UN-Fragen und verhandelten als Block in der Kennedy-Runde des GATT. Institutionell war die nordische Zusammenarbeit seit 1952 im Nordischen Rat verankert, einem jährlich beratenden Koordinierungsforum aus Parlaments- und Regierungsvertretern, ohne supranationale Befugnisse. Mit dem Helsinki-Abkommen von 1962 wurde ein »bescheidener und unverpflichtender« institutioneller Rahmen geschaffen.[182] Bemühungen, eine nordische Zollunion zu errichten oder die Zusammenarbeit weiter zu institutionalisieren, scheiterten dagegen zu Beginn und erneut gegen Ende der 1950er Jahre an den unterschiedlichen wirtschaftlichen Interessen und an der unterschiedlichen außenpolitischen Ausrichtung der in Frage kommenden Staaten. Insbesondere Norwegen hatte sich skeptisch verhalten, da es seine Industrie durch das übermächtige Schweden und seine Landwirtschaft durch das übermächtige Dänemark bedroht sah. Die Skepsis der bürgerlichen Parteien wurde dadurch bestärkt, dass die nordische Einigung zu den Herzensangelegenheiten der Arbeiterbewegungen Skandinaviens gehörte, die darin die Möglichkeit sahen, einen »einflussreichen sozialdemokratischen Block« zu errichten.[183] Diese Vorbehalte sowie die Unterschiede in der Beitrittsfrage berücksichtigend, verhielt sich die nicht-sozialistische Regierung auch gegenüber dem Nordek-Projekt zunächst abwartend. Die offizielle Haltung war die eines »Sowohl-als-auch«: Eine Koordinierung der nordischen Interessen wurde

---

182 Vgl. *Sæter, Martin*: The Nordic Countries and European Integration, in: *Tiilikainen/Petersen* (Hrsg.) 1993, S. 8-22, hier S. 8 f.
183 *Eriksen, Knut Einar*: Norge og Norden, in: NATO 50 år, hrsg. von: Den norske Atlanterhavskomité, Oslo 1999, S. 132-149, hier S. 137.

begrüßt, sollte aber nicht die Regelung der Beziehungen zum Gemeinsamen Markt verhindern und nicht die Land- und Fischereiwirtschaft einschließen.[184]

Im Laufe der Verhandlungen rief das Nordek-Projekt jedoch breite Zustimmung hervor und zwar sowohl unter Befürwortern als auch unter Gegnern einer EG-Mitgliedschaft. Die Arbeiterpartei stellte sich – wie ihre skandinavischen Schwesterparteien – relativ geschlossen hinter den Vorschlag. Während allerdings die Führungsspitze Nordek im dänischen Sinne als Vorbereitung zu einem späteren EG-Beitritt interpretierte, sahen AUF und Parteilinke in einer Vertiefung der nordischen Kooperation eine willkommene Alternative zum Anschluss an die Sechs.[185] Die Zentrumspartei gab ihre ursprüngliche Abneigung gegen einen nordischen Zusammenschluss auf, um sich, getreu ihrer Taktik, in der internationalen Zusammenarbeit das kleinere Übel zu wählen, zu einem der energischsten Unterstützer Nordeks zu entwickeln.[186] Als einzige politische Kraft waren die Konservativen skeptisch gegenüber dem Projekt eingestellt, von dem sie wegen der unterschiedlichen außenpolitischen Orientierung der nordischen Staaten eine Behinderung des EG-Beitritts befürchteten. Zudem sahen sie, wie einzelne Abgeordnete anderer Parteien auch, die Gefahr, dass Nordek Norwegen in das Lager der neutralen Staaten treiben könne.[187] Angesichts der großen Zustimmung, die das Projekt in Politik und Öffentlichkeit erfuhr, vermieden sie es jedoch geflissentlich, ihre Kritik an Nordek allzu laut werden zu lassen.[188] Tatsächlich unterschied sich das Nordek-Projekt markant von den übrigen Projekten der regionalen Zusammenarbeit und insbesondere von dem Plan einer EG-Mitgliedschaft darin, dass es sowohl von der Elite als auch von der Öffentlichkeit mehrheitlich begrüßt wurde. Dieser breiten Zustimmung, die sich auch in den anderen nordischen Ländern wiederfinden lässt, ist es wohl auch zu verdanken, dass sich die nordischen Unterhändler trotz großer Interessenunterschiede und trotz mehrerer Rückschläge im Februar 1970 auf ein Abkommen einigen konnten. Die Chancen dieses Abkommen, auch unterzeichnet und ratifiziert zu werden, waren angesichts der parallel laufenden Vorbereitungen Norwegens und Dänemarks auf Beitrittsverhandlungen mit der EG allerdings gering.

---

184 UD 44.36/6.84-30, Notat 1. h.pol.ktr., 10.1.68; UD 44.36/6.84-30, Notat til Regj. medl. (Utkast), 18.1.68.
185 Vgl. *Kleppe* 2003, S. 184.
186 Vgl. *Eriksen* 1999, S. 138 f.
187 Vgl. RA, SMK, regj. konf., Bd. 26, 23.10.1969.
188 *Eriksen* 1999, S. 138.

Die Bundesregierung und Nordek

In Bonn und in den anderen Hauptstädten der EG wurde dem Nordek-Projekt nur geringe Aufmerksamkeit zuteil, wohl auch deshalb, weil man sich vorrangig um den Erfolg der eigenen Übergangsvorschläge bemühte. So begrüßte man zwar, wie es in einer Unterlage für das Gespräch Bundeskanzler Kiesingers mit Ministerpräsident Borten hieß, »alle regionalen Tendenzen, die die von uns gewünschte größere europäische Integration fördern«. Als »das zweckmäßigste Mittel, um die Volkswirtschaften der Gemeinschaft und der beitrittswilligen Staaten stärker zu verzahnen und damit den Beitritt vorzubereiten«, wurde aber ein »handelspolitisches Arrangement« angesehen.[189] Allerdings gab es von deutscher Seite zumindest offiziell auch »keine Bedenken gegen eine solche Initiative«.[190] Dieser Standpunkt wurde selbst dann beibehalten, als sich im Sommer 1969 eine Bewegung in der Erweiterungsfrage abzeichnete und sich damit die Frage stellte, wie eine nordische Zollunion in der EG aufgehen sollte, die ja ihrerseits eine Zollunion war. Auf der Konferenz der sozialdemokratischen Parteichefs im schwedischen Harpsund wurde Willy Brandt im Juli 1969 mit der Aussage zitiert, er »begrüße [die] skandinavisch-finnische Integration in Nordek als Vorstufe [einer] skandinavische[n] Beteiligung.«[191] Auch als der Nordek-Vertrag im Frühjahr 1970 vorlag und parallel dazu die Vorbereitungen für neue Beitrittsverhandlungen in vollem Gange waren, erklärte Brandt in Kopenhagen, dass die nordische Zusammenarbeit den Anschluss an die EG nicht behindere. In den Unterlagen für seine Gespräche in Dänemark und Norwegen hieß es, man habe Verständnis dafür, »daß Norwegen bis zu seinem Beitritt aus wirtschaftlichen, kulturellen und politischen Gründen eine engere Kooperation im nordischen Raum« suche, und auch dafür, »daß bis zum Beitritt zur Gemeinschaft die nordischen Staaten ihre besondere Form der Zusammenarbeit stärken wollen.« Schließlich ging man davon aus, dass entsprechende Klauseln des Vertrags flexibel genug seien, um die Handlungsfreiheit der Beitrittskandidaten zu gewährleisten.[192]

---

189 BArch, B 136/8021, Aufzeichnung AA, III A 2 [o.D. aber Vorschlag zur Gesprächsführung für Gespräch Kiesinger-Borten, 1968].
190 PA AA, B 31, Bd. 382, AA, IA5, Vermerk (Haferkamp), 11.4.69.
191 PA AA, B 20, Bd. 1498, Stockholm an AA und BPA, 8.7.69.
192 BArch, B 136/8021, Beitrag zur Konferenzmappe III A 2/IA2, 7.2.70, Nordek.

Gleichzeitig wurde von deutscher Seite aber unmissverständlich klargestellt, dass ein Land nicht zwei Zollunionen angehören könne. Bei einem positiven Ausgang eventueller Beitrittsverhandlungen sah die Bundesregierung

> kaum eine Möglichkeit zur Verwirklichung der NORDEK-Pläne in ihrer gegenwärtigen Form, [...] weil eine Doppelmitgliedschaft der nordischen Beitrittskandidaten in den EG und in einer weiteren Zollunion, an der auch Nicht-Mitglieder der EG teilnehmen, schon aus handelspolitischen und technischen Gründen nicht durchführbar erscheint. [...] Ob und inwieweit auch nach einem erfolgreichen Abschluß der Beitrittsverhandlungen noch ein Bedürfnis für eine engere Zusammenarbeit aller nordischen Länder besteht und wie diese Zusammenarbeit ggf. so gestaltet werden könnte, daß sie die Europäischen Gemeinschaften nicht beeinträchtigt, kann von uns jetzt nicht beurteilt werden. Die Beantwortung dieser Frage wird mit davon abhängen, welche Lösungen für das Verhältnis Schwedens und die Beziehungen Finnlands zu den Europäischen Gemeinschaften gefunden werden.[193]

Insbesondere das durch die Neutralität Schwedens und Finnlands vorhandene politische Problem wurde in Bonn als nur schwer vereinbar mit dem Wunsch nach politischer Einigung in der EG angesehen. In einem Dokument der Interministeriellen Arbeitsgruppe für die Erweiterungsproblematik vom September 1969 hieß es dazu:

> Problematisch bleibt bei der zwingend gebotenen Einbeziehung aller skandinavischen Länder in das System einer erweiterten EWG das Problem Finnland. Finnland ist der EFTA assoziiert und Mitglied des Nordischen Rates, es nimmt am Nordek-Projekt teil. Eine Wiederaufrichtung der Handelsschranken der skandinavischen Länder gegenüber Finnland ist nicht vertretbar, eine Verbindung mit der EWG aber wegen der Haltung der Sowjet-Union ein politisch akzentuiertes Problem.[194]

Ähnliche Stimmen waren auch von den anderen EG-Partnern zu hören. Die dänische Zeitung *Politiken* meldete im Februar 1969, dass dänische

---

193 Ebd.
194 IMAG EG/GB, 10.9.69.

Diplomaten in den EG-Hauptstädten unter der Hand »handfeste Warnungen« erhalten hätten, in eine nordische Wirtschaftsunion einzutreten. Der dänische Botschafter in Paris habe berichtet, Frankreich sei zufrieden mit dem eventuellen Eintritt Norwegens und Dänemarks in eine »Nordische Union«, weil sich die EG dann mit zwei Beitrittskandidaten weniger auseinandersetzen müsse.[195] Tatsächlich hatten dänische Diplomaten, darunter auch der Botschafter in Bonn, auf einer Konferenz in Kopenhagen über die Skepsis der EG-Partner gegenüber Nordek berichtet. Die Bundesregierung wies die Presseberichte darüber aber zurück und stellte sowohl öffentlich – durch ein Interview Brandts mit der *Husumer Zeitung* – als auch auf diplomatischem Wege klar, dass zunächst das Ergebnis der Nordek-Verhandlungen abgewartet werden sollte.[196] Kategorischer äußerte der neue französische Außenminister Maurice Schumann seine Zweifel am Sinn und an den Erfolgschancen des Projektes. Im Gespräch mit Willoch unterstrich er im Dezember 1969, dass die Gemeinschaft keine Freihandelszone sei, sondern »zwingende und exklusive Verpflichtungen für ihre Mitglieder einschließe.« Es sei »unmöglich, Mitglied einer nordischen Zollunion und der Gemeinschaft zu sein«.[197]

Auch was die Kommission anging, waren die dänischen Befürchtungen nicht aus der Luft gegriffen. Die norwegische Botschaft in Brüssel hatte schon im Sommer 1968 berichtet, dass von Seiten verschiedener Delegationen und der Kommission öfters angefragt werde, wie es denn mit Norwegens Antrag auf Vollmitgliedschaft stehe, wenn sich die nordische Zollunion realisieren lasse.[198] In der EG reagiere man erstaunt auf die Behauptung schwedischer Vertreter, dass – ungeachtet des Vorbehalts, dass jedes Land in Nordek seine politische Handlungsfreiheit behalten sollte – der reelle Inhalt des Nordek-Projekts eine Koordinierung der Verhandlungspositionen für zukünftige Verhandlungen mit der EG sei. Dies bedeute doch, dass Norwegen sich einerseits die politischen Vorbehalte Schwedens zu eigen machen und andererseits die im nordischen Zusammenhang erreichte Angleichung der Landwirtschafts- und

---

195 Vgl. »De Seks advarer os mot nordisk union«, in: *Politiken*, 7.2.69.
196 PA AA, B 20, Bd. 1622, AA, Pressereferat, 19.2.69, Interview des Bundesministers mit den *Husumer Nachrichten*; PA AA, B 20, Bd. 1622, IIIA2 an Brüssel, 27.2.69, Nordische wirtschaftliche Zusammenarbeit (Nordek).
197 UD 44.36/6.84-31, Paris an UD, 11.12.69, Willochs samtale med Schumann 10/12.
198 UD 44.36/6.84-30, Brüssel an UD, 19.8.68, CEE. Brussel og nordiske samarbeidsplaner.

Fischereipolitik mit in die EG überführen müsse. Dies wiederum würde aus Brüsseler Sicht bedeuten, dass Norwegen als Teil eines »reichen Klubs« in die EG eintrete und deshalb nur geringe Chancen habe, individuelle Sonderbedingungen zu erreichen.[199] Norwegische Vertreter verwiesen auf das nach wie vor aktuelle Beitrittsgesuch von 1967 sowie auf den nordischen Beschluss, dass alle Teilnehmer der Nordek-Verhandlungen die Wahl- und Handlungsfreiheit in ihren Beziehungen zu einem größeren europäischen Zusammenschluss aufrechterhalten sollten. Gleichzeitig zeigten sie sich irritiert darüber, dass ihre schwedischen Kollegen offensichtlich den Eindruck verbreiteten, es sei das Ziel der Nordek-Verhandlungen, sich als nordische Einheit in Brüssel zu präsentieren. Damit würde der Eindruck erweckt, dass sich die anderen nordischen Länder auch die Vorbehalte Schwedens, d.h. die Aufrechterhaltung der Neutralität, zu eigen machten, die nach Meinung der meisten EG-Diplomaten nur in Form einer Assoziierung zu lösen waren. In dieser Situation fühlten sich manche norwegische Diplomaten in den EG-Ländern als »Geisel einer nordischen Einigkeit, die gar nicht existiere.«[200]

Ende März 1970 teilte die finnische Regierung ihren Verhandlungspartnern mit, dass sie, aufgrund der nach dem Gipfel von Den Haag absehbaren Verbindung einiger Nordek-Partner mit der EG, das Abkommen nicht unterzeichnen könne. Vermittlungsversuchen der anderen Regierungen zum Trotz, bekräftigte der finnische Präsident Urho Kekkonen diesen Beschluss am 6. April in einer Rede vor dem finnischen Parlament.[201] Damit war das Projekt einer nordischen Zollunion tatsächlich an der unterschiedlichen außenpolitischen Orientierung der beteiligten Staaten gescheitert. Rettungsversuche norwegischer und dänischer Sozialdemokraten, die gemeinsam nach Stockholm reisten, um die schwedische Regierung unter Olof Palme zu einer skandinavischen Ersatzlösung, d.h. einer Zollunion ohne Finnland namens »Skandøk« zu überreden, blieben erfolglos. Palme stellte klar, dass ohne Finnland ein nordischer Zusammenschluss für Schweden keinen Sinn mache und lehnte auch eine nordische Zusammenarbeit ohne Zollunion ab. Stattdessen bekräftigte

---

199 Ebd.
200 So der Botschafter in Rom, der von seinem schwedischen Kollegen zu einem Lunch eingeladen worden war, bei dem ein schwedischer Staatssekretär vor diversen Ministern und Staatssekretären über Nordek referieren wollte. UD 44.36/6.84-31, Rom an UD (Utenriksråd), 28.3.69.
201 Vgl. *Hecker-Stampehl, Jan*: Neutralität, Integrationspolitik und Machtkampf. Nordek, EWG und RGW in der finnischen Politik 1968-1973, in: Nordeuropaforum, 2000, 3/2, S. 61-92.

er die Absicht Schwedens, einen Antrag auf Mitgliedschaft zu stellen, wenn Großbritannien dies tue und schlug vor, dass sich die sozialdemokratischen Parteien zusammensetzen sollten, um über die Konsequenzen einer Mitgliedschaft zu beraten.[202]

Erst als sich Schweden im März 1971 endgültig gegen einen Antrag auf Vollmitgliedschaft entschieden hatte, war sicher, wer zum Kreis der Beitrittskandidaten gehören würde. Ob aber alle Kandidaten am Ende auch den Beitritt vollziehen würden, konnte keineswegs als sicher gelten. Den deutschen Europaexperten hatte sich bereits im Spätsommer 1969 die Diskussion um alternative Anschlussmodelle folgendermaßen dargestellt:

> Wenn auch im gegenwärtigen Zeitpunkt nur der Beitritt zu einer unveränderten EWG zur Diskussion steht und von der Bundesregierung mit Nachdruck verfolgt wird, ist doch damit zu rechnen, dass die anderen Formeln unterschwellig weiter wirken und die Vorstellungen beeinflussen. Dies gilt insbesondere dann, wenn die Vollmitgliedschaft im Verlauf der Verhandlungen auf größere Schwierigkeiten stoßen sollte.[203]

Diese Prognose traf auf Norwegen besonders zu. Denn dort nahmen die Beitrittsskeptiker das Scheitern des Nordek-Projekts und die Aussichtslosigkeit einer großen Freihandelszone keineswegs als das Ende alternativer Lösungen hin. Vielmehr begann sich parallel zur Vorbereitung der Mitgliedschaftsverhandlungen der innenpolitische Widerstand zu organisieren, dessen Protagonisten weiterhin auf eine nordische Lösung als Alternative zum EG-Beitritt setzten.

4.4 Zusammenfassung

Bei den Bemühungen um ein Zustandekommen von Mitgliedschaftsverhandlungen entwickelte sich im Laufe der 1960er Jahre eine gewisse »Interessengemeinschaft« zwischen den norwegischen Beitrittsbefürwortern

---

202 Vgl. *Lie* 1975, S. 377; *Steen* 1986, S. 162 f.; *Engstad, Paul*: Statsman i storm og stille. Trygve Bratteli 1965-1984, Oslo 1987, S. 83; AAB, DNA, Da, 481, Protokoll, Sentralstyret, møte 20.4.70.
203 IMAG EG/GB, 10.9.69.

und den »Verbündeten« Norwegens in der EG, unter denen sich besonders die Bundesrepublik profilierte.

In Norwegen sprach sich seit Ende der 1950er Jahre eine Mehrheit der politischen, bürokratischen und wirtschaftlichen Elite für eine enge Verbindung mit der EG aus und sah nach dem britischen und dänischen Antrag auf Vollmitgliedschaft auch für Norwegen in dieser Lösung den einzig gangbaren Weg. Die Vorbehalte einzelner Wirtschaftssektoren und ihrer politischen Alliierten, die prinzipielle Gegnerschaft der Linken sowie die Skepsis der Öffentlichkeit gegen die Abgabe nationaler Souveränität fielen zunächst insofern nicht ins Gewicht, als sich die Beitrittsfrage 1963 und erneut 1967 durch das Veto de Gaulles erledigte. Jene, die weiterhin der Meinung waren, dass nur ein Beitritt die handelspolitischen Probleme Norwegens lösen werde, konnten auf die Unterstützung der Bundesregierung vertrauen, wo sich seit Beginn der 1960er Jahre ein breiter Konsens zugunsten der Erweiterung herausgebildet hatte.

Sowohl auf norwegischer als auch auf deutscher Seite wurden bei der Diskussion der Beitrittsfrage Argumente und Vorbehalte ins Feld geführt, die sich nach wirtschaftlichen und politischen Gründen unterscheiden lassen. Was die wirtschaftlichen Gründe anging, so waren die Bundesrepublik und Norwegen als exportorientierte Staaten beide an einer Liberalisierung des Welthandels und damit an einer Abflachung des Zollgrabens in Westeuropa interessiert. Dabei war der Zugang zum deutschen Markt für Norwegen sicherlich wichtiger als die Öffnung des norwegischen Marktes für die Bundesrepublik. Aufgrund des Interesses der deutschen Industrie an dem EFTA-Markt als Ganzem waren wirtschaftliche Interessen gleichwohl ein wichtiges und dauerhaftes Argument für eine deutsche Unterstützung der Erweiterung. Gleichzeitig fiel es der Bundesrepublik aufgrund der geringen Bedeutung des norwegischen Marktes leichter, Sonderregelungen für die norwegischen Problemsektoren Landwirtschaft und Fischerei zu akzeptieren. Die Frage, ob für die Gewährung von Ausnahmeregelungen die grundlegenden Prinzipien der Gemeinschaft modifiziert werden konnten, war jedoch letztendlich eine politische Frage, bei deren Beantwortung es deutschen und norwegischen Akteuren wesentlich schwerer fiel, gemeinsame Positionen zu entwickeln.

Deutsche Akteure befürworteten seit Anfang der 1960er Jahre eine Erweiterung der EG um Großbritannien und die skandinavischen Staaten einerseits, weil sie diese Länder zu Europa gehörig empfanden, und andererseits, weil sie in ihrer Mitwirkung eine Stärkung der Gemeinschaft und eine bessere Absicherung der deutschen Ost- und Deutschlandpolitik sahen. Eine festere Einbindung Norwegens in die westlichen Kooperationsstrukturen war für die Bundesrepublik nicht zuletzt auch aus strategischen Gründen von Bedeutung. Nach 1966 wurden die politischen Motive für die Unterstützung der skandinavischen Beitrittsgesuche durch die engen persönlichen Bindungen Willy Brandts noch stärker in den Vordergrund gerückt. Allerdings ließen deutsche Akteure ungeachtet ihres Interesses an der Erweiterung und bei aller Sympathie für die norwegischen Sonderprobleme keinen Zweifel daran aufkommen, dass auch sie dem »Gemeinschaftsinteresse« letztendlich Vorrang einräumten. Weitreichende Zugeständnisse an die Bewerber wurden zwar für möglich gehalten, aber nur, wenn diese sich im Gegenzug eindeutig zu den politischen Zielen der Gemeinschaft bekannten.

Auch in Norwegen argumentierten nicht wenige mit der politischen und kulturellen Zugehörigkeit ihres Landes zu Europa und vertraten die Meinung, dass gerade Kleinstaaten ihre nationalen Interessen künftig nur noch als Teil einer politischen Gemeinschaft wirkungsvoll wahrnehmen konnten. Mit dieser Auffassung waren sie aber deutlich in der Minderheit. Die Mehrheit betrachtete die teilweise Abgabe nationaler Souveränität nicht nur als inakzeptable Einschränkung der Handlungsfreiheit bei der Ressourcenverwaltung und Politikgestaltung, sondern als Bedrohung eines spezifischen Lebensstils, Wertesystems und Sozialmodells skandinavisch-nordischer Prägung. Bemühungen der sozialdemokratischen Führungselite, die Beitrittsargumentation ideologisch zu unterfüttern und ihrer Basis ein sozialdemokratisch geprägtes Europa in Aussicht zu stellen, fruchteten nicht, auch weil die SPD als potentieller Partner diesen Aspekt nicht in den Vordergrund ihrer Europapolitik stellen wollte.

Letztendlich wurden aber die wirtschaftlichen Argumente für eine enge Verbindung mit der EG in Norwegen als so dringlich angesehen, dass sich auch die teilweise euro-skeptisch eingestellte Regierung Borten 1967 zu einem Antrag auf Vollmitgliedschaft entschloss und diesen 1970 bekräftigte. Dass dieser Antrag zahlreiche Vorbehalte enthielt, die mit den Römischen Verträgen nicht vereinbar waren, legt die Vermutung nahe, dass er nur instrumentellen Charakter hatte und dass damit lediglich die Bedingungen für eine weniger verpflichtende Assoziierung sondiert werden sollten. Allerdings musste sich die Regierung darüber im Klaren sein, dass sie mit ihrem Antrag einen Prozess in Gang setzte, der eine gewisse Eigendynamik in Richtung Vollmitgliedschaft entfaltete. Die Beitrittsbefürworter in der Koalitionsregierung konnten sich jedenfalls stets auf die offizielle Position der Regierung berufen, wenn sie ihren Amtskollegen in der EG gegenüber den Beitrittswillen Norwegens bekräftigten. In Bonn und in den anderen Hauptstädten der EG gab es daher, trotz ambivalenter Aussagen des norwegischen Ministerpräsidenten, zunächst keinen Grund an dem norwegischen Beitrittswillen zu zweifeln. Spätestens als mit Trygve Bratteli ein dezidiert »europäischer« Politiker das Ruder übernommen hatte, war man sich in Bonn sicher, mit der norwegischen Regierung auf ein gemeinsames Ziel zuzusteuern. Mit der Zustimmung Frankreichs zur Aufnahme von Beitrittsverhandlungen war im Dezember 1969 allerdings nur eine erste Hürde auf dem Weg zur Erweiterung genommen worden. In mühsamen Verhandlungen musste sich zwischen 1970 und 1972 zeigen, ob einerseits die Kandidaten bereit waren, die Bedingungen der Gemeinschaft für einen Beitritt zu akzeptieren, und in welchem Umfang andererseits die Gemeinschaft bereit war, auf die Sonderprobleme der Kandidaten Rücksicht zu nehmen. Der norwegische Fall stellte sich dabei als besonders schwierig heraus, weshalb die Unterstützung durch »Verbündete« wie die Bundesrepublik weiterhin von großer Bedeutung war. Im folgenden Kapitel wird untersucht, wie viel Raum das offiziell vereinbarte Verhandlungsverfahren für bilaterale Kontakte zwischen den Kandidaten und den einzelnen EG-Partnern ließ und auf welche Art und Weise die Bundesrepublik und Norwegen diesen Raum nutzten, um Verhandlungslösungen herbeizuführen.

5 Beitrittsverhandlungen (1970-1972)

Nach einem Jahrzehnt missglückter Versuche konnte die Europäische Gemeinschaft am 30. Juni 1970 erstmals Beitrittsverhandlungen mit allen vier Kandidaten – Großbritannien, Irland, Dänemark und Norwegen – aufnehmen. Die auf der Eröffnungssitzung in Luxemburg vorgetragenen Verhandlungspositionen unterschieden sich kaum von denen, die beide Seiten bereits 1962 präsentiert und seither stets bekräftigt hatten. Für die Gemeinschaft forderten der amtierende Ratspräsident, der belgische Außenminister Pierre Harmel, und Kommissionspräsident Jean Rey die Kandidaten dazu auf, die Römischen Verträge und ihre politischen Ziele anzuerkennen, sowie das gesamte Folgerecht und die zum Ausbau der Gemeinschaft getroffenen Optionen zu übernehmen. Die notwendigen Anpassungen an diese Regeln sollten nicht durch Änderungen der Verträge, sondern nur durch befristete Übergangsbestimmungen erfolgen, die darüber hinaus für alle Anwärter gleich und zeitlich auf ein Minimum zu begrenzen wären, um nicht den Charakter von Abweichungen anzunehmen. Weiter sollte die Regelung aller Beitrittsprobleme in den Verhandlungen, d.h. vor Unterzeichnung des Vertrages, erfolgen. Schließlich sollte eine ungestörte Weiterentwicklung der Gemeinschaft während der Verhandlungen gewährleistet sein, worunter man in Brüssel nicht nur die Vollendung bereits bestehender Bereiche der Zusammenarbeit verstand. Man behielt sich auch vor, neue Themen wie die Wirtschafts- und Währungsunion einzubringen, sofern diese im Laufe der Verhandlungen zu EG-Politik wurden.[1]

Wie die anderen Kandidaten auch erkannte die norwegische Regierung, vertreten durch Außenminister Stray, die Bedingungen der Gemeinschaft grundsätzlich an. Sie bekräftigte aber ihre Absicht, in den Bereichen Landwirtschaft, Fischerei, Niederlassungsrecht und Kapitalverkehr über Sonderregelungen verhandeln zu wollen. Außerdem forderte Norwegen, ähnlich wie Dänemark, dass die bestehenden Verbindungen zu den EFTA-Partnern und insbesondere zu den nordischen Nachbarn durch den Beitritt nicht beeinträchtigt werden dürften.[2]

---

1 Erklärungen bei der Eröffnung der Konferenz der EG und der beitrittswilligen Staaten in Luxemburg am 30.6.70, in: EA, 15-16/1970, S. D 351-D374, hier S. D351-D358.
2 Vgl. Erklärung des norwegischen Außenministers, Svenn Stray, in: EA, 15-16, 1970, S. D 371-374.

Anders als die Verhandlungsziele hatten sich die Rahmenbedingungen seit Beginn der 1960er Jahre wesentlich geändert; und zwar überwiegend zugunsten der Gemeinschaft.[3] Trotz ihrer zahlreichen Krisen hatte sich die Gemeinschaft im Laufe der 1960er Jahre institutionell gefestigt und in ihren Kernbereichen, der gemeinsamen Handelspolitik und der gemeinsamen Agrarpolitik, die vorgesehene Übergangszeit abgeschlossen. Gewiss hatte man noch wenige Wochen vor der EG-Gipfelkonferenz in Den Haag Ende 1969 im Auswärtigen Amt (AA) konstatiert, die Gemeinschaft treibe auf eine Krise zu, und innerhalb der Kommission war die Rede von der »Polemik« zwischen den Partnern über die Frage, ob der Erweiterung oder der inneren Entwicklung Priorität eingeräumt werden sollte.[4] Im Vorfeld der Konferenz zeichnete sich jedoch ein Konsens über die Erweiterung ab sowie darüber, dass nichts von dem bisher Erreichten durch den Beitritt neuer Mitglieder in Frage gestellt werden dürfe. In diesem Geiste beschlossen die Sechs in Den Haag, die Erweiterung der Gemeinschaft mit Schritten zur Vollendung des Gemeinsamen Marktes und zur Vertiefung der Zusammenarbeit zu verknüpfen.[5]

Für die norwegische Regierung ergaben sich aus den Haager Beschlüssen zahlreiche Probleme: Offiziell war die Aufnahme von Beitrittsverhandlungen seit 1962 angestrebt worden. Nun aber, da dieser Schritt erstmals möglich wurde, sah sich die Regierung dazu gezwungen, eindeutiger als bisher Stellung zur Frage der Mitgliedschaft und zu ihren Bedingungen zu beziehen, wodurch sich die innenpolitischen Konflikte verschärften. Insbesondere die anvisierte Vertiefung der Gemeinschaftsaufgaben um eine gemeinsame Wirtschafts- und Währungspolitik sowie die Pläne der EG zur politischen Zusammenarbeit wurden zu einer innenpolitischen Belastung, da sie den Eindruck verstärkten, man sei im Begriff, sich einer künftigen politischen Union anzuschließen. Unmittelbare Probleme ergaben sich für Norwegen vor allem aus den geplanten Schritten zur Voll-

---

3   Vgl. *Wellenstein, Edmund*: L'élargissement de la Communauté, vu de Bruxelles, in: *Association Georges Pompidou* (Hrsg.): Georges Pompidou et l'Europe, Brüssel 1995, S. 233-236, hier S. 234.

4   AAPD, 1969, Dok. 319; HAEU, Dep. EM 175, EG-Kommission, Direction générale des relations extérieures (Sigrist), Note pour M. Martino, 18.7.69, Élargissement de la Communauté, Préparation du Conseil 22./23.7, (ENA, Conditions for Enlargement, 3.4. 2006).

5   Vgl. *EG-Kommission*: Dritter Gesamtbericht über die Tätigkeit der Gemeinschaften, 1969, S. 361-364; AAPD, 1969, Dok. 385.

endung des gemeinsamen Marktes, weil davon u.a. auch die gemeinsame Fischereipolitik betroffen war.

Insgesamt war die Ausgangslage für Norwegen also eher ungünstig und von großer Asymmetrie im Kräfteverhältnis zur Gemeinschaft geprägt. Umso wichtiger war es für die norwegischen Unterhändler, an den politischen Willen der Gemeinschaft zur Erweiterung zu appellieren, der gerade in Bonn vorhanden war. Brandt wurde auf norwegischer Seite als Trumpfkarte der Kandidaten angesehen und auch nach Auffassung deutscher Vertreter gehörte die Bundesrepublik eindeutig zu den »beitrittsfreundlichen« Staaten, denen »oft die Aufgabe zu[fiel], die Interessen der Beitrittskandidaten in den Verhandlungen zu Sechst zu vertreten.«[6]

Die Voraussetzung für diese Unterstützung waren jedoch ein deutliches Bekenntnis der Kandidaten zur Mitgliedschaft und ihr Wille zur Kompromissfindung in den Detailverhandlungen. Ob die Bundesregierung diese Bedingung im norwegischen Fall als erfüllt ansah und in welchem Umfang ihre Vertreter versuchten, die Verhandlungen im Sinne Oslos zu beeinflussen, soll im Folgenden am Beispiel der zwei schwierigsten Verhandlungsthemen untersucht werden: den Bereichen Landwirtschaft (5.2) und Fischerei (5.3), für die Norwegen jeweils umfassende Ausnahmeregelungen forderte.[7] Zunächst aber werden das Verhandlungsverfahren (5.1) und die grundsätzliche Bereitschaft Norwegens zur Annahme der Römischen Verträge und ihrer politischen Zielen als Verhandlungsgrundlage (5.2) erörtert.

---

6   Ebd., S. 120; PA AA, B 20, Bd. 1901, Brüssel an AA, 1.3.72, Betr.. Abschlußbericht über die Beitrittsverhandlungen (im Folgenden zit. als: Abschlußbericht, 1.3.72), S. 14.

7   Damit wird eine große Anzahl von Verhandlungsthemen ausgeblendet, die zwar nicht weniger wichtig und vielfach auch nicht leicht zu lösen waren, die aber nicht wie die drei ausgewählten Themen die Verhandlungen von Anfang bis Ende dominierten und für die daher auch die deutsche Unterstützung weniger in Anspruch genommen werden musste. Zu den ausgeblendeten Themen gehören die für Großbritannien so wichtige Frage des Finanzbeitrages, die Frage der Anpassung der Institutionen und die des gemeinsamen Außenzolls und der Handelsbeziehungen zu Drittländern sowie die vorab als Sonderprobleme identifizierten Bereiche Kapitalverkehr und Niederlassungsrecht, für die überraschend problemlos Übergangsregelungen gefunden werden konnten.

5.1 Das Verhandlungsverfahren

Bevor die Verhandlungen beginnen konnten, musste sich die Gemeinschaft auf ein Verfahren einigen, da die Römischen Verträge hierzu keine näheren Angaben gemacht hatten. Art. 237 EWGV hält fest, dass die Entscheidung über Beitrittsgesuche vom Rat auf der Basis eines Gutachtens der Kommission getroffen werden soll und dass die Entscheidung über die Aufnahme eines neuen Mitglieds einstimmig gefällt werden muss. Gemäß Art. 228 und Art. 238 EWGV war die Kommission für die Verhandlung von Handels- und Assoziierungsabkommen mit Drittländern oder internationalen Organisationen zuständig. So hatte sie bereits die Assoziierungsverhandlungen mit Österreich und die Zollsenkungsverhandlungen in der Kennedyrunde für die Gemeinschaft geführt. Rechtlich sprach nichts dagegen, dass sie auch die Mitgliedschaftsverhandlungen führen könnte, zumal der Ministerrat ohnehin sowohl das Verhandlungsmandat als auch das Verhandlungsergebnis verabschieden musste. Wie bereits in den Verhandlungen von 1962/63 lehnte es aber Frankreich strikt ab, der Kommission eine prominente Rolle zuzugestehen, wohingegen andere Länder, darunter die Bundesrepublik, sich für eine Aufteilung der Aufgaben zwischen Rat und Kommission aussprachen.[8] Das in der ersten Runde angewendete Verfahren galt dabei keinem mehr als Modell. Damals war die Gemeinschaft in den Verhandlungen weder durch die Kommission noch durch den Ministerrat vertreten worden. Stattdessen hatte jedes Mitglied für sich gesprochen, was von vielen als schwerfällig, kompliziert und widersprüchlich bezeichnet wurde.[9] Zudem hatte diese Verfahrensweise den Kandidaten die Gelegenheit gegeben, die Mitgliedstaaten gegeneinander auszuspielen, während sie selbst die Stimmenvielfalt auf EG-Seite als konfus und wenig

---

8 BArch, B 136/7982, Aufzeichnung AA, IA2, 8.5.70, Tagesordnungspunkt Beitrittsanträge; hier: Problem der Verhandlungsführung; BArch, B 136/7982, BK Gruppe III/1 an Frau PStS, 3.6.70, Sitzung der Europastaatssekretäre am 3.6., hier: TO 4 – Beitrittsverhandlungen. Vgl. auch *Underdal* 1972, S. 132; *van der Harst, Jan*: Enlargement: the Commission seeks a role for itself, in: *Dumoulin, Michel* (Hrsg.): The European Commission 1958-72. History and Memories, Luxemburg 2007, S. 533-556, hier S. 543-545; *Ludlow, N. Piers*: A Welcome Change: The European Commission and the Challenge of Enlargement, 1958-1973, in: JEIH 11/2 (2005), S. 31-46; sowie *EG-Kommission* 1972, S. 20 f.
9 Stellungnahme der Kommission zur Beitrittsfrage vom 1.10.69, in: EA, 21/1969, S. D508-D526, hier S. 525; Abschlußbericht, 1.3.72 (wie oben, 5, Anm. 6), S. 15.

hilfreich empfunden hatten.[10] Angesichts der Entwicklung der Gemeinschaft in der zweiten Hälfte der 1960er Jahre, die trotz aller Krisen zu einer Vertiefung der Zusammenarbeit geführt hatte, schien es natürlich, die Gemeinschaft nun als Einheit auftreten zu lassen.

Das am 9. Juni 1970 beschlossene Ergebnis war ein nicht weniger schwerfälliges, dafür aber gemeinschaftlicheres Verfahren, in dem der Rat die zentrale Rolle spielte und in dem die Hauptlast und Verantwortung beim Ausschuss der Ständigen Vertreter (AstV) lag.[11] Anders als 1962/63 sollte der Rat, unter der Leitung des jeweiligen Vorsitzenden, mit den Kandidaten auf Ministerebene verhandeln. Die Ständigen Vertreter sollten die Verhandlungen auf Beamtenebene führen. Sie überließen zwar im Anschluss an die einleitende Phase den Großteil der zu treffenden Entscheidungen einem neueingerichteten Ausschuss der Stellvertreter, behielten sich aber einige politisch wichtige Verhandlungsfragen, darunter die Fischereifrage, vor.

Die Kommission in den Verhandlungen

Die Kommission hatte somit zwar nicht wie erhofft die Hauptverantwortung für die Verhandlungen erhalten, sollte aber dennoch eine zentrale Rolle spielen. So äußerte ein Mitglied der deutschen Delegation (die zu diesem Zeitpunkt den Vorsitz im Rat führte) kurz nach Verhandlungsbeginn einem Mitarbeiter der norwegischen Botschaft in Brüssel gegenüber die Ansicht, die Bedeutung der Kommission werde im Laufe der Verhandlungen zunehmen. Formal sei sie zu diesem Zeitpunkt nur eine beratende und vorbereitende Instanz, in der Praxis würden jedoch die meisten Lösungen zu den strittigen Fragen auf den Vorschlägen der Kommission basieren.[12] Tatsächlich profitierte die Kommission von der gemeinschaftlichen Vorgehensweise der EG insofern, als sie ihre vertraglich zugesicherten Aufgaben im Entscheidungsprozess der Gemeinschaft auch in den Verhandlungen anwenden konnte. Dazu gehörten die Beschaffung von Informationen und die Vorbereitung der gemeinschaftsinternen Beratungen durch Vorschläge, Analysen und Optionen. Die jeweilige Gemeinschaftsposition gründete zumeist auf einem Vorschlag,

---

10 *Kitzinger, Uwe*: Diplomacy and Persuasion. How Britain Joined the Common Market, London 1973, S. 78.
11 Vgl. Beschluss des Rats der EG vom 9.6.70 über das bei den Beitrittsverhandlungen anzuwendende Verfahren, in: EA, 15-16/1970, S. D 350
12 UD 44.36/6.84-34, Brüssel an UD, 6.8.70, CEE. Et norsk forhandlingsopplegg for september.

der in den Vorarbeiten der Kommission erstmals formuliert worden war.[13] Darüber hinaus assistierte die Kommission dem Rat bei seinen Diskussionen und versuchte, bei Meinungsverschiedenheiten Kompromissvorschläge vorzulegen. Ein besonderes Gewicht erlangte die Kommission in ihrer Funktion als Vermittlerin zwischen dem Ministerrat und den Kandidaten. Sie nahm diese Rolle einerseits in den Sondierungsgesprächen wahr, die faktisch Verhandlungen über technische Fragen waren und deren Ergebnisse zumeist in der Konferenz nur noch formell gebilligt wurden. Andererseits führte sie, besonders in der Schlussphase, eine Vielzahl informeller Gespräche mit den Kandidaten und fungierte als Bote und Vermittlerin zwischen den Delegationen.

Die individuelle Verantwortung für die Beitrittsverhandlungen und für die Freihandelsverhandlungen mit den Rest-EFTA-Staaten lag bei dem französischen Kommissionsmitglied Jean François Deniau, der bereits 1962/1963 als Generaldirektor für Auswärtige Beziehungen an der ersten Verhandlungsrunde mit Großbritannien beteiligt gewesen war.[14] Deniau nahm an den Sitzungen auf Ministerebene teil und war ein wichtiger Ansprechpartner der Kandidaten. Zur Unterstützung Deniaus wurde eine von dem Niederländer Edmund Wellenstein, dem Leiter des Generaldirektorats für Außenhandel, geführte *Task force* zusammengestellt. Wellenstein selbst vertrat die Kommission in den Sitzungen der Stellvertreter und stand in engem Kontakt zu den Unterhändlern der Bewerber.[15] Seine Spezialgruppe bestand im Wesentlichen aus Mitarbeitern der Generaldirektorate I (Auswärtige Angelegenheiten) und XI (Außenhandel).[16] Für jeden Kandidaten außer Großbritannien wurde ein besonderer *dossier manager* ernannt, der überwiegend koordinierende Aufgaben, nicht aber notwendigerweise besondere Vorkenntnisse über »sein« Land hatte. Da die Kapazität der Task force mit 20 Beamten nicht ausreichte, um die vielfältigen Aufgaben der Kommission in den Verhandlungen zu erfüllen, wurde in jedem Generaldirektorat eine Kontaktperson ernannt, um auf Anfrage der Spezialgruppe die notwendige Expertise bereitzustellen. In einzelnen Generaldirektoraten, wie dem wichtigen GD VI (Landwirtschaft), bestanden bereits eigene Abteilungen für Mitgliedschafts- und Assoziierungsverhandlungen. Die Speziali-

---

13 Abschlußbericht, 1.3.72 (wie oben, 5, Anm. 6), S. 16.
14 Vgl. *van der Harst* 2007, S. 544, sowie Deniaus eigene Einschätzung seiner Rolle, in: EUI, ECH, Deniau, INT 767.
15 Vgl. *Kitzinger* 1973, S. 89; *Underdal* 1972, S. 135.
16 *Underdal* 1972, S. 135.

sierung in den Abteilungen erfolgte für die unterschiedlichen Sachbereiche und nicht nach Ländern.

Offiziell waren zwei Verhandlungsebenen festgelegt worden – die Ministerebene und die Stellvertreterebene. Der Kontakt mit den Beitrittskandidaten erfolgte, außer in den Konferenzen, in Form von Sondierungsgesprächen zwischen der Kommission im Auftrag des Rates oder der Ständigen Vertreter mit den Kandidaten.

Eine wichtige Rolle bei der Vorbereitung der Gemeinschaftsposition kam darüber hinaus den vom Rat und von der Kommission eingesetzten Arbeitsgruppen und Ausschüssen zu, in denen nationale Experten, Mitglieder der Ständigen Vertretungen und der Kommission über technische Fragen berieten. Die Bedeutung dieser Verwaltungsausschüsse war seit dem Luxemburger Kompromiss von 1966, mit dem die Kompetenzen der Kommission zugunsten des Rates beschnitten wurden, noch gewachsen.[17] Aufgrund der ständig zunehmenden Fülle der ihm übertragenen Aufgaben setzte der Ministerrat immer häufiger Arbeitsgruppen ein, in denen Beamte aus den Fachressorts der Mitgliedstaaten den Ständigen Vertretungen und der Kommission bei der Erstellung von Vorschlägen zur Hand gehen sollten.[18] Dieser als »bureaucratic interpenetration« charakterisierte Trend führte zur zunehmenden Verflechtung nationaler und supranationaler Elemente bei der Beschlussfassung der Gemeinschaft.[19] Durch das Hinzuziehen nationaler Experten wurde zwar die Unabhängigkeit der Kommission eingeschränkt, dadurch aber gleichzeitig die Überführung größerer Kompetenzen an die Gemeinschaftsorgane möglich gemacht, zu denen Arbeitsgruppen und Ausschüsse ja gehörten. Ein positiver Aspekt dieses Trends war aus Sicht der Kommission, dass die nationalen Experten durch ihre Einbindung in den Brüsseler Willensbildungsprozess »europäischer« dachten und die Kommissionsinitiativen in ihren Hauptstädten unterstützten.[20]

In den Beitrittsverhandlungen unterstützte die enge Zusammenarbeit zwischen den nationalen und supranationalen Verwaltungen auf der Arbeitsebene die angestrebte gemeinschaftliche Vorgehensweise. Abgese-

---

17 Vgl. *Rometsch, Dietrich*: Europäische Kommission, in: *Weidenfeld, Werner/Wessels, Wolfgang* (Hrsg.): Europa von A bis Z, Bonn, 5. Aufl. 1995, S. 160-167, hier S. 161.
18 Vgl. *Noël, Emile*: So funktioniert Europa. Mit einem Vorwort von *Willy Brandt*, 2. Aufl. Baden-Baden 1979, S. 21-23.
19 Vgl. *Wessels* 1990, hier S. 230.
20 *Cassese, Sabino/della Cananea, Giacinto*: The Commission of the European Economic Community: the Administrative Ramifications of its Political Development (1957-1967), in: JEV 4 (1992), S. 75-94, hier S. 92 f.

hen davon machten aber allein der technische Charakter der meisten Verhandlungsthemen und die Masse der im Detail zu verhandelnden Regelungen die Einbeziehung nationaler Experten notwendig. Ob die nationalen oder die supranationalen Beamten bei dieser Zusammenarbeit den stärkeren Einfluss ausübten, war vom jeweiligen Sachfeld und dessen politischer Bedeutung in der aktuellen Situation abhängig. So spielte in den Verhandlungen um die norwegische Landwirtschaft die zuständige Kommissions-Gruppe offenbar eine wichtigere Rolle, während in der politisch kontroversen Frage der Fischereigrenzen die nationalen Experten ihren Einfluss stärker geltend machten.

Den norwegischen Europaexperten war die Bedeutung der Kontakte zur Kommission und zu den Experten in den Arbeitsgruppen und Ausschüssen durchaus bewusst, da sie auf diesem Wege einerseits vertrauliche Informationen über die Verhandlungsstrategie der EG erhielten und andererseits um Verständnis für die Sonderprobleme ihrer Regierung werben konnten.[21] Die Kommission suchte ihrerseits den Dialog mit den Delegationen der Kandidaten, um einen ergänzenden, möglichst informellen Meinungs- und Informationsaustausch zu etablieren, durch den sie ihre eigene Stellung im Institutionengefüge stärken konnte.[22]

Für viele norwegische Politiker, auch für die Beitrittsbefürworter unter ihnen, wurde die Bekanntschaft mit dem aufwendigen, komplizierten und durch technische Detailarbeit geprägten Entscheidungsverfahren der EG vielfach ein wenig erfreuliches Erlebnis. Den Unterhändlern, die nach Brüssel kamen, um sich mit politischen Argumenten für Sonderforderungen einzusetzen, fehlte häufig, wie sich Reiulf Steen erinnert, der richtige Ansprechpartner:

> Diejenigen, die die EG-Verhandlungen für die Regierung führten, machten schnell die Erfahrung, dass es sich hierbei um etwas anderes als Formalitäten handelte. Sie machten auch die Erfahrung, dass die, die für die EG am Verhandlungstisch saßen, sich nicht zuvorderst für die Vision eines geeinten Europas interessierten. Sie kümmerten sich um Fisch, Ferrolegierungen, gehärtete Fette, Butter, Zollbestimmungen und Ausnahmeregelungen. Die Verhandlungen

---

21 Vgl. u.a. UD 44.36/6.84-31, Brüssel an UD, CEE. Handelsarrangement, Norden og Norge. Frimodige ytringer fra Kommisjonshold; UD 44.36/6.84-39, Brüssel an UD, 2.4.71, Norge -EF. Erklæringen av 30.5.
22 UD 44.36/6.84-41, Brüssel an UD, 23.7.71, EF. Utvidelsen. Kommisjonens kontakter med søkerlandene.

waren technisch und detailliert. Den Unterhändlern der EG mangelte es leider völlig an einer politischen Perspektive für den norwegischen und nordischen Anschluss an West-Europa und wir fühlten des Öfteren, dass wir den »Brüsseler Gnomen«, wie [Außenminister] Andreas Cappelen sie charakterisierte, brutal ausgeliefert waren.[23]

Vor diesem Hintergrund kam den bilateralen Kontakten zwischen den Kandidaten und einzelnen EG-Mitgliedstaaten eine große Bedeutung zu.

Die norwegischen Verhandlungsstrukturen

Auch für die Kandidaten bedeutete die Aufnahme des Beitrittsverfahrens, dass neue Strukturen geschaffen werden mussten, um die zahlreichen politischen und administrativen Herausforderungen zu bewältigen. In Norwegen war dieser Prozess von Beginn an von den oben beschriebenen Auffassungsunterschieden innerhalb der Koalitionsregierung und dem Misstrauen der Beitrittsskeptiker gegenüber den Europaexperten geprägt. Dies erweckte den Eindruck, als werde nicht nur die inhaltliche, sondern auch die administrative Vorbereitung auf die Verhandlungen bewusst verzögert, zumindest aber durch die interne Uneinigkeit behindert. Sowohl von Seiten der Opposition als auch aus den eigenen Reihen wurde der Regierung vorgeworfen, Norwegen durch diese zögerliche Vorgehensweise einen Nachteil in den Verhandlungen zuzufügen. Als repräsentativ für diese Kritik darf ein Kommentar des sozialdemokratischen *Arbeiderbladet* vom Juli 1967 gelten, in dem Besorgnis über »die Schwäche der Regierung«, ihren »Dualismus« und ihre »innere Spannung« geäußert wird, wie sie die jüngste Europa-Debatte im Storting gezeigt habe. Die verbal geäußerte Einigkeit habe die »tiefe Spaltung« und den »deutlichen Haltungsunterschied zwischen Ministerpräsident und Außenminister« nicht verdecken können:

> Unklarheit und innere Unruhe kann die Handlungsstärke der Regierung lähmen und kann es außerdem unseren Beamten, die die schwerste Last zu tragen haben, erschweren, die Karten am Verhandlungstisch in Brüssel geschmeidig und richtig zu spielen.[24]

---

23 *Steen* 1986, S. 170.
24 »Dele råderett med andre«, in: *Arbeiderbladet*, 14.7.67.

Wie Hans Otto Frøland betont hat, waren diese Vorwürfe allerdings auch parteipolitisch motiviert und müssen relativiert werden.[25] Zwar hatte die norwegische Regierung, damals unter Leitung der Arbeiterpartei, im Anschluss an das Veto de Gaulles von 1963 bewusst eine weniger enge und profilierte Form des Kontaktes mit der EG gewählt als seine Mitkandidaten.[26] Bereits im März 1966 aber reagierte die Regierung auf Anzeichen für eine britische Initiative in der Beitrittsfrage und richtete einen interministeriellen Ausschuss (den so genannten »Marktausschuss«, *Markedsutvalget*) ein, der Norwegens Verhältnis zur EG untersuchen und – in einem späteren Stadium – die unterschiedlichen Möglichkeiten eines Anschlusses abwägen sollte.[27] Auch die Richtlinien für die Zusammensetzung der Delegation hatte das UD bereits 1966 aktualisiert und die darin vorgesehene leitende Rolle des Außenministers wurde nicht in Frage gestellt.[28] Zwischen 1966 und 1970 akzeptierte das UD sowohl bei der Vorbereitung auf eventuelle Beitrittsverhandlungen als auch in den NORDEK-Verhandlungen die leitende Rolle des Ministerpräsidenten und seines Staatssekretärs Emil Vindsetmo (nach dem auch der Marktausschuss benannt wurde). Es beanspruchte aber die Sekretariatsfunktion für sämtliche Europa-Ausschüsse und damit die Koordinierung der inhaltlichen Beiträge für die Verhandlungsposition der Regierung. In der zunächst zurückgestellten Frage, wer die Verhandlungen auf Arbeitsebene leiten sollte, setzte das UD 1970 seinen traditionellen Anspruch auf die Koordinierung der auswärtigen Kontakte Norwegens schließlich durch.[29]

Treibende Kraft hinter den europapolitischen Initiativen des Außenministeriums und zentrale Organe im Verhandlungsprozess waren die Handelspolitische Abteilung und dort das 1. Handelspolitische Büro[30] sowie die norwegische Botschaft in Brüssel.[31] Insbesondere die Brüs-

---

25 Vgl. *Frøland* 2001 [c], S. 437-442, 450.
26 Vgl. *Eriksen/Pharo* 1997, S. 350.
27 RA, SMK, regj. konf., Bd. 23, Sitzung vom 8.2.66, 29.3.66, 23.8.66; und 23.8.66; RA, SMK, regj. konf., Bd. 24, 30.3.1967.
28 Vgl. UD 44.36/6.84-25, Notat til Utenriksministeren, H.avd., 6.1.1967, Norges forhold til CEE – arbeidsordningen i tilfelle av forhandlinger – forhandlingsopplegget; UD 44.36/6.84-32, UD til Regj. medl., 9.1.70, Markedsspørsmålet. EEC – Nordøk.
29 Zu diesem Anspruch vgl. *Modalsli-Bericht* (wie oben Kap. 2, Anm. 146), S. 220.
30 Vgl. *Norman, Wilhelm*: Utenriksdepartementets organisering 1939-1992, Bd. 2, Oslo 1993, S. 8.
31 Die zentralen Europaexperten des Außenministeriums, darunter der Leiter der Handelspolitischen Abteilung, Asbjørn Skarstein, und der Botschafter in Brüssel, Jahn Halvorsen, hatten sowohl in der Botschaft als auch im 1. Handelspolitischen Büro

seler Botschaft nahm angesichts des noch geringen Entwicklungsstands der europapolitischen Strukturen in der norwegischen Regierung eine Schlüsselstellung ein. Botschafter Jahn Halvorsen und sein Stellvertreter Sigurd Ekeland, die im gesamten Untersuchungszeitraum die Botschaft leiteten, zählten aber nicht nur zu Norwegens qualifiziertesten Europaexperten, sie waren auch als überzeugte Befürworter eines norwegischen Beitritts bekannt.[32] Ähnlich ihren Kollegen in den Ständigen Vertretungen der EG-Länder waren sie »Generalisten«, wenn auch mit handelspolitischem Schwerpunkt, die im Laufe ihrer Beschäftigung mit europapolitischen Fragestellungen gelernt hatten, dass Gesamtlösungen nur erzielt werden konnten, wenn alle Seiten in gewissen Punkten von ihren Maximalforderungen abrückten. Dieses Verständnis war vielen Fachbeamten in den EG-Hauptstädten und in Oslo weniger vertraut. So wäre, Underdal zufolge, höchstwahrscheinlich kein Beitrittsabkommen zustande gekommen, wenn sich auf beiden Seiten ausschließlich Fachbeamte mit den Problemen für Landwirtschaft und Fischerei auseinandergesetzt hätten.[33] Christoph Sasse verweist auf dasselbe Phänomen, wenn er mit Blick auf die Mitglieder der vom Ministerrat eingesetzten Arbeitsgruppen bemerkt:

> Die heterogene Zusammensetzung der Gruppen schlägt sich mitunter in einer gewissen Uneinheitlichkeit der sachlichen Reaktion und der Kompromissbereitschaft oder -fähigkeit der Mitglieder nieder: Diejenigen Beamten, die als Angehörige der Ständigen Vertretungen stärker mit dem Entscheidungsprozess zu Neunt vertraut sind, werden zu einer Sachfrage schon in Kenntnis unvermeidlicher Kompromisserfordernisse oft eine andere Haltung einnehmen als Fachleute aus den Hauptstädten, die häufiger die Tendenz haben, den nationalen Besitzstand in der betreffenden Materie möglichst ungeschmälert zu wahren.[34]

Auf norwegischer Seite bestanden die entscheidenden Auffassungsunterschiede jedoch, wie oben beschrieben, zwischen den beitrittsskeptischen

---

gearbeitet und waren bereits Mitglieder der Verhandlungsdelegation von 1962 gewesen. UD 44.36/6.84-29, Notat UD an Regj. medl., 1.8.67, Norges forhandlinger med EEC. Oppnevnelse av forhandlingsdelegasjon m.v.
32 Gespräch mit Terje Johannessen am 18.6.2003 in Oslo.
33 Vgl. *Underdal* 1972, S. 171.
34 *Sasse, Christoph*: Regierungen. Parlamente. Ministerrat. Entscheidungsprozesse in der Europäischen Gemeinschaft, Bonn 1975, S. 170.

Mitgliedern im Kabinett und den Europaexperten, was erstere dazu veranlasst haben mag, die Rolle der Botschaft bei der Ausarbeitung der norwegischen Verhandlungspositionen soweit wie möglich zu begrenzen.[35] Nichtsdestoweniger nahmen Halvorsen und Ekeland als Mitglied bzw. Berater der Delegation eine zentrale Rolle im norwegischen Apparat ein, weil sie in den Gemeinschaftsinstitutionen über ein umfassendes Kontaktnetz verfügten und in Norwegen ihre Informationen und Bewertungen der Sachlage direkt an die beteiligten Akteure vermittelten.[36] Nach dem Regierungswechsel im März 1971 erhielt die Botschaft durch das insgesamt auf einen Erfolg der Verhandlungen ausgerichtete Kabinett Bratteli ein stärkeres Gewicht. Zumal zu diesem Zeitpunkt die Verhandlungen in die entscheidende Phase traten und Kontakte auf höchster politischer Ebene notwendig machten, die i.d.R. durch den Botschafter vermittelt wurden.

Neben dem Außenminister war der Handelsminister nominell der wichtigste Europapolitiker, nicht zuletzt weil Europapolitik in mehr oder weniger bewusster Ausklammerung der politischen Aspekte der europäischen Integration in Norwegen (wie übrigens auch in Dänemark und Großbritannien) als »Marktpolitik« galt.[37] Traditionell hatte das Ministerium für Handel und Schiffahrt die Verantwortung für außenwirtschaftliche Fragen und für die Mitwirkung in OECD und EFTA. In Fragen der Europäischen Integration fand eine enge Zusammenarbeit mit dem Außenministerium statt, wobei es auch Überschneidungen kam.[38] In den Beitrittsverhandlungen kümmerte sich das Handelsministerium in erster Linie um die inhaltliche Ausformung der norwegischen Position. Die Einrichtung eines eigenen Sekretariats im Handelsministerium wurde vom UD abgelehnt, das vor einer Aufteilung der Aufgaben warnte. Wie profiliert der Handelsminister dabei im Vergleich zu seinem Kollegen im Außenamt auftrat, hing auch mit den jeweiligen Persönlichkeiten zusammen. So stand die hervorgehobene Rolle Kåre Will-

---

35 So wurden etwa Verbesserungsvorschläge der Botschaft zu den Entwürfen des Regierungsberichts über den Anschluss Norwegens zur EG von 1970 (Stortingsmelding 92) nicht berücksichtigt, was nach Meinung des Botschafters ernste Konsequenzen haben konnte. UD 44.36/6.84-33, Brüssel an UD, 17.6.70, CEE. Stortingsmelding nr. 92.
36 Vgl. *Underdal* 1972, S. 143-145; *Dynna* 1973, S. 83.
37 Vgl. *Branner, Hans*: The Study of Danish European Policy – Perspectives for a Comparative Approach, in: *Ders./Kelstrup, Morten* (Hrsg.): Denmark's Policy towards Europe after 1945. History, Theory and Options, Odense 2000, S. 41-71, hier S. 45 f.
38 Vgl. *Modalsli-Bericht* (wie oben Kap. 2, Anm. 146), S. 221.

ochs als Befürworter des Beitritts im Kabinett und als Gegenspieler des Regierungschefs in einem Zusammenhang mit der vermittelnd-zurückhaltenden Vorgehensweise von Außenminister Lyng, der sich im Übrigen stärker für Fragen der Entspannungspolitik engagierte. Gleichzeitig wurde Willoch aufgrund seiner starken Überzeugungen bewusst von gewissen Aufgaben, wie den NORDEK-Verhandlungen, ferngehalten.[39] Lyngs Nachfolger, der stark pro-europäisch engagierte Svenn Stray, trat als Gegenspieler des Ministerpräsidenten gewissermaßen in die Fußstapfen Willochs, während dessen Nachfolger Tidemand weniger Profil in den Beitrittsverhandlungen zeigte. Nach dem Regierungswechsel von 1971 gewann die Stellung des Handelsministeriums in den Verhandlungen an Gewicht, als mit Per Kleppe einer der prominentesten Europapolitiker der Arbeiterpartei das Amt des Handelsministers übernahm und bemüht war, stärkere Akzente zu setzen. Dies zeigte sich auch darin, dass sein Staatssekretär, Erik Ribu, fortan die Leitung des Marktausschusses übernahm und Mitglied der Verhandlungsdelegation wurde.[40]

Unter den Ministerien, die keine koordinierende Funktion in den Verhandlungen innehatten, waren insbesondere das Landwirtschafts- und das Fischereiministerium wegen der zentralen Bedeutung dieser Sektoren für die norwegischen Verhandlungen eng in den Entscheidungsprozess eingebunden. Ihre Vertreter waren in allen relevanten Ausschüssen und Arbeitsgruppen vertreten und die Minister nahmen – allerdings stets gemeinsam mit dem Außen- oder dem Handelsminister – persönlich an den sie betreffenden Verhandlungssitzungen teil.

Da Ministerpräsident Borten seinen Staatssekretär nicht als Leiter der Verhandlungsdelegation durchsetzen konnte, nahm er seine Kontrollfunktion in erster Linie über einen Regierungsausschuss wahr, in dem die Spitzenvertreter der Koalitionsparteien vertreten waren.[41] In der Arbeiterpartei-Regierung, die im März 1971 ans Ruder kam, nahmen dann neben dem Ministerpräsidenten die zuständigen Fachminister teil.

Die Wirtschaftsverbände waren über zwei permanente, unter der Leitung des Handelsministers stehende Ausschüsse – den »Rat für internationale wirtschaftliche Zusammenarbeit« (*Rådet for internasjonalt økonomisk samarbeid*, RIØS) und den »Freihandelsausschuss« (*Frihandelsutvalget*) – in den Entscheidungsprozess eingebunden. Um den Kontakt mit den

---

39 Vgl. *Tamnes* 1997, S. 166, 171.
40 PA AA, B 20, Bd. 1835, Oslo an AA, 18.5.71, Betr.: Norwegischer Arbeitsausschuß für europäische Marktfragen.
41 Vgl. RA, SMK, regj. konf., Bd. 27, 29.6.1970.

Wirtschaftsorganisationen während der Verhandlungen weiter zu stärken, wurde in Ergänzung zu diesen Organen im März 1970 ein »Beratender Ausschuss« (*rådgivende utvalg*) eingerichtet, der weniger Mitglieder als der RIØS umfasste und in dem die Vertreter der Organisationen, die in den Verhandlungen die wichtigsten Sachbereiche repräsentierten, d.h. Landwirtschaft und Fischerei, stärker vertreten waren.[42] Unter diesem Ausschuss wurden wiederum Arbeitsgruppen für die wichtigsten Verhandlungsfragen – Kapitalfreiheit und Niederlassungsrecht (unter Leitung des Außenministeriums), Landwirtschaft (Landwirtschaftsministerium) und Fischerei (Fischereiministerium) – eingerichtet. Der Beratende Ausschuss trat i.d.R. kurz vor den Verhandlungsterminen zusammen und spielte eine aktivere Rolle in den Vorbereitungen als der RIØS, der meist im Anschluss an die Sitzungen über die Ergebnisse informiert wurde. Der RIØS stellte seinerseits ein Forum dar, in dem Vertreter der EG, darunter Bundeswirtschaftsminister Schiller oder Kommissionspräsident Franco Maria Malfatti, im Gespräch mit Wirtschaftsvertretern ihre Sichtweise der Verhandlungen darlegen konnten und ihrerseits über die norwegischen Verhandlungsprobleme im Primärsektor informiert wurden. In der Schlussphase der Verhandlungen wurde der Ausschuss dann stärker einbezogen, als es darum ging, innenpolitisch größtmögliche Zustimmung für das Verhandlungsergebnis zu gewinnen.[43]

Die Verhandlungsstrukturen in der Bundesrepublik

Im Gegensatz zu den übrigen Mitgliedstaaten hatte man in der Bundesrepublik für die Beitrittsverhandlungen nicht nur die Ständige Vertretung verstärkt, sondern eine eigene Verhandlungsdelegation entsandt. Dies spiegelte einerseits die Rücksichtnahme auf die erhöhte Arbeitsbelastung der Vertretung wider, die neben den Verhandlungen auch den Prozess der Vertiefung und Vollendung der Gemeinschaft zu verfolgen hatte. Andererseits spiegelte sich in der Entsendung eines Delegationsleiters aus dem BMWi und von insgesamt fünf Fachbeamten aus unterschiedlichen Ministerien jene Auffächerung der europapolitischen Kompetenzen wider, die von vielen Beobachtern als ein wichtiger Grund für die häufig konfus und widersprüchlich erscheinende Interessenvertretung der Bundesrepublik in Brüssel verantwortlich gemacht worden

---

42 UD 44.36/6.84-32, UD til Regj. medl., 9.1.70.
43 *Underdal* 1972, S. 142.

ist.⁴⁴ Die Beitrittsverhandlungen können, in der Terminologie des Historischen Institutionalismus, als ein »kritischer Moment« in der Entwicklung einer Organisation oder Institution bezeichnet werden, den die unterschiedlichen Einheiten nutzen, um eine Neuverteilung der Kompetenzen zu erwirken.⁴⁵ Tatsächlich kam es auch in der Bundesregierung anlässlich der Verhandlungen zu Unstimmigkeiten über die europapolitische Aufgabenverteilung. Dies betraf nicht das Verhältnis zwischen BMWi und AA, die zu Beginn der 1960er Jahre ihren Streit um die übergeordnete Kompetenz in Integrationsfragen weitgehend beigelegt hatten, sondern vielmehr zwischen dem AA und den Fachministerien, die eine ständig wichtigere Rolle bei der Ausformung der Europapolitik spielten.⁴⁶ Zum Zeitpunkt der Beitrittsverhandlungen waren insbesondere vier Ministerien an dem europapolitischen Entscheidungsprozess beteiligt. Neben dem AA und dem BMWi waren dies das Bundesministerium für Ernährung, Landwirtschaft und Forsten (BML) und das Bundesministerium der Finanzen (BMF). Diese Ministerien vertraten ihr Sachfeld direkt im Ministerrat in Brüssel, waren in der Ständigen Vertretung repräsentiert und entsandten ihre Experten direkt in die Arbeitsgruppen und Verwaltungsausschüsse der Gemeinschaft. Die oberste Instanz zur Koordinierung der Europapolitik lag bei dem 1963 gegründeten Ausschuss der Europastaatssekretäre, in dem alle vier Ministerien als feste Mitglieder vertreten waren und dessen Vorsitz zwischen ihnen wechselte.⁴⁷ Das Sekretariat des Ausschusses lag im BMWi, dessen Europaabteilung (Abteilung E) seit Ende der 1950er Jahre die Hauptverantwortung für die Koordinierung der Europapolitik beanspruchte.⁴⁸ In den meisten Ministerien (besonders aber in den genannten vier) gab es zum einen Abteilungen oder Referate, die bestimmte sachlich abgegrenzte Bereiche zu bearbeiten hatten (z.B. Handelspolitik), zum anderen solche, deren Aufgabe vor allem die Koordinierung der Sachbereiche im

---

44 Vgl. u.a. *Sasse* 1975, S. 25-39; *Bulmer/Paterson* 1987, S. 17 f., 25-42.
45 Vgl. *Bulmer, Simon/Burch, Martin*: The »Europeanisation« of Central Government: The UK and Germany in Historical Institutionalist Perspective«, in: *Schneider, Gerald/Aspinwall, Mark* (Hrsg.): The rules of integration. Institutionalist approaches to the study of Europe, Manchester 2001, S. 73-96, hier S. 81.
46 Vgl. u.a. *Küsters, Hanns-Jürgen*: Der Streit um Kompetenzen und Konzeptionen deutscher Europapolitik 1949-1958, in: *Herbst* u.a. (Hrsg.) 1990, S. 335-370.
47 Vgl. *Germond, Carine/Türk, Henning*: Der Staatssekretärausschuss für Europafragen und die Gestaltung der deutschen Europapolitik 1963-1969, in: Zeitschrift für Europawissenschaften II/1 (2004), S. 56-81.
48 *Bulmer/Paterson* 1987, S. 34 f.

Hinblick auf die Arbeit in den Organen der Gemeinschaft und die Bearbeitung der besonderen Probleme des Gemeinschaftsrechts waren.[49] Insbesondere das BML hatte im Zuge der Verhandlungen um die gemeinsame Agrarpolitik der Gemeinschaft eine zentrale Rolle erhalten, die nicht selten zu Gegensätzen mit dem AA und dem BMWi führte.

Als das BMWi und das BML kurz nach der Einigung des Ministerrats auf das Verhandlungsverfahren im Juni 1970 die Entsendung von Beamten in die deutsche Delegation ankündigten, drängte der Leiter des Europareferats im AA, der Gesandte Gisbert Poensgen, darauf, die organisatorischen und personellen Vorbereitungen für die Zusammenstellung der Delegation zu beschleunigen. Es gehe dabei »nicht nur um die Verhandlungsfähigkeit der deutschen Delegation, sondern vor allem auch um die Wahrung der Zuständigkeit des Auswärtigen Amts.«[50] Dass die Delegation vom Leiter der Ständigen Vertretung, Hans Georg Sachs, und damit von einem Angehörigen des AA geleitet werden sollte, war unumstritten. Während das BMWi unter Minister Karl Schiller offensichtlich keine führende Rolle im europapolitischen Tagesgeschäft beanspruchte[51], drohte dem AA Konkurrenz von Seiten des BML.[52] So beanspruchte das AA den Posten des stellvertretenden Delegationsleiters – der Nummer drei nach dem vom AA gestellten Verhandlungsführer und dem vom BMWi gestellten Delegationsleiter –, um »zu verhindern, dass Angehörige dritter Ressorts Koordinierungsaufgaben übernehmen.«[53] Das BML begründete seinen Anspruch auf denselben Posten damit, »daß die Verhandlungen über die Erweiterung der EG das Schwergewicht im landwirtschaftlichen Bereich haben«, wohingegen sie sich nach Auffassung des AA »vielmehr auf den gesamten Tätigkeitsbereich der EG erstrecken und für die Gestaltung der auswärtigen Beziehungen der Bundesrepublik Deutschland von hervorragender Bedeutung« sein würden.[54]

Seinen Anspruch auf die Federführung der Beitrittsverhandlungen machte das AA insbesondere durch die Leitung der Interministeriellen

---

49 PA AA, B 20, Bd. 1833, Verbalnote [AA für Kgl. Norw. Botschaft Bonn], III E/IA2, 2.7.70.
50 PA AA, B 20, Bd. 1895, III E /IA2 (Poensgen) an Dg Z B, 10.6.70, Deutsche Delegation für die Verhandlungen über die Erweiterung der EG.
51 »Ein Minister für Europa?«, in: *Die Welt*, 20.7.70.
52 PA AA, B 20, Bd. 1895, AA (Herbst) an Brüssel (Sachs), 9.7.70.
53 PA AA, B 20, Bd. 1895, BMWi (Rohwedder) an AA (von Braun), 9.7.70, Organisatorische Maßnahmen.
54 PA AA, B 20, Bd. 1895, GL III E (Poensgen) an Ref. ZB 1, 9.9.70, Organisatorische Maßnahmen.

Arbeitsgruppe (IMAG) »Europäische Gemeinschaften/Großbritannien« geltend. Bei dieser Arbeitsgruppe, die sich trotz ihres Namens mit allen Kandidaten beschäftigte, handelte es sich um einen ad hoc-Ausschuss, der aus den Verhandlungen von 1961/63 stammte und bereits 1967 reaktiviert wurde, um Richtlinien für die Verhandlungsführung in Brüssel zu formulieren.[55]

Eine Bestätigung seiner Zuständigkeit für die Beitrittsfrage erfuhr das AA von dritter Seite, durch die norwegische Regierung. Diese bat 1969 darum, dem AA die Leitung des gemischten deutsch-norwegischen Regierungsausschusses zu übertragen, die bisher beim BML gelegen hatte. Die jährlichen Sitzungen des Ausschusses waren seit den 1950er Jahren ein wichtiges Element bei der Ausweitung des bilateralen Dialogs auf der Arbeitsebene. Die ursprüngliche Bedeutung der Treffen hatte jedoch abgenommen, je stärker die Verwaltung der Handelspolitik von der EG-Kommission wahrgenommen wurde. Norwegische Diplomaten nahmen inzwischen die traditionell im Ausschuss diskutierten Themen im Gespräch mit der Kommission in Brüssel wahr.[56] Daraus ergab sich das norwegische Interesse, die Diskussion im Ausschuss auf die norwegischen Verhandlungsprobleme zu konzentrieren. So lagen etwa für die Sitzung im Oktober 1967 bilaterale Gesprächspunkte kaum vor und beide Seiten einigten sich darauf, im Ausschuss »auch über Details« der norwegischen Sonderprobleme zu sprechen.[57] Im Sommer 1969 bat die norwegische Delegation darum, in Zukunft Fragen, die die Erweiterung betreffen, kurzfristig zur bilateralen Diskussion auf die Tagesordnung setzen zu dürfen.[58] Spätestens 1970 war der Ausschuss, dem auf norwegischer Seite zahlreiche Mitglieder der Delegation in Brüssel angehörten, fast vollständig zu einem bilateralen Kontaktforum über Probleme in Verbindung mit den Beitrittsverhandlungen geworden.[59]

---

55 Vgl. Abschlußbericht, 1.3.72 (wie oben, 5. Anm. 6), S. 19; *Schwarz, Hans-Peter*: Die Bundesregierung und die auswärtigen Beziehungen, in: *Ders.* (Hrsg.): Handbuch der deutschen Außenpolitik, 2. Aufl., München 1976, S. 43-112, hier S. 73.
56 UD 44.36/6.84-31, Notat, 1. h.pol.ktr., 25.4.69, CEE – Norge. Kontaktproblemer.
57 PA AA, B 60, Bd. 580, Oslo an AA, 10.8.67, Deutsch-norwegischer Regierungsausschuss; UD 44.36/6.84-29, Notat, 1. h.pol.ktr., Møte i den norsk tyske blandede kommisjon 16./17.10.67; EEC og utvidelsespørsmålet.
58 PA AA, B 20, Bd. 1832, Oslo an AA, 10.9.69, Tagung des deutsch-norwegischen Regierungsausschusses.
59 PA AA, B 60, Bd. 775, Balken an AA, 24.8.70, Deutsch-norwegischer Regierungsausschuss.

Der norwegische Wunsch nach einem Wechsel der Ausschussleitung mag auf den ersten Blick verwundern, da man auch in Oslo wissen musste, dass die Erstellung der deutschen Position für die Landwirtschafts- und Fischereiverhandlungen weitgehend im BML vorgenommen wurde, das auch die zuständigen Beamten zu den Verhandlungen nach Brüssel entsandte und instruierte. Tatsächlich sah sich der norwegische Botschafter in Bonn im Juli 1971 dazu veranlasst, Bundeskanzler Brandt auf die zentrale Rolle des zuständigen Sachbearbeiters im BML hinzuweisen.[60] Das norwegische Anliegen lässt sich am besten mit der Taktik des UD erklären, die Verhandlungen auf eine politische Ebene zu heben, auf der mehr Entgegenkommen zu erwarten war. Das AA war seinerseits bereit, diesem Wunsch entgegenzukommen, auch, wie Bundesaußenminister Scheel an seinen Ministerkollegen im BML, Josef Ertl, schrieb, »da diese deutsche Handhabung von den international üblichen Gepflogenheiten abweicht.«[61] Die Verhandlungsführung wurde daraufhin dem Beauftragten für Verhandlungen aus dem Bereich der neu gegründeten »Abteilung für Handelspolitik, Entwicklungspolitik und Europäische wirtschaftliche Integration« im AA, Botschafter Peter Hermes, übertragen.

Die starke Stellung der Fachministerien und die Koordinierung der Europapolitik im Ausschuss der Europastaatssekretäre ließen dem Bundeskanzler nur wenige Möglichkeiten, den Verlauf der Verhandlungen aktiv zu gestalten. Dass Brandt keine prominentere Rolle in dieser Frage suchte, hing mit der übrigen Arbeitsbelastung und mit der besonderen Gewichtung der Ostpolitik zusammen, hatte aber auch mit der vorherrschenden Überzeugung zu tun, dass der Beitrittsprozess im Anschluss an den politischen Durchbruch von Den Haag nun in eine technische Phase überging. Wenn Brandt dennoch, wie unten zu zeigen sein wird, wiederholt in den Verhandlungsprozess eingriff, so war dies zum einen seinen Mitarbeitern im Bundeskanzleramt zu verdanken, die an allen europapolitischen Entscheidungsgremien teilnahmen. Zum anderen waren es Kontakte zu den europäischen Amtskollegen, zu Politikern und Diplomaten aus den Bewerberländern und auch Hinweise aus der eigenen Partei oder von Abgeordneten des Bundestags, die Brandt auf Verhandlungsprobleme hinwiesen und seine Unterstützung einforderten.

Bilaterale Konsultationen zwischen den unterschiedlichen Vertretern der Verhandlungspartner waren kein offizieller Teil des Verfahrens,

---

60 UD 44.36/6.84-41, Bonn an UD, 21.7.71, EF. Samtale Brandt - Pompidou 5.7.
61 PA AA, B 60, Bd. 775, Schriftwechsel Ertl/Scheel 18.1.71/23.12.70.

wurden aber akzeptiert und fanden mit großer Häufigkeit statt. In manchen Fällen wurden bilaterale Gespräche sogar von den übrigen Partnern empfohlen und aktiv unterstützt, um einen Verhandlungsdurchbruch herbeizuführen, wie etwa im Falle des von Brandt angeregten Gipfeltreffens zwischen Heath und Pompidou im Mai 1971. Die Regel aber waren offizielle und inoffizielle Besuche in den Hauptstädten sowie Gespräche zwischen den Delegationsmitgliedern, den ständigen Vertretern und der Kommission am Rande der Verhandlungen in Brüssel und Luxemburg. Wie Jan van der Harst auf der Grundlage zahlreicher Interviews mit Kommissionsbeamten festgestellt hat, waren die Verhandlungen nicht immer so formell, wie es den Anschein haben konnte:

> Many points were settled at informal dinners and talks squeezed in between official meetings. Personal contacts were essential and the main progress was achieved outside the meeting room.[62]

Eine wichtige Rolle kam in diesem Zusammenhang der jeweiligen Präsidentschaft im Ministerrat zu. Der Vorsitzende – der zuständige Minister bzw. der Ständige Vertreter – mussten nicht nur für die Koordinierung der gemeinschaftlichen Positionen im Vorfeld der jeweiligen Verhandlungsrunden sorgen, sie trafen sich auch mit Vertretern der Kandidaten, um die Tagesordnung abzusprechen, um Positionen zu sondieren und um die Ergebnisse der Runde vorzubereiten. Wie viel Einfluss die Präsidentschaft dabei auf den Verlauf der Verhandlungen im Rat nehmen konnte, ist umstritten.[63] Christoph Sasse zufolge spielen »Art und Ausmaß des Engagements eines jeden Präsidenten für den Erfolg der Ratstagungen eine wichtige Rolle«. Die Erfahrung regulärer Gemeinschaftsverhandlungen habe gezeigt, »dass gut vorbereitete Präsidenten, die im voraus über Kompromisslösungen nachgedacht haben, eher Entscheidungen zuwege bringen als solche, die keine Zeit hatten, sich in die Dossiers zu vertiefen.«[64] Die Bundesrepublik hatte den Vorsitz im zweiten Halbjahr 1967 inne, als über die Beitrittsanträge entschieden wurde, und übernahm ihn erneut in der ersten Verhandlungsphase im zweiten Halbjahr 1970. Jeweils im Vorfeld der deutschen Präsidentschaften

---

62 *van der Harst* 2007, S. 550.
63 Vgl. *Edwards, Geoffrey/Wallace, Helen*: Die Präsidentschaft im Ministerrat. Eine zentrale Rolle im Entscheidungsprozess von EG und EPZ, Bonn 1978; *Wessels/Regelsberger* (Hrsg.) 1988.
64 *Sasse* 1975, S. 207.

wurde darüber spekuliert, ob und wie die Bundesregierung den Vorsitz ausnutzen könne, um die von ihr geförderte Erweiterung voranzubringen. Brandt selbst hatte bei seinem Besuch in Oslo im Juni 1967 zugesagt, die deutsche Präsidentschaft aktiv für die Suche nach einer für Norwegen akzeptablen Lösung zu nutzen.[65] Am Vorabend der nächsten deutschen Präsidentschaft vermutete ein niederländischer Staatssekretär, die Deutschen hätten sich besonders gut vorbereitet, um möglichst viele Entscheidungen zu treffen, bevor nach ihnen die Franzosen die Führung übernähmen.[66] Diese Erwartungen konnten allerdings allein deshalb kaum erfüllt werden, weil sich die Präsidentschaft gewöhnlich bei der Durchsetzung eigener Interessen besonders zurücknimmt und stattdessen den Eindruck von Neutralität zu erwecken sucht. Im Auswärtigen Amt (AA) wurde aus diesem Grund wiederholt darauf verwiesen, dass bei Kontakten mit den Beitrittskandidaten Zurückhaltung geboten sei. Als »gegenwärtige Ratsmacht« sei man besonders gehalten, »gegenüber unseren Partnern in der Gemeinschaft jeden Anschein bilateraler Verhandlungen mit den Beitrittskandidaten zu vermeiden«.[67] Bundesaußenminister Scheel wurde vor seinem Oslo-Besuch im September 1970 gebeten,

> zu berücksichtigen, daß [die] Gemeinschaft als ein Verhandlungspartner auftritt und [dass die] Meinungsbildung über [die] Sonderwünsche [der] Beitrittsanwärter im einzelnen noch nicht abgeschlossen [ist]. Damit ist zwangsläufig [den] Regierungen der EG-Länder bei politischen Kontakten mit beitrittswilligen Staaten eine gewisse Aussagebeschränkung auferlegt. Behutsame Gesprächsführung [ist] auf deutscher Seite allein schon deshalb zu empfehlen, da [die] Aussagen des Herrn Ministers wegen augenblicklicher Doppelfunktion als Außenminister und Ratspräsident besonderes Gewicht haben.[68]

---

65 UD 44.36/6.84-28, Notat, 1. h.pol.ktr., 27.6.1967, Brandts besøk i Oslo. samtalen om den europeiske markedssituasjonen; PA AA, B20, Bd. 1246, Oslo an AA, 29.6.67.
66 UD 44.36/6.84-32, Den Haag an UD, Europeisk integrasjon. Samtale med de Koster.
67 PA AA, B 20, Bd. 1834, III E/IA2, 4.11.70.
68 PA AA, B 20, Bd. 1833, III E/IA2 u. IIIA2 (gez. v. Stein) an I A 5, 27.8.70, Staatsbesuch des Herrn Bundespräsidenten in Norwegen vom 9.-12.9.1970, hier: Gesprächsunterlagen für Minister.

Wie Scheel, Brandt und ihre Mitarbeiter mit diesen Vorgaben umgingen, wird im Folgenden am Beispiel der wichtigsten Verhandlungsfragen gezeigt.

Der Verhandlungsrhythmus

Im Anschluss an die multilaterale Eröffnung am 30. Juni 1970 wurden die Verhandlungen mit bilateralen Konferenzen zwischen der Gemeinschaft und den einzelnen Kandidaten fortgesetzt. Die Gemeinschaft traf sich dabei mit der so genannten IDN-Gruppe (Irland, Dänemark, Norwegen) seltener und zeitversetzt zu den britischen Verhandlungen, deren de facto-Vorrang von allen Seiten anerkannt wurde.[69] Der Ablauf der norwegischen Verhandlungen lässt sich in drei Phasen einteilen: Eine Eröffnungsphase (Sommer 1970 bis Frühjahr 1971), in der im wesentlichen Verfahrensfragen geklärt, *fact finding* betrieben und »leichtere« Probleme verhandelt wurden; eine Hauptphase (Sommer bis Herbst 1971), in der nach dem Durchbruch in den britischen Verhandlungen die Detailfragen in den schwierigen Sektoren – Landwirtschaft und Fischerei – verhandelt wurden; und die Schlussphase (Dezember 1971 bis Januar 1972), in der Norwegen nach Abschluss der übrigen Verhandlungen um einen Sonderstatus für seine Problembereiche stritt. Insgesamt fanden in den 19 Monate dauernden Verhandlungen zwischen der Gemeinschaft und Norwegen 27 offizielle Konferenzen statt, davon 10 auf Ministerebene und 17 auf Stellvertreterebene. Hinzu kamen unzählige Sondierungs- und Konsultationsgespräche auf Expertenebene.[70]

---

69 Vgl. UD 44.36/6.84-34, Brüssel an UD, 4.8.70, CEE. Utvidelsen og Norge. Forhandlingsrytmen. Allerdings hatten sich die anderen Kandidaten bereits in der Eröffnungskonferenz ausbedungen, dass ihnen keine Ergebnisse der britischen Verhandlungen als Präjudiz vorgelegt würden.

70 Zum Vergleich: Insgesamt fanden 41 Konferenzen auf Ministerebene statt (darunter 13 mit Großbritannien, 10 mit Irland und 8 mit Dänemark) und 88 Konferenzen auf Stellvertreterebene (darunter 38 mit Großbritannien, 17 mit Irland und 16 mit Dänemark). Vgl. *EG-Kommission*: Fünfter Gesamtbericht über die Tätigkeit der Gemeinschaften, 1971, Brüssel 1972, S. 23; *Frøland* 2001 [a], S. 85; Abschlußbericht (wie oben 5, Anm. 6), 1.3.72, S. 14.

5.2 Norwegens Einstellung zur politischen Einigung Europas

Ein eindeutiges Bekenntnis zu den Römischen Verträgen, ihrem Folgerecht und ihren politischen Zielen erwartete die Gemeinschaft gleich zu Beginn der Verhandlungen. Auch für die Bundesregierung war dieses Bekenntnis eine Voraussetzung für ihre Unterstützung der Kandidaten. Dass im Verhandlungsverlauf immer wieder Zweifel am Beitrittswillen Norwegens auftraten, war zunächst der passiven Haltung der Regierung Borten zuzuschreiben. Spätestens nach dem Regierungswechsel vom März 1971 zeigte sich aber, dass sich eine Mehrheit der politischen Elite distanziert zum Projekt der politischen Einigung verhielt und dass selbst Befürworter eine Beitrittsempfehlung nur auf der Basis eines mehr als befriedigenden Verhandlungsergebnisses aussprechen wollten. Vor diesem Hintergrund erlangten die Verhandlungen der EG mit Schweden und den anderen nichtbeitrittswilligen EFTA-Staaten eine nicht unbeträchtliche Bedeutung für Norwegen. Denn die Beitrittsskeptiker wollten nicht nur die enge Verflechtung der nordischen Länder aufrechterhalten, sondern sprachen auch der so genannten »Schwedenlösung«, einem Freihandelsvertrag mit der Perspektive einer späteren Ausweitung der Zusammenarbeit, Modellcharakter für Norwegen zu.

5.2.1 Der Auftakt der Verhandlungen – Zweifel an Norwegens europäischer Gesinnung

Bereits bei der multilateralen Eröffnung der Verhandlungen am 30. Juni 1970 in Luxemburg zeichnete sich ab, dass Norwegen früher oder später Großbritannien den Rang als schwierigster Verhandlungspartner ablaufen würde.[71] Die Rede des norwegischen Außenministers erregte Aufsehen, weil sie sich markant von den Erklärungen der anderen Kandidaten unterschied. Stray stellte nicht nur die norwegischen Sonderprobleme in den Vordergrund und forderte permanente Ausnahmen, er unterließ es auch, sich eindeutig zu den Römischen Verträgen zu bekennen. Stattdessen war in seinem Manuskript zunächst allgemein davon die Rede, »daß die Zusammenarbeit zwischen den Völkern Europas erweitert und ge-

---

71 Vgl. *Puissochet, Jean-Pierre*: L'Élargissement des Communautés Européennes. Présentation et commentaire du Traité et des Actes relatifs à l'adhésion du Royaume-Uni, du Danmark et de l'Irlande, Paris 1973, S. 24 f.

stärkt werden« müsse und dass die »Möglichkeit, eine Brücke zwischen den beiden westeuropäischen Marktbildungen zu bauen«, heute »günstiger« zu sein scheine, als dies lange Zeit der Fall gewesen sei. Weiter wies er darauf hin, dass Norwegen in den Römischen Verträgen »eine geeignete Grundlage für eine erweiterte europäische Zusammenarbeit« sehe. Auf die Frage der politischen Zusammenarbeit und auf das Ziel einer Wirtschafts- und Währungsunion ging die Erklärung nur indirekt ein.[72]

Sowohl unter den offiziellen Vertretern der Gemeinschaft als auch in der europäischen Öffentlichkeit rief diese Haltung Unverständnis und Enttäuschung hervor. Der Bericht des AA stellte kommentarlos Unterschiede »in Aufbau und Darstellung« der Erklärungen fest:

> Abgesehen von Norwegen, das sich fast ausschließlich auf die Darlegung seiner besonderen Lage und die daraus erwachsenen zahlreichen Sonderwünsche beschränkte, hoben die übrigen Delegationen ihre Bereitschaft hervor, Europa durch ihren Beitritt zu den Gemeinschaften zu stärken und zu vollenden und deshalb die Verhandlungen mit dem positiven Willen zu einem erfolgreichen Abschluss aufzunehmen.[73]

Andere Stimmen wurden deutlicher. Der *Neuen Zürcher Zeitung* zufolge »kontrastierte die beinahe frostige Zurückhaltung des norwegischen Außenministers Stray auffallend zu den betont konstruktiven Äußerungen des dänischen Wirtschafts- und Europaministers [P. Nyboe] Andersen.«[74] Der Vizepräsident der Kommission, Sicco Mansholt, sagte dem norwegischen Botschafter in Brüssel, es wirke, als ob sich Norwegen nicht verpflichten wolle, sondern die Absicht habe, seine Handlungsfreiheit in einer Reihe von Bereichen auch nach dem Beitritt beizubehalten. Bedeute das in der Erklärung verwendete Wort »cooperation«, daß man von dem Prinzip der Integration als Folge der Mitgliedschaft Abstand nehme?[75] Von niederländischer Seite fühlte man sich von der norwegischen Erklärung an die »Maudling-Verhandlungen« erinnert. Der Ausdruck »bridge-building«, den die Norweger verwendet hätten, klinge

---

72 Zit. nach Erklärungen, S. D371-D374.
73 AAPD, 1970, Dok. 289.
74 »Eröffnung der EWG-Beitrittsverhandlungen«, in: *NZZ*, 1.7.70.
75 UD 44.36/6.84-34, Brüssel an UD, 3.7.70, Norge og EEC – samtale med Mansholt.

jedem, der mit der EWG zu tun habe, schlecht in den Ohren.[76] *Le Monde* zitierte einen hochrangigen niederländischen Beamten mit den Worten, wenn die norwegische Erklärung von Großbritannien gekommen wäre, hätte man die Verhandlungen gar nicht erst eröffnet. Der Kommentar der *Kölnischen Rundschau*, der die »unerfüllbaren Forderungen der Norweger« als die einzige Überraschung der Konferenz bezeichnete, sah bereits die Grenzen dessen erreicht, was die Gemeinschaft akzeptieren könne; vielleicht sei es besser, wenn Norwegen sich mit einer Assoziierung begnüge.[77] Nur wenige gaben sich so gelassen wie der belgische Diplomat Graf Davignon, der die Erklärung Strays akzeptabel fand, weil sie, wie alle anderen auch, vornehmlich an das heimische Publikum gerichtet gewesen sei.[78]

Tatsächlich war es der norwegischen Regierung gelungen, daheim die europapolitischen Differenzen für einen Moment zu überbrücken. Alle, die mit den innenpolitischen Verhältnissen Norwegens vertraut waren, wussten, dass Inhalt und Ton der Erklärung eher dem Geist der Beitrittssekptiker um Regierungschef Borten entsprachen und nicht dem der Befürworter um Außenminister Stray. Dennoch überwogen die positiven Reaktionen in der Öffentlichkeit. So begrüßte auch eine pro-europäische Zeitung wie das Osloer *Morgenbladet* die Erklärung vom 30. Juni, weil es richtig sei zu sagen, »wo Norwegen der Schuh drückt.«[79] Gleichwohl sah sich das UD angesichts der massiven Kritik unter den Sechs genötigt, die Erklärung des Außenministers zu verteidigen. Bezüglich des Vorwurfs, Norwegen habe die Römischen Verträge nicht akzeptiert, wurde daran erinnert, dass der Antrag nach Art. 237 und damit auf Vollmitgliedschaft gestellt worden sei. Damit habe man implizit die Verträge und ihre Ziele erkannt. Die in der Presse geäußerte Kritik, die norwegische Erklärung sei nicht visionär gewesen, wurde mit der Bemerkung zurückgewiesen, große Worte entsprächen nun einmal nicht dem norwegischen Naturell.[80]

---

76 UD 44.36/6.84-34, Den Haag an UD, 3.7.70, CEE – utvidelsesforhandlingene; UD 44.36/6.84-34, Brüssel an UD, 3.7.70, EEC – norske åpningserklæring. Zu den Maudling-Verhandlungen vgl. oben Kap. 4.3.1, 4.3.4.
77 Alle zit. nach: UD 44.36/6.84-34, Presseavd., 7.7.70, Kommentarer i utenlandsk presse til det norske åpningsinnlegget.
78 UD 44.36/6.84-34, Brüssel an UD, 7.7.70, EEC. Åpningen av utvidelsesforhandlingene.
79 UD 44.36/6.84-34, UD an Washington u.a., 1.7.70, EEC-forhandlingene Luxembourg.
80 UD 44.36/6.84-34, UD an Bonn u.a., 3.7.70, EEC. Åpningsmøtet i Luxembourg.

»Gelübde« und Versprechen – die erste bilaterale Verhandlungsrunde

Für die Gemeinschaft war das Thema damit allerdings längst nicht erledigt. Obwohl in der Eröffnungsphase mit den Kandidaten zunächst weitere Verfahrensfragen geklärt und leichtere Probleme angesprochen werden sollten, vergaß die Gemeinschaft nicht, auf der expliziten Anerkennung der Römischen Verträge zu insistieren. Als am 22. September 1970 unter Leitung der Bundesrepublik die Phase der bilateralen Verhandlungen begann, stand dieser Punkt ganz oben auf der Tagesordnung. Von der norwegischen Delegation wurde erwartet, dass sie, wie vor ihr die anderen Kandidaten, ihre Zustimmung zu folgenden Bedingungen zu Protokoll gab: den Römischen Verträgen und ihrer politischen Zielsetzung; den später auf der Basis des Vertragswerks getroffenen Maßnahmen; den für die künftige Entwicklung der Gemeinschaft festgelegten Richtlinien; dem Prinzip, dass die durch den Beitritt entstehenden Probleme durch Übergangsregelungen gelöst werden sollten; und schließlich dem gemeinsamen Zolltarif, vorbehaltlich der in den Verhandlungen eventuell vorgeschlagenen Änderungen. In seiner Funktion als Ratspräsident fügte Scheel zum Punkt der Übergangslösungen hinzu, dass Ausnahmen hierbei nicht ausgeschlossen seien. Der norwegische Außenminister bestätigte im Namen seiner Regierung die Annahme dieser Bedingungen, wenn auch nur unter zwei Vorbehalten: Norwegen werde auf der Forderung nach permanenten Sonderregelungen für seine Landwirtschaft bestehen und wünsche eine Neuverhandlung der gemeinsamen Fischereipolitik, die in der vorliegenden Form für Norwegen nicht befriedigend sei.[81]

Auf Seiten der EG waren mit der norwegischen Erklärung die Zweifel an dem Beitrittswillen zumindest offiziell beseitigt. Zusammen mit der Zurückstellung der schwierigsten Probleme Norwegens bei gleichzeitiger Anerkennung des Sonderstatus als Fischereiland (s. unten 5.3) war damit vorerst die Brisanz aus den Verhandlungen genommen worden. Die eigentlichen Verhandlungen konnten sich nun auf das *fact finding* und auf die Lösung einfacherer Probleme konzentrieren, bis ein Durchbruch in den Verhandlungen mit Großbritannien erzielt wurde. Allerdings wurde, wie die *Welt* anmerkte, das »norwegische Bekenntnis« zwar »in Brüssel ohne Sensation registriert«, doch war es für das Land selbst

---

81 UD 44.36/6.84-35, F-sekr., 25.9.70, Ref. fra det første forhandlingsmøte på ministernivå; SUUKK, 8.10.70.

»nicht ohne innenpolitische Problematik.«[82] Tatsächlich konnte man auch in der EG nicht übersehen, dass in Norwegen die offizielle Annahme der Verhandlungsbedingungen durch die Regierung äußerst umstritten war. Die Beitrittsgegner sprachen von einem »Gelübde« (*Klosterløfte*) und fragten, ob die eingegangene Verpflichtung nicht ein Bruch mit den Voraussetzungen sei, unter denen das Parlament der Aufnahme von Verhandlungen zugestimmt hatte.[83] Aufgrund verschiedener Äußerungen von Seiten beitrittsskeptischer Mitglieder der Regierungsparteien und nicht zuletzt des Ministerpräsidenten selbst entstand der Eindruck, Teile der Koalitionsregierung hätten es bevorzugt, eine ausdrückliche Annahme der Verträge und der anderen Verhandlungsbedingungen zu umgehen. Dieser Eindruck verdichtete sich mit der Reaktion Norwegens auf die weiteren Schritte der EG zur Umsetzung der Beschlüsse von Den Haag bezüglich der politischen Einigung.

Werner-Plan und Davignon-Bericht

Die auf dem Gipfel von Den Haag verabredeten Schritte zur politischen Einigung durch die Errichtung einer Wirtschafts- und Währungsunion und durch eine politische Zusammenarbeit hatten bereits bei der Vorbereitung auf die Verhandlungen zu einer Krise in der norwegischen Regierung geführt. Als im Oktober 1970 die Vorlage des Werner-Plans über die stufenweise Verwirklichung einer Wirtschafts- und Währungsunion (WWU) und des Davignon-Berichts über die Europäische Politische Zusammenarbeit (EPZ) erfolgte, nahmen die Beitrittsskeptiker dies erneut zum Anlass, um über die Auswirkungen einer Vollmitgliedschaft zu debattieren. Wie erwähnt sollte über beide Problemkomplexe nicht verhandelt werden, weil sie nicht – oder noch nicht – zum Bestand der Gemeinschaft gehörten, der von den Römischen Verträgen gedeckt war. Die Anwärter sollten während der Verhandlungen in den Konsultationsprozess einbezogen werden, aber nicht unmittelbar, sondern nach einem von der Bundesregierung vorgeschlagenen Verfahren, das »zwischen Konsultation zu sechst und Meinungsaustausch zu sechst plus vier« unterschied.[84]

Die Bundesregierung hatte nie einen Hehl daraus gemacht, dass für sie »*unification politique de l'Europe* gleichbedeutend mit politischer

---

82 »Oslo wünscht Ausnahmeregelung für seinen EWG-Beitritt«, in: *Die Welt*, 29.9.71.
83 Vgl. *Tamnes* 1997, S. 172.
84 AAPD, 1970, Dok. 243, Runderlaß von Staden, 1.6.70.

Union« sei.[85] Bei der Ausformung der Pläne zur politischen Einigung hatte die Gemeinschaft allerdings, Außenminister Scheel zufolge, gerade deshalb Zurückhaltung walten lassen, um auf die begrenzten Mitwirkungsmöglichkeiten der Beitrittskandidaten Rücksicht zu nehmen.[86] Entsprechend äußerte man im AA auch Verständnis dafür, dass die Reaktion Norwegens auf den Davignon-Bericht verhalten ausfiel.[87] Wesentlich kritischer wurde in Bonn und Brüssel die schwedische Reaktion auf den Bericht aufgenommen. Stockholm führte im Frühjahr 1971 die Einigungsbemühungen der Gemeinschaft als Grund für die endgültige Aufkündigung seiner Beitrittsambitionen an, weil diese nicht mit der Neutralität vereinbar seien.[88] Dem norwegischen Botschafter sagte Brandt, weder auf wirtschaftlichem und monetärem noch auf politischem Gebiet habe in der Gemeinschaft seit Aufnahme der Beitrittsverhandlungen eine Entwicklung stattgefunden, die eine Haltungsänderung der Beitrittskandidaten oder der anderen EFTA-Länder rechtfertige.[89]

Aber auch in Norwegen berührte die Diskussion um die wirtschaftliche und außenpolitische Einigung den Kern des EG-Streits und beeinflusste die weitere Behandlung der Beitrittsfrage wesentlich. Die Regierung hielt zunächst an der Haltung fest, sie habe mit ihren Erklärungen im Rahmen der Beitrittsverhandlungen lediglich ihren Willen zur ausgeweiteten Zusammenarbeit der europäischen Länder und zur Teilnahme an Konsultationen bekräftigt. Darüber hinaus habe sie sich jedoch zu nichts« verpflichtet und sei dazu auch nicht gebeten oder gezwungen worden. Ohnehin sei die im Davignon-Bericht vorgeschlagene Zusammenarbeit unverpflichtend und nicht durch die Römischen Verträge gedeckt.[90] Die Beitrittsbefürworter kritisierten die Regierung dafür, dass sie ihre grundsätzlich positive Haltung, die so auch offiziell der EG mitgeteilt worden sei, nicht deutlicher der eigenen Öffentlichkeit mitteilte. Sie lasse damit zu, dass die Aussagen einiger Beitrittsskeptiker, die die norwegischen Verhandlungen als unverpflichtend ansahen und die Ausweitung der politischen Zusammenarbeit als kaum vereinbar mit einer norwegischen Vollmitgliedschaft bezeichneten, in der öffentlichen Debatte unwidersprochen blieben. Dies war umso schwerwiegender, als solche

---

85 Scheel zit. nach ebd.
86 So Bundesaußenminister Scheel in seiner Rechtfertigung des Davignon-Berichts vor dem Europäischen Parlament. Vgl. EA, 22/1970, S. D 519.
87 UD 44.36/6.84-35, Bonn an UD, 1.10.70.
88 Vgl. *Gstöhl* 2002, S. 133.
89 UD 44.36/6.84-38, Bonn an UD, 22.3.71, Samtale med Forbundskansler Brandt.
90 Vgl. SUUKK, 8.10.70.

Aussagen, wie erwähnt, von Vertretern der Regierungsparteien und – wenn auch verschlüsselt – sogar vom Ministerpräsidenten selbst kamen. Die Beitrittsskeptiker wünschten ihrerseits, dass sich die Regierung noch deutlicher von eventuellen Verpflichtungen distanzieren sollte. In der November-Debatte des Storting forderten Vertreter der Zentrumspartei die Einsetzung einer Expertengruppe, die prüfen sollte, ob der Werner-Plan und die gerade begonnenen außenpolitischen Konsultationen in der EG mit dem norwegischen Grundgesetz vereinbar seien.[91] Für die Volksbewegung gegen den Beitritt, die nun ständig an Bedeutung gewann, wurde der Widerstand gegen Norwegens Beitritt zu einer »Union« zu einem der zentralen Schlagworte und die Pläne der Gemeinschaft dienten dabei als »sachliches« Argument und »offizieller Beweis«.[92]

In den EG-Ländern verstärkte die Zurückhaltung und Ambivalenz der Regierung gegenüber dem Projekt der politischen Einigung wiederum die vorhandenen Zweifel am Beitrittswillen Norwegens. Die EG erhoffte sich von der Erweiterung auch eine Stärkung der Gemeinschaft und erwartete von den Kandidaten, dass sie bereits in den Verhandlungen Gemeinschaftsgeist zeigten. Dazu gehörte, bei allem Verständnis für die schwierige innenpolitische Situation der Anwärter, auch eine positive Einstellung zur politischen Einigung. In Norwegen befürchteten die Beitrittsbefürworter daher, dass die Regierung durch ihre passive Haltung den guten Willen, der ihr in Brüssel entgegengebracht werde, mutwillig beschädige. Der sozialdemokratische Abgeordnete und Europa-Experte Knut Frydenlund betonte im Auswärtigen Ausschuss, es sei wichtig, in den Gesprächen und Verhandlungen mit der Gemeinschaft eine »positive Grundhaltung« zu zeigen. Der Außenminister behaupte zwar, ihm sei bei seinen Gesprächen in Brüssel nicht aufgefallen, dass es Probleme bezüglich der norwegischen Eröffnungserklärung gegeben habe:

> Aber wenn man die norwegische [Erklärung] mit der dänischen und englischen vergleicht, sieht man, dass es einen Haltungsunterschied gibt. Ich glaube es ist wichtig, dies bei dem nächsten Treffen vor Augen zu haben und ergänzende Aussagen zu machen, um zu zeigen, dass man den Grundgedanken der bestehenden Integration verstanden hat. Ich glaube, dass Norwegen sehr viele Regelungen innerhalb der EG zustandebringen kann, aber das wovor man dort un-

---

91 »Bortens Partei im Storting isoliert«, in: *FAZ*, 25.11.70.
92 Vgl. *Køber, Lars Kjetil*: »verre en unionen med Sverige«. Unionsbegrepet i norske EEC/EF/EU-debatter 1961-1994, Oslo 2005, S. 39.

ten Angst hat, das ist ein widerstrebender Partner – ein Teil, der eigentlich gar nicht dabei sein wollte. Und eine solche Haltung könnte uns, meiner Meinung nach, in den Verhandlungen teuer zu stehen kommen.[93]

Der konservative Abgeordnete Erling Petersen schloss sich dem an:

Es gibt in der Gemeinschaft – sozusagen – ein Verhandlungsmilieu, und es ist sehr wichtig, dieses so auch zu kennen, dass wir uns diesem anpassen und dass wir es ausnutzen, weil darin auch große Möglichkeiten für uns liegen. Es gibt Dinge, die man machen kann, und Dinge, die auf nicht so fruchtbaren Boden fallen. Man sollte nicht unnötig den Goodwill zerstören, den Norwegen draußen in Europa hat. Ich glaube schon, dass ich sagen kann, dass dieser [Goodwill] im Frühjahr noch sehr bedeutend war. Ich glaube, er ist aus verschiedenen Gründen in den letzten Monaten ein Stück geringer geworden. Es kann sehr wichtig sein, dass wir ihn so schnell wie möglich wieder herstellen, in jedem Fall aber ihn nicht durch eine wenig sinnvolle Vorgehensweise weiter reduzieren.[94]

Und nach Auffassung des Parteivorsitzenden der Konservativen, Willoch, war es wichtig, in den Verhandlungen

einen solchen Eindruck des norwegischen Willens zur Zusammenarbeit zu vermitteln, dass man keinen überflüssigen Zweifel darüber bei der anderen Seite schafft, weil solche überflüssigen Zweifel die Lösung der konkreteren Verhandlungsaufgaben erschweren könnten.[95]

Der Regierungschef, gegen den sich diese Vorwürfe richteten, wehrte sich, indem er seine Kritiker der mangelnden Nähe zu den Interessen des Volkes bezichtigte. Jeder Abgeordnete, so Borten in der November-Debatte des Storting, »müsse sich vor allem jenen verpflichtet fühlen, die ihm ihre Stimme gegeben hätten. Es scheine aber […], als gebe es im

---

93 SUUKK, 27.8.70.
94 Ebd.
95 SUUKK, 8.10.70.

Hause Leute, welche primär eher das Wohl internationaler Gemeinschaften im Auge hätten.«[96]

Zu einem regierungsinternen Eklat kam es, als der Ministerpräsident erfuhr, mit welchen Argumenten Außenminister Stray versucht hatte, den Staatssekretär im AA, Sigismund von Braun, bei dessen Norwegen-Besuch im November 1970 vom Beitrittswillen der Norweger zu überzeugen. Stray hatte behauptet, Norwegen strebe, im Gegensatz zu 1962, die Mitgliedschaft vornehmlich aus politischen Gründen an. Das Land wolle sich eng an West-Europa binden, weil es dadurch seiner Stimme größeres Gewicht verleihen könne und weil man das Gefühl habe, zu Europa zu gehören. Den Widerstand gegen den Beitritt verortete Stray hauptsächlich bei Gruppierungen, die auch gegen eine NATO-Mitgliedschaft seien oder Angst um ihre wirtschaftliche Existenz hätten.[97] Die Verknüpfung der Beitrittsfrage mit der sicherheitspolitischen Stellung Norwegens war Teil einer bewussten Strategie, mit der Stray und auch Chef-Unterhändler Sommerfelt im Herbst 1970 die EG-Länder zu mehr Entgegenkommen bewegen wollten, eine Strategie, die besonders in Bonn Wirkung zeigte. Regierungschef Borten reagierte verärgert auf die Initiative Strays, weil seine Partei dem EG-Beitritt zwar aus politischen Gründen skeptisch gegenüberstand, nicht aber zu den NATO-Gegnern gehörte. Seine Reaktion muss aber auch vor dem Hintergrund der schwierigen Verhandlungen im Landwirtschafts- und Fischereisektor gesehen werden, in denen Norwegen nun konkrete Lösungsvorschläge ausarbeiten musste.[98]

Der Auslöser für die Krise, die im Februar/März 1971 zum Rücktritt der Regierung Borten führte, war bezeichnenderweise die Veröffentlichung eines vertraulichen Berichts aus Brüssel, in dem der norwegische Botschafter Halvorsen von Zweifeln in der Kommission am Beitrittswillen Norwegens berichtete. Kommissionsmitglied Deniau hatte in einer privaten Unterredung nachgefragt, ob, angesichts der vielen norwegischen Probleme, nicht eine »schwedische Lösung«, d.h. Verhandlungen um ein Handelsabkommen, die bessere Alternative seien.[99] Während die Gegner des Beitritts die Veröffentlichung des Berichts in ihre

---

96 Zit. nach »Die skandinavische Fühlungnahme mit Brüssel«, in: *NZZ*, 27.11.70.
97 UD 44.36/6.84-36, Notat, UD, 1. h.pol.ktr., 12.11.70, von Brauns samtale med Utenriksministeren 11.11.70.
98 *Berntsen* 2007, S. 349 f.
99 UD 44.36/6.84-38, Brüssel an UD, 8.2.71, EF. Norske forhandlinger. Samtale med Deniau; PA AA, B 20, Bd. 1835, Oslo an AA, 22.2.71, Norwegische EWG-Verhandlungen.

Argumentation für einen Abbruch der Verhandlungen aufnahmen, begann man in den norwegischen Verhandlungskreisen sich ernsthafte Sorgen darüber zu machen, wie repräsentativ diese Sichtweise in der EG war. Gespräche, die Botschafter Halvorsen einige Tage später mit verschiedenen EG-Vertretern führte, ergaben zwar, dass die Gemeinschaft nach wie vor nur an eine Mitgliedschaft Norwegens dachte.[100] Andere Stimmen bestätigten dagegen, daß die Zweifel Deniaus durchaus weiter verbreitet waren.[101]

5.2.2 Norwegen und die politische Einigung Europas nach dem Regierungswechsel

Der Regierungswechsel Anfang März wirkte wie ein reinigendes Gewitter. Auf der Basis ihres Parteiprogramms von 1969 und inspiriert von der »Vision« für ein »sozialdemokratisches Europa« machte sich die neue Regierung unter Ministerpräsident Trygve Bratteli daran, das Vertrauen in Norwegens Beitrittswillen wiederherzustellen und die Verhandlungen zu einem erfolgreichen Abschluss zu bringen.[102] Mit einer »pro-europäischen« Erklärung des neuen Außenministers, Andreas Cappelen, auf der Ministersitzung vom 30. März 1971, gelang es, die ärgsten Zweifel in der EG auszuräumen.[103] Dazu trugen der norwegischen Botschaft in Brüssel zufolge das an den Tag gelegte europäische Engagement und die flexiblere Wortwahl bei. Dass die Vorbehalte die gleichen seien wie zuvor, habe man in Brüssel nicht anders erwartet. Die positivere Art, sie vorzubringen, habe aber für mehr Verständnis gesorgt und den Willen gefördert, Lösungen für Norwegens Probleme zu finden. Der amtierende Vorsitzende des Ministerrats, der französische Außenminister Maurice Schumann, dankte seinem norwegischen Kollegen am Ende der Sitzung »für die positive und konstruktive Haltung«, die dieser zum Ausdruck gebracht habe. Und ein Mitglied der deutschen Delegation wurde mit der Aussage zitiert, »auf dieser Grundlage können die Verhandlun-

---

100 UD 44.36/6.84-38, Brüssel an UD, 11.3.71, EF-Norge.
101 UD 44.36/6.84-38, Paris an UD, 18.3.71, EF-forhandlingene. Franske synspunkter.
102 Vgl. *Tamnes* 1997, S. 174.
103 Vgl. UD 44.36/6.84-39, Norge/EF. Utenriksministerens erklæring på ministermötet i Brüssel 30.3.71; UD 44.36/6.84-39, Notat, F-del., 2.4.71, Ref. fra ministermøtet 30.3.71.

gen abgeschlossen werden«.[104] Auch im AA war man, Botschafter Sommerfelt zufolge, »sehr zufrieden mit der Erklärung des norwegischen Außenministers«. Die Bundesregierung lege großen Wert auf den aufrichtigen Verhandlungswillen, den man bei der neuen Regierung zu erkennen glaube, und sei davon überzeugt, dass sich die norwegischen Probleme im Kielwasser einer Übereinkunft mit Großbritannien lösen ließen.[105]

Wie ihre Vorgängerin konnte sich die Regierung Bratteli indes nicht damit begnügen, einen guten Eindruck in Brüssel und den anderen EG-Hauptstädten erweckt zu haben. Auch zu Hause mussten die Skeptiker überzeugt werden, und dort verhärteten sich die Fronten zusehends. Von der Opposition, in der sich nun die Zentrumspartei, von Regierungsverantwortung und Koalitionszwängen befreit, klar gegen die Vollmitgliedschaft aussprach, wurde die Regierung besonders für ihr explizites Bekenntnis zu den politischen Zielen der Gemeinschaft kritisiert.[106] In der Arbeiterpartei protestierten die EG-Gegner immer lautstärker gegen die einseitige Behandlung der Beitrittsfrage.[107] Dies wurde auch in der Bundesrepublik zur Kenntnis genommen. Der Regierungswechsel habe das Problem nicht gelöst, so der Korrespondent der *Zeit*: »Im Gegenteil, die Polarisierung in der EWG-Frage könnte sich jetzt unter den sonst eher gesetzten Norwegern noch verschärfen.« Bevor Bratteli sich daran mache, Sonderregelungen für Norwegens Bauern und Fischer auszuhandeln, müsse er »zunächst unter seinen Landsleuten die Bereitschaft zu einem größeren Europa stärken – auch unter den Sozialdemokraten.«[108]

Der zunehmende innenpolitische und innerparteiliche Widerstand zwang Bratteli und sein Kabinett zu einem schwierigen Balanceakt: Einerseits glaubten sie, aus verhandlungstaktischen Gründen ein deutliches Signal an Brüssel senden zu müssen, dass Norwegen mit dem Ziel der Mitgliedschaft verhandele. Andererseits mussten sie mit Blick auf die eigene Öffentlichkeit hervorheben, dass die Verhandlungen nicht automatisch zum Beitritt verpflichteten und dass erst über das Resultat der Verhand-

---

104 UD 44.36/6.84-39, Notat, F-del., 2.4.71, Ref. fra ministermøtet 30.3.71; UD 44.36/6.84-39, Brüssel an UD, 1.4.71, Norge-EF. Siste Ministerrådsmøte; UD 44.36/6.84-39, Brüssel an UD, 2.4.71, Norge-EF. Erklæringen av 30.5.
105 UD 44.36/6.84-39, Bonn an UD, 2.4.71.
106 Die der Zentrumspartei nahestehende Zeitung *Nationen* schrieb, die Erklärung sei »nicht nur ein Glaubensbekenntnis, sondern auch ein Hochgesang zum Lobe der Gemeinschaft.« »Trosbekjennelse i Bryssel«, in: *Nationen*, 1.4.71.
107 *Halvorsen* 2003, S. 393.
108 »›Ist das hier noch Europa?‹«, in: *Die Zeit*, 19.3.71.

lungen entschieden und abgestimmt werden könne. Was die politische Einigung anging, so wurde in der Regierungserklärung vom 18. Mai 1971 unterstrichen, dass die Mitgliedschaft in der EG angesichts gegenwärtiger Abhängigkeiten keinen Verlust der nationalen Souveränität bedeute, sondern vielmehr eine erhöhte Mitsprache bei den für das Land bedeutsamen Beschlüssen. Seit dem Luxemburger Vergleich sei die Einstimmigkeit im Rat feste Regel geworden. Sie besage, dass bei wichtigen Fragen so lange weiterverhandelt werde, bis eine Einigung zwischen allen Partnern erzielt sei. Was die außenpolitische Zusammenarbeit anging, die 1970 in Form von regelmäßigen Konsultationen begonnen habe, so sei darin nichts wesentlich Neues zu sehen. Für den Fall, dass die gegenwärtige außenpolitische Zusammenarbeit nach Form und Inhalt über diese Konsultationen hinausgehen sollte, werde die Frage dem Storting vorgelegt.[109]

In EG-Kreisen herrschte nun kaum noch Zweifel am Beitrittswillen der neuen Regierung. Insbesondere Ministerpräsident Bratteli wurde als überzeugter Europäer angesehen – unter den Außenministern der EG galt er bald sogar als »der ›europäischste‹ Regierungschef der skandinavischen Länder«.[110] Willy Brandt berichtete vom Treffen der sozialdemokratischen Parteiführer im schwedischen Harpsund Ende Juli 1971, Bratteli habe, »auch vom Grundsätzlichen her, die positivsten Gedanken zur Weiterentwicklung der EWG« geäußert. Brandt berichtete allerdings auch, dass Außenminister Cappelen, »ähnlich wie die dänischen Gesprächspartner«, dargelegt habe, »daß den kleinen Mitgliedstaaten bis auf weiteres mit einer starken Stellung des Ministerrats am besten gedient sei.«[111] Der wachsende Widerstand in Norwegen gegen die Mitgliedschaft blieb allerdings nicht unbemerkt. Der französische Außenminister Schumann befragte diesbezüglich den norwegischen Botschafter in Brüssel und gab gleichzeitig »etwas verblümt« zu verstehen, niemand würde Norwegen zu einer Mitgliedschaft drängen. Große Besorgnis erregte bei deutschen und norwegischen Diplomaten ein Fernsehinterview mit Staatspräsident Pompidou am 24. Juni 1971, in dem dieser von einem Europa der neun oder zehn sprach, womit er nach Meinung vieler Zweifel an Norwegens Beitrittswillen ausdrückte.[112] Gegenüber

---

109 Vgl. Stortingsmelding Nr. 90 (1970-71).
110 AAPD, 1972, Dok. 19.
111 AdsD, WBA, A11.3 (SPD/Präsidium), Mappe 19, Vermerk Willy Brandt, 2.8.71, Harpsund-Treffen sozialdemokratischer Politiker 31.7/1.8.71.
112 UD 44.36/6.84-39, Brüssel an UD, 25.5.71, EF-utvidelsen. Samtale med Pompidou og Schumann; UD 44.36/6.84-40, Brüssel an UD, 26.6.71, EF. Norge.

Brandt gab Pompidou kurz darauf zu verstehen, »[a]us der Distanz gesehen, hätte er es für besser gehalten, daß Norwegen sich eine Position wie etwa Schweden verschaffe. Wenn es jedoch beitreten wolle, werde man dies nicht ablehnen.«[113]

5.2.3 Die »Schweden-Lösung« als Modell?

Mit dem Verweis auf das schwedische Modell hatten Pompidou und vor ihm Deniau einen wunden Punkt all jener berührt, die sich um einen erfolgreichen Beitritt nach Art. 237 EWGV bemühten. Denn an der schwierigen Situation Norwegens zwischen den NATO-Partnern Dänemark und Großbritannien, die auf eine Vollmitgliedschaft hinarbeiteten, und Schweden, das aufgrund seiner Neutralität eine Assoziierung anstrebte, hatte sich seit 1961 nur wenig geändert. Vielmehr hatte sich die Lage noch dadurch kompliziert, dass Schweden in Verbindung mit dem zweiten Erweiterungsversuch von 1967 und erneut nach dem Scheitern des NORDEK-Projekts eine Mitgliedschaft zunächst nicht ausschließen mochte. Da ein Beitritt nach Ansicht der schwedischen Regierung aber nicht das Fortbestehen der Neutralität in Frage stellen und sich somit nur auf gewisse Bereiche der europäischen Zusammenarbeit beschränken sollte, sah man in der Gemeinschaft kaum Chancen für einen Erfolg.[114] In einer internen Aufzeichnung der Kommission anlässlich des Besuchs von Kommissionspräsident Malfatti in Schweden 1971 hieß es dazu, die Gemeinschaft habe zur Frage der Neutralität zwar nicht offiziell Stellung genommen, sie stünde aber im Widerspruch zu ihren Prinzipien und zum Ziel der immer engeren Union:

> En effet, l'adhésion avec réserve de neutralité comporterait, pour l'Etat qui en bénéficierait, des droits plus étendus que ceux qui seraient reconnus aux autres Etats membres, droits qui par ailleurs ne pourraient pas être soumis à la surveillance des institutions communautaires puisqu'il paraît impossible qu'un Etat neutre aliène l'in-

---

Fiskerigrensen; UD 44.36/6.84-40, Notat, Halvorsen (Brüssel), 30.6.71, Norge-EF. Samtale med ambassadør Boegner, Frankrike; Fernsehinterview des französischen Staatspräsidenten Georges Pompidou am 23.6.71, in: EA, 14/1971, hier S. D342; PA AA, B 20, Bd. 1835, III E2/III E 1, 2.7.71, Deutsch-französische Konsultation am 5./6.7.; hier: Beitritt Norwegens zu den EG.
113 AAPD, 1971, Dok. 228.
114 Vgl. Stellungnahme der Kommission vom 1.10.69, in: EA, 21/1969, S. D590.

terprétation de sa neutralité; en outre, le caractère propre de la Communauté est celui de l'évolution permanente décidée en commun: il serait contraire aux règles du jeu communautaire de savoir à l'avance que le développement de la Communauté pourrait être bloqué dans l'un ou l'autre secteur par des exigences de neutralité.[115]

Dass von deutscher Seite die Möglichkeit einer Mitgliedschaft Schwedens dennoch lange Zeit nicht ausgeschlossen wurde, hing, abgesehen von der schwedischen Ambivalenz in dieser Frage, auch mit dem besonders engen Verhältnis Brandts zu Schweden zusammen. Schon als Außenminister hatte er sich für eine flexible Haltung der Gemeinschaft gegenüber den Neutralen eingesetzt, und noch im Dezember 1970 äußerte sich der Bundeskanzler optimistisch zu den Chancen eines schwedischen Beitritts.[116] Nachdem eine Mitgliedschaft endgültig vom Tisch war, ließ Brandt, auf Wunsch Palmes, die Möglichkeit einer ausbaufähigen Assoziierungsregelung sondieren. Dabei bestätigte sich jedoch, dass weder Art. 238 EWGV (Assoziierung) noch Art. 113 EWGV (über die gemeinsame Handelspolitik) die Grundlage für eine Regelung bildeten, nach der Mitgliedschaftsrechte zugestanden würden, ohne die Übernahme aller Verpflichtungen zu verlangen.[117]

Die Andeutungen Schwedens, eventuell Verhandlungen mit der EG aufzunehmen, waren von den Beitrittsbefürwortern in Norwegen als Unterstützung ihres Anliegens interpretiert worden. Gleichermaßen hatte die endgültige Entscheidung Stockholms, keinen Beitrittsantrag zu stellen, sondern um einen eventuell ausbaufähigen Freihandelsvertrag zu verhandeln, großen Einfluss auf die Meinungsbildung in Norwegen. Das Wort von einer »schwedischen Lösung« als Alternative zur Vollmitglied-

---

115 HAEU, Dep. Franco Maria Malfatti (FMM), Visites 29, Eléments de réponse à des questions de caractère général qui pourraient être posées à Monsieur le Président à l'occasion de son voyage en Suède, 3.11.71 (ENA, Fourth enlargement, 3.4.06).
116 *af Malmborg, Mikael*: Gaullism in the North? Sweden, Finland and the EEC in the 1960's, in: *Loth* (Hrsg.) 2001, S. 489-508, hier S. 500; AAB, DNA, Da, 481, Notat (Stoltenberg), 3.12.1970, DNA/LO's Europatur 1970, S. 47; vgl. *Lie* 1975, S. 377 f.
117 Vgl. AdsD, WBA, A8 (Bundeskanzler), Mappe 58, Palme an Brandt, 2.8.1971; ebd., Schilling an Wilke, 6.8.1971; BArch B 136/8021, BK, Fischer, II/1 / Thiele IV/1 an PStS Focke, 19.8.71, Künftiges Verhältnis Schwedens zur Europäischen Gemeinschaft, Bezug: Besuch des schwedischen Botschafters Montan; AdsD, WBA, A8 (Bundeskanzler), Mappe 15, Palme an Brandt, 6.10.1971; ebd., Brandt an Palme, 16.10.1971.

„Norge er problembarnet"

— Jeg? Hadde det enda vært brødrene mine, så.

»Norwegen ist das Problemkind« – Bratteli zu Brandt und Pompidou: »Ich? Ihr meint wohl meine Brüder« (im Hintergrund streiten die ehemaligen Koalitionspartner Per Borten, Helge Seip und Kåre Willoch).

Ebenso wie ihre europapolitisch zerstrittene Vorgängerin musste auch die pro-europäische Regierung des Sozialdemokraten Bratteli unter innenpolitischem und innerparteilichem Druck eine Verhandlungslinie einhalten, die in der EG Zweifel am Beitrittswillen des Landes aufkommen ließ.

schaft war nunmehr mit einem konkreten Modell verbunden.[118] Selbst ein nordischer Zusammenschluss – der trotz des gescheiterten NORDEK-Projekts weiterhin große Attraktivität besaß – schien den Beitrittsgegnern erneut als realisierbare Alternative, etwa wenn Dänemarks Bevölkerung den Beitritt ablehnen würde.[119] Der deutsche Botschafter in Oslo berichtete am 19. März, ein überraschend zustande gekommenes Gespräch zwischen Bratteli, der soeben seine pro-europäische Regierungserklärung abgegeben hatte, und Palme, der gerade Schwedens Vollmitgliedschaft ausgeschlossen hatte, habe große Aufmerksamkeit erregt. Von den Gegnern einer norwegischen Mitgliedschaft werde jede schwedische Äußerung registriert und in diesem Fall als Stärkung ihrer Position bewertet.[120]

Auf diesen Zusammenhang wurden in zunehmendem Maße auch die anderen EG-Partner aufmerksam. Dabei rückte die ohnehin umstrittene Frage in den Vordergrund, wie vorteilhaft ein Freihandelsabkommen für Schweden und die anderen Rest-EFTA-Länder sein dürfe.[121] Von Pompidou wurde berichtet, er habe im Mai gegenüber belgischen Politikern die Frage aufgeworfen, was denn geschehe, wenn man Ländern wie Schweden ein weit reichendes Freihandelsabkommen zugestehe. Wie sollte man dann vermeiden, dass andere Anwärter, z.B. Norwegen, eine solche Lösung für sich selbst geeigneter fänden als die Vollmitgliedschaft? Würden solche Regelungen nicht die Gemeinschaft verwässern?[122] Norwegische Diplomaten gaben zu, dass diese Problemstellung von Bedeutung sei. Gleichzeitig bemühten sie sich jedoch, die Unterschiede zwischen der norwegischen und der schwedischen Ausgangsposition zu betonen. Schwedens Probleme seien durch seine Neutralität bedingt, Norwegens Probleme aber durch die Besonderheit seiner Geographie und Wirtschaft.[123]

Die Frage, wie sich Norwegen verhalten werde, sollte sich eine günstige Lösung für Schweden abzeichnen, gewann im Sommer 1971 an Aktualität, nachdem die Kommission ihren Entwurf für ein Verhand-

---

118 Vgl. *Allen* 1979, S. 112.
119 AAB, DNA, Da, 489, LO-DNA's Markedsutvalg, Bjørn Tore Godal: Notat om alternative utredninger, 16/12-1971.
120 PA AA, B 20, Bd. 1835, Oslo an AA, 19.3.71, Gespräch Bratteli-Palme am 18.3.1971.
121 Vgl. »Langsam unseriös«, in: *Der Spiegel*, 2.8.71.
122 UD 44.36/6.84-39, Brüssel an UD, 28.5.71, EF-utvidelsen. De ikke-sökende medlemsland.
123 So Norwegens Botschafter Halvorsen in dem oben zit. Gespräch mit Deniau vom Februar 1971 (wie oben 5.2.1, Anm. 101).

lungsmandat vorgelegt hatte.[124] Verschiedene EG-Vertreter erkundigten sich bei ihren norwegischen Kollegen nach der Wirkung auf die norwegische Position, sollten die Neutralen ein Angebot nach dem Muster des Kommissionsvorschlags erhalten. Vorsichtshalber wurde klargestellt, dass der vorliegende Vorschlag von dem Fall einer Mitgliedschaft der vier Kandidaten ausging.[125] Als sich jedoch abzeichnete, dass das Mandat des Ministerrats für die Verhandlungen weit von den schwedischen Vorstellungen entfernt war, erwartete man im AA nicht, »dass die norwegische Regierung zu dem Ergebnis kommt, die Assoziierung sei vorteilhafter.«[126]

Die verschiedenen Erklärungen und Beschlüsse der EG sowie Aussagen von Vertretern der Mitgliedstaaten deuten in der Summe darauf hin, dass man nicht gewillt war, Schweden eine Sonderbehandlung zukommen zu lassen, die eventuell den »europäischen Geist« der Beitrittskandidaten geschwächt hätte. Über diese Gedankengänge in Brüssel machte man sich auch in der schwedischen Regierung Sorgen, wie Palme in seinem Brief vom 6. Oktober 1971 an Brandt schrieb:

> In diesem Zusammenhang [der Frage, auf welchen Artikel sich Schweden bei seinem Antrag auf Verhandlungen berufen sollte, RMA] muss ich erwähnen, dass wir bei Beamten in Brüssel und anderen Stellen auf das Argument treffen, dass Schweden kein zu gutes Ergebnis erzielen sollte, weil dies eine norwegische Mitgliedschaft verhindern könnte. Ich bin überzeugt, dass es sich genau andersherum verhält und dass die norwegische Regierung derselben Meinung ist. Je näher Schweden in der Sache einer Mitgliedschaft kommt, desto leichter wird es für die Norweger, in die EG zu gehen. Der Unterschied wird dann im Wesentlichen sein, dass die Norweger einen direkten Einfluss auf die Institutionen der EG erhalten, während wir, um der Neutralität willen, von einem solchen Einfluss Abstand nehmen.
>
> Eine kleinliche Haltung gegenüber Schweden wird, glaube ich, sowohl in Norwegen als auch in Dänemark zu Schwierigkeiten führen, nicht aus Rücksicht auf uns, sondern weil dies gegen deren eigene Interessen geht.[127]

---

124 Vgl. *Stålvant, Carl-Einar*: The Swedish Negotiations with the EEC, in: Scandinavian Political Studies 8 (1973), S. 236-245, hier S. 242.
125 UD 44.36/6.84-40, Brüssel an UD, 11.6.71, EF-Norge. Samtale med Davignon; UD 44.36/6.84-41, Notat, Pol.avd., 3.8.71, Schumanns besøk.
126 PA AA, B 60, Bd. 775, AA IIIE1, 29.7.71, Beitritt Norwegens zu den EG.
127 AdsD, WBA, A8 (Bundeskanzler), Mappe 15, Palme an Brandt, 6.10.1971.

Die schwedische Regierung beschwerte sich auch über angebliche Bemühungen norwegischer Vertreter in Bonn und Brüssel. Diese arbeiteten darauf hin, ein Ergebnis im schwedischen Sinne herauszuzögern, das in Norwegen und Dänemark als Anreiz für einen Abbruch der Verhandlungen angesehen werden könnte.[128] Darauf gibt es indes keine überzeugenden Hinweise. Die »Rückwirkungen der ›Schwedenlösung‹ auf Norwegen«, so ein hoher UD-Beamter, seien zwar ein Problem, das die Beitrittsgegner auszunützen versuchten, weil »eine sehr weitgehende Schwedenlösung materiell auch für Norwegen ausreiche und damit den Beitritt überflüssig mache«. Der Unterschied zwischen dem neutralen Schweden und dem NATO-Land Norwegen sei jedoch ein überzeugendes Argument zugunsten einer norwegischen Vollmitgliedschaft und für die innernorwegische Diskussion sei »der überragende Gesichtspunkt, daß Schweden eine möglichst enge Bindung an die erweiterte Gemeinschaft finde.«[129]

»Geschäftsmäßiges Interesse« anstelle politischen Willens

Spätestens nach der reservierten Eröffnungserklärung war man sich darüber im Klaren, dass insbesondere für Norwegen die Einschätzung Pompidous galt, der Beitritt neuer Mitglieder werde keine Liebesheirat, sondern eine Vernunftheirat sein. Im weiteren Verhandlungsverlauf zeigte sich indes, dass auch Großbritannien und vor allem Dänemark, wo am 11. Oktober die Sozialdemokraten an die Regierung gekommen waren, nur mit Einschränkungen bereit waren, integrativ zu verhandeln und sich voll hinter die Ziele der Gemeinschaft zu stellen. So gab der neue dänische Europaminister Ivar Nørgaard im November 1971 eine in der Gemeinschaft allseits als »unglücklich« empfundene Erklärung ab, in der er feststellte, dass die EG der Weiterentwicklung der nordischen Zusammenarbeit nicht im Wege stehen dürfe, dass Gemeinschaftsmaßnahmen im wirtschaftlichem Bereich der nationalen Politik untergeordnet seien und dass die außenpolitische Zusammenarbeit außerhalb der Gemeinschaftsorgane stattfinden müsse.[130] Dies wollten Vertreter der Gemeinschaft nicht unwidersprochen lassen. Der amtierende Ratspräsi-

---

128 UD 44.36/6.84-41, Brüssel an UD, 22.7.71, EF-Sverige og Norge.
129 PA AA, B 20, Bd. 1835, III E 2 an StS, 10.9.71, Integrationspolitische Gespräche mit norwegischen Regierungsvertretern.
130 Vgl. *Rasmussen, Morten*: The Hesitant European – History of Denmark's Accession to the European Communities 1970-1973, in: Journal of European Integration History 11/2 (2005), S. 47-74, hier S. 61, 63.

dent, der Italiener Aldo Moro, »verwies den dänischen Unterhändler darauf, daß in und mit der Gemeinschaft das Ziel des sozialen Fortschritts verfolgt werde und daß die wirtschaftliche und politische Zusammenarbeit ein Komplex seien.« Im Übrigen stellte er fest, dass die Kandidaten die Verträge, das Folgerecht und die Optionen anerkannt hätten.[131] Nachdem auch von Ministerpräsident Krag skeptische Äußerungen zum Einigungsprozess bekannt wurden, beschwerte sich Pompidou gegenüber Brandt, man

> habe […] in Frankreich den Eindruck gewonnen, Dänemark wolle in der Gemeinschaft drinnen und draußen sein, während Schweden draußen und drinnen sein wolle. Dies gehe nicht. Freilich habe die Gemeinschaft auch kein Interesse daran, alle zu umarmen, da sie sonst entweder keine Gemeinschaft mehr wäre oder aber Ausmaße annehme, die alle anderen beunruhigten.[132]

Gewiss war man in der Gemeinschaft grundsätzlich davon überzeugt, dass die harte Verhandlungshaltung der Kandidaten in den Sachfragen und die gelegentlich ausgedrückten Zweifel an der politischen Einigung ihren Ursprung weniger in einer grundsätzlichen Beitrittsskepsis der Regierungen als in dem innenpolitischen Druck der Öffentlichkeit hatten. Doch waren die bisherigen Verhandlungen nicht geeignet gewesen, die Zweifel an dem politischen Integrationswillen der neuen Mitglieder zu beseitigen. Schließlich hatten auch die politischen Eliten eine reservierte Haltung zum Souveränitätsverzicht an den Tag gelegt und in der heftig geführten innenpolitischen Diskussion »war die Ablehnung eines supranationalen Europas unüberhörbar.«[133] Wie es ein Bericht des *Deutschen Industrie- und Handelstags* treffend ausdrückte, war bei den Kandidaten »[der] Wille zur politischen Einheit, wie er in der Präambel des Rom-Vertrages zum Ausdruck kommt, […] auf ein geschäftliches Beteiligungs-

---

131 Vgl. »Norwegen macht große Schwierigkeiten«, in: *SZ*, 11.11.71; BArch B 136/8016, Vermerk für Kabinettsitzung am 10.11.71, BK, Gruppe IV/1 an Bundeskanzler, 10.11.71, Ergebnis der EWG-Ratstagung vom 8.11.71 und der Beitrittskonferenz vom 9.11.71.
132 AAPD, 1971, Dok. 427.
133 *Kohler, Beate*: Die Erweiterung der Gemeinschaft – nur Grund zum Jubeln?, in: *Spanier, David/Kennedy, Dennis/Blom, Anton/Bjøl, Erling*: ... plus vier. Großbritannien, Irland, Norwegen und Dänemark – die Neuen der Gemeinschaft, Bonn 1972, S. 7-14, hier S. 10.

interesse geschrumpft.«[134] Die Erkenntnis aber, dass in Norwegen der politische Wille zur Mitgliedschaft nicht über Teile der Elite hinausging und dass die Mehrheit der Bevölkerung, wenn überhaupt, nur eine »Vernunftheirat« mit der EG anstrebte, machte es um so wichtiger, überzeugende Ergebnisse in den beiden wichtigsten Verhandlungsfragen zu erzielen: Der Landwirtschaft und der Fischerei.

5.3 Die Landwirtschaftsverhandlungen

Während die Einladung zur Aufnahme von Verhandlungen von der Gemeinschaft kam, war es an den Beitrittskandidaten selbst, die Initiative zu ergreifen, wenn sie über spezielle Probleme verhandeln wollten. Die norwegische Regierung hatte seit 1962 auf die Besonderheit ihrer Landwirtschaft hingewiesen, die einen EG-Beitritt nur mit Ausnahmeregelungen verkraften könne. Verwiesen wurde auf die geringe Größe und Wirtschaftlichkeit der landwirtschaftlichen Einheiten, die nur mit Hilfe beträchtlicher staatlicher Unterstützung überleben konnten. Der Wegfall der wichtigsten Stützungsmaßnahmen, die Aufgabe der Abschirmung gegen die europäische Konkurrenz und die Absenkung des Preisniveaus würden, so wurde berechnet, Einkommensverluste der Landwirte von mehr als 50% bedeuten.[135] Das wichtigste Argument für eine permanente Ausnahme der gesamten norwegischen Landwirtschaft von den EG-Bestimmungen waren die naturbedingten Verhältnisse des Landes, das zu ca. 1/3 nördlich des Polarkreises liegt. Gegen eine Zusammenlegung der Einheiten, wie sie zwecks Rationalisierung im so genannten Mansholt-Plan der Gemeinschaft vorgesehen war, sprachen nach norwegischer Ansicht die topographischen Verhältnisse des Landes mit seinen Bergen und Fjorden. Der Erhalt der bestehenden landwirtschaftlichen Strukturen und damit der existierenden Subventionsordnungen wurde in erster Linie mit der Aufrechterhaltung einer gleichmäßigen Besiedlung des Landes gerechtfertigt und in diesem Zusammenhang verwies man gerne auf die exponierte Lage Norwegens als einziges NATO-Land mit einer Grenze zur Sowjetunion.

Mit der Aufnahme der Verhandlungen war die Regierung nun allerdings aufgefordert, die Probleme der Landwirtschaft und die damit verbundene Forderung nach Ausnahmeregelungen zu präzisieren. Zu ver-

---

134 *Deutscher Industrie- und Handelstag*, Bericht 1971, S. 16, zit in: *Kohler* 1972, S. 10.
135 Vgl. IMAG EG/GB, 10.9.69.

handeln war sodann, nach Ansicht der Gemeinschaft, wie umfangreich diese Ausnahmen sein würden und wie sie mit den Regeln der Römischen Verträge in Einklang gebracht werden konnten.

5.3.1 Vorbereitung der Verhandlungspositionen

Entsprechend den auf dem Spiel stehenden Interessen war die Auseinandersetzung mit den spezifisch norwegischen Problemen in der Gemeinschaft weniger umfassend gewesen als in Norwegen selbst. Sowohl in der Kommission als auch in den Mitgliedsländern waren jedoch bereits in Verbindung mit den ersten beiden Anträgen umfangreiches Hintergrundmaterial zur norwegischen Landwirtschaft gesammelt und zahlreiche Analysen erstellt worden.[136] Die Bundesregierung hatte sich im Rahmen der Vorbereitungen für ihre Präsidentschaft im Ministerrat (1967 und 1970) ausführlich auf die Probleme aller Bewerber vorbereitet und sich bereiterklärt, über Norwegens Probleme gesondert zu beraten.

Die Haltung der Bundesregierung zu den norwegischen Sonderforderungen

Von norwegischer Seite war man stets darum bemüht gewesen, diese Vorbereitungen zu beeinflussen, indem man den Vertretern der EG die besondere Lage der norwegischen Landwirtschaft zu verdeutlichen suchte. Dies war um so wichtiger, als man selbst bei potentiellen Fürsprechern wie Willy Brandt und seinen Mitarbeitern eine Tendenz erkannte, die norwegischen Probleme allein unter dem Blickwinkel der Regionalpolitik zu sehen, wohingegen die norwegische Regierung Sonderregelungen für das gesamte Land für notwendig hielt. Es sei nämlich, so sollte deutschen Gesprächspartnern gegenüber unterstrichen werden, in vielen Tälern und Küstengebieten ebenso problematisch Landwirtschaft zu betreiben wie in Nordnorwegen.[137]

Ihrerseits hatten Vertreter der Gemeinschaft die norwegischen Kollegen immer wieder darauf verwiesen, dass nur »zeitlich begrenzte Übergangsregelungen in gewissen Bereichen« in Frage kämen. Die perma-

---

136 Vgl. z.B. Stellungnahme der Kommission der EG an den Rat vom 29.9.67 betreffend die Beitrittsgesuche Großbritanniens, Irlands, Dänemarks und Norwegens, in Auszügen abgedruckt in: EA, 21/1967, S. D 481-D499.
137 UD 44.36/6.84-29, Notat, 1. h.pol.ktr., 12.10.67, Møte i den norsk tyske blandede kommisjon 16./17. 10.67; EEC og utvidelsespørsmålet.

nente Ausnahme eines gesamten Mitgliedlandes sei dagegen nicht mit den Prinzipien der Gemeinschaft vereinbar.[138] Es sei, so der italienische Außenminister Fanfani im April 1967, »auch mit dem größten Wohlwollen betrachtet« nicht vorstellbar, dass die Sechs »ihre Zustimmung zu Lösungen geben würden, durch die das in geduldiger Arbeit errichtete Bauwerk zerstört würde.«[139] Zur Lösung der norwegischen Probleme konnte man sich unterschiedliche Maßnahmen vorstellen. Landwirtschaftskommissar Sicco Mansholt etwa vertrat 1967 die Auffassung, man könne theoretisch spezielle Regelungen aushandeln, die auch nach einer Übergangszeit weiter bestehen würden, und führte als Beispiel eine Regelung an, um den Niedergang der Kornpreise auszugleichen. Deutschland erhalte dafür z.B. Geld aus dem Landwirtschaftsfonds der Gemeinschaft, über das die Regierung selbst entscheiden könne. Andere Maßnahmen, wie Importabgaben oder Importrestriktionen, seien dagegen nicht möglich. Auch für die Strukturprobleme ließen sich Lösungen finden, etwa durch Beihilfen oder – wie es Italien praktiziere – durch Transportzuschüsse für geographisch weit entfernte Gegenden. Der Landwirtschaftsfonds biete, so Mansholt, viele Möglichkeiten und wenn sich beweisen lasse, dass die Durchführung der gemeinsamen Landwirtschaftspolitik soziale Probleme schaffe, wäre dies ein Verhandlungsthema. Ein gesondertes Preisniveau für ganz Norwegen sei dagegen ausgeschlossen.[140]

Nichtsdestoweniger bestand, Frøland zufolge, in der norwegischen Regierung 1967 ein gewisser, wenn auch brüchiger Konsens darüber, dass versucht werden sollte, ganz Norwegen unter regionalpolitischen Aspekten von der gemeinsamen Landwirtschaftspolitik auszunehmen. Man sei sich der Schwierigkeit dieses Unterfangens durchaus bewusst gewesen, habe es aber trotzdem aktiv verfolgt und dabei insbesondere auf die Unterstützung der Bundesrepublik gezählt.[141] Allerdings hatte auch Brandt 1967 das Verständnis und Entgegenkommen der Bundesregierung lediglich für den Fall zugesagt, dass Norwegen regionale Son-

---

138 UD 44.36/6.84-25, Den Haag an UD, 23.3.66, Luns om EEC-situasjonen og Nederlands innstilling til norsk medlemskap.
139 UD 44.36/6.84-26, Roma an UD, 3.5.1967, Samtale mellom Willoch og Fanfani i Roma 26.4.67.
140 Regionale Unterschiede im Preisniveau aufgrund von Transportkosten schloss Mansholt nicht aus. UD 44.36/6.84-29, Ref., 1. h.pol.ktr., 19.10.67, Drøftingene med Mansholt.; UD 44.36/6.84-25, Brüssel an UD, 18.10.66, Willoch's besøk i Brussel. Samtale med Kommisjonen.
141 Vgl. *Frøland* 2001 [c], S. 440 f., 456-458.

derbestimmungen forderte. Weder er noch seine Mitarbeiter glaubten an die Möglichkeit, ganz Norwegen als regionales Problem anzuerkennen.[142]

Drei Jahre später wurde das Problem in Bonn nicht viel anders gesehen. Grundsätzlich war man bereit, sich den im Anschluss an das Haager Gipfeltreffen gemeinschaftlich erarbeiteten Grundsätzen anzuschließen, die einheitliche Übergangszeiten für den gewerblichen Sektor und für die Landwirtschaft vorsahen. Im Vorfeld des Norwegen-Besuchs des Bundeskanzlers im April 1970 vertraten AA und BML allerdings unterschiedliche Meinungen darüber, wie Brandt die Position der Gemeinschaft im Agrarsektor präsentieren sollte. Das AA plädierte mit Blick auf die gerade erst mühsam erreichte Zustimmung Frankreichs zur Erweiterung dafür, die Gemeinschaftsposition zu den Übergangsregelungen als unverrückbar darzustellen. Im BML war man dagegen der Auffassung, der Verhandlungsprozess solle nicht mit unnötig harten Positionen begonnen werden und spätere Ausnahmeregelungen oder eine Anpassung der GAP an die erweiterte Gemeinschaft ausschließen; zumal eine Revision der Agrarmarktpolitik nach wie vor dem gesamtwirtschaftlichen Interesse der Bundesrepublik entspreche.[143]

Die Gespräche Brandts mit der norwegischen Regierung waren ebenso wie die seiner Minister Schiller und Scheel von dem doppelten Bemühen gekennzeichnet, die Aussicht auf Kompromisse im norwegischen Sinne zu bekräftigen und die Gemeinschaftsposition nicht zu kompromittieren. Die Lösung wurde nach wie vor in einer »auf lange Sicht angelegte[n] Regelung im Rahmen gemeinsamer Regionalpolitik« gesehen.[144] Bundeswirtschaftsminister Schiller sagte bei seinem Norwegen-Besuch im Juni 1970, »daß die Gemeinschaft auf die Dauer ein einheitliches System in allen Mitgliedsländern anwenden müsse, ob man dieses selbst als Ideal ansehe oder nicht.« Bei den Erweiterungsverhandlungen müsse von dem gegenwärtigen EWG-Agrarsystem ausgegangen werden. »Das schließe eine besondere Behandlung Norwegens nicht aus; man könne Ausnahmen nach Regionen oder Produkten zulassen, die

---

142 UD 44.36/6.84-28, Notat, 1. h.pol.ktr., 27.6.1967, Brandts besøk i Oslo. samtalen om den europeiske markedssituasjonen; PA AA, B 60, Bd. 520, Oslo an AA, 26.6.67; PA AA, B 20, Bd. 1246, Dg IA an StS, 24.7.67, Norwegischer Antrag auf Beitritt zur EWG.
143 Vgl. den diesbezüglichen Schriftwechsel zwischen AA und BML in: PA AA, B 20, Bd. 1832.
144 PA AA, B 60, Bd. 774, Gesprächsaufzeichnung, BK, Gruppe II/1, 28.4.70.

entweder befristet werden oder ständig gelten sollen.«[145] Das Gespräch Scheels mit dem norwegischen Außenminister im September erfolgte bereits unter dem Eindruck der ersten Verhandlungssitzung mit Großbritannien am 21. Juli. Dort habe sich, so Scheel, gezeigt, dass die Kandidaten das Prinzip der Lösung sämtlicher Anpassungsprobleme durch Übergangsregelungen in Frage gestellt hätten. Es zeichne sich seither unter den Sechs eine Änderung ab, die ein geringfügiges Abweichen von den Gemeinschaftsregeln nicht ausschließe. Dies sei denkbar für Probleme der Landwirtschaft, wo alle Mitgliedstaaten angesichts der Überproduktion auf bestimmten Gebieten mit dem gegenwärtigen Agrarsystem unzufrieden seien. Eine Lösung nach den Vorstellungen der Regierung sei denkbar, weil es sich um eine politische Frage handele, nämlich darum, wie die skandinavischen Länder am besten in die Gemeinschaft eingebunden werden könnten, und weil der Umfang der norwegischen Landwirtschaft so gering sei.[146] Allerdings verwies auch Scheel auf die Bedeutung der bedingungslosen Annahme der Römischen Verträge, und die weiteren Erörterungen in der Gemeinschaft zeigten schnell, dass sich eventuelle Ausnahmen keineswegs an den norwegischen Vorstellungen orientieren würden, die auf eine Ausnahme Gesamtnorwegens von der Gemeinsamen Agrarpolitik abzielten.

Als die Frage der Übergangszeiten im Agrarbereich dann im November 1970 unter den Sechs verhandelt werden sollte, beabsichtigte die deutsche Delegation dafür einzutreten, dass die Übernahme der Gemeinschaftsmechanismen die Gewährung von Sonderregelungen, etwa bei der Preisfestsetzung und Preisangleichung, nicht ausschließen dürfe. Im BML verwies man darauf, dass die Anwendung der EG-Grundsätze bereits mit Beginn der Übergangszeit weit reichende innenpolitische Folgen für die Beitrittskandidaten haben würde. Genannt wurde der Verlust der alleinigen Entscheidungsbefugnis über die wichtigsten Instrumente der Agrarmarktpolitik; die sofortige Anhebung des Verbraucherpreisniveaus auf das der Erzeugerpreise für eine Reihe von Erzeugnissen; eine schrittweise Öffnung des Marktes der beitrittswilligen Länder für Einfuhren aus der Gemeinschaft und dritten Ländern; sowie die Umor-

---

145 PA AA, B 60, Bd. 774, BMWi/VC4, 29.6.70, Besuch des Bundesministers in Norwegen 25.-27.6.70; PA AA, B 60, Bd. 774, Oslo an AA, 30.6.70, Besuch Schillers in Oslo.
146 UD 44.36/6.84-34, Ref., 1. h.pol.ktr., 12.9.70, Samtale med Scheel 10.9.70; PA AA, B 31, Bd. 382, Oslo an AA, 14.9.1970, Staatsbesuch des Bundespräsidenten in Oslo; hier: Gespräche des Bundesministers mit dem norwegischen Außenminister Stray.

ganisation der Verwaltung der Agrarmärkte. Bei aller Bereitschaft zu Zugeständnissen war man in Bonn allerdings überzeugt davon, dass die neuen Mitglieder von einem Beitritt auch profitieren würden:

> Den ›Nachteilen‹ stehen äquivalente Vorteile gegenüber, die vor allem in der Erleichterung des gegenseitigen Warenaustauschs, der Verstärkung der Absatzgarantien sowie in der sofortigen Gewährung der institutionellen Rechte der Römischen Verträge an die neuen Mitglieder ihren Ausdruck finden. Die sofortige Übernahme der Agrarmechanismen und feste Zeitpläne zur Angleichung der Preise wirken in sich integrationsfördernd. Die Regierungen der beitretenden Staaten können bei diesem Verfahren außerdem ihre innenpolitische Position verbessern, indem sie die während der Übergangszeit zu treffenden Entscheidungen der Öffentlichkeit von vornherein als zwangsläufige ›EWG-Automatik‹ verständlich machen.[147]

»Abschirmung« oder »Entschädigung«

Dass der norwegischen Landwirtschaft durch die Übernahme der Gemeinsamen Agrarpolitik Vorteile zuteil werden könnten, wurde in Norwegen zwar von einigen Diplomaten, Politikern und auch Landwirten ausgesprochen, war in der Koalitionsregierung aber keine allgemein akzeptierte Meinung. Vielmehr begannen sich zwei Verhandlungslinien abzuzeichnen, die mit unterschiedlichen Mitteln auf eine vollständige bzw. eine möglichst umfassende Ausnahme Norwegens von der GAP zielten.[148]

Unterstützt von ihren politischen Verbündeten in Regierung und Parlament hielten die Landwirtschaftsverbände an ihrer Forderung fest, Norwegens Ausnahme von den Regeln der GAP müsse zeitlich unbegrenzt sein und für das ganze Land gelten.[149] Diese Verhandlungslinie war unter dem Schlagwort »Abschirmungslinie« oder »Schutzlinie« (norw. *avskjermingslinje, vernelinje*) bekannt und bedeutete, wie im UD angemerkt wurde, »eine so entscheidende Distanzierung von den Prinzipien, die der Zusammenarbeit in der EG zugrundeliegen«, dass man da-

---

147 Vgl. BArch B136/7985, BML an AA u.a., 9.11.70, Interministerielle Arbeitsgruppe für die Beitrittsverhandlungen; Anlage: Aufzeichnung BML/III A1, 9.11.70, Beitrittsverhandlungen; hier grundsätzliche Fragen zur Übergangsregelung im Agrarsektor.
148 Vgl. *Tamnes* 1997, S. 173.
149 UD 44.36/6.84-34, Norges Bondelag an UD, 30.6.70.

für in Brüssel keine Unterstützung erwarten könne.[150] Die Europa-Experten und die konservativen Regierungsmitglieder setzten ihrerseits auf eine Regelung, die unter dem Namen »Entschädigungslinie« bekannt wurde. Diese sah »ein System mit höheren Preisen für die norwegischen Produzenten und der Deckung der Differenz zwischen den norwegischen Agrarpreisen und den Gemeinschaftspreisen mit Hilfe von Subventionen (*mellomlagsløsning*, = *deficiency payments*)« vor, die »teils durch den norwegischen Staat und teils durch Gemeinschaftsunterstützung« finanziert werden könnten. Die Unterstützung könne nach Distrikten und Erwerbsgruppen variieren und eventuell mit anderen Regelungen – in erster Linie Frachtzuschüssen und anderen kostensenkenden Zuschussregelungen – kombiniert werden.[151]

Nach Auffassung der Europa-Experten konnten die im Rahmen der Entschädigungslinie vorgeschlagenen Maßnahmen de facto eine Ausnahme des gesamten Landes von der gemeinsamen Landwirtschaftspolitik bedeuten, womit man erneut bei den Vorstellungen von 1967 angelangt war. Diese Regelung war zur Not auch für die Beitrittsskeptiker annehmbar. Ohne explizite Zusagen von Seiten der Gemeinschaft ließ sie sich aber nur schwer den Landwirten als »nationale Landwirtschaftspolitik« verkaufen. Überdies wurde dieser Gedanke in der Gemeinschaft und auch in der Bundesrepublik weiterhin abgelehnt.[152]

In der zuständigen Arbeitsgruppe, zusammengesetzt aus Regierungsexperten und Vertretern der Verbände, konnte bis zum Frühjahr 1971 keine Entscheidung über die zwei Verhandlungslinien getroffen werden.[153] Ein erstes Memorandum zur Landwirtschaft, das der Gemeinschaft am 30. November 1970 übergeben wurde, war, wie schon die Eröffnungserklärung von Luxemburg, rein beschreibend in seiner Wiederholung der Probleme und Vorbehalte.[154] Für diese Passivität wurde die Koalitionsregierung von der Opposition zwar kritisiert, allerdings nur halbherzig, denn auch die Arbeiterpartei war nicht gewillt, sich durch

---

150 UD 44.36/6.84-33, Notat 1. h.pol.ktr. til Utenriksministeren, 22.6.70, EEC – Instillingen fra Stortingets utenriks- og konstitusjonskomité om Norges forhold til de nordiske og europeiske markedsdannelser. (St.meld.nr. 92, 1969-70).
151 UD 44.36/6.84-33, Notat 1. h.pol.ktr., 23.6.70, Schillers besøk 25.-27.6.70.
152 UD 44.36/6.84-35, Brüssel an UD, 29.9.70, Norge og EEC. Vgl. auch PA AA, B 31, Bd. 383, IA5, AA an Oslo, 4.2.71, Besuch des Ausw. Ausschusses des norweg. Storting in Bonn.
153 *Frøysnes* 1973, S. 90.
154 Vgl. UD 44.36/6.84-37, Notat, F-sekr., 3.12.70, Ref. fra stedfortredermötet 30.11.70

eine eindeutige Stellungnahme dem Zorn der Landwirtschaftsverbände auszusetzen. Obwohl sie eine mit der Vollmitgliedschaft kompatible Verhandlungslinie forderte, lehnte auch sie die Abschirmungslinie zunächst nicht eindeutig ab.[155] Zudem konnte die Regierung glaubhaft machen, dass sie ihren Standpunkt auch aus taktischen Überlegungen heraus nicht präzisierte. Wie Außenminister Stray dem Auswärtigen Ausschuss berichtete, hatten EG-Vertreter geraten, die Verhandlungen über die Landwirtschaft nicht voranzutreiben, solange kein Durchbruch mit Großbritannien erzielt worden sei. Erst danach könne man über Ausnahmen reden.[156] Tatsächlich drängte die Gemeinschaft zunächst nicht auf eine rasche Aufnahme der Agrarverhandlungen mit Norwegen, sondern bat lediglich darum, den Arbeitsgruppen von Kommission und Ministerrat bald Material zur Prüfung der Probleme vorzulegen.[157]

Damit hatte die so genannte *fact finding*-Periode begonnen, in der die Gemeinschaft sich mit dem von norwegischer Seite zur Verfügung gestellten Material auseinandersetzen sollte, während die Regierung weiter über ihre Verhandlungsposition beriet. Nach dem Jahreswechsel änderte sich die Situation in den Agrarverhandlungen jedoch schneller als erwartet. Die Verhandlungen mit Großbritannien waren zu Beginn des Jahres 1971 zwar noch weit von einem Durchbruch entfernt, das *fact finding* der Gemeinschaft und ihre Arbeit an der eigenen Verhandlungsposition zur Landwirtschaft waren jedoch vorangeschritten. Nun erwartete man die Lösungsvorschläge Norwegens zu seinen Sonderproblemen.[158] Parallel dazu wuchs in Gemeinschaftskreisen die Sorge, Norwegen werde nicht von seiner Maximalposition abrücken und damit einen Erfolg der gesamten Verhandlungen in Frage stellen. Vor diesem Hintergrund erfolgte am 8. Februar das Gespräch zwischen Kommissionsmitglied Deniau und dem norwegischen Botschafter in Brüssel, dessen Veröffentlichung den Rücktritt der Regierung Borten auslöste. Auf Deniaus Frage, welche Probleme Nordnorwegen eigentlich habe und welche Sonderregelungen man sich vorstelle, antwortete Halvorsen, es lägen keine isolierten nord-norwegischen Probleme in Verbindung mit dem EG-Beitritt vor. Man habe auch in anderen Gegenden Probleme und

---

155 Vgl. *Allen* 1979, S. 100.
156 Vgl. SUUKK, 8.10.70.
157 UD, F-sekr., 25.9.70, Ref. fra det første forhandlingsmøte på ministernivå; SUUKK, Sitzung vom 8.10.70; PA AA, B 20, Bd. 1834, III E/IA2, 17.9.70, Norwegen.
158 UD 44.36/6.84-38, Notat, Halvorsen, 4.3.71, Norge – EF. Samtale med Boegner. Svalbard.

nie Nordnorwegen als gesondertes Problem hervorgehoben. »Spaßhaft« fragte Deniau daraufhin, ob man denn eine Ausnahme für ganz Norwegen haben wolle, woraufhin Halvorsen nur entgegnete, die norwegischen Probleme seien mit der Landwirtschaft und der Fischerei verbunden.[159] Wie repräsentativ die Zweifel Deniaus an den Erfolgschancen der norwegischen Verhandlungslinie waren, konnten auch die norwegischen Europa-Experten in Brüssel nur schwer einschätzen, sie waren aber, besonders in Kommissionskreisen, gewiss auch kein Einzelfall.

5.3.2 Neuer Rahmen, alte Probleme

Der Regierung Bratteli, die am 13. März ihre Geschäfte aufnahm, war es überlassen, konstruktive Lösungsvorschläge zu unterbreiten. Die strikte Abschirmungslinie wurde schnell verworfen und die Bemühungen konzentrierten sich fortan auf eine Lösung, nach der die Einkommensverluste der norwegischen Bauern beim Eintritt in den Gemeinsamen Markt durch finanzielle Entschädigung ausgeglichen werden sollten. Auch die vorige Regierung hatte offenbar zu dieser Linie tendiert, sich aber aus innenpolitischen Gründen nicht darauf festlegen können.[160]

Offen blieb weiterhin, welche Form das anvisierte Stützungssystem erhalten sollte. Mussten alle Lösungen mit den EG-Regeln vereinbar sein oder konnten so umfassende Ausnahmen durchgesetzt werden, dass sie praktisch eine Beibehaltung des norwegischen Systems bedeuteten? Zwei Fragen standen dabei im Mittelpunkt der Erörterungen. Zum einen die Frage nach den Beihilfen. Das norwegische System basierte auf produktgebundenen Beihilfen, die von der GAP nicht erlaubt wurden. Einer Aufzeichnung des BML zufolge war es »geradezu eine Grundüberzeugung (›Heilige Kuh‹) der gemeinsamen Agrarpolitik, daß produktgebundene Beihilfen in stärkerem Maße als andere allgemeine Einkommensbeihilfen den Wettbewerb verzerren würden […].«[161] Die andere Frage war, wer die Höhe der Ausgleichszahlungen festlegen würde – Oslo oder Brüssel. Grundsätzlich ging es bei beiden Fragen darum, wo die

---

159 Vgl. UD 44.36/6.84-38, Brüssel an UD, 8.2.71, EF. Norske forhandlinger. Samtale med Deniau.
160 Vgl. *Allen* 1979, S. 115; *Trøite, Jostein/Vold, Jan Erik*: Bønder i EF-strid: Senterpartiet og landbruksorganisasjonene 1961-1972, Oslo 1977, S. 39 f., 141 f.
161 BArch B 136/8016, BMLF VII B3 und BMWFi, F/V B4, 26.11.71, 176. Tagung des Rates der EG; TO-Punkt: Beitrittsverhandlungen; hier: Norwegische Landwirtschaft.

Entscheidungen über die norwegische Landwirtschaft künftig getroffen werden sollten. Hinzu kam ein weiterer Punkt: Wer sollte für die norwegischen Sondermaßnahmen aufkommen und wann? Erst nach Ablauf der Übergangszeit oder sofort nach Inkrafttreten der Beitrittsverträge? Auf ihrem Treffen am 20. und 21. Mai in Paris erzielten Pompidou und Heath Einigung über grundsätzliche Fragen wie die künftige Struktur Europas und die Rolle des Pfund Sterling. Übereinstimmung herrschte über den Vorrang der nationalen Regierungen als Entscheidungsträger in der Gemeinschaft und über die Anwendung des Einstimmigkeitsprinzips sowie über die Grenzen der Supranationalität. Obwohl sie nicht Teil des offiziellen Verhandlungsverfahrens waren, wurden die Gespräche als Wendepunkt aufgefasst, der zum erfolgreichen Abschluss führte. Am 23. Juni wurde dann zwischen der EG und Großbritannien Einigung über die letzten noch offenen Fragen in den Beitrittsverhandlungen erzielt. Einem Beginn der Verhandlungen mit den anderen Kandidaten stand nun von Gemeinschaftsseite nichts mehr im Wege.[162] Die inzwischen konkretisierte Gemeinschaftsposition zur Landwirtschaft, mit der Norwegen am 30. März und 4. Mai vertraut gemacht wurde, basierte nach wie vor auf der Entscheidung der Gemeinschaft zu den Übergangsmaßnahmen vom November 1970, angepasst an die in der Folgezeit mit Großbritannien erzielten Verhandlungsergebnisse.[163]

Zumindest in der Bundesregierung war man inzwischen jedoch überzeugt davon, dass sich die Gemeinschaft darüber hinaus »zu gewissen Sonderregelungen bereitfinden« müsste, um den Einkommensausfall der Landbevölkerung und eine Entvölkerung der landwirtschaftlichen Gebiete zu verhindern.[164] Regionalpolitische Maßnahmen könnten zwar gewisse Hilfe bringen, jedoch den Einkommensverlust »nie voll auffangen«. Nur ein garantiertes Preisniveau, das erheblich über dem EWG-Niveau liege, könne der Landbevölkerung ein ausreichendes Einkommen sichern. In einer Gesprächsunterlage des Bundeskanzleramts wurden zwei Lösungen skizziert, die zunächst nur intern diskutiert werden sollten, solange Norwegen nicht selbst Lösungsvorschläge unterbreitet hatte.[165] Die eine Lösung sah vor, für Nowegens Agrarprodukte zwar das

---

162 Vgl. *Müller-Roschach* 1980, S. 236 f., S. 239.
163 Vgl. UD 44.36/6.84-39, Notat, F-del., 2.4.71, Ref. fra ministermøtet 30.3.1971; UD 44.36/6.84-39, Notat, F-sekr., 6.5.71, Ref. fra stedfortredermøtet 4.5.71; AAPD, 1971, Dok. 169.
164 BArch, B 136/8021, BK, Gruppe IV/1 an Frau PStS, 8.6.71, Besuch des norwegischen Botschafters am 9.6.71.
165 Ebd.

gemeinsame Preissystem mit der jährlichen gemeinschaftlichen Festsetzung der Preise gelten zu lassen, das Preisniveau jedoch weiterhin auf dem höheren nationalen Niveau zu belassen. Die Unterschiede müssten dann durch Grenzausgleichsabgaben (wie sie z.B. zwischen der Bundesrepublik und den anderen Mitgliedsländern bestanden) ausgeglichen werden. Die andere Lösung sah vor, dass Norwegen das gemeinsame Preissystem einführte und die Differenz zu seinen bisherigen Preisen über *deficiency-payments* ausglich. Dieses System habe den Vorteil, dass keine Grenzausgleichsabgaben notwendig wären und zudem die norwegischen Verbraucherpreise sinken würden. Offen blieb jedoch auch hier die Frage, ob die Finanzierung der Ausgleichzahlungen national oder gemeinschaftlich durchgeführt werden sollte.

Die norwegischen Lösungsvorschläge

Auf der Stellvertretersitzung am 8. Juni 1971 legte die Gemeinschaft eine geänderte Position zu den Übergangsregelungen für die Landwirtschaftspolitik vor, auf die sie sich am 11. und 13. Mai mit der britischen Delegation geeinigt hatte.[166] Kurz darauf konnte endlich auch Norwegen seine Verhandlungsposition präsentieren, in der lediglich für »eine begrenzte Anzahl Produkte von spezieller Bedeutung für die norwegische Landwirtschaft« Ausnahmeregelungen gefordert wurden. Konkrete Vorschläge dazu sollten allerdings erst auf der nächsten Ministersitzung vorlegt werden.[167] Ein Vorschlag der irischen Delegation, ein multilaterales Treffen im Juli abzuhalten, auf dem festgestellt werden könne, dass ein Durchbruch in den Verhandlungen erreicht worden sei und nur noch technische Probleme zu lösen seien, wurde abgelehnt. Dies sei nicht akzeptabel für Norwegen, das mit seinen Landwirtschaftsproblemen den Abschluss der britischen Verhandlungen abgewartet habe. Auch eine von der EG vorgeschlagene Beschleunigung der Verhandlungen sollte nach norwegischer Ansicht nicht vor Fertigstellung der norwegischen Verhandlungspositionen erwogen werden. Sobald dies der Fall sei, könnte eine Beschleunigungsinitiative auch von norwegischer Seite kommen, was nach Ansicht des Botschafters in Brüssel einen wichtigen psychologischen Effekt hätte.[168]

---

166 Vgl. dazu *Kitzinger* 1973, S. 128.
167 UD 44.36/6.84-40, Notat, F-sekr. 10.6.71, Ref. fra stedfortredermötet 8.6.71.
168 UD 44.36/6.84-40, Brüssel an UD, 3.6.71, Utvidelsen av EF – ministermötet 12.7.

Auf der Ministersitzung am 21. Juni legte die norwegische Delegation dann neben zwei weiteren beschreibenden Memoranden erstmals auch offiziell ein Dokument mit Lösungsvorschlägen vor.[169] Außenminister Cappelen erinnerte in seiner Erklärung erneut an die besonderen Umstände der norwegischen Landwirtschaft, die permanente Ausnahmeregelungen notwendig machten. Die norwegischen Vorschläge versuchten jedoch, so Cappelen, die besonderen Interessen des Landes wahrzunehmen und gleichzeitig in Übereinstimmung mit der Gemeinsamen Landwirtschaftspolitik zu stehen. Die Regierung war zu dem Schluss gekommen, dass ein System mit Preisbeihilfen weiterhin der beste Weg sei, das Einkommen der Landwirte zu sichern. Damit sei Norwegen in der Lage, den gemeinsamen Agrarmarkt, das gemeinsame Preisniveau und den Gemeinschaftszoll gegenüber Drittländern zu übernehmen. Die Sonderregelungen sollten zudem nur für eine begrenzte Anzahl von Erzeugnissen gelten, darunter die wichtigsten Haustier- und Gartenbauprodukte. Preisbeihilfen wurden nur für Milch spezifisch gefordert. Um die Versorgung des Landes mit Milch sicherzustellen und den Nachteil der großen Distanzen zwischen Produzenten und ihren Märkten auszugleichen, forderte die Regierung außerdem, ihr System der Transportbeihilfen weiterführen zu dürfen. Für Gartenbauprodukte sollten zu einem späteren Zeitpunkt gesonderte Vorschläge vorgelegt werden. Was die Finanzierung anging, so meinte man, dass die vorgeschlagenen Maßnahmen mit Hilfe von Beiträgen aus dem Europäischen Ausrichtungs- und Garantiefonds für die Landwirtschaft (EAGFL) durchgeführt werden sollten.[170] Bezüglich der Übergangsregelungen konnte sich Norwegen im Prinzip der EG-Forderung anschließen, der zufolge das System und die Mechanismen der gemeinsamen Agrarpolitik (GAP) von Beginn der Übergangsperiode an in Norwegen angewendet würden und dass die Übergangsmaßnahmen in diesem Rahmen verwirklicht werden sollten. Ein Vorbehalt wurde auch hier für Gartenbauprodukte geäußert. Auch die EG-Vorschläge zur Anpassung an das Preisniveau der Gemeinschaft in sechs Schritten über eine Periode von fünf Jahren konnte Norwegen (vorbehaltlich einer gewissen Flexibilität) annehmen, ebenso wie die vorgeschlagenen Maßnahmen bezüglich des progressiven Abbaus interner Zollsätze und des Gemeinsamen Zolltarifs. Unklar blieb, wie die bestehenden Importrestriktionen abgeschafft und ohne ernsthafte Konse-

---

169 Die Memoranden vom 21.6.71 sind im Internet einsehbar über den European Navigator (ENA, Stichwort: Norwegian Fishing 3.4.06).
170 UD 44.36/6.84-40, Notat, F-sekr., 23.6.71, Ref. fra ministermötet 21.6.71.

quenzen durch alternative Maßnahmen erstattet werden könnten. Was die Entscheidungsbefugnis über die norwegische Landwirtschaft anging, so stellte man sich in Oslo vor, dass grundlegende Fragen in Verhandlungen zwischen der EG und Norwegen festgelegt würden, die Entscheidung über die Maßnahmen zur Durchführung dagegen der Regierung und den Landwirtschaftsorganisationen vorbehalten bleiben sollte.[171]

Die Regierung hatte nun zwar die Abschirmungslinie aufgegeben und sich eindeutig dazu bekannt, Lösungen im Rahmen der Gemeinschaftsregeln zu finden, die Vorschläge waren aber in vielen Bereichen recht allgemein gehalten und die Liste der gewünschten Ausnahmen war nach wie vor lang. In einer Debatte mit Landwirten sagte Landwirtschaftsminister Thorstein Treholt, man könne nicht zwischen Abschirmungs- und Entschädigungslinie unterscheiden. Wenn man die norwegische Landwirtschaft abschirmen wolle, müsse man außerhalb der gemeinsamen Agrarpolitik stehen, was die EG nicht akzeptiere. Die Verhandlungsführung der Regierung ziele aber nicht einseitig auf die Entschädigungslinie ab. Die Regierung wolle einerseits den Gartenbau abschirmen und andererseits sicherstellen, dass allen Landwirten ein Einkommen zufalle, das mit dem anderer Berufszweige vergleichbar sei.[172]

Diese Zweideutigkeit mochte den Vorteil haben, der Regierung einen gewissen Handlungsspielraum zu sichern. Sie befriedigte aber weder die Beitrittsskeptiker zu Hause noch die Gemeinschaft. Die aktuellen Umfrageergebnisse zeigten einen Rückgang der beitrittsfreundlichen Parteien (d.h. *Høyre* und die nun regierende Arbeiterpartei) zugunsten der jetzt eindeutig negativen Zentrumspartei. Auch im Parlament war die Lage der Beitrittsbefürworter prekärer denn je. Die Abstimmung im Storting über den Regierungsbericht sicherte die für die Weiterführung der Verhandlungen notwendige ¾-Mehrheit nur mit einer Stimme. Mit Hinweis auf diesen innenpolitischen Druck versuchten norwegische Diplomaten den Vertretern der Gemeinschaft deutlich zu machen, dass die Vorschläge der Regierung eine Minimalposition darstellten. Die für Norwegen zu findenden Lösungen müssten präzise sein und dürften nicht in eine andere Richtung als in die von norwegischer Seite vorgeschlagene interpretiert werden.[173] Wie oben erwähnt, wurde jedoch ge-

---

171 Ebd.
172 Zit. in: *Kaldahl, Trygve*: Jordbruksforhandlinger og landbrukspolitikk 1950-1980, Oslo 1994, S. 336; vgl. *Trøite/Vold* 1977, S. 40 f.
173 UD 44.36/6.84-40, Brüssel an UD, 11.6.71, EF-Norge. Samtale med Davignon.

rade in Frankreich angesichts der vielen Ausnahmewünsche die ernsthafte Absicht Norwegens, Gemeinschaftslösungen zu finden, erneut in Frage gestellt. Der Leiter der wirtschaftspolitischen Abteilung im französischen Außenministerium, Jean-Pierre Brunet, konnte beispielsweise keine wesentliche Änderung in der norwegischen Haltung feststellen. Wohl habe man die Präsentation geändert, man wolle aber weiterhin Ausgleichszahlungen (*deficiency payments*). Mit Verweis auf die eventuelle Präzedenzwirkung unterstrich Brunet, dass Frankreich »sehr ängstlich gegenüber jeder Form von Sonderregelung« sei und Norwegens Forderungen daher als problematisch ansehe.[174]

Intensivierung der bilateralen Überzeugungsarbeit

Im Vorfeld der nun anstehenden Detailverhandlungen intensivierte die norwegische Regierung ihre Überzeugungsarbeit gegenüber der EG durch eine Ausweitung des Besuchsprogramms. Eine Reihe hochrangiger EG-Vertreter – darunter Bundeslandwirtschaftsminister Josef Ertl – wurde nach Norwegen eingeladen, um sich vor Ort ein Bild von den besonderen Verhältnissen zu machen, unter denen dort Landwirtschaft betrieben wurde.[175] Allgemein nahmen bilaterale Gespräche nun einen immer wichtigeren Platz in der norwegischen Verhandlungsstrategie ein, und auf norwegische Bitte verstärkte auch die Bundesrepublik ihre Überzeugungsarbeit gegenüber den Partnern zugunsten einer Lösung im norwegischen Sinne. Der deutsche Botschafter in Oslo sah die »wesentliche Erkenntnis« des Besuches von Ertl in der Notwendigkeit, »von Seiten der Bundesregierung in Brüssel *eine politische Grundsatzentscheidung* anzustreben, die den bei den bisherigen Verhandlungen eingebrachten norwegischen Vorstellungen über Sonderregelungen für seine Landwirtschaft und Fischerei so nahe wie irgend möglich kommt.«[176]

Intern kam die Bundesregierung zu dem Schluss, dass die norwegischen Lösungsvorschläge zwar nach wie vor im Gegensatz zu einigen Prinzipien der Gemeinschaft standen, dass der Umfang der norwegischen Landwirtschaft aber so unbedeutend und die politischen Gründe für einen erfolgreichen Anschluss des Landes so wichtig waren, dass man Fle-

---

174 UD 44.36/6.84-40, Paris an UD, 14.7.71, EF. Samtale med Brunet 13.7.
175 Vgl. *Frøysnes* 1973, S. 131-138.
176 PA AA, B 60, Bd. 774, Oslo an AA, 16.7.71, Besuch BM Ertls in Norwegen [Hervorhebung im Text].

xibilität zeigen müsse.[177] Die norwegische Vorstellung, das ganze Land unter regionalpolitischen Gesichtspunkten als Ausnahme zu betrachten, wurde allerdings nach wie vor wegen Aussichtslosigkeit abgelehnt.[178] Denn die meisten anderen Partner vertraten eine strengere Haltung als Bonn. Dabei gesellten sich zu den prinzipiellen Bedenken die Partikularinteressen einiger Mitgliedstaaten, besonders Frankreichs und der Niederlande, die sich weniger durch den norwegischen Markt bedroht sahen als durch die Präzedenzwirkung, die eine Ausnahmeregelung für Norwegen auf andere Länder und Bereiche haben könnte. Bei seinem Besuch in Oslo Ende Juli unterstrich der französische Außenminister Schumann, dass Frankreich ein vitales Interesse an der Landwirtschaftspolitik als Kernstück der europäischen Integration habe. Grundbedingung sei, dass die Kandidaten sowohl die Gemeinschaftspräferenz als auch die Finanzierungssolidarität anerkannten. Erst als Großbritannien diesen Schritt vollzogen habe, seien die Verhandlungen in Gang gekommen. Zwar bekräftigte Schumann, dass Brüssel – ähnlich wie in der Fischereifrage – die Besonderheit der norwegischen Landwirtschaft anerkenne, doch könne Norwegen keine zeitlich unbegrenzten Ausnahmen verlangen. Langfristig müsse sich jedes Land der gemeinsamen Landwirtschaftspolitik anschließen (er zitierte in diesem Zusammenhang den deutschen Landwirtschaftsminister Ertl, der das Gleiche gesagt habe). Auf das norwegische Argument, die naturgegebenen Verhältnisse erforderten permanente Sonderlösungen, entgegnete Schumann, die Gemeinschaft habe keine wirklich großen Interessen in der norwegischen Land- oder Fischereiwirtschaft: »It is purely a matter of principle«.[179]

Die Präzedenzwirkung eventueller norwegischer Sonderregelungen für die Gemeinschaft scheint in der Tat das größte Hindernis gewesen zu sein, Norwegen noch weiter entgegenzukommen. Nichtsdestoweniger zeichnete sich im Laufe des Sommers eine Annäherung der Positionen ab. Nach Auffassung der meisten Beteiligten ging es nun darum, in den bevorstehenden Detailverhandlungen Formeln zu finden, die den norwegischen Interessen entsprechen würden, ohne dabei die EG-Prinzipien oder die Regeln der gemeinsamen Agrarpolitik zu verletzen. Aus Gesprächen mit der Kommission schloss Botschafter Halvorsen Mitte

---

177 Vgl. u.a. PA AA, B 60, Bd. 774, Aufzeichnung IIIA5, Unterlagen für Bundesminister Ertl zum Norwegen-Besuch 5.-8.7.71.
178 UD 44.36/6.84-36, Bonn an UD, 27.10.71, EEC-utvidselsesforhandlingene.
179 UD 44.36/6.84-41, Notat, 1. h.pol.ktr., 29.7.71, samtaler med Schumann, 23.7.71 vedrørende EF og Norge.

Juli, dass es gute Chancen für eine Lösung gebe (evtl. auch eine, die nicht mit den Römischen Verträgen vereinbar war), wenn Norwegen seine Sache gut präsentiere, sich auf das Wesentliche konzentriere und bereit sei, Kompromisse einzugehen.[180]

5.3.3 Detailverhandlungen

Im September begannen die eigentlichen Verhandlungen mit einer Reihe technischer Gespräche, in denen auf Beamtenebene die norwegischen Probleme systematisch und im Detail erörtert wurden, um die Verhandlungen auf Konferenzebene vorzubereiten.[181] Die Atmosphäre dieser Gespräche, an denen auf beiden Seiten sowohl Landwirtschafts- als auch Handelsexperten teilnahmen, war überwiegend pragmatisch und problemorientiert.[182] Auch die parallel dazu stattfindenden bilateralen Gespräche deuteten darauf hin, dass sich die Positionen einander annäherten. Der zuständige Beamte des AA berichtete über seine Gespräche mit Mitgliedern der norwegischen Verhandlungsdelegation, Oslo sei in der Landwirtschaftsfrage flexibler als in der Fischereifrage und argumentiere nun viel »gemeinschaftskonformer« mit primär regionalpolitischen Argumenten.[183] In der Bundesregierung hatte sich die positive Haltung zur norwegischen Position nun scheinbar durchgesetzt. Staatssekretär von Braun (AA) teilte dem Botschafter in Bonn mit, das norwegische Angebot sei interessant und die Bundesregierung werde es unterstützen, soweit dies möglich sei. Man könne sich zwar nur schwer vorstellen, dass permanente Ausnahmen möglich seien, die mit den »fundamentalen Prinzipien« der Gemeinschaft übereinstimmten. Wenn es aber gelte, im Rahmen dieser Prinzipien praktische Regelungen zu finden, könne man Oslo sehr weit entgegenkommen.[184] Einer Gesprächsunterlage des Bundeskanzleramts zufolge trat die Bundesregierung »für eine *großzügige Regelung* ein, die bei größtmöglicher Übernahme des gemeinsamen Agrar-

---

180 UD 44.36/6.84-41, Notat, Halvorsen (Brüssel), 16.7.71.
181 PA AA, B 60, Bd. 775, AA III E 1, 29.7.71, Beitritt Norwegens zu den EG.
182 Vgl. *Frøysen* 1973, S. 117-121.
183 PA AA, B 20, Bd. 1835, III E 2 an StS, 10.9.71, Integrationspolitische Gespräche mit norwegischen Regierungsvertretern.
184 UD 44.36/6.84-42, Samtale Sommerfelt/von Braun 8.10.71.

systems im Ergebnis die Aufrechterhaltung der für die norwegischen Landwirtschaft notwendigen Sonderstützungen bringt.«[185]

Die Stellungnahme der Kommission, die am 7. Oktober nach Abschluss der technischen Gespräche dem Rat vorgelegt wurde, kam ebenfalls der norwegischen Position relativ nahe. Es wurde anerkannt, dass sich die Probleme der Landwirtschaft nicht im Rahmen einer Übergangsperiode von fünf Jahren oder mehr lösen ließen. Aus Rücksicht auf politische und bevölkerungsmäßige Aspekte müsse eine Zusatzlösung gefunden werden, die mit den Verträgen und der gemeinsamen Landwirtschaftspolitik vereinbar sei.[186] Im Ministerrat interpretierte die Kommission ihre Vorschläge allerdings dahingehend, dass keine Lösungen ins Auge gefasst werden könnten, die für Norwegen als Ganzes und auf Dauer gelten würden.[187]

Auch waren, wie sich zeigen sollte, bei den anderen EG-Partnern längst noch nicht alle Vorbehalte ausgeräumt. Der französische Landwirtschaftsminister Michel Cointat und der italienische Außenminister Aldo Moro, die beide im Oktober Norwegen besuchten, bekräftigten erneut die Ablehnung der Gemeinschaft zu permanenten Sonderregelungen und zu Unterstützungsmaßnahmen in Form von Preisbeihilfen. Auf der anderen Seite waren auch sie empfänglich für die neue norwegische Argumentationslinie, die sich auf die Gewährung von Ausnahmen für eine stark begrenzte Anzahl Agrarprodukte, in erster Linie Milch, beschränkte.[188] Auf der Verhandlungssitzung vom 19. Oktober legte die Gemeinschaft ihre offizielle Stellungnahme zu den norwegischen Landwirtschaftsmemoranden vom 21. Juni und 27. Juli vor. Sie nahm dabei keine Stellung zu den Details der Kommissionserklärung, räumte aber ein, dass der Beitritt Norwegens zur Gemeinschaft für die Landwirte dieses Landes besondere Probleme aufwerfe, insbesondere weil eine einfache Angleichung der von den norwegischen Erzeugern erzielten Preise an die Gemeinschaftspreise eine wesentliche Verringerung ihrer Einkünfte zur Folge ha-

---

185 BArch B 136/8016, BK Gruppe II/1 an Bundeskanzler, 8.10.71, Besuch einer Delegation der norwegischen Arbeiterpartei, Anlage: Aufzeichnung Gruppe II/1, 8.10.71, Beitritt Norwegens zu den EG.
186 Vgl. *Frøysnes* 1973, S. 111-113.
187 PA AA, B 20, Bd. 1835, Luxemburg (Del.) an AA u.a., 19.10.71, 6. Ministertagung der EG mit Norwegen am 19.10. und 168. Tagung des Rates der EG.
188 Vgl. PA AA, B 60, Bd. 774, Oslo an AA, 18.10.71, Besuch des frz. Landwirtschaftsministers Cointat vom 11.-13.10.71 in Norwegen. UD 44.36/6.84-42, Ref. fra samtale med Italias utenriksminister Moro, 15.10.71; UD 44.36/8-8, Ref., 14.10.71, Cointats samtale med Treholt og medlemmer av forhandlingsdelegasjonen.

ben würde. Die Gemeinschaft werde sich bemühen, am 3. November 1971 spezifische Vorschläge zu unterbreiten, die keinen Präzedenzfall darstellen dürften und die zum Ziel hätten, den Lebensstandard der norwegischen Landwirte unter Einhaltung der Vorschriften der gemeinsamen Agrarpolitik aufrechtzuerhalten. Auf der vorbereitenden Sitzung des Ministerrats war Einigkeit darüber erzielt worden, dass eine Teilfinanzierung der norwegischen Übergangsregelungen durch den Gemeinschaftsfonds nicht ausgeschlossen war. Des Weiteren wurde eine Übergangszeit von zwei Jahren diskutiert, nach der das norwegische Stützungssystem durch gemeinschaftskonforme Maßnahmen ersetzt werden könnte.[189]

Die Regierung in Oslo begrüßte zwar die Anerkennung Norwegens als Sonderfall, war aber, nach Informationen der deutschen Botschaft, dennoch nicht besonders erfreut über das Ergebnis der Sitzung. Denn angeblich war den Delegationen der Mitgliedstaaten im Vorfeld der Sitzung mitgeteilt worden, dass der Kommissionsvorschlag als geeignete Diskussionsgrundlage akzeptabel sei. Dass auf der Sitzung keine Einigung auf der Basis dieses Vorschlags zustande gekommen sei, schrieb man in Oslo der »dogmatischen Starrheit« der niederländischen Delegation, besonders Landwirtschaftsminister Pierre J. Lardinois, zu.[190] Tatsächlich gehörten die Niederlande wohl auch aufgrund eigener landwirtschaftlicher Interessen zu den Befürwortern einer harten Linie, was die Ablehnung permanenter Sonderregelungen anging. Der niederländische Außenminister äußerte gegenüber Bundesaußenminister Scheel Ende Oktober, in Den Haag sei man nicht nur in der Fischereifrage, sondern auch in der Landwirtschaftsfrage der Meinung, dass Ausnahmen für Norwegen zumindest der Form nach zeitlich und geographisch beschränkt sein sollten.[191] Der Staatssekretär im norwegischen Außenministerium, Thorvald Stoltenberg, sollte nun nach Den Haag reisen, um die dortige Haltung bezüglich der Landwirtschaftpolitik zu beeinflussen und um an die traditionelle Unterstützung der Erweiterung durch die Niederlande zu appellieren.

---

189 Luxemburg (Del.) an AA, 19.10.71 (wie Anm. 191).
190 So die Information der deutschen Botschaft in Oslo. PA AA, B 20, Bd. 1835, Oslo an AA, 28.10.71, Norwegische EWG-Beitrittsverhandlungen.
191 PA AA, B 20, Bd. 1835, Aufzeichnung, IA3, 27.10.71, Gespräch zwischen niederländischem Außenminister und Bundesminister am 26.10.

5.3.4 Der Abschluss der Verhandlungen

Die Lösungsvorschläge der Gemeinschaft wurden auf der Stellvertretersitzung vom 3. November vorgelegt. Norwegen sollte die gemeinsame Agrarpolitik akzeptieren. Ein Beihilfesystem musste gefunden werden, um den Einkommensverlust der Landwirte auszugleichen. Die EG war aber nicht bereit, produktgebundene Beihilfen zu akzeptieren, und wollte auch kein Sondersystem zulassen, das für das gesamte Land gelten würde. Es sollte jedoch eine akzeptable Lösung gefunden werden, um die gleichmäßige und regelmäßige Versorgung des gesamten Landes mit Konsummilch sicherzustellen, und auch die Notwendigkeit von Transportbeihilfen wurde anerkannt. Das bestehende Stützungssystem sollte während einer Übergangszeit weiter bestehen, in welcher es galt, neue Lösungen zu erarbeiten. Sobald Norwegens Probleme durch Gemeinschaftslösungen aufgefangen werden könnten, sollten diese die Sonderregelungen ersetzen.[192]

Zusammengenommen stellten die Vorschläge der Gemeinschaft, Allen zufolge, einen guten Kompromiss dar, der Zugeständnisse an Norwegen enthielt, die in einigen Punkten die EG-Regeln verletzten, gleichzeitig aber das Prinzip der Gemeinschaftsverträge und die Rahmenbedingungen der gemeinsamen Agrarpolitik aufrechthielten.[193] In Norwegen verzeichnete die deutsche Botschaft Reaktionen »in Abstufung von nahezu leidenschaftlicher Ablehnung bis zu gelassener Nüchternheit«.[194] Auch die positiven Einschätzungen variierten. Während sich Handelsminister Per Kleppe noch vorsichtig äußerte und nicht sagen mochte, was die Anerkennung der norwegischen Landwirtschaft als Sonderfall konkret bedeutete, teilte Landwirtschaftsminister Treholt den norwegischen Zeitungen mit: »Nennt es, wie ihr wollt, ich ziehe vor, es permanente Sonderregelungen zu nennen«.[195] Auf die Frage, ob die Landwirtschaftsverbände mit dieser Erklärung zufrieden sein würden, sagte Treholt, die Delegation der Gemeinschaft habe eingeräumt, dass die norwegische Landwirtschaft besondere Probleme habe und dass sie bereit sei, Lösungen zu finden, um die Einkommen der Gemeinschaft hochzuhalten. Damit gebe es wohl kaum Grund, unzufrieden zu sein.[196]

---

192 UD 44.36/6.84-42, Notat, F-sekr., 4.11.71.
193 *Allen* 1979, S. 117.
194 PA AA, B 20, Bd. 1835, Oslo an AA, 4.11.71.
195 Zit. bei *Kaldahl* 1994, S. 337 f.
196 Ebd.

Nach eingehender Prüfung durch das Landwirtschaftsministerium stellte sich die norwegische Delegation am 9. November grundsätzlich positiv zu den EG-Vorschlägen, forderte jedoch weitere Zugeständnisse. Im Gegensatz zu den von Brüssel vorgeschlagenen produktneutralen Beihilfen hielt Norwegen an der Forderung nach produktgebundenen Subventionen für Milch fest und vertrat dabei nach deutscher Auffassung eine »harte [...] Haltung ohne Kompromißbereitschaft«.[197] Weiter wünschte die norwegische Regierung eine fünfjährige Stillhaltezeit (anstatt zwei Jahre); ein zunächst unbefristetes Mindestpreissystem für Gartenbauerzeugnisse und Kartoffeln (anstatt einer Befristung auf zwei Jahre ohne Kartoffeln); sowie eine teilweise Finanzierung der Sondermaßnahmen durch Brüssel, wohingegen die EG sich nur beteiligen wollte, soweit Gemeinschaftsmaßnahmen die Sonderregelungen ablösten. Was die Entscheidungskompetenz anging, schlug Norwegen vor, der EG lediglich die Ausarbeitung der Richtlinien zu überlassen, die Durchführung aber unter nationaler Kontrolle zu behalten.[198]

In den folgenden Wochen war es erneut Aufgabe der Sechs, die norwegischen Einwände zu prüfen, wobei die Kommission als Mittelsmann zwischen den Mitgliedstaaten und der norwegischen Verhandlungsdelegation fungierte. Der Entwurf für ein Sonderprotokoll nahm nun Form an, und es wurde deutlich, dass die Sechs eine Präambel akzeptieren würde, in der festgestellt werden sollte, dass die Übergangsperiode für eine Lösung der norwegischen Landwirtschaftsprobleme nicht ausreiche und dass Sonderlösungen gefunden werden müssten. Außerdem bot man an, die Übergangszeit von zwei auf drei Jahre auszuweiten, und zeigte Bereitschaft, Unterstützungsmaßnahmen für die Milchproduktion zu akzeptieren.[199]

Die Bundesregierung setzte sich im Vorfeld der Ministersitzung vom 29. und 30. November für eine flexible Haltung der Gemeinschaft ein. Eine Ausnahmeregelung für Norwegen sei ein Sonderfall, der »in keiner Weise einen Präzedenzfall für andere Regionen der Gemeinschaft darstellen könne.« Auch handele es sich bei Norwegen – ungeachtet aller

---

197 BArch, B 136/8016, BML VII B3 und BMWFi, F/V B4, 26.11.71, 176. Tagung des Rates der EG; TO-Punkt: Beitrittsverhandlungen; hier: Norwegische Landwirtschaft.
198 UD 44.36/6.84-42, Notat, F-sekr., 10.11.71, Ref. fra Ministermøtet 9. 11.71; BArch, B 136/8016, BML VII B3 und BMWFi, F/V B4, 26.11.71, 176. Tagung des Rates der EG; TO-Punkt: Beitrittsverhandlungen; hier: Norwegische Landwirtschaft; vgl. *Frøysnes* 1973, 114 f.; *SZ*, 11.11.71.
199 *Frøysnes* 1973, S. 115, 130.

Ausnahmeregelungen – um einen neuen Absatzmarkt für Gemeinschaftserzeugnisse, »dessen Konsumreserven noch lange nicht erschöpft sind«. Hinzu kämen die politischen Überlegungen. Konkret befürwortete die Bundesregierung, dass der Charakter einer Anpassungsfrist gewahrt bleiben sollte, und vertrat die Auffassung, es müsse sichergestellt werden, dass sich die Anpassung an das Agrarsystem der EG innerhalb der normalen Übergangszeit vollziehe. Lediglich in der Finanzierungsfrage fand man in Bonn ein Entgegenkommen problematisch. »Letzten Endes«, so die Weisung an die deutsche Verhandlungsdelegation, »steht für uns jedoch im Vordergrund, eine Regelung zu finden, die den Beitritt Norwegens erleichtert.«[200]

Auf der zweitägigen Ministersitzung vom 29. und 30. November konnte dann in den meisten Fragen Einigkeit erzielt werden. Die Gemeinschaft legte einen revidierten Vorschlag vor, der die norwegischen Einwände vom 9. November berücksichtigte. Die vorgeschlagene Übergangszeit war von zwei auf drei Jahre ausgeweitet worden, und bezüglich der Finanzierung wurde vorgeschlagen, dass die Kommission vor Ablauf einer Periode von 18 Monaten prüfen solle, inwieweit die Gemeinschaft sich an den Ausgaben beteiligen könne. Eine ähnliche Formel wurde für die Frischmilchversorgung vorgeschlagen.[201]

Die norwegische Delegation erkannte die Anstrengungen und den Willen der Gemeinschaft an, akzeptable Lösungen zu finden. Dennoch bestanden wichtige Uneinigkeiten fort, besonders in der Milchfrage, die eine Versorgungsfrage sei. Man sei Norwegen mit der Präzisierung entgegengekommen, die Maßnahmen seien so durchzuführen, dass sie den hohen Milchverbrauch nicht gefährdeten. Die Grundlage dafür müsse aber eine ausreichende interne Milchproduktion sein. Dies sei wiederum nicht ohne eine System mit Zuschüssen zu erreichen. Auch die auf drei Jahre befristete Stillhalteperiode wurde als zu kurz bezeichnet, besonders für Gartenbauprodukte, für die es schwieriger sei, ein neues System zu finden als für andere Produkte. Die Finanzierungsvorschläge sollten weiter studiert werden. Schließlich wartete man auch noch auf die Präambel, die von Bedeutung für das Gesamtergebnis sei.[202]

---

200 PA AA, B 20, Bd. 1835, III E 2 (gez. Lautenschlager) an Brüssel (und BML, BMWF), 24.11.71, 621. Tagung des AStV; hier norwegische Landwirtschaft.
201 UD 44.36/6.84-43, UD, F-del., 1.12.71, Notat til Regj. medl., Norge-EF. Ministermøtet 29.-30.11.71.
202 UD 44.36/6.84-43, UD, F-del., 1.12.71, Notat til Regj. medl., Norge-EF. Ministermøtet 29.-30.11.71.

Die Verhandlungsrunden am 9. Dezember auf Stellvertreterebene und am 11. Dezember auf Ministerebene wurden als entscheidend für die norwegischen Verhandlungen im Landwirtschafts- und Fischereibereich angesehen. Wie aus den Gesprächsunterlagen des AA für Bundeskanzler Brandt und Bundesaußenminister Scheel hervorgeht, die zur gleichen Zeit zur Verleihung des Friedensnobelpreises nach Oslo reisten, stand für die Landwirtschaft eine Einigung unmittelbar bevor, allerdings auch das Ende der Zusagen von Seiten der EG. Man sei Norwegen sehr weit entgegengekommen; weiterer Spielraum bestehe nicht:

> Da die wesentlichen norwegischen Anliegen berücksichtigt oder zumindest in ihrer Berechtigung anerkannt sind, sollte Norwegen auf diese Kompromissvorschläge eingehen und nicht zuviel Wert auf eine genaue Festlegung von Einzelheiten legen.[203]

Das Verhandlungsergebnis

Auf der Ministersitzung vom 12. Dezember konnte Außenminister Cappelen mitteilen, dass der Vorschlag der Gemeinschaft zur Ergänzung des Landwirtschaftsprotokolls bis auf kleinere Fragen den norwegischen Vorstellungen entspreche und dass somit eine Lösung in diesem Punkt unmittelbar bevorstehe. Die Gemeinschaft hatte einen Hinweis auf Subventionen für den Milchsektor aufgenommen, was für Norwegen von größter Bedeutung war. Nun stand noch die Frage der Übergangszeit für die Gartenbauprodukte aus, die Norwegen nach wie vor zu kurz fand, und auch die Frage der Übergangsmaßnahmen war noch nicht abschließend geklärt.[204] Wie Botschafter Halvorsen den EFTA-Ministern mitteilte, hatte die Gemeinschaft jedoch einen Vorschlag vorgelegt, »which went very far towards meeting the Norwegian demands.«[205] Ungeachtet der noch ausstehenden Details gab die norwegische Delegation daher auf der anschließenden Pressekonferenz bekannt, dass sie den Protokollvorschlag der Regierung zur Annahme empfehlen würden.[206] Handelsminister Kleppe bezeichnete in einem internen Papier der Arbeiter-

---

203 PA AA, B 20, Bd. 1835, III E 2/III E 1, 2.12.71, Reise des Herrn Bundeskanzlers nach Oslo und Stockholm vom 9.-12.12.71, hier Beitrittsverhandlungen mit Norwegen sowie Verhandlungen über ein Abkommen der Gemeinschaft mit Schweden.
204 UD 44.36/6.84-43, UD, F-sekr., 13.12.71, Ref. fra Ministermøtet 11.-12.12.71.
205 UD 44.36/6.84-44, EFTA-Sekretariat, Brussels Liaison, Report on Negotiations with EEC. Norway, Meeting in Brussles, 13.12.71
206 *Frøysnes* 1973, S. 115.

partei das Verhandlungsergebnis als zufrieden stellend, mit dem Vorbehalt, dass eine Lösung für die Fischereifrage gefunden würde. Wenn man von der Kritik der Landwirtschaftsorganisationen absehe, glaube er nicht, dass sich der Widerstand gegen den Beitritt auf das Verhandlungsresultat stützen könne.[207]

In dem vereinbarten Protokoll wurde anerkannt, »daß die Übergangsperiode sich als unzulänglich für die Lösung jener besonderen Probleme herausstellen könnte, denen sich der norwegische Bauer aufgrund des Beitritts seines Landes zur Gemeinschaft gegenüber sehen würde. Deshalb sei es nötig, spezifische Vorkehrungen vorzusehen, die nicht als Präzedenzfälle betrachtet werden, die aber den Lebensstandard des norwegischen Bauern aufrechterhalten könnten, indem sie die Regelungen der gemeinsamen Agrarpolitik respektieren.«[208] In den letzten Wochen der Verhandlungen wurden noch kleinere Änderungen und Ergänzungen an dem Protokoll vorgenommen.[209] Der wesentliche Inhalt entsprach jedoch dem Vorschlag vom 13. Dezember und wurde als Protokoll Nr. 20 über die norwegische Landwirtschaft der Beitrittsakte angefügt.[210] In den Gesprächsunterlagen für die Europa-Reise Brattelis im Januar 1972 hieß es bereits: »Was die Landwirtschaft angeht, so konnte in den Verhandlungen um diese Frage eine für beide Partner zufriedenstellende Lösung gefunden werden. Es besteht daher kein Grund, näher auf diese Frage einzugehen.«[211]

Während sich Vertreter der norwegischen Regierung bereits nach den ersten Zwischenergebnissen Ende November zufrieden zeigten, zwei ihrer wichtigsten Forderungen durchgesetzt zu haben, nämlich die Aufrechterhaltung einer Subventionsregelung für Konsummilch und ein Stützungssystem mit Subventionen für den Transportsektor, wurde das Ergebnis von den Landwirtschaftsorganisationen kritisiert.[212] Diese warfen der Regierung vor, über ihre harte Haltung in der Fischereifrage die

---

207 AAB, DNA, Da, 489, Per Kleppe: Markedssaken, 30.12.1971.
208 Zusammenfassung der Ergebnisse der Beitrittsverhandlungen, veröffentlicht durch die Kommission der EG am 19.1.72, gekürzt abgedruckt in: EA, 5/1972, S. D115-D122, hier S. D121.
209 Norwegen setzte sich schließlich mit einer Stillhaltezeit von fünf Jahren für Gartenbauprodukte durch. UD 44.36/6.84-46, Notat, F-sekr., 11.1.72, Ref. fra Ministermötet 10.1.72.
210 *Nicholson, Frances/East, Roger*: From the Six to the Twelve: the enlargement of the European Communities, Harlow 1987, S. 123.
211 UD 44.36/6.84-45, Notat, F-sekr., 3.1.72, Norge-EF. Generelle momenter i forbindelse med de norske forhandlinger.
212 Vgl. dazu ausführlich *Trøite/Vold* 1977, S. 41-47.

Landwirtschaft vernachlässigt zu haben. Das Ergebnis enthalte nicht die geforderten zufrieden stellenden Bedingungen, weshalb man fordere, den norwegischen Antrag auf Mitgliedschaft zurückzuziehen.[213]

Aus Sicht der Unterhändler stellte das Endergebnis dagegen einen Kompromiss dar, für den beide Seiten Zugeständnisse gemacht hatten, ohne dabei zu weit von ihren Verhandlungspositionen abrücken zu müssen. Die Ausnahmeregelungen für Norwegen wurden zwar nicht als permanent bezeichnet, in der Präambel des Protokolls wurde aber anerkannt, dass der Charakter der norwegischen Probleme eine Lösung durch Übergangsregelungen unzureichend erscheinen lasse. Die norwegische Regierung konnte dies als implizite Garantie interpretieren, dass die Übergangsregelungen ewig während sein mussten, weil das Problem ewig währenden Charakters war.[214] Auch produktgebundene Preisbeihilfen sollten nicht mehr zugelassen werden. Praktisch konnte jedoch das bestehende Beihilfesystem für Milch weiterbestehen, weil das Protokoll nicht ausschloss, dass diese Beihilfen zu den geeigneten Maßnahmen gehörten, die den überdurchschnittlich hohen Milchverbrauch des Landes sicherstellen sollten. Die Notwendigkeit für Transportbeihilfen wurde anerkannt.[215]

Die EG vermied ihrerseits einen offenen Bruch ihrer Prinzipien. Die Sonderregelungen wurden nicht als permanent bezeichnet, das Protokoll sah jedoch vor, sie später durch Gemeinschaftsmaßnahmen zu ersetzen, falls diese dann geeignet seien, die Probleme zu lösen. Abgesehen von den begrenzten Ausnahmen würde Norwegen die Gemeinschaftspolitik umsetzen und die Entscheidungen darüber würden in Brüssel getroffen und neubewertet werden. Thorbjørn Frøysnes hat in seiner Analyse des Verhandlungsergebnisses festgestellt, dass es relativ nah an der Verhandlungsposition der norwegischen Regierung lag.[216] Für die Regierung bestanden aber zwei fundamentale Probleme weiter, die einen Schatten auf das Ergebnis warfen: Die Landwirtschaftsorganisationen lehnten es ab und ein zufrieden stellender Abschluss der Fischereiverhandlungen stand noch aus.

---

213 Hier nach einem Bericht der dänischen Zeitung *Kristeligt Dagblad*, 30.11.71, De norske EF-resultater for landbrukssektoren kritiseres.
214 Vgl. für eine entsprechende Einschätzung Brattelis, *Engstad* 1986, S. 123.
215 *Allen* 1979, S. 117.
216 *Frøysnes* 1973, S. 152.

5.4 Die Fischereiverhandlungen

Neben der Landwirtschaft war die Fischerei das zweite wichtige Problem, über das Norwegen mit der EG verhandeln wollte. Wie sich herausstellen sollte, war es auch der Sektor, für den es am schwierigsten war eine zufriedenstellende Lösung zu finden. Er bestimmte die Verhandlungen von Beginn an und sorgte für ihren hochdramatischen Schlusspunkt.

Die Probleme des norwegischen Fischereisektors standen in enger Verbindung mit denen des Landwirtschaftssektors und sowohl der Verlauf der Verhandlungen als auch das Ergebnis wiesen gewisse Parallelen auf. Norwegen forderte für beide Bereiche de facto eine Aufrechterhaltung der nationalen Politik und für beide Bereiche mussten schließlich Lösungen im Rahmen eines Sonderprotokolls gefunden werden. Dennoch unterschied sich die Fischereifrage in einigen wichtigen Punkten: *Erstens* wurden die Kandidaten erst sehr spät, d.h. parallel zum Verhandlungsbeginn, mit einer Gemeinschaftspolitik in diesem Bereich konfrontiert. Bis dahin war unklar geblieben, ob sie sich, wie im Falle der GAP, einer bestehenden Politik anpassen mussten oder ob sie deren endgültige Ausformung würden mitbestimmen können. *Zweitens* würden die gemeinschaftlichen Maßnahmen nicht nur Nachteile für die norwegischen Fischer mit sich führen, sondern ihre Exportmöglichkeiten verbessern. *Drittens* handelte es sich bei der Fischereifrage nicht allein um ein norwegisches Problem, wenn es auch für Norwegen mit Abstand die größte Bedeutung hatte. Die anderen Kandidaten hatten ebenfalls bedeutende Interessen im Fischereibereich zu verteidigen und stellten ähnliche Forderungen, wodurch die Präzedenzfall-Problematik einen noch direkteren Einfluss auf die Verhandlungen erhielt.[217]

5.4.1 Der Weg zu den Verhandlungen

Auch wenn die Fischereipolitik der Gemeinschaft bis 1970 noch nicht in endgültiger Form vorlag, war man sich in Oslo durchaus darüber im Klaren, dass die EG ihre Fertigstellung vor der eventuellen Aufnahme von Verhandlungen anstrebte. Bereits im Juni 1966 und erneut 1968, als die Kommission erste Entwürfe für eine gemeinsamen Fischereipolitik

---

217 Vgl. Erklärungen (wie oben, 5. Anm. 1).

vorlegte[218], warnte das Handelsministerium, es sei damit zu rechnen, dass die Ausformung dieser Richtlinien zum Zeitpunkt eines eventuellen norwegischen Anschlusses bereits weit fortgeschritten sei. Man müsse sie daher wohl im Prinzip akzeptieren.[219] Weil sich in den Kommissionsentwürfen bereits bedeutende Probleme für die Fischereiwirtschaft abzeichneten, forderte Oslo sowohl 1967 als auch 1969/70, an der Ausformung der gemeinsamen Politik so umfassend wie möglich beteiligt zu werden. Dies wurde von der Gemeinschaft aber mit dem Hinweis abgelehnt, dass die Beratungen sich noch im Anfangsstudium befänden. Außerdem wollte man in Brüssel Vorverhandlungen mit den Beitrittskandidaten vermeiden und sich lediglich auf Konsultationen einlassen.[220]

Norwegische Bemühungen um ein Mitspracherecht für die Ausformung der Gemeinsamen Fischereipolitik

Mit dem Haager Gipfel von 1969 erhielt die Fischereifrage in der Gemeinschaft neue Aktualität. Zum einen machte die Aussicht auf Beitrittsverhandlungen in absehbarer Zeit auch für den Fischereisektor eine gemeinsame Verhandlungsposition der Sechs notwendig. Zum anderen sollte die Fertigstellung wichtiger Politikbereiche im Rahmen der in Den Haag vereinbarten Vertiefung vorangetrieben werden und die Fischereipolitik war, mit den Worten Deniaus, der »Schlussstein der gemeinsamen Agrarpolitik«.[221] Eine Einigung über die Grundregeln der zukünftigen Fischereipolitik wurde nach Informationen des norwegischen Außenministeriums bereits für den 30. April anvisiert. Im Laufe des Frühjahrs zeichnete sich ab, dass die Gemeinschaft keine Vorabkonsultationen mit den Beitrittskandidaten plante, obwohl besonders Norwegen, aber auch Dänemark darauf drängten, für ihre Standpunkte Gehör zu finden. Norwegische Vertreter wiesen besonders auf die innenpoliti-

---

218 Am 25. November 1966 übermittelte die Kommission dem Rat einen »Bericht über die Lage der Fischereiwirtschaft und über die Grundsätze für eine gemeinsame Fischereipolitik«. Vgl. EWG-Kommission: Zehnter Gesamtbericht über die Tätigkeit der Gemeinschaften (1966/67), Brüssel 1967, Ziff. 185.
219 UD 44.36/6.84-25, Notat, HD, Avd. for utenrikshandel, 19.11.66, Økonomiske problemer ved en norsk tilslutning til EEC.
220 UD 44.36/6.84-29, Ref., 1. h.pol.ktr., 19.10.67, Drøftingene med Mansholt; UD 44.36/6.84-31, Paris an UD, 11.12.69, Willochs samtale med Schumann 10/12.
221 UD 44.36/6.84-36, Bonn an UD, 27.10.71, EEC-utvidelsesforhandlingene. Bereits in den Römischen Verträgen (Art. 38) war festgehalten worden, dass die Regeln der gemeinsamen Landwirtschaftspolitik auch für die gemeinsame Fischereipolitik gelten sollten.

schen Schwierigkeiten hin, sollten die Kandidaten bei der Eröffnung der Verhandlungen mit einer endgültigen Fischereipolitik konfrontiert werden.[222] Aus verschiedenen Gesprächen im Juni erhielt die norwegische Regierung dann deutliche Signale, dass auf der Ministerratssitzung vom 30. Juni zumindest eine Einigung über die grundlegenden Prinzipien der gemeinsamen Fischereipolitik erzielt werden sollte. Bei ihren vergeblichen Versuchen, diese Entwicklung bereits während der Vorbereitungsphase zu verhindern oder zu beeinflussen, bat die norwegische Regierung auch um die Unterstützung der Bundesrepublik. Der norwegische Botschafter in Bonn wurde instruiert, die an dem entsprechenden Ministerratstreffen beteiligten Bundesminister aufzusuchen und über den norwegischen Standpunkt zu informieren. Auch gegenüber Wirtschaftsminister Schiller, dessen Besuch Ende Juni anstand, sollte dieses Anliegen vorgebracht werden.[223]

Grundsätzlich war man in Bonn dazu bereit, sich für Norwegens Fischereiinteressen einzusetzen. Bundeskanzler Brandt versicherte im April 1970 sowohl in seiner Rede vor dem Storting als auch im Gespräch mit der Regierung, dass man sich noch nicht auf eine gemeinsame Fischereipolitik geeinigt habe und dass bei ihrer nunmehr beginnenden Gestaltung den norwegischen Auffassungen Rechnung getragen werde.[224] Gespräche mit deutschen Diplomaten ergaben allerdings, dass sich die Unterstützung die Bundesregierung letztendlich darauf beschränken würde, Norwegen über den Fortgang der Gemeinschaftsberatungen zu unterrichten, für eine Anhörung Norwegens vor einer endgültigen Verabschiedung der Fischereiverordnungen einzutreten und ggf. zu diesem Zweck eine Verschiebung der Entscheidung in Brüssel zu erreichen. Der Inhalt der EG-Verordnungen wurde dagegen auch in Bonn unterstützt. In der Vergangenheit hatte die Bundesregierung im Ministerrat gemeinsam mit der Mehrzahl anderer Mitgliedstaaten den Grundsatz des freien Zugangs zu Küstengewässern vertreten.[225] Das gleiche galt für den gemeinschaft-

---

222 Vgl. PA AA, B 20, Bd. 1832, Oslo an AA, 22.12.69, Norwegische Haltung zu den EG; UD 44.36/6.84-32, Brüssel an UD, 9.3.70, Norge-EEC. - Industriminister Rostofts besøk i Kommisjonen 6.3.
223 UD 44.36/6.84-33, Notat, 1. h.pol.ktr., 23.6.70, Schillers besøk 25.-27.6.70.
224 Ansprache vor dem Storting (wie oben 3.3.2, Anm. 150); UD 34.4/113-V, Ref., Pol.avd., 5.5.1970, Samtale 24.4.1970 mellom Statsministeren og andre medlemmer av den norske regjeringen og forbundskansler Willy Brandt; PA AA, B 60, Bd. 774, Gesprächsaufzeichnung, BK, Gruppe II/1, 28.4.70.
225 PA AA, B 60, Bd. 774, IIIA2 (gez. Lautenschlager) an Botschaft Oslo, 23.6.1970, Gemeinsame Fischereipolitik der EG. Vgl. auch BArch, B102/335502, BMWi,

lich beschlossenen Grundsatz, dass die Beitrittsverhandlungen und der innere Ausbau sich nicht gegenseitig behindern dürften, dass also eine Blockade der Fischereipolitik aufgrund der Beitrittsverhandlungen mit Norwegen nicht in Frage käme.[226]

Eine »kalte Dusche« – Die Entschließung der EG zur Fischereipolitik

Am Morgen des 30. Juni 1970 bekräftigte der norwegische Außenminister Stray in der Eröffnungserklärung erneut die Erwartung seiner Regierung, »ihre Meinung über die gemeinsame Fischereipolitik zum Ausdruck« bringen zu können.[227] Am Nachmittag desselben Tages einigte sich der Rat »nach langen und schwierigen Verhandlungen, die teilweise auch im engsten Rahmen geführt wurden«, auf eine Entschließung zur gemeinsamen Politik für das Fischereiwesen.[228]

Diese Entschließung sah zwei Vorschriften vor, die bis zum 1. November 1971 erlassen werden sollten: Die eine Vorschrift (2141/70) betraf die gemeinsame Marktorganisation. Darin wurden u.a. Bestimmungen zum Preissystem (Orientierungspreise, Rücknahmepreise) und zur Rolle der Erzeugerverbände festgelegt. Das grundlegende Element der Verordnung war die Durchführung von preisstabilisierenden Maßnahmen durch die Verbände. Diese sollten fortan den Hauptteil ihrer Interventionskosten aus Gemeinschaftsmitteln erstattet bekommen.

Die andere Vorschrift (2142/70) betraf die Strukturpolitik. Dabei ging es u.a. um den Umfang und die Durchführung öffentlicher Maßnahmen und deren Gemeinschaftsfinanzierung. Der für Norwegen entscheidende Bereich dieser Politik war aber die Regelung des Zugangs zu den Hoheitsgewässern der Mitgliedstaaten. Hierzu wurde vorgeschlagen, dass alle Mitgliedstaaten einander gleichberechtigten Zugang zu ihren Hoheitsgewässern gewähren sollten. Für Gebiete, in denen die Küstenbevölkerung stark abhängig von der Fischerei war, sollte eine Ausnahme

---

Staatssekretärausschuß für Europafragen, Sitzungsprotokolle, Bd. 3, 17.4.69, Sitzung vom 18.3.69.
226 PA AA, B 20, Bd. 1833, Der Leiter der Politischen Abteilung (von Staden) an Herrn D III [Herbst], 4.6.70, Besuch des norwegischen Botschafters, Fischerei-Politik EWG, Beitrittsverhandlungen.
227 EA, 15-16/1970, S. D373; NZZ, 1.7.70, Eröffnung der EWG-Beitrittsverhandlungen.
228 PA AA, B 20, Bd. 1833, Sachs (EG, Brüssel) an AA, 2.7.70, 119. Tagung des Rates (Landwirtschaft) am 29./30.6. in Luxemburg, hier: TO-Punkt 7: Gemeinsame Fischereipolitik.

während einer Übergangszeit von fünf Jahren gemacht werden. In diesem Zeitraum konnte ein Gebiet von drei Seemeilen (SM), d.h. der Territorialgrenze der Mitgliedstaaten, der lokalen Fischereibevölkerung vorbehalten bleiben.[229]

Wie erwähnt kam die Entschließung über die gemeinsame Fischereipolitik keineswegs überraschend für Norwegen. Sie erfolgte aber, ohne dass Norwegen und die anderen Kandidaten in dem erhofften Umfang konsultiert wurden, und die Tatsache, dass sie am 30. Juni, dem Tag der Eröffnung der Beitrittsverhandlungen, verabschiedet wurde, war unter politisch-psychologischen Aspekten ein schwerwiegender Missgriff. Berichten aus Brüssel zufolge ging die Entscheidung insbesondere auf den Druck Frankreichs zurück, das die Regelung der Fischereipolitik als Teil der Konsolidierung der Gemeinschaft und der Erstellung einer gemeinschaftlichen Verhandlungsposition ansah. Hinzu kamen wohl innenpolitische Gründe. Kommissionsmitglied Mansholt sagte dem norwegischen Botschafter in Brüssel, der Druck auf den französischen Landwirtschaftsminister sei so groß geworden, dass er die Annahme der Resolution gefordert habe.[230] Die deutsche Delegation unter der Leitung von Landwirtschaftsminister Ertl verhielt sich entsprechend ihrer im Vorfeld angedeuteten Position. Sie stellte sich zwar nicht gegen die einzelnen Beschlüsse, machte aber

> mehrfach und nachdrücklich ihre Bedenken gegen eine schnelle Verabschiedung einer gemeinsamen Fischereipolitik geltend. Es wäre wenig fair, wenn am Tage der Eröffnung der Beitrittsverhandlungen über die Fischereipolitik beschlossen würde, zumal nahezu alle Beitrittskandidaten ihr besonderes Interesse gerade an dieser Frage bekundet hätten. Bundesminister Ertl zitierte aus den Ausführungen der norwegischen Delegation und betonte, es sei Ziel der Bundesregierung, die Beitrittsverhandlungen zu erleichtern.[231]

Dass sich die deutsche Delegation in dieser Frage relativ stark exponierte, lässt sich u.a. auf eine Initiative von Bundeswirtschaftsminister Schiller

---

229 Vgl. *EG-Kommission*: Vierter Gesamtbericht über die Tätigkeit der Gemeinschaften, 1970, S. 183 f..
230 UD 44.36/6.84-34, Brüssel an UD, 3.7.70, Norge og EEC – samtale med Mansholt.
231 PA AA, B 20, Bd. 1833, Brüssel an AA, 2.7.70, 119. Tagung des Rates (Landwirtschaft) am 29./30.6. in Luxemburg, hier: TO-Punkt 7: Gemeinsame Fischereipolitik.

zurückführen, der sich kurz vor der Sitzung von Oslo aus auf norwegischen Wunsch telefonisch bei seinem Kabinettskollegen Ertl für Norwegens Belange eingesetzt hatte.[232]

Wie von der deutschen Vertretung über die Sitzung weiter berichtet wurde, legten aber nicht nur die französische und die italienische Delegation, sondern auch die Kommission Wert auf die Feststellung, dass man erst eine gemeinschaftliche Linie erarbeiten müsse, bevor man in die Beitrittsverhandlungen eintreten könne. Die niederländische Delegation befürchtete

> bei allem Verständnis für die deutsche Haltung große Schwierigkeiten, wenn man die Wünsche der Beitrittskandidaten schon jetzt berücksichtige. Die Gemeinschaft könne jetzt keinen ›standstill‹ anwenden, sondern müsse ihre Vorstellungen präzisieren. Das schließe nicht aus, daß später mit den Beitrittskandidaten hierüber gesprochen werde.[233]

Die Bundesrepublik erreichte lediglich das Zugeständnis, dass die gemeinschaftliche Position zunächst allgemein und vorläufig sein würde und dass die Interessen der neuen Mitgliedsländer vor der endgültigen Verabschiedung im November angehört würden.[234]

Ob sie nun überraschend kam oder nicht, die Entschließung zur Gemeinsamen Fischereipolitik war für Norwegen – wie Regierungschef Borten es ausdrückte – eine »kalte Dusche«.[235] Zum einen, weil die neue Politik der Gemeinschaft inhaltlich nicht akzeptabel erschien. Zum anderen, weil sich Norwegen mit der Entschließung übergangen und sogar angegriffen fühlte.[236] Besonders für die Befürworter eines norwegischen Beitritts bedeutete die EG-Entschließung einen herben Rückschlag. Sie hatten stets damit argumentiert, dass die Gemeinschaft in dieser für Norwegen »lebenswichtigen« Frage Rücksicht nehmen würde. Nun war auch das Argument geschwächt worden, kleineren Staaten werde innerhalb der Gemeinschaft relativ mehr Einfluss zukommen. Regelrecht ka-

---

232 PA AA, B 60, Bd. 774, Oslo an AA, 30.6.70, Besuch Schillers in Oslo; PA AA, B1 (Ministerbüro), Bd. 342, BM Wirtschaft Schiller an BK Willy Brandt, 11.7.70.
233 Brüssel an AA, 2.7.70 (wie oben, Anm. 235).
234 Ebd.
235 PA AA, B 20, Bd. 1833, Oslo an AA, 3.7.70, Norwegische Reaktion auf Fischereimarktbeschluß des EWG-Agrarrates vom 30.6.1970.
236 UD 44.36/6.84-34, Brüssel an UD, Norge og EEC – samtale med Mansholt; auch: UD 44.36/6.84-35, Brüssel an UD und Bonn, 19.9.70, Møte med EC 22.9.

tastrophal war der Umstand, dass die Entschließung der Gemeinschaft am 30. Juni 1970, nur zehn Stunden nach der Eröffnung der Verhandlungen in Luxemburg, abgegeben wurde. Dies zeigte nach norwegischer Auffassung einen vollständigen Mangel an Verständnis für die Probleme des Landes.[237]

Auf Seiten der EG und insbesondere in der Bundesrepublik wurde man sich schnell der negativen Auswirkungen der Entschließung bewusst und sah sie als strategischen Fehler an.[238] Mansholt räumte ein, es sei »verkehrt« gewesen, die Entschließung gleichzeitig mit der Eröffnung der Verhandlungen zu verabschieden.[239] In dem Abschlussbericht der deutschen Verhandlungsdelegation wird rückblickend darauf hingewiesen, dass sich »bei den Beschlüssen der Sechsergemeinschaft bereits eine gewisse Rücksichtnahme auf die Haltung künftiger Partner« gezeigt habe und dass sich »Regelungen, die die Interessen der neuen Mitgliedstaaten erheblich berührten, wie sie kurz vor Beginn der Verhandlungen mit den Verordnungen zur Fischereipolitik getroffen waren, […] nicht wiederholen [sollten].«[240] Was den norwegischen Widerstand gegen den EG-Beitritt anging, war indes der Schaden angerichtet, wie auch Willy Brandt später erkennen musste. In seinen Memoiren schreibt er über den Versuch, die Norweger vom Beitritt zu überzeugen: »Das gute Zureden half nichts. Es waren grobe Fehler gemacht worden. In Brüssel hatte man beispielsweise noch rasch eine Fischereimarktordnung durchgepaukt; das kam einer Provokation recht nahe.«[241]

5.4.2 Die Eröffnung der bilateralen Verhandlungen

Im Vorfeld der ersten bilateralen Verhandlungsrunde am 22. September 1970 argumentierten norwegische Vertreter weiter für eine Beteiligung an der Formulierung der Fischereipolitik vor deren endgültiger Verabschiedung. Zumindest müsse sie verhandlungsfähig sein. Die Fischmarktordnung müsse berücksichtigen, dass die erweiterte Gemeinschaft im Gegensatz zu den Sechs erhebliche Exportüberschüsse erzielen werde und dass demzufolge eine Preisstabilisierung durch Exportsubventionen sinn-

---

237 Vgl. *Hallenstvedt/Dynna* 1976, S. 422; *Allen* 1979, S. 97 f.
238 Vgl. *van der Harst* 2007, S. 550.
239 UD 44.36/6.84-34, Brüssel an UD, 3.7.70, Norge og EEC – samtale med Mansholt.
240 Abschlußbericht, 1.3.72 (wie oben 5, Anm. 6), S. 12.
241 *Brandt* 1976, S. 332.

voller sei als über die Einfuhrpreiskontrolle. Die Strukturpolitik dürfe keine Verpflichtung zur Öffnung des Zugangs zu norwegischen Küstengewässern für Fischer anderer Mitgliedstaaten beinhalten, weil sonst der Küstenbevölkerung die Lebensgrundlage entzogen würde.[242]

In ihrer Funktion als Ratsvorsitzende versuchten Vertreter der Bundesregierung die Norweger damit zu beschwichtigen, dass, nicht zuletzt auf deutsche Intervention hin, die Fischereipolitik nur vorläufig sei und in den Verhandlungen noch modifiziert werden könne. Dabei werde sich die Bundesregierung weiterhin für eine Berücksichtigung der norwegischen Standpunkte einsetzen, die man kenne und verstehe. Gleichzeitig unterstützte Bonn jedoch weiterhin den Gemeinschaftsstandpunkt, dass die Vollendung der gemeinsamen Fischereipolitik nicht durch die Verhandlungen blockiert werden dürfe und dass eine Mitwirkung der Kandidaten an der Formulierung nicht möglich sei. Norwegen könne sich aber darauf verlassen, dass sich im Rahmen der Römischen Verträge und auch der neuen Bestimmungen Wege finden ließen, den landesspezifischen Problemen gerecht zu werden. So biete die vorgeschlagene Marktorganisation gerade für das norwegische System große Vorteile. Konkrete Zugeständnisse könne man zu diesem Zeitpunkt allerdings nicht erwarten.[243]

Die erste Verhandlungssitzung – Norwegen ein »Sonderfall«

Auf der Ministersitzung am 22. September kam es zu den vorhersehbaren Gegensätzen. Norwegen überreichte ein Memorandum, indem die Probleme des Sektors detailliert aufgeführt wurden, und wiederholte seine Forderung nach einer Beteiligung an der Ausformung der gemeinsamen Fischereipolitik vor deren Verabschiedung.[244] Die Gemeinschaft hatte sich im Vorfeld darauf geeinigt, an ihren Grundsätzen festzuhalten und von den Beitrittskandidaten die Anerkennung der Römischen Verträge samt ihres Folgerechts, einschließlich der Fischereiverordnungen,

---

242 PA AA, B 20, Bd. 1834, III E/IA2, 17.9.70, Norwegen.
243 PA AA, B 60, Bd. 775, Vermerk IIIA5, Tagung des Deutsch-norwegischen Regierungsausschusses in Berlin (7./8.9.70); PA AA, B 31, Bd. 382, Oslo an AA, 14.9.1970, Staatsbesuch des Bundespräsidenten in Oslo vom 9.-11.9.70, hier: Gespräche Scheel-Stray.
244 HAEU, Dep. FMM, Élargissement 46, Déclaration faite par M. Svenn Stray, Ministre des Affaires Etrangères de Norvège, lors de la première session ministérielle entre les Communautés Européennes et la Norvège, tenue à Bruxelles, le 22.9.70 (ENA, Norwegian Fishing, 18.8.06).

zu fordern. Letztere sollten wie geplant bis zum 1. November verabschiedet werden. Anregungen der Beitrittskandidaten sollten jederzeit entgegengenommen werden. Im AA war im Vorfeld der Sitzung darauf hingewiesen worden, dass Stray diese Bedingungen kaum annehmen könne. Er müsse zu Hause erklären können, dass Norwegens Interessen in Brüssel zumindest auf Verständnis gestoßen seien: »Auf keinen Fall darf er zu der Erklärung gezwungen werden, das norwegische Anliegen sei von der Gemeinschaft endgültig abgelehnt worden.«[245] Widerstand gegen den Gemeinschaftsstandpunkt wurde im Übrigen auch von den Niederlanden und von Irland und Dänemark erwartet. Frankreich und die anderen Mitgliedstaaten würden dagegen die Forderungen Norwegens zurückweisen und auf den Grundsätzen beharren. Um einen »Eklat« zu verhindern, »der nicht ohne Rückwirkungen auf die Verhandlungen mit den übrigen Beitrittsbewerbern bleiben könnte«, schlug das AA vor, Außenminister Scheel solle bereits bei der Vorbesprechung der Sechs einen Kompromissvorschlag unterbreiten. Danach würde die Gemeinschaft die Absicht der Beitrittsbewerber, über die Fischereipolitik zu verhandeln, zur Kenntnis nehmen. Sie würde aber feststellen, dass eine Erörterung darüber erst nach Verabschiedung der in Vorbereitung befindlichen Verordnungen erfolgen könne und zu gegebener Zeit prüfen, ob die allgemeine Regel, wonach Anpassungsprobleme nur durch Übergangsmaßnahmen und nicht durch Änderungen bestehender Regeln gelöst werden können, auch für die Gestaltung der Fischereipolitik in einer erweiterten Gemeinschaft gelten müsse.[246]

Tatsächlich nutzte Scheel während der Sitzung seine Rolle als Vorsitzender, um einen entsprechenden Kompromissvorschlag einzubringen.[247] Wie sich bei der Ausarbeitung des gemeinsamen Protokolls der Sitzung zeigte, ließen sich die Positionen aber nicht vereinen. Die Mehrheit der EG-Partner hielt standhaft an den Grundsätzen ihrer Verhandlungsposition fest, auch weil, wie Stray vermutete, Irland und Dänemark die Gemeinschaftsgrundsätze inzwischen anerkannt hatten.[248] Man einigte sich schließlich auf ein Protokoll, das die Uneinigkeit beider Sei-

---

245 PA AA, B 20, Bd. 1834, Aufzeichnung IIIA2 für Herrn Minister, 18.9.70, Behandlung der Fischereipolitik in den Beitrittsverhandlungen mit Norwegen, Dänemark und Irland.
246 Ebd.
247 Dies berichtete Außenminister Stray dem Auswärtigen Ausschuss. Vgl. SUUKK, Sitzung vom 18.10.70.
248 UD 44.36/6.84-35, UD (PMØ/Skrivesentralen/AH), 7.10.70, Utenriksministers redegjørelse i den utvidede utenrikskomités møte 8.10.70.

ten in diesem Punkt festhielt.[249] Das wichtigste Ergebnis der Sitzung mit Blick auf die späteren Verhandlungen der Fischereifrage war jedoch der Punkt d) des Protokolls. Darin erkannte die Gemeinschaft Norwegens Fischereiprobleme als einen Sonderfall (*cas particulier, cas spécial, special case*) an, der zu gegebener Zeit verhandelt werden müsse. Die Grundlage für die spätere Erstellung eines Sonderprotokolls zur Regelung der norwegischen Fischereifrage war damit gelegt und Vertreter der Gemeinschaft verwiesen in den folgenden Erörterungen der Fischereiproblematik stets auf dieses vermeintliche Zugeständnis. In der norwegischen Delegation wollte man sich dagegen zunächst nicht auf den Sonderfall-Status festlegen lassen. Das Verhandlungsziel war zu diesem Zeitpunkt eine Beteiligung an der Ausformung der gemeinsamen Fischereipolitik bzw. deren Revision im norwegischen Sinne. Insofern konnte, wie Botschafter Sommerfelt seinem französischen Kollegen Boegner mitteilte, von einem »cas particulier« keine Rede sein. Erst später setzte man in Oslo, auch auf deutsches Zureden hin, auf diese Linie.[250]

Trotz der Uneinigkeit über das Schlussprotokoll wurde der Verlauf der Sitzung von der norwegischen Regierung nicht nur negativ gesehen. Außenminister Stray berichtete den EFTA-Partnern, die Verhandlungsatmosphäre sei auch während der Fischereiverhandlungen »herzlich« gewesen und er habe den Eindruck gewonnen, dass die Gemeinschaft größeres Verständnis für die norwegische Situation entwickle.[251] Dem Auswärtigen Ausschuss sagte er, die Gemeinschaft könne sich nun kaum mehr einer Erörterung der norwegischen Probleme entziehen, wenn dies auch nicht vor dem 1. November – dem Tag des Inkrafttretens der Fischereiverordnung – geschehen werde.[252] Diese Auffassung teilte man auch in der EG. Der ständige Vertreter Frankreichs unterstrich den Willen seiner Regierung, Norwegens Fischereiproblem zu lösen. Dafür müsse dieser Kasus jedoch aus den Verhandlungen herausgelöst und am Ende verhandelt werden.[253] Luxemburgs Außenminister Gaston Thorn glaubte

---

249 Vgl. *Hallenstvedt/Dynna* 1976, S. 424 f.
250 UD 44.36/6.84-36, Bonn an UD, 20.10.70, Utvidelsesforhandlingene. Sommerfelts besök i Brüssel 16. 10.70.
251 UD 44.36/6.84-35, Brüssel an UD, 24.9.70, CEE-Norge. Ministermøtet 22.9.70. EFTA-briefingen. Die deutsche Presse zeigte jetzt mehr Verständnis für Norwegens Probleme als nach der Eröffnungserklärung. UD 44.36/6.84-35, Bonn an UD, 28.9.70, Tysk presse om åpningsforhandlingene med EEC.
252 SUUKK, Sitzung vom 8.10.70.
253 UD 44.36/6.84-35, Brüssel an UD, 3.10.71, Norge-CEE. Samtale med Boegner; UD 44.36/6.84-36, Bonn an UD, 20.10.70 (wie Anm. 250).

ebenfalls nicht an eine Lösung der Fischereipolitik vor der letzten Verhandlungsrunde, wegen der Gefahr, einen Präzedenzfall zu schaffen:

> Die Bewerber bereits jetzt in die Fischereipolitik einzubeziehen, könne unüberschaubare Konsequenzen haben. Die Briten könnten sofort im gleichen Schwung um eine Neuverhandlung all dessen bitten, was bislang von der Gemeinschaft erreicht wurde.[254]

Tatsächlich stellte das Zugeständnis an Norwegen aus britischer Perspektive den Versuch der Gemeinschaft dar, Großbritannien und Irland mit unvorteilhaften Regelungen abzuspeisen, um später, wenn der britische Beitritt prinzipiell feststehe, Norwegen (sowie Dänemark für die Färöer-Inseln und Grönland) großzügige Regelungen zu geben.[255] Der norwegische Botschafter in Brüssel interpretierte das Ergebnis der Sitzung vom 22. September dahingehend, dass Norwegens Fischereiprobleme erst in der allerletzten Runde auf den Verhandlungstisch gelangen würden. Neuen norwegischen Initiativen sei daher nicht viel Erfolg beschieden. Trotzdem müsse das Thema immer wieder angesprochen werden, weil beständiger Druck einen guten Einfluss darauf habe, was die Gemeinschaft sich vornehme.[256] Auf dieser Basis machte man sich nun in Oslo daran, eine Verhandlungsposition zu erstellen.

Die Arbeit an der Verhandlungsposition

Wie sich bereits in den Jahren zuvor angedeutet hatte, war es wesentlich schwieriger, eine Lösung für die Frage der Fischereigrenzen zu finden als für die Marktregulierung. Dies bestätigte sich sowohl in den internen Beratungen der norwegischen Regierung als auch in den Sondierungsgesprächen der norwegischen Delegation mit der Kommission.

Auf die Frage des Staatssekretärs im AA, von Braun, was für Norwegen ein befriedigendes Verhandlungsergebnis wäre, musste Stray im November 1970 einräumen, dass dies in der Regierung noch nicht endgültig geklärt sei. Inoffiziell nannte er jedoch drei Möglichkeiten. Angesichts der Tatsache, dass viele Norweger meinten, der Zugang zum europäi-

---

254 UD 44.36/6.84-35, Brüssel an UD, 6.10.70, Utvidelse av EC. Samtale med Thorn.
255 Vgl. *O'Neill* 2000, S. 261; sowie *Andreassen, Laila*: Hva med Norge? Fellesskapets håndtering og vurdering av Norges søknader om medlemskapsforhandlinger på 60-tallet, Hovedoppgave i historie, Trondheim 2001.
256 UD 44.36/6.84-35, Brüssel an UD, 5.10.70, Norge EEC. Forberedelse til mötet den 28/10.

schen Markt könne nicht die Nachteile einer Öffnung der Fischgründe für Ausländer aufwiegen, sei es »ein Maximalwunsch« Norwegens, seine exklusiven Fischereirechte in der 12-Seemeilenzone zu behalten. Sollte dies nicht möglich sein, gebe es zwei alternative Lösungen. Entweder eine Ausnahmeregelung für ganz Nordnorwegen oder eine Regelung nach dem Gleichberechtigungsprinzip, verbunden mit der Forderung, dass sich ausländische Fischer in Norwegen niederlassen müssten.[257]

Bei der Behandlung der Verhandlungspositionen in der Regierung und in der von ihr eingesetzten Arbeitsgruppe kristallisierten sich insgesamt vier verschiedene Alternativen heraus, von denen aber nur zwei als annehmbar galten. *Die erste Alternative*, für die die Vertreter der Fischereiwirtschaft (und damit die Mehrheit der Arbeitsgruppe) eintraten, sah eine Beibehaltung der bestehenden norwegischen Fischereipolitik, einschließlich der aktuellen Grenzregelung, vor.[258] Diese Alternative beinhaltete die Forderung nach einer bedingungslosen Vorzugsbehandlung der norwegischen Fischer, entweder durch permanente Ausnahmeregelungen oder durch eine Änderung der EG-Fischereipolitik, die die Entscheidungen bei den nationalen Regierungen belassen würde. Die norwegischen Küstengewässer würden somit den norwegischen Fischern exklusiv vorbehalten bleiben und zwar permanent. In der Regierung bestand weitgehende Übereinstimmung darüber, dass diese Regelung den norwegischen Zielen am ehesten entsprechen würde.[259] Allerdings sahen die konservativen Regierungsmitglieder und die Vertreter der Ministerialbürokratie (darunter auch die des Fischereiministeriums) wenig Chancen, dass diese Verhandlungslinie akzeptiert würde.

Die zweite Alternative strebte eine gemeinschaftskonforme Regelung auf der Basis des Niederlassungsrechts an. Das Gleichberechtigungsprinzip würde für Fischer aus allen Mitgliedstaaten gelten. Die Voraussetzung für den Fischfang in den norwegischen Gewässern würde aber eine Niederlassung in der Küstenregion sein.[260] Ausländische Fischer könnten etwa verpflichtet werden, einen festen Wohnsitz in Norwegen anzumelden, ihr Fahrzeug zu registrieren und die an die Ausübung der Fischereiwirksamkeit geknüpften Regeln zu befolgen. Um in norwegischen Gewässern zu fischen, wären sie mit anderen Worten den gleichen Re-

---

257 UD 44.36/6.84-36, Notat, 1. h.pol.ktr., 12.11.70, von Brauns samtale med Utenriksministeren 11. 11.70.
258 *Hallenstvedt/Dynna* 1976, S. 428.
259 So Stray vor dem Auswärtigen Ausschuss, SUUKK, Sitzung vom 27.8.70.
260 *Hallenstvedt/Dynna* 1976, S. 428; *Tamnes* 1997, S. 173.

geln unterworfen, die zur Erteilung einer nationalen Konzession erforderlich waren.[261] Diese Alternative war norwegischen Vertretern von EG-Seite durchaus nahe gelegt worden. Ein Beamter des niederländischen Landwirtschaftsministeriums vertrat im Dezember 1970 die Meinung, wenn Norwegen sich den Fischfang innerhalb der Zwölfmeilenzone reservieren wolle, müsse die Regelung so definiert werden, dass sie nicht nur für norwegische Fischer gelte, sondern für alle Fischer, die in Norwegen ansässig seien.[262]

Die *dritte Alternative* war eine Teilung der Küste und entsprach den regionalpolitischen Lösungsvorschlägen der EG für die Landwirtschaft. Danach wären das Gebiet nördlich von Trondheim sowie Teile der Westküste aus regionalpolitischen Gründen von dem Zugangsrecht der EG ausgenommen worden. Diese Lösung wurde schon 1966 vom Handelsministerium als die einzig erfolgversprechende bezeichnet. Der norwegische Wunsch, das alleinige Recht zur Fischerei innerhalb der Fischereigrenze den einheimischen Fischern vorzubehalten, werde mit Sicherheit auf beträchtlichen Widerstand stoßen und habe kaum Chancen, anerkannt zu werden. Verständnis ließe sich dagegen für die besonderen Probleme einzelner Küstenabschnitte in Nordnorwegen erzielen, besonders aus strategischen und regionalen Gründen, z.B. wegen der drohenden Entvölkerung. Die größten Chancen, die norwegischen Sonderinteressen wahrzunehmen, bestünden wahrscheinlich für Maßnahmen, die allgemeingültig, d.h. nicht-diskriminierend, seien.[263] Die *vierte* Alternative schließlich war eine Regelung auf der Basis der London-Konvention von 1964, die die Zwölfmeilenzone in zwei Sechsmeilenzonen unterteilte und den Fischern anderer Unterzeichnerländer erlaubte, ihre traditionellen Fanggründe in der äußeren Sechsmeilenzone weiterhin aufzusuchen.

Die beiden letzten Alternativen wurden von den Mitgliedern der Arbeitsgruppen jedoch übereinstimmend abgelehnt, und norwegische Vertreter wiesen in diese Richtung deutende Lösungsvorschläge von EG-Seite entschieden zurück. Die Bestimmungen der Londoner Konvention hatte Norwegen bereits 1964 nicht akzeptiert, weil sie die exklusive Kontrolle über die Zwölfmeilenzone einschränkten. Gegen eine Teilung der

---

261 SUUKK, Sitzung vom 27.8.70.
262 UD 44.36/6.84-37, Notat, F-sekr., 3.12.70, EEC. Nederlands syn på forhandlingssituasjonen.
263 UD 44.36/6.84-25, Notat, HD, Avd. for utenrikshandel, 19.11.66, Økonomiske problemer ved en norsk tilslutning til EEC.

Küste wurde angeführt, dass dies zu einer Benachteiligung der südnorwegischen Fischer gegenüber denen Nordnorwegens führen würde. Man dürfe zudem den südnorwegischen Fischern nicht untersagen, ihre traditionellen Fanggründe im Norden aufzusuchen. Dem Kommissionsunterhändler Edmund Wellenstein erklärte Botschafter Halvorsen, die Fischer aus dem Süden folgten in tausendjähriger Tradition dem »Saisonfisch« entlang der Küste nach Norden und umgekehrt. Sie daran zu hindern, sei weder vernünftige Politik, noch sei es für das Storting und das Volk bei einer Abstimmung annehmbar. Den Einwand Wellensteins, im Zuge der Integration fänden in allen Ländern Änderungen der etablierten Traditionen statt, wollte Halvorsen nicht gelten lassen. Er glaube nicht, dass jemals Einwohner eines Landes als Folge ihrer Mitgliedschaft in der EG daran gehindert worden seien, ihr Gewerbe in einem anderen Teil des Landes auszuüben. »Hier handele es sich um ein rigoroses Beispiel für Phänomene, die man nicht akzeptieren könne.«[264] Wie sich später herausstellen sollte, ließ sich diese Position nicht beibehalten.

Zunächst aber sprach sich eine Mehrheit der Arbeitgruppe für die erste Alternative aus. Die Minderheit, bestehend aus den Vertretern der Ministerialbürokratie (darunter auch das Fischereiministerium), trat für die Niederlassungslinie ein. Im beratenden Ausschuss standen die Vertreter der Fischereiorganisationen dagegen als Verfechter der Abschirmungslinie alleine da. In diesem Forum, in dem auch Vertreter anderer Wirtschaftsorganisationen saßen, befürwortete eine Mehrheit die Niederlassungslinie. In der Regierung sprachen sich vor allem die Konservativen für »eine strikte Niederlassungslinie« aus, von der man sich vergleichbare Ergebnisse wie von einer Abschirmung erhoffte. Gleichzeitig würde sie aber als gemeinschaftskonform »verkauft« werden können und somit auch finanzielle Unterstützung durch die Gemeinschaft nicht ausschließen.[265]

---

264 UD 44.36/6.84-41, Notat, Halvorsen (Brüssel), 16.7.71, Utvidelsen av EF. Fiskerigrensen og jordbruket i Norge – Sverige og EF. Vgl. auch UD 44.36/6.84-36, Notat, F-del. (Sommerfelt) 21.11.70, Frankrikes syn på de norske medlemsskapsforhandlinger.
265 Vgl. *Tamnes* 1997, S. 173.

5.4.3 Das Dilemma der neuen Regierung

Obwohl um den Jahreswechsel herum die Arbeit an der Verhandlungsposition für alle Bereiche intensiviert wurde[266], kam die Koalitionsregierung vor ihrem Rücktritt nicht mehr dazu, sich auf einen Verhandlungsvorschlag für Fisch zu einigen. Damit blieb die endgültige Entscheidung über die norwegische Verhandlungsposition auch in diesem Bereich der Regierung Bratteli überlassen. Dies war keine leichte Aufgabe, denn einerseits blieb den Sozialdemokraten mit Blick auf ihre traditionellen Wählergruppen an der Küste und im Norden nichts anderes übrig, als ebenfalls de facto eine Ausnahme der norwegischen Fischerei von der Gemeinschaftspolitik zu fordern. Andererseits galt es neue, konstruktive Vorschläge vorzulegen, wie die norwegischen Interessen mit den Römischen Verträgen in Einklang gebracht werden könnten. Die bisherige Forderung der norwegischen Delegation nach einer exklusiven Nutzung der eigenen Fischereigründe hatte die Kommission nach Abschluss der ersten Sondierungen als nicht ausreichend begründet zurückgewiesen. Eine solche Lösung stellte, nach Ansicht Brüssels, einen Rückschritt in den Bemühungen um eine gemeinsame Fischereipolitik dar und lief auf eine Verzerrung der Wettbewerbsbedingungen hinaus.[267]

Die Schwierigkeit des Balanceakts zwischen einer beitrittsorientierten Verhandlungsposition im Geiste der Römischen Verträge und der Rücksicht auf die Interessen und Ängste der Küstenbevölkerung wurde durch die Wahl des neuen Fischereiminister deutlich erhöht.[268] Dass Bratteli sich mit Knut Hoem, dem Direktor von *Norges Råfisklag*, für einen Vertreter der Fischereiorganisationen entschied, schien zunächst ein kluger Schachzug zu sein, um das Vertrauen der Fischer zu gewinnen. Es war aber auch, wie sich herausstellen sollte, ein beträchtliches Risiko, weil es einem Interessenvertreter schwer fallen würde, einen Kompromiss zu akzeptieren, der hinter den Forderungen seiner Klientel zurückblieb. Hoems Rücktritt im Januar 1972 sollte sich denn auch als ein schwerer Rückschlag für die Regierung erweisen und die Argumentation der Beitrittsgegner stärken.[269]

---

266 UD 44.36/6.84-37, Notat [F-sekr.] 11.12.70, EEC-forhandlingene – De norske forberedelser.
267 HAEU, Dep. FMM 21, Note d'information de la Commission européenne, [o.D.], Politique commune de la pêche (ENA, Norwegian Fishing, 3.4.06).
268 Vgl. dazu *Tamnes* 1997, S. 176.
269 So u.a. *Allen* 1979, S. 167.

In ihren ersten Stellungnahmen unterstrich die neue Regierung, dass auch für sie zufriedenstellende Regelungen für Landwirtschaft und Fischerei die Voraussetzung für den EG-Beitritt seien. Die Fischbestände innerhalb der norwegischen Fischereigrenzen sollten denen vorbehalten bleiben, die längs der Küste ansässig waren.[270] Damit hatte die neue Führung im Prinzip die gleichen Vorbehalte vorgebracht, auf denen auch die Koalitionsregierung beharrt hatte. Man durfte nun gespannt sein, welche Maßnahmen die Regierung Bratteli als gemeinschaftskonform ansah.

Die Niederlassungslinie

Die norwegischen Lösungsvorschläge wurden schließlich in zwei Memoranden am 4. Mai und 6. Juni präsentiert.[271] Für die Strukturpolitik hatte sich die neue Regierung zugunsten einer verschärften Variante der Niederlassungslinie entschieden.[272] Norwegen betrachte die Fischvorkommen innerhalb der 12-Seemeilenzone als nationalen Naturschatz, auf der gleichen Ebene wie Kohle und Erdöl. Für die Nutzung dieser Naturschätze müsse eine Niederlassung in dem betreffenden Land gefordert werden. Die Verschärfung dieser Verhandlungsposition im Vergleich zu früher diskutierten Vorschlägen bestand in strengeren Regeln bezüglich des Wohnsitzes in Norwegen und der Forderung nach einem »Anschluß an die norwegische Gesellschaft«. Fischer aus anderen EWG-Ländern, die innerhalb der 12-Meilenzone fischen wollten, müssten in Norwegen ansässig werden, ihr Schiff dort registrieren lassen und die norwegische Flagge führen. Bei Kapitalgesellschaften müssten 50% des Kapitals Einwohnern des Aufnahmelands gehören und die Mehrheit der Vorstandsmitglieder müsse dort ihren Wohnsitz haben. Mit dieser Regelung strebte Norwegen keine Sonderbehandlung sondern eine generelle Revision der Gemeinsamen Fischereipolitik an: So sollte der Zugang zu den Hoheitsgewässern und Fischereizonen grundsätzlich von einer Niederlassung in dem jeweiligen Mitgliedstaat abhängig zu machen.

Als einzige Alternative zu dieser Verhandlungslinie wurde eine Regelung in Betracht gezogen, die es allen Mitgliedstaaten erlaubte, die nati-

---

270 Vgl. UD 44.36/6.84-39, Norge/EF. Utenriksministerens erklæring på ministermøtet i Brüssel 30.3.71.
271 Alle in: HAEU, Dep. FMM 45 Adhésion de la Norvège (ENA, Norwegian Fishing, 3.4.06).
272 *Hallenstvedt/Dynna* 1976, S. 429.

onalen Küstengewässer und Fischereizonen den eigenen Bürgern vorzubehalten. Dies war die von den Fischereiorganisationen bevorzugte Linie. Beide Lösungsvorschläge schlossen nicht aus, die exklusive Zone gegebenenfalls später auszuweiten. Regionale Sonderregelungen, z.B. nur für Nordnorwegen, die eine Teilung der Küste bedeuteten, wurden auch von der neuen Regierung als nicht befriedigend angesehen.[273]

Die Regierung war der Auffassung, nun einen gemeinschaftskonformen Vorschlag vorgelegt zu haben.[274] Handelsminister Per Kleppe argumentierte beispielsweise Ende Mai vor einem EG-Seminar der *Financial Times* in Oslo:

> In order to be able to exploit natural resources the Community has in other sectors always required prior establishment in the member country. To us, it seems natural and consistent to follow the same principle with regard to access to fishing inside the fishery limits, particularly since a divergent solution would be contrary to the vital interests of an applicant country.[275]

Wie die Regierung schnell erfahren musste, wurde dies in der Gemeinschaft anders gesehen.[276] Dort vertrat man die Ansicht, dass beide Alternativen im Widerspruch zu den Prinzipien der gemeinsamen Fischereipolitik standen. Ein Beamter des BML machte Botschafter Sommerfelt inoffiziell darauf aufmerksam,

> daß die norwegischen Forderungen hinsichtlich Niederlassung, Flaggenführung und der Kapitalverhältnisse mit dem Gemeinschaftsrecht kaum vereinbar seien. Wenn auch keine Niederlassungsrichtlinie für die Fischerei bestehe, so sei doch in der Struktur-Verordnung für die Fischwirtschaft der Grundsatz des freien Zugangs zu

---

273 Vgl. UD 44.36/6.84-39, Notat, F-sekr., 6.5.71, Ref. fra stedfortredermötet 4.5.71; PA AA, B 20, Bd. 1835, Aufzeichnung BML AL VII/VII B3, 19.5.71, Beitrittsverhandlungen der EG mit Norwegen, hier: norwegischer Vorschlag zur gemeinsamen Strukturpolitik für die Fischwirtschaft.
274 Vgl. UD 44.36/6.84-39, Notat, F-sekr., 6.5.71, Ref. fra stedfortredermötet 4.5.71; UD 44.36/6.84-40, Notat, F-sekr. 10.6.71, Ref. fra stedfortredermötet 8.6.71; PA AA, B 20, Bd. 1835, III E1 (Hillenberg) an Büro PStS, 6.5.71, Besuch des norwegischen Außenministers, 6.5.71.
275 Zit. in: PA AA, B 60, Bd. 775, Oslo an AA, 1.6.71, Norwegische EWG-Politik.
276 UD 44.36/6.84-40, Notat, 1. h.pol.ktr., 6.7.71, Samtale med Minister Brunet, 28.6.71.

den nationalen Küstengewässern und Fischereizonen – unabhängig von einer Niederlassung – als Gemeinschaftsrecht verankert. Jede Fischereiregelung und auch Sondervereinbarungen mit den beitrittswilligen Ländern müssten den Grundsätzen des EWG-Vertrages entsprechen. Abweichungen kämen allenfalls in Form zeitlich befristeter Übergangsregelungen in Betracht.[277]

Für möglich hielt man es im BML dagegen,

> innerhalb der norwegischen Fischereizone nichtdiskriminierende Regelungen zum Schutz der Fischbestände und der kleinen Küstenfischerei (z.B. durch Verbot der Schleppnetzfischerei, Größenbegrenzung der Schiffe u. dgl.) zu treffen.[278]

Ähnlich hatte bereits Mansholt im Jahr zuvor argumentiert. Die Verordnung zur Strukturpolitik bestreite keineswegs die Gültigkeit der Fischereigrenzen. Sie reguliere zwar die Fischerei innerhalb der Zonen durch das Prinzip der Gleichberechtigung, es sei jedoch Sache der Küstenstaaten, die Regeln für die Durchführung der Fischerei zu bestimmen. Nichts spreche beispielsweise dagegen, dass Norwegen die Trawler-Fischerei auf Boote unter einer gewissen Größe begrenzte.[279]

Die Gegensätze in der Frage der Marktorganisation für Fischprodukte waren weniger groß. Die norwegischen Vorstellungen wurden der Gemeinschaft auf der Stellvertretersitzung am 8. Juni 1971 überreicht. Norwegen stimmte mit den grundlegenden Zielen der Gemeinschaft für die Organisation des Fischereimarktes überein und wünschte, an einer Stabilisierung der Fischereimärkte in der erweiterten Gemeinschaft mitzuwirken. Allerdings war man der Auffassung, dass das vorgesehene System in einer erweiterten EG unvollständig sei. Die Gemeinschaft müsse anerkennen, dass sich durch den Beitritt der neuen Mitglieder und besonders Norwegens der gesamte Marktcharakter ändern würde (von einem Importmarkt zu einem Exportmarkt) und dass die Regulierungsmaßnahmen entsprechend zu ändern bzw. anzupassen seien. So müsse aller Umsatz von Fisch, roh oder verarbeitet, durch die Produzentenorga-

---

277 PA AA, B 20, Bd. 1835, Aufzeichnung BML AL VII/VII B3 (Martinstetter), 19.5.71, Beitrittsverhandlungen der EG mit Norwegen, hier: norwegischer Vorschlag zur gemeinsamen Strukturpolitik für die Fischwirtschaft.
278 Ebd. Vgl. auch UD 44.36/6.84-39, Den Haag an UD, 19.5.71, Utvidelsesforhandlingene – samtale med de Koster.
279 UD 44.36/6.84-34, Brüssel an UD, 3.7.70, Norge og EEC – samtale med Mansholt.

nisationen vorgenommen werden. Eine solche Regelung wurde in Norwegen schon seit langem praktiziert und man sah sie als notwendig für die Regulierung des Marktes von Fischereiprodukten an. Für den zu Fischmehl verarbeiten Rohstoff müsse ggf. eine besondere Marktordnung geschaffen werden. Weiter wurden in dem Memorandum einzelne Fragen bezüglich der Anlandungsgebiete behandelt. Die meisten norwegischen Häfen lägen weit von den großen Konsummärkten entfernt, was zur Folge habe, dass der größte Teil des Fischfangs in der einen oder anderen Form veredelt werde. Im Laufe der Zeit habe dies dazu geführt, dass ein großer Marktanteil außerhalb der erweiterten Gemeinschaft liege.[280]

Die Regierung erkannte, dass die norwegischen Gesetze, besonders das Rohfischgesetz und die darin verankerte Monopolstellung der Verkaufsorganisationen, im Widerspruch zu den EG-Regeln standen, meinte aber, dass die bestehenden norwegischen Regelungen besser zur Stabilisierung des Marktes geeignet seien. Anstatt aber eine Änderung der EG-Richtlinien zu fordern, wie sie es in der Frage der Grenzfrage tat, wünschte die Regierung in der Marktfrage lediglich, die bestehenden norwegischen Regeln aufrechtzuerhalten.[281] Die Fischereiorganisationen schlossen sich dieser Verhandlungsposition an, wenn auch nur widerstrebend, und wollten abwarten, welches Resultat auf dieser Grundlage zu erzielen war. Das gleiche galt für den Fischereiminister.[282]

Norwegen hoffte nun, seine Lösungsvorschläge so schnell wie möglich diskutieren zu können. Die Dringlichkeit dieses Anliegen war dadurch bedingt, dass die Gemeinschaft und Großbritannien nach der Lösung der meisten anderen Fragen bereit waren, die restlichen Verhandlungspunkte, darunter die Fischereiproblematik, abschließend zu klären. Großbritannien hatte seine Position zur Fischereifrage der Gemeinschaft am 1. Juni 1971 unterbreitet und auf der Sitzung am 7. Juni erstmals diskutiert.[283] Die Gemeinschaft beabsichtigte von nun an, die Vorschläge aller Kandidaten gemeinsam zu berücksichtigen und erteilte der Kommission den Auftrag, mit den Kandidaten in Kontakt zu treten und auf der Grundlage dieser Gespräche dem Rat einen Bericht mit Vorschlägen zu unterbreiten.[284] Wie die norwegische Botschaft in Brüssel unterstrich, musste Norwegen nun seinerseits einen entscheidenden

---

280 UD 44.36/6.84-40, Notat, F-sekr. 10.6.71.
281 *Hallenstvedt/Dynna* 1976, S. 431.
282 *Tamnes* 1997, S. 176.
283 Vgl. *Kitzinger* 1973, S. 144.
284 UD 44.36/6.84-40, Notat, F-sekr. 10.6.71, Ref. fra stedfortredermötet 8.6.71.

Fortschritt in den Verhandlungen machen, um nicht ins Hintertreffen zu geraten. Es riskiere sonst, dass die Phase, in der es seine Sonderwünsche auf höchster politischer Ebene lösen wolle, von den rein technischen Verhandlungen der anderen Beitrittskandidaten geprägt sei, die ihre politischen Probleme bereits ausgeräumt hätten. Norwegen müsse seinen »Verhandlungstisch aufräumen« und der EG konkrete Vorstellungen vorlegen, um eine Reaktion der EG auf der Ministersitzung am 21. Juni zu erhalten.[285]

5.4.4 Norwegen ein Sonderfall?

Die unterschiedlichen Interessen der Beitrittskandidaten in der Fischereifrage entwickelten sich in den folgenden Wochen und Monaten für Norwegen zu einem schwerwiegenden Problem. Sie führten zu einem Zusammenbruch der norwegischen Verhandlungslinie und zu einer deutlichen Belastung des Verhältnisses zu den Mitbewerbern. Zum zweiten Mal nach den Differenzen um die Londoner Konvention von 1963/64 war Norwegen in der Fischereipolitik nicht nur von den Sechs, sondern auch von Großbritannien und seinen skandinavischen Nachbarn isoliert.

Die Vorschläge der vier Kandidaten zielten sämtlich auf eine Änderung der Gemeinschaftspolitik, ihre Lösungsvorschläge unterschieden sich jedoch beträchtlich voneinander.[286] Der britische Vorschlag orientierte sich an der Londoner Konvention und lief darauf hinaus, dass der Zugang zur Zone zwischen 6 und 12 SM allen Mitgliedsländern offen stehen sollte. Bezüglich der Rechte innerhalb der Sechsmeilenzone blieb der Vorschlag vage, deutete jedoch in die Richtung einer exklusiv nationalen Nutzung.[287] Die irische Delegation schlug vor, die Verhandlungen um eine gemeinsame Fischereipolitik auf die Zeit nach dem Beitritt der Kandidaten zu verschieben. Dänemark begnügte sich damit, Ausnahmeregelungen für Grönland und die Färöer-Inseln zu fordern und meinte ansonsten, die Gemeinschaftspolitik akzeptieren zu können.[288]

Zusammengenommen hatten diese Änderungsvorschläge mittlerweile so viel Druck erzeugt, dass die Gemeinschaft eine Revision ihrer Fische-

---

285 UD 44.36/6.84-39, Brüssel an UD, 19.5.71, EF/Norge og møtet UK/EF 11.-13.5.71.
286 Vgl. *Allen* 1979, S. 121.
287 Vgl. *O'Neill* 2000, S. 263 f.
288 Vgl. ebd.

reipolitik nicht mehr ausschließen konnte. Eine Aufweichung des Gemeinschaftsstandpunktes kam selbstverständlich auch Norwegen entgegen. Gleichzeitig blieb Norwegen aber bei seiner Forderung nach einer Sonderbehandlung und verhinderte so die wirkungsvolle Koordinierung der Kandidaten in dieser Frage. Wie groß der Interessengegensatz besonders zwischen der britischen und der norwegischen Position war, hatte sich bereits im November 1970 abgezeichnet, als der britische Chefunterhändler auf Beamtenebene, Con O'Neill, andeutete, dass Großbritannien wegen der großen Bedeutung anderer Probleme bereit sein könnte, die Fischereipolitik der EG notfalls anzunehmen. Sein Land würde große Probleme bekommen, sollten die britischen Fahrzeuge von den Fischereigründen ausgeschlossen werden, bei gleichzeitiger Öffnung des britischen Marktes.[289] Wie die Londoner *Times* bemerkte, war es aber eine Hauptsorge der norwegischen Fischer, dass die britischen Trawler in ihrer Zwölfmeilenzone fischen würden, nachdem ihre Rechte gerade erst ausgelaufen seien. Norwegens Interesse an einer Aufrechterhaltung der Zwölfmeilenzone wurde nicht zuletzt damit begründet, dass seine besten Fischgründe in der Zone zwischen der 6. und 12. Seemeile lagen, wohingegen diese Zone in Dänemark und Großbritannien nicht mehr ertragreich war.[290] Botschafter Halvorsen erklärte seinem britischen Kollegen Kenneth Christofas Ende Juni 1971, dass der Verhandlungsspielraum der norwegischen Regierung nicht weniger als eine exklusive Zwölfmeilenzone zulasse. Großbritannien stehe daher vor der Wahl, dass Norwegen entweder zu seinen eigenen Bedingungen der EG beitrete oder gar nicht: »In keinem Fall würden britische Trawler zwischen der 6. und 12. Seemeile fischen dürfen.«[291] Dass die britische Verhandlungsdelegation im Juni 1971 eine Sechsmeilenzone anzuerkennen schien und darin von der Kommission unterstützt wurde, bereitete den norwegischen Unterhändlern allerdings Kopfschmerzen, konnte dies doch bedeuten, dass die Gemeinschaft aus Rücksicht auf die innenpolitische Lage in Großbritannien weniger Bereitschaft zeigen würde, Norwegen eine Sonderbehandlung zukommen zu lassen.[292]

Der Verlauf der Verhandlungsrunde am 21. Juni brachte nicht die von Oslo erhoffte Diskussion seiner Lösungsvorschläge, sondern legte

---

289 UD 44.36/6.84-36, Notat, F-sekr., 30.11.70, EEC – britisk syn på forhandlingssituasjon.
290 »Norwegians insist on fisheries safeguard«, in: *The Times*, 22.6.71.
291 UD 44.36/6.84-40, Brüssel an UD, 26.6.71, Norge-Storbritannia/Fiskerigrensen.
292 Vgl. *Mjelva, Inghild M.*: Storbritannias syn på de norske fiskeriforhandlingene med EF 1970-1972, Hovedoppgave i historie, Trondheim 2005, S. 55 f.

vielmehr die Gegensätze zwischen Norwegen, der Gemeinschaft und den anderen Kandidaten offen. Die norwegische Delegation erläuterte das Memorandum vom 4. Mai, und legte sich damit auf die Niederlassungslinie fest. Den inzwischen bekannt gewordenen Entwurf des noch unfertigen und EG-intern umstrittenen Kommissionsberichts lehnte Außenminister Cappelen vorsichtshalber ab.[293] Gleichzeitig bestand er darauf, dass sich die Situation seines Landes rechtlich von der der anderen Bewerber unterscheide, da letztere im Gegensatz zu Norwegen die Londoner Konvention von 1964 unterzeichnet hätten.[294] In der EG wurden die Vorschläge Oslos als unannehmbar aufgefasst und erneut wurden Stimmen laut, die Norwegens Beitrittswilligkeit in Frage stellten.[295] Zwar wurde der Sonderstatus des Landes bekräftigt und eine Prüfung der Memoranden vom 4. Mai und 8. Juni 1971 zugesagt, die bereits in den Vorgesprächen angedeutete Ablehnung der Niederlassungslinie als Diskussionsgrundlage schien sich jedoch zu bestätigen.

Kurz darauf erzielte die Gemeinschaft den Durchbruch in ihren Verhandlungen mit Großbritannien. Dabei einigten sich beide Seiten auch darauf, die noch ausstehende Fischereifrage auf der Sitzung am 12. Juli zu verhandeln.[296] Für Dänemark und Irland waren an diesem Tag ebenfalls Ministersitzungen vorgesehen, so dass sich eine Möglichkeit abzeichnete, die Frage multilateral (bzw. in parallelen bilateralen Sitzungen) zu diskutieren.[297]

Dies stellte für Norwegen, wo man eine Revision der Verhandlungstaktik erörterte, eine unerwünschte Entwicklung dar. Weil ein Erfolg der Niederlassungslinie, die auf eine Änderung der Gemeinschaftspolitik hinauslief, immer unwahrscheinlicher wurde, sah die Delegation, entgegen ihrer ursprünglichen Haltung, nunmehr die größeren Erfolgschancen in einer Anerkennung Norwegens als Sonderfall.[298] In dieser Auffassung wurde sie u.a. von Bundeskanzler Brandt und Frankreichs EG-Botschaf-

---

293 Der Entwurf sah eine exklusive Zone von 6 SM für fünf Jahre und eine eingeschränkte Exklusivität in dieser Zone für weitere fünf Jahre vor. Nach zehn Jahren sollte erneut über die Regelung entschieden werden, die nicht nur für die Kandidaten, sondern für sämtliche Mitglieder gelten sollte. Vgl. *O'Neill* 2000, S. 264 f.
294 UD 44.36/6.84-40, Notat, F-sekr., 23.6.71, Ref. fra ministermötet 21.6.71.
295 UD 44.36/6.84-40, Bonn an UD, 22.6.71 [Über Berichte aus *Welt* und *SZ*]; »Norway still insists on 12-mile limit«, in: *The Guardian*, 22.6.71; »Six hear Oslo's demands for fishing, agriculture«, in: *Financial Times*, 22.6.71.
296 Vgl. AAPD, 1971, Dok. 218, bes. Anm. 7.
297 UD 44.36/6.84-40, Brüssel an UD, 25.6.71, EF/Norge. Fisk. Stedfortredermötet 30.6.
298 *Hallenstvedt/Dynna* 1976, S. 432.

ter Boegner bestärkt, die dazu rieten, Norwegens Fall von dem der übrigen Kandidaten zu trennen und erst zu verhandeln, wenn in London die politische Entscheidung zugunsten eines Beitritts endgültig gefallen sei, damit er nicht als Präzedenzfall von Großbritannien benutzt werden könne.[299] Eine Multilateralisierung der Verhandlungen wäre diesem Ziel zuwidergelaufen. Die Zusage der Gemeinschaft vom 22. September 1970, so Halvorsen gegenüber Christofas, schließe eine Teilnahme an der Sitzung vom 12. Juli 1971 ebenso aus wie eventuelle vorbereitende Treffen der Vier:

> Wir glaubten nun weiteres Verständnis für den reellen Inhalt unserer Fischereigrenzprobleme gewonnen zu haben. Wir könnten uns daher nach meinem Verständnis schwerlich mit den übrigen Anwärtern zusammenschließen, die ein solches Verständnis von Seiten der EG nicht erhalten hatten.[300]

Damit blieb jedoch die Frage offen, wann Norwegens Kasus verhandelt werden sollte. Nach Auffassung der Brüsseler Botschaft sollte Norwegen mit konkreten Vorschlägen warten, bis die Behandlung des Beitritts im britischen Unterhaus abgeschlossen war. Danach, so wurde spekuliert, könnte Großbritannien nicht mehr von seinem Ergebnis abrücken, und die Gemeinschaft bräuchte keine Angst mehr vor Zugeständnissen mit präjudizierender Wirkung zu haben. Parallel dazu müsse Norwegen seine Argumente bilateral vorbringen und zwar besonders gegenüber Frankreich, das Norwegen in der Fischereifrage zwar unterstützte, jedoch weiterhin Zweifel an dem Beitrittswillen habe.[301]

Durch diese Rechnung machte die britische Regierung allerdings einen kräftigen Strich, indem sie auf der Sitzung am 12. Juli ebenfalls ihre Verhandlungslinie änderte. Aus Furcht vor der absehbaren Kritik der eigenen Fischer schloss sich die britische Delegation nunmehr der irischen Forderung an, die Verhandlung über eine Neuformulierung der Fischereipolitik auf die Zeit nach dem Beitritt der Kandidaten zu verschieben und bis dahin den Staus quo gelten zu lassen.[302] Auch von dänischer Seite konnte man in Oslo weiterhin keine Unterstützung in der

---

299 UD 44.36/6.84-40, Bonn an UD, 27.6.71, Samtale med Brandt [am 26.6.]; UD 44.36/6.84-40, Notat, Halvorsen (Brüssel), 30.6.71, Norge-EF. Samtale med Boegner.
300 UD 44.36/6.84-40, Brüssel an UD, 26.6.71, Norge-Storbritannia/Fiskerigrensen.
301 UD 44.36/6.84-40, Brüssel an UD, 26.6.71, EF. Norge. Fiskerigrensen.
302 *O'Neill* 2000, S. 269.

Grenzfrage erwarten. Dänische Regierungsmitglieder sagten Ende Oktober zu, Norwegen in der Landwirtschaftsfrage zu unterstützen und ebenfalls für eine Umsetzung der Marktordnung für Fisch einzutreten. In der Grenzfrage verfolge Dänemark jedoch eigene Interessen, und die beinhalteten die Fischerei in den norwegischen Gewässern.[303]

Für Oslo komplizierte sich damit die Frage einer möglichen Sonderbehandlung. Die Gemeinschaft hatte den britisch-irischen Vorschlag zwar zurückgewiesen, allerdings nicht einstimmig. Wie Brunet berichtete, bestand innerhalb der Gemeinschaft ein Gegensatz zwischen Frankreich und der Kommission auf der einen, und Belgien, den Niederlanden und Deutschland auf der anderen Seite. Frankreich fordere, dass die gemeinsame Fischereipolitik für alle Mitgliedstaaten gelten müsse. Erkenne man eine Sechsmeilen-Zone für Großbritannien an, so müsse dies auch für alle anderen gelten. Zu ihrem großen Erstaunen sei die französische Delegation in dieser Ansicht jedoch nur von der Kommission unterstützt worden. Belgien, Holland und Deutschland hätten dagegen die französische Ansicht »stark bekämpft«. Nach Auffassung Brunets war die französische Haltung allerdings so logisch und in Übereinstimmung mit den Prinzipien der EG, dass sie letztendlich siegen werde. In diesem Sinne äußerte sich auch Außenminister Schumann.[304]

Bilaterale Diplomatie und multilaterale Verhandlungen

Angesichts der im Herbst bevorstehenden Verhandlungsrunden sah die norwegische Regierung den Zeitpunkt gekommen, die wichtigsten Entscheidungsträger der Gemeinschaft persönlich von ihrem Anliegen zu überzeugen. Zu diesem Zweck wurden einerseits zahlreiche Gespräche in Brüssel und in den Mitgliedsländern geführt. Andererseits gelang es der Verhandlungsdelegation, eine Reihe zentraler Akteure nach Norwegen einzuladen. Wie oben erwähnt, begutachteten im Sommer 1971 der deutsche, der französische und der niederländische Landwirtschaftsminister die norwegischen Verhältnisse. Hinzu kamen Besuche des französischen und des italienischen Außenministers, die sich im Juli mit der Präsidentschaft im Rat abwechselten, und nicht zuletzt der Besuch von

---

303 UD 44.36/6.84-42, Notat, Utenriksministerens sekretariat, 4.11.71, Samtale med dansk regjeringsdelegasjon 25.10.71.
304 UD 44.36/6.84-40, Paris an UD, 14.7.71, EF. Samtale med Brunet 13.7.; UD 44.36/6.84-41, Notat, 1. h.pol.ktr., 29.7.71, samtaler med Schumann 23.7.71 vedrørende EF og Norge.

Kommissionsmitglied Deniau.[305] Letzterem kam auch deshalb besondere Bedeutung zu, weil er die Hauptverantwortung für den Kommissionsbericht trug, der als Grundlage für die anstehenden Detailverhandlungen dienen sollte.[306]

Inwieweit Deniaus Norwegenreise die Arbeit der Kommission bei der Fertigstellung ihres Berichts beeinflusst hatte, lässt sich auf der Basis der durchgesehenen Quellen schwer einschätzen. Jedenfalls wurde der Vorschlag nun im Vergleich zum Entwurf vom Juni beträchtlich geändert, allerdings nicht in einer Weise, die Norwegen zufrieden stellte. Der Juni-Entwurf hatte vorgesehen, die Fischerei innerhalb der Sechsmeilenzone für eine Übergangszeit von zehn Jahren den Küstenfischern vorzubehalten. Die Übergangsperiode sollte in zwei Phasen von jeweils fünf Jahren unterteilt werden, in denen unterschiedliche Regeln gelten sollte. Diesem Vorschlag, der als »allgemeine Regelung« (in Norwegen als *generell ordning*) bekannt wurde, fügte die Kommission in ihrem neuen Vorschlag eine »spezielle Regelung« hinzu. Danach sollte die Übergangszeit von zehn Jahren in einigen geographisch abgegrenzten Ausnahmegebieten für eine Zwölfmeilenzone gelten, in denen die Fischerei der örtlichen Küstenbevölkerung vorbehalten sein würde. Dies bedeutete praktisch eine Teilung der Küste und ungleiche Rechte für die Fischer ein und desselben Landes, d.h. eben jene Regelung, die Norwegen von Beginn an konsequent abgewiesen hatte. Als der Bericht Ende Oktober, noch vor einer Stellungnahme durch die Ständigen Vertreter, unter der Hand bekannt und in der norwegischen Presse veröffentlicht wurde, lehnten ihn daher nicht nur die Fischereiorganisationen, sondern auch die Mitglieder der Verhandlungsdelegation Norwegens öffentlich ab.[307]

Botschafter Halvorsen hatte die Schlussfolgerungen des Kommissionsberichts bereits im Juli vorausgesehen und war zu dem Ergebnis gekommen, dass Norwegen von Seiten der Kommission »selbst bei bestem Verständnis für unsere reellen Probleme« keine Unterstützung in der Grenzfrage erwarten konnte: »Diese Sache ist jetzt rein politisch und muss auf Regierungsebene gelöst werden, wenn sie in etwas münden soll, das für uns annehmbar ist.«[308] Eine politische Lösung ließ sich nur über den direkten Kontakt zu den obersten Entscheidungsträgern her-

---

305 UD 44 36/8-8, F-sekr., 4.10.71, Ref. fra samtaler med Deniau, 2.10.71.
306 Vgl. *Hallenstvedt/Dynna* 1976, S. 435
307 Vgl. *Dynna* 1973, S. 152.
308 UD 44.36/6.84-41, Notat, Halvorsen (Brüssel), 16.7.71, Utvidelsen av EF. Fiskerigrensen og jordbruket i Norge – Sverige og EF.

beiführen. Dabei setzten die norwegischen Unterhändler sowohl auf Gespräche mit Paris, wo der größte Widerstand[309], als auch auf Bonn, wo das größte Entgegenkommen vermutet wurde. Über ein Gespräch mit dem belgischen Diplomaten Graf Davignon berichtete Halvorsen, dieser habe die Notwendigkeit politischer Initiativen unterstrichen. Belgien sei zwar Norwegen gegenüber freundschaftlich eingestellt, das sei jedoch nicht entscheidend. Für Frankreich würden die Prinzipien schwer wiegen: »Goodwill könnten wir in Deutschland kassieren.« Konkret habe Davignon vorgeschlagen, im Vorfeld der Sitzung vom 12. Juli 1971 den direkten Kontakt mit Brandt aufzunehmen und ihm die Sachlage so zu erläutern, dass die Deutschen im Rat klarstellen könnten, was Norwegen eigentlich benötigte.[310] Tatsächlich bewirkten die bilateralen Initiativen Norwegens in Bonn, dass der Fischereifrage fortan größere politische Bedeutung beigemessen wurde. Von Bundeskanzler Brandt und seinen Mitarbeitern im Bundeskanzleramt über den Ausschuss der Staatssekretäre für Europafragen bis in die einzelnen Ministerien lässt sich ab Anfang Juli eine verstärkte Aktivität in dieser Frage feststellen. Brandt betätigte sich in den deutsch-französischen Konsultationen nach eigener Aussage als »Norwegen-Lobbyist«[311] und bot sowohl der deutschen als auch der französischen Delegation spaßhaft seine Dienste als Norwegenexperte an, wenngleich er die detaillierte Erörterung der Verhandlungsproblematik seinem Außenminister überließ.[312] Die Europastaatssekretäre beschäftigten sich wiederholt mit der norwegischen Problematik und ordneten eine umfassende Prüfung durch das BML an.[313] Im BML selbst wurden im Anschluss an den Besuch Ertls Beratungen mit norwe-

---

309 Botschafter Halvorsen befürwortete eine Intensivierung der bilateralen Bemühungen im Vorfeld der Sitzung vom 12. Juli und unterstrich in diesem Zusammenhang die »Bedeutung des Kontaktes zu Frankreich«, wobei er auf das Fernsehinterview Pompidous am 23. Juni 1971 verwies. UD 44.36/6.84-40, Brüssel an UD, 26.6.71, EF. Norge. Fiskerigrensen.
310 UD 44.36/6.84-40, Brüssel an UD, 11.6.71, EF-Norge. Samtale med Davignon.
311 Aussage wiedergegeben im Bonner *General Anzeiger*, zit. in: UD 44.36/6.84-40, Bonn an UD, 2.7.71, EF – Pompidous besøk i Bonn.
312 Brandt berichtete Botschafter Sommerfelt, sein Angebot sei mit Beifall aufgenommen worden. UD 44.36/6.84-41, Bonn an UD, 21.7.71, EF. Samtale Brandt-Pompidou 5.7. Zu Scheels Besprechungen mit Schumann vgl. UD 44.36/6.84-40, Bonn an UD, 8.7.71, Tysk-fransk konsultasjonsmøte 5.-6.7. Norsk medlemskap i EF; UD 44.36/6.84-40, Paris an UD, 14.7.71, EF. Samtale med Brunet 13.7.
313 BArch, B120/120352, BMWi/E3, Staatssekretärausschuss für Europafragen, Sitzung vom 13.7.71.

gischen Experten auf bilateraler Ebene geplant.[314] Als treibende Kraft fungierte die Botschaft in Oslo, die wiederholt dringliche Appelle nach Bonn richtete, sich in Brüssel für eine Lösung im Sinne Norwegens einzusetzen.[315]

Allerdings wurden auch in Bonn die norwegischen Lösungsvorschläge nicht vorbehaltlos unterstützt. Zwischen den Ministerien und wohl auch im Bundeskanzleramt wurde die Auffassung geteilt, dass Norwegen eine Begrenzung seiner Sondergebiete bzw. eine Teilung seiner Küste akzeptieren müsse, um permanente Sonderlösungen zu erhalten. Man dachte an eine Vereinbarung, »die über das für die übrigen Beitrittsländer Vorgesehene hinausgeht, stark auf regionale Kriterien abstellt und daher die Frage der Befristung unter einem anderen Licht erscheinen lässt.«[316] Botschafter Ritzel hatte als Ergebnis der Gespräche Ertls in Norwegen festgehalten, dass Oslo weder den Sechsmeilenvorschlag der Kommission noch eine Verschiebung der Fischereiverhandlungen, wie Briten und Iren sie wünschten, akzeptieren konnte.[317] Brandt selbst war sich darüber im Klaren, dass der norwegischen Regierung mit einer solchen Lösung nicht geholfen war, sah seinen Handlungsspielraum aber offensichtlich eingeschränkt. Sommerfelt gegenüber sagte er, sowohl Ertl als auch Scheel träten für eine Lösung nach regionalen Gesichtspunkten ein, von der er wisse, daß sie sich innenpolitisch in Norwegen nicht verteidigen lasse.[318] Tatsächlich brachte Scheel wenig Verständnis für die norwegischen Sonderforderungen auf. Dem niederländischen Außenminister sagte er im Oktober, er glaube

> daß im Ganzen [die] norwegische[n] Fischereisorgen unberechtigt seien. [Scheel] fügte scherzhaft hinzu, daß er norwegischen Gesprächspartnern gegenüber schon darauf hingewiesen habe, daß angesichts des norwegischen Potentials im Fischfang viel eher die Gemeinschaft Grund habe, sich Sorgen zu machen.[319]

---

314 PA AA, B 60, Bd. 774, Oslo an AA, 16.7.71, Besuch Ertls in Norwegen vom 5.-7.7.71.
315 Ebd.
316 PA AA, B 20, Bd. 1835, III E2/III E 1, 2.7.71, Deutsch-französische Konsultation am 5./6. 7.; hier: Beitritt Norwegens zu den EG.
317 PA AA, B 60, Bd. 774, Oslo an AA, 16.7.71, Besuch Ertls in Norwegen vom 5.-7.7.71.
318 UD 44.36/6.84-41, Bonn an UD, 21.7.71, EF. Samtale Brandt-Pompidou 5.7.
319 PA AA, B 20, Bd. 1835, Aufzeichnung IA3 für StS, 27.10.71, Gespräch zwischen niederländischem Außenminister und Bundesminister am 26.10.

Im Staatssekretärausschuss für Europafragen wies die Vertreterin des Bundeskanzleramts, Katharina Focke, bei der Diskussion der Ergebnisse vom 12. Juli 1971 pro forma auf den Niederlassungsvorschlag Norwegens hin, und auch die anderen Teilnehmer erkannten »die politische Perspektive des norwegischen Beitritts« an. Letztendlich trat man aber auch hier übereinstimmend dafür ein, »bei der Regelung des Zugangs zu den Fischereigewässern eine regionale Lösung zu wählen, [und] etwa für die nordnorwegischen Küstengewässer eine besondere Regelung vorzusehen.«[320] Das BML legte am 12. August einen Vorschlag zur Lösung des »Zugangsproblems« vor, demzufolge die von der Kommission im Juni vorgeschlagene »allgemeine Regelung« auf Süd-Norwegen ausgedehnt werden sollte. Was die »Sonderlösung« für die so genannten Problemgebiete (darunter Nordnorwegen) anging, wurde ein abgestuftes Vorgehen empfohlen, das bis zu einem Angebot für eine unbefristete Reservierung der 12-Seemeilenzone für die örtliche Küstenbevölkerung gehen könnte. Die Grenze zwischen Nord- und Süd-Norwegen gelte es noch auszuhandeln. Dieser Vorschlag fand auch die Zustimmung des AA, weil er von dem Bemühen gekennzeichnet sei, »das schwierige Problem des freien Zugangs zu den Küstengewässern unter Hintanstellung nicht unwesentlicher deutscher Interessen einer befriedigenden Lösung näherzubringen.« Trotz des zu erwartenden Widerstands Frankreichs und der Beitrittsbewerber sollte der Vorschlag des BML zur Verhandlungslinie der deutschen Delegation werden, weil darin bereits weitgehende Zugeständnisse an beide Seiten enthalten waren.[321] Die Europastaatssekretäre stimmten dem Vorschlag des BML zu und einigten sich, was die Vorgehensweise anging, auf einen Vorschlag des BMWF, demzufolge die Gemeinschaft auf den nächsten Sitzungen mit Großbritannien nur über die allgemeine Regelung verhandeln sollte, um sich nicht an eine bestimmte Sonderregelung zu binden. Dem AA wurde es überlassen zu prüfen, »durch welche Kontakte bei Norwegen Verständnis für das stufenweise Vorgehen erlangt werden kann.«[322]

Informelle Gespräche deutscher Diplomaten mit Mitgliedern der norwegischen Verhandlungsdelegation im September 1971 hinterließen

---

320 BArch, B120/120352, BMWi/E3, Staatssekretärausschuss für Europafragen, Sitzung vom 13.7.71.
321 PA AA, B 60, Bd. 775, III E 2 (gez. v. Stein) an StS zur Unterrichtung für die Klausurtagung der Staatssekretäre am 24.8.71, 20.8.71, Fischereipolitik.
322 BArch, B120/120352, BMWi/E3, Sekretariat des Staatssekretärausschusses für Europafragen, 24.8.71, Ergebnisvermerk über die Klausurtagung der Staatssekretäre für Europafragen am 24.8.71.

den Eindruck, dass zwischen dem »keinerlei Flexibilität« zeigenden Fischereiministerium und dem UD »deutliche Unterschiede in der Bewertung« bestanden. Der Vertreter des UD schien einzusehen, »daß jedenfalls in der Endphase auch die Fischereifragen nur unter regionalpolitischen Gesichtspunkten gelöst werden können.« Einigkeit herrschte zwischen den deutschen und norwegischen Gesprächspartnern darüber,

> daß zunächst die allgemeine Lösung mit Großbritannien abschließend behandelt werden sollte, mit dem Ziel, für diese Lösung auch die für Ende Oktober vorgesehene Zustimmung des britischen Parlaments zu den vorläufigen Verhandlungsergebnissen herbeizuführen. Erst dann könne abschließend über die Sonderregelung für Norwegen verhandelt werden, wobei zu hoffen bleibe, daß die Engländer sich auf eine solche Prozedur einlassen.[323]

In der Bundesregierung hielt man es für möglich, dass mit Norwegen, nach einer längeren Übergangszeit, langfristig eine regionalpolitische Lösung gefunden werden könnte. Diese müsste allerdings durch Gemeinschaftsmaßnahmen zur Sicherung der Fischbestände ergänzt werden, beispielsweise in Form einer Absichtserklärung.

November 1971 – Die Fischereiverhandlungen in der Krise

Angesichts der sich ständig verschärfenden innenpolitischen Auseinandersetzung über den Beitritt in Norwegen, die die Regierung zunehmend unter Druck setzte, war jedoch offen, ob man überhaupt zu einer Regelung kommen konnte. Vor der Ministersitzung am 9. November lagen die Positionen zwischen allen Beteiligten so weit auseinander, dass sich eine ernste Verhandlungskrise abzeichnete. In Norwegen wurde der Kommissionsbericht wie erwähnt abgelehnt und die Regierung versuchte über bilaterale Kontakte zu erreichen, dass er gar nicht erst vorgelegt wurde. Als Begründung wurde angegeben, dass die Kommission eine übergangsweise Ausnahme von Art. 2 der bestehenden Fischereipolitik vorsehe, wohingegen Norwegen eine permanente Regelung auf der Basis des Niederlassungsrechts vorschlage, die eine Änderung dieses Artikels beinhalte. Außerdem konnte Norwegen nicht die von der Kommission geplante Wiedereinführung der Rechte anderer Länder akzeptieren, die

---

323 PA AA, B 20, Bd. 1835, III E 2 an StS, 10.9.71, Integrationspolitische Gespräche mit norwegischen Regierungsvertretern.

vor dem 1. Oktober 1970 existiert hatten. Dies hätte u.a. bedeutet, dass Deutschland und Großbritannien innerhalb der 12-Seemeilenzone fischen durften, während die anderen Mitgliedstaaten ausgeschlossen wurden. Schließlich sah der Vorschlag eine Teilung der Küste vor, die Fischereiminister Hoem wenige Tage vor der Ministersitzung in einem Zeitungsinterview erneut ausschloss.[324] Die einzige Lösung, so Staatssekretär Stoltenberg in Den Haag, sei eine Ausnahme für ganz Norwegen und mit der Niederlassungslösung habe die Regierung einen Kompromiss vorgelegt, der beiden Seiten dienlich sei.[325]

In der Gemeinschaft war man sich dagegen weiterhin einig, dass Ausnahmeregelungen für Norwegen nur zeitlich und geographisch begrenzt möglich seien. Auch die traditionellen »Alliierten« Norwegens in der Gemeinschaft, die Bundesrepublik und die Niederlande, konnten sich bestenfalls entweder eine verlängerte Übergangszeit oder eine permanente Regelung für Nordnorwegen vorstellen.[326] In einem Sprechzettel des AA für ein eventuelles Gespräch von Außenminister Scheel mit Staatssekretär Stoltenberg am Rande der Außenministerkonferenz der Zehn am 5. und 6. November in Rom wurde bemerkt,

> die norwegische Seite [sei] gut beraten, wenn sie sich nicht länger auf die schroffe Ablehnung einer derartigen Regelung beschränken, sondern sich auf Verhandlungen mit der Gemeinschaft darüber einstellen würde, was nach Ablauf der Übergangsregelung geschehen soll. Wir sind bereit, an einer Formel mitzuarbeiten, die – ohne in Einzelheiten zu gehen – dem norwegischen Parlament die Gewähr dafür gibt, daß die norwegischen Interessen auch dann noch berücksichtigt werden.
> Wenn Norwegen bei seiner bisherigen Haltung bleibt, besteht die Gefahr, daß es zu der von Großbritannien und Irland angestrebten Status quo-Regelung kommt. Eine solche Lösung dürfte aber gerade nicht im norwegischen Interesse liegen, weil dann auch die Fischmarktordnung nicht auf die Beitrittsbewerber angewendet würde. Die Entscheidung darüber, wann und in welchem Umfang Norwe-

---

324 *Dagbladet*, 6.11.71, zit. in: *Dynna* 1973, S. 153.
325 UD 44.36/6.84-42, Notat, 1. h.pol.ktr., 4.11.71, Stoltenbergs samtale med Westerterp, 2.11.71.
326 Ebd., vgl. PA AA, B 20, Bd. 1835, Aufzeichnung, IA3 für StS, 27.10.71, Gespräch zwischen niederländischem Außenminister und Bundesminister am 26.10.

gen in den Genuß der damit verbundenen Vorteile gelangt, würde also auf später verschoben.[327]

Tatsächlich begann man sich auch in Norwegen Sorgen um die vermeintlich leichtere Lösung der Marktregulierung zu machen. Die technischen Gespräche mit der Kommission hatten diesbezüglich eine Reihe von Fragen offengelassen und von Seiten Brüssels war Enttäuschung über mangelndes Entgegenkommen ausgedrückt worden.[328] Angesichts der Gegensätze in der Grenzfrage sah man die Gefahr, dass beide Bereiche sowie die kurz vor einer Lösung stehende Landwirtschaftsproblematik miteinander verbunden wurden. Für die norwegische Regierung war dies, wie Handelsminister Kleppe seinem dänischen Amtskollegen mitteilte, in erster Linie eine Frage der Rücksicht auf die öffentliche Meinung. Da der norwegische Niederlassungsvorschlag abgelehnt worden sei und man stattdessen eine Teilung der Küste diskutiere, müsse sich die Regierung darauf einstellen, hauptsächlich mit den Vorteilen der neuen Marktordnung zu argumentieren.[329] Entsprechend beeilte sich die Regierung auch auf der Ministersitzung am 9. November 1971, den von der EG vorgebrachten Lösungsvorschlägen zur Marktregulierung, trotz einiger Vorbehalte, weitgehend zuzustimmen.[330]

In der Grenzfrage brachte diese Sitzung allerdings die erwartete Krise. Die Sechs lehnten das Konzept der Zugangsregelung, basierend auf dem Niederlassungsrecht, nun auch offiziell ab, weil es das Hauptproblem bei der Erstellung einer gemeinsamen Fischereipolitik nicht lösen könne. Was die Anwendung der Gemeinschaftspolitik angehe, stelle die EG einen einheitlichen Bereich dar, und Ungleichheit bei der Durchführung könne nur mit ungleichen Zielsetzungen, wirtschaftlichen und sozialen Verhältnissen o.ä. begründet werden. Sie dürften sich dagegen nicht nach den nationalen Grenzen der Mitgliedstaaten richten. Unter der Hand hatten EG-Vertreter, Dynna zufolge, auch die von Norwegen angeführte Parallelität zwischen dem Fischereisektor und der Ausnutzung von Bodenschätzen zurückgewiesen und die Anwendung des norwegischen Konzessionsrechts auf rein nationaler Grundlage abgelehnt.[331]

---

327 PA AA, B 20, Bd. 1835, III E 2, 3.11.71, Beitrittsverhandlungen mit Norwegen, hier: Gespräch mit StS Stoltenberg.
328 UD 44.36/6.84-42, Notat, F-sekr., 7.10.71.
329 UD 44.36/6.84-42, Notat, Utenriksministerens sekretariat, 4.11.71, Samtale med dansk regjeringsdelegasjon 25.10.71.
330 UD 44.36/6.84-42, Notat, F-sekr., 10.11.71, Ref. fra Ministermøtet 9.11.71.
331 *Dynna* 1973, S. 154.

Ihrerseits unterbreitete die Gemeinschaft nun auch offiziell einen Vorschlag auf der Basis des Kommissionsberichts, den wiederum Norwegen nicht annehmen wollte. Außenminister Cappelen wies erneut die Idee einer Übergangsregelung an sich zurück und forderte, dass eine völlig neue Fischereipolitik konzipiert werden müsse.[332]

In Brüssel herrschte im Anschluss an das Treffen vom 9. November Krisenstimmung. Die norwegische Position stellte, wie der Korrespondent der *Süddeutschen Zeitung* berichtete, »selbst im Urteil der sehr kompromißbereiten deutschen Delegationsmitglieder keine Verhandlungsbasis mehr dar.«[333] Internen Berichten zufolge war man in der Gemeinschaft »deutlich verstimmt« darüber, dass die Beitrittsbewerber die Vorschläge nicht angenommen hatten, von denen man glaubte, sie könnten die Grundlage eines Kompromisses darstellen. Man war sich indes auch bewusst, dass die Bewerber über die Gemeinschaftsvorschläge »tief enttäuscht« waren. Deniau, der vom Rat beauftragt wurde, gemeinsam mit den Beitrittsländern nach Lösungen zu suchen, meinte sogar, »daß er nach der von der norwegischen Delegation abgegebenen Erklärung Zweifel habe, ob die bisher von der Gemeinschaft bezogene Position überhaupt noch eine Grundlage für weitere Verhandlungen darstelle.«[334] Laut Hallenstvedt und Dynna war die Krisenstimmung bei den Vertretungen der Mitgliedstaaten in Brüssel nicht im selben Ausmaß vorhanden. Entweder, weil man die Verhandlungssituation elastischer ansah, als sie aus den offiziellen Standpunkten hervorging, oder, weil man immer noch nicht verstanden habe, dass Norwegens Probleme nur durch weitgehendes Entgegenkommen der EG zu lösen waren.[335] Die »sich ausbreitende Krisenstimmung« konnte dadurch überdeckt werden, dass sich alle Beteiligten darauf einigten, die noch offenen Fragen, darunter besonders die Fischereifragen, auf einer zunächst nicht geplanten Sondersitzung auf Ministerebene am 29. und 30. November 1971 zu lösen.

Im Vorfeld dieser Sitzung zeichnete sich allerdings keine nennenswerte Veränderung der Positionen beider Seiten ab. Bei den Beratungen der Ständigen Vertreter stellte sich heraus, dass sich die Sechs höchstens eine Übergangszeit von zehn Jahren ohne Aufteilung in zwei Perioden

---

332 Notat, F-sekr., 10.11.71 (wie Anm. 335). *Hallenstvedt/Dynna* 1976, S. 436.
333 »Norwegen macht große Schwierigkeiten«, in: *SZ*, 11.11.71.
334 BArch, B 136/8016, Aufzeichnung BML (Meseck), 18.11.71, EWG-Beitrittsverhandlungen, hier: Fischereifragen; BArch, B 136/8016, Aufzeichnung BML-VIII B3, III A1/IIIC1, 24.11.71, 176. Ratstagung, TO-Punkt Beitrittverhandlungen, hier: Fischereifragen.
335 *Hallenstvedt/Dynna* 1976, S. 437.

vorstellen konnten. Sie wollten außerdem eine Formel diskutieren, die den Übergang von den Sonderregelungen zur Gemeinschaftspolitik von einem Ratsbeschluss abhängig machte. Frankreich, Belgien, die Niederlande und Italien sprachen sich allerdings für die so genannte »Guillotine-Regelung« aus, die besagte, dass ohne besonderen Ratsbeschluss nach Ablauf der Übergangszeit die geltenden Gemeinschaftsregeln Anwendung finden müssten. Gespräche der Kommission mit den Bewerbern ergaben, dass Dänemark bereit war, den Gemeinschaftsvorschlag für das Mutterland anzunehmen und Ausnahmen nur für Grönland und die Färöer fordern wollte, und dass Großbritannien beabsichtigte, auf jeden Fall die Verhandlungen auf der nächsten Sitzung abzuschließen. Die Briten waren außerdem bereit, notfalls Sonderregelungen für Irland und Norwegen zu akzeptieren, falls diese »vernünftig« seien.[336] Wie man in Bonn feststellte, war keiner der Bewerber bereit, einen automatischen Übergang zu den Gemeinschaftsregeln zu akzeptieren. Die Bundesregierung sah deshalb nur dann eine Chance, substantielle Fortschritte in den Verhandlungen zu erzielen, wenn den Beitrittskandidaten in dieser Frage »geeignete Zusicherungen« gemacht werden konnten. Es müsse eine Formel gefunden werden, »die den Beitrittskandidaten mindestens eine politisch (besser noch rechtlich) abgesicherte Gewähr dafür gibt, daß sie Zeitpunkt und Modalitäten des Übergangs in die Endphase mitbestimmen können«. Nur so meinte man, Bewegung in die Verhandlungen bringen zu können. Angesichts der negativen Haltung der anderen Partner glaubte man im AA, »wohl in diesem Punkt die Initiative ergreifen [zu] müssen«[337]

Intensivierung der deutschen Bemühungen um eine politische Lösung

Offensichtlich hatte sich in der Bundesregierung inzwischen die Auffassung durchgesetzt, dass die politische Bedeutung eines Beitritts aller vier Bewerber und insbesondere Norwegens einen entschlosseneren Einsatz Deutschlands erforderte.

In einer Aufzeichnung des BML hieß es Mitte November, der »politische Zündstoff«, den die Fischereiprobleme, abgesehen von ihrer wirtschaftlichen Bedeutung, vielfach für die Beitrittskandidaten repräsentier-

---

336 BArch, B 136/8016, AA/III E2, 26.11.71, 177. Ratstagung, TO-Punkt: Beitrittsverhandlungen – Fischereifrage.
337 Aufzeichnung BML, Fischereifragen, 18.11.71, Aufzeichnung BML, 24.11.71, 176. Ratstagung der EWG, Fischereifragen (beide wie oben, Anm. 334).

ten, sei in der Gemeinschaft bisher verkannt worden.[338] Auf drei übergeordnete Gesichtspunkte wurde verwiesen, die eine Einigung notwendig machten: Erstens habe die Ankündigung Islands, seine Fischereizone ab dem 1. September 1972 von 12 auf 50 SM auszuweiten, wie ein Signal an alle anderen Fischereinationen gewirkt, einer »gefährlichen Tendenz« in dieser Richtung vorzubeugen. Eine Einigung zwischen den Bewerbern und der Gemeinschaft würde bedeuten, dass, wenn ein Mitgliedsland seine Grenzen auszuweiten beabsichtige, dies die Rechte seiner Partner nicht beeinträchtige. Zweitens wurde mit Blick auf die bevorstehenden internationalen Konferenzen über das Seerecht (1973 sollte die UN-Seerechtskonferenz, UNCLOS III beginnen) auf die Durchsetzungsfähigkeit einer geschlossen agierenden Gemeinschaft verwiesen. Dies gelte besonders, wenn bei einer Assoziierung der Rest-EFTA-Staaten, einschließlich Islands, auch Fischereierzeugnisse einbezogen würden. Ein Beitritt aller vier Bewerber, insbesondere Norwegens, sei dafür die Voraussetzung, denn: »Ohne dieses größte Fischereiland Europas wäre eine Fischereipolitik unmöglich. Bliebe Norwegen außerhalb einer erweiterten Gemeinschaft, könnte es deren fischereipolitische Zielsetzung immer wieder durchkreuzen.«[339] Drittens wurden außen- und sicherheitspolitische Gründe angeführt, wie die Gefahr eines Abrückens Norwegens in die Neutralität und einer Revidierung seiner Haltung zur NATO und zur Ostpolitik.

Die sicherheitspolitische Seite der Erweiterungsfrage war mit zunehmender Zuspitzung der Verhandlungssituation von verschiedenen Seiten aufgebracht worden, obwohl man sowohl in der EG als auch unter den Kandidaten nach wie vor darauf bedacht war, sie aus den offiziellen Verhandlungen auszuklammern. Es war aber weithin bekannt, dass man gerade in der Bundesregierung der politischen Dimension des norwegischen Beitritts große Bedeutung beimaß. So mahnte ein britischer Diplomat in Bonn seine Regierung im Juli 1971, Großbritannien werde nicht auf das Wohlwollen Brandts zählen können, wenn es aufgrund seiner Fischereipolitik für den Rückzug Norwegens in die Neutralität verantwortlich gemacht werden könne.[340] Brandt und Scheel hatten bei den deutsch-französischen Konsultationen im Juli ihre Gesprächspartner durch »ziemlich kräftige« und »bewusst vereinfachende Argumente« auf

---

338 Aufzeichnung BML Fischereifragen, 18.11.71 (wie Anm. 334).
339 Ebd.
340 Zit. in: *Mjelva* 2005, S. 60.

die Gefahr aufmerksam gemacht, die durch ein Scheitern der norwegischen Verhandlungen für die NATO entstehen könne.[341] In der Gesprächsunterlage des AA hatte dazu gestanden:

> Die *französische Seite sollte gebeten werden*, wegen der überragenden politischen Bedeutung des norwegischen Beitritts mit uns zu einem weitgehenden Entgegenkommen bereit zu sein. Hierfür spricht: – ein *Nichtbeitritt könnte Norwegen auf einen neutralistischen Kurs* bringen mit den sich daraus ergebenden Gefahren für die Nordflanke der NATO, und zwar dies umso mehr, als sich als Alternative zum Beitritt nicht eine Assoziation, sondern lediglich die lockere Verbindung in einer Freihandelszone abzeichnet.[342]

Norwegische Diplomaten waren mit der deutschen Darstellung der Sicherheitsproblematik nicht immer zufrieden, weil sie Nordnorwegen als größtes Problem identifizierte und damit für eine regionale Lösung sprach. Die Initiative zu dieser Argumentationslinie kam jedoch von Seiten Oslos. Wie erwähnt, hatte im Herbst des Vorjahres der damalige Außenminister Stray die Sicherheitspolitik gezielt nutzen wollen, um die Gemeinschaft zu Zugeständnissen in der Fischereifrage zu bewegen. In diesem Zusammenhang hatte Stray sogar seinen amerikanischen Amtskollegen, William P. Rogers, gebeten, den europäischen Regierungen gegenüber die sicherheitspolitische Bedeutung eines norwegischen Beitritts zu unterstreichen, was in der US-Regierung Verwunderung hervorgerufen und zu Hause in Norwegen den Protest der Beitrittsgegner provoziert hatte.[343] Ein Jahr später griff auch Ministerpräsident Bratteli auf diese Argumentation zurück, als er Bundesverteidigungsminister Schmidt

---

341 Brunet bezeichnete dem norwegischen Botschafter in Paris, Vogt, gegenüber die »ziemlich kräftige« Argumentation Brandts als »deutsche und klotzige Form der Erpressung«, woraufhin Vogt sich bemühte, diese Darstellung etwas zu nuancieren. Brandts Mitarbeiter im Kanzleramt Per Fischer zufolge hatte nicht Brandt, sondern nur Scheel sicherheitspolitische Argumente verwendet. Brandt selbst erzählte aber dem norwegischen Botschafter in Bonn, er habe »bewusst mit Vereinfachungen gearbeitet«. UD 44.36/6.84-40, Paris an UD, 14.7.71; UD 44.36/6.84-40, Bonn an UD, 14.7.71; UD 44.36/6.84-41, Bonn an UD, 21.7.71.
342 PA AA, B 20, Bd. 1835, III E2/III E 1, 2.7.71, Deutsch-französische Konsultation am 5./6.7, hier: Beitritt Norwegens zu den EG (Hervorhebung im Text).
343 UD 44.36/6.84-40, UD, 4. Pol.ktr., 13.7.71, Argumentasjon av politisk/sikkerhetspolitisk art i forbindelse med spørsmålet om norsk medlemsskap i EF.

auf die innere Verbindung [hinwies], die zwischen einer für Norwegen akzeptablen EWG-Lösung und einer unbestrittenen Mitgliedschaft Norwegens in der NATO besteht. Eine Behandlung der EWG-Beitrittsfrage in einer Weise, die den besonderen Lebensinteressen Norwegens *nicht* Rechnung trüge, müsse sich auf die Einstellung der norwegischen Bevölkerung zur Allianz auf längere Sicht negativ auswirken. Dies gelte insbesondere für die Jugend.[344]

Die Tageszeitung *Aftenposten* spekulierte im November 1971, ob die sicherheitspolitische Situation Norwegens nicht stärker in die Verhandlungen eingebracht werden könnte:

> Da einige der gegenwärtigen EWG-Mitglieder den norwegischen Beitritt auch aus sicherheitspolitischen Überlegungen wünschen, kann man sich vorstellen, dass die besonderen Verteidigungsprobleme, welche die Küsten im nördlichen Norwegen stellen, eine verständnisvollere Haltung und ein größeres Wohlwollen (der EWG) gegenüber den norwegischen Forderungen in der Fischereigrenzfrage hervorrufen werden, als dies sonst der Fall wäre.[345]

Von deutscher Seite wurden die politischen Gründe für ein Entgegenkommen der Gemeinschaft in der Grenzfrage nicht zuletzt auch deshalb betont, weil man die wirtschaftliche Bedeutung der Fischereifragen, »realistisch und nüchtern beurteilt«, für »weit überschätzt« und »unangemessen hochgespielt« hielt. Weitere Zugeständnisse seien durchaus auf beiden Seiten möglich. Von diesen Überlegungen ausgehend, wollte die Bundesregierung auf der kommenden Verhandlungsrunde eine Regelung befürworten, die sich weit von den Vorschlägen der Gemeinschaft entfernte und für Norwegen als annehmbar eingeschätzt wurde. Sie basierte auf der Gleichberechtigung aller Mitgliedsländer innerhalb einer Zwölfmeilenzone, wobei Norwegen aufgrund seiner langen Küstenlinie der »größte Gewinner« sein würde. Was das Ende der Übergangszeit anging, konnte man sich im Bundeskanzleramt eine Regelung vorstellen, die Norwegen effektiv ein Veto und damit die gewünschte Dauerlösung sichern würde. Der »politische Preis« sei für die Gemeinschaft hoch, aber gerechtfertigt. Von den Kandidaten wurde im Gegenzug erwartet, dass

---

344 PA AA, B 31, Bd. 382, Oslo an AA, 24.9.71, Besuch des Bundesministers der Verteidigung in Norwegen, Bitte um Weiterleitung an Bundeskanzler.
345 Zit. nach Politischer Jahresbericht, 1971 (wie 3.2.2, Anm. 67).

sie die Vorschläge zur Marktorganisation annahmen und auf die Einschränkung der Niederlassungsfreiheit verzichteten.[346] Bedeutete dies, wie norwegische und dänische Zeitungen berichteten, dass die Bundesregierung nun bereit war, gegenüber Norwegen in der Fischereifrage »zu kapitulieren«?[347] Tatsächlich hielt man auch in Bonn daran fest, dass die Kandidaten sich an die Römischen Verträge und ihr Folgerecht halten müssten und dass die Gemeinschaftssolidarität – auch aus verhandlungstaktischen Gründen – nicht in Frage gestellt werden durfte.[348]

Auf der zwei Tage langen Ministersitzung am 29. und 30. November 1971 legte die Gemeinschaft zunächst einen revidierten Entwurf ihres Lösungsvorschlages vor. Wie abzusehen war, hielt sie an der Unterteilung in eine allgemeine und eine spezielle Regelung ebenso fest wie an dem Vorschlag, die norwegische Küste nördlich von Trondheim als speziellen Fall anzusehen. Dagegen gab sie die Aufteilung der Übergangszeit in zwei Perioden à fünf Jahre zugunsten einer Zehn-Jahres-Periode auf. Vor Ablauf dieser Periode sollte die Kommission dem Rat einen Bericht über die wirtschaftlichen und sozialen Verhältnisse erstellen, auf dessen Grundlage der Rat Maßnahmen zur Verbesserung beschließen sollte. Anders als von Gemeinschaftsseite erwartet, zeigte Norwegen Bewegung in seiner Verhandlungsposition. Handelsminister Kleppe konnte zwar auch den neuen Gemeinschaftsvorschlag nicht akzeptieren und verwies erneut auf die Niederlassungslinie. Die Regierung erklärte sich jedoch dazu bereit, jedes Angebot zu verhandeln, das ausreichende Rücksicht auf den Schutz der natürlichen Meeresressourcen und die Interessen der Küstenbevölkerung nehme. Eine solche Lösung müsse auf dem Prinzip basieren, dass ein ausreichender Bereich für die Küstenfischer reserviert werde und dass die Regelung nicht zeitlich begrenzt sei, sondern vielmehr Teil der Strukturverordnung werde oder vergleichbaren Status habe.[349] Allerdings konnte die Regierung auch einen revidierten Entwurf der Gemeinschaft, den diese am Tag darauf vorlegte, nicht akzeptieren.[350] Immerhin bestand fortan kein Zweifel mehr darüber, dass unterschiedliche Regelungen für verschiedene Teile der Küste akzeptiert wer-

---

346 Aufzeichnung BML, Fischereifragen, 18.11.71; Aufzeichnung BML, 24.11.71, 176. (beide wie oben, Anm. 334).
347 »Vesttyskland vil ›kapitulere‹ overfor Norge«, in: *Politiken*, 28.11.71.
348 BArch, B 136/8016, AA/III E2, 26.11.71, 177. Ratstagung, TO-Punkt: Beitrittsverhandlungen – Fischereifrage.
349 UD 44.36/6.84-43, F-del., 1.12.71, Notat til Regj. medl., Norge-EF. Ministermötet 29.-30.11.71.
350 Ebd.

den mussten. An der Forderung nach einer permanenten Regelung hielt Norwegen dagegen fest.[351] Die ausstehenden Verhandlungen würden sich fortan um die geographische und die zeitliche Begrenzung der Sonderregelung drehen.

Auf der Habenseite konnte die norwegische Delegation nach der Sitzung vom 30. November darauf verweisen, dass die Verhandlungen über die Landwirtschaft kurz vor dem Abschluss standen und dass die Gemeinschaft weitgehende Zugeständnisse in der Frage der Marktordnung für Fisch gemacht hatte, so dass über diesen Bereich nun bis auf Einzelfragen Einigkeit bestand. Einer dänischen Zeitung zufolge war die Gemeinschaft Norwegen unerwartet weit entgegengekommen und hatte das gesamte norwegische Umsatz- und Verkaufssystem für Rohfisch akzeptiert. Nun wurde erwartet, dass die Gemeinschaft sich auch in der Grenzfrage »lang strecken« werde.[352]

Zufrieden konnte man in Oslo auch damit sein, dass Großbritannien mit seinem Versuch fehlgeschlagen war, eine norwegische Sonderregelung zu verhindern, indem es seinerseits eine ähnliche Behandlung forderte. Zwar war die britische Delegation durchaus bereit, den EG-Vorschlag in der vorliegenden Form anzunehmen, sie meinte aber, dies aus innenpolitischen Gründen nicht tun zu können, wenn Norwegen eine bessere Regelung erhalte. Anfang November 1971 hatte der deutsche Botschafter in London betont, wie wichtig ein erfolgreicher Abschluss der Beitrittsverhandlungen für die im folgenden Jahr in Großbritannien bevorstehende »parlamentarische Schlacht« um die endgültige Ratifizierung des Beitrittsabkommens sei:

Das gilt für die politisch heikle Fischereipolitik ebenso wie für eine Unzahl von Einzelregelungen, die alle bestimmte wirtschaftliche Interessengruppen berühren. Aber auch die Verhandlungen mit den drei anderen Beitrittskandidaten und den übrigen EFTA-Mitgliedern werden hier sehr genau nach zwei Kriterien geprüft werden, dem egoistischen: »bekommen die anderen bessere Bedingungen?« und dem altruistischen: »Großbritannien darf keine alten Freunde verraten.«[353]

---

351 *Hallenstvedt/Dynna* 1976, S. 437.
352 »EF vil strække sig langt for en løsning«, in: *Kristelig Dagblad*, 30.11.71.
353 AAPD, 1971, Dok. 379.

»Indeed«, so Christopher Lord, »one of the few hopes of selling an agreement to UK fishermen would be to hold out the hope of compensating gains from access to Norwegian waters.« Islands Entscheidung, seine Fischereizone auszuweiten, habe Großbritanniens Verhandlungssituation zudem noch weiter verschärft, da ein Ausschluss von den isländischen Gewässern zu einem Verlust von 33% des britischen Fangs führen würde.[354] Vor diesem Hintergrund erklärt sich die ungewöhnlich scharf vorgebrachte Unzufriedenheit der britischen Regierung über die norwegische Verhandlungstaktik. In einem Brief vom 29. November warf Heath seinem Amtskollegen Bratteli in kaum verhüllter Form vor, die norwegische Regierung gefährde durch ihre störrische Haltung die gesamten Verhandlungen. Seine Ausführungen kamen einer Belehrung über taktisches Vorgehen in Verhandlungen mit der EG gleich. Norwegen müsse sich darüber im Klaren sein, dass viele in der Gemeinschaft nur auf ein Scheitern der Verhandlungen warteten und im Verhalten der norwegischen Delegation ausreichende Gründe dafür finden würden. Weil er, Heath, nicht dazu gehöre, sondern vielmehr den Erfolg der Verhandlungen aller Kandidaten für notwendig erachte, dränge er Bratteli, seine Unterhändler in Brüssel zu einer Annahme des EG-Vorschlags anzuhalten.[355] Der Brief, der durch eine Indiskretion an die Öffentlichkeit gelangte, weckte in Norwegen große Aufmerksamkeit und trübte die ohnehin schlechte Verhandlungsstimmung. Die Haltung der norwegischen Delegation beeinflusste er nicht. Sie lehnte eine Lösung auf der Basis des EG-Vorschlags erneut ab, diesmal mit dem Verweis, sie müsse einen richtungsweisenden Kabinettsbeschluss vom 2. Dezember 1971 abwarten. Die britischen Forderungen, die in der Sitzung vom 30. November auf »hartnäckige« Art und Weise von Chefunterhändler Geoffrey Rippon vorgebracht wurden (norwegische Beobachter bezeichneten sie als extrem undiplomatisch), lehnte die Gemeinschaft auf französischen Druck ab, obwohl die Bundesregierung sie zunächst unterstützt hatte.[356] Kontakte zwischen der Bundesregierung und der französischen Regierung im Anschluss an die Sitzung kamen zu dem Ergebnis, Großbritannien müsse sich mit dem vorliegenden Angebot abfinden, wohingegen für Norwegen eine Sonderregelung gefunden werden könne. Boegner ließ sogar erkennen, dass Frankreich eine »erhebliche Ausweitung der Sondergebie-

---

354 Lord 1993, S. 73.
355 Der Brief ist abgedruckt bei *Mjelva* 2005. Vgl. ebd., S. 74-77.
356 BArch, B 136/8016, BK, Gruppe IV/1 an Bundeskanzler, 30.11.71, Ergebnis der Ratstagung und der Beitrittskonferenz am 29./30.11.71, hier: Fischerei.

te«, z.B. bis Stavanger und eine allgemeine Absichtserklärung zugunsten Norwegens für die Zeit nach dem Ende der zehn Jahre mittragen werde. Weil damit jedoch, nach deutscher Einschätzung, Norwegen nicht überzeugt werden konnte, sollte Brandt in seinen Gesprächen in Paris eine Absichtserklärung zugunsten Norwegens vorschlagen. Diese müsste, nach Auffassung seiner Mitarbeiter im Bundeskanzleramt, einen sehr starken und verpflichtenden Inhalt enthalten und die Möglichkeit vorsehen, die Sonderregelungen auf unbestimmte Zeit – bis zur Änderung der derzeitigen Gegebenheiten – zu verlängern. Für Frankreich wäre damit das Prinzip der zeitlichen Begrenzung der Übergangsregelung gewahrt, weil der Rat die Verlängerung erst beschließen müsste. Norwegen hätte jedoch durch die Verpflichtung aller Mitgliedstaaten der erweiterten Gemeinschaft im Beitrittsvertrag die Gewissheit, dass der Rat nach zehn Jahren entsprechend dieser Bindung beschließen muss.

Dezember 1971 – Die Wege der Kandidaten trennen sich

Die Verhandlungen sollten am 8. Dezember auf der Ebene der Stellvertreter und am 11. und 12. Dezember auf Ministerebene weitergeführt werden. In den Tagen vor diesen Sitzungen zeichneten sich bei bilateralen Gesprächen und internen Erörterungen der Verhandlungssituation zwei entscheidende Entwicklungen ab.

Großbritannien, Irland und Dänemark steuerten auf eine Annahme des EG-Vorschlags zu leicht verbesserten Bedingungen zu, insbesondere was den Umfang der Sondergebiete und den Wortlaut der Revisionsklausel anging. Norwegen baute seinerseits darauf, als Sonderfall anerkannt zu werden, und beschloss daher, ein Abkommen seiner drei Mitbewerber abzuwarten. Zur norwegischen Entscheidung hatte offensichtlich ein Gespräch Sommerfelts mit Bundeskanzler Brandt über dessen Konsultation mit Pompidou vom 4. Dezember beigetragen. Brandt hatte in Paris, erneut unter Verweis auf sicherheitspolitische Argumente, dafür plädiert, »die eigenen Positionen in der Fischereifrage [zu] überprüfen« und Prinzipien nicht »totzureiten«:

> Wolle man in der Fischerei-Frage auf Prinzipien beharren, komme das der Entvölkerung einer ganzen Region gleich. In dem Gebiet zwischen Trondheim und Kirkenes bestehe schon ein gefährliches Vakuum, in das die Sowjetunion bei einer Krise in Europa einbre-

chen könnte. In diesem besonderen Falle solle man die spezifischen Naturgegebenheiten mit beachten.[357]

Um Pompidous Sorgen vor der Präzedenzwirkung einer norwegischen Sonderlösung zu entkräften, hatte er sich dafür eingesetzt, diese nur Norwegen, nicht aber Großbritannien zu gewähren.[358] Seine Mitarbeiter hatten Brandt ein Papier mit zwei Formeln für eine Revisionsklausel, die eine solche Dauerregelung explizit oder zumindest implizit zusagten, mitgegeben, das er Pompidou und Schumann vorlegte.[359] Wie Brandt dem norwegischen Botschafter berichtete, war Schumann nicht bereit gewesen, eine wie auch immer geartete Verlängerung der Sonderregelung über zehn Jahre hinaus zu akzeptieren. Pompidou habe sich aber sehr entgegenkommend gezeigt und sei bereit, Norwegen als Sonderfall anzuerkennen. Beide hätten es dagegen abgelehnt, eine Änderung der Strukturverordnung zu akzeptieren. Bezug nehmend auf diese Informationen, empfahl Botschafter Sommerfelt seiner Regierung, in den weiteren Verhandlungen auf die »Special case«-Linie zu setzen und ein Sonderprotokoll für Norwegen zu fordern.[360]

Was aber sollte die Sonderregelung beinhalten und wie würde sie sich von den Regelungen der übrigen Bewerber unterscheiden? Nach Meinung des AA konnte eine Lösung zugunsten aller Bewerber gefunden werden, »die einerseits das Prinzip einer späteren gemeinschaftlichen Zugangsregelung aufrecht erhält, andererseits aber den Beitrittsländern eine gewisse politische Sicherheit gibt, daß eine spätere Regelung nicht ohne ihre Billigung zustande kommt.« Dafür müssten die Bewerber aber »trotz ihres von uns nicht verkannten geringen innenpolitischen Spielraums« Entgegenkommen zeigen, »indem sie auf prinzipielle Festlegungen zu Lasten des Standpunkts der Gemeinschaft verzichten und an der Ausarbeitung einer entsprechenden Formel mitwirken.« Besonders Norwegen sei die Gemeinschaft weit entgegengekommen, wenn man bedenke, dass außer der Sonderregelung für die Küste nördlich von Trondheim sowohl die Möglichkeiten zu gemeinschaftlich finanzierten Strukturmaßnahmen als auch die Marktorganisation für Fisch mit der

---

357 AAPD, 1971, Dok. 429.
358 Ebd.
359 UD 44.36/6.84-43, Bonn an UD, 5.12.71, EF-forhandlingene. BArch, B 136/8015, Aufzeichnung Gruppe II/1/Gruppe IV/1 an Bundeskanzler, 2.12.71, Gespräch mit Präsident Pompidou am 3./4.12.71 in Paris, hier: Beitritt Norwegens – Fischerei.
360 UD 44.36/6.84-43, Bonn an UD, 5.12.71, EF-forhandingene.

besonders für Norwegen vorteilhaften Öffnung der Märkte und finanziellen Solidarität bestehen bleiben sollten.[361]

Die norwegische Delegation ließ aber zunächst verlauten, dass sich die Regierung darauf festgelegt habe, den Vorschlag des Rates für die Regelung der Fischereifragen endgültig abzulehnen. Norwegen könne nur innenpolitisch vertretbare Lösungen annehmen, unter keinen Umständen aber eine Lösung, »die ihm die Möglichkeit nähme, selbst darüber zu befinden, wann eine Übergangsregelung beendet sei.« Man werde sich bei den Verhandlungen am 11. Dezember passiv verhalten und der Gemeinschaft und Großbritannien den Vortritt lassen. Als Zeichen des Entgegenkommens sei beschlossen worden, dass Norwegen im Falle einer Ausdehnung seiner Fischereigrenzen über 12 SM hinaus, diese »on a non discriminatory basis« aussprechen werde, d.h. allen Gemeinschaftsstaaten den Zugang zu ermöglichen. Schließlich sollte eine Revisionsklausel »the other way around« verlangt werden, d.h. eine Bestimmung, die Änderungen an der vereinbarten Sonderregelung von der Zustimmung aller Mitglieder abhängig machte und damit Norwegen de facto ein Veto-Recht zusprach.[362]

Des Weiteren beschloss die norwegische Delegation, auf der bevorstehenden Stellvertretersitzung am 8. Dezember 1971 eine Erklärung zur Fischereipolitik abzugeben. Damit sollte einerseits der norwegischen Öffentlichkeit signalisiert werden, dass Norwegen weiterhin nur mit einer Sonderbehandlung seiner Fischer gedient sei. Andererseits sollte der Gemeinschaft klargemacht werden, dass ihr Vorschlag vom 29./30. November nicht akzeptabel war.[363] Der Vorschlag der EG, so Verhandlungsführer Sommerfelt, sei nicht ausreichend, weil er den Charakter einer Übergangsregelung, formuliert als Ausnahme von der Strukturverordnung der Gemeinsamen Fischereipolitik, habe. Norwegen sei aber der Auffassung, dass die spezielle Regelung für die Küstengebiete dauerhaften Charakter haben müsse. Dafür spreche die Besonderheit der norwegischen Fischereiwirtschaft, die von der Gemeinschaft anerkannt worden sei. Auch der Vorschlag der Gemeinschaft, nur die Bereiche nörd-

---

361 PA AA, B 20, Bd. 1835, [Gesprächsunterlagen] III E 2/III E 1, 2.12.71, Reise des Bundeskanzlers nach Oslo und Stockholm vom 9.-12.12.71, hier: Beitrittsverhandlungen mit Norwegen sowie Verhandlungen über ein Abkommen der Gemeinschaft mit Schweden.
362 PA AA, B 20, Bd. 1835, von Braun an D III, 7.12.71, Norwegische Fischerei; PA AA, B 20, Bd. 1835, Oslo an AA, 8.12.71, Verhandlungen mit Norwegen.
363 UD 44.36/6.84-43, Notat, F-sekr., 9.12.71, fra delegasjonsmøte på ambassaden i Brussel 7.12.71.

lich von Trondheim als Sonderfall anzuerkennen, wurde von Norwegen zurückgewiesen.[364] Ein gewisses Entgegenkommen bewies die norwegische Delegation, indem sie von der Möglichkeit eines Sonderprotokolls als gleichwertigem Ersatz für eine Veränderung der Strukturverordnung sprach und für die Dauer der Sonderregelung anstatt des Ausdrucks »permanent« nun das Wort *varig* (dauerhaft) verwendete, was im Norwegischen ungefähr das Gleiche bedeutet wie das französische *durable*, aber weniger endgültig klingt.[365]

Auf der Ministersitzung am 11. und 12. Dezember 1971 einigte sich die Gemeinschaft mit den anderen Kandidaten auf eine Lösung der Fischereifrage. Dabei wurde zum einen der Umfang der Gebiete festgelegt, in denen die Sonderregelung zur Anwendung kommen sollte. Zum anderen einigte man sich auf eine Revisionsklausel, nach der die Kommission vor Ablauf der Übergangsfrist von zehn Jahren einen Bericht über die soziale und wirtschaftliche Entwicklung in den Küstengebieten sowie zum Zustand der Fischbestände vorlegen sollte. Auf der Basis dieses Berichts und in Übereinstimmung mit den Zielen der Gemeinschaftspolitik würde der Rat dann Vorschläge für Maßnahmen ausarbeiten, die die bis dahin bestehenden ablösen sollten. Über die Interpretation dieser Klausel gab es sowohl unter den Verhandlungsteilnehmern als auch in der Presse unterschiedliche Auffassungen. Während der britische Verhandlungsführer Rippon sie als Garantie feierte, gab Außenminister Schumann bekannt, er habe auf einer Kabinettssitzung permanente Ausnahmen sowohl für Großbritannien als auch für Norwegen abgelehnt.[366] Wie Hillary Allen feststellt, beinhaltete die Revisionsklausel zwar keine Garantie, wurde aber gemeinhin als das Ende der Gemeinschaftspolitik von 1970 angesehen und markierte somit den Beginn einer langen Neuverhandlung der gemeinsamen Fischereipolitik.[367] Diese Aussicht war den norwegischen Unterhändlern mit Blick auf ihre kritische Küstenbevölkerung allerdings zu vage, weshalb sie, wie angekündigt, die Lösung der anderen Bewerber für sich ablehnten.[368] Botschafter Halvorsen erklärte seinen EFTA-Kollegen:

---

364 UD 44.36/6.84-43, Notat, F-sekr., 9.12.71, Ref. fra Stedfortredermötet 8.12.71.
365 Vgl. *Dynna* 1973, S. 165.
366 Vgl. ebd., S. 167 f..
367 *Allen* 1979, S. 122.
368 UD 44.36/6.84-43, UD, F-sekr., 13.12.71, Ref. fra Ministermøtet 11.-12.12.71.

The proposal accepted by Britain and Denmark did not meet Norway's basic needs. On 22nd September [1970] the Community had agreed that Norway was a special case, but all the other applicants had since then claimed to be treated as special cases. The matter could now only be solved at a political level.[369]

5.4.5 Die Schlussphase

Damit begann die hochdramatische Schlussphase der Verhandlungen, die sich nun auf Norwegen konzentrierte, das den Inhalt seines Sonderprotokolls aushandeln musste. Freilich mussten dabei auch die Mitbewerber weiterhin in die Überlegungen einbezogen werden, weil ein Gesamtresultat nur mit ihrer Zustimmung zustande kommen konnte. Es war nicht ausgeschlossen, dass zumindest Großbritannien und Irland eine Wiedereröffnung ihrer Verhandlungen fordern würden, falls Norwegen ein erheblich besseres Ergebnis erzielte.[370] Einen angeblich von Schumann eingebrachten Vorschlag, die norwegischen Verhandlungen ganz auszuklammern und erst nach dem Beitritt der anderen Kandidaten fertig zu verhandeln, bezeichnete man im AA als »riskant«. Der Leiter der handelspolitischen Abteilung unterstrich gegenüber dem norwegischen Botschafter, dass der beste Verhandlungszeitpunkt vor dem 22. Januar, dem vorgesehenen Unterzeichnungstermin, war. »Nach der Unterzeichnung könne er keine erdenkliche Möglichkeit für Norwegen erkennen, weitere Konzessionen zu erwirken.«[371] Dieser Einwand wog um so schwerer, weil die neuen Mitglieder dann über Norwegens Schicksal mitbestimmen würden, was nach den Differenzen im Herbst kein Vorteil sein konnte.[372] Vieles deutete jedoch darauf hin, dass im Interesse eines erfolgreichen Abschlusses der Verhandlungen nunmehr auch die anderen Kandidaten eine gewisse Sonderbehandlung Norwegens akzeptiert hatten, wobei in den internen britischen Diskussionen auch die sicherheitspolitische Dimension betont wurde.[373] In jedem Fall galt es jetzt,

---

369 UD 44.36/6.84-44, EFTA-Sekretariat, Brussels Liaison, Report on Negotiations with EEC. Norway, Meeting in Brussels, 13.12.71.
370 Vgl. *Mjelva* 2005, S. 79 ff.
371 Vgl. PA AA, B 20, Bd. 1835, von Braun an D III, 7.12.71, Norwegische Fischerei; UD 44.36/6.84-44, Bonn an UD, 31.12.71, EF-Norge. Fisk. Statsministerens reise.
372 UD 44.36/6.84-44, Brüssel an UD, 17.12.71, EF. Fiske. Forhandlingstempo.
373 Vgl. *Mjelva* 2005, S. 80 ff.

die norwegischen Bemühungen zu forcieren. Denn die Herausforderung, die Sechs, und darunter besonders Frankreich, davon zu überzeugen, Norwegen ein wesentlich besseres Abkommen zuzugestehen als den drei anderen Kandidaten, blieb groß genug. Zudem wuchs der Zeitdruck, weil die Verhandlungen, hauptsächlich auf britischen Wunsch, am 15. Januar 1972 abgeschlossen werden sollten. Da Norwegen seine Verhandlungen gleichzeitig mit den anderen Ländern abschließen wollte, riskierte es, dass die Arbeitslast der Gemeinschaft evtl. zu einer knappen Behandlung des norwegischen Falls und zu einem »take it or leave it«-Angebot führen könnte.[374]

Sondieren, verhandeln und überzeugen – das Ringen um Formulierungen

Die norwegische Regierung beschloss nun auf zwei Ebenen aktiv zu werden. In Ergänzung zu den Verhandlungen über das Sonderprotokoll hielt man es für notwendig, eine Initiative auf höchster politischer Ebene zu unternehmen. Premierminister Bratteli plante, Anfang Januar eine Rundreise durch die Hauptstädte der Gemeinschaft sowie nach London vorzunehmen, um die Staats- und Regierungschefs persönlich von der Bedeutung eines zufrieden stellenden Abkommens für Norwegens Fischerei zu überzeugen.

Die Sondierungen mit der Kommission und den Mitgliedstaaten begannen unmittelbar nach dem 12. Dezember. Dabei ging es einerseits darum, wie weit südlich sich die norwegische Ausnahmezone erstrecken sollte. Die Gemeinschaft hatte mit Trondheim als südlichsten Punkt der Zwölfmeilenzone einen Ort vorgeschlagen, der ungefähr in der Mitte des Landes lag. Norwegen schlug dagegen mit Lindesnes einen Punkt an der Südspitze vor, was einen Einschluss der gesamten Atlantikküste sowie 97% des norwegischen Fischfangs bedeutete. Andererseits ging es um die Dauer der Sonderregelung. Vertreter der Kommission schlugen eine politische Verpflichtung (*commitment*) vor, die die Regierung im Parlament zitieren könne, die aber nicht unbedingt Teil des Vertragswerkes sein würde. Die im Abkommen der anderen Bewerber angewandte Verlängerungsklausel bedeute, so versicherte Generaldirektor Wellenstein, de facto eine Einstimmigkeitsregel, die Norwegen ein Veto gegen jede Veränderung der Regelung nach 1982 zusicherte. Damit konnte sich Norwegen jedoch nach wie vor nicht abfinden. In Oslo wünschte man

---

374 So argumentierte Botschafter Halvorsen, der auf eine Regelung vor dem 10. Januar 1972 drängte. Brüssel an UD, 17.12.71 (wie Anm. 372).

I en EEC-tid

— *Ahhh* — *f i s k er det beste jeg vet!*

»In diesen EWG-Zeiten«. Brandt eingerahmt von Norwegens Ministerpräsident Bratteli und Außenminister Cappelen: »Ah! Nichts mag ich lieber als Fisch!« Während Brandt in Oslo den Friedensnobelpreis entgegennahm, sah sich Norwegen in den Fischereiverhandlungen in Brüssel zunehmend isoliert.

eine Revisionsklausel, die explizit zusicherte, dass die Ausnahmeregelung auch nach 1982 fortbestehen würde und dass Norwegen der entscheidende Einfluss darauf zukam, was nach der Übergangsperiode geschehen sollte. Es wurde unterstrichen, dass der Schwerpunkt der norwegischen Fischerei im Norden, aber auch im Westland liege. Die Fischer dort seien sehr besorgt, durch Überfischung ihre Lebensgrundlage zu verlieren und ihre Interessenvertreter seien nachdrücklich dafür eingetreten, die norwegischen Gewässer den einheimischen Fischern vorzubehalten. Eine

Teilung der Küste werde weiterhin kategorisch abgewiesen. Aufgrund der politischen Bedeutung des Fischereigewerbes sei deren Haltung zum Verhandlungsergebnis entscheidend. Im Übrigen entspreche es dem norwegischen Rechtsverständnis, sich auf klare und juristisch bindende Zusagen zu einigen.[375] Weil die detaillierten Forderungen unter den Ständigen Vertretern auf überwiegend negative Reaktionen stießen, kam man auf der letzten Sitzung des Jahres in der Zugangsfrage nicht weiter.[376] Stattdessen wurde über einzelne noch ausstehende Probleme in Verbindung mit der Marktordnung für Fisch und dem Landwirtschaftsabkommen verhandelt.

Die Rundreise Brattelis in Begleitung Cappelens und Hoems durch die europäischen Hauptstädte war ausdrücklich nicht als Verhandlungsreise gedacht, sondern sollte dazu dienen, die norwegische Mitgliedschaft unter einem allgemeinen außenpolitischen Blickwinkel zu diskutieren und damit Bewegung in die festgefahrene Verhandlungssituation zu bringen. Über die Auswahl der Stationen hatte es zunächst unterschiedliche Meinungen gegeben. Botschafter Halvorsen hatte beispielsweise die Bedeutung eines Treffens mit Heath unterstrichen:

> Ein Treffen zwischen Bratteli und Heath wäre psychologisch glücklich und würde politisch Aufmerksamkeit wecken. Selbst wenn wir zunächst keinen konkreten Text für unseren ‚cas spécial' vorlegen können, ist es wichtig zu unterstreichen, dass die Einigung, die zwischen den Drei und der EG über Fisch gefunden wurde, nichts über unseren Fall enthält. Den EG-Ländern müssen wir sagen, dass wir es als gegeben ansehen, dass sie jedwede Forderung des V[ereinigten] K[önigreichs] und Irlands nach Gleichbehandlung mit Norwegen zurückweisen. Eine Verpflichtung dazu haben sie nicht. Dem VK und Irland muss gesagt werden, dass ihre Haltung entscheidend dafür ist, inwiefern Norwegen sich der EG anschließend kann (plus, dass das VK im Zweifelsfall auch nicht zwischen 12 und 50 Seemeilen fischen darf). Auch wenn all dies bereits gesagt wurde, sollte es wiederholt werden, damit der Boden bereitet ist, wenn wir einen konkreten Lösungsvorschlag für Norwegen vorlegen. [Ich]

---

375 UD 44.36/6.84-45, Notat, F-sekr., 3.1.72, Norge-EF. Generelle momenter i forbindelse med de norske forhandlinger.
376 HAEU, Dep. FMM 41 Elargissement, Adhésion du Royaume Uni, Note de dossier (Wellenstein), 28.12.71, Problème de la pêche – Norvège (ENA, Norwegian Fishing, 3.4.06).

weise außerdem darauf hin, dass es in der jetzigen Situation durchaus vorstellbar ist, dass das VK daran arbeitet, einen ›cas spécial‹ für Norwegen zu verhindern.[377]

Im UD hatte man dagegen in erster Linie auf ein Gespräch mit dem französischen Staatspräsidenten gedrängt, dem auch deutsche Diplomaten die größte Bedeutung beimaßen, weil, wie der Leiter der handelspolitischen Abteilung Axel Herbst es ausdrückte,»diese Gespräche in der Lage sein könnten, den ›letzten möglichen Zentimeter‹ Verhandlungsspielraum aus den Sechs in der Fischereigrenzfrage herauszuholen.« Bonn sollte dagegen ausgelassen werden, mit der Begründung, dass Brandt und Scheel gerade erst in Oslo gewesen seien (in Verbindung mit der Verleihung des Friedensnobelpreises) und, wie Botschafter Sommerfelt rückblickend schreibt, »weil [Bratteli] wohl meinte, daß Willy Brandt und seine Regierung alle norwegischen Argumente kannten.«[378]

Auch die inhaltliche Vorbereitung hatte verhandlungstaktische Fragen aufgeworfen. Was konnte Bratteli mit seiner Reise erreichen? Die norwegische Regierung wünschte eine Garantie, die schwarz auf weiß und als integrierter Teil des Beitrittsabkommens festhielt, dass die Sonderregelung nach 1982 weiter bestehen würde. Wellenstein teilte der norwegischen Botschaft in Brüssel kurz vor der Reise Brattelis mit, dass die Ständigen Vertreter in ihren ersten Besprechungen über den norwegischen Protokollentwurf diesen als Diskussionsgrundlage vollständig zurückgewiesen hätten. Die Hauptstädte seien sicher darüber informiert worden und dadurch ergebe sich nun die Frage, was Bratteli diskutieren sollte. Wellenstein fragte, ob er die Ständigen Vertreter drängen sollte, in den ersten Januartagen einen alternativen Entwurf auszuarbeiten. Bratteli könne dann in seinen Gesprächen evtl. um dessen Verbesserung bitten, um nicht nur den norwegischen Vorschlag verteidigen zu müssen. Die Botschaft in Brüssel war einer solchen Vorgehensweise gegenüber skeptisch, weil eine eventuelle Annäherung über die Textalternativen in den Vorgesprächen die norwegische Delegation in den Verhandlungen nicht binden dürfte. Andererseits akzeptierte man das Argument Wellensteins, dass der Rat in den Verhandlungen keinen Vorschlag vorlegen könne, den Bratteli in seinen Gesprächen bereits abgelehnt hätte. Wel-

---

377 UD 44.36/6.84-43, Brüssel an UD, 14.12.71.
378 UD 44.36/6.84-44, Notat, 1. h.pol.ktr., 22.12.71, Statsminister Brattelis rundreise til EF-hovedstader; UD 44.36/6.84-44, Bonn an UD, 31.12.71, EF-Norge. Fisk. Statsministerens reise; *Sommerfelt* 1997, S. 153.

lenstein ging außerdem davon aus, dass Bratteli auf seiner Reise »politische Verpflichtungen« zugunsten der norwegischen Sonderstellung erreichen wollte, und betonte, dass diese zu bindenden Leitlinien für die Außenminister werden müssten. Er unterstrich weiter, dass, obwohl die Botschafter den norwegischen Protokollentwurf abgelehnt hatten, sie doch überraschend positiv gegenüber der Idee eines Sonderprotokolls für Norwegen und überhaupt positiv gegenüber dem Gedanken, Norwegen einen Sonderstatus einzuräumen, gewesen waren. Die Probleme lägen in der Formulierung.[379] Im AA meinte man dazu, dass Norwegen »etwas mehr« zugestanden werden könne als den anderen drei Beitrittskandidaten am 12. Dezember. So weit wie der erste norwegische Entwurf für ein Sonderprotokoll werde man allerdings kaum gehen. Als konkretes Resultat der Reise Brattelis seien politische Zusatzerklärungen oder Verpflichtungen denkbar, die die Regierung dann bei der Debatte über das Verhandlungsergebnis in Norwegen verwenden könne.[380]

Die Gespräche Brattelis brachten nicht den gewünschten Erfolg. In Frankreich wiederholten sowohl Außenminister Schumann als auch Staatspräsident Pompidou und Premierminister Jacques Chaban-Delmas, dass Frankreich stets versucht habe, Norwegen zu helfen, und dass es seinen Beitritt wünsche. Die Lösung müsse jedoch den Prinzipien der Gemeinschaft folgen. Mit Schumann diskutierte Außenminister Cappelen die verschiedenen Entwürfe für ein Sonderprotokoll bzw. die Formulierung der Revisionsklausel. Was die Teilung der Küste anging, sagte Schumann, es sei wichtig, zumindest einen »symbolischen Teil« Küste von der Sonderregelung auszunehmen. Ein Kompromiss könnte irgendwo zwischen Trondheim und Lindesnes liegen. Andernfalls müssten die Verhandlungen mit den anderen Kandidaten wieder eröffnet werden.[381] Pompidou war wenig geneigt, die Zugeständnisse der Gemeinschaft, die er bereits als Zeichen des Wohlwollens bezeichnete, noch auszuweiten und hielt Bratteli bei diesem Anlass gleich einen Vortrag in »Gemeinschaftslehre«, der es verdient, ausführlich wiedergegeben zu werden:

---

379   UD 44.36/6.84-44, Brussel an UD, 30.12.71, EF. Norske fiskeriprotokoll og Statsministerens reise.
380   UD 44.36/6.84-44, Bonn an UD, 31.12.71, EF-Norge. Fisk. Statsministerens reise.
381   UD 44.36/6.84-45, Brussel an UD, Statsministerens reise. Samtalen med Schumann.

Eine Übergangsregelung von zehn Jahren ist exzeptionell. Bundeskanzler Brandt hat hervorgehoben, [...] dass die norwegische Küste nördlich von Trondheim ein ganz spezielles Problem darstellt. Aus diesem Grund ist man für eine Teilung der Küste bei Trondheim eingetreten. Aber jetzt bekommen wir zu hören, dass die ganze norwegische Küste ein spezielles Problem ist. Das kann ich, ehrlich gesagt, schwer akzeptieren. Und man ist nicht mit einer Übergangsregelung von zehn Jahren zufrieden. Ich finde, ehrlich gesagt, ihr geht allzu weit. Es ist nicht möglich, einen Bruch der grundlegenden Prinzipien mitzutragen. Wenn ihr selbst EG-Mitglied sein werdet – und ich hoffe, ihr werdet es sein – werdet ihr auch ein Interesse daran haben, diese Prinzipien zu verteidigen, die ständig in Gefahr sind – auch durch uns. Wenn man die Verteidigung der Prinzipien schwächt, gibt es nichts, was so leicht aufzulösen ist wie eine Gemeinschaft. Es ist in vielerlei Hinsicht eine schwierige Angelegenheit, aber gleichzeitig verheißungsvoll. Wir, die dabei sind, mussten etwas opfern und sind auf Schwierigkeiten gestoßen. Ihr werdet erkennen, wenn ihr dabei seid, dass alle die ganze Zeit von ihren Sonderproblemen sprechen. Italien von Süd-Italien, Großbritannien von seinen nördlichen Gebieten, Deutschland von seiner Landwirtschaft und wir von unseren westlichen Landesteilen. Aber der Sinn einer Gemeinschaft liegt darin, dass man versuchen muss, sich über kürzere oder längere Zeit gemeinschaftlichen Regeln anzupassen. Und die Erfahrung zeigt, dass man sich anpassen kann.[382]

Auf Brattelis Aufzählung der norwegischen Argumente entgegnete Pompidou, dass die Gemeinschaft auf Delegationsebene die Möglichkeit einer mündlichen Erklärung diskutiert habe. Man könne permanente Ausnahmen aber nicht akzeptieren, auch weil dies die Abkommen mit den drei anderen Kandidaten gefährden würde. Außerdem habe schließlich auch Frankreich Fischereiinteressen, wenn deren Bedeutung sich auch nicht mit den norwegischen vergleichen lasse. Als »beinahe unparteiischer Betrachter« habe er den Eindruck, dass die Gemeinschaft Norwegen weit entgegengekommen sei, während Norwegen sich nicht so viel bewegt habe. Er schloss mit der Bemerkung, nun müssten, wie immer in der EG, Kompromisslösungen auf Nachtsitzungen erreicht werden, und er hoffe, dass dies gelinge.[383]

---

382 UD 44.36/6.84-45, Brussel an UD, 7.1.72, Samtale med Pompidou.
383 Ebd.

Premierminister Chaban-Delmas wies noch darauf hin, dass man zwar keine Garantie für das Weiterbestehen der Ausnahmeregelung geben könne, dass es sich dabei jedoch um eine Frage der Zusammenarbeit handele. Es sei schwer vorstellbar, dass die Partner nach zehn Jahren Zusammenarbeit sich auf einmal gegen eines der Mitglieder wenden sollten. Er schlug vor, die Sechs könnten ein »moralisches Versprechen« abgeben.[384]

In Norwegen wollte man sich auf solche Zusagen aber nicht verlassen. Wie Botschafter Sommerfelt dem Luxemburgischen Regierungschef Pierre Werner sagte, fürchteten die norwegischen Fischer, dass die anderen Beitrittskandidaten nach einigen Jahren ihre eigene Ausnahmeregelung aufgeben würden, um Zugang zu den norwegischen Gewässern zu erhalten.[385] Auch die kleineren Mitgliedstaaten konnten jedoch nicht mehr als eine politische Willenserklärung zusagen und wiederholten, dass permanente Garantien und Ausnahmen der gesamten Küste sich kaum mit den Prinzipien der Gemeinschaft vereinbaren ließen. Wenn man sich von Seiten der norwegischen Regierung tatsächlich erhofft hatte, mit der Reise eine Veränderung des Gemeinschaftsstandpunktes herbeizuführen, kam die darauf folgende Ministersitzung, wie Botschafter Sommerfelt rückblickend bemerkte, zu früh, um den Effekt wirken zu lassen.[386] Auf der Ministersitzung am 10. Januar 1972 sollten die letzten offenen Verhandlungspunkte, darunter die Marktordnung und einige Landwirtschaftsfragen, gelöst werden. Was die Grenzfrage anging, erinnerte Cappelen an die Zusage der Gemeinschaft vom 22. September 1970 und sagte, nun sei die Zeit gekommen, diese Zusage einzulösen, indem Norwegen ein Sonderprotokoll eingeräumt würde. Norwegen präsentierte dazu einen eigenen Vorschlag, demzufolge die Küste von Lindesnes bis zur norwegisch-sowjetischen Grenze unter diese Sonderregelung fallen sollte. Weiter stimmte Norwegen zwar darin überein, dass nach einem gewissen Zeitraum eine Untersuchung der wirtschaftlichen und sozialen Entwicklung in den Küstenbereichen sowie eine Erhebung des Fischbestandes erfolgen musste, bestand aber darauf, eine Garantie zu erhalten, dass die Sonderregelung weiter bestehen würde. Der norwegische Vorschlag für die Revisionsklausel lief darauf hinaus, dass die Gemeinschaft bei ihrer Neubewertung der Zugangsregelung besonderes

---

384 Ebd.
385 UD 44.36/6.84-45, Den Haag an UD, 8.1.72, Statsministerens reise. Samtale med Werner.
386 *Sommerfelt* 1997, S. 153.

Gewicht auf die Probleme Norwegens legen sollte, und zwar sowohl mit Blick auf die gesamtwirtschaftliche Situation als auch unter Berücksichtigung der besonderen sozialen und demographischen Situation des Landes. Solange diese Bedingungen weiter bestanden, sollte die 12-Seemeilenzone den Küstenfischern vorbehalten bleiben.

Die Sitzung dauerte die ganze Nacht und wurde wiederholt für interne Diskussionen unterbrochen, in denen Kommissionsmitglied Deniau als Mittelsmann zwischen den Delegationen fungierte. Verschiedene Vorschläge wurden diskutiert, wobei sich beide Seiten zwar näher kamen, aber nicht zu einer Einigung fanden. Die Fragen bezüglich der Marktregulierung konnten schließlich gelöst werden, womit sich die Hauptdifferenz zunehmend auf die norwegische Forderung nach einer expliziten Garantie für die Fortsetzung der Ausnahmeregelung reduzierte.

Cappelen konstatierte schließlich, dass man seiner Meinung nach ohne größere Konzessionen der Gemeinschaft nicht weiter kommen könne.[387] Die Sitzung wurde dennoch fortgeführt, nicht zuletzt deshalb, weil die Gemeinschaft unbedingt eine endgültige Lösung zu diesem Zeitpunkt herbeiführen wollte. Cappelen erklärte erneut die Situation der norwegischen Fischerei und die schwierige politische Situation der Regierung. Man sei sich der juristischen Probleme der Gemeinschaft bewusst, meine aber darauf bei der Formulierung des Protokollvorschlags ausreichend Rücksicht genommen zu haben. Die Regierung sehe keine Einigungsmöglichkeit, wenn die Gemeinschaft nicht diesen Vorschlag akzeptierte. Man sei sich im Klaren darüber, dass dies eventuell den Zusammenbruch der Verhandlungen bedeutete, sehe aber keinen Sinn darin, ein Ergebnis zu akzeptieren, für das die Regierung unmöglich in einer Volksabstimmung die Mehrheit gewinnen könne.[388] Die Sitzung wurde daraufhin erneut unterbrochen; aber auch neue Kompromissvorschläge brachten keine Einigung. Die Gemeinschaft führte als endgültiges Angebot Stavanger als südliche Grenze der Ausnahmezone an und hielt an der Revisionsprozedur fest. Norwegen hielt seinerseits an Lindesnes fest und forderte eine Garantie. Luxemburgs Außenminister Thorn bedauerte als Verhandlungsführer der Gemeinschaft, dass keine Lösung gefunden werden konnte, und bat die norwegische Delegation, den Gemeinschaftsvorschlag zu überdenken. Dieser halte die Möglichkeit für eine Verlängerung der Ausnahmeregelung nach 1982 offen, schließe al-

---

387 UD 44.36/6.84-46, Notat, F-sekr., 11.1.72, Ref. fra Ministermötet 10.1.72.
388 Ebd.

lerdings auch andere Möglichkeiten nicht aus. Der Gemeinschaft sei es unmöglich, weiter zu gehen.[389]

In den folgenden Tagen bis zum Abschluss der Verhandlungen wurde die festgefahrene Situation sowohl intern in Norwegen als auch in Kontakt mit den Mitgliedsländern auf allen Ebenen diskutiert. Der norwegischen Verhandlungsdelegation war nun klar, dass sie keine Revisionsklausel erhalten werde, die eine juristisch verbindliche Garantie beinhaltete.[390] Dies bestätigte sich in bilateralen Kontakten mit den Mitgliedstaaten. Am Tag nach der Sitzung, am 12. Januar, sprach der französische Botschafter in Oslo im Auftrag seiner Regierung bei Bratteli vor, um die Enttäuschung über die norwegische Haltung vorzubringen. Man habe das Gefühl, Norwegen sehr weit entgegengekommen zu sein. Frankreich wünsche Norwegen als Mitglied, könne aber nicht weiter von den unverrückbaren Prinzipien der Gemeinschaft abweichen.[391] Wie viel Gewicht dieser diplomatischen Initiative in Paris beigemessen wurde, lässt sich daran ablesen, dass parallel dazu auch die potentiellen »Alliierten« Norwegens unter den Sechs – darunter die Bundesrepublik – aufgesucht wurden, um sie an die Gemeinschaftssolidarität zu erinnern. Der Gemeinschaftsvorschlag werde von Frankreich als definitiv erachtetet und dürfe nicht aufgeweicht werden.[392] Die Bundesregierung versicherte Frankreich ihrer Solidarität, bemühte sich aber parallel dazu weiter um eine Lösung. Diese wurde nicht in einer substantiellen Änderung des Gemeinschaftsvorschlags gesehen – eine solche war aufgrund der Haltung der Partner unmöglich –, man glaubte aber, durch eine bessere Formulierung der Revisionsklausel Norwegen entgegenkommen zu können. Danach sollte 1982 eine Verlängerung der Sonderregelung ins Auge gefasst werden für den Fall, dass keine neue Entwicklung der norwegischen Situation eine Anwendung der Gemeinschaftsregeln erlaube.

Ein entsprechender Vorschlag wurde Oslo unter der Hand zugeleitet und Brandt von seinen Mitarbeitern am 11. Januar in die USA nachgeschickt. Von dort aus sollte der Bundeskanzler Bratteli anrufen, um ihn zur Annahme des Vorschlags zu bewegen (bzw. ihn dazu bewegen,

---

389 Ebd.
390 Vgl. *Hallenstvedt/Dynna* 1976, S. 444.
391 UD 44.36/6.84-46, A. A., 12.1.72, Samtale mellom statsminister Bratteli og den franske ambassadør onsdag 12.1.72.
392 BArch, B 136/8016, AA, Vermerk III E 2, 12.1.71, Beitrittsverhandlungen mit Norwegen, hier: Französische Demarche.

selbst einen Vorschlag in diesem Sinne vorzubringen).[393] Der norwegischen Regierung war bekannt, dass bereits das letzte Angebot der Gemeinschaft auf einen deutschen Entwurf zurückging, der aber durch längeres Tauziehen im Rat die endgültige, von Norwegen abgelehnte Form erhalten hatte. Staatssekretär von Braun bestätigte dies am 11. Januar den Botschaftern Sommerfelt und Halvorsen gegenüber und las, mit der Bitte um Geheimhaltung, den ursprünglichen Inhalt des deutschen Vorschlags vor. Inhaltlich seien die Partner von dieser Formel nicht abzubringen. Bestenfalls seien grammatikalische Änderungen möglich, wenn Norwegen dies zwecks besserer Präsentation wünsche. Gegenüber Halvorsen sagte von Braun auch, dass ein Vorschlag von Botschafter Ritzel, Norwegen könnte nach 1982 selbst seine Bereitschaft zur Einführung des Gemeinschaftsrechts erklären, dessen persönliche Meinung sei und wohl nicht im Rat akzeptiert werde. Die norwegische Regierung könne die deutschen Vorschläge gerne als ihre eigenen Gedanken präsentieren, dürfe sich aber nicht auf die Bundesregierung berufen, weil dies »unsere weitere Unterstützung im Rat erheblich kompromittieren« würde.[394]

Die norwegischen Sondierungen in Brüssel und in den Mitgliedsländern ergaben schließlich, dass eine einseitige Erklärung Norwegens in das Sonderprotokoll mit aufgenommen werden könnte. Diese Erklärung würde sich auf die politischen Verpflichtungen berufen, die verschiedene Gemeinschaftsvertreter bereit waren, schriftlich zu bestätigen.[395] Der belgische, der niederländische und der luxemburgische Regierungschef gaben entsprechende Erklärungen in Form von Briefen an Bratteli ab.[396] Darin hieß es, der von der Gemeinschaft vorgeschlagen Text des Sonderprotokolls sei annehmbar, weil er von einer feierlichen und moralisch-politischen Versicherung begleitet sei, die norwegischen Interessen wahrzunehmen. Nie sei eine solche Verpflichtung von den großen oder klei-

---

393 BArch, B 136/8016, BK Gruppe II/1 über Gruppenleiter II/1, Abteilungsleiter II und Bundesminister dem Herrn Bundeskanzler (über FS nach Sarasota), 11.1.72, Eilt sehr, Beitrittsverhandlungen mit Norwegen.
394 PA AA, B 20, Bd. 1917, StS von Braun an D III, 19.1.72, EWG Norwegen, hier: Gespräche mit den norwegischen Botschaftern Sommerfelt und Halvorsen.
395 Vgl. *Hallenstvedt/Dynna* 1976, S. 445.
396 Der belgische Ministerpräsident Gaston Eyskens schrieb am Vorabend der Vertragsunterzeichnung, dem 21.1.72. Der niederländische Ministerpräsident B.W. Biesheuvel folgte am 7. Februar, der luxemburgische Ministerpräsident Pierre Werner am 11. Februar. Vgl. *Engstad* 1986, S. 126 f.

nen Staaten der Gemeinschaft oder von der Kommission verletzt worden.[397]

Wie Pompidou bereits angedeutet hatte, schien ein weiteres Entgegenkommen der Gemeinschaft auch mit Blick auf die anderen Beitrittskandidaten unmöglich zu sein. Diese arbeiteten, Gerüchten zufolge, hinter den Kulissen dafür, Norwegen keine weiteren Zugeständnisse zu machen.[398] Ein britischer Diplomat teilte dem AA am 13. Januar 1972 mit, sein Land werde die für Norwegen vorgesehene Formel nur annehmen, wenn Irland und Dänemark kein verbessertes Angebot erhielten und wenn die Gemeinschaft versichern könne, dass Großbritanniens Abkommen nicht davon betroffen werde: »Any new Community formula would create for us an entirely new and unwelcome situation and our attitude would have to be re-examined from the start.«[399]

Bevor die Regierung in Oslo über ihren weiteren Standpunkt entschied, fanden Beratungen mit dem Rat für internationale wirtschaftliche Zusammenarbeit und mit dem Auswärtigen Ausschuss des Storting statt.[400] Dort argumentierten Kleppe und Cappelen für die Regierung, dass die Unterschiede zwischen den Vorschlägen Norwegens und der Gemeinschaft mehr eine Frage der Formulierungen als der Realität seien. Man müsse auf die politische Verpflichtung der Gemeinschaft vertrauen. Was die Teilung der Küste angehe, sei das norwegische Insistieren auf Lindesnes anstatt Stavanger kaum sachlich zu begründen. Insgesamt sah die Regierung das Ergebnis als zufriedenstellend an. Insbesondere Bratteli war auf seiner Reise zu der Überzeugung gelangt, dass die politische Verpflichtung eine reelle Garantie bedeute. Mit dem Verweis auf die Parteitagsbeschlüsse der Arbeiterpartei wies er Überlegungen von Parteigenossen und Diplomaten zurück, die sich fragten, ob nicht ein Abbruch der Verhandlungen und ein Rückzug des Antrags vernünftiger wären. Pessimismus war angesichts der Reaktion in den Fischereiorganisationen durchaus angebracht. Sie lehnten das vorliegende Ergebnis ab, weil sie sich nicht auf politische Versprechen verlassen wollten und weil sie außerdem die Folgen der Ergebnisse zur Marktregulierung als unklar ansahen. Sie wurden dabei von den Landwirtschaftsvertretern unterstützt, während die anderen im Rat vertretenen Wirtschaftszweige die

---

397 UD 44.36/6.84-46, Brüssel an UD, 13.1.72, Henvendelse fra den belgiske statsminister til statsminister Bratteli.
398 UD 44.36/6.84-46, Notat, 5. h.pol.ktr., 13.1.72, Forhandlingene EF-Norge..
399 PA AA, IA2 (B 20), Bd. 1917, G1 III E, 13.1.72, Fischereipolitik, hier: englische Reaktion auf die Norwegen-Formel.
400 Vgl. *Hallenstvedt/Dynna* 1976, S. 444 f.

Regierung unterstützten und auf die Gesamtbewertung des Verhandlungsergebnisses verwiesen, das nur durch Kompromisse zu erreichen war.

Es konnte jedoch kein Zweifel darüber bestehen, dass die Haltung der Fischereiorganisationen aufgrund ihres Einflusses auf das Verhalten der gesamten Küstenregion als mitentscheidend für den Ausgang der Ratifizierung sein würde. Ein wichtiger Faktor würde dabei die Haltung des Fischereiministers sein, der, wie oben erwähnt, sich den Fischereiorganisationen ebenso verpflichtet fühlte wie der Regierung. Botschafter Halvorsen zufolge war bei einem Rücktritt Hoems »die Annahme des Gemeinschaftsvorschlages durch das Parlament so gut wie ausgeschlossen«.[401] Er erfolgte zwei Tage nach Abschluss der Verhandlungen, im Anschluss an die offizielle Ablehnung des Ergebnisses durch die Fischereiorganisationen.[402]

Ungeachtet dieser bedrohlichen innenpolitischen Lage machte das Kabinett auf seiner Sitzung vom 13. Januar 1972 den Weg für eine Annahme der Revisionsklausel frei. Auf der Stellvertretersitzung am Tag darauf wurde an den Formulierungen der Klausel und der norwegischen Erklärung gefeilt. Die einzige noch verbleibende Frage war die Teilung der Küste. Als südlichsten Punkt der Zwölfmeilenzone einigte man sich schließlich auf die nur wenig weiter nördlich als Lindesnes gelegene Stadt Egersund. In einem Telefongespräch zwischen dem norwegischen Unterhändler Sommerfelt und Premierminister Bratteli am Abend des 15. Januar gab die Regierung – bereits in Abwesenheit des Fischereiministers – ihre Zustimmung.[403] Bratteli und die anderen Mitglieder der Verhandlungsdelegation konnten sich nun auf die Unterzeichnung des Beitrittsvertrags am 22. Januar in Brüssel vorbereiten – und auf eine schwierige Ratifizierungskampagne.

---

401 Zit. in: StS von Braun an D III, 19.1.72 (wie oben, Anm. 394).
402 Vgl. *Nyhamar* 1990, S. 160 ff.
403 *Nicholson/East* 1987, S. 124; *Sommerfelt* 1997, S. 153.

5.5 Das Verhandlungsergebnis

Die Beurteilung des Verhandlungsergebnisses in der Bundesrepublik

In der Bundesrepublik herrschte zunächst Zufriedenheit darüber, dass die Verhandlungen endlich abgeschlossen waren.[404] Bundesaußenminister Scheel hatte den Erfolg der Verhandlungen bereits im Juni 1971, nach dem mit Großbritannien erzielten Durchbruch, als Schritt von »historische[r] Bedeutung« bezeichnet. Die Erweiterung könne das »entscheidende politische Ereignis dieses Jahrzehnts in Europa« werden, weil mit ihr »nicht nur ein europäischer Markt von der Größe und Bedeutung des amerikanischen« entstehe, sondern auch, weil damit die Grundlage für das Wirken Europas als »Faktor der Stabilität und des Friedens« in der Welt geschaffen worden sei. Der »deutschen Diplomatie« hatte Scheel dazu gratuliert, durch ihr »beharrliches Bemühen, prinzipielle Hindernisse auszuräumen und zu praktischen Kompromissen zu kommen«, zum Erfolg der Verhandlungen beigetragen zu haben.[405] Was die Sachfragen anging, so wurde der Ausgang der Verhandlungen auch nach Regelung der letzten Probleme als überwiegend positiv für die Gemeinschaft angesehen, weil bis auf kleinere Abweichungen die Verhandlungsziele erreicht worden seien.[406]

Die Beitrittskandidaten konnten den deutschen Bewertungen zufolge ebenfalls mit dem Ergebnis zufrieden sein, weil »gute und faire Kompromisse« erzielt worden seien.[407] Im Abschlußbericht der deutschen Verhandlungsdelegation wurde auf das norwegische Resultat nur am Rande eingegangen.[408] Nach Einschätzung der Bundesregierung hatten die Verhandlungen aber zu

> fairen Lösungen für alle Übergangs- und Anpassungsprobleme geführt. Die Gemeinschaft sei Norwegen im Bewußtsein innenpolitischer Bedeutung dieser Fragen, besonders bei norwegischer Land-

---

[404] Erklärung des Bundeskanzlers am 22.1.72 zur Unterzeichnung des Vertrags über die Erweiterung der Europäischen Gemeinschaften, in: EA 27/1972, S. D134.

[405] Erklärung des Bundesministers des Auswärtigen, Walter Scheel, am 23.6.71 über das Ergebnis der Beitrittsverhandlungen, in: *Auswärtiges Amt* (Hrsg.): Außenpolitik der Bundesrepublik Deutschland. Dokumente von 1949 bis 1994, Köln 1995, S. 351.

[406] Abschlußbericht, 1.3.72 (wie oben 5, Anm. 6), S. 10-12.

[407] Erklärung Scheel, 23.6.71 (wie Anm. 409).

[408] Abschlußbericht, 1.3.72 (wie oben 5, Anm. 6), S. 12.

wirtschaft und Fischerei, soweit wie möglich entgegengekommen. Wir hoffen, daß norwegische Volksabstimmung und Abstimmung im Storting positiv ausfallen werden. Politische Vorteile einer Zugehörigkeit zur Gemeinschaft der Zehn und wirtschaftliche Vorteile des Zugangs zum vergrößerten Gemeinsamen Markt sollten Ausschlag geben, nachdem sichergestellt ist, daß Lebensstandard norwegischer Landwirte durch besonderes Stützungssystem erhalten bleibt und Fischer politische Garantie erhielten, dass auch nach 1982 nur eine Zugangsregelung in Frage kommt, die ihrer besonderen Lage Rechnung trägt.[409]

Die Sonderprotokolle über die norwegische Landwirtschaft und über den Status von Spitzbergen (Svalbard) sowie die Übergangsfristen von zwei bis fünf Jahren für die Übernahme der Gemeinschaftsrichtlinien zum Kapitalverkehr und von drei Jahren für das Niederlassungsrecht wurden als günstig für Norwegen gewertet.[410] Das »Anliegen der norwegischen Regierung, auch weiterhin wirksame Regionalpolitik zu führen«, werde durch den Beitritt nicht beeinträchtigt, denn Regionalpolitik sei »primär Sache der Mitgliedstaaten.«[411]

Gleichzeitig erkannte man in Bonn an, dass auch die norwegische Regierung »erhebliche Anstrengungen« unternommen hatte. Die Verhandlungen seien von allen Beteiligten im Geiste echter Zusammenarbeit geführt worden, weshalb die Gemeinschaft aus der Erweiterung gestärkt hervorgehe und in der Lage sei, ihre neuen Aufgaben zu meistern.[412] Bereits am 17. Januar hatte der deutsche Botschafter in Oslo Ministerpräsident Bratteli und seine Minderheitsregierung gerühmt, sie habe »[m]it ihrer Haltung in den abschließenden Verhandlungen in Brüssel [...] ein klares und mutiges Bekenntnis zum europäischen Gedanken abgelegt. Gesamtwirtschaftliche sowie außen- und sicherheitspolitische Erwägungen haben bei der Entscheidung den Vorrang vor innen- und parteipolitischen Bedenken gehabt.«[413] Mit der Unterschrift in Brüssel sei der Beitritt jedoch noch keine Tatsache. Nun beginne eine

---

409 PA AA, B 20, Bd. 1917, III E 1/III E 2, 6.3.72, Besuch des Bundesministers in Oslo 11.-13.3.72.
410 Ebd.
411 PA AA, B 20, Bd. 1917, III E 1, 11.9.72, Beitritt Norwegens zu den EG.
412 PA AA, B 20, Bd. 1917, III E 1/III E 2, 6.3.72, Besuch des Bundesministers in Oslo 11.-13. 3.72, hier Gesprächsthema Erweiterung der EG.
413 PA AA, B 20, Bd. 1917, Aufzeichnung Oslo, 17.1.72, Norwegen und der EWG-Beitritt.

lange Kampagne der Aufklärung über das Verhandlungsergebnis, gegen starken Widerstand in der Bevölkerung.

Die Beurteilung des Verhandlungsergebnisses in Norwegen

Die Arbeiterpartei-Regierung hatte sich in ihrem Dialog mit der Öffentlichkeit und den eigenen Basis darauf festgelegt, dass eine Entscheidung über den Beitritt erst auf der Basis des Verhandlungsergebnisses erfolgen sollte. Nun lag das Ergebnis vor und einer Auseinandersetzung mit dem Ergebnis, sowohl als Gesamtkomplex als auch in seinen Teilbereichen, stand nichts mehr im Wege.

Dabei verfestigten sich die Fronten zwischen Befürwortern und Gegnern des Beitritts, die schon seit 1962 bestanden. Die Führung der Arbeiterpartei und der Gewerkschaften stellte sich hinter das Ergebnis und befürwortete den Beitritt. Bratteli bezeichnete anlässlich der Unterzeichnung am 22. Januar 1972 in Brüssel das Gesamtergebnis als »eine zufriedenstellende Grundlage für Norwegens Beitritt zu den Europäischen Gemeinschaften«.[414] In dieser Einschätzung wurde er unterstützt von den Konservativen und von einzelnen Abgeordneten der Liberalen und Christdemokraten sowie von den Vertretern der Wirtschaft, der Industrie, den Reedern und einem großen Teil der Presse. Dagegen wurden das Ergebnis und damit der Beitritt zur Gemeinschaft von den Organisationen und Verbänden der Land- und Fischereiwirtschaft, von der Zentrumspartei, der Mehrheit der Christdemokraten und der Liberalen, den Kommunisten sowie von den Jugendorganisationen aller Parteien außer den Konservativen abgelehnt.

Unter den Gegnern waren sowohl solche, die über das Beitrittsergebnis enttäuscht waren, als auch solche, die einen Beitritt prinzipiell ablehnten und sich von ihrer Überzeugung auch durch das Verhandlungsergebnis nicht abbringen lassen wollten. Auch letzteren bot die Beitrittsakte reichlich Argumentationsstoff. Denn, wie sich anhand einer Gegenüberstellung der Verhandlungsziele und des Schlussergebnisses zeigen ließ, war die Regierung von den meisten ihrer Positionen relativ weit abgerückt. Sie hatte weder für die Landwirtschaft noch für die Fischereiwirtschaft die geforderten permanenten Sonderregelungen erhalten und in den anderen sensiblen Bereichen, besonders in der Frage des Niederlassungsrechts und des Kapitalverkehrs, hatte sie sich mit Über-

---

414 Zit. nach Reden und Erklärungen anläßlich der Unterzeichnung der Beitrittsakte in Brüssel am 22.1.72, in: EA, 5/1972, S. D132.

gangsregelungen zufrieden geben müssen, die kürzer waren als erhofft. So gesehen war das Verhandlungsergebnis eine Niederlage der Regierung, eine Bewertung, mit der auch die norwegische Forschung weitgehend übereinstimmt.[415]

Dieser Auffassung konnte allerdings gegenübergestellt werden, dass auch die Gemeinschaft Norwegen weit entgegengekommen war und dass das Verhandlungsergebnis einen Kompromiss darstellte, der in vielen Bereichen Norwegens Forderungen de facto erfüllte. So war, wie verschiedene Verhandlungsteilnehmer feststellten, das Fischereiabkommen der einzige Bereich, in dem die Gemeinschaft von ihrem prinzipiellen Verhandlungsziel abgerückt war, nur über Übergangsregelungen, nicht aber über Ausnahmen zu verhandeln; und damit der einzige Bereich, in dem der *acquis communautaire* nicht verteidigt werden konnte.[416] Dieser Umstand sorgte aber keineswegs, wie beispielsweise die *Neue Zürcher Zeitung* meinte, für eine »geschwächte Stellung der Beitrittsgegner«.[417] Denn um die Zugeständnisse nicht als Bruch mit den Prinzipien der Gemeinschaft erscheinen zu lassen, waren sie, gerade in der Fischereifrage, in so komplizierte Formeln verpackt worden, dass sie sich nur schwer als klare Garantie »verkaufen« ließen. Ein anderer Aspekt, der sich zuungunsten der Regierung auswirkte, war der, dass entscheidende Teile des Beitrittsabkommens, insbesondere die Revisionsklausel für die Zugangsfrage auf dem gegenseitigen Vertrauen und der Solidarität zukünftiger Partner beruhten. Dieses Vertrauen waren die Beitrittsskeptiker nicht bereit auszusprechen. So begründete der Fischereiminister seine Entscheidung, das Verhandlungsergebnis nicht mitzutragen, allein auf der nicht erreichten »bindenden juristischen Formel«.[418] Andere meinten, sich nicht auf politische Verpflichtungen verlassen zu können, die von späteren Regierungen vielleicht nicht mehr aufrechterhalten würden. Wie sollte sich Norwegen später in Brüssel durchsetzen, wenn es bereits in den Beitrittsverhandlungen kein Verständnis für seine lebenswichtigen Anliegen gefunden hatte? Ein weiteres Argument der Skeptiker war der Umstand, dass die Regierung die politischen Ziele der Gemein-

---

415 *Frøland* 2001 [a], S. 102; *Pharo, Helge Ø.*: Utenriksøkonomi og europeisk integrasjon, in: NATO 50 år: norsk sikkerhetspolitikk med NATO gjennom 50 år, Oslo 1999, S. 150-178, hier S. 167; *Tamnes* 1997, S. 178; *Allen* 1979, S. 24-127.
416 Vgl. *Wellenstein* 1995, S. 235 f.; *Boegner, Jean-Marc*: Le Marché Commun de six à neuf, Paris, 2. Aufl., 1976, S. 188 f.
417 »Norwegens Einigung mit dem Gemeinsamen Markt. Geschwächte Stellung der Beitrittsgegner«, in: *NZZ*, 19.1.72.
418 Vgl. Hoems Abschiedsbrief, abgedruckt bei *Nyhamar* 1990, S. 162.

schaft, inklusive dem der politischen Einigung, akzeptiert hatte. Wenn aber erst einmal eine gemeinsame Wirtschafts-, Währungs- und Außenpolitik etabliert sei, könne die Einverleibung Norwegens in eine Union und seine Unterwerfung unter die Kräfte des internationalen Großkapitals nicht mehr aufgehalten werden.[419]

5.6 Zusammenfassung

Der Umfang des prinzipiell begründeten Widerstands gegen den Beitritt legt die kontrafaktische Frage nahe, ob bei einem in norwegischen Augen »besseren« Verhandlungsergebnis, d.h. einem, das den Fischern eine klare Garantie für den Fortbestand ihrer exklusiven Rechte zugestanden hätte, ein Stimmungsumschwung in der Bevölkerung zugunsten des Beitritts möglich gewesen wäre.

Uwe Kitzinger hat die Verhandlungen zwischen Großbritannien und der EG als »a self-contained system and a procedure for settling minor issues of a transitional character« untersucht. Angesichts von Aussagen beteiligter Diplomaten, es habe sich um eine »gigantic irrelevance« gehandelt und die entscheidenden Fragen hätten auch bei Kaffee und Cognac gelöst werden können[420], stellt sich die Frage, welcher Wert der genauen Formulierung des Fischereiprotokolls oder der Länge einer Übergangszeit für Gartenbauprodukte tatsächlich beigemessen wurde. Lagen die innenpolitischen Positionen in Norwegen nicht längst fest? War nicht von vorneherein klar, dass die Gemeinschaft nicht von ihren Prinzipien abrücken konnte? Hatte nicht die norwegische Regierung von Beginn an Forderungen gestellt, von denen sie wusste, dass sie nicht erfüllt werden konnten? Die Historiker Eriksen und Pharo sind in ihrer Analyse der norwegischen Vorverhandlungen von 1962/1963 und der kurz darauf folgenden Fischereikonferenz in London zu dem Schluss gekommen, dass weder 1963 noch in den Jahren danach die Aussicht bestand, mit den Sechs und den anderen Beitrittskandidaten zu einem Verhandlungsergebnis zu kommen, das die norwegischen Forderungen nach Sonderbehandlung befriedigt hätte. Gleichzeitig hätte die Bevölkerung höchstwahrscheinlich auch 1963 ein Verhandlungsergebnis abgelehnt, das die Forderungen der Fischer nicht ausreichend berücksichtig-

---

419 Vgl. *Køber* 2005, S. 39-73.
420 *Kitzinger* 1973, S. 75, 77.

te.[421] Hans Otto Frøland vertritt die These, dass Norwegens wirtschaftspolitische Grundausrichtung der Regierung eine Verhandlungsposition aufzwang, die letztendlich unerfüllbare Forderungen an die Gemeinschaft stellte. Hoffnung auf eine Einigung hätte nur dann bestanden, wenn es beispielsweise der Bundesregierung gelungen wäre, den Partnern mit einem diplomatischen Kunstgriff die Ausnahme ganz Norwegens als regionale Lösung zu verkaufen[422] – ein unwahrscheinliches Szenario, wären damit doch die grundlegenden Prinzipien der Gemeinschaft aufgeweicht und problematische Präzedenzfälle geschaffen worden.

Das oben dargestellte Engagement, mit dem sowohl deutsche als auch norwegische Unterhändler um Formeln und Kompromisse rangen, deutet indes darauf hin, dass für die beteiligten Akteure der norwegische Beitritt ebenso wenig von vorneherein zum Scheitern verurteilt war, wie der britische Beitritt von vorneherein feststand. Allerdings hat die Untersuchung des Verhandlungsablaufs auch gezeigt, wie wenig Spielraum die Rahmenbedingungen den Unterhändlern für substantielle Zugeständnisse ließen. Uwe Kitzinger hat für die britischen Verhandlungen darauf hingewiesen, dass stets die Gefahr bestand »that the negotiations might have developed their own negative momentum.«[423] Für die norwegischen Verhandlungen stellte bereits der Auftakt ein solches negatives Momentum dar, dessen unglücklicher Wirkung sich sämtliche Akteure bewusst waren, das sich aber aufgrund des von der EG vereinbarten Verfahrens offensichtlich nicht abwenden ließ. Jean-Pierre Puissochet hat dieses Verfahren als »froid et heurté« charakterisiert[424], und nicht wenige der Beteiligten, darunter Brandt, sahen später in der wenig sensiblen Vorgehensweise der Gemeinschaft eine Mitschuld an der Ablehnung der Norweger. In seinen *Erinnerungen* beklagt er,

> daß die EG-Behörden ihre Verhandlungen mit den Norwegern nicht mit sonderlichem Einfühlungsvermögen geführt haben. Wer wußte schon in Brüssel Bescheid über die traditionellen Gegebenheiten der norwegischen Fischerei und über die Bedingungen, unter denen am Polarkreis Landwirtschaft betrieben wird?[425]

---

421 *Eriksen/Pharo* 1997, S. 348, 366 ff..
422 *Frøland* 2001 [c], S. 440 f.; *Frøland* 2001 [a], S. 100 f.
423 *Kitzinger* 1973, S. 76.
424 *Puissochet* 1973, S. 25.
425 *Brandt* 1989, S. 458.

Die Möglichkeiten der Bundesrepublik zur Beeinflussung der EG-Position waren stark eingeschränkt, zumal das Gemeinschaftsinteresse in Bonn nicht nur befolgt wurde, sondern Handlungsmaxime europapolitischer Entscheidungen war. Nichtsdestoweniger bleibt festzuhalten, dass die Bundesregierung es gegenüber den Kandidaten nicht bei Solidaritätsbekundungen beließ, sondern immer wieder auch konkrete Initiativen ergriff und sich im besonders komplizierten und schwierigen Fall Norwegens als dessen wichtigster Alliierter erwies. Bonn zeigte sich in größerem Maße als die anderen Partner dazu bereit, selbst bei den Gemeinschaftsprinzipien Kompromisse einzugehen und eigene Interessen hintenan zu stellen. Bemerkenswert ist außerdem die Bereitschaft der Bundesregierung, die norwegische Regierung nicht nur zu beraten, sondern sich auch in Brüssel und Paris für ihre Belange einzusetzen, was nicht dem gewöhnlichen taktischen Verhalten deutscher Regierungen in Brüssel entsprach.

Dieser Einsatz der Bundesregierung wurde in Norwegen durchaus bemerkt. So kommentierte die Zeitung *Vårt Land* im März 1972, es gebe »keinen Zweifel« daran, dass es Brandt und Scheel gewesen seien, »die die wichtigsten Initiativen zugunsten Norwegens in den Brüsseler Verhandlungen« unternommen hätten.[426] Auch in Verhandlungskreisen war man sich der Bedeutung der Bundesregierung und insbesondere Brandts für die norwegischen Verhandlungen bewusst. Für die britischen Verhandlungen, die nach Ansicht von Franzosen und Briten de facto eine bilaterale Angelegenheit waren[427], spielte Brandt lediglich die Rolle einer »fleet in being«, womit in der Terminologie der Seekriegsführung eine Streitkraft bezeichnet wird, mit der gerechnet werden kann oder muss, deren Einsatz aber nicht benötigt wird.[428] Die »Sonderbeziehung« des deutschen Bundeskanzlers zu Norwegen hatte dagegen, nach Einschätzung des britischen Unterhändlers, entscheidenden Anteil daran, dass die Gemeinschaft die Besonderheit der norwegischen Fischereiproblematik akzeptierte:

> The Norwegians relied very much on the Germans, largely because the Federal Chancellor, Herr Brandt, knew their country so well

---

426 »Scheel i Oslo«, in: *Vårt Land*, 13.3.72.
427 So übereinstimmend die Einschätzungen der Teilnehmer an einem Kolloquium zur Europapolitik Pompidous. *Association Georges Pompidou* (Hrsg.) 1995, besonders S. 262.
428 *O'Neill* 2000, S. 315 f.

and sympathised with their problems. He had spent years of exile in Norway and had indeed been for several years a Norwegian citizen. It is not easy to prove that this special relationship yielded, in the end, much of a dividend; but the Community as a whole was disposed from the start to acknowledge that Norway's fisheries were a special case.[429]

Dafür, dass die zentrale Rolle der Bundesrepublik für die norwegischen Verhandlungen über die Person des Bundeskanzlers hinaus wenig Beachtung in der Öffentlichkeit fand, lassen sich verschiedene Gründe anführen: Aus Rücksicht auf ihre Partner und die anderen Bewerber war die Bundesregierung bis auf wenige Ausnahmen darauf bedacht, das eigene Engagement nicht unnötig in den Vordergrund zu stellen; der technische Charakter der Verhandlungen ließ kaum Platz für politische Initiativen; und schließlich konzentrierte sich die norwegische Öffentlichkeit auf die innenpolitische Auseinandersetzung um die Abgabe nationaler Souveränität. Innerhalb der politischen Elite, und dort selbstverständlich besonders unter den Beitrittsbefürwortern, war das Bewusstsein für die Bedeutung der Bundesregierung als Berater und »Treuhänder« norwegischer Interessen in der EG ebenso vorhanden wie das Wissen um die Beschränkungen, die ihr durch das Gemeinschaftsinteresse auferlegt waren. Hier wurde zwischen 1970 und 1972 zweifellos der Grundstein für eine enge Partnerschaft in den folgenden Jahren und Jahrzehnten gelegt. Wie sich das Engagement der Bundesregierung nach der Unterzeichnung des Beitrittsvertrags darstellte und in welchem Umfang es auch nach der Ablehnung durch die norwegische Bevölkerung aufrechterhalten wurde, ist Thema des folgenden Kapitels.

---

429 Ebd., S. 248.

6   Interimsperiode, Volksabstimmung und Verhandlungen um ein Freihandelsabkommen (1972-1973)

Die Unterzeichnung des Beitrittsvertrags am 22. Januar 1972 war der Abschluss eines 19 Monate langen Verhandlungsmarathons, dem fast ein Jahrzehnt an Sondierungen und missglückten Initiativen vorausgegangen war. Die Erweiterung der Gemeinschaften war damit jedoch noch lange nicht vollzogen. Zwar hatte mit Großbritannien der wichtigste Beitrittskandidat den Ratifizierungsprozess bereits erfolgreich abgeschlossen und auch die Zustimmung Irlands und der sechs EG-Mitgliedstaaten konnte vorausgesetzt werden. Für Dänemark und Norwegen verhielt es sich jedoch anders. Dort mussten die Regierungen nun ihre volle Aufmerksamkeit darauf verwenden, eine Mehrheit ihrer Bevölkerung von dem Vorteil des Beitritts zu den ausgehandelten Bedingungen zu überzeugen. Wie bereits seit Monaten vorauszusehen war, sollten sich diese Bemühungen in Norwegen als besonders schwierig erweisen und am Ende nicht ausreichen. In einer konsultativen Volksabstimmung am 24. und 25. September 1972 lehnte eine Mehrheit von 53,5% der Bevölkerung den Beitritt ab. Das Parlament verzichtete daraufhin, ein Ratifizierungsverfahren einzuleiten, und Norwegen musste unter großem Zeitdruck Verhandlungen um ein Freihandelsabkommen nach dem Vorbild der anderen Rest-EFTA-Staaten beginnen.

Im Folgenden soll untersucht werden, in welchem Umfang die Bundesregierung und insbesondere Bundeskanzler Willy Brandt ihr Engagement für den norwegischen Beitritt auch nach Abschluss der Verhandlungen aufrechterhielten, und ob sie nach dem Scheitern des Beitritts die Suche nach einer Alternativlösung gleichermaßen unterstützten. Dabei wird zunächst die deutsch-norwegische Zusammenarbeit in der Interimsphase, d.h. im Zeitraum zwischen Unterzeichnung und angestrebter Ratifizierung des Vertrags, betrachtet und insbesondere der deutsche Beitrag zur Informationskampagne von Regierung und Arbeiterpartei vor der Volksabstimmung gewürdigt (6.1). Anschließend geht es um die Frage, in welchem Umfang sich die Bundesregierung trotz ihrer Enttäuschung über den Nicht-Beitritt dafür einsetzte, dass Norwegen ein vorteilhaftes Freihandelsabkommen erhielt (6.2). Abschließend wird ein Ausblick auf die kurz-, mittel- und langfristigen Auswirkungen des gescheiterten Beitritts und des anschließend ausgehandelten Freihandelsabkommens auf das Verhältnis Norwegens zur EG und zur Bundesrepublik gegeben (6.3).

6.1 Vom Ja zum Nein –
Interimsperiode und Ratifizierungskampagne

In der Phase zwischen dem Abschluss der Beitrittsabkommen und ihrer Ratifizierung durch die nationalen Parlamente wurden Norwegen und die anderen Bewerber erstmals als Partner der Sechs in den Entscheidungsprozess der Gemeinschaft einbezogen. Neben der organisatorischen Vorbereitung auf den Beitritt und den noch ausstehenden Beratungen über die Umsetzung der norwegischen Sonderregelungen im Landwirtschafts- und Fischereisektor fielen in diese Periode auch die Schlussverhandlungen der Gemeinschaft mit den Rest-EFTA-Staaten. Norwegen und Dänemark konnten sich hierbei für ihren skandinavischen Nachbarn Schweden einsetzen, dessen ambivalente Haltung zwischen Assoziierung und Mitgliedschaft in Brüssel als Problemfall aufgefasst wurde. Sowohl für die Gemeinschaft als auch für die norwegischen Beitrittsbefürworter ergaben sich Schwierigkeiten aus dem Umstand, dass die Beitrittsskeptiker das »Schwedische Modell« als Alternative zur Vollmitgliedschaft ansahen. An den Bemühungen, die norwegische Bevölkerung von den Vorteilen einer Vollmitgliedschaft zu überzeugen, beteiligten sich auch deutsche Akteure, wobei sie den Nutzen ihres Engagements gegen den Vorwurf der Einmischung abwägen mussten.

6.1.1 Deutsch-norwegische Zusammenarbeit in der Interimsperiode

Die offiziellen Beziehungen Norwegens zur EG und damit auch zur Bundesrepublik traten nach der Unterzeichnung des Beitrittsabkommens in die so genannte Interimsperiode (auch »Verlobungszeit«[1]) ein. In dieser Phase bereiteten sich die Beitrittskandidaten einerseits intern auf ihre künftige Mitgliedschaft vor.[2] Andererseits wurden sie bereits umfassend in die Arbeit der Gemeinschaft einbezogen. So bedeutsam diese »Eingewöhnungsphase« als Vorbereitung auf die spätere Zusammenarbeit war, so vorsichtig musste die norwegische Regierung aus Rücksicht auf den nicht abgeschlossenen und weiterhin höchst umstrittenen Ratifizierungsprozess dabei vorgehen.

---

1 *Kleppe* 2003, S. 212.
2 UD 44.36/6.84-49, Notat, F-sekr., 18.8.72, Presserende EF-saker etter 25.9.72.

Mitarbeit der Bewerber in den EG-Gremien

Im Vorfeld der Beitrittsverhandlungen hatte sich die EG zwar geweigert, den Bewerbern als künftigen Mitgliedern ein Mitbestimmungsrecht bei der Vertiefung und Ausweitung der Gemeinschaftsarbeit einzuräumen, sie hatte ihnen aber zugesagt, sie nach und nach in den Konsultationsprozess einzubeziehen. Eine entsprechende Einladung an die Kandidaten erfolgte zunächst für die Beratungen im Rahmen der 1970 angestoßenen Europäischen Politischen Zusammenarbeit (EPZ). Seit dem Herbst 1971 entsandten die Bewerber dann auch Vertreter in die multilateralen Arbeitsgruppen, die die redaktionelle Arbeit an den Vertragstexten leisteten und sich dabei, mit den Worten des deutschen EG-Botschafters Sachs, »als Präfiguration einer Zehnergemeinschaft« bewährten. Sachs zufolge sprach man in EG-Kreisen fortan »nicht mehr von *Kandidaten* und *Bewerbern*, sondern von den *neuen Mitgliedstaaten*«.[3]

Für den Zeitraum zwischen Unterzeichnung und Ratifizierung des Vertrages erklärte sich die Gemeinschaft bereit, die Kandidaten schrittweise an die gemeinsame Arbeit heranzuführen. Bis zum endgültigen Beitritt sollten keine wesentlichen Beschlüsse mehr gefasst werden, ohne den Kandidaten Gelegenheit zur Stellungnahme zu geben. Sie sollten, wenn auch ohne Stimmrecht, an allen Konsultationen der EG teilnehmen, u.a. an den Besprechungen der diplomatischen Vertreter der Sechs in den Hauptstädten und bei den Ständigen Vertretungen.[4] Norwegen begrüßte diese Einladung und wies seine Diplomaten an, auf alle diesbezüglichen Initiativen von EG-Seite positiv zu reagieren, nicht jedoch selbst die Initiative dazu zu ergreifen. Was außenpolitische Konsultation gemäß dem Davignon-Bericht anging, sollten von Fall zu Fall nähere Instruktionen eingeholt werden.[5]

Einem Statusbericht der norwegischen Botschaft in Brüssel zufolge war die Zusammenarbeit zwischen der Gemeinschaft und den Beitrittskandidaten in der Interimsperiode nicht nur umfangreich, sondern führte auch zu positiven Ergebnissen. Sie umfasste zum einen die Vorbereitung des Gipfeltreffens der Staats- und Regierungschefs der erweiterten Gemeinschaft am 19. und 20. Oktober 1972 in Paris. Zum anderen

---

3 Abschlußbericht, 1.3.1972, S. 10 (wie oben 5, Anm. 6).
4 Vgl. *EG- Kommission*: Sechster Gesamtbericht über die Tätigkeit der Gemeinschaften 1972, Brüssel 1973, S. 20 f., und aus norwegischer Perspektive *Kleppe* 2003, S. 212 f.
5 UD 44.36/6.84-47, UD, Rundskriv nr. 7, 1.2.72, Samrådsmøter med EF-landenes representasjoner.

wurde die Konsultationsmöglichkeit im Interimskomitee und in anderen Instanzen zur Diskussion über die Weiterentwicklung der EG, z.B. über die gemeinsame Handelspolitik, genutzt. Schließlich begannen in diesem Rahmen auch die Vorbereitungen zur Entwicklung eines Stützungssystems für die norwegische Landwirtschaft und für die Organisation des Marktes für Fischereierzeugnisse. Nach deutscher Auffassung erhielt Norwegen im Rahmen der Interimszusammenarbeit zudem die Möglichkeit, die von Bratteli in seiner Rede anlässlich der Unterzeichnung der Beitrittsverträge angesprochenen Reformprojekte für Sozialpolitik, Umweltschutz, Regional- und Industriepolitik weiter voranzubringen und auf die Tagesordnung der Gemeinschaft zu setzen.[6]

Die Freihandelsverhandlungen mit den Rest-EFTA-Ländern und die norwegische Beitrittsdebatte

In Oslo war man besonders an einer Mitwirkung in dem Sonderausschuss nach Art. 113 EWG-V (auch 113-Ausschuss genannt) interessiert, der sich aus hochrangigen Experten der Mitgliedstaaten zusammensetzte und die Kommission bei ihren Verhandlungen mit den nichtbeitrittswilligen EFTA-Staaten unterstützte. Artikel 113 EWG-V definiert die Bedingungen für den Abschluss von Handelsabkommen zwischen der Gemeinschaft und Drittländern. Nachdem im Sommer 1971 der Beschluss getroffen wurde, das Verhältnis der Rest-EFTA-Staaten zur Gemeinschaft nicht durch die Errichtung einer Zollunion oder durch Assoziierung, sondern durch bilaterale Handelsabkommen zu regeln, erhielt die Kommission vom Ministerrat ein Mandat zur Durchführung dieser Verhandlungen.[7] Im 113-Ausschuss entfalteten Dänemark und Norwegen auf der einen und die EG auf der anderen, nach Einschätzung der norwegischen Botschaft in Brüssel, eine erfolgreiche Zusammenarbeit.[8] Dabei ging es in erster Linie darum, Lösungen für die Handelsverbindungen der neuen EG-Mitglieder zu ihren ehemaligen EFTA-Partnern zu finden, die nicht hinter den zwischen den nordischen Ländern bereits erreichten Zollabbau zurückfielen. Abgesehen von handelspolitischen Interessen lag den norwegischen und dänischen Unter-

---

6 PA AA B 20, Bd. 1917, III E 1/III E 2, 6.3.72, Besuch des Bundesministers in Oslo vom 11.-13.3.72. Zu Brattelis Rede vgl. oben 4.1.1.
7 Vgl. *EG-Kommission*: Sechster Gesamtbericht über die Tätigkeit der Gemeinschaften, 1972, S. 27.
8 UD 44.36/6.84-50, Brüssel an UD, 19.10.72, EF-Norge. Forberelsene for medlemskap til 26. 9.

händlern auch aus Gründen der Nachbarschaftssolidarität und mit Blick auf die eigene Öffentlichkeit daran, Schweden zu einem günstigen Abkommen zu verhelfen.[9]

Die seit Dezember 1971 laufenden Freihandelsverhandlungen zwischen der Kommission und Schweden hatten sich als außerordentlich schwierig herausgestellt und in EG-Kreisen machte man sich Sorgen um einen vermeintlich ungünstigen Einfluss der schwedischen Verhandlungen auf die norwegische und dänische Haltung zur Mitgliedschaftsfrage. Diese Sorge verlor angesichts der schärfer werdenden Beitrittsdebatte in Norwegen nicht an Relevanz. So betrachtete man in Brüssel einerseits eine schnelle und erfolgreiche Beendung der Verhandlungen mit Schweden als positiv für die innenpolitische Lage im Vorfeld der anstehenden Volksabstimmungen. Andererseits war man der Meinung, dass Schweden diese Haltung in der EG bewusst ausnutze. Die Außenminister der sechs »Altmitglieder« behielten sich im Februar 1972 aus diesem Grund sogar vor, ggf. die Verhandlungen zu verlängern.[10] Wie Kommissionsmitglied Ralf Dahrendorf einem norwegischen Diplomaten mitteilte, stand die EG vor einem »schwierigen Balanceakt«. Die Kommission sei sich im Klaren darüber, dass die norwegischen Befürworter einer »Schwedenlösung« gestärkt würden, wenn man Schweden zu günstige Bedingungen gebe. Gleichzeitig könne man nicht riskieren, Schweden so schlechte Bedingungen zu geben, dass sich die öffentliche Meinung in Norwegen aus diesem Grund gegen den Beitritt wende.[11]

In der Tat nahmen die Verhandlungen mit Schweden in der norwegischen Beitrittsdebatte einen immer wichtigeren Platz ein.[12] Als sich ein Ergebnis im Frühsommer 1972 abzeichnete und dann im Juli vorlag, übertrafen sich die Vertreter der Ja- und Nein-Seite mit Analysen und Berechnungen über die Vor- und Nachteile eines Freihandelsabkommens im Vergleich zur Mitgliedschaft.[13] Unbestritten war, dass das schwedische Abkommen, sowohl was die Form als auch was den Inhalt anging, weit hinter den Zielen der schwedischen Regierung zurückgeblieben war. Weder der Plan, einen Beitritt mit Neutralitätsvorbehalt zu vollziehen, noch die später vorgeschlagene »Mittellösung« einer Beteiligung an Zollunion und Agrarpolitik wurden von der Gemeinschaft ak-

---

9 Ebd.
10 AAPD, 1972, Dok. 19.
11 UD 44.36/6.84-48, London an UD, 29.3.72.
12 *Allen* 1979, S. 137.
13 Vgl. z.B. »Sveriges avtale – en sterk advarsel mot å stemme ›nei‹«, in: *Aftenposten* 16.9.72.

zeptiert. Dort befürchtete man, dass durch die Mitbestimmung Dritter die eigene Autonomie eingeschränkt würde und dass sich das ohnehin schwerfällige Entscheidungsverfahren weiter komplizieren würde.[14] Für die Beitrittsskeptiker stellte das Abkommen dagegen den Beweis dar, dass die nordischen Länder ihre Handelsinteressen in Europa auch ohne die Verpflichtung einer Vollmitgliedschaft wahrnehmen konnten. Norwegen wurde zugetraut, aufgrund seiner strategischen Bedeutung und auch wegen seines sich immer deutlicher abzeichnenden Ölreichtums in Freihandelsverhandlungen mit der EG ein besseres Ergebnis als Schweden zu erzielen. Sowohl Sonderregelungen für Landwirtschaftsprodukte, wie sie Portugal erhalten hatte, oder für Fischereierzeugnisse, wie sie Island zugestanden worden waren, wurden auch für Norwegen als realistisch erachtet.

In Schweden wurde das Abkommen ungeachtet aller Kritik am 12. Dezember 1972 mit großer Mehrheit durch den schwedischen Reichstag ratifiziert und in Folge des norwegischen »Nein« zur EG-Mitgliedschaft wurde es zum allgemein anerkannten Modell für die bevorstehenden Freihandelsverhandlungen.

6.1.2 Der deutsche Beitrag zur norwegischen Ratifizierungskampagne

Zunächst aber war die Mitgliedschaftsfrage noch nicht entschieden. Während sich die offiziellen Kontakte zwischen der Bundesrepublik und Norwegen im Rahmen der EG um die Vorbereitung des späteren Beitritts drehten, stand bei den bilateralen Kontakten in der Interimsperiode die norwegische Ratifizierungskampagne im Vordergrund.

In dieser Kampagne hatte die Ja-Seite zwar nach Abschluss der Verhandlungen ihre Bemühungen verstärkt und auch an Zustimmung gewonnen, gegenüber der Nein-Seite lag sie jedoch weiterhin relativ klar im Hintertreffen, und dies, obwohl sie sich nicht nur auf den Regierungsapparat, sondern auch auf die Unterstützung der Wirtschaft und eines Großteils der Presse stützen konnte.[15] Die Ja-Bewegung war zu spät in Gang gesetzt worden und konnte bis zum Abschluss der Verhandlungen nicht ihre volle Wirkung entfalten. Daran war zunächst die Uneinigkeit der Koalitionsregierung schuld gewesen, die eine klare Stellungnahme zugunsten des Beitritts vermieden und eine offensive Aufklä-

---

14 *Stålvant* 1973, S. 243; *Gstöhl* 2002, S. 134.
15 Ausführlich zur Beitrittskampagne vgl. *Allen* 1979, S. 128-159.

rung der Öffentlichkeit über die europäische Integration verhindert hatte. Entscheidend dürfte aber auch die abwartende Strategie der Arbeiterpartei-Regierung gewesen sein, die ihren beitrittsskeptischen Anhängern versicherte, dass eine abschließende Stellungnahme zur Frage der Mitgliedschaft erst auf der Grundlage des Verhandlungsergebnisses getroffen würde.[16] An die Aufforderung, ihrerseits das Verhandlungsergebnis abzuwarten, hielten sich die Beitrittsgegner allerdings nicht. Sie begannen, sich parallel zu den Verhandlungen zu organisieren, und hatten damit schon zu Beginn der eigentlichen Ratifizierungskampagne einen großen Vorsprung. Auch als die Ja-Kampagne im Januar 1972 endlich angelaufen war, entwickelte sie nicht die erhoffte Anziehungskraft, was u.a. damit zusammenhing, dass sie, mit den Worten des Historikers Rolf Tamnes, eine »elitenlastige und zahnlose Organisation ohne markante Führungspersönlichkeit« war.[17] Eines ihrer größten Handicaps lag darin, dass sich die Front der Beitrittsbefürworter in erster Linie aus der Arbeiterpartei und den Konservativen zusammensetzte, den innenpolitischen Hauptgegnern also. Insbesondere für die Sozialdemokraten ergab sich daraus ein »Imageproblem« gegenüber der eigenen Anhängerschaft.[18]

In den interessierten Kreisen der Bundesrepublik war man sich der schwierigen Lage der norwegischen Beitrittsbefürworter durchaus bewusst; und es gab vermeintlich triftige Gründe dafür, den Kampagnen von Regierung und Arbeiterpartei unter die Arme zu greifen. Eine enge Anbindung Norwegens an die westlichen Wirtschafts- und Bündnisstrukturen, wie sie nur der Beitritt zu Gemeinschaft zu gewährleisten schien, wurde wirtschaftlich und politisch als wünschenswert und sicherheitspolitisch als notwendig angesehen. Von einem Nichtbeitritt Norwegens und in dessen Kielwasser womöglich auch Dänemarks befürchtete man, dass er das gesamte Erweiterungsprojekt diskreditieren und die Gemeinschaft damit des erhofften Schwungs berauben könnte. Was eventuelle Neutralitätstendenzen oder ein mögliches Unterlaufen der deutschen Ostpolitik betraf, so sorgte man sich, wie schon 1962, über die linksradikale und anti-westliche Stoßrichtung einiger Gruppen der

---

16 Zur Kampagne der Arbeiterpartei vgl. *Nyhamar* 1990, S. 176-188. Kritisch zur Strategie der Parteiführung vgl. *Lie* 1975, S. 392 ff., und *Ørvik, Nils*: The Norwegian Labor Party (NLP) and the 1972 Referendum, in: Ders. (Hrsg.) 1975, S. 19-41, bes. S. 34.
17 *Tamnes* 1997, S. 160.
18 Vgl. AAB, ARK1541 (Bye), 16, Frydenlund: Arbeiderpartiet, Høyre og EF [o.D.].

Nein-Seite, die einer unzureichend aufgeklärten Öffentlichkeit gegenüberstanden.[19]

Im AA wurde als bevorzugtes Mittel zur Einwirkung auf die norwegische Debatte der Kontakt zu potentiellen Multiplikatoren gesucht. So setzte man einerseits auf die seit einigen Jahren regelmäßig veranstalteten Informationsreisen norwegischer Parlamentarier und Parteifunktionäre nach Deutschland und Brüssel sowie auf Gegenbesuche deutscher Politiker nach Norwegen, mit denen man bereits in Verbindung mit der NATO-Debatte von 1968/69 gute Erfahrungen gemacht hatte.[20] Von einer Informationsreise des gesamten Auswärtigen Ausschusses des Storting durch die Hauptstädte der EG im Januar 1971 versprach sich die Deutsche Botschaft in Oslo wichtige, vielleicht entscheidende Akzente für die norwegische Diskussion, weshalb es wichtig sei, gut informierte Gesprächspartner auszusuchen.[21] Andererseits wurden zur »Förderung der EWG-Beitrittswilligkeit« verstärkt norwegische Journalisten nach Deutschland eingeladen, um sich ein Bild von den Gegebenheiten zu machen, wobei man bevorzugt Zeitungen aus den beitrittsskeptischen Landesteilen kontaktierte.[22]

Das Engagement der SPD

Angesichts der überparteilichen Zustimmung zur Integration und zur Erweiterung der EG in der Bundesrepublik war die Beteiligung an der Aufklärungstätigkeit nicht nur auf Sozialdemokraten beschränkt. Doch spielten diese eine herausgehobene Rolle, nicht zuletzt deshalb, weil ihnen in Norwegen am meisten Gehör geschenkt wurde und weil das Ansehen der CDU/CSU wegen der innenpolitischen Auseinandersetzungen über die Ostpolitik besonders schlecht war. Die Motivation der Sozialdemokraten, sich für Norwegens Beitritt einzusetzen, beruhte im Wesentlichen auf Gründen, die eng mit der Regierungspolitik verknüpft waren. Besonders für den Erfolg der Ostpolitik, aber auch für das Gelingen der europapolitischen Projekte der SPD-geleiteten Regierung wurde ein

---

19 Vgl. PA AA B 20, Bd. 1246, Oslo an AA, 1.12.62, Norwegen und die EWG, hier: Aufklärung der Öffentlichkeit; PA AA, B 60, Bd. 775, Oslo an AA, 1.6.71, Norwegen und die europäische Solidarität.
20 Politischer Jahresbericht 1968 (wie 3.3.2, Anm. 143).
21 PA AA, B 31, Bd. 383, Oslo an AA, 18.1.1971, Informationsreise des Stortings in die Mitgliedsländer der EG.
22 PA AA, B 31, Bd. 383, BPA an AA, 27.7.71, Förderung der EWG-Beitrittswilligkeit in Norwegen, hier: Einladung von norwegischen Fachjournalisten.

Beitritt sämtlicher Kandidaten als hilfreich angesehen. Der Parlamentarischen Staatssekretärin im Bundeskanzleramt Katharina Focke zufolge musste die Partei eine Auswahl ihrer »politischen Schwerpunkte« treffen und überlegen, welche Beziehungen »am dringendsten zur Flankierung, zur Vorbereitung beabsichtigter Maßnahmen oder als Auffangposition eingesetzt werden können.« Zu diesen »Schwerpunkten« zählte es ihrer Meinung nach, »bei unseren Schwesterparteien in Skandinavien, Großbritannien und Irland durch Information und Diskussion zu einer positiven Haltung für die Erweiterung der EWG beizutragen.«[23]

Bereits in den Jahren zuvor waren Initiativen zu einer zielgerichteten Verbesserung der Kontakte zu skandinavischen Politikern und Journalisten – etwa durch Einladungen zu Seminaren etc. – vornehmlich aus Kreisen der SPD gekommen. Dies wurde u.a. damit begründet, dass die DDR vergleichbare Aktivitäten betreibe, dabei »sehr fleißig« sei und »langsam auch dadurch Oberwasser bekommen« habe, »daß in den Zeitungen und in den Rundfunkanstalten zu wenig über die Bundesrepublik bekannt sei«.[24] Eine SPD-nahe Zeitung, die *Berliner Stimme*, schrieb kurz nach Antritt der neuen norwegischen Regierung, Bratteli brauche nicht nur Verständnis und Entgegenkommen in Brüssel, um ein Verhandlungsergebnis zu erreichen, mit dem er die »große Masse der Unentschlossenen« mobilisieren könne. Die Norweger bräuchten auch bessere Informationen über die EG.[25] Unter diesem Motto stand auch die Reise des Landesvorsitzenden der SPD in Schleswig-Holstein, Joachim (»Jochen«) Steffen, durch die skandinavischen Länder im Herbst 1971. Steffen betonte bei seinen Gesprächen und Veranstaltungen, dem linken Flügel der Partei anzugehören, der die Integration deshalb unterstütze, weil sie den geeigneten Rahmen für den Kampf gegen die Dominanz des Großkapitals biete.[26]

Mit zunehmender Verschärfung der EG-Debatte in Norwegen wurde man aber auch in der Bundesrepublik vorsichtiger. Auf keinen Fall sollte der Eindruck entstehen, die Bundesrepublik mische sich in die inneren Angelegenheiten eines fremden Landes ein. Dies verbot sich nicht nur grundsätzlich, sondern konnte aufgrund des Stellenwerts, den die Souveränitätsfrage in der norwegischen Debatte einnahm, auch schnell eine entgegengesetzte Wirkung erzielen. So befürchtete man im AA bei

---

23 AdsD, Dep. Focke, Parl. StS, Focke an Dingels, 11.11.71.
24 PA AA B1 (Ministerbüro), Bd. 342, Scholz an Brandt, 13.8.69.
25 »Norwegen braucht Bonner Hilfe«, in: *Berliner Stimme*, 3.4.71
26 Vgl. *Steffen, Joachim*: »Die Norweger müssen sich entscheiden«, in: *Vorwärts*, 4.11.71

der Planung eines Norwegenbesuchs des Bundestagsausschusses für Ernährung, Landwirtschaft und Forsten durch Dänemark und Norwegen kurz vor den dortigen Volksabstimmungen, »daß Beitrittsgegner in beiden Ländern den Besuch der deutschen Abgeordneten als Indiz für eine beabsichtigte Einmischung benutzen könnten.« Die deutsche Botschaft in Oslo hatte angesichts der Heftigkeit der Beitrittsdebatte auf die »Gefahr« hingewiesen, die »gerade für Politiker aus der Bundesrepublik« bestehe, »in die vielfach emotional geführte Auseinandersetzung hineingezogen zu werden.«[27] Damit wurde auch auf deutschlandfeindliche Aspekte der Beitrittsdebatte angespielt, die zwar bislang in der norwegischen EG-Auseinandersetzung nur wenig Gewicht hatten, die aber in einer innenpolitisch so aufgeheizten Lage sich schnell aufschaukeln könnten.[28]

Zwischen Engagement und Nichteinmischung:
Brandt und die Beitrittskampagne

Niemand wollte sich dem Vorwurf der Einmischung weniger aussetzen als Willy Brandt. Er habe sich, so bekannte Brandt in seinen Memoiren, »stark engagiert«, dabei jedoch stets der »Versuchung« widerstanden, sich »in die inneren Angelegenheiten anderer Staaten einzumischen«.[29] In nahezu jeder öffentlichen Äußerung zur norwegischen EG-Mitgliedschaft wies Brandt darauf hin, dass er nicht gedenke, Mitgliedswerbung zu betreiben, was ihn allerdings nicht davon abhielt, seinen Rat auch öffentlich bereitwillig zur Verfügung zu stellen.[30]

Sowohl unter den norwegischen Beitrittsbefürwortern als auch in der deutschen Botschaft in Oslo war man der Auffassung, dass der als Freund und Kenner Norwegens bekannte und als Staatsmann und Entspannungspolitiker geachtete Brandt einen wichtigen und glaubwürdigen Beitrag zur europapolitischen Aufklärung der norwegischen Öffentlichkeit leisten könne. So gab 1970 der damalige Außenminister Lyng dem deutschen Botschafter zu verstehen, »es würde für die norwegische

---

[27] PA AA B 60, Bd. 774, Aufzeichnung IIIA [o.D.], Bericht über Informationsreise einer Delegation des Bundestagsausschusses für Ernährung, Landwirtschaft und Forsten durch Dänemark und Norwegen vom 13. bis 20.8.72.
[28] Vgl. *Gran* 2002, 50 f.
[29] *Brandt* 1989, S. 458; *Brandt* 1976, S. 332.
[30] Vgl. u.a. »Willy Brandt i Hamar: Europeisk samling skaper avspenning«, in: *Arbeiderbladet*, 30.7.66; »Willy Brandt i intervju med Arbeiderbladet: Sosial framgang målet på alle felt«, in: *Arbeiderbladet*, 4.7.72.

Europapolitik wichtig und hilfreich sein, wenn der Bundeskanzler in seiner Rede vor den Stortingsabgeordneten der hier in manchen Kreisen verbreiteten Furcht vor einer Unterdrückung der kleinen Nationen in den Europäischen Gemeinschaften entgegenwirken würde.«[31] Dies war sicherlich nicht im Sinne aller Regierungsmitglieder. Einen Monat zuvor hatte der beitrittsskeptische Ministerpräsident Borten die Bundesregierung über diplomatische Kanäle wissen lassen, man wünsche nicht, dass der Besuch zu offensichtlich im Zeichen der Erweiterungsfrage stehe.[32] Nichtsdestotrotz empfahl Botschafter Balken dem Bundeskanzler, seiner Rede eine besondere europapolitische Perspektive zu geben:

> Unter einem Teil der norwegischen Politiker und auch im Volk ist der Anschluß an Europa, d.h. der Beitritt zu den Gemeinschaften noch mit einem Fragezeichen versehen. Man fürchtet, als kleines Volk untergebuttert zu werden, seine Identität zu verlieren etc. M.E. wäre der Kanzler der richtige Mann, den Norwegern ihre eigenen Worte ins Bewußtsein zu rufen, ihr Selbstvertrauen zu stärken und ihnen zu zeigen, welche Rolle auch die kleinen Völker im geeinten Europa spielen können.[33]

Brandt beherzigte diese Ratschläge und ging in seiner Rede offensiv auf die Beitrittsfrage ein, womit er durchweg positive Reaktionen hervorrief.[34] Eine Einladung der *Europabewegung* Norwegens zu einem Vortrag anlässlich seines offiziellen Besuchs in Oslo 1970 schlug Brandt dagegen ebenso aus wie die Teilnahme an einer Kundgebung der gleichen Organisation während der Verleihung des Friedensnobelpreises im Dezember 1971.[35] Letztere ging auf einen spontanen Vorschlag des ehemaligen Generalsekretärs der Arbeiterpartei, Haakon Lie, zurück, der

---

31 PA AA B 31, Bd. 382, Oslo an AA, 11.3.70, Bundeskanzlerbesuch, hier: Gesprächsthemen. In dieser Meinung wurde er von der pro-europäischen Zeitung *Morgenbladet* unterstützt: »Willy Brandt ist ein guter Kenner der norwegischen Politik. Wir hoffen, dass er es bei seinem Besuch als seine wichtigste Aufgabe ansehen wird, jene Kräfte in allen Parteien zu stärken und zu unterstützen, die verstehen, dass Norwegens Zukunft im Rahmen eines geeinten Europas liegt.« »Willy Brandts oppgave i Norge«, in: *Morgenbladet*, 17.4.70.
32 PA AA B 31, Bd. 382, Oslo an AA, 13.2.70. Vgl. oben 4.1.3.
33 PA AA B 20, Bd. 1832, Balken (Oslo) an Ritzel (BK), 24.3.70.
34 Vgl. Ansprache vor dem Storting (wie oben 3.3.2, Anm. 150), hier S. 119-121; Vgl. *FAZ*, 29.4.1970; *Morgenbladet*, 25.4.70; *Aftenposten* 25.4.70; *Nationen*, 25.4.70.
35 PA AA B 31, Bd. 382, Vermerk IA5, 19.2.70; PA AA B 20, Bd. 1832, Oslo an AA, 3.3.70. Vgl. *Sirges/Allers* 2002, S. 159.

Offiziell sprach Brandt am 14. September 1972 in Oslo als SPD-Parteivorsitzender. Die Anreise erfolgte aber in einer Regierungs-Maschine der Deutschen Luftwaffe. Willy Brandt mit Ministerpräsident Bratteli und dem Leiter der Ja-zur-EG-Bewegung Reidar Carlsen auf dem Flughafen Fornebu.

nun als Sekretär der *Europabewegung* fungierte. Die Einladung wurde zwar von dem Vorsitzenden der Bewegung, dem ehemaligen Außenminister Svenn Stray, sowie von dem aktuellen Außenminister, Andreas Cappelen, unterstützt, sie war aber nicht mit der Parteiführung der Arbeiterpartei abgesprochen, die, ähnlich wie Brandts Berater, Bedenken hatten, die Nobel-Feierlichkeiten mit dem innenpolitisch kontroversen Beitrittsthema in Verbindung zu bringen.[36]

»Willy, Willy«-Rufe in Oslo –
Brandts Vortrag auf dem Youngstorget

Neun Monate später wurde die Situation in Bonn und Oslo offenbar anders beurteilt. Obwohl sich die innenpolitische Auseinandersetzung noch weiter zugespitzt hatte, stimmten sowohl die Führungsspitze der Arbeiterpartei als auch Brandt und seine Mitarbeiter der Teilnahme an

---

36 Ebd.

einer überparteilichen Veranstaltung der »Ja zur EG«-Bewegung auf dem Osloer Youngstorget zu. Die Initiative zur Einladung Brandts war von Ja-Bewegung und Arbeiterpartei ausgegangen.[37] Brandt hatte auf eine erste Anfrage hin erneut unterstrichen, er wolle nicht der Einmischung in den norwegischen EG-Streit bezichtigt werden. Nur wenn die Parteiführung seine Teilnahme ausdrücklich wünsche, werde er kommen.[38] Eine entsprechende Einladung Brattelis – der dazu allerdings selbst erst von den Organisatoren überredet werden musste – erfolgte wenig später.[39]

Die Massenkundgebung in Oslo erhielt, wie nicht anders zu erwarten war, große Aufmerksamkeit in den Medien. Wie die deutsche Botschaft berichtete, machten alle in Oslo erscheinenden Tageszeitungen mit einem Bild von der Kundgebung und mit ausführlichen Berichten auf. Das *Arbeiderbladet* veröffentlichte einen Kommentar, indem es die beiden Staatsmänner Brandt und Bratteli miteinander verglich und an die europäische Dimension des Friedensnobelpreises für Brandt erinnerte. Die besonders in Bonn befürchteten negativen Reaktionen fielen vergleichsweise verhalten aus.[40] Im Anschluss an die Zusage Brandts waren, nach Informationen des Bundeskanzleramts, »erhebliche Angriffe gegen den Bundeskanzler publiziert [worden], weil er als Ausländer mit seiner Rede in eine so wichtige innere Auseinandersetzung eingreife, die für Norwegen etwa die gleiche Bedeutung habe wie die Ostverträge für Bonn«.[41] Diesen Eindruck wollte man im Bundespresseamt nicht unkommentiert lassen. Dort hieß es, Brandt nehme seinen Auftritt in seiner Funktion als Vorsitzender der Sozialdemokratischen Partei Deutschlands, nicht aber als Bundeskanzler wahr. Für eine Anfrage des EG-kritischen *Dagbladet* erklärte sich das Bundespresseamt daher als nicht zuständig und verwies lediglich auf die Rede Brandts vor dem Storting von 1970, in der er seinen Willen zur Nichteinmischung unterstrichen

---

37 Vgl. *Bye, Ronald*: Sersjanten: makt og miljø på Youngstorget, Oslo 1987, S. 128.
38 AAB, Pers, Bye 14, Notat Inge Scheflo für Trygve Bratteli. Auch in seinen Erinnerungen schreibt Brandt, er habe sich diesen Schritt nicht leicht gemacht und ihn, angesichts der aufgeheizten Stimmung im Lande, später bereut. Seine Teilnahme an der Veranstaltung in Oslo und an einer vergleichbaren in Dänemark, so unterstrich er rückblickend, sei nur aufgrund der Bitte alter Freunde erfolgt. *Brandt* 1976, S. 332; *Brandt* 1989, S. 458.
39 AAB, Dd. Ba 332, Bratteli an Brandt, 18.8.72.
40 In der Schlagzeile von *Dagbladet* hieß es u.a. »Brandt schaltet sich in norwegische EG-Debatte ein«. Alle zit. nach PA AA B 20, Bd. 1917, Oslo an AA, 15.9.72.
41 BA, B 136/8015, BK, AL II (Sanne) an Parl. StS Dr. Focke, 22.8.72.

hatte. Dazu wurde bemerkt: »Der Vorsitzende der Sozialdemokratischen Partei Deutschlands wird sich mit Sicherheit nicht anders verhalten, wenn er auf Einladung in Oslo spricht.«[42]

Brandts Auftritt in Oslo war zweifellos sein deutlichstes Engagement für Norwegens Beitritt und ist daher auch den meisten Beobachtern in Erinnerung geblieben.[43] Dass ein ausländischer Staatsmann, zumal ein deutscher, in einer innenpolitisch so brisanten Frage auf Einladung der norwegischen Regierung öffentlich Partei ergriff, erweckte auch international Aufsehen. Die Londoner *Times* bezeichnete Brandts Reise im Vorfeld als »extraordinary, if not unique«:

> He went to the Norwegian capital to intervene in Norway's internal affairs, at the invitation of the Oslo government, by speaking at a pro-EEC rally. [...] It is a remarkable tribute to Herr Brandt that the government of a country which still feels enormous mistrust for all Germans because of the war, believes that Herr Brandt's intervention can actually help to save it.[44]

Welchen Effekt aber hatte der Auftritt Brandts so kurz vor der Volksabstimmung auf die öffentliche Meinung Norwegens? Über 20.000 Menschen sollen ihm mit »Willy, Willy-Rufen« regelrecht zugejubelt haben.[45] Entsprechend optimistisch war die Stimmung unter den anwesenden Vertretern der Ja-Seite. Andere waren dagegen skeptisch. Der stellvertretende Parteivorsitzende der Arbeiterpartei, Reiulf Steen, war direkt von einer Informationsreise durch den Norden des Landes zurückgekehrt und war dort, wie viele andere Politiker und Beamte vor ihm, auf entschiedene Ablehnung des Beitritts gestoßen. Die jubelnde

---

42 PA AA B 20, Bd. 1917, Presse- und Informationsamt an Jon Hjalmar Smith (Dagbladet, Bonn), 11.9.72.
43 Brandts Rede auf dem Youngstorget taucht z.B. in Darstellungen zur Geschichte der Arbeiterpartei (*Nyhamar* 1990, S. 187) und in den Memoiren norwegischer Sozialdemokraten als einziger Hinweis auf das Engagement Bonns auf, vgl. *Steen* 1986, S. 175 f.; *Bye* 1987, S. 128. Es ist auch das Ereignis, das den befragten Zeitzeugen als Ausdruck deutscher Unterstützung für den norwegischen Beitritt am lebhaftesten in Erinnerung geblieben ist. Nicht zuletzt hat Brandt selbst mit seiner Beschreibung des Auftritts am 14. September maßgeblich zur Erinnerung daran beigetragen. Vgl. *Brandt* 1976, S. 332; *Brandt* 1989, S. 458.
44 Vgl. »Herr Brandt in Norway on pro-Market mission«, in: *The Times*, 15.9.72.
45 »Tyve tusen hørte Willy Brandt«, in: *Aftenposten* 15.9.72; »Tettpakket torg på Ja til EF-MØTE. Mellom 20000 og 25000 hørte Brandt og Bratteli«, in: *Arbeiderbladet*, 15.9.72.

Menge auf dem Youngstorget repräsentierte seiner Meinung nach weder die Mehrheit der Arbeiterbewegung noch die des Landes.[46]

6.1.3 Nach der Volksabstimmung: Reaktionen auf das norwegische »Nein«

In der Volksabstimmung am 24. und 25. September sprachen sich 53,5% gegen den Beitritt Norwegens zu den Europäischen Gemeinschaften aus. Die Regierung Bratteli entschied sich darauf hin, den Beitrittsvertrag nicht mehr dem Storting zur Abstimmung vorzulegen, und trat, wie angekündigt, zurück. Gleichzeitig wurden Norwegens Diplomaten angewiesen, sich umgehend aus allen Gremien der Gemeinschaft zurückzuziehen, an denen sie aufgrund des Bewerberstatus ihres Landes teilgenommen hatten.[47]

Aus den zahlreichen Untersuchungen zum Ausgang der Volksabstimmung ist vor allem die Spaltung des Landes entlang einer Stadt-Land- und einer Zentrum-Peripherie-Linie deutlich geworden, zu der auch noch der Gegensatz zwischen Bevölkerung und Eliten gerechnet werden muss.[48] Die Hauptstadt Oslo und ihre Umgebung waren die einzigen Landesteile, in denen eine solide Mehrheit für den Beitritt stimmte. Hier konzentrierten sich das »weltoffene« Bürgertum und die politischen und administrativen Eliten, die fürchteten, Norwegen könnte außerhalb der EG wirtschaftlich und politisch den Anschluss an Europa verpassen, sowie die Vertreter des Handels und der Industrie, die mit einem Beitritt wirtschaftliche Interessen verfolgten. Der Norden des Landes, wo die Bevölkerung bereits die Hauptstadt Oslo als ein von ihren Problemen weit entferntes Machtzentrum ansah, stimmte mit Mehrheiten von 70-90% dagegen. Ansonsten konzentrierten sich die Nein-Stimmen an der Küste und in den dünn besiedelten ländlichen Gegenden, wo Bauern und Fischer um ihre Existenz fürchteten und nicht auf die als vage empfundenen Zusagen des Beitrittsabkommens vertrauen mochten. Einen wichtigen Beitrag zum Sieg der Nein-Seite leisteten schließlich die unterschiedlichen Gruppen der radikalen Linken, von der Jugendorganisation der Arbeiterpartei bis hin zu den Kommunisten, die

---

46 *Steen* 1986, S. 175 f.
47 UD 44.36/6.84-49, Brüssel an UD, 26.9.72; UD 44.36/6.84-49, Notat UD F-sekr., 27.9.72.
48 Vgl. *Gleditsch* u.a. 1975.

insbesondere die Argumentation der pro-europäischen Arbeiterpartei-Elite unterliefen, sowie die urbanen »Liberalen« und »Intellektuellen«, die den norwegischen Lebensstil und die vermeintlich unabhängige Rolle Norwegens in der internationalen Politik gefährdet sahen.[49]

Willy Brandt hat mit seiner zugespitzten Darstellung der Beitrittsdebatte in Deutschland ein Bild geprägt, demzufolge Pietismus, Fremdenangst (insbesondere vor den südländischen EG-Bürgern) sowie die Erinnerung an die deutsche Besatzung und sogar an die Union mit Schweden ausschlaggebend für die norwegische Entscheidung gegen den EG-Beitritt waren.[50] Wie der deutsche Botschafter in Oslo nach eingehender Analyse des Abstimmungsergebnisses nach Bonn berichtete, wäre es jedoch falsch, die »Kommunisten«, die »Bauern«, die »protestantischen Sektierer« oder andere Gruppen für die Ablehnung des Beitritts verantwortlich zu machen: »Die beruflich oder ideologisch bestimmten Gruppen waren nur Teil einer äußerst heterogenen Allianz der Nein-Sager, und keiner Gruppe kam allein ausschlaggebendes Gewicht zu.«[51] Das entscheidende Element sei »die nicht vorhandene Bereitschaft [gewesen], den überkommenen Begriff des Selbstbestimmungsrechts in seinen zeitgerechten, europäischen Dimensionen zu sehen«, die in »praktisch allen Schichten« dominiert habe. Alle anderen Elemente, die schwache und elitenlastige Kampagne der Ja-Seite, und auch das Verhandlungsergebnis für die Landwirtschaft und die Fischerei, seien nachgeordnet gewesen. Allerdings sei dort, »wo Hauptelement und zugespitzte Sachprobleme zusammentrafen«, die Ablehnung umso heftiger ausgefallen.

Wie aber reagierte die Gemeinschaft und insbesondere die Bundesrepublik auf den Ausgang der Volksabstimmung und welche Auswirkung hatte das »Nein« Norwegens auf ihre Haltung zu der nun bevorstehenden Suche nach einer Alternative zum Beitritt? In der EG bedauerte man nicht nur den Ausgang des Referendums, man sorgte sich auch über mögliche nachteilige Auswirkungen auf die politische Einigung und besonders über eine negative Beeinflussung der noch ausstehenden Entscheidung Dänemarks.[52] Sogar in Frankreich, wo in den Verhandlungen erhebliche Zweifel an der Beitrittsfähigkeit Norwegens aufgekommen waren, herrschte die Enttäuschung über das Scheitern des Beitritts vor.

---

49 Vgl. *Allen* 1979, S. 159 ff.; *Valen, Henry*: »Norway: »No« to EEC, in: Scandinavian Political Studies 8 (1973), S. 214-226.
50 Vgl. *Brandt* 1976, S. 332; *Brandt* 1989, S. 458.
51 PA AA, B 20, Bd. 1917, Oslo an AA, 5.10.72. Dort auch die folgenden Zitate.
52 Für eine Zusammenstellung der Reaktionen vgl. *Nicholson/East* 1987, S. 128 f.

Allerdings waren aus Paris auch Stimmen zu hören, die sich zufrieden mit dem Ergebnis äußerten, weil Norwegen als Mitglied eine »eine große Gefahr für die Zukunft der EWG-Landwirtschaftspolitik« dargestellt hätte.[53] Mitbewerber Großbritannien zeigte sich enttäuscht darüber, dass mit Norwegen ein wertvoller Partner in Brüssel fehlen werde, der zu einer »nördlicheren Ausrichtung« der Gemeinschaft beigetragen hätte. Gleichzeitig beeilte man sich in London zu unterstreichen, dass die Entscheidung Norwegens den eigenen Beitritt nicht beeinflussen werde, der bereits die notwendigen parlamentarischen Schritte durchlaufen habe.[54]

Reaktionen aus der Bundesrepublik

Angesichts des großen Engagements, das die Bundesregierung besonders in der Schlussphase der Verhandlungen und während der Ratifizierungskampagne für den norwegischen Beitritt entwickelt hatte, war die Enttäuschung in Deutschland besonders groß.[55] »Unwissenheit und Demagogie«, so der deutsche Botschafter in Oslo in seiner ersten Reaktion, »haben einen Sieg errungen, nüchterne Einsicht in Aufgaben und Chancen Europas, zu dem Norwegen schon geographisch gehört, hat verloren.«[56] In der deutschen Presse war u.a. von der »Flucht in den Provinzialismus« und der »nordischen Isolation« die Rede,[57] und sowohl konservative als auch linksliberale Zeitungen malten erneut die Gefahr vor einem »Abgleiten des norwegischen NATO-Partners in den Neutralismus« an die Wand.[58] Sie reagierten damit auch auf Reaktionen aus Finnland, wo man in dem norwegischen »Nein« die Möglichkeit einer Wiederbelebung der nordischen Kooperation erkannte, und aus der Sowjetunion und der DDR, die durch die EG-Entscheidung Norwegens auch den Zusammenhalt der NATO in Frage gestellt sahen.[59]

---

53 So der ehemalige Landwirtschaftsminister Cointat, zit. in: »Norwegens Nein – Von vielen erwünscht«, in: *Der Spiegel* 2.10.72.
54 »Britain's progress to entry not checked by loss of a partner«, in: *The Times*, 27.9.72.
55 Vgl. »Enttäuschung in Bonn«, in: *NZZ*, 28.9.72.
56 PA AA B 20, Bd. 1917, Oslo an AA, 26.9.72.
57 »Nordischer Isolationismus«, in: *FAZ*, 27.9.72; *Janz, Peter*: Norwegens Nein – Flucht in den Provinzialismus, in: *Das Parlament*, 13.1.73.
58 »Da waren's nur noch neun«, in: *Die Zeit*, 29.9.72; »Norwegens emotionales Nein«, in: *SZ*, 27.9.72; »Kein ›Europa der Zehn‹. Norwegens Absage kommt den Sowjets entgegen«, in: *Rheinischer Merkur*, 29.9.72.
59 Vgl. »Sovjet-aviser tror norsk nei kann svekke NATO«, in: *Aftenposten* 29.9.72; »Moskau über negatives Votum erfreut«, in: *SZ*, 27.9. 1972; »Beifall aus der falschen Ecke«, in: SPD-Pressedienst P/XXVII/191, 4.10.72. Die Ostberliner Presse bezeich-

Die offizielle Reaktion der Bundesregierung war eher zurückhaltend. Man bedauere das Ergebnis; welche Auswirkungen sich daraus für das Verhältnis Norwegens zur Gemeinschaft ergäben, lasse sich zu diesem Zeitpunkt noch nicht abschließend beurteilen. Die Bundesregierung werde jedenfalls ihr europapolitisches Programm »unbeirrt weiterverfolgen«; die Europapolitik bleibe eine der wesentlichen Voraussetzungen für die Politik der Zusammenarbeit und Entspannung.[60]

Selbstkritik in Bonn und Brüssel

Neben der Enttäuschung über die norwegische Entscheidung wurde in Bonn und Brüssel jedoch auch Selbstkritik zum Ausdruck gebracht. Diese zielte einerseits auf das Verhalten der Gemeinschaft in den Verhandlungen ab, das, wie der Staatssekretär im Bundeswirtschaftsministerium, Detlev Rohwedder, notierte, durch »übertriebene ›Selbstdarstellung der Gemeinschaft‹« geprägt gewesen sei, »die noch nicht der politischen Wirklichkeit« entspreche.[61] Als Beispiele wurden immer wieder der Fischereibeschluss vom 30. Juni 1970 oder die Äußerung eines hohen Brüsseler Beamten zur Energiepolitik angeführt.[62] Der Kommentar der *Süddeutschen Zeitung* erinnerte daran, dass Bratteli trotz äußerst knapper Mehrheit für den Beitritt im Storting zur Unterzeichnung eines Beitrittsvertrages gezwungen worden sei,

> der hinter seinen eigenen und erst recht hinter den Erwartungen vieler seiner Wähler zurückgeblieben war. [...] Wenn die EWG Norwegens Beitritt in jedem Fall gewollt hätte, wäre es ihr durchaus möglich gewesen, ihm die Gratwanderung zu erleichtern.[63]

---

nete das Ergebnis als »politischen Erfolg« und kritisierte, dass die »BRD-Monopolpresse« Norwegens Werktätige beschimpfe. *Berliner Zeitung* [Ostberlin] 28.9.72.

60 PA AA, B 20, Bd. 1917, Vermerk III E 1, 26.9.72, Volksabstimmung in Norwegen und EG-Beitritt.

61 »Norwegen probt den zweiten Anlauf. Aufgeschlossen sollte nach Lösungsmöglichkeiten gesucht werden«, in: *Handelsblatt*, 28.11.72,

62 Zum Fischereibeschluss der EG am ersten Tag der Beitrittsverhandlungen vgl. oben 5.4.1. Die Aussage des Energiedirektors der EGKS, Ferdinand Spaak, die EG-Kompetenz erstrecke sich auch auf die künftigen Ölfunde Norwegens, hatte kurz vor der Volksabstimmung den Beitrittsbefürwortern einen Bärendienst erwiesen. Vgl. *Allen* 1979, S. 157; *Sommerfelt* 1997, S. 155.

63 »Norwegens emotionales Nein«, in: *SZ*, 27.9.72.

Darüber hinaus wurde das norwegische »Nein« aber auch als eine »Warnung« an die EG interpretiert und als ein Signal, dass man sich zu sehr auf den Aspekt des Wachstums konzentriert habe.[64] So erkannte der neue Kommissionspräsident Sicco Mansholt in der norwegischen Entscheidung eine »Niederlage« und einen »Schritt zurück« für Europa, in dem die Probleme der Wirtschaft und Währung eine zu große Rolle spielten.[65] Es sei bislang nicht gelungen, ein soziales und demokratisches Europa zu schaffen:

> Wenn in der Volksabstimmung etwas deutlich geworden ist, dann dies, daß die Gemeinschaft die große Unbekannte geblieben ist. Ganz offensichtlich wurde die Gemeinschaft von den meisten Norwegern nicht als ein künftiges, für alle Europäer bestimmtes gemeinschaftliches Gebäude betrachtet, sondern als ein großer, kalter Raum, in welchem für eigene nationale Probleme kein Platz mehr sein würde, als ein von Technokraten gesteuerter Mechanismus, der sich über das Schicksal des einzelnen Menschen völlig hinwegsetzt. Aus dem Ergebnis der Volksabstimmung müssen wir also eine Lehre ziehen.[66]

Auch der deutsche Botschafter in Oslo gab zu bedenken, dass die Gemeinschaft in Vorbereitung eines eventuellen späteren Beitritts Norwegens ihre eigene innere Struktur in Bereichen wie der Regionalpolitik, der Sozialpolitik und der Demokratisierung verbessern müsse, um für dieses »›dem Fremden‹ eher verschlossene Land sympathischer und damit anziehender« zu wirken.[67] Einem deutschen Journalisten zufolge gingen die von der Bundesregierung auf der Pariser Gipfelkonferenz unterbreiteten Vorschläge zur Sozial- und Gesellschaftspolitik direkt auf diese Einsicht zurück.[68] Bundeskanzler Brandt versicherte dem norwegischen Botschafter in einem privaten Gespräch am Abend seines Wahlsieges am 19. November 1972, er sei froh darüber, nun weiter an einem Europa bauen zu können, von dem er wisse, dass es auch für Norwegen passen werde.[69]

---

64 »Warnung aus dem Norden«, in: *FR*, 27.9.72; »Un avertissement«, in: *Le Monde*, 27.9.72
65 Zit. nach *Nicholson/East* 1987, S. 129.
66 Zit. nach *Janz* (wie oben Anm. 57).
67 PA AA, B 20, Bd. 1917, Oslo an AA, 5.10.72.
68 *Janz* (wie oben Anm. 57). Zu Brandts Vorschlägen vgl. *Brandt* 1976, S. 345 f., 356.
69 UD, 25.4/113-81, Bonn an UD, 20.11.72.

Denn obgleich man die Entscheidung Norwegens akzeptierte, ging man in der EG und nicht zuletzt in der Bundesrepublik davon aus, dass das Land früher oder später seinen Antrag auf Mitgliedschaft erneuern würde. Handelsminister Kleppe, der sich zum Zeitpunkt der Abstimmung auf einer Sitzung von Weltbank und Internationalem Währungsfond in Washington befand, wurde von seinen Kollegen Helmut Schmidt und Valerie Giscard d'Estaing getröstet, es handele sich sicher nur um einen vorübergehenden Rückschlag.[70] Diese Haltung wurde nicht zuletzt dadurch bestärkt, dass die dänische Bevölkerung nicht wie befürchtet dem norwegischen Beispiel folgte, sondern sich am 2. Oktober mit einer Mehrheit von 63,3% für den Beitritt aussprach. Bundesaußenminister Walter Scheel drückte die Erwartung aus, dass die dänische Entscheidung sich auf die Meinungsbildung in Norwegen auswirken werde. »Wir hoffen ja alle, dass Norwegen in absehbarer Zukunft die Gelegenheit haben wird, seine Entscheidung zu revidieren.«[71] Deutsche Zeitungen rühmten die dänische Bevölkerung dafür, sich nicht von den stark »emotionalen« und »national-romantisch ideologisierten« Tönen der norwegischen Debatte angesteckt zu haben. Dänemark, so übereinstimmend *Welt, FAZ* und *Handelsblatt*, habe eine nüchterne und rationale Entscheidung für Europa getroffen, an der sich Norwegen künftig werde orientieren können.[72] Als dann in den folgenden Wochen die Meinungsumfragen in Norwegen plötzlich eine Mehrheit für den Beitritt zeigten, sahen sich all jene bestätigt, die die Ablehnung des Beitritts als vorübergehend betrachteten.[73]

6.2 Verhandlungen um ein Freihandelsabkommen

In der Zwischenzeit musste aber eine Regelung für Norwegens Verhältnis zur erweiterten Gemeinschaft gefunden werden. Die Dringlichkeit dieser Aufgabe lag auf der Hand. Zwei der wichtigsten Handelspartner Norwegens – Großbritannien und Dänemark – würden ab dem 1. Januar 1973 der Gemeinschaft beitreten und ab dem 1. April des gleichen Jahres mit der Zollangleichung beginnen. Die anderen EFTA-Staaten,

---

70 *Kleppe* 2003, S. 220.
71 Zit. nach *Aftenposten*, 4.10.72.
72 Hier zit. nach UD 44.36/6.84-49, Bonn an UD, 5.10.72.
73 Vgl. *Haagerup, Niels Jörgen*: Skandinavien und die Europäische Gemeinschaft, in: EA, 9/1973, S. 291-299, hier S. 296.

darunter Norwegens zweitwichtigster Handelspartner Schweden, waren dabei, ein Handelsabkommen mit der Gemeinschaft abzuschließen, das ihre zukünftigen Beziehungen zur erweiterten Gemeinschaft regelte. Nur Norwegen, das 80% seines Handels mit der erweiterten Gemeinschaft und den Rest-EFTA-Ländern abwickelte, stand nun ohne eine klare Regelung und Perspektive seiner zukünftigen Handelsbeziehungen in Europa da. Im Bewusstsein dieser prekären Situation war es die Hauptaufgabe der neuen Regierung in Oslo, schnellstmöglich ein Handelsabkommen mit der EG abzuschließen.

Dass die Bundesregierung Norwegen dabei unterstützen musste, ergab sich für die Verantwortlichen in Bonn aus den gleichen politischen und wirtschaftlichen Gründen, die auch für einen Beitritt des Landes zur Gemeinschaft gesprochen hatten: »Wenn das durch die EG-Auseinandersetzung zerrissene Land *nicht* in Richtung Neutralisierung treiben soll«, so Botschafter Ritzel, »darf das organisierte Europa es *nicht* aus den Augen verlieren.«[74] Und der SPD-Politiker Hans Apel betonte: »Auch ohne Beschwörung der Solidarität der westeuropäischen Staaten führt unser nüchterner Verstand und unser Eigeninteresse zu der Überzeugung, den Norwegern weiter zu helfen.«[75] Viel weniger klar war dagegen die Frage, wie groß der Einsatz Bonns sein konnte und wie vorteilhaft das Abkommen mit Norwegen im Verhältnis zu der abgelehnten Vollmitgliedschaft und zu den Abkommen der anderen Rest-EFTA-Staaten sein durfte.

6.2.1 Norwegens Antrag und die Reaktion der Gemeinschaft

Im Vorfeld der Volksabstimmung hatten deutschsprachige Zeitungen ein Szenario vorhergesehen, demzufolge Norwegen im Falle eines Nichtbeitritts nicht nur die außenpolitische Isolation, sondern auch ein innenpolitisches Chaos drohen würde. Der für den Fall einer Abstimmungsniederlage angekündigte Rücktritt der Arbeiterpartei, die Schwäche und Uneinigkeit der Opposition sowie die verfassungsrechtlich verankerte Unmöglichkeit, Neuwahlen vor Ablauf der Legislaturperiode im Herbst 1973 auszuschreiben, schienen auf eine Lähmung der politischen

---

74 PA AA B 20, Bd. 1917, Oslo an AA, 26.9.72.
75 *Apel, Hans*: Leider haben die Emotionen gesiegt, in: SPD-Pressedienst, P/XXVII/185, 26.9.72, S. 5.

Handlungskraft hinauszulaufen, die sich das Land angesichts der anstehenden Herausforderungen nicht leisten konnte.[76]

Diese Befürchtungen erwiesen sich indes als falsch. Trotz der tiefen Zerwürfnisse über die Beitrittsfrage waren die innenpolitischen Voraussetzungen für die Aufnahme von Freihandelsverhandlungen relativ rasch gegeben. Sowohl die Arbeiterpartei als auch die Konservativen weigerten sich zwar, die Verantwortung für die durch den Nichtbeitritt entstandene Lage zu übernehmen, sie akzeptierten aber das Ergebnis der Volksabstimmung und sahen die Notwendigkeit eines Handelsabkommens ein. Auf der Gegenseite konnten sich jene nicht durchsetzten, die eine reine Nein-Regierung unter Einbeziehung der radikalen Beitrittsgegner bilden wollten.[77] Auf beiden Seiten wog letztendlich der Wille, die Wunden der Beitrittsdebatte heilen zu lassen, schwerer als das durchaus vorhandene Bedürfnis, auf den eigenen Standpunkt zu insistieren. Insbesondere die Führung der Arbeiterpartei sah es nunmehr als ihre wichtigste Aufgabe an, die innerparteilichen Differenzen zu überbrücken und ihre Wähler zu besänftigen.[78]

Auf dieser Grundlage konnte der Vorsitzende der Christlichen Volkspartei (Krf), Lars Korvald, seit langem ein Verfechter der Freihandelslösung, am 12. Oktober 1972 eine Minderheitsregierung bilden, bestehend aus seiner eigenen Partei, der Zentrumspartei und dem beitrittsskeptischen Überrest der Liberalen Partei. Die wichtigste Aufgabe und gleichzeitig die »einzige Lebensberechtigung« dieser Koalition war der Abschluss des Handelsabkommens mit der EG, da kaum jemand glaubte, dass sie die nächsten Wahlen überstehen werde.[79]

Bereits am Tag ihres Antritts, dem 18. Oktober 1971, wandte sich die neue Regierung in einer kurzen Erklärung an die Staats- und Regierungschefs der erweiterten EG, die am folgenden Tag in Paris zum Gipfeltreffen zusammentreten sollten. Darin drückte sie den Wunsch aus, Verhandlungen um ein Freihandelsabkommen nach dem Vorbild der anderen Rest-EFTA-Staaten, aber auch unter Berücksichtigung der be-

---

76 »Mit Bibelzitaten gegen den EWG-Beitritt«, in: *SZ*, 19.9.72; »Verleumdungen und Emotionen in Norwegen«, in: *FAZ*, 22.9.72; »Skandinavien vor der EWG-Entscheidung«, in: *NZZ*, 24.9.72.
77 *Tamnes* 1997, S. 179; *Madsen* 2001, S. 69.
78 »Streit bei den norwegischen Sozialdemokraten. Zwischen EG-Abstimmung und Parlamentswahl«, in: *NZZ*, 12.1.73.
79 »Norwegen im Bann der europäischen Gemeinschaft«, in: *FAZ*, 6.1.73.

sonderen Probleme Norwegens aufzunehmen.[80] In ihrer Antrittserklärung vom 24. Oktober bekräftigte die Regierung dieses Ziel und übergab der Gemeinschaft am Tag darauf einen entsprechenden Antrag.[81]

Die norwegischen Verhandlungsziele

In ihrem Antrag präzisierte die Regierung das Ziel, über ein Handelsabkommen mit möglichst wenigen Ausnahmen im gewerblichen Bereich zu verhandeln, das darüber hinaus auch Fischereiprodukte umfassen und eine Ausweitung der Zusammenarbeit in der Schiffahrt, bei Währungsfragen und in der Umweltpolitik vorsehen sollte. Damit hatte sie ein äußerst ambitioniertes Vorhaben formuliert, das inhaltlich über den Rahmen der Abkommen für die übrigen Rest-EFTA-Staaten hinauszielte und für Norwegen letztlich den Status eines »Sonderfalls« beanspruchte. Eine zusätzliche Schwierigkeit ergab sich aus dem Ziel, das Abkommen nach Möglichkeit bereits am 1. April in Kraft treten zu lassen, um gleichzeitig mit den ehemaligen EFTA-Partnern in den Genuss der ersten gegenseitigen Zollsenkung gegenüber der erweiterten Gemeinschaft zu gelangen. Dies hätte bedeutet, dass das fertige Ergebnis dem Storting bereits im Februar zur Abstimmung hätte vorliegen müssen, was mit Blick auf die Dauer der schwedischen Verhandlungen kaum vorstellbar war.[82]

Der neue Verhandlungsführer auf Stellvertreterebene, Sonderbotschafter Jens Evensen, gab sich dennoch optimistisch. Seiner Ansicht nach konnte Norwegen nicht dafür bestraft werden, dass es zunächst willig gewesen sei, sich enger an die EG zu binden, dann aber den Beitritt in einem demokratischen Konsultationsprozess abgelehnt habe. Außerdem sei Norwegen eine »gewaltige Ressource«, auf die die Ge-

---

80 Vgl. zum Ablauf der Verhandlungen um ein Freihandelsabkommen, einschließlich des gesamten offiziellen Schriftwechsels zwischen der EG und Norwegen, den Bericht der norwegischen Regierung an den Storting vom 4.5.73, Stortingsproposisjon 126, 1972-73, Om samtykke til ratifikasjon av Avtale mellom Norge og Det Europeiske Økonomiske Felleskap og Avtale mellom Norge og medlemsstatene i Det Europeiske Kull- og Stålfellesskap og Det Europeiske Atomfellesskap, 4.5.73; sowie *Allen* 1979, S. 169-183.
81 Vgl. *EG-Kommission*: Sechster Gesamtbericht über die Tätigkeit der Gemeinschaften, 1972, S. 39.
82 UD 44 37/2-1, F-sekr., Notat til Utenriksministeren, 11.10.72, EF-Norge. Inngåelse av Handelsavtalen.

meinschaft nicht verzichten könne.[83] Die Europaexperten im Außenministerium und die pro-europäische Presse waren davon allerdings nicht überzeugt. Sie befürchteten vielmehr, dass die Gemeinschaft Norwegen im besten Fall ein Abkommen nach dem Muster der anderen Rest-EFTA-Staaten zugestehen, wahrscheinlich aber ein schlechteres Angebot machen werde. Gleichzeitig waren sie allerdings der Auffassung, dass selbst ein mittelmäßiges Handelsabkommen besser sei als keines und wollten außerdem nicht die Möglichkeit ausschließen, dass sich in der Gemeinschaft aus politischen Gründen eine entgegenkommendere Haltung durchsetzen könnte.[84]

Wie gut darf ein Freihandelsabkommen für Norwegen sein?

Die größten Hürden für einen raschen Abschluss der norwegischen Verhandlungen lagen dieses Mal eindeutig in der Haltung der Gemeinschaft. Gewiss, auch in Brüssel und in den Hauptstädten der EG wurde die Ansicht vertreten, dass das Verhältnis Norwegens zu den »Neun« so schnell wie möglich geklärt werden müsse. Technisch schien es zwar schwierig, aber nicht unmöglich zu sein, den von Norwegen gewünschten Zeitplan einzuhalten. Immerhin waren, wie die *Neue Zürcher Zeitung* bemerkte, die gegenseitigen Probleme aus den Beitrittsverhandlungen hinreichend bekannt. Auch hatte Norwegen, wie oben erwähnt, an der Aushandlung der Rest-EFTA-Abkommen teilgenommen, weshalb eine Vorkenntnis der Problematik vorausgesetzt werden konnte. Allerdings war in Norwegen nun eine neue Verhandlungsmannschaft am Ruder, die mit den Dossiers und Verfahrensweisen weniger vertraut war als ihre Vorgänger und deren inhaltliche Forderungen sich an den Versprechungen der Beitrittsgegner aus der Ratifizierungskampagne orientieren mussten. Dies alles ließ eine längere Sondierungsphase notwendig erscheinen. Von Seiten der EG wurde außerdem betont, dass die Gemeinschaft mit den aktuellen Aufgaben – darunter die Neuformierung als Neunergemeinschaft und die Umsetzung der Ziele der Gipfelkonferenz – stark belastet sei.[85]

---

83 Zit. in: *Retzer, Birgit Ruud*: Jens Evensen. Makten, myten og mennesket. En uautorisert biografi, Oslo 1999, S. 144, 147.
84 UD 44 37/2-9, UD, 5. h.pol.avd., 27.9.72, Enkelte spørsmål vedrørende inngåelse av en handelsavtale mellom Norge og EF på linje med rest-EFTA-landenes avtaler.
85 UD 44.36/6.84-50, Bonn an UD, 11.10.72, Norge-EF. Handelsforhandlinger.

Die wirklichen Schwierigkeiten waren indes politischer Natur. So konnte eine gewisse Verbitterung über Norwegens Zurückweisung des Beitritts nicht ausgeschlossen werden. Zwar wurde immer wieder beteuert, Norwegen dürfe für seinen Nicht-Beitritt nicht »bestraft« werden, aber nicht wenige teilten die Ansicht eines Reporters der *Herald Tribune*, dem zufolge »the Brussels bureaucrats are annoyed with Norway's ›no‹ and are understandably reluctant to give Oslo the economic benefits of membership without payment of a political price.«[86] Insbesondere die französische Regierung trat dafür ein, in den Freihandelsverhandlungen deutlich zu machen, dass prinzipiell ein Unterschied zwischen Mitgliedschaft und Assoziierung bestehe. So betonte der französische Außenminister Schumann, es »gehe nicht an, einem Land, das der Gemeinschaft nicht beigetreten sei, dieselben Vorteile einzuräumen wie den Mitgliedstaaten«. Auch von italienischer Seite wurde geäußert, »es bestehe kein Grund, Norwegen besonders günstig zu behandeln«[87], und die belgische Delegation wies darauf hin, dass man eine gewisse Vorsicht im Hinblick auf die bestehenden Probleme (Landwirtschaft, Fischerei) walten lassen müsse: »Bei aller Sympathie für Norwegen dürfe in den Verhandlungen nichts geschehen, das als Präzedenzfall für vergleichbare Abkommen dienen könnte.«[88]

Für diese Haltung waren wiederum gewichtige Eigeninteressen der alten und neuen EG-Partnerländer verantwortlich. Die wichtigsten Exportprodukte Norwegens – Fisch, Aluminium, Leichtmetalle und Papier –, für die die Regierung Zollerleichterungen wünschte, wurden, wie schon in früheren Handelsverhandlungen, von der Gemeinschaft als »empfindlich« eingestuft.[89] Anders als in den Beitrittsverhandlungen fanden Frankreichs Aluminiumindustrie und Großbritanniens Fischereiwirtschaft sowie die Papier- und Leichtmetallfabrikanten anderer EG-Länder nun deutlich mehr Gehör für ihre Sorgen bezüglich der norwegischen Konkurrenz. Ein französischer Diplomat drückte dies im Gespräch mit dem norwegischen Botschafter in Paris besonders drastisch aus, in dem er unterstrich, dass Norwegen jetzt um ein Handelsabkommen und nicht um eine Mitgliedschaft verhandelte. Der Unterschied sei sowohl wirtschaft-

---

86 »Norway: After ›No‹ To EEC, What Next?«, in: *Herald Tribune*, 16.10.73.
87 BArch, B 136/8015, Sachs (Brüssel, EG) an AA, 5.2.1973, 226. Tagung des Rates der EG am 5.2.73 in Brüssel, hier TO-Punkt: Beziehungen zu Norwegen.
88 PA AA, B 20, Bd. 1917, Brüssel an AA, 27.10.72, 660. Tagung des AStV, TO-Punkt – Sonstiges: Norwegischer Antrag auf Aufnahme von Verhandlungen zum Abschluß eines Abkommens mit den EG.
89 »I uvisshet«, in: *Aftenposten*, 4.1.73. Vgl. oben 3.1.3.

lich als auch psychologisch bedeutend. Während der Beitrittsverhandlungen habe die französische Regierung keine nennenswerten Probleme mit ihrer Industrie gehabt. Die Regierung habe darauf verweisen können, dass für eine Mitgliedschaft gewisse Regeln gelten, die man befolgen müsse. Die Industrie habe daher keine andere Wahl gehabt, als eine Reihe von Dingen zu akzeptieren, für die sie sich nicht habe begeistern können. Wenn man um ein Handelsabkommen verhandele, seien die Verhältnisse anders. Dann würde die Wirtschaft ihre Interessen mit all ihrer Kraft einbringen und selbst für kleine Vorteile streiten, an die sie während der Mitgliedschaftsverhandlungen nicht einmal gedacht hätte.[90] Selbst die Delegation der Bundesregierung wurde mit Rücksicht auf das eigene Interesse an den »empfindlichen Waren« nun angewiesen, »bei eindeutig positiver Haltung zu dem Abkommen selbst« den Eindruck zu vermeiden, »daß wir uns für die norwegischen Belange exponiert einsetzen wollen.«[91]

Auch taktische Gründe der Beitrittsbefürworter schienen für einen deutlichen qualitativen Unterschied zwischen Mitgliedschaft und Freihandelslösung zu sprechen. Sowohl in der Gemeinschaft als auch in Norwegen wurde die Frage aufgeworfen, ob ein allzu attraktives Freihandelsabkommen die erhoffte Wiederaufnahme der Beitrittsdiskussion nicht verzögern würde.[92] Der deutsche Botschafter in Oslo beispielsweise riet, in den bevorstehenden Verhandlungen mit Norwegen die innenpolitische Wirkung des auszuhandelnden Abkommens nicht zu unterschätzen und das langfristige Ziel eines späteren Beitritts nicht aus den Augen zu verlieren:

> Die Gemeinschaft muß den schmalen Grat zwischen einem Abkommen wandern, das bei den Norwegern eine Trotzreaktion auslösen könnte, und einem Abkommen, welches die Position der Beitrittsgegner festigt. Durch ein günstiges Abkommen kann die Gemeinschaft auf die sichtlich labile Haltung vieler Norweger in der Beitrittsfrage einen positiven Einfluß gewinnen – fällt das Abkommen jedoch zu vorteilhaft aus, so werden dadurch jene Kräfte im Lande

---

90 UD 44 37/2-3, Paris an UD, 9.1.73, Forhandlingene om avtalen med EØF.
91 BArch, B 136/8016, BMWF/W-AA, 3.11.72, 212. Tagung des Rates am 6./7.11.72.
92 Vgl. *FAZ*, 6.1.73 (wie Anm. 79).

gefördert, deren Wirken auf die Dauer, wenn auch vielleicht ungewollt, immer mehr auf den finnischen Weg bringen wird.[93]

Mit einer solchen Vorgehensweise wäre die Gemeinschaft allerdings, wie ein leitender Beamter des Auswärtigen Amts (AA) bemerkte, überfordert gewesen:

> Sicher wäre es ein diplomatisches Meisterstück, die Frage des Abkommens so zu spielen, daß wir die Beitrittsbefürworter in ihren innenpolitischen Auseinandersetzungen unterstützen. Eine solche Politik müßte zunächst langfristig angelegt sein, vermutlich über die Wahlen von 1973 hinaus. Sie müßte ferner in Kenntnis der jeweiligen innenpolitischen Lage sehr genau dosiert sein, was eine Flexibilität voraussetzt, die man von der Gemeinschaft nicht erwarten kann.[94]

Relativ breite Einigkeit bestand darüber, dass Norwegen keine besseren Bedingungen erhalten durfte als die anderen Rest-EFTA-Länder. Das norwegische Abkommen sollte sich an dem schwedischen orientieren und keine darüber hinausgehenden Zugeständnisse erhalten.[95] Vor diesem Hintergrund äußerte man sich auch in der Bundesregierung skeptisch zu den Aussichten eines schnellen und inhaltlich umfangreichen Abkommens.[96] Im AA erwartete man vielmehr, dass Norwegen sowohl im gewerblichen Bereich (»sensible Erzeugnisse«) als auch hinsichtlich seiner Fischexporte in die Gemeinschaft »merklich schlechter« gestellt sein werde, als dies im Falle eines Beitritts der Fall gewesen wäre.[97] Bundesaußenminister Scheel vertrat sogar die Meinung, die Ablehnung des Beitritts werde sich »zweifellos zum Schaden Norwegens« auswirken.[98]

---

93 PA AA B 20, Bd. 1917, Oslo an AA, 9.11.72, Überlegungen zur Haltung der EG in den bevorstehenden Verhandlungen mit Norwegen.
94 PA AA B 20, Bd. 1917, Poensgen (AA) an Kameke (Oslo), 17.10.72.
95 Vgl. PA AA B 20, Bd. 1917, III E 1, 27.9.72, Außenpolitische Unterrichtung des Bundeskabinetts.
96 UD 44.36/6.84-50, Bonn an UD, 11.10.72, Norge-EF. Handelsforhandlinger; PA AA B 20, Bd. 1917, Vermerk Ref. 410 (Poensgen), 11.10.72, Besuch des norwegischen Botschafters.
97 PA AA B 20, Bd. 1917, Ref. 410 (Ruyter) an D 4, zur Mappe Europäische Gipfelkonferenz, 16.10.72, Beziehungen der EG zu Norwegen.
98 AAPD, 1972, Dok. 316.

Die deutsche Unterstützung

Nichtsdestoweniger gab es in der Bundesregierung keinen Zweifel daran, dass Deutschland sich für Norwegens Belange einsetzen musste. Im AA ließ man der norwegischen Regierung ausrichten, sie könne sicher sein, dass nicht nur das eigene Ministerium, sondern die gesamte Regierung ihr bestes tun werde, um die norwegischen Verhandlungen zu beschleunigen.[99] Dies wurde intern erneut damit begründet, dass eine »akzeptable Regelung« im »wirtschaftlichen Gesamtinteresse der Bundesrepublik« liege und die Gefahr einer politischen Isolierung Norwegens bestehe.[100] Dem Leiter des Europareferats im AA, Poensgen, zufolge war sich die Bundesregierung darin einig,

> daß wir weder eine Politik voreiliger Gefälligkeit noch eine Politik der Verärgerung einschlagen sollten. Wir können einen NATO-Partner nicht schlechter behandeln als die anderen Skandinavier und haben an einem Freihandelsabkommen auch eigenes Interesse. Dieses Abkommen wird ohnehin aufgrund der zu erwartenden kumulativen Ausnahmewünsche der Neun hart genug ausfallen.[101]

Auch die neue Regierung in Oslo war offensichtlich schnell zu dem Schluss gekommen, dass die Unterstützung der Bundesrepublik ein wichtiges Element für den Erfolg der Verhandlungen sein würde. Premierminister Korvald rief Brandt kurz nach seiner Amtsübernahme persönlich an, um sich, wie Brandt erinnert, »meiner Hilfe bei den Brüsseler Verhandlungen über einen vorteilhaften Handelsvertrag zu versichern«.[102] Der Wortlaut des Antrags auf Verhandlungen wurde dem Bundeskanzleramt am Tag vor der Pariser Gipfelkonferenz telefonisch übermittelt, eine Woche vor der offiziellen Überreichung.[103]

Allerdings schien man sich in Bonn dazu entschieden zu haben, bei der Unterstützung Norwegens größere Zurückhaltung an den Tag zu legen als bisher. Dabei spielte eine Rolle, dass Brandt am Tag nach der Volksabstimmung vorgeworfen worden war, er habe sich mit negativen

---

99 UD 44 37/2-1, Bonn an UD, 27.10.72, Norge-EF. Handelsavtale. Søknad om forhandlinger.
100 PA AA B 20, Bd. 1917, BMWF an BM für Verkehr, nachrichtlich AA, 13.12.72, Norwegisches Memorandum vom 4.12.72.
101 PA AA B 20, Bd. 1917, Poensgen (AA) an Kameke (Oslo), 17.10.72.
102 *Brandt* 1976, S. 333.
103 AdsD, WBA, A8 (Bundeskanzler), Mappe 56, Handschriftliche Nachricht, 18.10.72.

Folgen in die norwegische Politik »eingemischt«. Der Bundeskanzler, so wurde von seinem Amt klargestellt, habe sich seit der Haager Gipfelkonferenz immer wieder nachdrücklich für die Erweiterung der Europäischen Gemeinschaften eingesetzt. Der positive Ausgang der Brüsseler Verhandlungen sei nicht zuletzt auf seine zahlreichen Kontakte mit den Regierungschefs der übrigen beteiligten Staaten zurückzuführen. Auf Vorschlag des norwegischen Ministerpräsidenten habe Brandt es im Zuge dieser Bemühungen »trotz seiner sonstigen terminlichen Belastungen« auch übernommen, »ein abschließendes klärendes Wort in Oslo zu sprechen«. Er bedaure den Ausgang der Volksabstimmung außerordentlich und hoffe, dass möglichst bald Verhandlungen zwischen Norwegen und der Europäischen Gemeinschaft über die neu entstandene Lage aufgenommen würden.[104] Am gleichen Tag vertrat das AA in der außenpolitischen Unterrichtung des Bundeskabinetts die Auffassung, der Ausgang des Referendums werde wohl keine Auswirkungen auf die bilateralen Beziehungen der Bundesrepublik zu Norwegen haben. Die Auseinandersetzung um den Beitritt sei jedoch auch »mit antideutschen Argumenten geführt worden«, weshalb Zurückhaltung geboten sei, um sich nicht dem Vorwurf der »Einmischung in die inneren Angelegenheiten eines Verbündeten« auszusetzen. Die notwendige Unterstützung Norwegens solle daher vorzugsweise im Rahmen der Gemeinschaft vorgenommen werden.[105]

Auf der Gipfelkonferenz der erweiterten Gemeinschaft am 19. und 20. Oktober in Paris sollte Brandt nach Ansicht des AA keine Ausführungen zu Norwegen machen, weil es gelte, den Eindruck von Einmischung zu vermeiden.[106] Hinter den Kulissen setzte sich Brandt allerdings bereits im Vorfeld dafür ein, Norwegens Fall nicht aus den Augen zu verlieren. In einem Brief an den französischen Staatspräsidenten Pompidou mahnte er, im Rahmen der Konferenz auch die Bedeutung der Regelung mit jenen Staaten zu berücksichtigen, »die nicht oder noch nicht Mitglied werden wollten«.[107] Diesem Anliegen wurde im Abschlusskommuniqué der Gipfelkonferenz durch eine »Goodwill-Erklärung« zugunsten Norwegens Rechnung getragen. Darin hieß es, »unter Berücksichtigung der mit den nicht beitretenden Ländern geschlossenen

---

104 BArch, B 136/8016, BK, Vermerk Gruppe II/1 für BPA, 27.9.72.
105 PA AA, B 20, Bd. 1917, III E 1, 27.9.72, Außenpolitische Unterrichtung des Bundeskabinetts.
106 Ref 410 (Ruyter) an D 4, 16.10.72 (wie Anm. 97).
107 AdsD, WBA, A8 (Bundeskanzler), Mappe 51, Brandt an Pompidou, 16.10.1972.

Paris-møtet slutt igår

— Det står en fyr fra nabolaget ute på gangen — han sier at nu må han få arbeidsro.

»Nach dem Gipfeltreffen in Paris« – Brandt zu Heath, Pompidou und Jørgensen: »Da draußen steht jemand aus der Nachbarschaft, der sagt, er müsse jetzt in Ruhe arbeiten.« Auf dem Flur: Norwegens neuer Ministerpräsident, Lars Korvald.

Abkommen« müsse eine »rasche Lösung für die Handelsprobleme« gefunden werden, »die sich für dieses Land in seinen Beziehungen mit der erweiterten Gemeinschaft stellen«.[108] Dass es zu dieser Erklärung kam, ging, wie sich Brandt erinnert, auf seine persönlichen Bemühungen in Zusammenarbeit mit dem dänischen Premierminister Anker Jørgensen zurück.[109] Das dänische Engagement zugunsten seines skandinavischen Nachbarn und ehemaligen EFTA-Partners wurde von der Bundesregierung sehr begrüßt. Brandt wurde zitiert, er sei froh darüber, nun nicht mehr alleine zu sein, wenn es gelte, für Norwegen zu sprechen.[110]

Dänemark – Norwegens Brückenkopf in der EG?

Im Anschluss an das dänische Ja zum EG-Beitritt hatten deutsche Zeitungen von einer Brückenfunktion Dänemarks zwischen der erweiterten EG und den skandinavischen Brudervölkern gesprochen, die besonders Norwegen zugute kommen werde.[111] Tatsächlich sah sich die dänische Regierung durchaus selbst in der Rolle als »Brücke zwischen den nordischen Ländern und der EG«.[112] Bei ihrem ersten Gipfeltreffen Anfang November 1972 sagte der neue dänische Ministerpräsident seinem norwegischen Amtskollegen die Unterstützung seiner Regierung in den bevorstehenden Verhandlungen zu.[113] Sowohl bei den kurz darauf begonnenen Sondierungsgesprächen als auch in den anschließenden Verhandlungen zeigte sich, dass Norwegen nun einen weiteren Fürsprecher innerhalb der EG besaß. Dabei argumentierten die dänischen Vertreter im Ministerrat auch mit dem Verweis auf aktuelle Meinungsumfragen, die in Norwegen eine Mehrheit für den EG-Beitritt zeigten.[114] Aufgrund ihrer neu erworbenen Verpflichtungen als EG-Mitglied konnte die dänischen Regierung Norwegens Anliegen indes nicht uneingeschränkt unterstützen. Dem norwegischen Wunsch, der wirtschaftlichen Zusammen-

---

108 Erklärung der Konferenz der Staats- bzw. Regierungschefs der Mitgliedstaaten der erweiterten EG in Paris am 19./20.10.72, in: EA, 21/1972, S. D502-D508, hier S. D507.
109 *Brandt* 1976, S. 333.
110 »Positivt om Norge på EF-toppmøtet«, in: *Aftenposten*, 19.10.72.
111 UD 44.36/6.84-49, Bonn an UD, 5.10.72.
112 Vgl. *Amstrup, Niels/Sørensen, Carsten L.*: Denmark – Bridge between the Nordic Countries and the European Communities?, in: Cooperation and Conflict, 10/1975, S. 21-32, bes. S. 27 ff.
113 UD 44 37/2-1, UD, Rettsavd., 6.11.72, Ref. fra statsminister Korvalds samtaler med den danske statsminister 3.11.72.
114 PA AA, B 20, Bd. 1917, Brüssel an AA, 8.11.72.

arbeit im Norden auch weiterhin eine bedeutende Rolle beizumessen, hielt Ministerpräsident Jørgensen entgegen, dass gewisse Spannungen sicherlich nicht zu vermeiden seien: »Für Dänemark werde die EG-Zusammenarbeit die wichtigere sein und er finde es natürlich, dass der Norden eine gewisse Rücksicht nehmen müsse auf das, was im übrigen Europa geschehe.«[115]

6.2.2 Sondierungen und Vorverhandlungen

Anders als die Beitrittsverhandlungen fielen die Verhandlungen um ein Freihandelsabkommen gemäß Art. 113 EWG-V in die Zuständigkeit der Kommission, unterstützt von dem so genannten 113-Komitee.[116] Entscheidend war gleichwohl das Mandat des Ministerrats, wodurch den Mitgliedstaaten eine zentrale Rolle zukam. Die Kommission sollte zunächst Sondierungsgespräche mit der norwegischen Delegation führen und dem Rat darüber berichten. An den Mitgliedstaaten war es sodann, sich auf ein Verhandlungsmandat zu einigen, auf dessen Basis die Kommission über ein Abkommen verhandeln würde, das schließlich vom Rat sanktioniert werden musste. Eine Ratifizierung durch die Parlamente der Mitgliedstaaten war nur für einen Teil des Abkommens, nämlich für den gesondert mit der EGKS auszuhandelnden Vertrag notwendig.

Erkundungsgespräche mit der Kommission

Die Erkundungsgespräche zwischen der Kommission und Norwegen begannen am 9. November 1972 unter dem Vorsitz von Generaldirektor Edmund P. Wellenstein, der bereits in den Beitrittsverhandlungen eine zentrale Rolle gespielt hatte, und dauerten bis Mitte Dezember an.[117] Am 4. Dezember überreichte Norwegen ein Memorandum, in dem es seine Verhandlungsziele detailliert darlegte[118], und nach mehreren Gesprächsrunden auf verschiedenen Ebenen legte die Kommission dem Rat am 18. Dezember 1972 einen Bericht samt Empfehlung für ein Verhandlungsmandat vor. Darin wurde zwar ein termingerechter Abschluss

---

115 Ref. fra Korvalds samtaler med den danske statsminister, 6.11.72 (wie Anm.113).
116 Zum Verfahren und zum Ablauf der Freihandelsverhandlungen mit den Rest-EFTA-Staaten vgl. *EG-Kommission*: Sechster Gesamtbericht über die Tätigkeit der Gemeinschaften, 1972, S. 25-40.
117 Ebd., S. 39 f.
118 Vgl. St.prp.nr. 126 (1972-73), S. 20-22.

der Verhandlungen weiterhin in Aussicht gestellt, die norwegischen Wünsche nach Sonderbehandlung wurden aber weitgehend enttäuscht. Für eine Reihe von empfindlichen Industrieprodukten, die in etwa einem Umfang von rund 40% der norwegischen Exporte entsprachen, sollten erst nach verlängerten Übergangszeiten von 7 bzw. 11 Jahren (anstatt der allgemein anvisierten 4½ Jahre) die Zölle abgebaut werden. Was Fischereierzeugnisse anging, blieb Brüssel vorerst dabei, dass sie ebenso ausgeklammert werden sollten wie Landwirtschaftsprodukte. An einer formalen Konsultationsordnung über Schiffahrtsfragen bestand weiterhin kein Interesse. Eine Entwicklungsklausel, mit der Norwegen die Möglichkeit einer späteren Ausweitung des Abkommens vertraglich verankern wollte, sollte nicht über jene hinausgehen, die die EG Schweden zugestanden hatte.[119]

Bei der anschließenden Erörterung des Berichts im Ministerrat standen sich zwei Positionen gegenüber. Frankreich insistierte auf einem Mandat, das sich streng an das Modell der anderen Freihandelsabkommen hielt, und schloss für einige Bereiche sogar eine Verschlechterung nicht aus.[120] Dänemark, Großbritannien und die Bundesrepublik plädierten dagegen für einen zügigen Abschluss des Mandats, das Norwegen auf keinen Fall schlechter als seine EFTA-Partner stellen durfte. Strittig war vor allem die Sonderregelung für empfindliche Produkte bei der Einfuhr in die Gemeinschaft. Frankreich verlangte hier, wegen der norwegischen Wettbewerbsvorteile durch geringe Stromkosten, eine beträchtliche Ausweitung der Ausnahmeliste im Vergleich zu Schweden. Uneinigkeit bestand außerdem über eine etwaige spätere Mandatsergänzung in Bezug auf die norwegischen Fischereierzeugnisse sowie über die Möglichkeit informeller Gespräche über Schifffahrtsfragen.

Verhandlungstaktisch eröffneten sich Norwegen und seinen »Verbündeten« in der EG – zu denen neben der Bundesrepublik und Dänemark in den meisten Fällen auch Großbritannien zählte – zwei mögliche Vorgehensweisen. Entweder konnte man auf einem Mandat bestehen, das Norwegens Wünschen in vollem Umfang Rechnung trug, wobei aufgrund des Widerstands in der Kommission und in einigen Mitgliedstaaten eine Verzögerung zu erwarten war. Oder man konnte mit einem weniger ambitionierten Mandat die Verhandlungen beginnen und darauf vertrauen, dass problematische Fragen wie Fisch, Schifffahrt und Entwicklungsklausel zu einem späteren Zeitpunkt einbezogen würden.

---

119 UD 44.37/2-3, Brüssel an UD, 15.12.72, EF/Norge. Handelsforhandlinger.
120 UD 44 37/2-3, Paris an UD, 9.1.73, Forhandlingene om avtalen med EØF.

Die Bundesregierung optierte für letztere Vorgehensweise, auch weil sie davon ausging, dass eine rasche Verabschiedung des Mandats auch für Norwegen Vorrang haben würde.[121] Auf der Ministerratssitzung am 15. Januar 1973, auf der es um die Verabschiedung des Verhandlungsmandats ging, sollte die deutsche Delegation eine Verzögerung nur dann in Kauf nehmen, wenn die Franzosen auf eine bedeutende Schlechterstellung Norwegens gegenüber den anderen Rest-EFTA-Ländern insistierten.[122]

Dieser Fall trat ein und bescherte damit der ersten offiziellen Ministerratssitzung der Neun einen »Fehlstart«.[123] Trotz einer vierstündigen Diskussion konnten sich die neun Außenminister nicht auf eine gemeinsame Verhandlungsposition einigen und erteilten der Kommission somit kein Mandat. Bundesaußenminister Scheel, der sich für ein Mandat im norwegischen Sinne eingesetzt hatte, beschwerte sich anschließend vor der Presse. Einige Partner seien möglicherweise der Meinung gewesen, Norwegen habe die Folgen seines Nicht-Beitritts zu tragen, was er für eine unpolitische Haltung halte. Ein künftiger Beitritt Norwegens, den alle wünschten, könne nicht durch harte Bedingungen in einem Freihandelsabkommen beschleunigt werden.[124] Auch über den zwischenzeitlich erörterten Kompromissvorschlag, ein Teilmandat zu erteilen, d.h. die Verhandlungen mit Norwegen zunächst auf den gewerblichen Sektor zu beschränken und die heikle Fischereifrage zurückzustellen, konnte der Rat keine Einigung erzielen. Das Norwegen-Problem sollte nun wieder zwischen den ständigen Vertretern der Neun in Brüssel erörtert und erst Anfang Februar erneut den Außenministern vorgelegt werden.

In der Zwischenzeit hatte man sich in Oslo Gedanken darüber gemacht, ob nicht der Zeitpunkt für politische Initiativen gegenüber den EG-Mitgliedern gekommen war. Eine zunächst diskutierte Reise des Regierungschefs wurde von der Verhandlungsdelegation als zu früh empfunden. Stattdessen machte sich der verantwortliche Handelsminister Hallvard Eika zu einer Rundreise durch die Hauptstädte der EG auf, bei der er das Mandat der Gemeinschaft durch weitere Informationen beeinflussen und insbesondere mit den Vorurteilen über die angeblichen

---

121 BArch, B 136/8016, BMWF/W-AA, 3.11.72, 212. Tagung des Rates am 6./ 7.11.72.
122 BArch, B 136/8016, BMW-EA3/AA-410, 12.1.73, 223. Tagung des Rates.
123 BArch, B 136/8016, Brüssel, EG an AA, 17.1.73, 223. Tagung des EG-Rates am 15.1.73; TO-Punkt 9 – Mitteilung der Kommission über die Beziehungen der Gemeinschaft zu Norwegen; »In Brüssel: Über Norwegen uneinig«, in: SZ 17.1.73.
124 Ebd.

Wettbewerbsvorteile der norwegischen Industrie durch billigen Strom aufräumen wollte. In Bonn traf Eika mit Bundeswirtschaftsminister Hans Friedrichs (FDP) und Staatssekretär Detlev Rohwedder sowie mit dem neu ernannten Staatsminister im AA, Hans Apel (SPD), zusammen, der künftig die Bundesrepublik am Verhandlungstisch in Brüssel repräsentieren würde.[125] Dabei drückten die deutschen Gesprächspartner noch einmal ihre Enttäuschung über den Ausgang der Volksabstimmung aus, bekräftigten aber gleichzeitig, dass die Bundesregierung, ungeachtet eigener Interessen, eine positive und verständnisvolle Haltung zu den norwegischen Problemen einnehme und Norwegen so gut wie möglich unterstützen wolle.[126] Der norwegische Botschafter in Bonn sah sich daraufhin dazu veranlasst, eine Intervention Brandts bei den kurz darauf stattfindenden deutsch-französischen Konsultationstreffen anzuregen.[127] Nach Informationen aus Bonn und Paris wurde Norwegens Fall tatsächlich auf verschiedenen Ebenen angesprochen, wobei sich allerdings die harte französische Haltung bestätigte. Die Gründe dafür waren nach Auffassung deutscher Diplomaten einerseits eine gewisse »Verbitterung«, besonders bei Außenminister Schumann, über Norwegens Nichtbeitritt, sowie andererseits die bevorstehenden Parlamentswahlen in Frankreich, in deren Vorfeld auf die Interessengruppen der Industrie große Rücksicht genommen werden musste.[128]

6.2.3 Aufnahme und Abschluss der Verhandlungen

Auf der Sitzung des allgemeinen Ministerrats am 5. Februar konnten sich die Neun dann endlich auf einen Kompromissvorschlag einigen. Gemeinsam mit der Kommission vermittelte die deutsche Delegation zwischen den Positionen Frankreichs auf der einen und Großbritanniens

---

125 UD 44.37/2-4, Evensen (z. Zt. Bonn) an UD, 18.1.73, Handelsminister Eriks (sic!) reise.
126 UD 44.37/2-4, Notat (Utkast), UD, 19.1.73, Handelsminister Eikas reise til EF-hovedstedene – Møte i Auswärtiges Amt 17.1.73; UD 44.37/2-4, Notat (Utkast), UD, 19.1.73, Handelsminister Eikas reise til EF-hovedstedene – Møte i økonomiministeriet i Bonn, 17.1.73.
127 UD 44.37/2-4, Bonn an UD, 19.1.73, Norge-EF.
128 UD 44.37/2-4, Paris an UD, 26.1.73, Møtet Pompidou/Brandt. – Norges Forhandlinger med EF.

und Dänemarks auf der anderen Seite.¹²⁹ In Oslo war man über das Mandat keineswegs glücklich. Die Liste der als empfindlich eingestuften Industrieprodukte war nach wie vor sehr umfangreich und lief nach Einschätzung der Verhandlungsdelegation darauf hinaus, dass Norwegen schlechter behandelt würde als die anderen Rest-EFTA-Staaten. Enttäuschend war vor allem, dass die Gemeinschaft Fischereierzeugnisse nicht gleichwertig behandeln wollte und dass die norwegischen Wünsche nach Ausweitung der Zusammenarbeit gar nicht berücksichtigt wurden. Man war sich aber bewusst, dass eine umfassende Lösung zu diesem Zeitpunkt offensichtlich keine Aussicht auf Erfolg hatte, und akzeptierte daher das EG-Mandat als ausbaufähige Grundlage für die Verhandlungen, die am 16. Februar 1973 offiziell begannen.¹³⁰

Weil die Gemeinschaft in den ersten Verhandlungsrunden kaum Beweglichkeit zeigte, sahen sich die norwegischen Unterhändler gezwungen, sowohl im offiziellen Verfahren als auch über bilaterale Kontakte initiativ werden. Am 16. März entschloss sich die Delegation, eine so genannte Rückzugsliste vorzulegen, auf der jene Exportprodukte der EG aufgeführt wurden, für die man eine verlängerte Periode für den Zollabbau zu fordern beabsichtigte.¹³¹ Dies war ein legitimer und durchaus üblicher Verhandlungsschritt, zu dem die Gemeinschaft Norwegen sogar aufgefordert hatte. Gleichwohl gab man sich in Brüssel »geschockt« über den Umfang der Forderungen, die sich bewusst an dem Umfang der Gemeinschaftsliste orientierte und ebenfalls Übergangszeiten von 7 bzw. 11 Jahren vorsah.¹³² Immerhin ergab sich für Norwegen nun die Möglichkeit, durch eine Kürzung der Liste Entgegenkommen zu zeigen, wodurch kurz darauf tatsächlich wieder Bewegung in die Verhandlungen kam.¹³³

Schwieriger war es, den Widerstand der Gemeinschaft in der Fischereifrage zu überwinden. Die norwegische Delegation hatte von Beginn an mit der gesamtwirtschaftlichen Bedeutung der Fischerei argumentiert, ohne deren Einbeziehung ein ausgewogenes Handelsabkommen

---

129 BArch, B 136/8015, Brüssel an AA, 5.2.73, 226. Tagung des Rates der EG am 5.2.73, Beziehungen zu Norwegen.
130 Vgl. UD 44.37/2-6, Notat (Huslid), 9.2.73, Handelsavtalen Norge-EF. Møte hos Utenriksministeren.
131 UD 44.37/2-6, Brüssel (F-del.) an UD, Notat til Regj. medl. (Markedsutvalget), 8.3.73, Liste over varer hvor Norge ønsker forlenget tollavviklingsperiode. St.prp.nr. 126 (1972-73), S. 33.
132 UD 44.37/2-7, Notat (Gjellum), 21.3.73, EF-forhandlingene; St.prp.nr. 126 (1972-73), S. 35.
133 St.prp.nr. 126 (1972-73), S. 36.

nicht möglich sei. Wie bereits in den Beitrittsverhandlungen verwies die Delegation darüber hinaus auf die sozialpolitische Bedeutung einer Besiedlung der Küste und spielte dabei auch auf die strategische Lage des Landes an. Wohl wissend, welche Themen in der EG und insbesondere in Deutschland Gehör fanden, betonte Chef-Unterhändler Evensen, es gehe bei den Verhandlungen nicht nur um Wirtschaft und Handel, sondern auch um »Norwegens Platz in Europa«. Ohne Fischereiprodukte würde das loyale NATO-Land ein schlechteres Abkommen erhalten als das neutrale Schweden, und das sei »politisch und psychologisch« kaum zu erklären.[134] Die Vertreter der Gemeinschaft waren jedoch der Auffassung, dass Fischereifragen in einem Handelsabkommen nicht berücksichtigt werden könnten. Anders als bei einer EG-Mitgliedschaft Norwegens fühlte man sich in Brüssel für die regionalpolitischen Probleme des Landes nun nicht mehr im gleichen Maße verantwortlich. Von den Abkommen der anderen Rest-EFTA-Staaten waren sowohl Landwirtschafts- als auch Fischereiprodukte ausgeschlossen worden. Lediglich Island hatte man wegen seiner Abhängigkeit von der Fischindustrie für diesen Bereich eine Ausnahme gewährt. Für Norwegen, wo die Fischerei »nur« 2% des BSP ausmachte, sah man diese Dringlichkeit nicht gegeben. Vielmehr war man besonders in Frankreich und in den Niederlanden der Meinung, dass sich Norwegen aufgrund des zu erwartenden erhöhten Bedarfs an Fischereierzeugnissen ohnehin sehr gut auf dem europäischen Markt behaupten werde. Vertreter dieser beiden Länder verwiesen außerdem darauf, dass die in den Mitgliedschaftsverhandlungen zugestandenen Sonderregelungen dazu geführt hätten, Großbritannien in diesem Sektor ein besseres Ergebnis zu verschaffen als ursprünglich vorgesehen.[135] Im Übrigen waren auch Island die »bedeutenden Zugeständnisse bei Fischereierzeugnissen« nur »vorbehaltlich einer für die Mitgliedstaaten befriedigenden Lösung für die wirtschaftlichen Schwierigkeiten« erteilt worden, die sich aus der Ausweitung der Fischereigrenzen von 12 auf 50 SM ergeben hatten.[136] Selbst Dänemark, Großbritannien und die Bundesrepublik, die Oslo weit entgegenkommen wollten, traten dafür ein, dass man sich dort als Gegenleistung für Zugeständnisse im Fische-

---

134 UD 44.37/2-4, Paris an UD, 19.1.73, Samtale Eika – Bettencourt; vgl. Evenesen (z. Zt. Bonn) an UD, 18.1.73 (wie oben, Anm. 125).
135 UD 44.37/2-4, Den Haag an UD, 25.1.73, EF. Handelsminister Eikas besøk i Haag 24.1.
136 *EG-Kommission*: Gesamtbericht über die Tätigkeit der Gemeinschaften, 1972, S. 33.

reibereich verpflichten musste, nicht dem Beispiel Islands zu folgen.[137] Die Versicherung der Regierung Korvald, man werde die Seegrenze auf keinen Fall vor der bevorstehenden Seerechtskonferenz ausweiten, befriedigte die EG-Unterhändler nicht.[138] Als Kompromissvorschlag wurde von der Gemeinschaft, zunächst unter der Hand und später offiziell, angeboten, Zugeständnisse bei den Fischereierzeugnissen zu machen, wenn Norwegen im Gegenzug eine Lockerung seiner Importrestriktionen für gewisse Landwirtschaftsprodukte vornehmen würde.[139] Sowohl Fischerei- als auch Landwirtschaftsfragen wurden jedoch zunächst nur in informellen Beratungen erörtert, wohingegen für die Erörterung der empfindlichen Waren und des EGKS-Abkommens zusätzlich zu den Plenumssitzungen Arbeitsgruppen eingerichtet wurden.[140]

Politische Initiativen zur Lösung der Verhandlungsprobleme

Angesichts des wachsenden Zeitdrucks unternahm die norwegische Regierung im März den Versuch, mittels eines Appells an die politischen Kräfte der EG-Partner eine Ausweitung des Verhandlungsmandats oder dessen flexiblere Auslegung zu erreichen.[141] Dabei stand erneut die Bundesregierung in der ersten Reihe der Ansprechpartner. Botschafter Ritzel berichtete, er sei im Vorfeld der Sitzung des norwegischen Kabinetts am 24. März 1973, auf der die geplanten Demarchen beschlossen werden sollten, als einziger EG-Botschafter vom Ministerpräsidenten und vom Außenminister zu einem Gespräch gebeten worden. Mit der Bitte, den Inhalt des Gesprächs »streng vertraulich« zu behandeln, habe ihn Korvald zunächst über die geplanten Demarchen informiert und, »[m]it sichtbarer Hemmung und an die deutsch-norwegische Freundschaft appellierend«, um ein Gespräch »mit einem politisch verantwortlichen Deutschen in Oslo« gebeten. »Er [Korvald] wisse, daß die EG eine Gemeinschaft von Staaten sei und er von einem Mitglied *keine* die Ge-

---

137 BArch, B 136/8015, Weisung BMWi/BML/AA, 2.2.73, für 226. Tagung des EG-Rates am 5.2.73, Zum TO-Punkt: Norwegen.
138 Vgl. *Tamnes* 1997, S. 282 f.; *Retzer* 1999, S. 152.
139 Samtale Eika – Bettencourt, 19.1.73 (wie oben Anm. 134); UD 44.37/2-4, Brussel an UD, 26.1.73, EF-Norge. Handelsforhandlingene. Mandatdrøftelsene.
140 St.prp.nr. 126 (1972-73), S. 27, 29 f.
141 St.prp.nr. 126 (1972-73), S. 36.

meinschaft bindenden Verpflichtungen erwarten könne, doch wäre ein *nicht* spektakulär aufgezogenes Informationsgespräch wichtig.«[142]

Bei einem weiteren Gespräch im Rahmen der Konsultationen mit sämtlichen in Oslo akkreditierten EG-Botschaftern gab Ritzel dann die Auffassung der Bundesregierung bekannt, dass ein exklusiver Besuch des Regierungschefs in Bonn zur Zeit nicht ratsam erscheine, weil sich die EG-Partner dadurch zurückgesetzt fühlen müssten. In Bonn habe man die Reise eines hochrangigen Regierungsmitglieds nach Norwegen erwogen, die sich aber nicht habe durchführen lassen.[143] Die norwegische Regierung entschied sich schließlich erneut dazu, Handelsminister Eika in Bonn, London und Kopenhagen vorsprechen zu lassen.[144] Obgleich es bei Eikas Bonn-Besuch nicht zu einer Begegnung auf höchster Ebene kam, bewirkte diese Initiative, dass die Bundesregierung im Namen des Bundeskanzlers ihre volle Unterstützung bei den abschließenden Gesprächen zusagte. Deutschlands Stimme, so ein von Apel im Namen Brandts aufgesetzter Brief an Korvald, sei allerdings nur eine von neun; der deutsche Beitrag könne daher nicht ausschlaggebend sein.[145] Der Bundesregierung lag aber offensichtlich daran, Norwegen gegenüber zu dokumentieren, dass ihre Unterstützung nicht nur rhetorischer Art war. Einem der Botschaft in Bonn übermittelten Protokoll über die Ratssitzung vom 2. April zufolge setzte sich Apel bei der Diskussion um eine Erweiterung des Verhandlungsmandats gemeinsam mit dem dänischen Vertreter nachdrücklich für Zugeständnisse ein, wobei er anmahnte, dass »die Gemeinschaft […] auch eine gewisse soziale Verantwortung für Norwegen [habe]«.[146]

Crotale-Affäre und Erdöl als inoffizielle Verhandlungsthemen

Parallel zu den offiziellen Verhandlungen und den bilateralen Demarchen waren inzwischen zwei andere Aspekte der norwegischen Verhandlungstaktik ins Rampenlicht gerückt. Am 28. März 1973 gab der Vorsitzende des Auswärtigen Ausschusses des Stortings, Helge Seip (V),

---

142 BArch B 136/8015, Oslo an AA, 23.3.73, EG-Verhandlungen über Handelsabkommen mit Norwegen.
143 UD 44.37/2-7, Notat Utenriksministerens sekretariat, 27.3.73, Utenriksministerens samtaler med EF-landenes Oslo-ambassadører 26. og 27.3.73.
144 UD 44.37/2-7, Bonn an UD, 25.3.73, Spørsmål om besøk i Bonn av statsråd Eika.
145 UD 44.37/2-7, UD an Amb London, Bonn, Brüssel, 29.3.73, EF-forhandlingene.
146 UD 44.37/2-7, Bonn an UD, 5.4.73, EF-Ministerrådsmøtet i Luxembourg 2.4. Behandlingen av forhandlingssituasjon overfor Norge.

bekannt, die Regierung habe versucht, durch ein Abkommen mit Frankreich über den Kauf des Raketenabwehrsystems *Crotale* bessere Bedingungen für seine empfindlichen Exportwaren, besonders Aluminium, zu erreichen. Eine Untersuchung des Ausschusses ergab, dass die Verbindung zwischen dem Kauf des Raketensystems und eventuellen französischen Zugeständnissen bereits während der Mitgliedschaftsverhandlungen von französischer Seite an die Regierungen Borten und Bratteli herangetragen worden war, aber nicht weiter geführt hatte. Wie Ministerpräsident Korvald schließlich zugeben musste, war die Verhandlungsdelegation seiner Regierung dann in einer schwierigen Verhandlungsphase darauf zurückgekommen, wofür er sich im Storting entschuldigte. Die Opposition kritisierte an dem Vorgehen der Regierung, dass die Initiative ohne sachliche Prüfung und Genehmigung des Storting erfolgt sei. Zudem sei man Gefahr gelaufen, dass andere, »nicht gekaufte« Mitgliedsländer misstrauisch werden und ihrerseits Forderungen stellen könnten.[147] Trotz der großen Aufmerksamkeit, die die Affäre in den norwegischen Medien und im Storting erhielt, wo die Regierung nach Abschluss der Verhandlungen (bis dahin hatte die Opposition einen Burgfrieden versprochen) am 8. Juni 1973 auf Antrag der Arbeiterpartei ein Misstrauensvotum überstehen musste, scheint ihr Einfluss auf die Verhandlungen begrenzt gewesen zu sein.[148]

Ein weiteres potentielles Druckmittel der norwegischen Regierung waren die norwegischen Öl- und Gasvorkommen, die sich nun mehr und mehr als äußerst ertragreich herausstellten. Während der zukünftige Ölreichtum des norwegischen Kontinentalsockels in den Beitrittsverhandlungen weder zwischen den Verhandlungspartnern noch in der öffentlichen Debatte eine Rolle gespielt hatte, weckte dieses Thema bereits im Rahmen der Ratifizierungskampagne größeres Interesse. Die Freihandelsverhandlungen waren dann von Beginn an von Spekulationen geprägt, ob Norwegen sein Öl als Druckmittel einsetzen würde.[149] Offiziell weigerte sich die Regierung, die Öl- und Gasvorkommen zum Verhandlungsthema zu machen.[150] Ein Grund dafür war der Umstand, dass sie die interne Behandlung dieser Frage von »nationalem Interesse« noch nicht abgeschlossen hatte. Darüber hinaus wurde es aber auch als tak-

---

147 Vgl. »Norwegen ohne Freihandelsvertrag mit der EWG«, in: *FAZ*, 2.4.73.
148 Zur Crotale-Affäre vgl. *Tamnes* 1997, S. 181; *Oraug, Tore Magnus T.*: Amerika first. Crotale-saken i norsk politikk 1967-75, (Forsvarsstudier; 2/2004) Oslo, 2004.
149 »Der Freihandelsvertrag Norwegens mit der EG«, in: *NZZ*, 11.11.72.
150 »Oljespørsmålene uklare, selv om Vårvik ikke ›tuskhandler‹«, in: *Aftenposten*, 1.12.72.

tisch unklug erachtet. Wie Handelsminister Eika sagte, lag der Verhandlungswert des Öls darin, dass es in norwegischem Besitz war, und nicht darin, dass man darüber verhandelte.[151]

Allerdings ließ die norwegische Delegation von Beginn der Sondierungen an bewusst offen, ob sie ihren Ölreichtum nicht doch noch als Trumpf ins Spiel bringen würde. Immerhin hatten zentrale Politiker der Nein-Seite, darunter die Minister für Auswärtiges (Dagfinn Vårvik) und für Handel (Hallvard Eika), in der Beitrittskampagne für ein Handelsabkommen argumentiert, indem sie darauf verwiesen, dass die Ölressourcen dem energiearmen Europa gegenüber sehr gute Karten in die Hand gäben.[152] Insbesondere Verhandlungsführer Evensen versuchte in bilateralen Gesprächen mit EG-Vertretern immer wieder auf die Bedeutung zu verweisen, die Norwegen durch Öl und Gas für die Gemeinschaft erlangen werde.[153] Der norwegische Botschafter in Bonn hatte am Vorabend der wichtigen Ministerratssitzung am 15. Januar gegenüber dem Leiter der handelspolitischen Abteilung des AA »scheinbar beiläufig [erwähnt] – daß am Montag ja auch andere ›sehr wichtige‹ Verhandlungen anfingen, an denen die Bundesrepublik wahrscheinlich sehr interessiert sei, womit er deutlich auf die Ölfrage anspielte.«[154]

Abschluss der Verhandlungen und Bewertung des Resultats

Obwohl sich die Gemeinschaft im Anschluss an die Korrektur der norwegischen Rückzugsliste ihrerseits konzilianter zeigte und ihre eigenen Vorschläge in gewissen Punkten revidierte, ließ sich das ursprünglich angestrebte Datum für den Abschluss der Verhandlungen, der 1. April 1973, schließlich nicht einhalten. Nach weiteren bilateralen Demarchen Norwegens, bei denen es insbesondere um die Einbeziehung von Fischerei- und Landwirtschaftsprodukten ging, erfolgte die Paraphierung des Abkommens schließlich am 16. April; die feierliche Unterzeichnung fand am 14. Mai in Brüssel statt. Da der Vertrag nun erst am 1. Juli 1973 in Kraft treten konnte, wurde Norwegen eine Interimslösung zu-

---

151 Zit. bei *Tamnes* 1997, S. 182.
152 Entsprechende Aussagen u.a. von dem ehemaligen Ministerpräsidenten und Zentrumspolitiker Per Borten wurden ausführlich in der beitrittsfreundlichen Zeitung *Aftenposten* zitiert. »Oljespørsmålene uklare«, 1.12.72 (wie Anm. 150).
153 Vgl. *Retzer* 1999, S. 148.
154 BArch, B 136/6273 (110), Vermerk AA, Ref. 410, 15.1.1973, Verhandlungen mit Norwegen.

gestanden, die Handelsnachteile zwischen den ehemaligen EFTA-Partnern Dänemark und Norwegen verhindern sollte.[155]

Das Resultat konnte aus norwegischer Sicht zwar gewisse Erfolge aufweisen, blieb aber insgesamt weit hinter den Zielen der Regierung zurück.[156] Anstatt wie erhofft ein vorteilhafteres Abkommen als die anderen Rest-EFTA-Staaten und insbesondere Schweden zu erhalten, musste Norwegen akzeptieren, dass die EG ihrer Ausnahmeliste wichtige norwegische Exportprodukte wie Aluminium, Magnesium und Siliziumkarbid hinzugefügt hatte, die in den Abkommen der anderen normale Übergangszeiten erhalten hatten. Während 20% der schwedischen Waren als »empfindlich« eingestuft worden waren, war dies für 33% der norwegischen Exporte der Fall.[157] Die EG begründete dies, wie sie es bereits in den 1960er Jahren getan hatte, mit den niedrigen Energiekosten des Landes sowie mit den engen Verbindungen zwischen zur amerikanischen Wirtschaft. Allerdings würde Norwegen aufgrund spezieller Zollabkommen mit Dänemark und Großbritannien seine Waren weiter zollfrei in diese Länder ausführen dürfen und die EG-Beschränkungen würden nicht automatisch in Kraft treten.[158]

Angesichts der anfänglichen Weigerung der Gemeinschaft konnte es als Erfolg gewertet werden, dass Fischprodukte überhaupt in das Abkommen eingeschlossen wurden. Für rund 80% seiner Fischprodukte wurden Norwegen sehr niedrige Zollsätze gewährt. Allerdings war es der Regierung nicht gelungen, eine Sonderregelung nach dem isländischen Muster durchzusetzen. Sie musste den Ausschluss von Frischfisch und einigen wichtigen Fischprodukten ebenso hinnehmen wie die de facto Verpflichtung, die Fischereigrenze Norwegens nicht auf 50 SM auszuweiten.

Besonders schmerzhaft für die Koalitionsregierung in Oslo war die Übereinkunft, den Weinimport aus den EG-Ländern zu erleichtern. Zwar war die Gemeinschaft von ihrer ursprünglichen Forderung nach einer Verdoppelung der Einfuhren abgerückt.[159] Gerade für eine Regierung unter der Leitung eines Premierministers der Christlichen Volkspartei, zu deren wichtigsten politischen Themen die so genannte »Abstinenzlerpolitik« gehörte, war die Erleichterung von Alkoholimporten, so

---

155 *FAZ*, 2.4.73 (wie oben Anm. 147).
156 Vgl. St.prp.nr. 126 (1972-73), S. 39-41; *EG-Kommission*: Siebenter Gesamtbericht über die Tätigkeit der Europäischen Gemeinschaften 1973, Brüssel 1974, S. 407 f.
157 *Tamnes* 1997, S. 181.
158 Vgl. *Allen* 1979, S. 178.
159 St.prp.nr. 126 (1972-73), S. 39.

geringfügig und wenig verpflichtend sie auch war, kein einfaches Zugeständnis.[160]

Im Schifffahrtsbereich, über den eine Entscheidung zunächst herausgeschoben worden war, lehnte Brüssel den norwegischen Vorschlag nach einer bilateralen Konsultationsregelung mit dem Hinweis ab, dass in diesem Bereich noch keine Gemeinschaftspolitik etabliert worden sei. Zudem konnte und wollte Norwegen keine Gegenleistung – etwa einen Dialog über die Energiepolitik – anbieten.[161] Die EG konnte sich in Schifffahrtsfragen daher lediglich unverpflichtende Gespräche vorstellen, die aber auf keinen Fall auf eine Institutionalisierung hinauslaufen sollten.[162] Der gleiche Gedanke lag der Weigerung zugrunde, eine Entwicklungsklausel zu akzeptieren, durch die Norwegen einen wie auch immer gearteten Einfluss auf die Gemeinschaftsentscheidungen erhalten hätte.[163]

Die Reaktionen auf den Vertrag waren gemischt. Der norwegische Industrieverband war der Auffassung, der Vertrag sei besser als gar keiner. Er sei vorteilhafter als das ursprüngliche Verhandlungsmandat der EG-Kommission, aber bedeutend schlechter als die im norwegischen Memorandum vom Dezember genannten Ziele. Auf jeden Fall liege das Ergebnis deutlich unter den von den Beitrittsgegnern gehegten Erwartungen. Die Gewerkschaften bedauerten, dass es nicht gelungen sei, eine Zusammenarbeit mit der EG beim Umweltschutz, in der Technologie und Forschung, bei der Währungspolitik und der Schifffahrtspolitik zu etablieren. Die Handelsbeschränkungen für Aluminium und Fisch wurden von einigen sogar als katastrophal eingeschätzt.[164]

Bei aller Kritik konnten indes auch die Beitrittsbefürworter nicht übersehen, dass die kräftige norwegische Konjunktur vorläufig keine Probleme damit hatte, das Fernbleiben des Landes vom Gemeinsamen Markt auszugleichen. Für das Jahr 1973 wurde ein Wachstum des Sozialprodukts von 4,5% sowie Lohnsteigerungen von ca. 11% erwartet. Der Anstieg der Verbraucherpreise lag im Vergleich zum Vorjahr bei 8%, trotz einer Investitionssteuer von 13%. Auch der Außenhandel florierte unter diesen Bedingungen. In den ersten Monaten des Jahres 1973 war der norwegische Import um 15%, der Export um 16% im Vergleich zum

---

160 Vgl. *Allen* 1979, S. 179.
161 Vgl. *Tamnes* 1997, S. 182.
162 Die norwegische Regierung fügte hierzu dem Abkommen eine einseitige Erklärung bei, die die Gemeinschaft nicht kommentierte. St.prp.nr. 126 (1972-73) S. 40.
163 Vgl. *Tamnes* 1997, S. 180.
164 Vgl. »Norwegens Wirtschaft kritisiert Vertrag mit der EWG«, in: *FAZ*, 18.6.73.

gleichen Zeitraum des Vorjahres gestiegen. Der Handel mit der Bundesrepublik hatte sogar um 20% (Import) und 17% (Export) zugenommen.[165] Die Aussicht auf den künftigen Ölreichtum konnte den Optimismus nur bestärken. Am 24. und 25. Mai debattierte der Storting über das Abkommen und ratifizierte es einstimmig; am 1. Juli 1973 konnte es in Kraft treten.

In der Bundesrepublik, wo die Freihandelsverhandlungen mit Norwegen wenig bis gar keine Aufmerksamkeit erlangten, bot sich der Regierung abschließend eine weitere Möglichkeit zur Unterstützung Norwegens. Sie bemühte sich, die für das Inkrafttreten des Freihandelsvertrags mit der EGKS notwendige Ratifizierung durch ein Schnellverfahren zu beschleunigen. Einen entsprechenden Eilantrag des federführenden BMWi unterstützte das Bundeskanzleramt, weil die Sache innenpolitisch unstrittig sei und weil aus »politischen Gründen [...] die Bindung Norwegens an die EG, die ohnehin durch die unglückliche Volksabstimmung belastet ist, nicht von deutscher Seite über den vertraglich festgelegten Termin am 30. November hinaus verzögert werden [sollte]«.[166]

6.3 Ausblick: Norwegens Europapolitik und
     die deutsch-norwegischen Beziehungen nach 1973

Die Unterzeichnung und erfolgreiche Ratifizierung des Freihandelsabkommens zwischen Norwegen und der EG waren der Abschluss der über ein Jahrzehnt andauernden Sondierungen und Verhandlungen mit dem Ziel eines norwegischen Anschlusses an die Europäischen Gemeinschaften. Gleichzeitig wurden mit dem Abschluss des Freihandelsabkommens die Bemühungen um eine norwegische Vollmitgliedschaft in den Gemeinschaften auf unbestimmte Zeit zurückgestellt. Davon waren auch die bilateralen deutsch-norwegischen Beziehungen betroffen, die sich im Laufe der »langen 60er Jahre« normalisiert und verbessert hatten, die sich nun aber nicht, wie von vielen erhofft, im Rahmen der gemeinsamen EG-Partnerschaft weiter entwickeln konnten.

---

165 Ebd.
166 BA, B 136/8016, BMWi, EA3, 7.5.73, Sitzung der Europa-Staatssekretäre am 8.5, hier: Ratifizierung Abkommen EGKS-Norwegen; BA, B 136/8015, BK, Gruppe IV/1 und II/1, 8.5.72, Vermerk für die Sitzung der Staatssekretäre für Europafragen am 10.5.73, Ratifizierung des Abkommens EGKS-Norwegen.

»Ein willentlich abseits stehendes Land«?

In der Bundesregierung, in der noch lange nach dem norwegischen Nein die Überzeugung vorherrschte, das Land habe gegen seine eigenen Interessen gehandelt und sei von einer unwissenden Majorität zur Ablehnung des Beitritts gezwungen worden, setzte sich nun ebenfalls die Erkenntnis durch, dass mit einem Beitritt Norwegens vorerst nicht zu rechnen war. Wie Botschafter Ritzel ein Jahr nach der Volksabstimmung nach Bonn berichtete, zeigten die Meinungsumfragen nun wieder eine deutliche Ablehnung der Vollmitgliedschaft in der Bevölkerung an. Der gute Zustand der norwegischen Wirtschaft, die Aussicht auf umfangreiche Erdöl- und Erdgasfunde, die funktionierende sicherheitspolitische Anbindung des Landes durch die NATO und nicht zuletzt die internen Querelen der Gemeinschaft böten den Norwegern keinerlei Anlass zur Revidierung der Entscheidung. Folglich sei auch nirgendwo im politischen Milieu ein Anzeichen des Interesses an der Wiederaufnahme der Beitrittsfrage zu erkennen. Ohne das Auftreten neuer sachlicher Zwänge würde in absehbarer Zukunft keine norwegische Regierung eine Neubewertung der Beitrittsfrage vornehmen.[167] Für das weitere Vorgehen der Bundesregierung empfahl Ritzel im Herbst 1973, man solle in Gesprächen mit Norwegen nicht davon ausgehen, dass das Land ein verhinderter Beitrittskandidat sei. »Es ist ein willentlich abseits stehendes Land.«[168]

»Aktive Europapolitik« und aktive »Kleinstaatenpolitik«

Mit der unerfüllten Hoffnung, Norwegen werde sich bald umbesinnen und erneut die Mitgliedschaft beantragen, stand die Bundesrepublik nicht allein. Bei der Unterzeichnung des Freihandelsabkommens im Februar 1973 äußerten sich sämtliche Sprecher der Gemeinschaft in diesem Sinne. Die norwegischen Vertreter gingen auf solche Anspielungen verständlicherweise nicht ein. Handelsminister Eika bezeichnete das Abkommen im Namen seiner Regierung als »eine gute Grundlage für erweiterte Wirtschaftsbeziehungen zwischen der Gemeinschaft und Norwegen«.[169]

---

167 BArch, B 136/8016, Oslo an AA, 6.9.73, Norwegen und die EG.
168 Ebd.
169 Vgl. BArch, B 136/8015, Brüssel, EG an AA, 15.5.1973, Unterzeichnung der Abkommen der Gemeinschaft mit Norwegen am 14.5.73.

Gleichzeitig bemühte man sich in Oslo darum, das Interesse an einer engen Zusammenarbeit mit der Gemeinschaft zu bekräftigen.[170] Bereits nach der Volksabstimmung im Herbst 1972 hatten norwegische Vertreter immer wieder betont, dass die Ablehnung des Beitritts nicht als eine Ablehnung der europäischen Zusammenarbeit ausgelegt werden dürfe. Damit wollte man einerseits der angeblichen Gefahr eines außenpolitischen Isolationismus und Neutralismus widersprechen. Andererseits ging es dabei um die Wahrnehmung konkreter wirtschaftlicher und politischer Interessen in einem Europa, in dem die EG aller Krisen zum Trotz das entscheidende Kraftzentrum geworden war. Nach Abschluss der Verhandlungen suchten die Regierung Korvald und nach den Wahlen im Herbst 1973 auch die zweite Regierung Bratteli unter dem Schlagwort der »aktiven Europapolitik« in verschiedenen Initiativen den Anschluss an die außen- und währungspolitische Zusammenarbeit der Neun.[171]

Dass sich eine aktive Europapolitik außerhalb der Gemeinschaft nicht so einfach umsetzen ließ, wie es die Beitrittsgegner im Vorfeld des Referendums von 1972 versprochen hatten, war bereits in den Freihandelsverhandlungen deutlich geworden. Die Rahmenbedingungen für eine enge und umfassende Zusammenarbeit mit der EG verbesserten sich auch in den folgenden Jahren nicht, wofür sowohl der mangelnde politische Wille auf norwegischer Seite als auch das Desinteresse auf Seiten der EG verantwortlich waren. Norwegens Europapolitik musste sich, nach allgemeinem Verständnis, für die nächsten Jahre an dem Ergebnis der Volksabstimmung von 1972 orientieren. Daran änderte auch der Regierungswechsel im Herbst 1973 nichts, mit dem die Arbeiterpartei unter der Leitung von Trygve Bratteli erneut die Regierungsverantwortung übernahm. Denn auch bei den Sozialdemokraten wurde die Haltung zur Europapolitik nun stärker denn je durch die parteiinternen Beitrittsgegner beeinflusst. Insgesamt richtete sich das außenpolitische Interesse Norwegens in den 1970er und 1980er Jahren stärker auf Fragen der Demokratie und der Entwicklungshilfe. Die in den 1960er Jahren aufgebauten, umfangreichen Kontakte zu den Regierungen der EG-Staaten und zur Kommission »trockneten« regelrecht ein. Sowohl politisch als auch kulturell nahm das Interesse an Europa in Norwegen bis Mitte

---

170 Ebd..
171 UD 44 37/2-9, Notat 1. h.pol.ktr. til Statssekretæren, 19.2.74, EF. »Aktiv Europapolitikk«; UD 44 37/2-9, Notat, H.avd., 17.4.74, Forholdet Norge – EF i årene fremover.

der 1980er Jahre stark ab. Die EG war ihrerseits angesichts der heraufziehenden Weltwirtschaftskrise immer stärker mit sich selbst beschäftigt und kümmerte sich nur wenig für die Belange des außerhalb der Gemeinschaft stehenden Norwegen.

Je schwieriger sich aber die offiziellen Beziehungen zur EG gestalteten, desto wichtiger waren die bilateralen Beziehungen zu den Norwegen wohlgesonnenen EG-Mitgliedern. Unter diesen war, neben Dänemark und Großbritannien, die Bundesrepublik weiterhin der wichtigste Ansprechpartner Norwegens. Denn obgleich die beiderseitigen Beziehungen nun nicht, wie von den Eliten beider Länder erhofft, im Rahmen der EG weiter ausgebaut werden konnten, so bestand doch die Möglichkeit, an das im Laufe des vergangenen Jahrzehnts aufgebaute Vertrauensverhältnis anzuknüpfen und auf das umfangreiche Netz an Kontakten zurückzugreifen.

Mit dem Besuch König Olavs V. in der Bundesrepublik, der 1973 den Normalisierungsprozess in den offiziellen Beziehungen symbolisch abschloss, bot sich bereits kurze Zeit nach Norwegens EG-Entscheidung die Gelegenheit, das Fortbestehen der engen Verbindungen zur Bundesrepublik zu bestätigen. Bundeskanzler Brandt wies bei diesem Anlass in einer Tischrede darauf hin, dass die Bundesrepublik und Norwegen nach wie vor in der NATO, im Europarat und bald auch auf der Sicherheitskonferenz in Helsinki an einem Tisch säßen und mit dem Handelsabkommen ihre wirtschaftlichen Beziehungen geregelt hätten.[172] In den politischen Gesprächen zwischen den Außenministern Scheel und Vårvik wurde auf norwegischen Wunsch hin ein bilateraler Kontakt über die außenpolitischen Konsultationen der EG vereinbart, wofür das AA der Botschaft in Bonn einen festen Kontaktmann abstellen wollte.[173] Ursprünglich hatte man in Oslo eine formelle Konsultationsregelung mit Brüssel anvisiert. Dazu war die Gemeinschaft aber, wie zuvor in der Schifffahrtsfrage, nicht bereit. Scheel verwies darauf, dass eine Reihe von Ländern an vergleichbaren Konsultationen interessiert sei und eine Einigung mit Norwegen eine unerwünschte Präzedenz schaffen würde. Da man aber auch auf deutscher Seite an einem Dialog interessiert war, wurden informelle Kontakte vorgeschlagen.[174] Anlässlich der Übernah-

---

172 Vgl. »Brandt: – Deres besøk følges med glede«, in: *Aftenposten*, 6.6.73.
173 UD, 34.4/113-V, Notat, Pol. Avd., 22.5.73, Samtaler mellom utenriksminister Vårvik og Scheel, 4.-7.6.73; UD, 34.4/113-V, Bonn an UD, 18.9.73, Norges forhold til de utenrikspolitiske konsultasjoner mellom EF-landene.
174 UD 44 37/2-9, Notat UD, 4. Pol.ktr/Pol.avd., 22.4.74, De utenrikspolitiske konsultasjoner mellom EF-landene og Norges forhold til dette samarbeidet.

me des Vorsitzes im EG-Ministerrat durch die Bundesregierung im ersten Halbjahr 1974 kam Norwegen auf dieses Angebot zurück und schlug vor, mit der jeweiligen Präsidentschaft einen besonderen Dialog zu etablieren. Zufrieden konnte das Außenministerium feststellen, dass sich die Bundesregierung in Anknüpfung an frühere Aussagen »sehr entgegenkommend« zeigte.[175] Da sowohl Dänemark als auch die Bundesrepublik bereit waren, Norwegen umfassend über die politischen Konsultationen in der EG zu informieren und sich auch die anderen Mitgliedsländer diesbezüglich positiv verhielten, meinte man in Oslo, dieses Problem fürs erste gelöst zu haben.[176]

Ohne den regelmäßigen Austausch im Rahmen der EG musste allerdings auch der bilaterale Dialog ständig durch neue Initiativen belebt werden. Dass z.B. das AA im Januar 1976 die Initiative zu einem regelmäßigen politischen Dialog ergriff, macht deutlich, dass der drei Jahre zuvor vereinbarte informelle Dialog von beiden Seiten nicht gerade sehr aktiv betrieben wurde.[177] Wieder zwei Jahre später bekräftigten deutsche und norwegische Beamte erneut ihre Absicht, den politischen Dialog häufiger und regelmäßiger zu führen.[178] Gleichzeitig weisen die Initiativen des AA aber darauf hin, dass man sich unter dem neuen Außenminister Hans-Dietrich Genscher in der zweiten Hälfte der 1970er Jahre intensiver für die europäischen Kleinstaaten zu interessieren begann und dabei auch die Nicht-EG-Mitglieder Nordeuropas nicht vergaß. Der Leiter der Europa- und Ost-West-Abteilung im AA, Günther von Well, begründete die deutsche Initiative von 1976 damit, dass Genscher, wie sein Vorgänger Scheel, großen Wert auf die politischen Beziehungen zu Norwegen lege. Die Bundesregierung beabsichtige, so weit wie möglich den Unterschied in der Anschlussform zur EG zu reduzieren und Norwegen trotz seiner Nichtmitgliedschaft so eng wie möglich an die europäischen Entscheidungsprozesse heranzuführen.[179] In den folgenden Jahren entstanden zwischen deutschen und norwegischen Spitzenpolitikern wie Helmut Schmidt, Hans-Dietrich Genscher, Helmut Kohl auf deut-

---

175 Ebd.
176 Ebd.
177 UD, 34.4/113-V, Bonn an UD, 19.1.76, Tysk initiativ til politiske samtaler mellom Norge og Forbundsrepublikken; UD, 34.4/113-V, Bonn an UD, 12.3.76, Politiske samtaler Norge/Forbundsrepublikken.
178 UD, 34.4/113-V, UD, 4. Pol.ktr, 22.2.78, Ref. fra politiske konsultasjoner på embetsmannsnivå mellom Norge og Forbundsrepublikken, 15.2.78.
179 UD, 34.4/113-V, Ref. fra bilaterale politiske konsultasjoner på embetsmannsnivå mellom Norge og Forbundsrepublikken, 28./29.4.76.

scher, Odvar Nordli, Per Kleppe, Knut Frydenlund, Kåre Willoch, Thorvald Stoltenberg und Gro Harlem Brundtland auf norwegischer Seite enge politische und freundschaftliche Verbindungen.[180] Die Bedeutung dieser Kontakte für Norwegen hat, aus deutscher Perspektive, Helmut Schmidt in seinen Memoiren hervorgehoben:

> Oslo fehlte der enge Kontakt, den etwa die europäischen Gipfeltreffen, insbesondere nach dem Beitritt Großbritanniens und Dänemarks, den Staaten der Gemeinschaft ermöglichten. Soweit wir konnten, habe ich versucht, mit Interpretationen, Erläuterungen und Kontakten zu helfen.[181]

Parallel dazu setzte sich auch der gute Dialog auf der Arbeitsebene fort. Eine Zusammenstellung des norwegischen Außenministeriums verzeichnete 1977 zahlreiche wirtschaftliche, handelspolitische und politische Konsultationen sowie eine umfassende Besuchstätigkeit oder -häufigkeit. Unterhalb der Regierungsebene seien die deutsch-norwegischen Kontakte so vielfältig und umfangreich, dass sich eine exakte Übersicht nur schwer erstellen lasse.[182] In den Jahren nach dem norwegischen Nichtbeitritt war die Bundesrepublik ganz offensichtlich zur wichtigsten Verbindung Norwegens zur Europäischen Gemeinschaft geworden.

Als die Frage eines engeren norwegischen Anschlusses an die EG gegen Ende der 1980er Jahre wieder aktuell wurde, sollte diese »besondere Beziehung« eine wichtige Rolle spielen. Der Kontakt zwischen norwegischen und deutschen Stellen entwickelte sich nun, Tamnes zufolge, »exzeptionell gut«, angespornt und erleichtert durch einen vertraulichen Dialog zwischen den Außenministern und Regierungschefs.[183] Den Außenministern Stoltenberg und Genscher gelang es, die Anbindung Norwegens an die Europäische Politische Zusammenarbeit (EPZ) zu formalisieren. Gemeinsam mit Großbritannien drängte die Bundesrepublik auf die Einbeziehung der EFTA-Länder in den Gemeinsamen Markt und setzte sich für den Abschluss eines Abkommens zwischen EG und

---

180 Vgl. *Tamnes* 1997, S. 102 f. Zu den politischen Freundschaften vgl. *Frydenlund, Knut*: Lille land – hva nå? Refleksjoner om Norges utenrikspolitiske situasjon, Oslo 1982, S. 86 f.; *Stoltenberg* 2001, S. 186; *Genscher, Hans-Dietrich*: Erinnerungen, Berlin 1995, S. 592.
181 *Schmidt* 1990, S. 374 f.
182 UD, 34.4/113-V, UD an Bonn, 5.1.77, Forespørsel om Norges politiske og økonomiske forhold til EF og Forbundsrepublikken.
183 *Tamnes* 1997, S. 228 f.

EFTA über die Etablierung eines Europäischen Wirtschaftsraums (EWR) ein, das am 2. Mai 1992 unterschrieben wurde und am 1. Januar 1994 in Kraft trat. Auch bei den Beitrittsverhandlungen zwischen 1993 und 1994 gehörte die Bundesregierung zu den wichtigsten Stützen Norwegens, das seine Sonderforderungen im Fischereisektor nun gegen Mitgliedsländer wie Spanien und Portugal durchsetzen musste, die um erhebliche Eigeninteressen kämpften.[184] Dass die norwegische Bevölkerung am 28. November 1994 zum zweiten Mal nach 1972 den Beitritt in einer Volksabstimmung ablehnte und die Regierung dazu zwang, den fertig ausgehandelten und unterschriebenen Vertrag nicht zu ratifizieren, stieß in der Bundesrepublik auf enorme Enttäuschung. Dem damaligen Handelsminister und Verhandlungsführer Norwegens, Bjørn Tore Godal, zufolge beschwerte sich Bundesaußenminister Klaus Kinkel mit den Worten: »By now I know every Norwegian fish by their first names – and then you say no!«.[185]

Seit der Ablehnung des Beitritts 1994 stellt das EWR-Abkommen die Grundlage für eine immer umfassender werdende Zusammenarbeit zwischen der EG und Norwegen dar, die seit 1999 auch die Beteiligung am Schengen-Abkommen einschließt. Das Ziel (oder: der Wunsch) Norwegens, sich an allen Aspekten der europäischen Zusammenarbeit zu beteiligen, ohne dabei die nationale Souveränität über einige zentrale Politikbereiche – namentlich Landwirtschaft und Fisch – aufzugeben, ist allerdings durch das EWR-Abkommen nicht erreicht worden. Das Fast-Mitglied Norwegen ist zwar einer der größten Netto-Beitragszahler zum EU-Budget und ein »Musterschüler« beim Umsetzen von EG-Bestimmungen, aber bei der Entscheidungsfindung bleibt Norwegen als Nicht-Mitglied weiterhin »außen vor«.[186] Aus diesem Dilemma heraus entstand 1999 die *Deutschland-Strategie* der norwegischen Regierung. Ausgeschlossen von den Beratungen der EU, aber abhängig von deren Ergebnis, blieb der norwegischen Regierung nichts anderes übrig, als sich »im Rahmen bilateraler Kontakte aktiv dafür ein[zu]setzen, norwegische

---

184 Ebd., S. 245, vgl. *Archer/Sogner* 1998, S. 53-80, bes. S. 64, 67.
185 *Godal, Bjørn-Tore*: Utsikter – Store lille Norge i en ny verden, Oslo 2003, S. 139. Zu Norwegens Europapolitik nach dem zweiten »Nein« vgl. *Archer, Clive*: Norway outside the European Union: Norway and European integration from 1994 to 2004, London 2005. Zu den deutsch-norwegischen Kontakten in europapolitischen Fragen bis 2005 vgl. *Allers, Robin M.*: Deutschland, Norwegen und die europäische Integration, in: *Henningsen* (Hrsg.) 2005, S. 87-90, und *ders.* 2005 [b].
186 *Claes, Dag Harald/Tranøy, Bent Sofus* (Hrsg.): Utenfor, annerledes og suveren? Norge under EØS-avtalen, Bergen 1999.

Gesichtspunkte und Interessen gegenüber der EU zur Geltung zu bringen.«[187]

Diese Lobby-Arbeit ist nach dem Ende des Kalten Krieges und nach mehreren Erweiterungsrunden nicht nur wichtiger, sondern auch schwieriger geworden. Die EU umfasst mittlerweile 25 Mitgliedstaaten und strebt eine gemeinsame Verfassung an. Der Kampf gegen den internationalen Terrorismus und die Kriege im Kosovo, in Afghanistan und im Irak haben die Notwendigkeit einer gemeinsamen Außen- und Verteidigungspolitik nachdrücklich unterstrichen. In dieser für Norwegen kritischen Situation hat sich Berlin für Befürworter wie Gegner eines norwegischen Beitritts als wichtigste Anlaufstation in der EU erwiesen. Der Sozialdemokrat Jens Stoltenberg hat dies betont, als ihn seine erste Auslandsreise als Ministerpräsident im April 2000 in die Bundeshauptstadt führte.[188] Auch sein Vorgänger und Nachfolger, Kjell Magne Bondevik, ein Gegner des EU-Beitritts, pflegte den Kontakt zu seinen deutschen Amtskollegen und arbeitete für einen Ausbau der engen Bindungen. Der inzwischen mehrfach aktualisierten *Deutschland-Strategie* zufolge ist der Kontakt deshalb so wichtig, »weil Deutschlands Stimme in der EU großes Gewicht hat« und weil kaum ein anderes EU-Land so viel »Verständnis für norwegische Auffassungen und Interessen zeigt«.[189] In den ersten Jahren des 21. Jahrhunderts setzte sich die Bundesregierung in Brüssel u.a. für die Beteiligung norwegischer NATO-Streitkräfte bei sicherheitspolitischen Aufgaben unter Leitung der EU ein. Auch bei Problemen wie der Anpassung des norwegischen Beitrags zum EU-Budget nach der Osterweiterung oder bei Diskussionen über eine Einschränkung des norwegischen Lachsexports in die EU schätzte Deutschland, dem Urteil des inzwischen als Botschafter in Berlin tätigen Bjørn Tore Godal zufolge, die norwegische Situation positiver ein als andere Mitgliedsländer.[190]

---

187 *Deutschland-Strategie*, 2003, S. 4.
188 »Nære venner, men ingen løfter«, in: *Aftenposten*, 6.4.2000; »›Wir fühlen uns nicht isoliert‹. Norwegens Ministerpräsident Jens Stoltenberg über die Europapolitik seiner Regierung«, in: *Die Welt*, 8.4.2000.
189 *Deutschland-Strategie*, 2003, S. 4.
190 Vgl. *Godal, Bjørn Tore*: In Europa aber (noch) nicht in der EU. Die Position Norwegens, www.norwegen.no/policy/europe/speechhumboldt.htm, S. 3, 11 (10.3.2008).

7. Schlussbetrachtungen

In der zweiten Hälfte der langen 60er Jahre wurde die Bundesrepublik Deutschland zum wichtigsten Verbündeten Norwegens bei den Bemühungen dieses Landes um eine Mitgliedschaft in den Europäischen Gemeinschaften. Dies war eine bemerkenswerte Entwicklung, da die deutsch-norwegischen Beziehungen durch die Besatzung im Zweiten Weltkrieg schwer und nachhaltig belastet waren und noch in der ersten Hälfte der 1960er Jahre, allen offiziellen Beteuerungen zum Trotz, nur »als kühl und zurückhaltend«[1] bezeichnet werden konnten. Zudem hatte sich die Frage einer norwegischen EG-Mitgliedschaft bis Ende der 1950er Jahre gar nicht gestellt und auch nach dem ersten Beitrittsgesuch, das Norwegen 1962 im Kielwasser Großbritanniens und Dänemarks eingereicht hatte, vollzog sich die Annäherung des Landes an das Europa der Sechs nur sehr zögerlich. Die Möglichkeit, einen vertrauensvollen Dialog zu entwickeln, bot sich vor diesem Hintergrund nicht. Ende der 1960er Jahre begann sich diese Situation dann grundlegend zu ändern. Zwar ging das Voranschreiten der deutsch-norwegischen Annäherung wohl auch in den darauf folgenden Jahren weitgehend an der Öffentlichkeit vorbei, in den Kreisen der politisch-administrativen Elite wuchs dagegen das Bewusstsein für die Besonderheit des Verhältnisses. Von einer »Sonderbeziehung« sprachen freilich vorerst nur wenige, wie der deutsche Botschafter in Oslo, Gerhard Ritzel, der 1971 mit diesem Begriff die stark verbesserten bilateralen Beziehungen charakterisierte, die sich u.a. in zahlreichen Begegnungen auf höchster politischer Ebene und in einem fruchtbaren Dialog über internationale Fragen ausdrückten. Doch auch Ritzel hat mit der Einschränkung »beinahe« deutlich gemacht, dass sich der bilaterale Annäherungsprozess Anfang der 1970er Jahre immer noch in einem Anfangsstadium befand und dass längst noch nicht alle Vorbehalte gegen eine privilegierte Zusammenarbeit ausgeräumt waren.[2] Der britische Diplomat und Chef-Unterhändler seines Landes in den EG-Verhandlungen auf Beamtenebene, Sir Con O'Neill, hat dagegen 1972 auf einen weiteren Aspekt der deutsch-norwegischen Sonderbeziehung hingewiesen, der zu diesem Zeitpunkt bereits seine Wirkung entfaltete: die Unterstützung der norwegischen Bemühungen um einen EG-Beitritt

---

1 Vgl. *Levsen* 1993, S. 283.
2 Politischer Jahresbericht, 1970 (wie Einleitung, Anm. 1).

durch die Bundesrepublik.[3] Sowohl Ritzel als auch O'Neill und andere Beobachter haben die zentrale Rolle hervorgehoben, die Willy Brandt aufgrund seiner engen Beziehungen zu Skandinavien sowie aufgrund seines internationalen Prestiges als Entspannungspolitiker für die deutsch-norwegische Beziehungen spielte. Tatsächlich scheint der Einfluss Brandts auf die Entwicklung des bilateralen Verhältnisses in dieser Periode so prägend gewesen zu sein, dass von einer Ära Brandt in den deutsch-norwegischen Beziehungen gesprochen werden kann.

Das übergeordnete Ziel der vorliegenden Untersuchung bestand darin, die Wechselwirkungen zwischen dem bilateralen Annäherungsprozess und der Entwicklung der europapolitischen Kooperation beider Länder zu untersuchen. Dieser Aufgabenstellung lag die Annahme zugrunde, dass die enge deutsch-norwegische Kooperation in der Beitrittsfrage nicht ohne den parallel erfolgten Durchbruch im bilateralen Verhältnis zustande kommen konnte und dass, andersherum, die bilaterale Annäherung durch die gemeinsamen Arbeit im Rahmen der europäischen Verhandlungen vertieft und langfristig verankert wurde. Im Mittelpunkt standen die Fragen, warum und auf welcher Grundlage sich die deutsch-norwegische Sonderbeziehung im Erweiterungsprozess entwickelte, wie sie sich vollzog und welche Wirkung sie in den Beitrittsverhandlungen erzielen konnte. Der empirischen Untersuchung des Themas wurde die Diskussion eines Interpretationsrahmens vorangestellt, der drei analytische Ebenen umfasst: Die Ebene des internationalen Staatensystems, die Ebene der kollektiven innerstaatlichen Akteure und die Ebene des individuellen Akteurs. Mit der Unterscheidung dieser drei Ebenen und ihrer Zusammenführung in einem Interpretationsrahmen wurde beabsichtigt, die Haltungen und Handlungsspielräume der unterschiedlichen Akteure im Spannungsverhältnis zwischen externen und internen Zwängen, zwischen nationalen, partikularen und gemeinschaftlichen Interessen herauszuarbeiten. Ausgehend von der Annahme, dass sich internationale Kontakte prägend auf die Haltungen der Akteure zu außen- und in diesem Fall zu europapolitischen Problemstellungen auswirken, wurde ihre Einbindung in internationale Netzwerke zwischenstaatlicher, transnationaler und transgouvernementaler Art untersucht. Für die deutschen Politiker und Diplomaten wurde angenommen, dass sie im Kontakt mit den Beitrittskandidaten ein erhöhtes Bewusstsein für deren Sonderprobleme gewannen. Von den Vertretern der außenpolitischen Elite Norwegens wurde angenommen, dass sie im Kontakt mit den europäischen

---

3 *O'Neill* 2000, S. 248.

Verhandlungspartnern ein europäisches Bewusstsein entwickelten. Um nachzuvollziehen, in welchem Umfang z.B. die Haltungen der Europa-Experten im norwegischen Außenministerium oder die Ansichten der außenpolitischen Mitarbeiter Brandts in die nationalen Entscheidungsprozesse eingeflossen sind, wurde der Rolle und der Bedeutung der jeweiligen Akteure in den offiziellen und informellen Entscheidungsstrukturen und Verhandlungsverfahren besondere Aufmerksamkeit gewidmet. Im Folgenden sollen die wichtigsten Ergebnisse der Untersuchung resümiert werden. Abschließend wird diskutiert, wie sich die Ära Brandt in den Gesamtzusammenhang der Entwicklung des deutsch-norwegischen Verhältnisses in der Nachkriegszeit einordnen lässt.

*Warum eine Sonderbeziehung in
der zweiten Hälfte der langen 1960er Jahre?*

Die positive Entwicklung der deutsch-norwegischen Beziehungen seit Mitte der 1960er Jahre und der vertrauensvolle Dialog deutscher und norwegischer Akteure in der Erweiterungsfrage werden vor allem in Abgrenzung zu den ersten beiden Jahrzehnten der Nachkriegszeit deutlich, in denen das Verhältnis als schwierig und durch die Gräuel der Nazi-Diktatur, des Zweiten Weltkriegs und der Besatzungszeit langfristig belastet galt. Dieser Befund darf indes nicht übersehen, dass sich die Ära Brandt in eine längere Entwicklungslinie einordnet, in einen längerfristigen Prozess der Normalisierung des bilateralen Verhältnisses ebenso wie in den Prozess des stetig wachsenden Einflusses der Bundesrepublik auf die europäischen Verbindungen der skandinavischen Länder seit Ende der 1950er Jahre.

So war die funktionale Zusammenarbeit in den Bereichen Handel, Sicherheits- und Rüstungspolitik im Rahmen der westlichen Wirtschafts- und Bündnisstrukturen bereits Anfang der 1960er Jahre weit vorangeschritten. Auch die Normalisierung der politischen Beziehungen machte in der ersten Hälfte der 1960er Jahre Fortschritte. Bilaterale Probleme wie die Entschädigungsfrage konnten beigelegt werden und nach und nach wurden auch die zunächst von norwegischer Seite vermiedenen Besuche auf höchster politischer Ebene möglich. Zudem lernten sich deutsche und norwegische Politiker, Beamte und Militärs durch die gemeinsame Vertretung in den internationalen Gremien besser kennen und begannen einander zu vertrauen. Entscheidend war auch, dass sich die SPD mit der Verabschiedung des Godesberger Programms von 1959 zu einem echten Partner der norwegischen Sozialdemokraten entwickelte, nachdem das Verhältnis zwischen den beiden Parteien in den 1950er Jahren zeitweise durchaus angespannt und von Meinungsverschiedenheiten bestimmt gewesen war. Doch auch in der ersten Hälfte der 1960er Jahre war das Verhältnis nach wie vor geprägt vom norwegischen Misstrauen gegenüber der wirtschaftlich wiedererstarkten Bundesrepublik, vom Ärger der Bundesrepublik über die Diskriminierung deutscher NATO-Soldaten und Offiziere in Norwegen und von Irritationen auf beiden Seiten über unterschiedliche außenpolitische Konzeptionen, insbesondere im Bereich der Entspannungs- und Abrüstungspolitik. Die gegenseitige Distanz bestand nicht zuletzt deshalb weiter fort, weil die ideologischen Gegensätze zwischen der konservativ geführten Bundesregierung auf der einen und Norwegens sozialdemokratischer Regierung auf der anderen Seite nur schwer überbrückbar waren. Dass 1965 in Norwegen eine »nicht-sozialistische« Koalition die Sozialdemokraten ablöste, änderte nicht viel an dem reservierten Verhältnis, da die »Bürgerlichen« an dem entspannungspolitischen Kurs der Vorgängerregierung festhielten und die Blockade-Haltung der Bundesrepublik in dieser Frage kritisch sahen. Festzuhalten bleibt indes, dass keine norwegische Regierung dem zeitweise beträchtlichen innenpolitischen Druck nachgab und ihre Loyalität als Bündnispartner Deutschlands in Frage stellte.

Auch die Grundlage für eine privilegierte Kooperation in der Europapolitik war bereits Ende der 1950er Jahre geschaffen worden, als sich die Kreise um Bundeswirtschaftsminister Ludwig Erhard für eine große Freihandelszone aussprachen und diesbezüglich mit den skandinavischen Ländern übereinstimmten. Im Zusammenhang mit den ersten Erweiterungsversuchen und auch bei den späteren Bemühungen, den Zollgraben zwischen den Handelsformationen EWG und EFTA abzuflachen, profilierte sich die Bundesregierung als wichtigste Stütze und wichtigster Ansprechpartner der skandinavischen Staaten. Eine enge Zusammenarbeit entwickelte sich indes nicht, wofür ebenfalls die oben genannte Distanz im bilateralen Verhältnis verantwortlich gemacht werden kann sowie Differenzen innerhalb der Bundesregierung über den europapolitischen Kurs. Wichtiger noch waren aber einerseits die Krisen der Gemeinschaft, die nach dem Veto de Gaulles von 1963 mit sich selbst beschäftigt war, und andererseits die mangelnde Bereitschaft Norwegens, das in der EFTA-Zusammenarbeit eine »glückliche Lösung« für seine Handelspolitik sah, sich aktiv um einen Anschluss an die Gemeinschaft zu bemühen.

Dass sich die Beziehungen in der zweiten Hälfte der 1960er Jahre weiter normalisierten und schließlich als problemlos galten, kann vor diesem Hintergrund als Ergebnis der langjährigen Zusammenarbeit im Westen und der graduellen Beseitigung bilateraler Probleme gesehen werden und auch die deutsche Unterstützung des erneuten norwegischen Antrags auf Mitgliedschaft in der EG setzte eine Traditionslinie fort. Dies unterstreicht gleichzeitig die Bedeutung der geographischen Nähe und der Zugehörigkeit zu einem Wirtschafts-, Kultur- und Sprachraum, aus denen sich ein gegenseitiges Interesse an Handelsbeziehungen und sicherheitspolitischer Kooperation sowie Anknüpfungspunkte für den kulturellen Austausch ergaben.

Entscheidend für die Herausbildung besonderer Beziehungen, wie sie im Untersuchungszeitraum dieser Arbeit festgestellt wurde, war aber der Aufstieg der SPD unter Willy Brandt zur Regierungspartei und die damit verbundenen Kurskorrekturen in der deutschen Außenpolitik: Dass eine Persönlichkeit mit der Biographie Brandts Außenminister und später Bundeskanzler werden konnte, stärkte in Norwegen – wie auch in anderen Ländern – das Vertrauen in die Demokratiefähigkeit der Bundesrepublik. Das von Brandt und seiner Regierung erwartete und schließlich auch durchgeführte Umschwenken in der Entspannungspolitik führte zu einer Angleichung der außenpolitischen Konzeptionen und darüber zu einem intensiveren politischen Dialog über die »neue Ostpolitik«, die in Oslo parteiübergreifend unterstützt wurde.

Auch für die norwegische Haltung zur Europapolitik waren die Regierungswechsel von 1966 und 1969 von Bedeutung. Zum einen erhöhten sich mit der Regierungsbeteiligung der deutschen Sozialdemokraten in den Augen ihrer norwegischen Schwesterpartei die Chancen auf eine Stärkung des sozialdemokratischen Einflusses in der europäischen Zusammenarbeit, was der Parteiführung politische Gründe für eine Befürwortung eines norwegischen Beitritts lieferte. Zum anderen engagierte sich die Bundesregierung nun, mit Brandt als Außenminister und später als Bundeskanzler, stärker für die Erweiterung und setzte sich dabei auch für die besonderen Probleme der skandinavischen Staaten ein.

Doch dürfen die Ursachen für die Veränderungen des Verhältnisses nicht allein auf deutscher Seite festgemacht werden. Ein wichtiger Grund, wenn nicht sogar die Voraussetzung, für die Entstehung einer europapolitischen »Sonderbeziehung« war der norwegische Entschluss, die Vollmitgliedschaft in den Europäischen Gemeinschaften zu beantragen. Für Norwegen ergab sich ein solches Interesse erst aus der Notwendigkeit, auf die britische Initiative vom Herbst 1966 zu reagieren, die eine Fortführung der EFTA-Zusammenarbeit in Frage stellte und eine EG-Mitgliedschaft der wichtigsten Handelspartner wahrscheinlich machte. Allerdings war das Interesse an einem Beitritt auch das Ergebnis längerfristiger Überlegungen der politischen, administrativen und nicht zuletzt der wirtschaftlichen Elite Norwegens, die einen Anschluss für unausweichlich hielten.

Dass diese Haltungsänderung auf die Elite beschränkt war und dass insbesondere die politischen Beweggründe für eine Mitgliedschaft nur von einer kleinen Gruppe nachvollzogen wurden, war zunächst aus kontinentaleuropäischer Sicht nicht weiter relevant. Widersprüchliche Erklärungen der politischen Führung, die unter dem Druck der eigenen Basis das Verhandlungsziel offen lassen wollte, mochten als Zeichen für einen mangelnden Beitrittswillen des Landes gedeutet werden, und tatsächlich gab es in Bonn, Brüssel und Paris immer wieder Zweifel an der europäischen Gesinnung Oslos. Letztendlich hielten sich die deutschen Akteure und ihre europäischen Partner aber stets an die Tatsache, dass die norwegische Regierung 1967 zum zweiten Mal offiziell die Vollmitgliedschaft in den Gemeinschaften gemäß Art. 237 EWG-V beantragt hatte, diesen Antrag 1970 bestätigte und kurz darauf auch die Verhandlungsbedingungen der Gemeinschaft akzeptierte. In dieser Ansicht wurden sie von norwegischer Seite durch pro-europäische Regierungsmitglieder, Parlamentarier, Parteifunktionäre und Diplomaten bestätigt, die sich bemühten, die Zweifel auf Seiten der EG zu entkräften, um kein ungünstiges Verhandlungsklima entstehen zu lassen. Nach dem Rücktritt der Regierung Borten, die im Februar 1971 an den koalitionsinternen Differenzen über den europapolitischen Kurs zerbrach, wurden die Verhandlungen von einer Regierung unter der Leitung des Sozialdemokraten Trygve Bratteli zu Ende geführt, an deren Beitrittswillen auf Seiten der Gemeinschaft nicht gezweifelt wurde. Auch diese Regierung musste sich freilich mit dem stetig wachsenden internen Widerstand gegen den Beitritt auseinandersetzen, was sie zu einer Verhandlungslinie zwang, die in der EG und auch in der Bundesrepublik als kaum vereinbar mit den Gemeinschaftsprinzipien galt. In dieser Phase war die Vermittlungsarbeit deutscher Akteure, die nicht nur in Brüssel, Paris und Den Haag, sondern auch in Oslo für mehr Kompromissbereitschaft warben, besonders gefragt.

Als ein wichtiges Ergebnis der vorliegenden Untersuchung muss freilich festgehalten werden, dass die Bundesrepublik auch deshalb langfristig zum wichtigsten europapolitischen Partner Norwegens wurde, weil sie zwar die Beitrittsoption stets befürwortete, gleichzeitig aber andere Regelungen und Anschlussformen als Übergangslösungen nicht ausschloss und bereitwillig an entsprechenden Vorschlägen mitarbeitete.

Diese pragmatische Haltung, die ein Stück weit die spätere Diskussion über ein Europa der unterschiedlichen Geschwindigkeiten vorwegnahm, hatte Bonn bereits in der ersten Hälfte der 1960er Jahre zum wichtigsten Ansprechpartner Norwegens und der anderen skandinavischen Staaten in der EG gemacht. Sie war auch der Ausgangspunkt für die wichtige Rolle der Bundesregierung bei der Suche nach Alternativen im Anschluss an das Veto de Gaulles gegen den britischen Beitritt von 1967. Schließlich unterstützte die Bundesrepublik Norwegen auch in den Freihandelsverhandlungen, die durch die Ablehnung des Beitritts vom September 1972 unter starkem Zeitdruck geführt werden mussten, und sie bemühte sich in den darauf folgenden Jahren, als Norwegens Verbindungen zur EG sporadischer wurden, um die Aufrechterhaltung eines regelmäßigen Dialogs zu dem EG-Außenseiter. Gewiss, auch in Bonn war die Enttäuschung über die negative Entscheidung Norwegens groß und auch hier wurde die Frage diskutiert, ob die Ablehnung der Mitgliedschaft durch ein vorteilhaftes Freihandelsabkommen belohnt werden dürfe. Eine Beteiligung der Nicht-Mitglieder Norwegen und Schweden an den Entscheidungsmechanismen der Gemeinschaft lehnte man in Bonn ebenso ab wie in Paris und Brüssel. Die vollen Rechte sollten nur jenen zugute kommen, die auch die vollen Lasten zu tragen bereit waren. Entscheidend für die deutsche Haltung blieb jedoch stets die Überzeugung, dass es wirtschaftlich und politisch im »nationalen Interesse« der Bundesrepublik sei, ein Land wie Norwegen so eng wie möglich an den Westen zu binden. Überdies wurde – und wird bis heute – die Nichtmitgliedschaft in der EG/EU, bei allem Verständnis für die Vorbehalte des Landes, als vorübergehendes Phänomen angesehen, weshalb Gespräche mit Oslo weniger den Charakter von Verhandlungen mit einem Außenseiter als vielmehr die mit einem potentiellen, nur zeitweilig verhinderten Mitglied annehmen.

Wie vollzog sich die bilaterale deutsch-norwegische Partnerschaft und wer waren ihre Protagonisten?

Bilaterale Beziehungen sind in der internationalen Politik weiterhin von Bedeutung und dies gilt auch für die Europapolitik. Allerdings schränkt die Notwendigkeit, sich mit allen Partnern abzustimmen und auf die gemeinschaftlichen Interessen Rücksicht zu nehmen, die individuellen Handlungsspielräume der einzelnen EG-Mitgliedstaaten deutlich ein, wodurch auch die Bedeutung bilateraler Absprachen gemindert wird. Zudem ist mit den supranationalen Institutionen eine Ebene entstanden, auf der über eine Vielzahl von Themen »europäisch« und nicht zwischenstaatlich verhandelt wird. In den Erweiterungsverhandlungen waren bilaterale Kontakte zwar nicht Teil des offiziellen Verfahrens, sie waren aber akzeptiert und wurden von allen Beteiligten wahrgenommen. Eine besondere Beziehung konnte in diesem Rahmen dadurch entstehen, dass zwei Länder die Möglichkeit sahen, durch zweiseitige Gespräche Fortschritte im Verhandlungsverlauf zu erzielen. Die Rücksichtnahme auf die übrigen Beteiligten war dabei stets präsent, schloss aber nicht aus, dass auch über taktische Vorgehensweisen beraten wurde.

Dass sich zwischen Bonn und Oslo ein besonderer Dialog in der Beitrittsfrage entwickelte, hing nicht vorrangig mit einem besonderen deutschen Interesse an der Mitgliedschaft Norwegens zusammen. Vielmehr ergab sich die deutsche Unterstützung, weil Norwegen sie aufgrund seiner Sonderforderungen von allen Kandidaten am dringlichsten benötigte. Das übergeordnete Interesse Bonns galt dem Erfolg der Verhandlungen, für das zunächst eine Lösung des britischen Falls notwendig war. Dieser bedufte indes einer britisch-französischen Lösung, an der die Bundesrepublik nur im Hintergrund mitwirkte. Die Verhandlungen Dänemarks und Irlands waren im Vergleich zu den norwegischen problemlos und bedurften nur begrenzt der deutschen Unterstützung.

Sowohl Zeitgenossen als auch Historiker haben die Entwicklung eines vertrauensvollen Dialogs zwischen der Bundesrepublik und Norwegen in der Beitrittsfrage an dem persönlichen Einfluss Willy Brandts festgemacht. Diese Einschätzung der hervorragenden Bedeutung Brandts, die bislang nur auf den einschlägigen Passagen seiner Memoiren, den Erinnerungen anderer Akteure sowie den Passagen einiger seiner Reden gründete, konnte mit der vorliegenden historisch-empirischen Untersuchung bestätigt werden. Allerdings macht selbst das Wirken einer so bedeutenden Persönlichkeit wie Willy Brandt nur einen kleinen Teil des Gesamtkomplexes internationaler Beziehungen aus. Ein wichtiges Anliegen der Arbeit war es daher, das Engagement Brandts mit den Motiven und Handlungsspielräumen anderer beteiligter und interessierter Akteure in Verbindung zu setzen.

Internationale Beziehungen werden auf unterschiedlichen Ebenen, und unter Beteiligung einer Vielzahl von staatlichen und nicht-staatlichen, nationalen und internationalen bzw. supranationalen Akteuren vollzogen. Als die zwei wichtigsten Gruppen der deutsch-norwegischen Annäherung und der bilateralen Kooperation in der Erweiterungsfrage sind die mit außen- und europapolitischen Fragen befassten Führungseliten der sozialdemokratischen Parteien Deutschlands und Norwegens sowie die mit europapolitischen Fragen befassten Beamten beider Länder besonders betrachtet worden.

Die sozialdemokratischen Parteien Deutschlands und Norwegens stellten traditionell das wichtigste politische Bindeglied zwischen beiden Länder dar und seit Beginn der 1960er Jahre gehörten sie auch zu den Befürwortern der europäischen Integration. Auf norwegischer Seite war es eine kleine, aber einflussreiche Gruppe der Parteiführung, die europapolitisch eine Vorreiterfunktion wahrnahm, wobei es sich vielfach um die gleichen Persönlichkeiten handelte, die sich auch intensiv um einen Austausch mit deutschen Parteifreuden bemühten. Auf deutscher Seite war die Gruppe jener, die sich an einflussreicher Stelle für die Beziehungen zu Norwegen und die norwegischen Sonderprobleme in den Beitrittsverhandlungen interessierten, wesentlich kleiner. Dafür war aber die Bereitschaft, das Engagement Brandts zugunsten der skandinavischen Beitritts- und Assoziierungsgesuche grundsätzlich zu unterstützen, in der Partei sowie allgemein in Politik, Diplomatie und Öffentlichkeit unumstritten.

Aufgrund des größtenteils sehr technischen Charakters der Beitrittssondierungen und -verhandlungen trugen die Europaexperten der nationalen Ministerialverwaltungen und die Beamten der europäischen Institutionen die Hauptverantwortung für deren Durchführung. Auf norwegischer Seite zählten die Europaexperten darüber hinaus zu den wichtigsten Antriebskräften der Anträge auf Mitgliedschaft und des erfolgreichen Abschlusses der Verhandlungen. Die Unterstützung deutscher und europäischer Bürokraten richtete sich zunächst allgemein auf den Erfolg der Beitrittsverhandlungen und nicht speziell auf die Beziehungen zu einem der kleineren Kandidaten. Tatsächlich hatten deutsche Beamte in Bonn und Brüssel und auch die zuständigen Bundesminister nur wenig Verständnis für Norwegens Sonderforderungen im Bereich der Landwirtschaft und Fischerei, weil diese den Abschluss der Verhandlungen entschieden erschwerten. Ohne das Engagement Willy Brandts wäre die deutsche Bereitschaft zur Unterstützung Norwegen daher mit Sicherheit weniger eindeutig ausgefallen. Auch norwegische Diplomaten und Experten sahen die bilaterale deutsch-norwegische Dimension wohl eher pragmatisch, d.h. sie erkannten, dass in der Bundesrepublik das Wohlwollen für die norwegischen Positionen am größten war und suchten dies auszunutzen. Sowohl deutsche als auch norwegische Europa-Experten waren sich aber offensichtlich der Bedeutung bewusst, die von Seiten der jeweiligen politischen Führung dem Erfolg der norwegischen Beitrittsverhandlungen beigemessen wurde, und beide nutzten die Möglichkeit des bevorzugten bilateralen Dialogs, die sich durch die freundschaftlichen Beziehungen auf höchster politischer Ebene eröffnete.

Ungeachtet ihrer zentralen Bedeutung für den deutsch-norwegischen Dialog in den Erweiterungsverhandlungen müssen die oben genannten Akteursgruppen als Teil einer größeren Gruppe betrachtet werden, die in dieser Arbeit als transnationale Elite bezeichnet wurde. Charakteristisch für diese Elite ist, dass sie sich aus Gruppen unterschiedlicher Nationalität zusammensetzt, die im Rahmen unterschiedlicher institutioneller Anbindungen und aus unterschiedlichen Motiven heraus agierten. Der gemeinsame Nenner dieser Elite war einerseits ein »europäisches Bewusstsein«, definiert als Akzeptanz der Notwendigkeit, gemeinschaftlich vorzugehen und dazu auch gewisse Souveränitätsrechte abzugeben, und andererseits die Überzeugung, dass die Erweiterung bzw. der Beitritt im Interesse der Gemeinschaft und ihrer Mitgliedstaaten sein würde. Auf deutscher Seite zählten Politiker aller Bundestagsfraktionen sowie einzelne Landespolitiker, besonders aus den nördlichen Bundesländern, zu dieser Elite. Auf norwegischer Seite gehörten seit Beginn der 1960er Jahre ebenfalls Politiker aller Parteien außer den Zentrumspolitikern und den Linkssozialisten dazu. Hinzu kamen auf beiden Seiten so unterschiedliche Gruppen wie die Führung der norwegischen und der deutschen Gewerkschaften und die Industrie- und Handelsverbände beider Länder, die sich gemeinsam im Lager der Befürworter wiederfanden.

Zwischen den einzelnen Gruppen dieser pro-europäisch eingestellten und überparteilich zusammengesetzten Elite lassen sich zahlreiche Querverbindungen auf nationaler und internationaler Ebene feststellen. So waren norwegische Politiker über die transnationale Parteienkooperation mit ihren europäischen Schwesterparteien verbunden. Zwar waren die Kooperationsstrukturen auf europäischer Ebene noch nicht so ausgeprägt wie sie es auf nordischer Ebene oder, wie im Falle der Sozialistischen Internationale, auf internationaler Ebene waren; die Möglichkeiten zum gegenseitigen Austausch und damit zur wechselseitigen Beeinflussung von Haltungen bestanden aber durchaus. Zudem wurde die multilaterale Kooperation auch in weniger formellen Foren wie den Harpsund-Treffen gepflegt. Und natürlich spielte die bilaterale Parteidiplomatie nach wie vor eine wichtige Rolle für den Austausch mit den Schwesterparteien. Von der Führung der norwegischen Arbeiterpartei wurde der bilaterale Austausch mit der Bundesrepublik aktiv und mit explizit europapolitischer Intention betrieben. Zum einen mit dem Ziel sich selbst über die Möglichkeiten der Durchsetzung sozialdemokratischer Politik in der europäischen Gemeinschaft zu informieren, zum anderen um die eigene Parteibasis mit europäischen Fragestellungen bekannt zu machen. Auf deutscher Seite wurde der Wunsch nach parteipolitischen Kontakten erwidert, weil die skandinavischen Sozial- und Demokratiemodelle von Interesse waren und weil man sich von dem Beitritt Norwegens, Dänemarks und möglichst auch Schwedens eine Stärkung der europäischen Sozialdemokratie versprach.

Deutsche und norwegische Diplomaten, Ministerialbeamte und Regierungsmitglieder waren ebenfalls international vernetzt – durch die wachsende Zahl internationaler Konferenzen und Sitzungen sowie durch zahlreiche bilaterale Konsultationen und informelle Zusammenkünfte. Im Zuge der zunehmenden Verflechtung der nationalen mit der europäischen Ebene kann bei Beamten, die sich über einen längeren Zeitraum mit europapolitischen Fragen auseinandersetzen, eine gewisse europäische Sozialisierung angenommen werden, d.h. ein zunehmend ausgeprägtes Verständnis für die Notwendigkeit der gemeinschaftlichen Kompromissfindung. Auch norwegische Beamte mit europäischer Spezialisierung blieben von diesem Phänomen nicht unberührt. Die besondere Situation der Mitgliedschaftsverhandlungen einschließlich ihrer Vorbereitungen schuf eine besondere Form der Verflechtung für die beteiligten Politiker und Beamten aus Norwegen. Denn anders als in gewöhnlichen Verhandlungen und Konsultationen mit der EG wurden die Unterhändler der Kandidaten nun als künftige Kollegen betrachtet, mit dem Ergebnis, dass ihr Gemeinschaftsbewusstsein gestärkt wurde.

Eine andere Form der Vernetzung fand in der Europabewegung statt, die ihrerseits Teil eines transnationalen Netzwerkes ist. In Norwegen fanden sich in diesem Forum europapolitisch bekennende Spitzenpolitiker aller Parteien sowie Diplomaten, hohe Beamte, Wirtschaftsvertreter und Journalisten zusammen, darunter die aktuellen und ehemaligen Außenminister. Ähnliche Vernetzungen gab es auch in der Bundesrepublik, wo Sozialdemokraten, Liberale und Konservative gemeinsam an dem von Jean Monnet organisierten Aktionskomitee für die Vereinigten Staaten von Europa teilnahmen. Eine Einbeziehung norwegischer Politiker in dieses Forum, das gewissermaßen den ideologischen Kern der transnationalen Europa-Elite darstellt, wurde durch das Scheitern des Beitritts verhindert. Die Bedeutung dieser Vernetzung für das deutsch-norwegische Verhältnis und für den Umgang mit Norwegens Beitrittsgesuch lag vor allem in der wechselseitigen Beeinflussung von Haltungen, die sich im Rahmen der vielfältigen Kontakte ergab.

In der Existenz eines Netzwerks von Politikern und Beamten, die sich gegenseitig des politischen Willens versicherten, den Beitritt zu vollziehen, liegt auch die Antwort auf die Frage, warum die Verhandlungen zwischen der EG und Norwegen trotz der existierenden und der absehbaren Schwierigkeiten aufgenommen und zu Ende geführt wurden. Denn obgleich weder die innenpolitischen Schwierigkeiten des norwegischen Beitrittsprojektes noch die innergemeinschaftlichen Differenzen in der Erweiterungsfrage von den Beteiligten unter den Tisch gekehrt wurden – sie wurden, im Gegenteil, zur Entschuldigung bzw. der Erklärung der eigenen Verhandlungsführung hervorgehoben – so überwog doch innerhalb der Elite das Bemühen, sich gegenseitig des Vertrauens auf den voraussichtlichen Erfolg der Verhandlungen und des Ratifizierungsverfahrens zu versichern.

Die Hervorhebung der Gemeinsamkeiten innerhalb der transnational und überparteilich zusammengesetzten Elite, die sich in Deutschland und Norwegen für den erfolgreichen Abschluss der Erweiterungsverhandlungen einsetzte, darf nicht darüber hinwegtäuschen, dass es zwischen den einzelnen Gruppen dieser Elite bei gleicher Zielrichtung durchaus zu Problemen, Missverständnissen und Irritationen kam. Unstimmigkeiten konnten sich auf bilateraler oder europäischer Ebene ergeben, etwa wenn deutsche Regierungsvertreter, darunter auch Brandt, bei ihren Partnern für Norwegens Anliegen in den Landwirtschafts- und Fischereiverhandlungen warben, dabei aber regionalpolitische Lösungen befürworteten, die die Regierung in Oslo in ihrem Bemühen, eine Ausnahme des gesamten Landes durchzusetzen, gerade umgehen wollte. Deutsche und europäische Diplomaten und Politiker konnten ihrerseits darüber verzweifeln, dass sich auf norwegischer Seite selbst beitrittsfreundliche Verhandlungspartner mit Blick auf die innenpolitischen Realitäten so unflexibel gaben, dass an dem Beitrittswillen ihrer Regierung gezweifelt werden konnte.

Aber auch auf nationaler Ebene war die Kooperation der europäisch eingestellten Akteure nicht leicht. So war es für die norwegische Arbeiterpartei äußerst problematisch, das Lager der Befürworter mit den Konservativen und den sie unterstützenden Arbeitgebern der Industrie und des Handels zu teilen, weil es dadurch ungleich schwerer wurde, die eigene Basis zu überzeugen. Hier lag ein wichtiger Grund für den Misserfolg der Ja-Kampagne, die im Wesentlichen von der Regierung und von der Arbeiterpartei alleine geführt wurde. Die Zusammenarbeit mit den gleichgesinnten Konservativen fand nur im Rahmen der Europabewegung statt oder wurde auf informelle Netzwerke beschränkt.

Auf deutscher Seite ergaben sich interne Unstimmigkeiten in erster Linie aus Kompetenzstreitigkeiten zwischen den Ressorts, die aber für den Verhandlungsverlauf unbedeutend waren. Dagegen wurde die deutsche Haltung zum norwegischen Beitritt dadurch beeinflusst, dass die Fachressorts eine eigenständige Rolle in den Verhandlungen spielten und dass sich auf der Arbeitsebene offensichtlich erst sehr spät im Verhandlungsprozess das Bewusstsein für die Notwendigkeit einer politischen Lösung der norwegischen Landwirtschafts- und Fischereiverhandlungen durchsetzte, auf das von Seiten des Bundeskanzleramts und der deutschen Botschaft in Oslo schon früher gedrängt wurde. Ideologische Differenzen spielten vor dem Hintergrund des parteiübergreifenden Konsenses in der Erweiterungsfrage kaum eine Rolle. Der Initiative ihrer norwegischen Genossen, mit einem gemeinsamen »sozialistischen Europaprogramm« das sozialdemokratische Profil in der EG zu stärken, um innerparteiliche Kritiker zu überzeugen, stand die SPD aber skeptisch gegenüber, weil sie befürchtete, innenpolitisch auf dem Gebiet der Westpolitik angreifbar zu werden.

Die Schlüsselstellung Brandts und die Wirkung
seines Engagements in der Beitrittsfrage

Willy Brandt war zugleich das passive und das aktive Zentrum der oben beschriebenen transnationalen Elite. Wie auch in anderen Ländern Westeuropas galt er in Norwegen als das Symbol des »anderen« Deutschland, als jemand, der nicht nur Widerstand gegen das Nazi-Regime geleistet hatte, sondern der nun auch die deutsche Politik den Gegebenheiten der Nachkriegszeit anzupassen bereit war, und gerade in Norwegen und in den anderen skandinavischen Ländern verstand man darunter ausdrücklich auch die Entspannung der Beziehungen mit dem Ostblock.

Aufgrund seines politischen Werdegangs, aber auch aufgrund der politischen Konzepte, für die er eintrat, brachte Brandt besondere Voraussetzungen dafür mit, einen Durchbruch in den politischen Beziehungen zu Norwegen herbeizuführen. Seine Wahl zum Bundeskanzler bestärkte das Vertrauen in die Demokratiefähigkeit der Bundesrepublik, an der man in Norwegen lange Zeit gezweifelt hatte. Dass sich Brandt mit seinen entspannungspolitischen Konzepten durchsetzen konnte, bereitete den Weg für eine zunehmende Angleichung deutscher und norwegischer Positionen und entfernte letzte Zweifel am Friedenswillen Deutschlands. Die zahlreichen Kontakte Brandts zur politischen, vornehmlich sozialdemokratischen Elite Norwegens, die er in den Jahren nach seiner Exilzeit weiter pflegte, stellten den Kern jenes Netzwerkes dar, das sich aktiv um die deutsch-norwegische Annäherung bemühte.

Die gleichen Voraussetzungen ermöglichten es Brandt auch, sich in der Beitrittsfrage zu engagieren. Sein Einsatz für die Kandidaten wurde sowohl von diesen selbst als auch von den Mitgliedstaaten als legitim empfunden. Dies lag auch daran, dass sich Brandt einerseits als überzeugter Europäer und Befürworter der politischen Einigung gab, sich andererseits aber nicht scheute, die Irrwege der supranationalen Integration und ihrer technokratischen Auswüchse zu kritisieren und das Entstehen eines europäischen Superstaats in Frage zu stellen, womit er den »widerstrebenden Europäern« aus dem Herzen sprach. Welche europapolitische Vision hinter Brandts europapolitischem Handeln stand, inwieweit sein Engagement für die Erweiterung stärker durch ideologische Motive, d.h. die Stärkung der Sozialdemokratie in Europa, geprägt war oder primär durch die Interessen der Bundesrepublik und der Gemeinschaft, muss weitgehend Spekulation bleiben und war im Zusammenhang dieser Arbeit auch nicht weiter relevant. Vielmehr ging es um die Frage, inwieweit Brandt sein Engagement für die Erweiterung im Allgemeinen und für den Beitritt Norwegens im Speziellen in die Verhandlungen einbringen konnte und welche konkreten Ergebnisse sein Einsatz für den Fall Norwegens bewirkte.

Als Außenminister und als Regierungschef der Bundesrepublik Deutschland war Brandt an zentraler Stelle in den Erweiterungsprozess involviert. Diese Position nutzte er, um innerhalb seiner Regierung die politische Bedeutung der Einbindung der nordischen Länder in die Gemeinschaft hervorzuheben und um sich im Gespräch mit seinen europäischen Amtskollegen für die Belange Norwegens und seiner skandinavischen Nachbarn einzusetzen. Der oben zitierte britische Diplomat O'Neill hat die Bedeutung des Brandt'schen Einsatzes für die Verhandlungen am Beispiel der Fischereiproblematik treffend zusammengefasst: Sie lasse sich nicht genau beziffern, habe aber dazu geführt, dass Norwegens Status als *special case* von allen Beteiligten akzeptiert wurde.

Die vorliegende Untersuchung hat aber auch gezeigt, dass Brandts Einsatz für den Beitritt Norwegens Grenzen gesetzt waren. So agierte er bei allem Engagement stets vorsichtig, innenpolitische Meinungsverschiedenheiten und regierungsinterne Kompetenzansprüche ebenso abwägend wie die vielfältigen und häufig widerstreitenden Interessen unter den EG-Partnern. Mit dieser bisweilen für die Partner unklaren Haltung fügte sich Brandt in das taktische Konzept der bundesdeutschen Europapolitik ein. Dieses Konzept war in der Erweiterungsfrage, wie auch in anderen Fragen, von dem doppelten Ziel geprägt, deutsche und europäische Interessen durch den Erfolg der Verhandlungen sicherzustellen, nicht aber auf Kosten einer europapolitischen Isolation oder gar eines deutsch-französischen Zerwürfnisses. Alleingänge und unilateraler Druck verboten sich vor diesem Hintergrund ebenso wie gegen Frankreich gerichtete Allianzen.

Des Weiteren wurde Brandts Engagement in der Beitrittsfrage dadurch eingeschränkt, dass die Erweiterungsproblematik deutlich im Schatten anderer außenpolitischer Probleme stand, die seine Aufmerksamkeit absorbierten; allen voran die Ost- und Deutschlandpolitik. In der Europapolitik war die Beitrittsproblematik nur bis Ende 1969 das dominierende Thema. Im Anschluss an den Gipfel von Den Haag, der in Brandts Beraterkreis als entscheidender politischer Durchbruch in der Erweiterungsfrage angesehen wurde, erhielt diese Problemstellung deutlich weniger Priorität. Das Projekt der Wirtschafts- und Währungsunion und das der politischen Zusammenarbeit rückten in den Vordergrund. Den Schwierigkeiten, die sich bald in den norwegischen Beitrittsverhandlungen ergaben, konnte sich Brandt somit nur ad hoc widmen. Dass er es tat und damit wiederholt die Aufmerksamkeit seiner Regierung und der EG-Partner, insbesondere Pompidous, auf die norwegischen Probleme und die vermeintlichen (sicherheits-)politischen Folgen eines norwegischen Nicht-Beitritts lenkte, spricht für die Bedeutung, die er persönlich diesem Thema beimaß und die er auf seinen außenpolitischen Mitarbeiter- und Beraterstab übertrug, der ihn im Notfall – z.B. in einer der zahlreichen Verhandlungskrisen – alarmierte. Wenngleich auch Brandt das Scheitern des Beitritts nicht verhindern konnte, so trug sein Einsatz doch dazu bei, Norwegen und in dessen Kielwasser auch den anderen Kandidaten ein weitaus besseres Verhandlungsergebnis zu verschaffen als es die Gemeinschaft ursprünglich vorgesehen hatte. Dass sich durch den Einfluss Brandts die europäische Anbindung Norwegens als politische Priorität in der Bundesregierung durchgesetzt hatte, zeigte sich in den Freihandelsverhandlungen, als Bonn weiterhin zu den wichtigsten Stützen Oslos zählte, obwohl sich der Bundeskanzler nun kaum noch persönlich in den Verhandlungsverlauf einschaltete.

Einen gewissen Einfluss konnte Brandt dank seines Charismas und seines Prestiges auch als Vermittler europapolitischer Ziele gegenüber der norwegischen Öffentlichkeit bzw. gegenüber den beitrittsskeptischen Teilen der politischen und wirtschaftlichen Elite des Landes geltend machen, eine Rolle, zu der er ausdrücklich und wiederholt von norwegischer Seite aufgefordert wurde. Allerdings nahm Brandt diese Rolle in

Kenntnis der innenpolitischen Differenzen in Norwegen über den Beitritt von Beginn an nur mit Vorbehalt wahr und wurde dennoch doppelt enttäuscht. Einerseits weil er sich den (allerdings nicht besonders heftig vorgetragenen) Vorwurf der Einmischung gefallen lassen musste, andererseits weil sein Werben keinen Erfolg hatte und der Beitritt abgelehnt wurde.

Die Ära Brandt als Schlüsselphase der deutsch-norwegischen Annäherung in der Nachkriegszeit

Die Bedeutung der Ära Brandt für die bilateralen und europapolitischen Beziehungen wird umso deutlicher, wenn sie in den Gesamtzusammenhang der Entwicklung des deutsch-norwegischen Verhältnisses in der Nachkriegsgeschichte eingeordnet wird. Verglichen mit den angespannten Beziehungen der ersten beiden Nachkriegsjahrzehnte, für die deutsche und norwegische Historiker bewusst Bezeichnungen wie »Schwierige Partnerschaft« (Levsen), »Das deutsche Problem« (Jølstad) oder »Misstrauische Freundschaft« (Frøland)[4] gewählt haben, stellt sich die »Ära Brandt« als Phase des Durchbruchs im politischen Annäherungsprozess dar. Dieser Befund wird auch dadurch nicht in Frage gestellt, dass die ersten gegenseitigen Besuche auf der Ebene der Regierungschefs unmittelbar vor Amtsantritt Brandts stattfanden oder dass sich die Bundesrepublik bereits in der ersten Hälfte der 1960er Jahre als Treuhänder skandinavischer Interessen in Europa verstand. Während der Regierungszeit Brandts wurden nicht nur die zuvor von wirtschaftlichen und sicherheitspolitischen Interessen geprägten Beziehungen um eine politische Komponente bereichert und um zahlreiche Dissonanzen verringert, mit den Staatsbesuchen von Gustav Heinemann 1970 in Norwegen und König Olav 1973 in Deutschland sowie mit der Verleihung des Friedensnobelpreises an Brandt 1971 erlebten sie auch symbolisch ihre vorläufigen Höhepunkte.

Dass sich die deutsch-norwegischen Beziehungen in den folgenden Jahren weiter ausbauen ließen und dass sich dabei auch über Parteigrenzen hinweg enge Beziehungen zwischen den politischen Führungseliten entwickelten, unterstreicht ebenfalls die Schlüsselstellung der Ära Brandt für die Entwicklung des bilateralen Verhältnisses in der Nachkriegszeit und die Sonderstellung Brandts als individueller Akteur.

---

4   *Levsen* 1993, *Jølstad, Anders*: Det tyske problem (Forsvarsstudier, 5), Oslo 1995; *Frøland* 2001 [b].

Denn die Weiterführung der engen Beziehungen auf höchster politischer Ebene, denen sich in den folgenden Jahren auch die konservativen Regierungen beider Länder verpflichtet fühlten, zeigt, dass die besondere Verantwortung für periphere europäische Kleinstaaten wie Norwegen seit der Ära Brandt zu einem Bestandteil deutscher Außenpolitik geworden war und dass man in Norwegen freundschaftliche Kontakte nach Bonn als selbstverständlich ansah. Das energische Eintreten Bundeskanzler Kohls und seiner Außenminister Genscher und Kinkel für Norwegens europäische Bindungen in den späten 1980er Jahren und in Verbindung mit den erneuten Mitgliedschaftsverhandlungen Anfang der 1990er Jahre unterstreicht zudem, dass auch der Wunsch nach einer festen Einbindung der europäischen Kleinstaaten in die Europäischen Gemeinschaften zu den übergeordneten, d.h. parteiübergreifend akzeptierten Konstanten (allerdings nach wie vor nicht zu den Prioritäten) deutscher Außenpolitik gehörte.

Willy Brandts persönlichem Einsatz ist zuzuschreiben, dass Norwegens europäische Probleme in Bonn weit mehr politische Beachtung fanden und auf weit mehr Verständnis stießen, als dies unter normalen Umständen für einen peripheren, noch dazu euroskeptisch eingestellten Kleinstaat der Fall gewesen wäre. Ihm ist aber vor allem zuzuschreiben, dass die Bundesrepublik in Norwegen seit den 1960er Jahren nicht nur als ein unvermeidlicher, sondern als ein bevorzugter Ansprechpartner Norwegens in Europa gilt. Die von der norwegischen Regierung 1999 ins Leben gerufene *Deutschland-Strategie* hat diesen Sonderstatus der Bundesrepublik für die Europabeziehungen Norwegens unterstrichen und nicht zufällig wurde als Teil der Strategie eine Stiftung zur Förderung der bilateralen Beziehungen ins Leben gerufen, die den Namen Brandts trägt. Es bleibt zu konstatieren, dass die europapolitische Dimension der deutsch-norwegischen Beziehungen, d.h. das Bewusstsein für die Bedeutung Deutschlands für Norwegens europäische Verbindungen, weiterhin nur auf der Elitenebene existiert und auch nur dort wahrgenommen wird. Dies hängt wohl einerseits mit der weiterhin überwiegend skeptischen Haltung der norwegischen Bevölkerung gegenüber dem Projekt der europäischen Integration zusammen und andererseits mit dem geringen Interesse, das in Deutschland jenseits der politischen und wirtschaftlichen Elite an Norwegens Verhältnis zur Europäischen Union besteht.

Anhang

Abkürzungen

AAB	Arbeiderbevegelsens Arkiv og Bibliotek (Oslo)
AAPD	Akten zur Auswärtigen Politik der Bundesrepublik Deutschland
AdsD	Archiv der sozialen Demokratie
AfS	Archiv für Sozialgeschichte
AStV	Ausschuss der ständigen Vertreter (siehe auch: COREPER)
AUF	Arbeidernes Ungdomsfylke (Jugendorganisation der norwegischen Arbeiterpartei)
BArch	Bundesarchiv
BDI	Bundesverband der Deutschen Industrie
BK	Bundeskanzleramt/Bundeskanzler
BM	Bundesminister
BML	Bundesministerium für Ernährung, Landwirtschaft und Forsten
BMWF	Bundesministerium für Wirtschaft und Finanzen (ab 1971)
BMWi	Bundesministerium für Wirtschaft
CEE	Communautée Économique Européenne (Europäische Wirtschaftsgemeinschaft)
COREPER	Comitée des représentents permanents (Ausschuss der ständigen Vertreter)
Dep.	Depositum
DNA	Det norske Arbeiderparti (Norwegische Arbeiterpartei)
EAG	Europäische Atomgemeinschaft (Euratom)
EAGFL	Europäischer Ausrichtungs- und Garantiefonds für die Landwirtschaft (frz.: Fonds européen d'orientation et de garantie agricole, FEOGA)
EEC	European Economic Community (siehe EWG)
EF	Europeisk Fellesskap (Europäische Gemeinschaft)
EFTA	European Free Trade Association (Europäische Freihandelsassoziation)
EG	Europäische Gemeinschaft
EGKS	Europäische Gemeinschaft für Kohle und Stahl
ENA	European Navigator
EUI	European University Institute
EWG	Europäische Wirtschaftsgemeinschaft
FAZ	Frankfurter Allgemeine Zeitung
F-del.	Forhandlingsdelegasjonen (Verhandlungsdelegation)
FR	Frankfurter Rundschau
F-sekr.	Forhandlingssekretariatet (Verhandlungssekretariat)
GG	Geschichte und Gesellschaft
HAEU	Historical Archives of the European Union (Florenz)
HD	Handelsdepartementet (norwegisches Handels- und Seefahrtsministerium)

H.pol.avd.	Handelspolitisk avdeling (Handelspolitische Abteilung im norwegischen Außenministerium)
H.pol.ktr.	Handelspolitisk kontor (Handelspolitisches Büro im norwegischen Außenministerium)
IMAG	Interministerielle Arbeitsgruppe
JEIH	Journal of European Integration History
Notat	Norwegisch für Aufzeichnung
NUPH	Norsk utenrikspolitikks historie (Geschichte der norwegischen Außenpolitik)
NZZ	Neue Zürcher Zeitung
OECD	Organisation for Economic Cooperation and Development
OEEC	Organisation for European Economic Cooperation
PA AA	Politisches Archiv des Auswärtigen Amts (Berlin)
Pol.ktr.	Politisk kontor
PStS	Parlamentarischer Staatssekretär
RA	Riksarkivet (Oslo)
Ref.	Referat (norwegisch für Gesprächsprotokoll)
regj. konf.	Regjeringskonferanser (Kabinettsprotokolle)
RIØS	Rådet for internsjonalt økonomisk samarbeid (Rat für internationale wirtschaftliche Zusammenarbeit)
SJH	Scandinavian Journal of History
SM	Seemeilen
SMK	Statsministerens Kontor (Staatskanzlei, Amt des norwegischen Regierungschefs)
SPS	Scandinavian Political Studies
StS	Staatssekretär
SUUKK	Stortingets utvidede utenriks- og konstitusjonskomité (Auswärtiger Ausschuss des norwegischen Parlaments)
SZ	Süddeutsche Zeitung
UD	Utenriksdepartementet (norwegisches Außenministerium)
UK	United Kingdom (Vereinigtes Königreich)
UNCLOS	United Nations Conference on the Law of the Sea (UN-Seerechtskonferenz)
UNICE	Union des Confédérations de l'Industrie et des Employeurs d'Europe (Vereinigung der europäischen Industrie- und Arbeitgeberverbände)
VfZ	Vierteljahrshefte für Zeitgeschichte
WBA	Willy-Brandt-Archiv im Archiv der sozialen Demokratie (AdsD)

Quellen- und Literaturverzeichnis

Archivalische Quellen

Bundesarchiv (BArch)
Bestand B 102 (BMWi; Staatssekretärsausschuss für Europafragen)
Bestand B 136 (Bundeskanzleramt)

Politisches Archiv des Auswärtigen Amts (PA AA)
Bestand B 1 (Ministerbüro)
Bestand B 20 (Referat IA2, EWG, Euratom EGKS)
Bestand B 31 (Referat IA5 Norwegen)
Bestand B 60 (Referat IIIA5, Wirtschaftsbeziehungen zum Westen)

Willy-Brandt-Archiv (WBA) im Archiv der sozialen Demokratie (AdsD) der Friedrich-Ebert-Stiftung, Bonn
Bestand A7 (Außenminister und Vizekanzler, 1966-1969)
Bestand A8 (Bundeskanzler und Bundesregierung, 1969-1974)
Bestand A11.3 (Präsidium, Bundesminister, 1964-1986)

Archiv der sozialen Demokratie (AdsD) der Friedrich-Ebert-Stiftung, Bonn
Depositum Katharina Focke [Bestände: Parlamentarische Staatssekretärin; Korrespondenz; Publizistik]

Utenriksdepartementets arkiv (UD), Oslo
Bestand 25.4/113 Tyskland; politikk
Bestand 34.4/113 Tyskland-Norge; politikk
Bestand 44.36/6.84 Norge. Forholdet til CEE
Bestand 44.37/2

Riksarkivet (RA), Oslo
Bestand Regjeringsprotokolle 1965-1971

Stortingets Arkiv, Stortingets utvidede utenriks- og konstitusjonskomité (SUUKK), Oslo
Bestand Sitzungsprotokolle 1966-1970

Arbeiderbevegelsens Arkiv og Bibliotek (AAB), Oslo
Bestand DNA's Arkiv: Da. Saksarkiv (u.a. Internsjonalt utvalg; EEC; Sentralstyremøter; Internasjonalen; Internasjonalt korrespondanse 1965-1974)
Bestand Personarkiv (ARK-1541 Ronald Bye; ARK-1554 Trygve Bratteli)
Bestand DNA's Stortingsgruppe

Editionen, zeitgenössische Dokumente, Erinnerungen

Association Georges Pompidou (Hrsg.): Georges Pompidou et l'Europe, Paris 1995.
Auswärtiges Amt (Hrsg.): Die Auswärtige Politik der Bundesrepublik Deutschland, Köln 1972.
Bahr, Egon: Zu meiner Zeit, München 1996.
Balken, Richard: Botschafter des neuen Deutschland, in: 40 Jahre deutsch-norwegische Beziehungen 1949-1989, Hrsg. von der Deutsch-Norwegischen Gesellschaft, Oslo 1989, S. 138-146.
Boegner, Jean-Marc: Le Marché Commun de six à neuf, Paris, 2. Aufl., 1976.
Brandt, Willy: Außenpolitik – Deutschlandpolitik – Europapolitik. Grundsätzliche Erklärungen während des 1. Jahres im Auswärtigen Amt, Berlin 1968.
Brandt, Willy: Bundeskanzler Brandt. Reden und Interviews, Bd. 1, Hamburg 1971.
Brandt, Willy: Bundeskanzler Brandt. Reden und Interviews, hrsg. vom Presse- und Informationsamt der Bundesregierung, Bd. 2, Bonn 1973.
Brandt, Willy: Begegnungen und Einsichten: Die Jahre 1960-1975, Hamburg 1976.
Brandt, Willy: Erinnerungen, Frankfurt/Main 1989 [a].
Brandt, Willy: 40 Jahre deutsch-norwegische Beziehungen, in: 40 Jahre deutsch-norwegische Beziehungen 1949-1989, hrsg. von der Deutsch-Norwegischen Gesellschaft, Oslo 1989 [b], S. 18-30.
Brandt, Willy: Die Spiegel-Gespräche, hrsg. von Böhme, Erich/Wirtgen, Klaus, Reinbek bei Hamburg 1995.
Brandt, Willy: Berliner Ausgabe, Bd. 1: Hitler ist nicht Deutschland. Jugend in Lübeck – Exil in Norwegen: 1928-1940, bearbeitet von Einhart Lorenz, Bonn 2002.
Brandt, Willy: Berliner Ausgabe, Bd. 2: Zwei Vaterländer. Deutsch-Norweger im schwedischen Exil – Rückkehr nach Deutschland: 1940-1947, bearbeitet von Einhart Lorenz, Bonn 2000.
Brandt, Willy: Berliner Ausgabe, Bd. 6: Ein Volk der guten Nachbarn – Außen- und Deutschlandpolitik 1966-1974, bearbeitet von Frank Fischer, Bonn 2005.
Bye, Ronald: Sersjanten: makt og miljø på Youngstorget, Oslo 1987.
Deutsche Auslandsgesellschaft (Hrsg.): Unsere kulturellen Beziehungen zu Nordeuropa (1969), Lübeck 1970.
Engstad, Paul: Statsman i storm og stille. Trygve Bratteli 1965-1984, Oslo 1987.
Europa Archiv. Zeitschrift für internationale Politik, Bonn 1966-1973.
Frydenlund, Knut: Lille land – hva nå? Refleksjoner om Norges utenrikspolitiske situasjon, Oslo 1982.
Godal, Bjørn-Tore: Utsikter, Store lille Norge i en ny verden, Oslo 2003.
Instilling om Den sentrale forvaltnings organisasjon (»Modalsli-Bericht«), Oslo 1970.
Institut für Zeitgeschichte (Hrsg.): Akten zur Auswärtigen Politik der Bundesrepublik Deutschland (AAPD), 1963-1973, München 1993 ff.
Kleppe, Per: Kleppepakke. Meninger og minner fra et politisk liv, Oslo 2003.

Kommission der Europäischen Gemeinschaften (EG-Kommission): Gesamtberichte über die Tätigkeiten der Europäischen Gemeinschaften, 1967-1973, Brüssel/Luxemburg 1968 ff.

Kgl. Norwegisches Außenministerium (Hrsg.): Die Deutschland-Strategie der Norwegischen Regierung, Oslo 1999 [aktualisierte Ausgabe Oslo 2007].

Krag, Jens-Otto: Dagbog 1971-72, Kopenhagen 1974.

Lahr, Rolf: Zeuge von Fall und Aufstieg. Private Briefe 1934-1974, Hamburg 1981.

Lie, Haakon: …slik jeg ser det, Oslo 1975.

Lyng, John: Mellom øst og vest: erindringer 1965-1968, Oslo 1976.

Lyng, John: Fra borgfred til blåmandag. Erindringer 1968-1971, Oslo 1978.

Mitchell, Brian R.: European Historical Statistics 1750-1975, London, 2nd rev. ed, 1981.

O'Neill, Sir Con: Britain's Entry into the European Community, hrsg. von Sir David Hannay, London 2000.

Osterheld, Horst: Außenpolitik unter Bundeskanzler Ludwig Erhard 1963-1966: Ein dokumentarischer Bericht aus dem Kanzleramt, Düsseldorf 1992.

Presse- und Informationsamt der Bundesregierung (Hrsg.): Was hält die Welt von Willy Brandt. Aussagen internationaler Publizisten des In- und Auslandes, Hamburg 1972.

Ritzel, Gerhard: Soweit ich mich erinnere…, Michelstadt 1998.

Sommerfelt, Søren Christian: Sendemann, Oslo 1997.

Statistisk Sentralbyrå (Hrsg.): Historisk statistikk/Historical statistics 1994, Oslo 1995.

Steen, Reiulf: Der hjertet banker, Oslo 1986.

Stoltenberg, Thorvald: Det handler om mennesker, Oslo 2001.

Stortingsmelding 15, 1961-62, Om Det Europeiske Økonomiske Fellesskap og de europeiske markedsproblemer.

Stortingsmelding 67, 1961-62, Om Det Europeiske Økonomiske Fellesskap og de europeiske samarbeidsbestrebelser.

Stortingsmelding 86, 1966-67, Om Norges Forhold til de Europeiske Fellesskap.

Stortingsmelding 92, 1969-70, Om Norges Forhold til de Nordiske og Europeiske Markedsdannelser.

Stortingsmelding 50, 1971-72, Om Norges Tilslutning til de Europeiske Fellesskap.

Stortingsproposisjon 126, 1972-73, Om samtykke til ratifikasjon av Avtale mellom Norge og Det Europeiske Økonomiske Felleskap og Avtale mellom Norge og medlemsstatene i Det Europeiske Kull- og Stålfellesskap og Det Europeiske Kull og Stålfellesskap, 4. mai 1973.

Wellenstein, Edmund: L'élargissement de la Communauté, vu de Bruxelles, in: *Association Georges Pompidou* (Hrsg.): Georges Pompidou et l'Europe, Brüssel 1995, S. 233-236.

Willoch, Kåre: Myter og virkelighet. Om begivenheter frem til våre dager med utgangspunkt i perioden 1965-1980, Oslo 2002.

Zeitungsarchive

Aftenposten (Oslo)
Arbeiderbevegelsens Arkiv og Bibliotek (Oslo)
Nasjonalbibliotek (Oslo)
Otto-Suhr-Institut (Berlin)
Hamburgisches Welt-Wirtschafts-Archiv (Hamburg)

Quellen im Internet

Centre Virtuel de la Connaissance sur l'Europe: European Navigator (ENA)
   URL: <http://www.ena.lu/mce.cfm>
   Spezialdossier: Willy Brandt und die Einigung Europas (2007)
European University Institute (EUI) – Historical Archives of the European Union (HAEU)
   European Oral History: »Voices on Europe«
   URL: http://www.iue.it/ECArchives/EN/OralHistory.shtml
   European Oral History: »The European Commission 1958-1972. Memories of an institution«
   URL: http://www.iue.it/ECArchives/EN/ECH.shtml
Sozialdemokratischer (SPD) Pressedienst
   URL: http://library.fes.de/cgi-bin/populo/spdpd.pl

Zeitzeugengespräche

Gespräch mit Katharina Focke am 6.9.2000 in Köln.
Gespräch mit Thorvald Stoltenberg am 3.9.2001 in Oslo.
Gespräch mit Terje Johannessen am 18.6.2003 in Oslo.
Gespräch mit Kjell Colding am 20.6.2003 in Oslo.
Gespräch mit Bjørn Tore Godal am 8.12.2004 in Berlin.
Gespräch mit Sverre Jervell am 25.10.2005 in Oslo.

Literatur

Allen, Hillary: Norway and Europe in the 1970s, Oslo 1979.
Allers, Robin M.: Willy Brandt und die deutsch-norwegischen Beziehungen nach 1945, in: Perspektiven, Heft 2 (Sommer 2001), S. 11-22.
Allers, Robin M.: The Federal Republic of Germany and Norway. Bilateral relations in the context of European integration (1966-1973), in: Nordeuropaforum 1/2001, S. 51-77.

Allers, Robin M.: Deutschland, Norwegen und die europäische Integration, in: *Henningsen, Bernd* (Hrsg.): Hundert Jahre deutsch-norwegische Begegnungen. Nicht nur Lachs und Würstchen, Berlin 2005 [a], S. 87-90.

Allers, Robin M.: Die norwegische »Deutschland-Strategie«, in: *Henningsen, Bernd* (Hrsg.): Hundert Jahre deutsch-norwegische Begegnungen. Nicht nur Lachs und Würstchen, Berlin 2005 [b], S. 90 f.

Amstrup, Niels/Sørensen, Carsten L.: Denmark – Bridge between the Nordic Countries and the European Communities?, in: Cooperation and Conflict, 10/1975, S. 21-32.

Andersen, Uwe/Woyke, Wichard (Hrsg.): Handwörterbuch des politischen Systems der Bundesrepublik Deutschland, 2. neu bearb. Aufl. 1995.

Andreassen, Laila: Hva med Norge? Fellesskapets håndtering og vurdering av Norges søknader om medlemskapsforhandlinger på 60-tallet, Hovedoppgave i historie, Trondheim 2001.

Archer, Clive: Norway outside the European Union: Norway and European integration from 1994 to 2004, London 2005.

Archer, Clive/Sogner, Ingrid: Norway, European Integration and Atlantic Security, London 1998.

Ashkenasi, Abraham: Reformpartei und Außenpolitik. Die Außenpolitik der SPD Berlin-Bonn, Köln/Opladen 1968.

Badel, Laurence/Jeannesson, Stanislas/Ludlow, N. Piers (Hrsg.): Les administrations nationales et la construction européenne. Une approche historique (1919-1975), Brüssel 2005.

Baring, Arnulf: Machtwechsel. Die Ära Brandt-Scheel, Stuttgart 1982.

Barth, Magne: Military Integration: The Case of Norway and West Germany, Hovedoppgave i statsvitenskap Oslo 1982.

Bellers, Jürgen: Sozialdemokratie und Konservatismus im Angesicht der Zukunft Europas, in: *Ders./Winking, Mechthild* (Hrsg.): Europapolitik der Parteien. Konservatismus, Liberalismus und Sozialdemokratie im Ringen um die Zukunft Europas, Frankfurt/Main 1991, S. 3-42.

Bender, Peter: Die »Neue Ostpolitik« und ihre Folgen. Vom Mauerbau bis zur Vereinigung, 4. Aufl. München 1993.

Bernecker, Walther L./Dotterweich, Volker (Hrsg.): Persönlichkeit und Politik in der Bundesrepublik. Politische Porträts, Bd. 1, Göttingen 1982.

Berntsen, Harald: Staurberaren. Per Borten, Oslo 2007.

Besson, Waldemar: Außenpolitik der Bundesrepublik. Erfahrungen und Maßstäbe, München 1970.

Bieling, Hans-Jürgen/Lerch, Marika (Hrsg.): Theorien der europäischen Integration, Wiesbaden 2005.

Bitsch, Marie-Thérèse/Loth, Wilfried/Poidevin, Raymond (Hrsg.): Institutions européennes et identités européennes, Brüssel 1998.

Bjørklund, Tor: Mot strømmen. Kampen mot EF 1961-1972, Oslo 1982.

Bleek, Wilhelm/Machura, Stefan: Ministerialbürokratie, in: *Andersen, Uwe/Woyke, Wichard* (Hrsg.): Handwörterbuch des politischen Systems der Bundesrepublik Deutschland, Bonn, 2., neu bearb. Aufl. 1995, S. 375-378.

Bohn, Robert/Elvert, Jürgen (Hrsg.): Kriegsende im Norden: Vom heißen zum kalten Krieg, Stuttgart 1995.

Bohn, Robert/Elvert, Jürgen/Lammers, Karl Christian (Hrsg.): Deutsch-skandinavische Beziehungen nach 1945, Stuttgart 1999.

Bosch, Michael (Hrsg.): Persönlichkeit und Struktur in der Geschichte. Historische Bestandsaufnahme und didaktische Implikationen, Düsseldorf 1977.

Bouvier, Beatrix W.: Zwischen Godesberg und Großer Koalition. Der Weg der SPD in die Regierungsverantwortung: Außen-, sicherheits- und deutschlandpolitische Umorientierung und gesellschaftliche Öffnung der SPD 1960-1966, Bonn 1990.

Bracher, Karl Dietrich/Jäger, Wolfgang/Link, Werner: Republik im Wandel 1969 bis 1974. Die Ära Brandt, Stuttgart 1986.

Branner, Hans/Kelstrup, Morten (Hrsg.): Denmark's Policy towards Europe after 1945. History, Theory and Options, Odense 2000.

Brauswetter, Hartmut H.: Kanzlerprinzip, Ressortprinzip und Kabinettsprinzip in der ersten Regierung Brandt 1969-1972, Bonn 1976.

Bulmer, Simon/Paterson, William: The Federal Republic of Germany and the European Community, London 1987.

Bulmer, Simon/Burch, Martin: The »Europeanisation« of Central Government: The UK and Germany in Historical Institutionalist Perspective«, in: *Schneider, Gerald/Aspinwall, Mark* (Hrsg.): The rules of integration. Institutionalist approaches to the study of Europe, Manchester 2001, S. 73-96.

Bulmer, Simon/Lequesne, Christian (Hrsg.): The Member States of the European Union, Oxford 2005.

Byman, Daniel L./Pollack, Kenneth M.: Let Us Now Praise Great Men: Bringing the Statesman Back In, in: International Security, 25/4 (2001), S. 107-146.

Cassese, Sabino/della Cananea, Giacinto: The Commission of the European Economic Community: the Administrative Ramifications of its Political Development (1957-1967), in: Jahrbuch für europäische Verwaltungsgeschichte 4/1992, S. 75-94.

Christensen, Tom: Adapting to Processes of Europeanisation. A Study of the Norwegian Ministry of Foreign Affairs, Arena Report 2, Juni 1996.

Cini, Michelle: The European Commission. Leadership, organisation and culture in the EU administration, Manchester 1996.

Claes, Dag Harald/Tranøy, Bent Sofus (Hrsg.): Utenfor, annerledes og suveren? Norge under EØS-avtalen, Bergen 1999.

Cohen, Samy: Décision, pouvoir et rationalité dans l'analyse de la politique étrangère, in: *Smouts, Marie-Claude* (Hrsg.): Les nouvelles relations internationales. Pratiques et théories, Paris 1998, S. 75-101.

Conze, Eckart: Abschied von Staat und Politik? Überlegungen zur Geschichte der internationalen Politik, in: *Ders./Lappenküper, Ulrich/Müller, Guido* (Hrsg.): Geschichte der internationalen Beziehungen. Erneuerung und Erweiterung einer historischen Disziplin, Köln 2004, S. 15-43.

Czempiel, Ernst-Otto: Deutsche Außenpolitik von 1871-1945, in: Geschichte und Gesellschaft 22 (1996), S. 243-256.

Deighton, Anne/Milward, Alan S. (Hrsg.): Widening, Deepening and Acceleration: The European Economic Community 1957-1963, Baden Baden/Brüssel 1999.

Deighton, Anne (Hrsg.): Building Postwar Europe. National Decision-Makers and European Institutions 1948-63, New York 1995.

Deighton, Anne/Bossuat, Gérard: Les élites politiques et la question de l'unité de l'Europe, in: *Girault, René* (Hrsg.): Identité et conscience européennes au XXe siècle, Paris 1994, S. 113-124.

Derry, Thomas K.: A History of Scandinavia. Norway, Sweden, Finland and Iceland, London 1979.

Deutsch-Norwegische Gesellschaft (Hrsg.): 40 Jahre deutsch-norwegische Beziehungen 1949-1989, Oslo 1989.

Dumoulin, Michel (Hrsg.): The European Commission 1958-72. History and Memories, Luxemburg 2007.

Duroselle, Jean Baptiste: Tout empire périra. Une vision théorique des relations internationales, Paris 1981.

Dynna, Bjørn: Fiskerisektoren i de norske utvidelsesforhandlingene med EF (1970-72), Hovedoppgave i Statsvitenskap, Oslo 1973.

Edwards, Geoffrey/Wallace, Helen: Die Präsidentschaft im Ministerrat. Eine zentrale Rolle im Entscheidungsprozess von EG und EPZ, Bonn 1978 (Orig.: The council of ministers of the European Community and the president-in-office).

Egeberg, Morten: Transcending intergovernmentalism? Identity and role perceptions of national officials in EU decision-making, in: Journal of European Public Policy 6 (1999), S. 456-474.

Elman, Colin/Elman, Miriam Fendius (Hrsg.): Diplomatic History and International Relations Theory. Respecting Differences and Crossing Boundaries, in: International Security Studies 22/1 (1997), S. 5-21.

Elvert, Jürgen: Eine Art Neuanfang. Die politischen Beziehungen der Bundesrepublik Deutschland zu den nordischen Staaten in der Adenauerzeit, in: *Bohn, Robert/Elvert, Jürgen/Lammers, Karl Christian* (Hrsg.): Deutsch-skandinavische Beziehungen nach 1945, Stuttgart 1999, S. 9-20.

Elvert, Jürgen/Kaiser, Wolfram (Hrsg.): European Union Enlargement. A Comparative History, London 2004.

Eriksen, Knut Einar: Norge og Norden, in: NATO 50 år, hrsg. von Den norske Atlanterhavskomité, Oslo 1999, S. 132-149.

Eriksen, Knut Einar/Pharo, Helge Ø.: Kald krig og internasjonalisering 1949-1965, Norsk utenrikspolitisk historie Bd. 5, Oslo 1997.

Faulenbach, Bernd: Die Siebzigerjahre – ein sozialdemokratisches Jahrzehnt?, in: Archiv für Sozialgeschichte, 44 (2004), S. 1-37.

Faurby, Ib: Decision Structures and Domestic Sources of Nordic Foreign Policies, in: *Sundelius, Bengt* (Hrsg.): Foreign Policies of Northern Europe, Boulder, Co. 1982, S. 33-71.

Featherstone, Kevin: Socialist Parties and European Integration, Manchester 1988.

Frøland, Hans Otto: DNA og Vest-Europa 1945-1995: Kontakter, samarbeid og utsyn, in: *Heidar, Knut/Svåsand, Lars* (Hrsg.): Partier uten grenser?, Oslo 1997, S. 169-201.

Frøland, Hans Otto: Deutsch-norwegische Beziehungen nach 1945. Wirtschaft und Sicherheitspolitik im Rahmen westlicher Kooperationsstrukturen, in: *Simensen, Jarle* (Hrsg.): Deutschland-Norwegen. Die lange Geschichte, Oslo 1999, S. 198-213.

Frøland, Hans Otto: Choosing the Periphery: The Political Economy of Norway's Relation to European Integration 1948-1973, in: Journal of European Integration History 13/1 (2001 [a]), S. 77-103.

Frøland, Hans Otto: Misstrauische Freundschaft. Über das Misstrauen norwegischer Außenpolitiker gegenüber der Bundesrepublik Deutschland zwischen 1947 und 1967, in: Nordeuropaforum, 1 (2001 [b]), S. 27-49.

Frøland, Hans Otto: The Second Norwegian EEC-Application, 1967: Was There a Policy at all?, in: *Loth, Wilfried* (Hrsg.): Crises and Compromises: The European Project 1963-1969, Baden-Baden 2001 [c], S. 437-458.

Frøland, Hans Otto/Rye, Lise: Norwegian Attitudes to Membership of the European Union, in: *Dulphy, Anne/Manigand, Christine* (Hrsg.): Les opinions publiques face à l'Europe communautaire. Entre cultures nationales et horizon européen, Brüssel 2004, S. 117-136.

Frøland, Hans Otto: »Eine gewaltige, nicht beglichene Schuld.« Die deutsche Entschädigung für NS-Verfolgte in Norwegen, in: *Hockerts, Günter/Moisel, Claudia* (Hrsg.): Grenzen der Wiedergutmachung. Die Entschädigung für NS-Verfolgte in Ost- und West-Europa 1945-2000, Göttingen 2006, S. 285-356.

Frøland, Hans Otto: Distrust, Dependency and Détente: Norway, the Two Germany's and ›the German Question‹, 1945-1973, in: Contemporary European History 15/4 (2006), S. 495-517.

Frøysnes, Torbjørn: De norske jordbruksforhandlinger med EF. En forhandlingsteoretisk analyse, Hovedoppgave i statsvitenskap, Univ. i Oslo 1973.

Gassert, Philipp: Kurt Georg Kiesinger, 1904-1988: Kanzler zwischen den Zeiten. München 2006.

Gehler, Michael/Steininger Rolf (Hrsg.): Die Neutralen und die Europäische Integration 1945-1995, Wien/Köln 2000.

George, Alexander L./Keohane, Robert O.: The Concept of National Interest: Uses and Limitations, in: *Dies.*: Presidential Decisionmaking in Foreign Policy: The Effective Use of Information and Advice, Boulder, Co. 1980, S. 217-237.

Gerbet, Pierre/Pepy, Daniel (Hrsg.): La décision dans les Communautés Européennes, Brüssel 1969.

Germond, Carine/Türk, Henning: Der Staatssekretärausschuss für Europafragen und die Gestaltung der deutschen Europapolitik 1963-1969, in: Zeitschrift für Europawissenschaften II/1 (2004), S. 56-81.

Giauque, Jeffrey G.: Bilateral Summit Diplomacy in Western European and Transatlantic Relations, 1956-63, in: European History Quarterly 31/3 (2001), S. 427-445.

Gilberg, Trond/Drews, Jens: Norway and Germany: Changing Relations between Europe's Periphery and Center, in: *Verheyen, Dirk/Søe, Christian* (Hrsg.): The Germans and Their Neighbours, Boulder, Co. 1993, S. 137-157.

Gleditsch, Nils Petter/Hellevik, Ottar/Ringdal, Karsten: The Common Market issue in Norway: Conflict between centre and periphery, in: Journal of Peace Research 12 (1975), S. 37-53.

Gleditsch, Nils Petter: Generaler og fotfolk i utakt. EF-avgjørelsen i de tre skandinaviske land, in: Internasjonal Politikk 4B, Supplement (1972), S. 795-805.

Gran, Bernt: Vest-Tyskland – Norge – EEC. Momenter til forståelse av hvorfor Vest-Tyskland ønsket norsk medlemskap i EEC – 1966-1972, Hovedoppgave i historie, Trondheim 2002.

Grebing, Helga: Auf dem schwierigen Weg zu einer wissenschaftlich fundierten Biographie Willy Brandts, in: *Jelich, Franz-Josef/Goch, Stefan* (Hrsg.): Geschichte als Last und Chance. Festschrift für Bernd Faulenbach, Essen 2003, S. 243-253.

Greenstein, Fred I.: Personality and Politics. Problems of Evidence, Inference and Conceptualization, Princeton, N.J. 1987.

Griffiths, Richard T. (Hrsg.): Socialist Parties and the Question of Europe in the 1950's, Leiden 1993.

Griffiths, Richard T./Ward, Stuart (Hrsg.): Courting the Common Market. The First attempts to enlarge the European Community and the French Veto, 1961-1963, London 1995.

Groß, Hermann/Rotholz, Walter: Das politische System Norwegens, in: *Ismayr, Wolfgang* (Hrsg.): Die politischen Systeme Westeuropas, Opladen 1997, S. 125-157.

Gstöhl, Sieglinde: Reluctant Europeans. Norway, Sweden and Switzerland in the Process of Integration, Boulder, Co./London 2002.

Gussarsson, Maria: The Swedish Social Democracy, the Plans on West European Economic Cooperation, and International Party Cooperation, 1955-58, in: Journal of European Integration History 11/1 (2005), S. 85-101.

Haagerup, Niels Jörgen: Skandinavien und die Europäische Gemeinschaft, in: Europa Archiv, 9 (1973), S. 291-299.

Hacke, Christian: Weltmacht wider Willen: die Außenpolitik der Bundesrepublik Deutschland, Frankfurt/Main 1993.

Haftendorn, Helga/Karl, Wolf-Dieter/Krause, Joachim/Wilker, Joachim (Hrsg.): Verwaltete Außenpolitik. Sicherheits- und entspannungspolitische Entscheidungsprozesse in Bonn, Köln 1978.

Haftendorn, Helga: Zur Theorie außenpolitischer Entscheidungsprozesse, in: *Rittberger, Volker* (Hrsg.): Theorien der Internationalen Beziehungen, PVS-Sonderheft 21, Opladen 1990, S. 401-423.
Haftendorn, Helga: Deutsche Außenpolitik zwischen Selbstbeschränkung und Selbstbehauptung 1945-2000, Stuttgart 2001.
Haftendorn, Helga: Transformation und Stabilität – Willy Brandt und die deutsche Außenpolitik, in: *Möller, Horst/Vaïsse, Maurice* (Hrsg.): Willy Brandt und Frankreich, München 2005, S. 1-21.
Hallenstvedt, Abraham/Dynna, Bjørn: Fra skårunge til høvedsmann. Med Norges Fiskarlag gjennom 50 år, Trondheim 1976.
Halperin, Morton: Bureaucratic Politics and Foreign Policy, Washington, D.C. 1974.
Halvorsen, Martin: Østpolitikken. Norske avspenningsbestrebleser 1962-1972, Hovedoppgave i historie, Oslo 1998.
Halvorsen, Terje: Partiets salt. AUFs historie, Oslo 2003.
Harst, Jan van der: Enlargement: the Commission seeks a role for itself, in: *Dumoulin, Michel* (Hrsg.): The European Commission 1958-72. History and Memories, Luxemburg 2007, S. 533-556.
Hartman, Jürgen: Verbände in der westlichen Industriegesellschaft. Ein internationaler Vergleich, Frankfurt/New York 1983.
Hecker-Stampehl, Jan: Neutralität, Integrationspolitik und Machtkampf. Nordek, EWG und RGW in der finnischen Politik 1968-1973, in: Nordeuropaforum, 3/2 (2000), S. 61-92.
Heidar, Knut/Svåsand, Lars (Hrsg.): Partier uten grenser?, Oslo 1997.
Hellevik, Ottar/Gleditsch, Nils Petter: The Common Market Decision in Norway: A Clash between Direct and Indirect Democracy, in: Scandinavian Political Studies 8/1973, S. 227-235.
Henningsen, Bernd (Hrsg.): Hundert Jahre deutsch-norwegische Begegnungen. Nicht nur Lachs und Würstchen, Berlin 2005.
Herbst, Ludolf: Stil und Handlungsspielräume westdeutscher Integrationspolitik, in: *Ders./Bührer, Werner/Sowade, Hanno* (Hrsg.): Vom Marshallplan zur EWG. Die Eingliederung der Bundesrepublik in die westliche Welt, München 1990, S. 3-18.
Hermann, Margaret G./Hermann, Charles F./Hagan, Joe D.: How Decision Units Shape Foreign Policy Behavior, in: *Hermann, Charles F.* u.a. (Hrsg.): New Directions in the Study of Foreign Policy, Boston 1987, S. 309-336.
Hermansen, Hans Petter: Fra krigstilstand til allianse. Norge, Vest-Tyskland og sikkerhetspolitikken, Oslo 1980.
Herrmann, Richard K./Risse, Thomas/Brewer, Marilynn B. (Hrsg.): Transnational Identities: Becoming European in the EU, Lanham 2004.
Hiepel, Claudia: In Search of the Greatest Common Denominator. Germany and the Hague Summit Conference 1969, in: Journal of European Integration History 9/2 (2003), S. 63-81.

Hiepel, Claudia: Willy Brandt, Georges Pompidou und Europa. Das deutsch-französische Tandem in den Jahren 1969-1974, in: *Knipping, Franz/Schönwald, Matthias* (Hrsg.): Aufbruch zum Europa der Zweiten Generation. Die europäische Einigung 1969-1984, Trier 2004, S. 28-46.

Hiepel, Claudia: Le ministère ouest-allemand des Affaires étrangères et l'intégration européennne, des origines à 1974, in: *Badel, Laurence/Jeannesson, Stanislas/Ludlow, N. Piers* (Hrsg.): Les administrations nationales et la construction européenne. Une approche historique (1919-1975), Brüssel 2005, S. 239-258.

Hildebrand, Klaus: Von Erhard zur Großen Koalition: 1963-1969, Stuttgart 1984.

Hocking, Brian (Hrsg.): Foreign Ministries. Change and Adaptation, Basingstoke 1999.

Holsti, Ole R.: Theories of International Relations and Foreign Policy: Realism and Its Challengers, in: *Kegley, Charles W. Jr.* (Hrsg.): Controversies in International Relations Theory. Realism and The Neoliberal Challenge, New York 1995, S. 35-65.

Holtsmark, Sven G.: Avmaktens diplomati. DDR i Norge, 1949-1973, Oslo 1999.

Hooghe, Liesbeth: Supranational activists or intergovernmental agents? Explaining the orientations of Senior Commission officials toward European integration, in: Comparative Political Studies 32 (1999), S. 435-463.

Hrbek, Rudolf/Schwarz, Volker (Hrsg.): 40 Jahre Römische Verträge: Der deutsche Beitrag, Baden-Baden 1998.

Hudemann, Rainer/Kaelble, Hartmut/Schwabe, Klaus (Hrsg.): Europa im Blick der Historiker, München 1995.

Jølstad, Anders: Det tyske problem, (Forsvarsstudier, 5), Oslo 1995.

Jølstad, Anders: Deutschland als Problem der norwegischen Politik, in: *Kristiansen, Tom* (Hrsg.): Die norwegische Deutschlandbrigade: Von der Okkupation zur Zusammenarbeit, Oslo 1998, S. 145-160.

Kaack, Heino/Roth, Reinhold: Die Parteien und die Außenpolitik, in: *Schwarz, Hans-Peter* (Hrsg.): Handbuch der deutschen Außenpolitik, 2. Aufl., München 1976, S. 175-195.

Kaiser, Wolfram: Challenge to the Community: the Creation, Crisis and Consolidation of the European Free Trade Association, 1958-1972, in: Journal of European Integration History 3/1 (1997), S. 7-33.

Kaiser, Wolfram: »Quo vadis Europa?«. Die deutsche Wirtschaft und der Gemeinsame Markt 1958-1963, in: *Hrbek, Rudolf/Schwarz, Volker* (Hrsg.): 40 Jahre Römische Verträge: Der deutsche Beitrag, Baden-Baden 1998 [b], S. 195-213.

Kaiser, Wolfram: Culturally embedded and path-dependent: Peripheral Alternatives to ECSC/EEC ›core Europe‹ since 1945, in: Journal of European Integration History, 7/2 (2001), S. 11-36.

Kaiser, Wolfram/Starie, Peter (Hrsg.): Transnational European Union: Towards a Common Political Space, London 2005.

Kaldahl, Trygve: Jordbruksforhandlinger og landbrukspolitikk 1950-1980, Oslo 1994.

Karl, Wolf-Dieter/Krause, Joachim: Außenpolitischer Strukturwandel und parlamentarischer Entscheidungsprozess, in: *Haftendorn, Helga* u.a. (Hrsg.): Verwaltete Außenpolitik. Sicherheits- und entspannungspolitische Entscheidungsprozesse in Bonn, Köln 1978, S. 55-82.

Kite, Cynthia: Scandinavia Faces EU – debates and decisions on membership 1961-1994, Umeå 1996.

Kitzinger, Uwe: Diplomacy and Persuasion. How Britain Joined the Common Market, London 1973.

Knipping, Franz/Schönwald, Matthias (Hrsg.): Aufbruch zum Europa der Zweiten Generation. Die europäische Einigung 1969-1984, Trier 2004.

Knoll, Thomas: Das Bonner Bundeskanzleramt. Organisation und Funktion, Wiesbaden 2004.

Knudsen, Ann-Christina Lauring: Creating the Common Agricultural Policy. Story of Cereal Prices, in: *Loth, Wilfried* (Hrsg.): Crises and Compromises: The European Project 1963-1969 Baden Baden 2001, S. 131-154.

Knutsen, Torbjørn L./Sørbø, Gunnar M./Gjerdåker, Svein (Hrsg.): Norges utenrikspolitikk, Oslo, 2. Aufl., 1997.

Køber, Lars Kjetil: »verre en unionen med Sverige«. Unionsbegrepet i norske EEC/EF/EU-debatter 1961-1994, Oslo 2005.

Koch, Manfred: Willy Brandt und das Ansehen der Bundesrepublik im Ausland, in: *Presse- und Informationsamt der Bundesregierung* (Hrsg.): Was hält die Welt von Willy Brandt, Hamburg 1972.

Kohler, Beate: Die Erweiterung der Gemeinschaft – nur Grund zum Jubeln?, in: *Spanier, David/Kennedy, Dennis/Blom, Anton/Bjøl, Erling*: ... plus vier. Großbritannien, Irland, Norwegen und Dänemark – die Neuen der Gemeinschaft, Bonn 1972, S. 7-14.

König, Mareike/Schulz, Matthias (Hrsg.): Die Bundesrepublik Deutschland und die europäische Einigung 1949-2000: Politische Akteure, gesellschaftliche Kräfte und internationale Erfahrungen, Stuttgart 2004 (Festschrift für Wolf D. Gruner zum 60. Geburtstag).

Koritzinsky, Theo: »Partienes utenrikspolitiske profil og beslutningsprosess«, in: Internasjonal Politikk 7/1968, S. 714-733.

Koritzinsky, Theo: Velgere, partier og utenrikspolitikk. Analyse av norske holdninger 1945-70, Oslo 1970.

Korte, Karl-Rudolf/Fröhlich, Manuel: Politik und Regieren in Deutschland, Paderborn 2004.

Kristiansen, Tom (Hrsg.): Die norwegische Deutschlandbrigade: Von der Okkupation zur Zusammenarbeit, Oslo 1998.

Kristoffersen, Dag Axel: Norway's Policy towards the EEC. The European Dilemma of the Centre Right Coalition (1965-1971), in: *Rücker, Katrin/Warlouzet, Laurent* (Hrsg.): Quelle(s) Europe(s)/Which Europe(s)? Nouvelles approches en histoire de l'intégration européenne, Brüssel 2006.

Kroegel, Dirk: Einen Anfang finden! Kurt Georg Kiesinger in der Außen- und Deutschlandpolitik der Großen Koalition, München 1997.

Krüger, Peter: Europabewußtsein in Deutschland in der ersten Hälfte des 20. Jahrhunderts, in: *Hudemann, Rainer/Kaelble, Hartmut/Schwabe, Klaus* (Hrsg.): Europa im Blick der Historiker, München 1995, S. 31-53.

Kvavik, Robert B.: Interest Groups in Norwegian Politics, Oslo 1976.

Ladrech, Robert: The Europeanization of Interest Groups and Political Parties, in: *Bulmer, Simon/Lequesne, Christian* (Hrsg.): The Member States of the European Union, Oxford 2005, S. 317-337.

Lammers, Karl Christian: »Hvad skal vi gøre med tyskerne bagefter?« : Det dansktyske forhold efter 1945, Kopenhagen 2005.

Lang, Arnim: Norwegen als unbewusstes Problem: Bemerkungen zum deutschnorwegischen Verhältnis im ersten Jahrzehnt nach dem Zweiten Weltkrieg, in: *Kristiansen, Tom* (Hrsg.): Die norwegische Deutschlandbrigade: Von der Okkupation zur Zusammenarbeit, Oslo 1998, S. 170-180.

Laursen, Johnny: Denmark, Scandinavia and the Second Attempt to Enlarge the EEC, 1966-67, in: *Loth, Wilfried* (Hrsg.): Crises and Compromises: The European Project 1963-1969, Baden-Baden 2001, S. 407-436.

Lee, Sabine: Germany and the first enlargement negotiations 1961-1963, in: *Deighton, Anne/Milward, Alan S.* (Hrsg.): Widening, Deepening and Acceleration: The European Economic Community 1957-1963, Baden-Baden/Brüssel 1999, S. 211-223.

Leuchtweis, Nicole: Deutsche Europapolitik zwischen Aufbruchstimmung und Weltwirtschaftskrise: Willy Brandt und Helmut Schmidt, in: *Müller-Brandeck-Bocquet, Gisela* (Hrsg.): Deutsche Europapolitik von Konrad Adenauer bis Gerhard Schröder, Opladen 2002, S. 63-113.

Levsen, Dirk: »Eine schwierige Partnerschaft«: Ausgewählte Kapitel zur Entwicklung der politischen, militärischen und rüstungstechnischen Beziehungen zwischen der Bundesrepublik Deutschland und dem Königreich Norwegen von 1949-1966, Univ. Diss. Kiel 1993.

Lord, Christopher: British Entry to the European Community under the Heath Government of 1970-4, Aldershot 1993.

Lorenz, Einhart O.: »Moralische Kalorien« für deutsche Demokraten. Norwegische Ansichten über Deutschland am Beispiel der Arbeiterbewegung, in: *Bohn, Robert/Elvert, Jürgen* (Hrsg.): Kriegsende im Norden: vom heißen zum kalten Krieg, Stuttgart 1995, S. 267-280.

Lorenz, Einhart O.: Deutsche Flüchtlinge in Norwegen und ihre Bedeutung in Deutschland nach 1945, in: *Simensen, Jarle* (Hrsg.): Deutschland-Norwegen. Die lange Geschichte, Oslo 1999 [b], S. 154-164.

Lorenz, Einhart O. (Hrsg.): Perspektiven aus den Exiljahren, Schriftenreihe der Bundeskanzler-Willy-Brandt-Stiftung 7, Berlin 2000.

Loth, Wilfried (Hrsg.): Crises and Compromises: The European Project 1963-1969, Baden-Baden 2001.

Loth, Wilfried/Osterhammel, Jürgen (Hrsg.): Internationale Geschichte. Themen – Ergebnisse – Aussichten, München 2000.

Ludlow, N. Piers: Diplomacy with different rules. Learning to negotiate in the EEC, in: *Bitsch, Marie-Thérèse/Loth, Wilfried/Poidevin, Raymond* (Hrsg.): Institutions européennes et identités européennes, Brüssel 1998, S. 241-256.

Ludlow, N. Piers: A Welcome Change: The European Commission and the Challenge of Enlargement, 1958-1973, in: Journal of European Integration History 11/2 (2005), S. 31-46.

Ludlow, N. Piers: The European Community and the Crises of the 1960s. Negotiating the Gaullist Challenge, London 2006.

Lundestad, Geir: Norske holdninger overfor Vest-Tyskland 1947-1951, Hovedoppgave i historie, Oslo 1970.

Madsen, Roar: Motstraums – Senterpartiets historie, 1959-2000, Bd. 2, Oslo 2001.

Malmborg, Mikael af: Swedish Neutrality, the Finland Argument and the Enlargement of »Little Europe«, in: Journal of European Integration History 3/1 (1997), S. 63-80.

Malmborg, Mikael af: Divergent Scandinavian responses to the proposed first enlargement of the EEC, in: *Deighton, Anne/Milward, Alan S.* (Hrsg.): Widening, Deepening and Acceleration: The European Economic Community 1957-1963, Baden-Baden/Brüssel 1999, S. 299-315.

Malmborg, Mikael af: Sweden's Long Road to an Agreement with the EEC 1956-1972, in: *Gehler, Michael/Steininger Rolf* (Hrsg.): Die Neutralen und die Europäische Integration 1945-1995, Wien/Köln 2000, S. 309-336.

Malmborg, Mikael af: Gaullism in the North? Sweden, Finland and the EEC in the 1960's, in: *Loth, Wilfried* (Hrsg.): Crises and Compromises: The European Project 1963-1969, Baden-Baden 2001, S. 489-508.

Marcowitz, Reiner: Option für Paris? Unionsparteien, SPD und Charles de Gaulle 1958 bis 1969, München 1996.

Matlary, Janne Haaland: »And never the Twain Shall Meet«. Reflections on Norway, Europe and Integration, in: *Tiilikainen, Teija/Petersen, Ib Damgaard* (Hrsg.): The Nordic Countries and the EC, Kopenhagen 1993, S. 43-63.

Mayntz, Renate/Fritz, Scharpf: Policy-Making in the Federal Bureaucracy, Amsterdam 1975.

Merseburger, Peter: Willy Brandt 1913-1992. Visionär und Realist, Stuttgart 2002.

Miljan, Toivo: The Reluctant Europeans. The Attitudes of the Nordic Countries Towards European Integration, London 1977.

Milward, Alan S.: The European Rescue of the Nation State, 2nd Ed., London 2000.

Mittag, Jürgen/Wessels, Wolfgang: Die Gipfelkonferenzen von Den Haag (1969) und Paris (1972). Meilensteine für Entwicklungstrends der Europäischen Union?, in: *Knipping, Franz/Schönwald, Matthias* (Hrsg.): Aufbruch zum Europa der Zweiten Generation. Die europäische Einigung 1969-1984, Trier 2004, S. 3-27.

Mittag, Jürgen (Hrsg.): Politische Parteien und europäische Integration. Entwicklung und Perspektiven transnationaler Parteienkooperation, Essen 2006.

Mjelva, Inghild M.: Storbritannias syn på de norske fiskeriforhandlingene med EF 1970-1972, Hovedoppgave i historie, Trondheim 2005.
Möller, Frank (Hrsg.): Charismatische Führer der deutschen Nation, München 2004.
Möller, Horst/Vaïsse, Maurice (Hrsg.): Willy Brandt und Frankreich, München 2005.
Moravcsik, Andrew: The Choice for Europe. Social Purpose and State Power from Messina to Maastricht, London 1999.
Morisse-Schilbach, Melanie: Historischer Institutionalismus, in: *Bieling, Hans-Jürgen/ Lerch, Marika* (Hrsg.): Theorien der europäischen Integration, Wiesbaden 2005, S. 271-292.
Müller, Guido (Hrsg.): Deutschland und der Westen. Internationale Beziehungen im 20. Jahrhundert, Festschrift für Klaus Schwabe zum 65. Geburtstag, Stuttgart 1998.
Müller, Harald/Risse-Kappen, Thomas: Internationale Umwelt, gesellschaftliches Umfeld und außenpolitischer Prozeß in liberaldemokratischen Industrienationen, in: *Rittberger, Volker* (Hrsg.): Theorien der Internationalen Beziehungen, PVS-Sonderheft 21, Opladen 1990, S. 375-399.
Müller, Kay/Walter, Franz: Graue Eminenzen der Macht: Küchenkabinette in der deutschen Kanzlerdemokratie von Adenauer bis Schröder, Wiesbaden 2004.
Müller-Roschach, Herbert: Die deutsche Europapolitik 1949-1977. Eine politische Chronik, Bonn 1980.
Münkel, Daniela: Willy Brandt und die »Vierte Gewalt«. Politik und Massenmedien in den fünfziger bis siebziger Jahren. Frankfurt/M 2005.
Münkel, Daniela: Zwischen Diffamierung und Verehrung. Das Bild Willy Brandts in der bundesdeutschen Öffentlichkeit (bis 1974), in: *Tessmer, Carsten* (Hrsg.): Das Willy Brandt-Bild in Deutschland und Polen, Berlin 2000.
Muschik, Alexander: Die beiden deutschen Staaten und das neutrale Schweden. Eine Dreiecksbeziehung im Schatten der offenen Deutschlandfrage 1949-1972, Münster 2005.
Muschik, Alexander: Headed towards the West: Swedish Neutrality and the German Question, 1949-1972, in: Contemporary European History 15/4 (2006), S. 519-538.
Nelsen, Brent F.: The European Community Debate in Norway: The Periphery Revolts, Again, in: *Ders.* (Hrsg.) Norway and the European Community. The Political Economy of Integration, Westport 1993, S. 41-61.
Neumann, Iver B.: Norway. The Foreign Ministry: Bracketing Interdependence, in: *Hocking, Brian* (Hrsg.): Foreign Ministries. Change and Adaptation, Basingstoke 1999, S. 152-169.
Nicholson, Frances/East, Roger: From the Six to the Twelve: the enlargement of the European Communities, Harlow 1987.
Niedhart, Gottfried/Junker, Detlef/Richter, Michael W. (Hrsg.): Deutschland in Europa: Nationale Interessen und internationale Ordnung im 20. Jahrhundert, Mannheim 1997.

Noël, Emile: So funktioniert Europa. Mit einem Vorwort von Willy Brandt, 2. Aufl. Baden-Baden 1979.

Norman, Erik-Wilhelm: Utenriksdepartementets organisering 1939-1992, 2 Bde., Oslo 1993.

Nyhamar, Jostein: Nye utfordringer 1965-1990 (Arbeiderbevegelsens historie i Norge, Bd. 6), Oslo 1990.

Olesen, Thorsten B.: Choosing or Refuting Europe? The Nordic Countries and European Integration, 1945-2000, in: Scandinavian Journal of History 25/1-2 (2000), S. 147-168.

Oraug, Tore Magnus T.: Amerika first. Crotale-saken i norsk politikk 1967-75, (Forsvarsstudier; 2/2004) Oslo, 2004.

Ørvik, Nils (Hrsg.): Fears and Expectations. Norwegian attitudes toward European integration, Oslo 1972.

Ørvik, Nils (Hrsg.): Norway's No to Europe, Pittsburg 1975.

Østerud, Øyvind/Gleditsch, Nils Petter/Elster, Jon (Hrsg.). De utro tjenere, Oslo 1974.

Paterson, William E.: The SPD and European Integration, Westmead 1974.

Pfetsch, Frank R.: Die Außenpolitik der Bundesrepublik 1949-1992, München 1993.

Pharo, Helge Ø.: The Norwegian Labour Party, in: *Griffiths, Richard T.* (Hrsg.): Socialist Parties and the Question of Europe in the 1950's, Leiden 1993, S. 201-220.

Pharo, Helge Ø.: Ingen vei utenom? Norge i integrasjonsprosessene i Europa 1946-1994, in: *Claes, Dag Harald/Tranøy, Bent Sofus* (Hrsg.): Utenfor, annerledes og suveren? Norge under EØS-avtalen, Bergen 1999 [a], S. 15-38.

Pharo, Helge Ø.: Utenriksøkonomi og europeisk integrasjon, in: NATO 50 år: norsk sikkerhetspolitikk med NATO gjennom 50 år, Oslo 1999 [b], S. 150-178.

Pharo, Helge Ø.: Post-Cold War Historiography in Norway, in: *Olesen, Thorsten B.* (Hrsg.): The Cold war and the Nordic Countries, Odense 2004, S. 97-142.

Puissochet, Jean-Pierre: L'Élargissement des Communautés Européennes. Présentation et commentaire du Traité et des Actes relatifs à l'adhésion du Royaume-Uni, du Danmark et de l'Irlande, Paris 1973.

Rasmussen, Morten: Joining the European Communities – Denmark's Road to EC-membership, 1961-1973, Univ. Diss Florenz 2004.

Rasmussen, Morten: The Hesitant European – History of Denmark's Accession to the European Communities 1970-1973, in: Journal of European Integration History 11/2 (2005), S. 47-74.

Renouvin, Pierre/Duroselle, Jean-Baptiste: Introduction à l'histoire des relations internationales, Paris, 4. Aufl., 1991.

Retzer, Birgit Ruud: Jens Evensen. Makten, myten og mennesket. En uautorisert biografi, Oslo 1999.

Riste, Olav: Norway's Foreign Relations – A History, Oslo 2001.

Riste, Olav: The Historical Determinants of Norwegian Foreign Policy, in: *Holst, Johan Jørgen* (Hrsg.): Norwegian Foreign Policy in the 1980s, Oslo 1985, S. 12-25.

Røhne, Nils A.: De første skritt inn i Europa. Norsk Europa-politikk fra 1950, Oslo 1989.

Rokkan, Stein: Geography, Religion and Social Class: Crosscutting Cleavages in Norwegian Politics, in: *Lipset, Seymour M./Rokkan, Stein:* Party Systems and Voter Alignments. Cross-national Perspectives, New York 1967, S. 367-444.

Rosenberger, Sigrid E.: Der Faktor Persönlichkeit in der Politik. Leadershipanalyse des Kanzlers Willy Brandt, Wiesbaden 2005.

Sæter, Martin: The Nordic Countries and European Integration, in: *Petersen, Ib Damgard/Tiilikainen, Teija* (Hrsg.): The Nordic Countries and the EC, Kopenhagen 1993, S. 8-22.

Sasse, Christoph: Regierungen. Parlamente. Ministerrat. Entscheidungsprozesse in der Europäischen Gemeinschaft, Bonn 1975.

Schieder, Siegfried/Spindler, Manuela (Hrsg.): Theorien der internationalen Beziehungen, Opladen 2003.

Schmalz, Uwe: Deutsche Europapolitik nach 1989/90: Die Frage von Kontinuität und Wandel, in: *Schneider, Heinrich/Jopp, Matthias/Schmalz, Uwe* (Hrsg.): Eine neue deutsche Europapolitik? Rahmenbedingungen – Problemfelder – Optionen, Bonn 2002, S. 15-68.

Schmid, Günther: Entscheidung in Bonn: Die Entstehung der Ost- und Deutschlandpolitik 1969/1970, Köln 1979.

Schmitz, Kurt Thomas: Deutsche Einheit und Europäische Integration. Der sozialdemokratische Beitrag zur Außenpolitik der Bundesrepublik Deutschland unter besonderer Berücksichtigung des programmatischen Wandels einer Oppositionspartei, Bonn 1978.

Schnapp, Kai-Uwe: Ministerialbürokratien in westlichen Demokratien, Opladen 2004.

Schöllgen, Gregor: Die Außenpolitik der Bundesrepublik Deutschland. Von den Anfängen bis zur Gegenwart, München 1999.

Schöllgen, Gregor: Willy Brandt – Die Biographie, Berlin 2001.

Scholz, Michael F.: Die Nordeuropa-Politik der DDR (bis 1963), in: *Bohn, Robert/Elvert, Jürgen/Lammers, Karl Christian* (Hrsg.): Deutsch-skandinavische Beziehungen nach 1945, Stuttgart 1999, S. 21-43.

Schönhoven, Klaus: Wendejahre: die Sozialdemokratie in der Zeit der Großen Koalition 1966-1969, Bonn 2004.

Schou, Tove Lise: Norge og EF. En undersøgelse af ydre og indre faktorers påvirkning af de norske partiers stillingtagen til spørgsmålet om Norges forhold til EF 1961-1972, Kopenhagen 1980.

Schulte, Markus: Challenging the Common Market Project: German Industry, Britain and Europe, 1957-1963, in: *Deighton, Anne/Milward, Alan S.* (Hrsg.): Widening, Deepening and Acceleration: The European Economic Community 1957-1963, Baden-Baden/Brüssel 1999, S. 167-184.

Schwarz, Hans-Peter (Hrsg.): Handbuch der deutschen Außenpolitik, 2. Aufl., München 1976.

Schwarz, Hans-Peter: Die Regierung Kiesinger und die Krise in der ČSSR 1968, in Vierteljahrshefte für Zeitgeschichte 47/2 (1999), S. 159-186.

Seidelmann, Reimund: Außenpolitik (AP), in: *Woyke, Wichard* (Hrsg.): Handwörterbuch. Internationale Politik, Bonn, 9., völlig überarb. Aufl., 2004 [a], S. 1-7.

Seidelmann, Reimund: Parteien und Internationale Politik, in: *Woyke, Wichard* (Hrsg.): Handwörterbuch. Internationale Politik, Bonn, 9., völlig überarb. Aufl., 2004 [b], S. 409-412.

Sirges, Thomas u.a.: Gustav Heinemanns Versöhnungsreisen in die Niederlande und nach Dänemark und Norwegen, in: *Nybøle, R. Steinar* u.a. (Hrsg.): Papir vnde black-bläk och papper. Kontakte im deutsch-skandinavischen Sprachraum. Knut Erich Schöndorf zum 70. Geburtstag, Frankfurt/Main 2004, S. 205-250.

Sirges, Thomas/Allers, Robin M.: 20. Oktober 1971. Friedensnobelpreis an Willy Brandt. Deutsche und norwegische Reaktionen auf ein Politikum, in: *Sirges, Thomas/Mühlhaus, Birgit* (Hrsg.): Willy Brandt: ein deutsch-norwegisches Politikerleben, Frankfurt/Main 2002, S. 135-162.

Sonne, Lasse: Nordek. A Plan for Increased Nordic Economic Co-operation and Integration 1968-1970, Univ. Diss. Helsinki 2007.

Sørensen, Vibeke: Nordic Cooperation – A Social Democratic Alternative to Europe?, in: *Olesen, Thorsten B.*: Interdependence vs. Integration. Denmark, Scandinavia and Western Europe, 1950-1960, Odense 1995, S. 40-61.

Stålvant, Carl-Einar: The Swedish Negotiations with the EEC, in: Scandinavian Political Studies 8 (1973), S. 236-245.

Stern, Carola: Willy Brandt, Reinbek 2002.

Tamnes, Rolf: Oljealder 1965-1995, Norsk utenrikspolitikks historie Bd. 6, Oslo 1997.

Tamnes, Rolf/Eriksen, Knut Einar: Norge og NATO under den kalde krigen, in: NATO 50 år: norsk sikkerhetspolitikk med NATO gjennom 50 år, hrsg. von: Den norske Atlanterhavskomité, Oslo 1999, S. 7-38.

Tiilikainen, Teija/Petersen, Ib Damgaard (Hrsg.): The Nordic Countries and the EC, Kopenhagen 1993.

Trøite, Jostein/Vold, Jan Erik: Bønder i EF-strid: Senterpartiet og landbruksorganisasjonene 1961-1972, Oslo 1977.

Türk, Henning: Die Europapolitik der Großen Koalition, 1966-1969, München 2006.

Ulbert, Cornelia: Sozialkonstruktivismus, in: *Schieder, Siegfried/Spindler, Manuela* (Hrsg.): Theorien der Internationalen Beziehungen, Opladen 2003, S. 391-420.

Underdal, Arild: Forhandlingene om Norsk medlemskap i EF – En studie av rammebetingelser, Hovedoppgave i statsvitenskap, Oslo 1972.

Underdal, Arild: Diverging Roads to Europe, in: Cooperation and Conflict, 10 (1975), S. 65-76.

Valen, Henry: Norway: »No« to EEC, in: Scandinavian Political Studies 8 (1973), S. 214-226.

Vogtmeier, Andreas: Egon Bahr und die deutsche Frage: zur Entwicklung der sozialdemokratischen Ost- und Deutschlandpolitik vom Kriegsende bis zur Vereinigung, Bonn 1996.

Wagner, Wolfgang: Akteurzentrierter Institutionalismus, in: *Bieling, Hans-Jürgen/ Lerch, Marika* (Hrsg.): Theorien der europäischen Integration, Wiesbaden 2005, S. 249-270.

Wallace, William (Hrsg.): The Dynamics of European Integration, London 1990.

Waltz, Kenneth N.: Man, the State, and War: A Theoretical Analysis, New York, 3. Aufl., 2001 (Erstaufl. 1954).

Wehler, Hans-Ulrich: »Moderne Politikgeschichte«? Oder: Willkommen im Kreis der Neorankeaner, in: Geschichte und Gesellschaft 22 (1996) S. 257-266.

Weidenfeld, Werner/Wessels, Wolfgang (Hrsg.): Europa von A bis Z, Bonn, 5. Aufl. 1995; 9. Aufl. 2006.

Wessels, Wolfgang/Regelsberger, Elfriede (Hrsg.): The Federal Republic of Germany and the European Community: the Presidency and Beyond, Bonn 1988.

Wessels, Wolfgang: Adminstrative interaction, in: *Wallace, William* (Hrsg.): The Dynamics of European Integration, London 1990, S. 229-241.

Wilkens, Andreas: Westpolitik, Ostpolitik and the Project of the Economic and Monetary Union. Germany's European Policy in the Brandt Era (1969-1974), in: Journal of European Integration History 5/1 (1999), S. 73-102.

Wilkens, Andreas: L'Europe en suspens. Willy Brandt et l'orientation de la politique européenne de l'Allemagne fédérale 1966-1969, in : *Loth, Wilfried* (Hrsg.): Crises and Compromises: The European Project 1963-1969, Baden-Baden 2001 [a], S. 323-343.

Wilkens, Andreas: Relance et réalités. Willy Brandt, la politique européenne et les institutions européennes, in: *Bitsch, Marie-Thérèse* (Hrsg.): Le couple France-Allemagne et les institutions européennes. Une postérité pour le Plan Schuman?, Brüssel 2001 [b], S. 377-418.

Wilkens, Andreas: Willy Brandt und die europäische Einigung, in: *König, Mareike/ Schulz, Matthias* (Hrsg.): Die Bundesrepublik Deutschland und die europäische Einigung 1949-2000, Stuttgart 2004, S. 167-184.

Wilkens, Andreas: Willy Brandt, die deutsch-französischen Beziehungen und die Europapolitik (1969-1974), in: *Möller, Horst/Vaïsse, Maurice* (Hrsg.): Willy Brandt und Frankreich, München 2005, S. 199-214.

Winkler, Heinrich August/Kaelble, Hartmut (Hrsg.): Nationalismus – Nationalitäten – Supranationalität, Stuttgart 1993.

Woyke, Wichard (Hrsg.): Handwörterbuch. Internationale Politik, Bonn, 9., völlig überarb. Aufl., 2004.

Zons, Achim: Das Denkmal. Bundeskanzler Willy Brandt und die linksliberale Presse, München 1984.

Kurzbiographien und Personenregister

Adenauer, Konrad (1876–1967), 1949–1963 Bundeskanzler, 1950–1966 CDU-Vorsitzender
22, 32, 68, 95, 144, 173, 177, 186, 188

Apel, Hans (geb. 1932), 1972–1974 Parlamentarischer Staatssekretär (Staatsminister) beim Bundesminister des Auswärtigen
358, 372, 376

Bahr, Egon (geb. 1922), 1966–1969 Sonderbotschafter zur besonderen Verwendung und Leiter des Planungsstabes im Auswärtigen Amt, 1969–1972 Staatssekretär im Bundeskanzleramt, 1972–1974 Bundesminister für besondere Aufgaben
40, 61, 179

Balken, Richard (1914–1995), 1967–1970 deutscher Botschafter in Oslo
14, 95, 99 f., 115, 130, 132, 348

Barzel, Rainer (1924–2006), 1964–1973 Vorsitzender der CDU/CSU Fraktion im Deutschen Bundestag, 1971–1973 Vorsitzender der CDU
140

Boegner, Jean-Marc (geb. 1913), 1961–1972 Ständiger Vertreter Frankreichs bei den Europäischen Gemeinschaften
283, 296, 312

Bondevik, Kjell (1901–1983), führender Politiker der Christlichen Volkspartei (Kristelig Folkeparti, KrF), 1965–1971 Kirchen- und Unterrichtsminister in der Regierung Borten
194, 388

Borten, Per (1913–2005), führender Politiker der Zentrumspartei (Senterparti), 1965–1971 Ministerpräsident Norwegens
14–16, 61, 99, 106, 117 f., 130, 163–165, 168, 170, 179, 194, 198, 202, 208, 222, 231, 233, 238 f., 245, 257, 279, 348, 377, 394

Brandt, Willy (1913–1992), 1933–1945 im norwegischen und schwedischen Exil, 1940–1947 nach Ausbürgerung durch die Nationalsozialisten norwegischer Staatsbürger, 1957–1966 Regierender Bürgermeister von Berlin, 1964–1987 Vorsitzender der SPD, 1966–1969 Bundesaußenminister, 1969–1974 Bundeskanzler, 1976–1992 Präsident der Sozialistischen Internationale
13 f., 16–18, 22, 30, 32, 37 f., 41, 53, 56–58, 61–69, 71, 98–105, 107 f., 110–112, 115, 117–122, 128 f., 131 f., 134–139, 141, 153, 155, 158–161, 165, 172, 174–181, 185, 187 f., 190, 196, 202, 212, 227–230, 236, 242, 244 f., 247, 249, 251–253, 271, 276, 280, 295, 299, 307, 313 f., 319, 321, 323, 326, 335 f., 338, 347–351, 353, 356, 365–368, 384, 390 f., 393, 396, 400–405

Bratteli, Trygve Martin (1910–1984), 1942–1945 in deutscher Gefangenschaft, 1950–1981 Abgeordneter im Storting für die norwegische Arbeiterpartei, 1951–1964 Mitglied der Regierung Gerhardsen, 1971–1972 und 1973–1976 Ministerpräsident Norwegens
15 f., 53, 56, 108, 110, 154 f., 157 f., 162, 209, 221, 240–242, 245 f., 258, 288 f., 308, 312, 318–322, 326–329, 331 f., 341, 346, 349 f., 352, 355, 377, 383, 394

Braun, Sigismund Freiherr von (1911–1998), 1968–1970 und 1972–1976 Botschafter in Paris, 1970–1972 Staatssekretär im Auswärtigen Amt
151, 239, 265, 284, 327

Brunet, Jean-Pierre (geb. 1920), 1966–1975 Leiter der Wirtschaftsabteilung im französischen Außenministerium
263, 297

Cappelen, Andreas Zeier (1915–2008), 1958–1965 Mitglied der Regierung Gerhardsen, 1971–1972 Außenminister in der Regierung Bratteli
218, 240, 242, 261, 295, 305, 319, 322, 324 f., 328, 349

Chaban-Delmas, Jacques (1915–2000), 1969–1972 Premierminister Frankreichs
324

Couve de Murville, Maurice (1907–1999), 1958–1968 Außenminister Frankreichs, 1968–1969 Premierminister Frankreichs
196

Dahrendorf, Ralf (geb. 1929), 1969–1970 Parlamentarischer Staatssekretär im Auswärtigen Amt, 1970–1974 Mitglied der Europäischen Kommission mit Verantwortung für Außenhandel und Außenbeziehungen
342

Deniau, Jean François (geb. 1928), 1959–1963 Generaldirektor in der Europäischen Kommission, verantwortlich für die Mitgliedschafts- und Assoziierungsverhandlungen, 1967–1973 Kommissionsmitglied mit Verantwortung für die Mitgliedschafts- und Assoziierungsverhandlungen
215, 239, 243, 257 f., 298, 305

Debré, Michel (1912–1966), 1959–1962 Premierminister Frankreichs, 1966–1968 Wirtschafts- und Finanzminister, 1968–1969 Außenminister, 1969–1973 Verteidigungsminister
187

de Gaulle, Charles (1890–1970), 1958–1969 Staatspräsident der Französischen Republik
14 f., 22, 31, 59, 98, 112, 144, 150, 164, 169, 176 f., 179 f., 187, 192, 197, 199, 207, 219, 392, 395

Dingels, Hans-Eberhard (geb. 1930), 1961–1965 Leiter des Auslandsreferats, 1965–1995 Leiter der Abteilung für Internationale Beziehungen des SPD-Parteivorstands
113 f.

Eika, Hallvard (1920–1989), Politiker der norwegischen Liberalen (Venstre), 1955–1966 Vorsitzender der landwirtschaftlichen Interessenvertretung »Norges Bondelag«, 1970–1971 Landwirtschaftsminister in der Regierung Borten, 1972–1973 Handelsminister in der Regierung Korvald
371 f., 376, 378, 382

Ekeland, Sigurd Trygve (1921–1973), 1965–1973 Botschaftsrat, ab 1970 Ministerrat an der Norwegischen Botschaft in Brüssel
166, 220 f.

Erhard, Ludwig (1897–1977), 1949–1963 Bundesminister für Wirtschaft, 1963–1966 Bundeskanzler
13, 92, 96, 106, 120, 123 f., 144, 175 f., 184, 188, 193, 392

Ertl, Josef (1925–2000), deutscher Politiker (FDP), 1969–1983 Bundesminister für Ernährung, Landwirtschaft und Forsten
183, 227, 263 f., 278 f., 300

Evensen, Jens (1917–2004), 1961–1973 Leiter der Rechtsabteilung im Norwegischen Außenministerium, 1972–1973 Delegationsleiter auf Beamtenebene in den Verhandlungen Norwegens mit der EG um ein Freihandelsabkommen, 1973–1974 Minister für Handel und Schiffahrt
360, 374, 378

Focke, Katharina (geb. 1922), 1969–1972 Parlamentarische Staatssekretärin mit Verantwortung für die Europapolitik im Bundeskanzleramt, 1972–1976 Bundesministerin für Jugend, Familie und Gesundheit
38, 61, 182, 185, 301, 346

Frydenlund, Knut Olav (1927–1987), Diplomat und Politiker der Arbeiterpartei, 1953–1955 Attaché, Botschaftsrat Bonn, 1969–1987 Stortingsabgeordneter, Mitglied im Auswärtigen Ausschuss, 1973–1981 und 1986–1987 Außenminister Norwegens
110, 138, 156, 161, 237, 386

Genscher, Hans-Dietrich (geb. 1927), 1969–1974 Bundesinnenminister, 1974–1992 Bundesaußenminister, 1974–1985 Bundesvorsitzender der FDP
385 f., 405

Gerhardsen, Einar (1897–1987), 1941–1945 in deutscher Gefangenschaft, u.a. KZ-Sachsenhausen, 1945–1951, 1955–1963 und 1963–1965 Ministerpräsident Norwegens, 1945–1965 Vorsitzender der Norwegischen Arbeiterpartei
81, 106, 108, 125, 153, 162

Godal, Bjørn Tore (geb. 1945), 1971–1973 Vorsitzender der norwegischen Jungsozialisten (AUF), 1991–1994 Minister für Handel und Schiffahrt, 1994–1997 Außenminister, 2000–2001 Verteidigungsminister
137, 388

Grewe, Wilhelm G. (1911–2000), 1962–1971 Ständiger Vertreter der Bundesrepublik Deutschland bei der NATO
124, 131

Halvorsen, Jahn Brochmann (1916–1976), 1961–1965 Leiter der handelspolitischen Abteilung im norwegischen Außenministerium, 1965–1973 Botschafter Norwegens bei den Europäischen Gemeinschaften in Brüssel
167 f., 220 f., 239 f., 257 f., 264, 271, 284, 287, 294, 296, 298 f., 316, 320, 327, 329

Heath, Edward (1916–2005), 1960–1963 Lordsiegelbewahrer und Delegationsleiter für die ersten britischen Mitgliedschaftsverhandlungen mit der EG, 1963–1964 Industrie-, Regional- und Handelsminister, 1965–1975 Partei- und Fraktionsvorsitzender der Konservativen Partei, 1970–1974 Premierminister Großbritanniens
22, 41, 57, 65, 228, 259, 312, 320, 367

Heinemann, Gustav (1899–1976), 1966–1969 Bundesminister der Justiz, 1969–1974 Bundespräsident
115 f., 141, 404

Hoem, Knut (geb. 1924), 1964–1987 Direktor des Fischereiverbands Norges Råfisklag, 1971–1972 Fischereiminister in der Regierung Bratteli
288, 303

Jørgensen, Anker (geb. 1922), 1972–1987 Vorsitzender der sozialdemokratischen Partei Dänemarks, 1972–1973 und 1975–1982 Ministerpräsident Dänemarks
367–369

Kiesinger, Kurt-Georg (1904–1988), Bundeskanzler 1966–1969
13, 16, 98 f., 112, 122, 132, 177, 184, 187

Kleppe, Per (geb. 1923), 1963–1967 Abteilungsleiter im Generalsekretariat der EFTA in Genf, 1967–1971 Leiter des Planungsbüros beim Parteivorstand der norwegischen Arbeiterpartei, 1971–1972 Minister für Handel- und Schifffahrt sowie für nordische Zusammenarbeit
110, 156, 222, 268, 271, 290, 304, 310, 328, 357, 386

Koht, Paul (geb. 1913), 1963–1968 norwegischer Botschafter in Bonn und Chef der norwegischen Militärmission beim Alliierten Kontrollrat in Berlin, 1968–1975 Norwegischer Botschafter in London
112 f.

Korvald, Lars (1916–2006), 1965–1975 Vorsitzender der Christlichen Volkspartei (Kristelig folkeparti), 1972–1973 Ministerpräsident Norwegens
163, 359, 365, 367, 375–377, 383

Krag, Jens Otto (1914–1978), sozialdemokratischer Politiker, 1958–1962 und 1966/67 Außenminister Dänemarks, 1962–1968 und 1971/1972 Ministerpräsident Dänemarks
53, 68, 134, 249

Lange, Halvard Manthey (1902–1970), 1940–1945 in deutscher Gefangenschaft, 1946–1965 Außenminister Norwegens in der sozialdemokratischen Regierung Gerhardsen mit einer Unterbrechung 1963
89, 91, 98, 108–110, 152

Lardinois, Pierre J. (1924–1987), 1967–1973 niederländischer Landwirtschaftsminister, 1973–1977 EG-Kommissar für Landwirtschaft
267

Lie, Haakon (geb. 1905), 1945–1969 Generalsekretär der norwegischen Arbeiterpartei, 1970–1973 Generalsekretär der norwegischen Europabewegung
109 f., 348

Lübke, Heinrich (1894–1972), 1959–1969 Bundespräsident
105

Lyng, John Daniel (1905–1978), 1950–1953 Stellvertretender Vorsitzender, 1958–1965 Fraktionsvorsitzender der Konservativen Partei Norwegens (Høyre), 1963 Ministerpräsident, 1965–1970 Außenminister
93, 97, 99, 102, 111, 113, 115, 126, 128–130, 134, 150 f., 179, 197 f., 222, 347

Malfatti, Franco Maria (1927–1997), 1970–1973 dritter Kommissionspräsident der Europäischen Gemeinschaften
223, 243

Mansholt, Sicco (1908–1995), niederländischer Politiker (Partij van de Arbeid), 1945–1958 Landwirtschaftsminister, von 1958–1972 Vize-Präsident der EWG/EG-Kommission mit Verantwortung für Landwirtschaft, 1972–1973 Präsident der Europäischen Kommission
232, 250, 252, 278, 280, 291, 356

Monnet, Jean (1888–1979), 1946 Leiter des Planungsamts in Frankreich, 1950 Präsident der Schuman-Plan-Konferenz, 1952–1954 Erster Präsident der Hohen Behörde der Montanunion (EGKS), Gründer und Vorsitzender des Aktionskomitees für die Vereinigten Staaten Europas
45, 68, 399

Moro, Aldo (1916–1978), christdemokratischer Politiker, 1963–1968 und 1974–1976 Premierminister Italiens, 1964–1966, 1969–1972 und 1973–1974 Außenminister Italiens
249, 266

O'Neill, Sir Con Douglas Walter (1912–1988), 1963–1965 bei den Europäischen Gemeinschaften in Brüssel, seit 1965 stellvertretender Unterstaatssekretär im britischen Außenministerium, 1969–1972 britischer Delegationsleiter bei den Verhandlungen über den Beitritt zur EG
294, 389 f., 402

Palme, Olof (1927–1987), 1969–1976 und 1982–1986 Ministerpräsident Schwedens, 1969–1986 Vorsitzender der Schwedischen Arbeiterpartei
37, 53, 205, 246 f.

Petersen, Erling (1906–1992), Stortingsabgeordneter für die Konservative Partei Norwegens (Høyre), 1958–1973 Mitglied im Auswärtigen Ausschuss des Storting, 1958–1973 Abgeordneter des Storting für die Parlamentarische Versammlung des Europarats
238

Poensgen, Gisbert (geb. 1923), 1967 Stellvertretender Leiter, später Leiter des Referats »Europäische Gemeinschaften« im Auswärtigen Amt, 1972–1974 Leiter der Unterabteilung 41 (Europäische Gemeinschaften, Wirtschafts- und Währungspolitik)
225, 364 f.

Pompidou, Georges (1911–1974), 1962–1968 Premierminister, 1969–1974 Staatspräsident der Französischen Republik
15, 22, 57, 64–66, 180, 228, 242 f., 245 f., 249, 259, 313 f., 322, 328, 366 f.

Rey, Jean (1902–1983), belgischer liberaler Politiker, 1958–1967 Mitglied der EWG-Kommission, verantwortlich für die Außenbeziehungen (u.a. GATT- und EFTA-Verhandlungen), 1967–1970 Erster Präsident der gemeinsamen Kommission der drei Europäischen Gemeinschaften
210

Rippon, Geoffrey (1924–1997), 1970–1972 Europaminister und Chefunterhändler Großbritanniens in den Erweiterungsverhandlungen
312, 316

Ritzel, Gerhard (geb. 1923), 1966–1969 Leiter des Ministerbüros im Auswärtigen Amt, 1969–1970 Leiter des Kanzlerbüros, 1970–1974 Deutscher Botschafter in Oslo
13, 66 f., 263, 300, 327, 331, 353 f., 356, 358, 363, 375 f., 382, 389 f.

Sachs, Hans-Georg (1911–1975), 1965–1973 Leiter der Ständigen Vertretung der Bundesrepublik bei den Europäischen Gemeinschaften in Brüssel
225, 340

Scheel, Walter (geb. 1919), 1968–1974 FDP-Vorsitzender, 1969–1974 Bundesaußenminister, 1974–1979 Bundespräsident
15 f., 101, 116 f., 135, 140, 183, 185, 227, 229 f., 234, 236, 253 f., 267, 271, 282, 300, 303, 307, 321, 330, 336, 357, 364, 371, 384 f.

Schiller, Karl (1911–1994), SPD, 1966–1972 Bundesminister für Wirtschaft, 1971–1972 zusätzlich Bundesminister für Finanzen
115, 223, 225, 253, 276

Schmidt, Helmut (geb. 1918), SPD-Fraktionsvorsitzender in der Großen Koalition, 1969–1972 Bundesminister der Verteidigung, 1972–1974 Bundesminister für Wirtschaft und Finanzen, 1974–1982 Bundeskanzler
64, 94, 110, 158 f., 308, 357, 385 f.

Schröder, Gerhard (1910–1989), CDU-Politiker, 1961–1966 Bundesaußenminister, 1966–1969 Bundesminister der Verteidigung
176

Schumann, Maurice (1911–1998), 1969–1973 französischer Außenminister
204, 240, 242, 264, 297, 314, 316 f., 322, 362, 372

Sommerfelt, Søren Christian (1916–2003), 1960–1968 norwegischer Botschafter bei der EFTA in Genf, 1968–1973 norwegischer Botschafter in Bonn, 1970–1972 Leiter der norwegischen Delegation auf Verhandlungsebene in den EG-Mitgliedschaftsverhandlungen
168, 176, 227, 239, 283, 290, 300, 314 f., 321, 324, 327, 329, 356, 372, 378

Steen, Reiulf (geb. 1933), 1965–1975 Stellv. Vorsitzender der norwegischen Arbeiterpartei, 1971–1972 Verkehrsminister in der Regierung Bratteli
110, 155 f., 161, 217, 351

Stoltenberg, Thorvald (geb. 1931), 1964–1969 Sekretariat des Außenministers unter Halvard Lange und John Lyng, 1969–1971 Sekretär für internationale Angelegenheiten im norwegischen Gewerkschaftsbund (LO), 1971–1972 Staatssekretär im Außenministerium
267, 303, 386, 388

Strauß, Franz Josef (1915–1988), 1958–1962 Bundesverteidigungsminister, 1966–1969 Bundesfinanzminister, 1961–1988 Vorsitzender der CSU, 1978–1988 Bayerischer Ministerpräsident
91, 112 f., 140

Stray, Svenn (geb. 1922), norwegischer Politiker der Konservativen Partei (Høyre), 1979–1971 und 1981–1986 Außenminister Norwegens, 1971–1981 Vorstandsvorsitzender der Europabewegung Norwegens
150 f., 210, 222, 231–233, 239, 257, 277, 282–284, 308, 349

Thorn, Gaston (1928–2007), 1969–1980 Außenminister Luxemburgs, 1974–1979 Premierminister Luxemburgs
283, 325

Tidemand, Otto Grieg (1921–2006), Reeder und Politiker der Konservativen Partei Norwegens, 1965–1970 Verteidigungsminister, 1970–1971 Handelsminister in der Regierung Borten
94, 98, 111, 150 f., 222

Treholt, Thorstein (1911–1993), 1971–1972 Landwirtschaftsminister in der Regierung Bratteli
262, 268

Vindsetmo, Emil (1916–1983), 1966–1971 Staatssekretär im Amt des norwegischen Ministerpräsidenten Per Borten
61, 219

Wellenstein, Edmund P. (geb. 1919), niederländischer Ministerialbeamter, 1967–1973 Generaldirektor für Außenhandel in der Europäischen Kommission, 1970–1972 Leiter der Spezialgruppe für die Erweiterungs- und Freihandelsverhandlungen
215, 287, 318, 321, 369

Werner, Pierre (1913–2002), 1959–1974 und 1979–1984 Ministerpräsident Luxemburgs, 1970 Vorsitzender der Studiengruppe, die im Auftrag des EG-Ministerrats Vorschläge zur Einführung einer Wirtschafts- und Währungsunion (Werner-Plan) erarbeitet
235, 237, 324

Willoch, Kåre Isaachsen (geb. 1928), 1965–1970 Minister für Handel und Schifffahrt in der Regierung Borten, 1970–1974 Vorsitzender und 1970–1981 Fraktionsvorsitzender der Konservativen Partei Norwegens (Høyre), 1981–1986 Ministerpräsident Norwegens
110, 116, 150 f., 196, 204, 222, 238, 245, 386

Sachregister

Aluminium 76, 84 f., 178, 362, 377, 379 f.
Arbeiterpartei (Det norske Arbeiderparti, DNA) 15, 51 f., 91 f., 95, 98, 110, 124, 130, 137–139, 149, 200, 349 f., 353, 400
— Jungsozialisten (Arbeidernes Ungdomsfylke AUF) 54, 110 f., 120–122, 124, 134, 136, 154, 156, 160–163, 201, 332, 352
— Kontakte zur SPD 15, 29, 46, 54, 109, 111 f., 138, 152–155, 157–160, 208, 345, 391–393, 397–399, 401
— Opposition (1965–1971, 1972–1973) 50, 151, 154–157, 160, 165, 193, 201, 218, 256, 359, 377
— Regierung Gerhardsen (1945–1963, 1963–1965) 153, 168, 193, 219
— Regierung Bratteli (1971–1972, 1973–1976) 15 f., 157 f., 222, 241, 258, 262, 288 f., 328, 332, 344, 349, 352, 358, 377, 383
Assoziierung (siehe auch EWG-Vertrag) 153, 163, 184, 191, 193–197, 205, 208, 213, 233, 243 f., 247, 307, 339, 341, 362
Ausschuss der ständigen Vertreter (AstV) 38, 169, 214, 216, 220, 228, 298, 305, 320–322, 371
Außenministerium, Utenriksdepartementet (UD) 88, 97, 123, 127, 129, 167 f., 171, 194, 199, 219, 221, 227, 232 f., 248, 255, 275, 361, 386, 391
— Botschaft Bonn/Berlin 67, 112 f., 176, 227, 236, 276, 314, 356, 372, 378, 388
— Handelspolitische Abteilung 168, 219
— Verhandlungsdelegation 167 f., 217, 219, 221 f., 226, 234, 265, 267, 269, 271, 283 f., 297 f., 301, 311 f., 315, 321, 326, 329 f., 371, 373, 377
Auswärtiges Amt (AA) 40 f., 61, 77, 79, 81–83, 92, 136, 151, 176, 180, 182, 185, 188 f., 192 f., 211, 224–227, 229, 232, 236, 239, 241, 247, 253, 265, 271, 282, 284, 299–301, 303 f., 306, 308, 314, 317, 322, 327 f., 345 f., 364–366, 372, 378, 384 f.
— Botschaft Oslo 13 f., 66, 94, 99, 114 f., 117 f., 120–122, 130, 132, 134, 136–140, 151, 246, 263, 267 f., 300, 327, 331, 345, 347, 350, 353 f., 356, 363, 375 f., 382, 384
— Ständige Vertretung Brüssel 214, 223–225, 340

Beitrittsdebatte, Norwegen 28, 43, 51, 72, 140, 148, 168, 171, 193, 322, 341–352, 359.
— Befürworter 16, 28, 139 f., 149–163, 166, 172, 198, 220, 222, 233, 236, 279, 342, 347, 388, 394, 398, 400, 402
— Gegner, Skeptiker 16, 28, 139, 153, 162–168, 170–172, 179, 194, 197 f., 201, 206 f., 218, 231, 235–237, 239, 241, 246, 248, 256, 262, 288, 308, 332 f., 339, 343 f., 347, 352, 359, 361, 363, 380, 383, 388
— Ideologische Argumente 153 f., 156–160, 208, 346, 353, 357, 401
— Sicherheitspolitische Argumente 146, 152, 177, 239, 307–309, 313, 317, 331, 344
— Wirtschaftliche Argumente 73, 147, 154, 191, 194, 207 f., 331, 342, 352, 377, 394
Beitrittsverhandlungen (1970-1972) 15–17, 32 f., 37 f., 57, 63, 67, 78, 85, 145, 157 f., 161, 164–168, 171, 177, 181–183, 185, 187–189, 206, 209, 210–337, 338, 353–355, 361–363, 369, 374, 377, 390, 394, 396–400, 402 f., 405
— Eröffnung (30. Juni 1970) 210, 230 f., 233, 256, 277 f., 280
— Entschließung zur Gemeinsamen Fischereipolitik (30. Juni 1970) 276–281, 289, 315, 335, 355

Beitrittsverhandlungen (1970-1972)
— Erste bilaterale Verhandlungsrunde (22. September 1970) 234, 280–284, 296, 317, 324
— Gipfeltreffen Heath-Pompidou (20./ 21. Mai 1971) 57, 65, 228, 259
— Verhandlungsergebnis, Beitrittsakte (22. Januar 1972) 157 f., 161, 223, 272 f., 238–334, 344, 346, 353, 374, 403
Belgien 131, 197, 297, 299, 306, 327, 262
Berlin 61, 107, 126 f., 130, 136, 174
Bundeskanzleramt 38, 61, 67, 176, 188, 195, 227, 256, 259, 299–301, 308 f., 313, 346, 350, 365, 381, 401
Bundesministerium für Ernährung, Landwirtschaft und Forsten (BML) 183, 224–227, 253 f., 258, 278, 290 f., 299, 301, 306
Bundesministerium für Wirtschaft (und Finanzen) (BMWi, BMWF) 186, 188, 223–225, 301, 355, 381
Bundesregierung (auch Bonn, Berlin) 15, 68, 81–83, 85, 91, 95, 97 f., 118, 123, 128–130, 134, 136, 144, 165 f., 169, 175, 183 f., 186–188, 198, 202, 204, 207, 229, 231, 235, 241, 251, 259, 263, 265, 269 f., 276, 281, 302, 306 f., 312, 326 f., 330, 335–338, 354–356, 358, 363–365, 371 f., 376, 382, 385, 387 f., 392 f.
— Ausschuss der Europastaatssekretäre 62, 224, 227, 299, 301
— Gemischter deutsch-norwegischer Regierungsausschuss 74, 226 f., 281
— Gleichberechtigung in NATO 90 f., 102
— Haltung zu Norwegens EG-Beitritt 15, 63, 67, 95, 151 f., 165, 172, 184, 209, 212, 239, 255, 265, 395, 403
— Haltung zu Norwegens Entspannungspolitik 96, 102, 123–127, 131–133, 135, 137
— Haltung zu Norwegens Sonderforderungen 86, 181 f., 185 f., 196, 227, 252–254, 259, 270, 276, 281, 299
— IMAG – EG-Großbritannien 203, 206, 226

Bundestag 15, 115, 139, 144, 159, 187 f., 227, 347
Bundesverband der deutschen Industrie (BDI) 184, 186, 398
Bürgerliche Koalition
— Antrag auf EG-Mitgliedschaft (1967) 150, 164, 168, 208, 222
— Indiskretionsaffäre (1971) 15, 164, 239, 257, 394
— Regierung Borten (1965–71) 15 f., 94, 111, 150, 165, 208, 231, 239, 257, 392
— Regierung Korvald (1972–73) 163, 359, 365, 375–377, 383
— Vorbereitung der Mitgliedschaftsverhandlungen (1970) 61, 164 f., 167, 170, 206, 363, 374, 377, 399, 405
Bürokratie 18, 37–46, 50, 65, 166, 171 f., 188, 285, 287

Christlich Demokratische Union/Christlich Soziale Union (CDU/CSU, Union) 13, 55, 108, 112 f., 119, 138 f., 144, 152, 159, 173 f., 181, 187 f., 194, 345
Christliche Volkspartei (Kristelig Folkeparti, Krf) 15, 149, 162 f., 194, 332, 359, 379
COREPER (siehe Ausschuss der ständigen Vertreter)

Dänemark 14–16, 33, 69, 90, 92, 102, 105, 116, 124, 127, 131 f., 134, 136, 140, 143, 148, 153, 169 f., 177, 185, 188, 192, 194, 196, 198–207, 210, 221, 230, 232, 237, 242 f., 246–249, 275, 282, 284, 293–297, 306, 313, 328, 338 f., 341 f., 344, 347, 353, 357, 368–370, 373 f., 376, 379, 384–386, 389, 396, 399
Davignon-Bericht (1970) 235 f., 340
Deutsche Demokratische Republik (DDR) 97, 112, 122–127, 133–139, 346, 354
Deutsch-norwegische Beziehungen 13–17, 23, 29 f., 70, 72–142, 151, 339, 358, 366, 381, 384 f., 389–393, 395, 397, 401, 404 f.

Deutsch-norwegische Beziehungen
— Besatzungszeit (1940–45) 14, 28, 72, 74, 104, 106 f., 143, 353, 389, 391
— Deutschlandbrigade (1947–53) 110
— Handelsabkommen (1950) 74, 197, 239, 341, 358, 361–363, 373 f.
— Kulturabkommen (1957) 120
— Entschädigungsabkommen (1959) 120
— Rüstungsabkommen (1960) 91, 93
— Gerhardsen in Bonn (1965) 81, 96, 106, 125, 141
— Erhard in Oslo (1966) 92, 104, 106, 120, 126, 141, 165
— Brandt in Oslo (1967) 105, 128, 158, 196, 229
— Borten in Bonn (1968) 130
— Brandt in Oslo (1970) 100, 104, 115–118, 120 f., 136, 141, 165, 179 f., 253, 348
— Heinemann/Scheel in Oslo (1970) 115 f., 118, 141, 229, 254, 404
— König Olav V. in Bonn (1973) 141, 384, 404
— Norwegens Deutschland-Strategie (1999) 107, 387
— Normalisierung 14, 93, 99, 102 f., 106, 109, 112, 115, 117, 135 f., 141, 152, 384, 391
Diplomaten (siehe auch Bürokratie, Europaexperten) 45, 55, 64, 66 f., 80, 83, 92, 95, 105 f., 111 f., 128, 133 f., 139, 147, 149, 151, 165 f., 168 f., 171 f., 180, 190, 204 f., 226 f., 233, 242, 246, 255, 262, 276, 299, 301, 307 f., 321, 328, 330, 334, 340, 342, 352, 372, 389 f., 394, 397, 399 f.
Diplomatiegeschichte 20, 22, 70

EFTA (European Free Trade Association, Europäische Freihandelsassoziation) 14, 16, 33, 52, 55, 73, 79 f., 82 f., 86 f., 101, 138, 148, 153, 168, 175, 183–185, 189, 191–193, 203, 207, 210, 221, 231, 236, 271, 283, 311, 316, 368, 392 f.
— Brückenschlagsinitiative (1965) 83, 192

— Rest-EFTA 215, 231, 246, 307, 311, 338 f., 341, 357–361, 364, 370 f., 373 f., 379, 386
Erdöl/Erdgas 73, 76–78, 289, 343, 376–378, 382
Europaexperten (siehe auch Bürokratie, Diplomaten) 35, 45, 50, 55, 88, 156, 167–169, 171 f., 189 f., 194, 206, 217 f., 221, 256, 258, 361, 391, 397
Europäische Gemeinschaften, EG
— EG-Kommission 38, 42, 55, 81, 83, 87, 164, 172, 187, 192, 198, 204, 210 f., 213–217, 223, 226, 228, 232, 239, 243, 246, 251, 257 f., 264, 266 f., 269 f., 274 f., 278 f., 284, 287 f., 292, 298, 300–302, 304–306, 310, 316, 318, 325, 328, 341, 342, 356, 369–372, 380, 383
— EG-Ministerrat 80, 116, 192, 213–216, 220, 224 f., 228, 240–242, 247, 251, 257, 266, 276 f., 292, 297, 299, 305, 310, 313, 316, 321, 327, 368–372, 378, 385
— EG-Verwaltungsausschüsse, Arbeitsgruppen 43, 216, 224, 257, 341, 369
— Gemeinsame Agrarpolitik (GAP) 195, 211, 253–256, 258, 261 f., 264–268, 272, 274 f., 354
— Gemeinsame Fischereipolitik 164, 170, 212, 234, 274–283, 288, 290, 293, 297, 304, 315 f.
— Gemeinsame Handelspolitik, Gemeinsamer Markt 79, 81, 83, 88, 184, 211 f., 234, 244, 261, 331, 341
— Gipfeltreffen in Den Haag (1./2. Dezember 1969) 15, 41, 57, 65, 150, 156, 169 f., 180–182, 185, 187, 205, 209, 211, 227, 235, 253, 275, 366, 403
— Gipfeltreffen in Paris (19./20. Oktober 1972) 57, 340, 359, 366 f.
— Luxemburger Kompromiss (1966) 163, 216, 242
Europäische Gemeinschaft für Kohle und Stahl (EGKS) 147, 369, 375, 381
Europäische Politische Zusammenarbeit (EPZ) (siehe auch Davignon-Bericht) 235, 334, 340, 386

Europäische Wirtschaftsgemeinschaft (EWG) 79, 81–84, 139, 142, 147, 156, 159, 169, 171, 174 f., 178, 184, 190, 193, 195, 203, 206, 233, 241 f., 253, 255, 259, 289, 291, 309, 319, 346, 354 f., 392
Europäischer Wirtschaftsraum (EWR) 387
Europäisches Bewusstsein 31, 33–35, 37, 44 f., 55, 70, 391, 398 f.
Europarat 101, 147, 384
EWG-Vertrag (EWG-V, Römische Verträge) 14, 33, 83, 159, 208, 210, 232, 235 f., 251, 254 f., 265, 281, 288, 291, 310
— Acquis communautaire, Gemeinschaftsprinzipien 31, 84, 178, 189, 235, 243, 252, 255, 263–265, 268, 273, 285, 291, 297, 299, 313, 322–324, 326, 333–336, 394
— Artikel 110, 113 (Handelspolitik) 192, 244, 341, 369
— Artikel 237 (Mitgliedschaft) 164, 213, 233, 243, 394
— Artikel 238 (Assoziierung) 193, 197, 213, 244
— Politische Ziele 33, 178, 210, 231, 234 f.
Exil 13, 54, 107, 109, 158, 337, 402

Finnland 102, 127, 195, 199, 202 f., 205, 354, 364
Fischerei, Fisch 76, 84, 86 f., 146, 170, 183, 191, 274–337, 339, 341, 343, 353, 387, 397
— Beitrittsverhandlungen 210, 212, 214, 217, 220, 222 f., 227, 230, 234 f., 239, 250, 258, 263–265, 267, 271–337, 355, 400–402
— Deutsche Interessen 86, 207, 276
— Europäische Fischereikonvention (1964) 87, 286, 293, 295, 334
— Freihandelsverhandlungen 343, 360, 362, 364, 370 f., 373–375, 378–380
— Gemeinsame Fischereipolitik (siehe Europäische Gemeinschaften)
— Interessenverbände 36, 47, 143, 222 f., 277, 287 f., 290, 292, 298, 311, 319, 328 f.

— Niederlassungslinie 285, 287, 289–291, 295, 301–304, 309 f.
— Sonderprotokoll zur Beitrittsakte 274, 283, 314, 316–318, 321 f., 324 f., 327, 331, 334
— Special case-Linie 283, 313 f., 317, 320 f., 337, 402
Frankreich 32, 96, 112, 133, 147, 161, 172, 174, 189, 204, 213, 249, 278, 282, 318, 353, 403
— Haltung zu Norwegens Sonderforderungen 85, 196, 189, 242 f., 263 f., 266, 282 f., 295–297, 299, 306, 312 f., 322–324, 326, 362, 370, 372, 374, 377,
— Haltung zur EG-Erweiterung 14 f., 132, 144, 175–177, 180, 199, 204, 253, 279
Freie Demokratische Partei (FDP) 15, 112, 182 f., 372
Freihandelsverhandlungen 19, 63, 86, 148, 197, 215, 341–343, 381, 403
— mit Norwegen (1972–73) 16, 78, 86, 197, 357–380
— mit Rest-EFTA-Staaten (1971–72) 215, 246–248, 311, 338 f., 341–343
Friedensnobelpreis (1971) 69, 119, 141, 271, 319, 348–350, 404

GATT, Kennedy-Runde (1964-67) 80–82, 85, 87 f., 186, 198, 200
Gewerkschaften 137, 139, 149, 332, 380, 398
Gipfeldiplomatie 41, 57, 64–67
Großbritannien 16, 65, 74 f., 91, 143 f., 146–148, 159, 172, 174–176, 178, 181, 183, 188, 194, 198, 206 f., 210, 215, 221, 226, 231, 233 f., 241, 243, 248, 257, 259, 264, 284, 292–297, 301–303, 306 f., 311–318, 323, 330, 334, 338, 354, 357, 370, 374, 379, 384, 386
Große Freihandelszone (Maudling-Verhandlungen) 144, 148, 175, 184, 186, 191–193, 198, 206, 232, 392
Große Koalition (1966–1969) 13 f., 16, 61, 96, 99, 111–113, 122, 126 f., 129, 133, 135, 175–176

Handelsminister, Handelsministerium (Norwegen) 78, 110, 116, 137, 150 f., 166, 170, 221 f., 268, 271, 275, 286, 290, 304, 310, 357, 371, 376, 378, 382, 387
Handelspolitisches Arrangement (1968/1969) 197, 199, 202
Harpsund-Treffen 53 f., 242, 398

Ideologisierung der Europapolitik (siehe auch Beitrittsdebatte) 159 f., 208, 401
Individuelle Akteure 18, 22, 30, 55–71, 404
Internationale Geschichte 20 f.
Institutionalismus 42, 44, 224
Irland 15 f., 144, 188, 210, 230, 282, 284, 295, 303, 306, 313, 317, 320, 328, 338, 346, 396
Island 86 f., 307, 312, 343, 374 f., 379
Italien 197, 252, 279, 306, 323, 362

Komitee für europäische und internationale Zusammenarbeit 109
Konservative Partei (Høyre) (siehe auch Bürgerliche Koalition) 15, 110, 120, 128, 139, 149, 150–152, 154, 161, 163, 170, 193, 201, 238, 256, 262, 285, 287, 332, 344, 354, 359, 392, 400, 405

Landwirtschaft 183, 185 f., 198, 200, 204, 207, 250–273, 274, 286, 289, 311, 335, 339, 341–343, 347, 353, 362, 370, 374 f., 378, 387, 397
— Abschirmungslinie 146, 191, 250, 255, 257 f., 262
— Beitrittsverhandlungen 210, 215, 217, 220, 222–225, 227, 230, 234, 239, 250–275, 286, 289, 297, 304, 311, 320, 324, 331 f., 353, 397, 400 f.
— Entschädigungslinie (deficiency payments) 255 f., 258, 260, 262 f.
— Gemeinsame Agrarpolitik (siehe Europäische Gemeinschaften)

— Interessenverbände 33, 36, 47, 143, 163, 187, 222 f., 255–257, 262, 268, 272 f., 328, 332
— Sonderprotokoll zur Beitrittsakte 269, 271–274, 331
Liberale Partei (Venstre) 15, 149, 163
Luxemburg 197, 210, 228, 231, 256, 280
Luxemburger Kompromiss (1966) 163, 216

Nationaldemokratische Partei Deutschlands (NPD) 112–115
Nationale Interessen 23–32, 43 f., 48 f., 55, 70 f., 81, 84, 86, 390
— Deutsche Interessen 17, 26, 29, 32, 74, 77, 84, 86, 96, 101, 115, 120 f., 124, 132, 144 f., 173, 175–177, 183, 185, 207 f., 253, 301, 336 f., 358, 363, 365, 372, 393, 395, 402
— Europäische (gemeinschaftliche) Interessen 31–34, 44 f., 55, 189, 249, 264, 323, 390, 395 f., 402
— Norwegische Interessen 17, 26, 82 f., 87, 89, 99, 145 f., 166–169, 208, 238, 276, 280, 282, 288, 294, 303, 309, 341, 377, 382 f., 393
Netzwerke 46, 56, 109, 200, 390, 399 f., 402
Neutrale (siehe auch Finnland, Irland, Österreich, Schweden, Schweiz) 29, 74, 89 f., 140, 145, 153, 193–196, 198, 201, 203, 205, 236, 243 f., 246–248, 307 f., 342, 344, 354, 358, 374, 383
Nichtverbreitungsvertrag 96, 98–101
Niederlande 131, 186, 197, 232, 264, 267, 279, 282, 286, 297, 303, 306, 327, 374
Nordische Zusammenarbeit, Norden 52, 82, 92, 105, 127, 132, 142, 145, 153, 156, 158–160, 177, 181, 183, 192–194, 199 f., 206, 210, 231, 246, 248, 319, 341, 343, 351 f., 354, 368 f., 398, 402
— NORDEK-Projekt (1968–1970) 170, 199–206, 219, 222, 243, 246
— Nordisches/Skandinavisches Modell 79, 143, 152, 154, 208, 399

North Atlantic Treaty Organization (NATO) 52, 88–93, 95, 97, 100–102, 105 f., 109, 111, 120, 123 f., 126, 131 f., 135, 137, 141, 145, 152 f., 156, 194, 239, 243, 248, 250, 307–309, 345, 354, 365, 374, 382, 384, 388, 392

Öffentlichkeit, Öffentliche Meinung 22, 33, 36–38, 40, 51, 59, 67, 89, 91 f., 94 f., 97, 102, 104 f., 107, 114, 139, 142–144, 152, 157, 164 f., 172, 174, 182, 187, 201, 207, 232 f., 236, 241, 249, 255, 304, 312, 315, 332, 337, 342, 344 f., 347, 351, 377, 389, 397, 403
Organisation for Economic Cooperation and Development (OECD) 52, 80, 141, 221
Organisation for European Economic Cooperation (OEEC) 147 f., 174, 184
Österreich 153, 195 f., 213
Ostpolitik 14 f., 55, 61 f., 68, 103, 111 f., 119 f., 122–141, 161, 165, 176, 179, 181 f., 227, 307, 344 f., 393
— Anerkennungsfrage 122, 125, 135–139
— Kieler Woche/Rostocker Ostseewoche 90, 131, 133 f.
— Ostverträge 135, 139 f., 350

Politische und administrative Eliten 14, 17 f., 25, 30 f., 33–38, 46, 55, 71, 77, 88 f., 103, 108, 119, 141–143, 146–148, 151, 166, 171–173, 189, 201, 207, 231, 249 f., 337, 334, 352, 384, 389 f., 394, 403 f.
— Parteielite 35, 46, 48, 54 f., 110, 136, 149, 153, 208, 353, 396, 401
— Transnationale Elite 18, 35, 37, 39, 55 f., 70, 390, 398–401
Portugal 101, 343, 387

Regionalpolitik 253, 331, 356
RIØS (Rat für internationale wirtschaftliche Zusammenarbeit) 222 f., 328

Schifffahrt 146, 150, 360, 370, 380, 384
Schweden 13, 16, 98 f., 101, 107, 116, 127, 177, 206, 236, 353, 374, 379, 395, 399
— Assoziierung, »Schwedenlösung« 153, 163, 194 f., 197, 231, 239, 243 f., 246–249, 342, 362
— Freihandelsverhandlungen 16, 239, 342 f., 358, 370, 379
— Handelspartner Deutschlands 82, 185
— Handelspartner Norwegens 33, 75, 153, 198
— Handelspolitische Arrangement 198
— Nordek 199 f., 202–206
Schweiz 87, 153, 198
Sicherheitspolitik 73, 88, 95, 145 f., 308, 331, 382, 388, 393, 404
— Argument in den Mitgliedschaftsverhandlungen 177, 239, 250, 286, 307–309, 313, 317
— Argument in der norwegischen EG-Debatte 152, 344
— Deutsch-norwegische Zusammenarbeit 17, 72 f., 78, 88–93, 102, 112, 141, 208, 339
Skandinavien (siehe auch Nordische Zusammenarbeit) 54, 82, 103, 105, 127, 185, 200, 346, 390
Souveränität 26, 28, 32, 34, 144, 147, 160, 163, 173, 191, 207, 242, 337, 387
Sowjetunion 89–91, 94–97, 102, 111 f., 127, 130, 133, 135, 146, 250, 313, 354
Sozialdemokratische Partei Deutschlands (SPD) 49, 51, 55, 92, 101, 107, 111, 124, 126, 131, 138, 141, 144, 153, 155, 157–160, 173–175, 187, 208, 349, 358, 372, 393, 401
— Godesberger Programm (1959) 109, 391
— Große Koalition (1966–69) 13, 99, 112, 127, 175
— Internationale Kontakte 51, 53, 55, 109 f., 113 f., 159, 345 f., 391
— Oppositionspartei (1949–66) 109, 144, 174 f.
Sozial-Liberale Koalition (1969–1982) 15 f., 61, 100, 135, 138, 181 f., 345

Sozialisierung (europäisch) 35, 45 f., 166, 399
Sozialistische Volkspartei (Sosialistisk Folkeparti, SF) 91, 125, 162 f.
Sozialpolitik 143, 153 f., 157, 159, 161, 341, 356, 374
Spanien 101, 387
Special relationship/Sonderbeziehung 13, 17, 30, 45, 56, 70, 336 f., 386, 389–391, 393, 396
Storting (Norwegisches Parlament) 99, 130, 136 f., 148, 150, 161 f., 165, 185, 218, 235, 237 f., 242, 255, 262, 287, 303, 318, 329, 331, 338, 350, 352, 355, 360, 377, 381
— Auswärtiger Ausschuss (Stortingets utvidede utenriks- og konstitusjonskomité, SUUK) 48, 89, 97, 237, 257, 283, 328, 345, 376
— Brandt-Rede (24. April 1970) 100, 116, 118, 158, 276, 348, 350

Transnationale Parteienkooperation 46, 51–55, 398

Vereinigte Staaten von Amerika (USA) 74, 85, 89 f., 94, 110, 121, 146 f., 153, 173, 194, 308, 326, 379
Volksabstimmung über EG-Beitritt (24./25. September 1972) 16, 28, 140, 153, 160 f., 163, 325, 331, 338, 342, 347, 351–358, 365 f., 372, 381–383, 387

Werner-Plan (Wirtschafts- und Währungsunion) 182, 210 f., 232, 235, 237, 334, 403

Youngstorget
— Brandt-Rede (14. September 1972) 160, 349–352

Zentrumspartei (Senterparti, Sp) 15, 162–165, 237, 241, 262, 359
Zweiter Weltkrieg 14, 29 f., 56, 73, 76, 104 f., 108, 131, 141, 143, 145, 178, 389, 391
— Deutscher Überfall auf Dänemark und Norwegen (9. April 1940) 14, 72, 74, 92, 104, 107, 115, 117 f.

Bildnachweis

Umschlag:
Willy Brandt auf der überparteilichen Ja-zur-EG-Veranstaltung auf dem
Youngstorget in Oslo am 14. September 1972, Scanpix

Innenteil:
S. 53: AdsD Bildarchiv (Sign: 6/FOTA005791; CD: CDFA002)
S. 69, 117, 129, 155, 179, 349: Arbeiderbevegelsens Arkiv og Bibliotek Oslo
S. 185: Bundesregierung (BPA)/Engelbert Reineke, 1.12.1969
S. 245: Ellen Auensen, »Norge er problembarnet«, *Morgenbladet* (Oslo), 12.11.1971
S. 319: Ellen Auensen, »I en EEC-tid«, *Morgenbladet* (Oslo), 10.12.1971
S. 367: Ellen Auensen, »Paris-møtet slutt i går«, *Morgenbladet* (Oslo), 21.10.1972

Zum Autor

Robin M. Allers, geb. 1970 in Davos, Dr. phil., studierte Geschichte, Politikwissenschaft und französische Literatur in Hamburg und Paris. Er lehrt und forscht am Forum für Zeitgeschichte an der Universität Oslo.

Willy Brandt
Verbrecher und andere Deutsche

Mit seinem zeitgenössischen Bericht über den Nürnberger Kriegsverbrecherprozess wollte Willy Brandt auch dem Vorurteil entgegentreten, alle Deutschen seien Nazis gewesen. Voller Mitgefühl beschreibt er die Lebensbedingungen in Deutschland während des harten Winters 1945/46 und befasst sich mit den Zukunftshoffnungen der deutschen Gesellschaft nach dem Zusammenbruch. »Forbrytere og andre tyskere« erschien 1946 in Oslo und Stockholm. In diesem Band wird der Bericht erstmals ungekürzt in deutscher Sprache veröffentlicht.

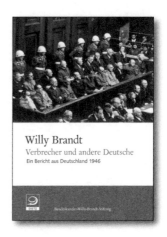

Willy Brandt
Verbrecher und andere Deutsche
Ein Bericht aus Deutschland 1946
Willy-Brandt-Dokumente

Eingeleitet und kommentiert
von Einhart Lorenz

400 Seiten, Broschur
26,00 Euro
ISBN 978-3-8012-0380-1

www.dietz-verlag.de

Verlag J. H. W. Dietz Nachf. – Dreizehnmorgenweg 24 – 53175 Bonn
Tel. 0228/23 80 83 – Fax 0228/23 41 04 – info@dietz-verlag.de